अच्छी हिन्दी

अच्छी हिन्दी

हिन्दी भाषा में होनेवाली सभी प्रकार की भूलों और उनके सुधार का व्यवस्थित विवेचन

नवीन संशोधित एवं परिवर्द्धित संस्करण

रामचन्द्र वर्म्मा

साहित्य रत्न-माला कार्यालय, वाराणसी
की ओर से

लोकभारती प्रकाशन
पहली मंजिल, दरबारी बिल्डिंग, महात्मा गांधी मार्ग, इलाहाबाद-1

साहित्य रत्न-माला कार्यालय, वाराणसी
की ओर से

लोकभारती प्रकाशन
पहली मंजिल, दरबारी बिल्डिंग, महात्मा गाँधी मार्ग
प्रयागराज-211 001

वेबसाइट : www.lokbhartiprakashan.com
ईमेल : info@lokbhartiprakashan.com

शाखाएँ : 1-बी, नेताजी सुभाष मार्ग, दरियागंज
नयी दिल्ली-110 002
अशोक राजपथ, साइंस कॉलेज के सामने
पटना-800 006 (बिहार)
1, अनमोल सोराबजी संतुक लेन, मरीन लाइंस
मुम्बई-40000

मूल्य : ₹ 600

प्रथम संस्करण : 1952
चौबीसवाँ परिवर्द्धित और संशोधित संस्करण : 2005
अट्ठाइसवाँ संस्करण : 2025

आस्था पेपर कन्वर्टर
प्रयागराज द्वारा मुद्रित

ACHCHI HINDI
by Dr. Ram Chandra Varma

ISBN : 978-81-8031-680-7

प्रकरण-सूची

पहले संस्करण की भूमिका

•

दूसरों के दोष ढूँढ़ते फिरना कोई अच्छी बात नहीं है। नीति और धर्म दोनों इसे बुरा कहते हैं। परन्तु मैं अपने दुर्भाग्य को क्या कहूँ ? मुझे आरम्भ से ही कुछ ऐसी दूषित प्रवृत्ति प्राप्त हुई थी, जो बलपूर्वक मेरा ध्यान—चाहे एक विशिष्ट क्षेत्र में ही सही—दूसरों के दोषों की ओर आकृष्ट करती थी। वह क्षेत्र था भाषा का।

इस ईसवी शताब्दी के बिल्कुल आरम्भिक सनों में, जब कि मेरी अवस्था बारह-तेरह वर्ष की ही थी और मैं हरिश्चन्द्र स्कूल के चौथे-पाँचवें दरजे में पढ़ता था; मैं अपने सहपाठियों को अशुद्ध बोलने पर प्रायः टोका करता था। पहले तो कुछ दिनों तक मेरे सहपाठी मेरी हँसी उड़ाते थे। पर धीरे-धीरे उनकी समझ में आने लगा कि मैं उन्हें जो कुछ बतलाता हूँ, ठीक बतलाता हूँ। फिर तो और लड़के भी दूसरों की भाषा-सम्बन्धी भूलें पकड़ने लगे। कभी-कभी उन लोगों में झगड़ा भी हो जाता था। कोई कहता था कि यह प्रयोग ठीक है; और कोई कहता था कि नहीं, यह ठीक है। उस समय निर्णय करने के लिए वे मेरे पास आते थे। मैं लज्जित भी होता था, संकुचित भी। कारण यह कि उनमें कुछ ऐसे लड़के होते थे, जो अवस्था में भी मुझसे बड़े होते थे और पढ़ते भी ऊँचे दरजों में थे। फिर भी मैं अपनी अल्प बुद्धि के अनुसार बतला देता था कि क्या ठीक है और क्या ठीक नहीं है। और उस समय मेरे आश्चर्य का ठिकाना न रहता था जब मैं देखता कि मेरे निर्णय से दोनों पक्षों का समाधान हो गया ! फिर भी वह सब था लड़कपन का खिलवाड़ ही।

उन्हीं दिनों मैं अपने सहपाठी स्व० बा० श्रीकृष्ण वर्मा के साथ उनके भारत-जीवन प्रेस में जाने लगा था। उनके चाचा स्व० बाबू रामकृष्ण वर्मा उन दिनों जीवित थे। काशी में उस जमाने में भारत-जीवन प्रेस ही हिन्दी के दिग्गज साहित्यज्ञों का सबसे बड़ा केन्द्र था। वहीं मुझे पहले-पहल स्व० श्री जगन्नाथदासजी रत्नाकर, पं० किशोरीलालजी गोस्वामी, बाबू देवकीनन्दन खत्री, बाबू कार्तिकप्रसाद खत्री आदि अनेक पूज्य महानुभावों के दर्शन और सत्संग का सौभाग्य प्राप्त हुआ था। समय-समय पर अनेक बाहरी विद्वान् भी वहाँ आया करते थे। बा० रामकृष्ण वर्मा उन लोगों के सामने मुझे बुलाकर बैठा देते थे और उन लोगों से तरह-तरह के उलटे-सीधे वाक्य बनवाकर मुझसे उनके शुद्ध रूप पूछा करते थे। शुद्ध रूप बतलाने पर अनेक बार मुझे उन पूज्य महानुभावों से आशीर्वाद भी मिला करता था। इस प्रकार धीरे-धीरे मानो मुझे भाषा शुद्ध करने की शिक्षा भी मिलने लगी। परन्तु वह भी लड़कपन का खिलवाड़ ही था।

स्कूल में मेरी दूसरी भाषा उर्दू थी। हिन्दी मैं बिल्कुल नहीं जानता था भारत-जीवन में ही मैंने पहले-पहल हिन्दी सीखी; और वहीं से मुझे हिन्दी का शौक शुरू हुआ। यह बात सन् १६०३ की है। उस समय किसी बात में कोई गम्भीरता नहीं थी। बारह-तेरह वर्ष के बालक में गम्भीरता भी कैसी हो सकती थी ! फिर भी ज्ञान का कुछ-कुछ बीजारोपण हो चला था।

भाषा के दोषों पर पहले-पहल कुछ गम्भीरतापूर्वक विचार करने का अवसर मुझे शायद

सन् १९०७-८ में मिला था। उन दिनों काशी से एक औपन्यासिक मासिक-पत्र निकला करता था। एक दिन उसके कार्यालय की ओर से नीले रंग का छपा हुआ एक ऐसा पोस्ट-कार्ड 'भारत-जीवन' में आया, जिसके चारों ओर शोकसूचक काला हाशिया लगा था। उस कार्ड पर कार्यालय के व्यवस्थापक की ओर से (कहने की आवश्यकता नहीं कि उस कार्यालय के व्यवस्थापक, संचालक और मासिक-पत्र के सम्पादक सब-कुछ एक ही सज्जन थे) लिखा था कि दुःख है कि इस कार्यालय के 'अध्यक्ष श्रीयुक्त.....के एकमात्र पिता का स्वर्गवास हो जाने के कारण इस मास का अंक ठीक समय पर न निकल सका।' आदि। 'भारत-जीवन' में कई आदमियों ने वह कार्ड पढ़ा, पर किसी का ध्यान उसमें के 'एकमात्र पिता' पर न गया। जब मैंने उसे देखा, तब मुझे उस मासिक-पत्र के सम्पादक के पिता की मृत्यु का तो दुःख हुआ ही—कारण यह कि सम्पादक जी स्कूल में मेरे सहपाठी रह चुके थे—पर उससे भी अधिक दुःख इस बात का हुआ कि उन्होंने 'एकमात्र' का अर्थ बिना समझे ही उसे अपने 'पिता' के आगे लगा दिया था। उन्होंने कहीं किसी समाचार-पत्र में पढ़ा होगा कि अमुक सज्जन के एकमात्र पुत्र का देहान्त हो गया। बस, उन्होंने वही 'एकमात्र' अपने 'पिता' के साथ लगा दिया था। चलिए, भाषा मुहावरेदार हो गई !

उसी दिन से मैं भाषा के दोषों पर गम्भीरतापूर्वक विचार करने लगा। उन दिनों भी भाषा में दोष होते थे। पर उतने अधिक नहीं, जितने आज-कल दिखाई देते हैं। थोड़े से लोग हिन्दी लिखते थे; और जो कुछ लिखते थे, वह समझ-बूझकर लिखते थे और कुछ दिनों तक हिन्दी लिखना सीखकर तब लिखते थे। न तो आज-कल की तरह लेखकों की अधिकता थी और न धाँधली। तब से अब तक प्रायः सभी क्षेत्रों में हिन्दी की बहुत अधिक उन्नति हुई है—आश्चर्यजनक उन्नति हुई है। देश के कोने-कोने में बहुत-से हिन्दी-लेखक पैदा हो गए हैं। सभी उसे राष्ट्र-भाषा कहते हैं, सभी उसे राज-भाषा के पद पर आसीन करना चाहते हैं, पर हिन्दी की इस सर्वांगीण उन्नति के समय भी भाषा की जितनी अधिक दुर्दशा आज देखने में आती है, उतनी पहले कभी मेरे देखने में नहीं आई। आज-कल तो यह प्रथा-सी चल गई है कि स्कूल या कालेज से निकले—चाहे पास होकर, चाहे फेल होकर—और हाथ धोकर पड़ गये बेचारी हिन्दी के पीछे। यदि सौभाग्यवश किसी समाचार-पत्र के कार्यालय में जैसे-तैसे कोई छोटी-मोटी जगह मिल गई और वहाँ चार-छह महीने टिक गये, तो फिर क्या पूछना ! अब उनके मुकाबले में कोई हिन्दी लेखक ठहर नहीं सकता। सबके दोष निकालना, सबकी निन्दा करना, सबकी टीका करना और सबके लिए कहना कि उन्हें आता ही क्या है ! जो लेखक स्वयं उनके जन्म-काल से भी पहले से हिन्दी की सेवा करते आये हों, उन्हें भी ऐसे नए दिग्गज तुच्छ ठहराने में संकोच नहीं करते; और स्वयं नितान्त अशुद्ध, भद्दी और ऊट-पटाँग भाषा में बे-सिर-पैर की बातें लिखने या अशुद्ध अनुवाद करने के सिवा और कुछ नहीं जानते। किसी के पास कुछ दिनों तक बैठकर कुछ सीखना या किसी से पूछना तो वे अपना अपमान समझते हैं ! यदि कोई दया करके उन्हें कुछ बतलाना भी चाहे तो वे उसका अनादर भले ही न कर सकें, फिर भी उसे उपेक्ष्य समझेंगे। दुर्भाग्यवश ऐसे लेखकों की संख्या आज-कल हिन्दी में बराबर बढ़ती जा रही है।

प्रायः तीस वर्षों से हर साल हिन्दी साहित्य-सम्मेलन के अधिवेशन धूम-धाम से होते हैं। उनमें बड़े-बड़े पूज्य विद्वान् एकत्र होते हैं। उनमें भी अधिक आदरणीय विद्वान् उनके सभापति होते हैं। भाषणों में हिन्दी के सभी अंगों की उन्नति के उपाय बतलाये जाते हैं। परन्तु भाषा की शुद्धता का कभी कोई प्रश्न ही किसी के सामने नहीं आया। स्वयं भाषा का स्वरूप

विशुद्ध रखने के सम्बन्ध में कभी कोई एक शब्द भी नहीं कहता। शायद इसकी आवश्यकता ही नहीं समझी जाती। और आवश्यकता समझी ही क्यों जाने लगी ! हिन्दी हमारी मातृ-भाषा जो ठहरी। उसे हम जिस रूप में लिखेंगे वही रूप शुद्ध होगा !

समाचार-पत्र, मासिक-पत्र, पुस्तकें सभी कुछ देख जाइए। इन सबमें भाषा की समान रूप से दुर्दशा दिखाई देगी। छोटे और बड़े सभी तरह के लेखक भूलें करते हैं और प्रायः बहुत बड़ी-बड़ी भूलें करते हैं। हिन्दी में बहुत बड़े और प्रतिष्ठित माने जाने वाले ऐसे अनेक लेखक और पत्र हैं, जिनकी एक ही पुस्तक अथवा एक ही अंक में से भाषा-सम्बन्धी सैकड़ों तरह की भूलों के उदाहरण एकत्र किये जा सकते हैं। पर आश्चर्य है कि बहुत ही कम लोगों का ध्यान उन भूलों की ओर जाता है। भाषा-सम्बन्धी भूलें बिल्कुल आम बात हो गई है। विद्यार्थियों के लिए लिखी जानेवाली पाठ्य-पुस्तकों तक की भाषा बहुत लचर होती है। यहाँ तक कि व्याकरण भी, जो शुद्ध भाषा सिखलाने के लिए लिखे जाते हैं, भाषा-सम्बन्धी दोषों से रहित नहीं होते। जिन क्षेत्रों में हमें सबसे अधिक शुद्ध और परिमार्जित भाषा मिलनी चाहिए जब उन्हीं क्षेत्रों में हमें भद्दी और गलत भाषा मिलती है, तब बहुत अधिक दुःख और निराशा होती है। मेरे परम प्रिय और मान्य मित्र स्व० पं० रामचन्द्र शुक्ल भी भाषा की यह दुर्दशा देखकर बहुत दुःखी होते थे। हिन्दी शब्द-सागर का सम्पादन करते समय हम लोगों को हिन्दी साहित्य के सभी मुख्य अंगों का सिंहावलोकन करना पड़ा था। उस समय भाषा सम्बन्धी अनेक भूलें और विलक्षणताएँ हम लोगों के सामने आती थीं। एक बार हम लोगों का यह विचार भी हुआ था कि हिन्दी के आठ प्रतिष्ठित तथा मान्य दिवंगत लेखकों और आठ वैसे ही जीवित लेखकों की मुख्य-मुख्य रचनाएँ एकत्र की जायँ, और उनमें से भाषा के दोष निकालकर इस दृष्टि से हिन्दी जगत् के सामने रखें जायँ कि लोग उस प्रकार के दोषों और भूलों से बचें। उस समय हम लोगों ने इस विषय का कुछ कार्य आरम्भ भी किया था और एक-दो पुस्तकों से भूलें चुनी भी थीं। परन्तु इसके थोड़े ही दिनों बाद शुक्ल जी नागरी-प्रचारिणी सभा का कोश-विभाग छोड़कर हिन्दू विश्वविद्यालय में चले गये और मैं वहाँ अकेला पड़ गया। अतः वह काम उस समय जहाँ का तहाँ रह गया। कोई चार वर्ष पूर्व वह काम मैंने नए सिरे से आरम्भ किया था, और उसका फल इस पुस्तक के रूप में पाठकों के सम्मुख उपस्थित किया जा रहा है।

कुछ दिन पहले एक साहित्यिक झगड़े के प्रसंग में स्थानीय दैनिक 'आज' से श्री 'वृहस्पति' का एक लेख निकला था। उसमें एक स्थल पर लिखा था—'इस समय हिन्दी बहुत उन्नत हो चुकने पर भी वैसी ही है, जैसे बिना एक मार्ग-दर्शक के सिर पर बोझ लादे[१] कोई पथिक बियाबान में निरुद्देश्य चला जा रहा हो।' उन्होंने यह भी लिखा था—'छोटा हो, बड़ा हो, हिन्दी में सभी तीसमार खाँ हैं।' मैं समझता हूँ, ये दोनों बातें अक्षरशः सत्य हैं। मैं मार्ग-दर्शक बनने का दावा तो नहीं करता। पर हाँ, यह जरूर बतला देना चाहता हूँ कि भाषा के क्षेत्र में लोग क्यों, कहाँ और कैसे भटक रहे हैं।

आज-कल लोग सभी बातों में नयापन ढूँढ़ते हैं और अपनी कृतियों में कुछ-न-कुछ नयापन लाना चाहते हैं। उनमें वह प्रतिभा तो होती नहीं, जो सद्विचारों की जननी है। हाँ, उनके मस्तिष्क पर अँगरेजी का घटाटोप लिखते समय अवश्य छाया रहता है। मैं कई ऐसे सज्जनों को जानता हूँ, जो अँगरेजी लिखते समय तो भाषा की शुद्धता का बहुत अधिक ध्यान रखते

---

१. और वह भी दिन-पर-दिन बढ़ता हुआ । —लेखक

हैं, पर हिन्दी लिखते समय शुद्धता का ध्यान रखने की कोई आवश्यकता नहीं समझते। अपनी भाषा की प्रकृति से वे लोग बिल्कुल अपरिचित होते हैं और हर बात में अँगरेजी का अनुकरण करते और उसी की शरण लेते हैं। यही कारण है कि आज-कल जटिल और निरर्थक भाषा लिखने की प्रवृत्ति बढ़ती जा रही है। न तो कोई यह सोचता है कि हमारी इस कुप्रवृत्ति के कारण भाषा में कितना भद्दापन आता है, न कोई यह देखता है कि हम अर्थ और अभिप्राय से कितनी दूर हटते चले जाते हैं। लोगों को इस कुमार्ग से बचाने के लिए ही यह तुच्छ प्रयल किया गया है।

आज-कल देश में हिन्दी का जितना अधिक मान है और उसके प्रति जन-साधारण का जितना अधिक अनुराग है, उसे देखते हुए हम कह सकते हैं कि हमारी भाषा सचमुच राष्ट्र-भाषा के पद पर आसीन होती जा रही है। लोग गला फाड़कर चिल्लाते हैं कि राज-काज में, रेडियो में, देशी रियासतों में सब जगह हिन्दी का प्रचार करना चाहिए; पर वे कभी आँख उठाकर यह नहीं देखते कि हम स्वयं कैसी हिन्दी लिखते हैं। मैं ऐसे लोगों को बतलाना चाहता हूँ कि, हमारी भाषा में उच्छृंखलता के लिए कोई स्थान नहीं होना चाहिए। किसी को हमारी भाषा का कलेवर विकृत करने का अधिकार नहीं होना चाहिए। देश के अनेक ऐसे प्रांतों में हिन्दी का जोरों से प्रचार हो रहा है, जहाँ की मातृ-भाषा हिन्दी नहीं है। अतः हिन्दी का स्वरूप निश्चित और स्थिर करने का सबसे बड़ा उत्तरदायित्व उत्तर भारत के हिन्दी लेखकों पर ही है। उन्हें यह सोचना चाहिए कि हमारी लिखी हुई भद्दी, अशुद्ध और बे-मुहावरे भाषा का अन्य प्रान्तवालों पर क्या प्रभाव पड़ेगा, और भाषा के क्षेत्र में हमारा यह पतन उन लोगों को कहाँ ले जाकर पटकेगा। इसी बात का ध्यान रखते हुए पूज्य अम्बिका प्रसाद जी वाजपेयी ने कुछ दिन पहले हिन्दी के एक प्रसिद्ध लेखक और प्रचारक से कहा था—"आप अन्य प्रान्तों के निवासियों को हिन्दी पढ़ा रहे हैं और उन्हें अपना व्याकरण भी दे रहे हैं। पर जल्दी ही वह समय आएगा, जब कि वही लोग आपके ही व्याकरण से आपकी भूलें दिखाएँगे।" यह मानो भाषा की अशुद्धियों वाले व्यापक तत्त्व की ओर गूढ़ संकेत था। जब हमारी समझ में यह तत्त्व अच्छी तरह आ जाएगा, तब हम भाषा लिखने में बहुत सचेत होने लगेंगे। और मैं समझता हूँ कि हमारी भाषा की वास्तविक उन्नति का आरम्भ भी उसी दिन से होगा।

मैंने वह समय देखा है, जब कि भाषा पर स्व० बाबू बालमुकुन्द गुप्त बहुत ही कड़ी और तेज निगाह रखते थे। उसके बहुत दिनों बाद तक यह काम स्व० आचार्य महावीरप्रसाद जी द्विवेदी ने अपने हाथ में ले रखा था। उन दिनों जल्दी किसी को ऊल-जलूल भाषा लिखने का साहस ही नहीं होता था। और यदि कोई नौं-सिखुआ कुछ लिख भी जाता था, तो उस पर कड़ी फटकार पड़ती थी। पर आज-कल भाषा के क्षेत्र में पूर्ण स्वराज्य है ! पहले तो कोई कुछ कहनेवाला ही नहीं। और यदि कभी कोई कुछ कहना भी चाहे, तो आज-कल स्वतन्त्र प्रकृतिवाले नवयुवक किसी की सुनते कब हैं ! खूब मनमानी चल रही है। जिसके जी में जो आता है, वही लिख चलता है। और छापनेवाले भी आँखें बन्द करके छाप चलते हैं। इसलिए हिन्दीवालों के प्रति मेरा यह विद्रोह है। मैंने पहले दो-तीन बार कुछ अवसरों पर हिन्दीवालों का ध्यान इस ओर आकृष्ट करना चाहा था। पर नक्कारखाने में तूती की आवाज नहीं सुनी गई। इसीलिए इस बार मुझे विवश होकर अपने विचारों को इस पुस्तक का रूप देना पड़ा है। मैं हिन्दीवालों को इस बात के लिए विवश करना चाहता हूँ कि वे अपनी भूलें देखें और सुधारें। वे समझें कि जिस प्रकार—"आती है उर्दू जबा आते-आते।"

उसी प्रकार हिन्दी भी लगातार प्रयत्नपूर्वक अध्ययन करने और सीखने पर ही, कुछ समय में, आती है। लेखक बनना 'खाली जी का घर' नहीं है। हर आदमी कलम हाथ में लेते ही लेखक नहीं बन सकता। मैं बहुत ही उत्सुकतापूर्वक हिन्दी के उन सौभाग्यपूर्ण दिनों की प्रतीक्षा कर रहा हूँ, जब कि फिर कुछ योग्य और पूज्य विद्वान हाथ में अंकुश लेकर हिन्दीवालों का यह स्वेच्छाचार रोकने का प्रयत्न करेंगे। ईश्वर वे दिन शीघ्र लाएँ। परन्तु जब तक वे दिन नहीं आते, तब तक मैं ही अपने दुर्बल हाथों से उन्हें जगाने और सतर्क करने का प्रयत्न करता हूँ !

अन्त में मैं अपने इस प्रयत्न के विषय में भी कुछ निवेदन कर देना चाहता हूँ। इस पुस्तक में भूलों के जितने उदाहरण दिए गए हैं, वे बहुत ही विस्तृत क्षेत्र से चुने गए हैं और मेरे अब तक सम्पूर्ण संकलन के कदाचित् आधे भी नहीं हैं। लगभग चालीस वर्षों तक हिन्दी की अल्प सेवा करने में मुझे भाषा के सम्बन्ध में जिन बातों का थोड़ा-बहुत ज्ञान हुआ है, उन्हीं का निचोड़ इस पुस्तक में दिया गया है। सभी तरह के समाचार-पत्रों, सामयिक-पत्रों, पुस्तकों, भाषणों और बड़े-से-बड़े प्रतिष्ठित और मान्य लेखकों तक की भाषा-सम्बन्धी भूलों के अनेक उदाहरण इसमें दिए गए हैं। ये सब उदाहरण आज-कल के भी हैं, दस-बीस बरस पहले के भी और इस शताब्दी के पहले दशक के भी। हिन्दी का कलेवर कलुष से बचाने के लिए ही विशुद्ध हृदय से यह साहस किया गया है। मेरे कुछ मित्र यह चाहते थे कि मैं उदाहरणों के साथ पत्रों, पुस्तकों और लेखकों के नाम भी दे दूँ। परन्तु किसी का उपहास करने या किसी को तुच्छ सिद्ध करने का स्वप्न में भी मेरा कभी विचार नहीं हुआ। अपना पांडित्य दिखलाना भी मेरा उद्देश्य नहीं है। उद्देश्य है हिन्दी के स्वरूप की रक्षा करना—रक्षा ही नहीं, उसे विशुद्ध और उज्ज्वल करना। जब मैंने देखा कि हिन्दी के छोटे और बड़े; नये और पुराने सभी तरह के अधिकतर लेखक बिना किसी संकोच के भाषा का गला घोट रहे हैं, तब मैं यह पुस्तक लिखने में प्रवृत्त हुआ। अतः कोई सज्जन भ्रम से यह न समझ बैठें कि मैंने उन पर किसी प्रकार का आक्षेप किया है अथवा उन्हें नीचा दिखाने का प्रयत्न किया है। जिस विशुद्ध भाव से यह पुस्तक लिखी गई है, उसी विशुद्ध भाव से यह गृहीत भी होनी चाहिए। जो लोग इसे मेरी धृष्टता समझते हों, उनसे मैं इसी अवसर पर क्षमा माँगे लेता हूँ।

जहाँ तक हो सका है, मैंने इस पुस्तक को व्याकरण के झगड़ों से बचाने का प्रयत्न किया है। उन्हीं अवसरों पर व्याकरण के नियमों का संकेत किया गया है, जहाँ बिना ऐसा किए काम नहीं चल सकता था। प्रत्येक विषय को अधिक-से-अधिक स्पष्ट रूप से समझाने का प्रयत्न किया गया है। इस पुस्तक में आए हुए बहुत से विषय ऐसे हैं, जिसका पारस्परिक घनिष्ट सम्बन्ध है, और जिनका ठीक-ठीक वर्गीकरण बहुत ही कठिन है। यही कारण है कि सामग्री प्रस्तुत रहने पर भी मुझे यह छोटी-सी पुस्तक लिखने में तीन वर्ष लग गए। सभी प्रकरण दो-दो बार और कुछ प्रकरण तीन-तीन बार लिखने पड़े हैं। तिस पर नित्य मिलनेवाली नई-नई भूलें भी यथा-स्थान बढ़ाई गई हैं; और बहुत-सी बातें तो अगले संस्करण के लिए रख छोड़नी पड़ी हैं। फिर भी विषय-विन्यास की दृष्टि से पूरा-पूरा सन्तोष नहीं हुआ है। इसके सिवा अभी मैं इसमें और भी एक-दो प्रकरण बढ़ाना चाहता था। आशा है कि अगले संस्करण में वे प्रकरण भी आएँगे।

भूलें सबसे होती हैं। सम्भव है मुझसे भी इस पुस्तक में कुछ भूलें हुई हों। कुछ सिद्धान्त स्थिर करने में मैं भूल सकता हूँ, दूसरों की भूलें सुधारने में भी कोई भूल हो सकती है; अथवा

और कई तरह की भूलों की सम्भावना है। परन्तु मेरा मूल उद्देश्य सद् है, और मैं आशा करता हूँ कि विद्वान् लेखक, पाठक और आलोचक मेरे उद्देश्य पर ही ध्यान रखेंगे। यदि वे इसमें कहीं सुधार या परिवर्तन आदि की आवश्यकता समझें तो कृपया मुझे सूचना दें। मैं सबके विचारों से समुचित लाभ उठाने का प्रयत्न करूँगा।

अंत में मैं अपने उन आदरणीय मित्रों को धन्यवाद देना अपना कर्तव्य समझता हूँ, जिन्होंने इस पुस्तक की पांडुलिपि के कुछ अथवा अधिक अंश पढ़कर मुझे उत्साहित किया है और अनेक उपयोगी परामर्श तथा सूचनाएँ दी हैं। इसमें श्रीयुत् बा० सम्पूर्णानन्द जी, पं० बाबूराव विष्णु पराड़कर, आचार्य केशवप्रसाद जी मिश्र, डॉ० धीरेन्द्र वर्मा, श्री मैथिलीशरण जी गुप्त, डॉ० वसुदेवशरण जी अग्रवाल, रायकृष्ण दास जी, डॉ० मोतीचन्द जी चौधरी, पं० रामनारायण जी मिश्र और पं० वंशीधर जी विद्यालङ्कार मुख्य हैं। यदि उक्त सब सज्जन मुझे उत्साहित न करते तो बहुत सम्भव था कि यह पुस्तक और कुछ दिनों तक अँधेरे में ही रहती।

रामचन्द्र वर्म्मा

प्रबोधिनी ११

सं० २००६

चौदहवें संस्करण की भूमिका

•

'अच्छी हिन्दी' का यह चौदहवाँ संस्करण प्रकाशित हो रहा है। आप अच्छी तरह जानते हैं कि इस पुस्तक के अब तक के सभी संस्करणों में बराबर बहुत से संशोधन, परिवर्तन और परिवर्द्धन होते रहे हैं। विशेष रूप से इसके बारहवें संस्करण में बहुत अधिक परिवर्तन और संशोधन हुए हैं जिनका बहुत कुछ श्रेय मेरे सुयोग्य मित्र डॉ० ब्रजमोहन को भी है और जिसके लिए मैं उनका परम अनुगृहीत हूँ।

—लेखक

अच्छी हिन्दी

१. भाषा की परिभाषा

भाव-व्यंजन के साधन—भाषा की उत्पत्ति और विकास—भाषा का स्वरूप—शब्दों के अर्थ—शब्दों के प्रयोग—भाषा के कार्य—भाषा में सौन्दर्य—व्याकरण का कार्य—भाषा की सजावट।

१.१. भाव-व्यंजन के साधन

भाषा वह साधन है, जिससे हम अपने मन के भाव दूसरों पर प्रकट करते हैं। वस्तुतः यह मन के भाव प्रकट करने का ढंग या प्रकार मात्र है। अपने परम प्रचलित और सीमित अर्थ में भाषा के अन्तर्गत वे सार्थक शब्द भी आते हैं, जो हम बोलते हैं और उन शब्दों के वे क्रम भी आते हैं, जो हम लगाते हैं। हमारे मन में समय-समय पर विचार, भाव, इच्छाएँ, अनुभूतियाँ आदि उत्पन्न होती हैं, वही हम अपनी भाषा के द्वारा, चाहे बोलकर, चाहे लिखकर, चाहे किसी संकेत से दूसरों पर प्रकट करते हैं, कभी-कभी हम अपने मुख की कुछ विशेष प्रकार की आकृति बनाकर या भावभंगी आदि से भी अपने विचार और भाव एक सीमा तक प्रकट करते हैं पर भाव प्रकट करने के ये सब प्रकार हमारे विचार प्रकट करने में उतने अधिक सहायक नहीं होते जितनी बोली जानेवाली भाषा होती है। यह ठीक है कि कुछ चरम अवस्थाओं में मन का कोई विशेष भाव किसी अवसर पर मूक रहकर या फिर कुछ विशिष्ट मुद्राओं से प्रकट किया जाता है और इसीलिए 'मूक अभिनय' भी 'अभिनय' का एक उत्कृष्ट प्रकार माना जाता है। पर साधारणतः मन के भाव प्रकट करने का सबसे अच्छा, सुगम और सब लोगों के लिए सुलभ उपाय भाषा ही है।

पशु-पक्षियों में भी राग, द्वेष, प्रेम, क्रोध आदि भाव होते हैं। अपने ये भाव वे अपनी आकृति और मुद्रा के सिवा ऐसे शब्दों द्वारा भी प्रकट करते हैं जिन्हें हम 'बोली' भर कह सकते हैं। भाव प्रकट करने की उनकी यह शक्ति बहुत ही सीमित होती है। बहुत-से पशु-पक्षी प्रसन्न रहने की अवस्था में एक प्रकार के शब्द करते हैं और क्रुद्ध या खिन्न होने की अवस्था में अन्य प्रकार के। परन्तु उनके ये शब्द हमारे लिए उतने अधिक स्पष्ट और व्यंजक नहीं होते, जितने हमारे शब्द होते हैं। पहले हम भी संभवतः बहुत-कुछ उसी प्रकार अपने मन के भाव प्रकट करते थे, जिस प्रकार पशु, पक्षी आदि करते हैं। पर अब हमारी विकसित वाक्-शक्ति का कार्यक्षेत्र पशु-पक्षियों की सीमित वाक्-शक्ति के कार्यक्षेत्र की अपेक्षा कहीं अधिक विस्तृत हो गया है। इस विषय में भी हम पशु-पक्षियों से उतना ही आगे बढ़ गए हैं, जितना बुद्धि या विवेक में। बुद्धि और विवेक की तरह भाषा भी हमारे लिए ईश्वर की बहुत बड़ी देन है। इन्हीं सबके प्रसाद से हम जीव-जगत् में सबसे अधिक श्रेष्ठ माने जाते हैं। जीवन-यात्रा में यही हमारे शरीर-रूपी रथ के पहिए हैं।

१.२. भाषा की उत्पत्ति और विकास

हमें भ्रमवश यह न समझ लेना चाहिए कि अपनी वर्तमान बुद्धि और भाषा हमें सृष्टि के आरम्भ से ही और इन्हीं रूपों में मिली है अथवा हम सदा से इसी तरह सोचते-समझते और

बोलते-चालते चले आए हैं। जिस प्रकार इस संसार की और सब चीजों का धीरे-धीरे विकास हुआ है, उसी प्रकार हमारी बुद्धि और भाषा का भी। मानव-जीवन की आरम्भिक अवस्था में मनुष्य की बुद्धि और भाषा दोनों बहुत सीमित थीं, बल्कि यों कहना चाहिए कि नहीं के बराबर थीं। बिल्कुल निश्चित रूप से यह नहीं कहा जा सकता कि मनुष्य आरम्भ में भाषा और बुद्धि के विकास के किस स्तर पर था; पर इसमें सन्देह नहीं कि वह स्तर बहुत ही निम्न कोटि का था। बहुत संभव है कि उस समय हम लोगों की अवस्था उस अवस्था से मिलती-जुलती रही हो, जिसमें हमें आज-कल गोरिल्ले, चिम्पैंजी आदि वानर दिखाई देते हैं। वस्तुतः यहाँ इस विषय के विशेष विवेचन का कोई उपयोग नहीं। हमारे लिए यही समझ लेना यथेष्ट है कि बुद्धि और भाषा दोनों के विचार से हम बहुत ही निचले स्तर से धीरे-धीरे उठते हुए लाखों बरसों में अपनी वर्तमान उन्नत अवस्था तक पहुँचे हैं।

सभ्यता के क्षेत्र में प्रवेश कर चुकने पर भी आरम्भ में मनुष्यों की बुद्धि अल्प और शब्द-भण्डार बहुत ही परिमित था। ज्यों-ज्यों बौद्धिक, सामाजिक, औद्योगिक, आर्थिक, राजनीतिक आदि दृष्टियों से हमारा विकास होता गया, त्यों-त्यों हमारा शब्द-भण्डार भी बढ़ता गया और भाव तथा विचार प्रकट करने के सूक्ष्म भेद-प्रभेद भी उत्पन्न होते गए। ज्यों-ज्यों हमारी आवश्यकताएँ बढ़ती गई, हमें नई-नई वस्तुओं का ज्ञान होता गया और नए-नए देशों तथा जातियों से हमारा सम्पर्क बढ़ता गया; त्यों-त्यों हमारे शब्द भी बढ़ते गए और भाव-व्यंजन के प्रकार तथा भेद भी। नए-नए शिल्पों और ज्ञान-विज्ञानों के आविष्कार, नए-नए स्थानों और लोगों के परिचय तथा इसी प्रकार की और अनेक बातें हमारी भाषा को उन्नत तथा विकसित करती गई। यही वह क्रम है जिससे सभ्य मनुष्यों की भाषा वर्तमान उन्नत अवस्था तक पहुँची है।

१.३. भाषा का स्वरूप

भाषा बहुत-से ऐसे शब्दों से बनती है, जिनके कुछ अर्थ होते हैं, बल्कि यों कहना चाहिए कि मान लिए जाते हैं। निरर्थक शब्दों के लिए भाषा में कोई स्थान नहीं होता। शब्द का अर्थ और कहीं नहीं, स्वयं हमारे मन में होता है। इस विषय के तीन पक्ष होते हैं। पहला शब्द, दूसरा अर्थ और तीसरा वक्ता-श्रोता के मन। भाषा इसीलिए हमारे मन के भाव दूसरों तक पहुँचाती है कि हम अपने सामाजिक क्षेत्र में कुछ विचारों, कार्यों, वस्तुओं आदि का सम्बन्ध कुछ विशिष्ट शब्दों से स्थापित कर लेते हैं। कोई बात सुनकर उसका अर्थ हम इसीलिए तुरन्त समझ लेते हैं कि हम जानते हैं कि वक्ता अपने इन शब्दों से वही आशय प्रकट कर रहा है, जो आशय आवश्यकता पड़ने पर स्वयं हम अथवा हमारे समाज के दूसरे लोग इन शब्दों से प्रकट करते हैं। इस प्रकार शब्द और उसके अर्थ में हमारे और आपके मन के संयोग से एक अभेद्य सम्बन्ध स्थापित हो जाता है। उदाहरण के लिए, साधारण 'पास' शब्द लीजिए। हम हिन्दीवाले इसका अर्थ 'निकट', 'समीप' या 'नजदीक' समझते हैं। पुरानी हिन्दी में इसका अर्थ 'ओर' या 'तरफ' होता था। अब यह 'अधिकार में' या 'कब्जे में' के अर्थ में भी प्रयुक्त होता है। यह तो हमारे यहाँ के 'पास' का अर्थ-विकास हुआ। परन्तु भारत के समीपवर्ती फारस देश की भाषा में इसी शब्द के अर्थ होते हैं—(क) लिहाज या खयाल, (ख) तरफदारी या पक्षपात, (ग) पहरा, चौकी आदि। अँगरेजी में इसके अर्थ होते हैं—(क) उत्तीर्ण या पारित, (ख) दर्रा या घाटी, (ग) गुजरना, बीतना आदि। संसार की अन्यान्य

भाषाओं में इसके न जाने और क्या-क्या अर्थ होते होंगे। स्वयं 'अर्थ' शब्द के हमारे यहाँ जो अर्थ हैं, वे तो हम जानते ही हैं; पर अँगरेजी में 'अर्थ' के अर्थ होते हैं—पृथ्वी, भूमि, मिट्टी आदि। मराठी में 'शिक्षा' का अर्थ मान लिया गया है—दण्ड या सजा। इन सब बातों से सिद्ध होता है कि स्वयं किसी शब्द में कोई ऐसी विशेषता नहीं होती, जिससे उसका कोई अर्थ सूचित हो। अलग-अलग देशों के निवासी अपने लिए अलग-अलग शब्द बनाते और उनके अलग-अलग अर्थ मान लेते हैं। हम एक भाव या एक पदार्थ का बोध कराने के लिए जिस शब्द का प्रयोग करते हैं; सम्भव है और देशों के लोग उस शब्द का प्रयोग कोई दूसरा भाव या पदार्थ सूचित करने के लिए करते हों। यहाँ तक कि अनुकरणवाचक शब्द भी सब भाषाओं में अलग-अलग तरह के होते और अलग-अलग तरह से बनते हैं। अतः शब्द संकेत मात्र हैं और उनका अर्थ वस्तुतः हमारे और आपके मन में होता है।

१.४. शब्दों के अर्थ

भिन्न-भिन्न भाषाओं में तो एक ही शब्द के भिन्न-भिन्न अर्थ होते ही हैं, एक ही भाषा में एक ही शब्द के भी अनेक अर्थ होते हैं। सभी उन्नत भाषाओं में ऐसे सैकड़ों-हजारों शब्द होते हैं, जिनके दो-चार ही नहीं, दस-बीस तक अर्थ होते हैं। अपने यहाँ का 'काटना' शब्द लीजिए। हम लकड़ी, तनख्वाह, बात और समय तो काटते ही हैं, पर चालाकी से न जाने कितनों के कान भी काटते हैं ! इन सब प्रयोगों में 'काटना' के अलग-अलग अर्थ हैं। तात्पर्य यह कि हम कुछ शब्दों के कुछ विशिष्ट अर्थ निश्चित कर लेते हैं और तब आवश्यकता के अनुसार उनमें विस्तार भी करते हैं। अर्थात् हम किसी शब्द का एक अर्थ में प्रयोग करते-करते उसमें किसी दूसरे अर्थ का भी आरोप करने लगते हैं। कभी-कभी तो वह पहला अर्थ मुख्य रहता है, शेष अर्थ गौण हो जाते हैं। पर अधिकतर अवस्थाओं में मुख्यता प्राप्त कर लेनेवाला अर्थ ही काम देता है। उदाहरणार्थ 'अग्निकर्म' शब्द लीजिए। इसका पहला अर्थ है, आग सम्बन्धी काम। पर हम साधारण कर्मों के लिए चूल्हा या भट्ठी सुलगाने को 'अग्निकर्म' नहीं कहते, बल्कि मृतक के दाह को ही 'अग्निकर्म' कहते हैं। इसके सिवा और किसी अर्थ में 'अग्निकर्म' का प्रयोग इसलिए अशुद्ध भी होगा और भ्रामक भी क्योंकि वह एक विशिष्ट अर्थ का वाचक मान लिया गया है। इसके सिवा बहुत-से ऐसे शब्द भी होते हैं, जिनका हम कभी प्रयोग नहीं करते, भले ही दूसरे लोग उनका प्रयोग करते हों। कारण यही है कि अपने काम के लिए हम उनका कोई अर्थ निश्चित नहीं करते। हम जिन शब्दों के अपने प्रयोग के लिए कोई अर्थ स्थिर नहीं करते, उन्हें निरर्थक मान लेते हैं, जैसे—पिंग, चुंग, कांग आदि। पर चीन और जापान में इन्हीं शब्दों के न जाने क्या-क्या अर्थ होते होंगे। भाषाओं में जो अन्तर होता है, वह इसी माने हुए अर्थ-भेद के कारण।

१.५. शब्दों के प्रयोग

अपने मन के भाव प्रकट करने के लिए हम सार्थक शब्दों का प्रयोग दो प्रकार से करते हैं। एक तो बोलकर और दूसरे लिखकर। बोले हुए शब्द सुनकर और लिखे हुए शब्द पढ़कर उनका अर्थ या भाव समझा जाता है। लिखने और पढ़ने की अपेक्षा हम बोलते और सुनते ही अधिक हैं। सीखते भी हम पहले बोलना और सुनना ही है। लिखने और पढ़ने की बारी तो बहुत बाद में आती है। यह बात हमारे व्यक्तिगत जीवन में भी और समाज के विकास के इतिहास में भी समान रूप से ठीक है।

हम प्रायः कुछ-न-कुछ सोचते या कुछ-न-कुछ करते रहते हैं और जो कुछ सोचते या करते हैं, उसके सम्बन्ध में कुछ कहते-सुनते भी रहते हैं। हम अपना अभिप्राय दूसरों पर स्पष्ट रूप से प्रकट करना चाहते हैं और दूसरों का आशय ठीक तरह से समझना चाहते हैं। पर कभी-कभी ऐसा होता है कि हमें अपनी बात समझाने या दूसरों की बात समझने में उतनी सरलता नहीं होती, जितनी होनी चाहिए। इसके कई कारण हैं। जैसे शब्दों की कमी, ठीक तरह से भाव व्यक्त करने की जानकारी का अभाव, शब्दों का ठीक-ठीक आशय न समझकर उनका बेठिकाने प्रयोग आदि। हम छोटी अवस्था में पढ़-लिखकर बहुत-से शब्द सीख लेते हैं और व्याकरण का भी थोड़ा-बहुत ज्ञान प्राप्त कर लेते हैं। परन्तु हम प्रायः देखते हैं कि हमारा वह ज्ञान हमारे नित्यप्रति के व्यवहार में अधिक सहायक नहीं होता, कभी हम बोलने में भूल कर जाते हैं, कभी लिखने में और कभी दूसरों के भाव समझने में। यदि ऐसे अवसरों पर थोड़ा विचार किया जाए, तो हम अच्छी तरह समझ सकते हैं कि भाषा की दृष्टि से हमारा लिखने-पढ़ने का जो उद्देश्य था, वह ठीक तरह से पूरा नहीं हुआ। साधारण शिक्षा का हमारे लिए कम-से-कम इतना उपयोग तो अवश्य होना चाहिए कि हम अपनी बातें ठीक तरह से दूसरों को समझा सकें और उनकी बातें उसी तरह समझ सकें। परन्तु इसके लिए भाषा पर अच्छा अधिकार होना चाहिए।

१.६. भाषा के कार्य

हम भाषा के द्वारा दूसरों पर अपनी आवश्यकताएँ या इच्छाएँ, दुःख या प्रसन्नता, क्रोध या संतोष प्रकट करते हैं तथा इसी प्रकार के और बहुत से काम करते हैं। कभी हमें अपना काम निकालने के लिए दूसरों से अनुनय-विनय या प्रार्थना करनी पड़ती है, कभी उन्हें उत्तेजित या उत्साहित करना होता है, कभी उनसे आग्रह करना पड़ता है और कभी उन्हें अपने अनुकूल बनाना होता है। कभी हमें लोगों को शान्त करने के लिए समझाना-बुझाना पड़ता है और कभी उन्हें कोई काम करने या किसी से लड़ने के लिए उत्साहित या प्रेरित करना पड़ता है। कभी हम लोगों को अपने वश में करना पड़ता और कभी उन्हें किसी के प्रति विद्रोह करने के लिए उभाड़ना पड़ता है। भाषा से निकलनेवाले इस प्रकार के और भी बहुत-से कार्य ठीक तरह से तभी हो सकते हैं, जब उस पर हमारा पूरा-पूरा अधिकार हो।

भाषा से बहुत बड़े-बड़े कार्य होते हैं; पर हाँ, भाषा उन बड़े कार्यों के उपयुक्त होनी चाहिए। इतिहास में ऐसे उदाहरणों की कमी नहीं, जिनमें केवल भाषा या भाषण के द्वारा बहुत बड़े-बड़े कार्य कर दिखलाए गए हों या दूसरों से करा लिए गए हों। बड़े-बड़े युद्ध और बड़े-बड़े विद्रोह एक सीमा तक प्रायः भाषा के बल पर ही छेड़े जाते हैं। बड़े-बड़े उत्थान और बड़ी-बड़ी क्रान्तियाँ प्रायः भाषा के सहारे ही होती हैं। भाषा ही लोगों को बहकाकर, मनुष्यत्व की सीमा से निकालकर, हिंसक पशुओं तक के वर्ग में ले जाती है और भाषा ही उन्हें कुमार्ग से हटाकर सन्मार्ग पर लाती और पाप से विमुख करके पुण्य-कार्यों में लगाती है। **भाषा की शक्ति अपरिमित और अमोघ है**। अच्छी भाषा में जादू का असर, संगीत का माधुर्य और तलवार की शक्ति होती है। इसीलिए अँगरेजी में एक कहावत-सी बन गई है, जिसका आशय है—तलवार से भी बढ़कर शक्तिशालिनी क़लम है। इस कथन में 'क़लम' लिखित भाषा की प्रतीक मात्र है। हमारे यहाँ तो उसे और भी अधिक ऊँचा स्थान दिया

गया है। हम उसे सरस्वती देवी **का** रूप मानते हैं। अतः जो लोग बड़े बनना चाहते हों, या बड़े काम करना **चाहते हों,** उन्हें पहले अपनी भाषा की ओर ध्यान देना चाहिए।

भाषा शक्ति है और बहुत बड़ी शक्ति है। सभी शक्तियों की भाँति इसके भी सदुपयोग और दुरुपयोग दोनों हो सकते हैं और सदा से होते आए हैं। **विचारवान् और सदाशय इसका सदुपयोग करते हैं और तुच्छ तथा नीच लोग दुरुपयोग।** भाषा का दुरुपयोग करने वाले लोग यह नहीं समझते कि जिनके हाथ में शक्ति होती है, उनका उत्तरदायित्व भी अपेक्षया अधिक होता है और इसीलिए वे अपने उत्तरदायित्व की उपेक्षा करके शक्ति का दुरुपयोग करते हैं। इससे भी बढ़कर एक और विलक्षण बात यह है कि जिस भाषा की सृष्टि वस्तुतः अपने मन के भाव प्रकट करने के लिए हुई है, उसी का उपयोग कुछ लोग अपने मन का भाव छिपाकर दूसरों को ठगने, धोखा देने, भड़काने या भ्रम में डालने के लिए भी करते हैं। आज-कल के पाश्चात्य राजनीतिज्ञों के सम्बन्ध में तो यह बात प्रसिद्ध ही है कि भाषा का उपयोग अपने मन के भाव प्रकट करने की अपेक्षा अधिकतर उन्हें छिपाने के लिए ही करते हैं। यह है तो इस महान् तथा सर्वश्रेष्ठ शक्ति का दुरुपयोग ही, पर इसे हम इसकी शक्तिमत्ता का एक प्रबल प्रमाण ही मानेंगे। पर साथ ही हम यह भी कह सकते हैं कि अनेक अवसरों पर भाषा के अच्छे जानकार किसी वक्ता या लेखक की भाषा के आधार पर ही उनकी वक्तृता या लेख में छिपा हुआ गूढ़ आशय या भाव ढूँढ़ निकालते और उसका भंडाफोड़ कर देते हैं।

अच्छी भाषा लोगों पर हमारी योग्यता प्रकट करती है, समाज में हमारा सम्मान बढ़ाती है और हमारे बहुत-से कठिन काम भी सहज में पूरे करती है। दूसरों की अशुद्ध, भद्दी या बेमुहावरेदार भाषा सुनकर हम मन में हँसते और उन्हें मूर्ख समझते हैं ! चाहे हम उस समय किसी कारण से चुप ही क्यों न रहें पर अशुद्ध या भद्दी भाषा बोलने या लिखनेवाले के प्रति हमारी श्रद्धा अवश्य कम हो जाती है। हम समझ लेते हैं कि इन्हें शुद्ध बोलना या लिखना तक नहीं आता। यदि इनमें से कोई बात न हो, तो भी कभी-कभी अच्छे, योग्य और सम्मानित व्यक्तियों को भी अपनी भाषा-सम्बन्धी सामान्य-सी चूक के लिए सुविज्ञ समाज के सामने लज्जित तो होना ही पड़ता है। भारतीय राजदूत के रूप में जब श्रीमती विजयलक्ष्मी पण्डित मास्को की राज्य-सभा में अपना परिचय-पत्र उपस्थित करने लगी थीं, (दिसम्बर, १९४७) तब उनका भाषण हिन्दी में हुआ था। आपने रूस के 'राष्ट्रपति' को कहीं भूल से 'सभापति' कह दिया था। इस पर वहाँ के रूसी दुभाषिए ने उन्हें टोककर कहा—आपको 'अध्यक्ष' कहना चाहिए। भारत आने पर श्रीमती पण्डित ने स्पष्ट रूप से यह स्वीकार किया था कि इस जरा-सी भूल के लिए मुझे उस समाज में लज्जित होना पड़ा था।

यदि कोई आदरणीय व्यक्ति कोई अच्छी बात भद्दी या अशुद्ध भाषा में कहता है, तो हम पर उसका यथेष्ट प्रभाव नहीं पड़ता। इसके विपरीत यदि कोई साधारण व्यक्ति भी सामान्य-सी बात अच्छी और प्रसादपूर्ण भाषा में कहता है तो वह तुरन्त हमारे मन में बैठ जाती है और हम अनजान में ही कहनेवाले का कुछ विशेष आदर करने लगते हैं। भाषा ही मनुष्य की वास्तविक योग्यता, उसकी विद्वत्ता और बुद्धिमत्ता, उसके अनुशीलन, मनन और विचारों की गम्भीरता, उसके गूढ़ उद्देश्य तथा उसके स्वभाव और सामाजिक स्थिति का परिचय देती है। हर किसी के व्यक्तित्व से सबद्ध इस प्रकार की सब बातों का पता सहसा सब लोगों को नहीं चलता। भाषा के विशेष ज्ञाता और पारखी ही ये सब बातें समझ सकते हैं, और दूसरों के

वास्तविक उद्देश्य जानने का सफल प्रयत्न कर सकते हैं। **भाषा का प्रभाव बहुत अधिक होता है और उसके उत्कृष्ट ज्ञान का फल भी उतना ही अधिक होता है।**

१.७. भाषा में सौन्दर्य

मनुष्य दोषों और भूलों से तो बचना चाहता ही है, वह स्वभावतः सौन्दर्य-प्रिय भी होता है। वह संसार की सभी वस्तुएँ सुन्दर रूप में देखना और रखना चाहता है। जिन कलाकारों में सौंदर्य की अनुभूति और भावना बहुत बढ़ी हुई होती है, वे कुरूप वस्तुओं में भी कुछ सौंदर्य पाते अथवा ढूँढ़ निकालते हैं। परन्तु साधारण लोगों को भी सौंदर्य की थोड़ी-बहुत परख तो होती ही है। सुन्दर और असुन्दर वस्तुएँ देखने के तो हमें उतने अवसर नहीं मिलते, परन्तु अच्छी और भद्दी भाषा सुनने के अवसर प्रायः नित्य मिलते रहते हैं। जिन लोगों को सौंदर्य की परख अधिक होती है, उन्हें भद्दापन भी अधिक खटकता है। यही कारण है कि कभी-कभी छोटे बच्चे भी बड़ों की भूलों और विशेषतः भाषा-सम्बन्धी भूलों पर हँसते और उन्हें टोकते या चिढ़ाते हुए देखे जाते हैं।

हम जिस प्रकार अपनी अन्य कृतियों को सुन्दर बनाना चाहते हैं, उसी प्रकार अपनी भाषा में भी सौंदर्य लाना चाहते हैं। भाषा को सुन्दर बनाने में कई बातें विशेष रूप से सहायक होती हैं। उनमें पहली बात है—बहुत-से शब्दों और उनके ठीक अर्थों का ज्ञान। इस सम्बन्ध में एक साधारण सिद्धान्त यह है कि जिस भाषा या बोली में शब्दों की संख्या जितनी ही कम होगी, उसमें भूल होने या भद्दापन आने के लिए भी उतना ही कम अवकाश होगा। अब यह बात दूसरी है कि थोड़े शब्दोंवाली भाषा या बोली में उतने अधिक भाव न व्यक्त किए जा सकते हों, जितने किसी शब्द-सम्पन्न भाषा या बोली में किए जा सकते हैं। और इसीलिए उन्नति या विकास की दृष्टि से ऐसी भाषा या बोली अपनी प्रारम्भिक, अप्रौढ़ या निम्न अवस्था में मानी जाती है। असभ्य और जंगली जातियों की बोलियाँ प्रायः ऐसी ही होती हैं। उनमें शब्द भी कम होते हैं और अशुद्धियों के लिए अवकाश भी कम रहता है। परन्तु उन्नत, शिक्षित और सभ्य समाज की भाषा में यह बात नहीं होती। उसका शब्द-भंडार बहुत बड़ा होता है और उस शब्द-भंडार से भी कहीं अधिक बड़ा होता है उसका कार्यक्षेत्र। ऐसी अवस्था में मनोगत भाव व्यक्त करने के ढङ्ग भी बहुत बढ़ जाते हैं और कथ्य या वर्ण्य विषयों की संख्या भी। ऐसी परिस्थितियों में भाषा-सम्बन्धी भूलों के लिए भी बहुत-कुछ अवकाश निकल आता है।

१.८. व्याकरण का कार्य

भाषा में होनेवाली इस प्रकार की भूलों के लिए अवकाश कम करने के उद्देश्य से ही सबसे पहले समझदारों के मन में व्याकरण की रचना का विचार उत्पन्न हुआ होगा। व्याकरण का मुख्य कार्य भाषा के नियम ढूँढ़कर उन्हें स्थिर और क्रम-बद्ध करना है। सब भाषाओं में उनके व्याकरण यह कार्य करते हैं और इसीलिए भाषा-सम्बन्धी शिक्षा में व्याकरण का एक विशिष्ट स्थान होता है। परन्तु जब तक भाषा सजीव रहती और उन्नति करती चलती है, तब तक बेचारा व्याकरण दौड़ में उसका साथ नहीं दे पाता। जो समाज बराबर उन्नति करता और आगे बढ़ता रहता है, उसकी भाषा भी बराबर उसके साथ-साथ बढ़ती रहती है और व्याकरण उसके पीछे-पीछे लँगड़ाता और घसीटता हुआ चलता है। जब भाषा बहुत-कुछ आगे बढ़ चुकी है, तब वैयाकरण अपना व्याकरण भी उसके पास तक पहुँचाने का प्रयत्न

करते हैं। यह व्याकरण वह दूसरा तत्त्व है, जो भाषा को शुद्ध और सुन्दर बनाने में सहायक होता है। यहाँ हमें स्मरण रखना चाहिए कि व्याकरण हमें संज्ञाओं, सर्वनामों, विशेषणों, क्रियाओं आदि के ऊपरी भेद बतलाकर ही अपना काम समाप्त कर देता है। वह हमें **शब्दों और फलतः भाषा की अन्तरात्मा तक कभी पहुँचा ही नहीं सकता**। उस अन्तरात्मा तक पहुँचने के लिए शब्दों, प्रयोगों आदि के ठीक अर्थों और आशयों तथा भाषा की प्रकृति और स्वरूप के ज्ञान की आवश्यकता होती है।

बोल-चाल, वाक्य-रचना आदि का सौंदर्य बढ़ानेवाला तीसरा और सबसे बड़ा तत्त्व होता है—भाषा पर पूर्ण अधिकार। यह अधिकार न तो शब्द-भंडार की विपुलता पर आश्रित है और न व्याकरण के ज्ञान पर ही। इसका आश्रय या आधार तो स्वयं व्यक्ति और उसकी भाषिक चेतना होती है। शब्दों का बहुत बड़ा भंडार हमें कोशों में मिल सकता है और व्याकरण के बहुत-से नियम वैयाकरण हमारे सामने रख देते हैं। परन्तु सजीव भाषा में कुछ ऐसी बातें होती हैं जो कोश और व्याकरण दोनों की पहुँच के बाहर होती हैं। **इसीलिए केवल कोश और व्याकरण रट डालने पर भी हमारी भाषा अच्छी, मुहावरेदार और शुद्ध नहीं हो सकती—उसमें जीवन और सौंदर्य नहीं आ सकता**। हम एक ऐसे विद्वान् सज्जन को जानते हैं, जिन्हें बहुत अधिक शब्दों और कई मृत तथा जीवित भाषाओं के व्याकरणों का बहुत अच्छा ज्ञान था, फिर भी जो बोलने और लिखने में बहुत अशुद्धियाँ करते थे। अशुद्धियों की बात तो जाने दीजिए, बहुत-से लोगों की भाषा व्याकरण की दृष्टि से परम शुद्ध होने पर भी नीरस और निर्जीव होती है और किसी ऐसे व्यक्ति की भाषा भी परम सरस और सजीव हो सकती है, जिसने व्याकरण का कभी नाम भी न सुना हो। व्याकरण-सम्बन्धी नियमों का ज्ञान और बात है; भाषा पर अधिकार और बात।

१.९. भाषा की सजावट

अच्छी गठन और ठीक सजावट से ही कोई चीज सुन्दर हो सकती है और ये दोनों बातें परिष्कृत रुचि से ही उत्पन्न होती हैं। यों तो रुचि बहुत-कुछ स्वाभाविक ही होती है, फिर भी वह संस्कृत और परिमार्जित की जा सकती है। कविता, संगीत आदि कलाओं के लिए ईश्वरदत्त रुचि तो चाहिए ही; साथ में कुछ शिक्षा तथा अभ्यास की भी आवश्यकता होती है। यही बात अच्छी भाषा लिखने के सम्बन्ध में भी है। रुचि की बहुत-कुछ अभिवृद्धि भी हो सकती है और बहुत अंशों में वह अर्जित भी की जा सकती है। प्रश्न रह जाता है केवल प्रयत्न का। अब वह बतलाने के लिए किसी विशेष तर्क की आवश्यकता न होगी कि जो व्यक्ति जिस विषय में जितना अधिक प्रयत्न करता है, वह अपने प्रयत्न में यदि बहुत नहीं तो बहुत-कुछ सफल अवश्य हो जाता है। अतः यदि हम अपनी भाषा को निर्दोष, सुन्दर, ओजस्विनी, प्रसादपूर्ण और प्रभावशालिनी बनाने का ठीक तरह प्रयत्न करें, तो हमें सहज में बहुत-कुछ सफलता मिल सकती है। अन्यान्य बातों की शिक्षा प्राप्त करने में तो कुछ-न-कुछ परिश्रम करना और विशेष समय लगाना पड़ता है, पर भाषा की शुद्धता के लिए इन बातों को उतनी आवश्यकता नहीं होती। इसमें आवश्यकता केवल इस बात की होती है कि छोटी-छोटी भूलों पर भी सूक्ष्म दृष्टि से विचार किया जाए। जब हम भाषा-सम्बन्धी छोटी-छोटी भूलों पर ध्यान देने लगेंगे, तब बड़ी-बड़ी भूलें आप-से-आप हमें दिखाई देने लगेंगी। जहाँ एक बार आप इस मार्ग पर चल पड़े, वहाँ काम बहुत-कुछ आप-से-आप होने लगेगा। अच्छे

और शुद्ध प्रयोग उसी प्रकार अनायास और स्वाभाविक रूप से आपके सामने आने लगेंगे, जिस प्रकार गिरने या फिसलने के समय हाथ अनायास किसी सहारे की तरफ बढ़ने लगता है। यह विषय आपको इतना अधिक रोचक प्रतीत होगा कि आप इस पर अनुरक्त हो जाएँगे; और अपनी तथा अपने मित्रों की भाषा ठीक करने के सिवा साहित्य का भी बहुत उपकार करेंगे।

यदि आप अपनी भाषा पर भी और दूसरों की भाषा पर भी आज से ही ध्यान देना आरम्भ कर दें, तो बहुत सम्भव है कि एक आध महीने के अन्दर ही भाषा को सुन्दर और शुद्ध बनानेवाले बहुत-से तत्त्व आप-से-आप आपके सामने आने लग जाएँ। फिर साल दो साल के प्रयत्न और परिश्रम का तो कहना ही क्या ! पर यदि आप उन्हीं छोटी-छोटी बातों को तुच्छ समझकर छोड़ते चलने के अभ्यस्त हो जाएँगे, तो फिर आपकी भाषा में बराबर कुछ-न-कुछ दोष बढ़ते ही चले जाएँगे। भाषा का पूरा ध्यान रखना और उसका गहन अध्ययन करना इसलिए और भी आवश्यक है कि उससे भाषा सम्बन्धी बहुत-से ऐसे नए तत्त्व सामने आते हैं, जो जीवन-यात्रा में अनेक प्रकार से उपयोगी तथा सहायक होते हैं। भाषा में शब्द प्रायः अनेक प्रकार से काम करते हैं, और उन प्रकारों की जानकारी हमें 'सुविज्ञ' बनाती है।

हमें स्वयं तो सदा अपनी भाषा शुद्ध और सुन्दर बनाने का ध्यान रखना ही चाहिए, दूसरों को भी इस विषय में सचेत करते रहना चाहिए। इससे हम अपना भला तो करेंगे ही, **भाषा का भी** बहुत-कुछ उपकार करेंगे। विशेषतः बच्चों की भाषा पर तो हमें और भी अधिक ध्यान देना चाहिए। बच्चे जिस तरह और सब कामों में भूलें करते हैं, उसी तरह बोलने में भी करते या कर सकते हैं। आरम्भ में ही यदि उनका ध्यान भाषा-सम्बन्धी भूलों की ओर दिलाया जाए और उन्हें सचेत कर दिया जाए, तो थोड़े ही समय में वे भी भाषा का सौंदर्य बहुत-कुछ परखने लगेंगे। पर यदि हम उनकी भाषा-सम्बन्धी आरम्भिक भूलों को तुच्छ समझकर उनकी उपेक्षा करेंगे, तो बहुत सम्भव है कि उनमें से बहुत-सी भूलों का फिर कभी सुधार हो ही न सके। इसी तरह के लोग बड़े होने और बहुत-कुछ पढ़-लिख लेने पर भी, भली-भाँति सुशिक्षित और विद्या-सम्पन्न होने पर भी—'कै बजी ?' 'बाजार खुली।' और 'हम आपका सब बात समझ लिया।' सरीखे अशुद्ध और भद्दे वाक्य बोलते हुए देखे जाते हैं।

इस सम्बन्ध में ध्यान रखने की सबसे बड़ी बात यह है कि यदि हमें कभी कोई हमारी भाषा-सम्बन्धी भूल बतलाए तो हमें उस पर बिगड़ना या रुष्ट होना नहीं चाहिए, बल्कि उसका उपकार मानना चाहिए। एक बार किसी प्रधान-सम्पादक के लेख में उनके किसी सहायक ने अनुपयुक्त शब्द काटकर उसकी जगह दूसरा उपयुक्त शब्द रख दिया था और वह लेख में उसी संशोधित रूप में छपा था। दूसरे दिन सम्पादक महोदय अपने लेख में किया हुआ वह संशोधन देखकर अपने सहायक पर बहुत लाल-पीले हुए और उसे धमकाने लगे कि तुम सम्पादन विभाग से निकाल दिए जाओगे। पर सहायक पहले से तैयार था। उसने भाषा के शुद्ध प्रयोगों की प्रामाणिक पुस्तक खोलकर नम्रतापूर्वक सम्पादक जी के सामने रख दी। सम्पादक जी ने बहुत ही लज्जित होकर सहायक का उपकार माना, उसे धन्यवाद दिया और भविष्य में भाषा लिखते समय बहुत सचेत रहने की प्रतिज्ञा की।

✡

२. भाषा की प्रकृति

प्रकृति का स्वरूप—व्याकरण और प्रकृति में भेद—प्रकृति के कुछ आधार—भाषा की प्रकृति—भाषाओं की विशेषताएँ—प्रकृति और विभक्तियाँ—प्रान्त-भेद और प्रकृति—प्रकृति और भाषा-शुद्धि।

२.१. प्रकृति का स्वरूप

आपने बहुत-से फूल देखे होंगे, और बहुतेरे सूँघे भी होंगे। यदि आपसे उन फूलों में से किसी के रूप-रंग, आकार-प्रकार आदि का वर्णन करने के लिए कहा जाए, तो आप बतला भी सकेंगे कि वह बड़ा होता है या छोटा, सफेद होता है या लाल, गोल होता है या लम्बोतरा आदि। इस प्रकार उस फूल का वर्णन करने में आप बहुत-कुछ समर्थ होंगे। परन्तु यदि आपसे उस फूल की गन्ध का वर्णन करने के लिए कहा जाए तो ? बहुत सम्भव है कि आप चक्कर में पड़ जाएँ और उसकी गन्ध का ठीक-ठीक वर्णन न कर सकें। कारण यह है कि फूल तो मूर्त वस्तु है, परन्तु उसकी गन्ध अमूर्त। मूर्त वस्तु का वर्णन करना बहुत-कुछ सुगम होता है; परन्तु अमूर्त वस्तु के वर्णन के सम्बन्ध में यह बात नहीं। उसका ठीक-ठीक वर्णन करना बहुत ही कठिन होता है।

भाषा भी जब तक बोली जाती है, तब तक बिलकुल अमूर्त रहती है। पर लिपि की सहायता से उसे बहुत-कुछ मूर्त रूप मिल जाता है। भाषा-सम्बन्धी जो वर्णन या विवेचन देखने में आते हैं, वे सब उसके इसी 'बहुत-कुछ मूर्त रूप' के आधार पर होते हैं। चाहे व्याकरण हो, चाहे अलंकार-शास्त्र हो और चाहे भाषा-विज्ञान हो, सभी भाषा के 'बहुत-कुछ मूर्त रूप' पर आश्रित हैं। जिन दिनों भाषा केवल बोली जाती थी और लिखी-पढ़ी नहीं जाती थी, उन दिनों उसके उक्त प्रकार के विवेचन भी नहीं अथवा नहीं के समान होते थे। आप कह सकते हैं कि हम जबानी सुनकर भी भाषा के उक्त प्रकार के विवेचन कर सकते हैं। पर यह इसी कारण कि आप पढ़े-लिखे आदमी हैं और भाषा के मूर्त रूप से परिचित हैं। जिन दिनों आदमी पढ़े-लिखे नहीं होते थे, उन दिनों इस प्रकार के विवेचन भी नहीं होते थे। जब लोग लिखने-पढ़ने लगे, तब वे धीरे-धीरे इस प्रकार के विवेचन भी करने लगे। तात्पर्य यह कि जब लिपि ने भाषा को 'बहुत-कुछ मूर्त रूप' दे दिया, तब कहीं जाकर वह विवेच्य हुई। तभी से भाषा-सम्बन्धी नियम भी बनने लगे और अलंकरण भी और उनके गुण-दोषों का भी विवेचन होने लगा।

फिर भी एक बात रह ही गयी। आप फूल का तो वर्णन कर सके पर उसकी गन्ध का वर्णन आपसे न हो सका। स्थूल या दृश्य शरीर का वर्णन तो हो गया पर सूक्ष्म या अदृश्य आत्मा रह ही गई । जो भाषा हम और आप नित्य लिखते-पढ़ते और बोलते-चालते हैं, वह फूल है—स्थूल और दृश्य शरीर है। परन्तु उसकी प्रकृति उस श्रेणी की वस्तु है, जिस श्रेणी की फूलों की गन्ध, प्राणियों का जीवन या आत्मा अथवा अन्यान्य वस्तुओं की प्रकृति होती है। भाषा का विवेचन तो सहज है; परन्तु उसकी प्रकृति का वर्णन या निर्देश हमारी शक्ति

के बहुत-कुछ बाहर की बात है। फिर भी कुछ ऐसे अवसर आ ही जाते हैं, जब मनुष्य असाध्य-साधन में भी प्रवृत्त होता है। ईश्वर और आत्मा हों या न हों, हमें इससे मतलब ? पर नहीं, हम अनेक अवसरों पर उनका अनुभव करके उनका विचार और विवेचन करते हैं, अपनी ओर से उनके साथ सम्बन्ध स्थापित करते हैं और किसी न किसी प्रकार उनके स्वरूप की कल्पना करके उन्हें प्रत्यक्ष अथवा सिद्ध करने का प्रयत्न करते हैं। यह सब लोगों का काम नहीं। बड़े-बड़े ज्ञानी ही इसे हाथ में लेते हैं। धीरे-धीरे अन्धकार दूर होने लगता है और प्रकाश की कुछ रेखाएँ दिखाई देने लगती हैं। प्रकाश की उन्हीं अस्पष्ट या धुँधली रेखाओं के सहारे कुछ विशेष समर्थ लोग बढ़कर उनका साक्षात्कार भी करने लगते हैं और तब दूसरों को उसके सम्बन्ध की मुख्य-मुख्य बातें बतलाकर लोक-कल्याण का भी और ज्ञान-वृद्धि का भी मार्ग प्रशस्त या सुगम करते हैं।

हमारी और आपकी समझ में किसी फूल की गन्ध का ठीक-ठीक वर्णन करना प्रायः असम्भव है। परन्तु वनस्पति-विज्ञान के पण्डितों के लिए वह कार्य हम लोगों की अपेक्षा बहुत-कुछ सुकर है। उन्होंने गन्धों के प्रकार, भेद और नाम निश्चित कर रखे हैं; और न जाने कितनी और बातें सोच-समझ रखी हैं। कोई नया फूल देखकर पुष्प-विज्ञान का एक ज्ञाता दूसरे को बिना वह फूल सुँघाए ही उसकी गन्ध की बहुत-कुछ ठीक कल्पना करा सकता है। परन्तु वही बात यदि हमारे-आपके सामने कही जाए, तो हम लोग कुछ भी न समझ सकेंगे। बड़े-बड़े पण्डितों और ज्ञानियों ने ईश्वर तथा आत्मा के जो विवेचन किए हैं, उनके सम्बन्ध में भी यही बात है।

परन्तु ईश्वर, आत्मा या पुष्प-गन्ध के सम्बन्ध में जो बातें आज कुछ खास लोगों को मा़लूम हैं, वे सब एक ही दिन के परिश्रम का फल नहीं। ईश्वर अथवा आत्मा का ज्ञान प्राप्त करने में न जाने कितने युग बीते होंगे और फूलों की गन्ध के विवेचन में न जाने कितने जीवन निछावर हुए होंगे। आज इस सम्बन्ध में जितना काम हुआ है और जितना ज्ञान संचित हुआ है, आरम्भ में शायद लोगों को उसका अणु-परमाणु भी न मिला होगा। पर उन्हें जो कुछ मिला था, उसे बादवालों ने पल्लवित और विकसित किया। इस प्रकार धीरे-धीरे ज्ञान की राशि प्रस्तुत हो गई।

जिस प्रकार प्रत्येक मनुष्य अथवा पदार्थ की कुछ विशिष्ट प्रकृति होती है, उसी प्रकार प्रत्येक भाषा की भी कुछ विशिष्ट प्रकृति होती है। और जिस प्रकार स्थान तथा जलवायु, देश, काल आदि का मनुष्यों के वर्गों, जातियों आदि की प्रकृति पर प्रभाव पड़ता है, उसी प्रकार बोलनेवालों की बहुत-सी बातों का उनकी भाषा पर भी बहुत-कुछ प्रभाव पड़ता है। बल्कि हम कह सकते हैं कि किसी भाषा की प्रकृति पर उसके बोलनेवालों की प्रकृति की बहुत-कुछ छाप या छाया रहती है। और यही कारण है कि लेखकों की शैलियों की भाँति स्वयं भाषाओं की भी अलग-अलग शैलियाँ होती हैं। संस्कृत की लेखन-शैली पालि की लेखन-शैली से, जरमन की लेखन-शैली अँगरेजी की लेखन-शैली से, हिन्दी की लेखन-शैली बँगला की लेखन-शैली से और गुजराती या मराठी की लेखन-शैली तमिल या तेलुगु की लेखन-शैली से बिल्कुल भिन्न प्रकार की होती है। **प्रत्येक भाषा की प्रकृति उसके व्याकरण, भाव-व्यंजन की प्रणालियों, मुहावरों, क्रिया-प्रयोगों और तद्भव शब्दों के रूपों, बनावटों आदि में निहित रहती है।** इस प्रकृति का ठीक-ठीक ज्ञान उन्हीं लोगों को होता है, जो उस भाषा की उक्त सभी बातों का बहुत ही सतर्कतापूर्वक और सूक्ष्म दृष्टि से अध्ययन करते और उसकी हर बात पर पूरा-पूरा ध्यान देते हैं। भाषा की प्रकृति या वास्तविक स्वरूप का ज्ञान ही

'ज़बानदानी' कहलाता है। यह 'ज़बानदानी' और कुछ नहीं, भाषा के नियमों, प्रवृत्तियों और मूल तत्वों का ज्ञान ही है। पर यह ज्ञान बहुत ही थोड़े आदमियों को होता है। कारण यह है कि 'वाणी' बहुत ही पवित्र नारी के समान है। वह अपने अंग केवल अधिकारी को दिखाती है, हर किसी को नहीं। जो लोग 'वाणी' या 'भाषा' के सब अंगों का ज्ञान प्राप्त करना चाहते हों, उन्हें पहले उसका अधिकारी बनना चाहिए। मनुष्यों अथवा पदार्थों की प्रकृति का तो बहुत-कुछ अनुशीलन और विवेचन हुआ है और होता रहता है; पर भाषा की प्रकृति की ओर कदाचित् बहुत ही कम लोगों का ध्यान जाता है। उस प्रकृति का ठीक-ठीक स्वरूप जानने और बतलाने के लिए ऐसे अनेक अधिकारी विद्वानों की आवश्यकता है।

२.२. व्याकरण और प्रकृति में भेद

आप पूछेंगे कि किसी भाषा का व्याकरण यदि उसकी प्रकृति का विवेचन नहीं, तो और क्या है ? परन्तु यह बात ठीक नहीं।[१] व्याकरण भाषा की रचना या संघटन का परिचायक है, प्रकृति का नहीं। जैसे वास्तु-शास्त्र मकान बनाने के नियम या ढंग बताता है, उसकी प्रकृति का विवेचन नहीं करता, अथवा शरीर-विज्ञान अंगों की रचना आदि बताता है, उसकी आत्मा, प्रकृति या स्वभाव का विवेचन नहीं करता। उसी प्रकार व्याकरण भी भाषा की रचना का ढाँचा भर बताता है, प्रकृति नहीं बताता। प्रत्येक भाषा की प्रकृति उस भाषा के व्याकरण से बहुत-कुछ भिन्न और स्वतंत्र होती है। व्याकरण तो उन्हीं बातों का विचार करता है, जो उसकी प्रकृति की क्रियात्मक अभिव्यक्ति के कारण हमारे सामने आती हैं। हाँ, व्याकरण के नियमों और तत्त्वों का विचार करके हम उस प्रकृति का कुछ-कुछ परिचय पा सकते हैं। भाषा-विज्ञान में और-और बातों के साथ भाषाओं की प्रकृति का कुछ विवेचन अवश्य होता है; और उसका तुलनात्मक अध्ययन भी हमें किसी भाषा की प्रकृति से परिचित करा सकता है। फिर भी भाषा की प्रकृति है बिलकुल अलग चीज, और उसका विचार या विवेचन भी बिलकुल स्वतन्त्र रूप से होना चाहिए।

हम नहीं कह सकते कि अन्यान्य उन्नत भाषाओं में उनकी प्रकृति के विवेचन का कुछ प्रयत्न हुआ है गा नहीं; और यदि हुआ है तो कैसा और कितना हुआ है। पर हिन्दी में तो कहीं नहीं हुआ। जो काम आज तक किसी ने न किया हो, उसका श्रीगणेश सुविज्ञ विद्वानों और विचारशीलों को ही करना चाहिए—हम सरीखे साधारण व्यक्तियों को नहीं। परन्तु हिन्दी के भाषा-सम्बन्धी गुण-दोषों पर पचीसों वर्षों तक निरन्तर विचार करते रहने पर हम इस निष्कर्ष पर अवश्य पहुँचे हैं कि प्रत्येक भाषा की एक स्वतन्त्र प्रकृति होती है। उस प्रकृति का स्वरूप हम चाहे पहचान सकें, चाहे न पहचान सकें, परन्तु वह होती अवश्य है; और कभी-कभी हमें अपनी झलक दिखा जाती है। न तो हमें अभी तक उस प्रकृति की कल्पना ही हुई है और न हमने अभी उसकी ओर ध्यान ही दिया है। ईश्वर का अस्तित्व माननेवाले कहते हैं कि वह समय-समय पर मनुष्यों के सामने किसी न किसी रूप में अपनी अभिव्यक्ति करता रहता है। उसी अभिव्यक्ति के सामूहिक ज्ञान ने क्रमशः हमारे मन में ईश्वर

१. स्व० पं० रामचन्द्र शुक्ल ने उर्दू और हिन्दी के अन्तर का विवेचन करते हुए लिखा है—'इसी प्रकार (उर्दूवाले) यह न कहकर कि—उसने एक नौकर से पूछा। कहते हैं—एक नौकर से उसने पूछा।' यह है भाषा की प्रकृति की परख। यहाँ यह ध्यान रखना चाहिए कि यह बात बिलकुल साधारण कथन के सम्बन्ध में कही गई है, ऐसे कथन के सम्बन्ध में नहीं, जिसमें किसी विशेष शब्द या पद पर ज़ोर दिया जाता है।

की धारणा उत्पन्न कर दी है। आज-कल के वैज्ञानिक कहते हैं कि मंगल और शुक्र ग्रहों में ऐसे प्राणी हैं, जो बुद्धि में हमसे बहुत बढ़े हुए हैं। और जो बहुत दिनों से संकेत द्वारा हमसे बातचीत करना चाहते हैं। इन ग्रहों से इस पृथ्वी के निवासी बहुत दिनों से परिचित हैं, और यहाँ के कुछ लोग बहुत दिनों से उनकी अनेक बातों का अनुशीलन भी कर रहे हैं। यही अनुशीलन करते समय कभी-कभी उन्हें ऐसा जान पड़ता है कि उन ग्रहों के लोग हमसे कुछ बातें करना चाहते हैं। अब तो यहाँ तक कहा जाता है कि वहाँ से कुछ लोग विमानों, उड़न-तश्तरियों पर यहाँ आते भी हैं। हो सकता है कि इस क्षेत्र में निरन्तर प्रयत्न करते रहने पर कुछ सफलता भी प्राप्त हो जाए; और इस पृथ्वी के निवासी दूसरे ग्रहों के निवासियों से किसी प्रकार बातचीत भी कर सकें अथवा अन्य प्रकार से सम्बन्ध भी स्थापित कर सकें। कुछ इसी से मिलती-जुलती बात भाषा की प्रकृति के सम्बन्ध में भी है।

२.३. प्रकृति के कुछ आधार

भाषा की प्रकृति के सम्बन्ध में हमारी भावना बिल्कुल काल्पनिक या निराधार नहीं। उसका कुछ ऐतिहासिक और पुष्ट आधार भी है। यह तो सभी लोग जानते हैं कि बहुत दिन पहले उत्तरी भारत में मुख्य रूप से दो भाषाएँ प्रचलित थीं—शौरसेनी और मागधी। वर्तमान पश्चिमी हिन्दी शौरसेनी की उत्तराधिकारणी है और पूर्वी या बिहारी हिन्दी, बँगला, उड़िया आदि भाषाएँ मागधी से निकली हुई हैं। शौरसेनी और मागधी में बहुत-कुछ प्रकृति-गत भेद था; इसीलिए पहले कुछ विद्वान् उन्हें क्रमात् 'अंतरंग' और 'बहिरंग' भाषाएँ कहा करते थे। हमारे यहाँ की भाषा-विज्ञान-सम्बन्धी कई पुस्तकों में भी यही नाम आए हैं। पर बाद की नई खोजों से पता चला कि ये वास्तव में किसी एक भाषा के दो भिन्न स्वरूप नहीं, बल्कि आर्यों की ऐसी दो भिन्न शाखाओं की भाषाएँ हैं, जो अलग-अलग समय में आकर इस देश में बसी थीं। उन दोनों की शाखाओं के आचार-विचार आदि में बहुत-कुछ अन्तर था; और इसीलिए दोनों की भाषाओं में भी प्रकृति-गत भेद था। यह ठीक है कि इन दोनों शाखाओं के लोगों ने समान रूप से प्राचीन हिन्दी-साहित्य की रचना की थी; और इसीलिए हो सकता है कि पुरानी हिन्दी में दोनों प्रकृतियाँ मिलती हों। हिन्दी के आधुनिक साहित्य के सम्बन्ध में भी बहुत-कुछ यही बात है। फिर भी अब तो हिन्दी एक स्वतन्त्र भाषा है—आस पास की अन्यान्य भाषाओं से उसका स्वतन्त्र अस्तित्व है; और इसीलिए उसकी प्रकृति भी स्वतन्त्र है। हम विद्वानों से प्रार्थना करते हैं कि वे इस विषय पर भी विचार करें और हिन्दी की प्रकृति पहचानने और उसका स्वरूप निश्चित करने का प्रयत्न करें।[१]

बिल्कुल आरम्भिक अवस्था में जब किसी चीज का वर्णन किया जाता है, तब प्रायः समानताओं या सदृश्य वस्तुओं के आधार पर ही उनका साधारणीकरण किया जाता है। यदि किसी लड़के ने गौ तो देखी हो, पर घोड़ा या गधा न देखा हो, तो उसे बतलाया जाता है कि यह भी गौ ही की तरह चार पैरोंवाला पशु होता है। जब हमें कोई मित्र कहीं से लाकर कोई नया फल देते हैं और हमारे चखने पर उसका स्वाद पूछते हैं, तब हम कोई ऐसा फल ढूँढ़ निकालना चाहते हैं जिसका स्वाद उस नये फल के स्वाद से मिलता-जुलता हो। ऐसी अवस्थाओं में सादृश्यवाला तत्त्व ही हमारा सबसे बड़ा सहायक होता है। हम भी एक बिल्कुल

१. मेरे आदरणीय मित्र पं० बाबूरावजी पराड़कर ने इस पुस्तक के प्रथम संस्करण के समय ही इसकी प्रस्तावना लिखते हुए इस विषय पर विचार करने और कुछ लिखने का वचन दिया था पर खेद है कि समय के अभाव और अस्वस्थता के कारण वे इस विषय पर कुछ लिखने से पहले ही परम धाम सिधार गए।

नए, अछूते और अनजान क्षेत्र में उतर रहे हैं, अतः हमें भी इसी सादृश्य या तुलना का सहारा लेना पड़ेगा। हमें देखना होगा कि हमारी हिन्दी किन बातों में आस-पास की किन भाषाओं से कहाँ तक मिलती है और किन बातों में कहाँ तक अलग है। जो बातें आस-पास की भाषाओं में समान रूप से मिलें, उनके सम्बन्ध में हमें यह मानना पड़ेगा कि वे उक्त भाषाओं की सर्वसामान्य प्रकृति की सूचक हैं। और इस प्रकार के तुलनात्मक विचार से जो बातें हमें अन्य भाषाओं से भिन्न जान पड़ेंगी, उन्हें हम हिन्दी की विशेषता के अन्तर्गत मानेंगे। जब कुछ दिन तक बड़े-बड़े विद्वान् इसी प्रकार का अध्ययन और विचार करते रहेंगे, तब किसी दिन हिन्दी की सम्पूर्ण प्रकृति भी लोगों के सामने स्पष्ट रूप में आ जाएगी। यह प्रकृति और कुछ नहीं, हमारी भाषा के वे मूल तत्त्व हैं, जिनके आधार पर वह खड़ी हुई है, चल रही है और आगे चलकर विकसित तथा उन्नत होगी।

भाषा की प्रकृति भी बहुत-कुछ मनुष्य की प्रकृति के समान होती है। मनुष्य वही चीज खा और पचा सकता है, जो उसकी प्रकृति के अनुकूल हो। यदि वह प्रकृति-विरुद्ध चीज खाने और पचाने का प्रयत्न करे, तो यह निश्चित है कि या तो उसे सफलता ही प्राप्त न होगी या वह बीमार पड़ जाएगा। भाषा भी वही तत्त्व ग्रहण कर सकती है; जो उसकी प्रकृति के अनुकूल हों। उसकी प्रकृति के विरुद्ध जो तत्त्व होंगे, वे यदि जबरदस्ती उसके शरीर में प्रविष्ट किये जाएँगे तो उसका स्वरूप या शरीर विकृत हो जाएगा। जिस प्रकार मनुष्य को दूसरों से बहुत-कुछ सीखने-समझने और लेने की आवश्यकता होती है, उसी प्रकार भाषा को भी आदान-प्रदान की आवश्यकता होती है। जो जातियाँ दूसरों के आचार-विचार और सभ्यता तथा संस्कृति की बहुत अच्छी बातें भी बिना समझे-बूझे और अपने स्वरूप का ध्यान रखे ग्रहण करती चलती हैं, वे बहुत जल्दी अपना स्वरूप ही नहीं, बल्कि स्वतन्त्र अस्तित्व तक गँवा बैठती हैं। यही बात भाषा के सम्बन्ध में भी है। हमें भी भाषा के क्षेत्र में दूसरों से भी अच्छी बातें ग्रहण तो करनी चाहिए, परन्तु आँखें बन्द करके नहीं, बल्कि प्रकृति-सम्बन्धी इस तत्त्व का ध्यान रखते हुए।

भाषा का यह प्रकृति-तत्त्व ही उसकी जान होती है। यह तत्त्व प्राकृतिक होता है, कृत्रिम नहीं। यही कारण है कि मेज-कुरसियों की तरह भाषा कभी गढ़ी नहीं जा सकती। पाश्चात्य देशों के अनेक बड़े-बड़े विद्वानों ने समय-समय पर कई बार ऐसी भाषा गढ़ने का प्रयत्न किया, जो सारे संसार में नहीं तो कम-से-कम उसके बहुत बड़े भाग में बोली और लिखी-पढ़ी जा सके। ऐसी भाषाओं में एस्पिरेंटो (Esperanto) नामक भाषा बहुत प्रसिद्ध है, जिसके प्रचार के लिए भगीरथ प्रत्यन किए गए, फिर भी जो चल न सकी। इस्पिरेंटो से भी पहले वोलपुक (Volapuk) नाम की भाषा गढ़ी गई थी, और इन दोनों के बाद रूस में इण्डियान न्यूट्रल (Indion Neutral) नाम की भाषा गढ़ने का प्रयत्न किया गया था। ये भाषाएँ इसीलिए नहीं चल सकीं कि ये प्राकृतिक नहीं थीं—इनमें जान नहीं थी। कुछ दिन पहले जो लोग हिन्दी और उर्दू के मिश्रण से 'हिन्दुस्तानी' नाम की एक नई भाषा गढ़ना चाहते थे, उन्हें भी इसी कारण सफलता नहीं मिल सकी। उर्दू या हिन्दी में से किसी एक को अपनी प्रकृति छोड़कर दूसरी में लीन होना पड़ेगा, तभी दोनों के मेल से एक भाषा बनेगी; नहीं तो दोनों स्वतन्त्र रहेंगी और स्वतन्त्र रूप से विकसित होकर फूलें-फलेंगी। उर्दू ने अरबी-फारसी के छन्द ही नहीं ग्रहण किए बल्कि उनकी प्रकृतियों के कुछ अंश भी ग्रहण किए हैं, और मानो हिन्दी की टहनी पर उन प्रकृतियों के विदेशी पैबन्द लगाए हैं। इसीलिए वह कलमी आमों की तरह कलमी भाषा बन रही है।

२.४. भाषा की प्रकृति

हम पहले कह चुके हैं कि भाषा की प्रकृति उसके शब्दों की बनावट, भाव व्यक्त करने की प्रणालियों, क्रियाओं और मुहावरों से प्रकट होती है। जो लोग इन सब बातों का सदा पूरा-पूरा ध्यान रखते हैं, वही समझ सकते हैं कि कौन-सी बात हमारी भाषा की प्रकृति के अनुकूल है और कौन-सी प्रतिकूल। ऐसे लोग कोई बिल्कुल नया शब्द सुनते ही कह सकते हैं कि यह हमारी भाषा का शब्द नहीं—अमुक भाषा का जान पड़ता है। उनके कान इतने परिष्कृत तथा अभ्यस्त होते हैं कि प्रकृति-विरुद्ध छोटी-से-छोटी बात भी उन्हें खटक जाती है। परन्तु जो लोग भाषा के पारखी नहीं होते, वे आँखें बन्द करके दुनिया भर की ऊल-जलूल बातें अपनी भाषा में भरने का प्रयत्न करते हैं, और इसी प्रकार के प्रयत्नों से अपनी 'प्रगतिशीलता' सिद्ध करना चाहते हैं। ऐसे लोगों को स्वप्न में भी इस बात का भान नहीं होता कि हम अपनी भाषा का स्वरूप कितना अधिक विकृत् करते जा रहे हैं; और किस प्रकार उसका गला घोंट रहे हैं। ईश्वर ऐसी प्रगति से हमारी रक्षा करे।

प्रायः कहा जाता है कि एक भाषा में लिखी हुई किसी पुस्तक या लेख का दूसरी भाषा में कभी यथातथ्य अनुवाद नहीं हो सकता। यह बात है भी एक हद तक ठीक । परन्तु इसका मुख्य कारण क्या है ? कारण है वही—भाषा की प्रकृति। एक ही देश में बोली जानेवाली अथवा एक ही उद्‌गम से निकलनेवाली भिन्न-भिन्न भाषाओं की प्रकृतियों में कुछ तत्त्व ऐसे होते हैं, जो उन सबमें प्रायः समान रूप से पाए जाते हैं। जहाँ तक उन तत्वों में समानता होती है, वहाँ तक तो उनके पारस्परिक अनुवाद सहज हो जाते हैं, पर जहाँ उनमें भेद होते हैं, वहीं ठीक अनुवाद करना कठिन होता है। बँगला, मराठी, गुजराती, हिन्दी आदि भारतीय भाषाएँ एक ही जननी—संस्कृत की सन्तानें हैं। बल्कि हिन्दी तो संस्कृत की प्रत्यक्ष परम्परा में ही है, और इसीलिए इन दोनों में बहुत-से समान तत्त्व भी हैं। फारसी भाषा को लीजिए। वह भी आर्य-परिवार की ही भाषा है, इसलिए उसके भी बहुत-से तत्त्व इससे मिलते-जुलते हैं। यूरोप की बहुत-सी भाषाएँ भी हैं तो आर्य-परिवार की ही, फिर भी वे बहुत दिनों से हमसे अलग हो चुकी हैं और बहुत दूर जा पड़ी हैं, और देश, काल आदि के प्रभाव के कारण उनके बहुत-से तत्त्व भारतीय आर्य-भाषाओं के तत्वों से बिलकुल भिन्न हो गए हैं। और अरबी, चीनी, जापानी आदि भाषाएँ तो हैं ही अन्य परिवारों की। यदि उनसे हमारी भाषाओं में बहुत अधिक तात्त्विक या प्रकृति-गत भेद हों तो इसमें आश्चर्य ही क्या है ?

काशी के हिन्दी मासिक 'मराल' के पहले अंक में डॉ० हरदेव बाहरी ने 'भाषा-विज्ञानी रवीन्द्रनाथ' शीर्षक जो लेख लिखा था, उसमें उन्होंने एक स्थान पर रवीन्द्रनाथ ठाकुर का यह मत उद्‌धृत किया था—"किसी भाषा का दूसरी भाषा में अनुवाद करना सर्वथा सम्भव नहीं है; क्योंकि एक भाषा की प्रकृति दूसरी भाषा में परिवर्तित नहीं हो सकती।" यहाँ रवीन्द्र बाबू ने भाषा की प्रकृति पहचानी थी; और उसी के आधार पर यह कहा था कि एक भाषा से दूसरी भाषा में ठीक और पूरा अनुवाद कर सकना वस्तुतः असम्भव ही है। हाँ, मूल से बहुत-कुछ मिलता-जुलता या उसके पास तक पहुँचता हुआ अनुवाद अवश्य किया जा सकता है।

जहाँ तक मनुष्य के विचारों का सम्बन्ध है, वहाँ तक बहुत-सी बातें सब भाषाओं में समान रूप से पाई जाती हैं। उदाहरणार्थ—संज्ञाएँ, क्रियाएँ, विशेषण और क्रिया-विशेषण, भाषा-रूपी

शरीर के अंग होने के कारण साधारणतः सभी भाषाओं में होते हैं। फिर भी उनके सूचक शब्दों के रूप या बनावट और उनमें होनेवाले विकार या परिवर्तन अलग-अलग प्रकार के होते हैं। वही रूप और प्रकार भाषा की प्रकृति के अंग होते हैं। अब भाव व्यक्त करने की प्रणालियाँ लीजिए। उनमें से कुछ प्रणालियाँ शरीर की बनावट या गठन की तरह सबमें समान होती हैं, पर अधिकतर (स्वभाव की तरह) एक-दूसरे से भिन्न होती हैं; और मुहावरे तो प्रायः सभी के बिल्कुल स्वतन्त्र होते हैं। जिस सीमा तक एक भाषा के तत्त्व दूसरी भाषा के तत्त्वों से मिलते-जुलते हैं, उस सीमा तक तो उनका पारस्परिक अनुवाद ठीक होता है। उससे आगे जहाँ असमानताएँ या विषमताएँ होती हैं, वहीं ठीक-ठीक अनुवाद भी असम्भव होता है। यही कारण है कि एक भाषा की भाव-व्यंजन-प्रणालियाँ दूसरी भाषा में नहीं खपतीं; और एक भाषा के मुहावरों का दूसरी भाषाओं में अनुवाद नहीं हो सकता। इस सम्बन्ध में अरब देश का एक प्रसिद्ध आख्यान है। अरबी के एक सुप्रसिद्ध और परम प्रामाणिक शब्दकोश के रचयिता वस्तुः अरब देश का निवासी नहीं, बल्कि अज्म का निवासी और ईरानी था। उसने बहुत दिनों तक अरब के भिन्न-भिन्न भागों में रहकर अरबी भाषा का बहुत अच्छा ज्ञान प्राप्त किया था, और तब उक्त कोश बनाया था। वह अरब में ही बस गया और उसने एक अरब स्त्री से अपने-आपको अरब बतलाकर, विवाह भी कर लिया था। एक दिन उसने अपनी स्त्री से कहा—उतिम् उस्सिराज (अर्थात् दीपक बुझा दो) पर यह प्रयोग विशुद्ध अरबी का नहीं था, बल्कि उसकी मातृभाषा अज्मी या ईरानी की छाया से कलुषित था। वाक्य का शुद्ध रूप, अरबी भाषा की प्रकृति के अनुसार होना चाहिए था—तुकुतुली उस्सिराजा। उसकी स्त्री ने भाषा के इसी प्रकृति-विरुद्ध प्रयोग से समझ लिया कि मेरा पति अरब नहीं। इसीलिए उसने दूसरे दिन न्यायालय में अपने पति पर यह कहकर नालिश कर दी कि उसने गैर-अरब होकर मेरे साथ धोखे से विवाह कर लिया है। भाषा की प्रकृति ऐसे ही अवसरों पर अपना स्वरूप व्यक्त करती है।

जब भिन्न-भिन्न भाषाएँ बोलनेवाली जातियों में परस्पर सम्पर्क स्थापित होता है, तब उनमें भाषा-सम्बन्धी आदान-प्रदान भी अनिवार्य हो जाता है। यवनों, शकों, हूणों आदि की भाषाओं के न जाने कितने शब्द हम हजम कर गए। उन्हें ढूँढ़ निकालना भी हमारे लिए असम्भव ही है। परन्तु यह असम्भावना क्यों और कैसे उत्पन्न हुई ? भाषा की उसी प्रकृति के कारण, जो मनुष्य की प्रकृति के बहुत-कुछ समान होती है। हमने जो चीजें अपने काम की देखीं, वे अपना लीं, और वे भी इस तरह कि उन्हें अपनी प्रकृति के ठीक अनुरूप बना लिया—उन्हें पूरी तरह से हजम कर लिया। हमने उन्हें इस प्रकार आत्मसात् कर लिया कि आज हम प्रयत्न करने पर भी सहसा उनका पता नहीं लगा सकते।

इधर बहुत दिनों से फारस, अरब आदि देशों के निवासियों के साथ भी हमारा सम्बन्ध रहा है। वे लोग यहाँ आकर अनेक रूपों में सारे देश में बस, बढ़ और फैल गए। फल यह हुआ कि देश के सभी भागों में फारसी, अरबी आदि के कुछ-न-कुछ शब्द प्रचलित हो गए। परन्तु सब प्रान्तीय भाषाओं में न तो समान रूप से शब्द ही लिए गए न उनके अर्थ ही। सभी प्रान्तीय भाषाओं ने अलग-अलग तरह से अलग-अलग तरह के शब्द लिए, अपनी-अपनी प्रकृति के अनुसार उन्हें हजम किया और उनके अर्थ रखे। स्वयं हमारे यहाँ के 'टङ्क' से बना हुआ 'टका' इस प्रान्त में पुराने दो पैसेवाले सिक्के को कहते थे, पर बँगला में 'टाका' रुपए को कहते हैं; और बहुत हाल तक पंजाब में उसका रूप 'टगा' दो पैसे के सिक्के के अर्थ में बोला जाता था। जब दो दल आपस में लड़ने के बाद मेल करके कुछ शर्तों पर झगड़ा खतम

करते हैं, तब वे शर्तें प्रायः लिखी जाती हैं। उसी 'राजीनामा' कहते हैं। आशय यह होता है कि दोनों दल अपना विरोध दूर करने पर राजी हो गए हैं। पर मराठी में वह 'राजीनामा' शब्द उस चीज के लिए प्रचलित है जिसे हम 'इस्तीफा' या 'त्यागपत्र' कहते हैं। वस्तुतः इस अर्थ में यह 'रजानामा' का बिगड़ा हुआ रूप है, जो 'राजीनामा' बन गया है। फारसी का शब्द है 'गुज़श्तः' जिसका विशुद्ध अर्थ है—बीता या गुजरा हुआ, अर्थात् गत या व्यतीत। मराठीवालों ने उसका रूप बनाया 'गुदस्ता' और उसका अर्थ केवल गत या व्यतीत नहीं रखा, बल्कि रखा—गत वर्ष। यहीं तक नहीं, उन्होंने उस 'गुदस्ता' से भी आगे बढ़कर 'तिगस्ता' और 'चौगस्ता' शब्द तक बना डाले। अब उनके प्रयोग वे उसी प्रकार और उन अर्थों में करते हैं, जिस प्रकार और जिन अर्थों में हम 'त्योरस' और 'चौरस साल' का करते हैं। हमारे यहाँ के साहित्यकार तो नहीं, पर व्यापारी 'निखरचे' (किसी तरह के बट्टे या दलाली के बिना) का जो प्रयोग करते हैं, वह भी इसी प्रकार का शब्द है। यह है भाषा की उस प्रकृति का कार्य, जो किसी शब्द को गढ़-गढ़ाकर अपने अनुरूप कर लेती है—उसे पूरी तरह से हजम कर लेती है।

संस्कृत का प्रसिद्ध शब्द 'कुमार' हमारे देश के बहुत बड़े भाग में 'कुँवर' रूप में बोला जाता है। राजपूताने में बड़े आदमियों के लड़कों को 'कुँवर' कहने की प्रथा है। परन्तु यह शब्द यहीं तक परिमित नहीं रहा। बड़ा लड़का तो 'कुँवर' कहलाया ही, उसके बाद जो हुआ, वह 'भँवर' कहलाने लगा; और उसके बाद भी जो हुआ, वह 'तँवर' हो गया। इसी प्रकार राजस्थानी भाषा ने एक शब्द लेकर उस पर अपनी ऐसी छाप लगा दी कि वह उसका निजी शब्द तो बना ही, अन्य वैसे ही कई शब्दों का जनक भी हो गया। हमारे यहाँ भी 'मँझला' के अनुकरण पर 'सँझला' बनता है। फारसी 'जायगाह' से बना हुआ 'जगह' शब्द पूर्ण रूप से हिन्दी ही है और किसी प्रकार परकीय नहीं माना जा सकता। फारसी के 'नर' और 'मादा' ('नर' वस्तुतः ज्यों-का-त्यों संस्कृत से लिया गया है; और 'मादा' सं० 'मातृ' से निकला है।) शब्दों में से बंगालवालों ने केवल 'मादा' शब्द लिया, और रूप रखा 'माद्दा'। पर वे यहीं नहीं रुके, इससे कुछ और आगे भी बढ़े। उन्होंने इस 'माद्दा' का अर्थ वह रखा, जो वास्तव में 'नर' का होता है, और तब उस 'माद्दा' का स्त्रीलिंग रूप बनाया 'मेद्दी'। फारसी शब्द 'बीबी' का रूप 'बीबी' यों तो भारत की अनेक भाषाओं में प्रचलित है, पर पंजाबी में वह एक विशेष अर्थ (अच्छी, सुडौल और सुयोग्य लड़की) में प्रचलित है। यही नहीं, पंजाबी में इस 'बीबी' का पुलिंग रूप 'बीबा' भी बन गया है। वहाँ जिस प्रकार छोटी लड़कियों को प्यार से 'बीबी रानी' कहते हैं, उसी प्रकार लड़कों को 'बीबा राजा' भी कहते हैं। बिहार में, वहाँ की भाषा की प्रकृति के अनुसार 'बाबू' का रूप 'बबुआ' हो जाता है; और इस शब्द का प्रयोग बड़े या भले आदमियों के छोटे लड़कों के लिए होता है। पर वहाँ इसका स्त्रीलिंग रूप 'बबुई' भी बन गया है, जो छोटी लड़कियों के लिए प्रयुक्त होने के सिवा 'ननद' (पति की बहन) का भी वाचक हो गया है। अब कौन कह सकता है कि 'गुदस्ता' और 'तिगस्ता' मराठी के शब्द नहीं, 'निखरचे' हिन्दी का शब्द नहीं, 'मेद्दी' बँगला का शब्द नहीं, 'बीबा' पंजाबी का शब्द नहीं या 'बबुई' बिहारी का शब्द नहीं ? अरबी, फारसी आदि के बहुत-से शब्द ऐसे हैं, जो भिन्न-भिन्न भारतीय भाषाओं में अलग-अलग रूपों और अर्थों में प्रचलित हैं। ये सब रूप और अर्थ उन भाषाओं की प्रकृतियों के सूचक हैं और उन्हीं की ओर संकेत करते हैं।

२.५. भाषाओं की विशेषताएँ

जब पारस्परिक सम्पर्क के कारण एक जाति की भाषा का दूसरी जाति की भाषा पर प्रभाव पड़ता है, तब उनमें शब्दों का आदान-प्रदान भी अवश्य होता है। यही कारण है कि जातियों की भाँति कोई भाषा भी अपने विशुद्ध और मूल रूप में नहीं रहने पाती। प्रत्येक भाषा में अन्यान्य भाषाओं के शब्द तो आकर मिलते ही रहते हैं; एक भाषा में दूसरी भाषाओं के अनुकरण पर नए शब्द भी बनने लगते हैं। मराठी में 'तसलमात' और 'शिल्क' सरीखे ऐसे शब्द हैं, जो हैं तो देशज ही, पर देखने में अरबी-फारसी आदि के जान पड़ते हैं। हमारे यहाँ के प्राचीन कवियों ने 'ताकीद' से भी और 'तगैय्युर' से भी बने हुए 'तगीद', 'तगीर', आदि शब्दों का तो व्यवहार किया ही है; माल विभाग में 'मोहरिल' और 'मिनजालिक' सरीखे कुछ ऐसे शब्दों का भी प्रयोग किया गया है, जो सम्भवतः अरबी के अनुकरण पर बने हुए देशज ही हैं। ढूँढ़ने पर दूसरी भाषाओं में भी ऐसे बहुत-से शब्द मिल सकते हैं।

बँगलावाले बहुत बड़े पण्डित को कहते हैं—'मस्त पण्डित', तो हम बहुत बड़े मकान को कहते हैं—'दंगल मकान'। पर 'मस्त' और 'दंगल' के जो साधारण और सर्वमान्य अर्थ हैं, उनसे भिन्न अर्थों में उक्त शब्दों का प्रयोग हुआ है। हमारे यहाँ के 'कंगाल'[१] और 'अनाड़ी'[२] शब्द संस्कृत से निकलने पर भी मूल से बहुत दूर चले गए हैं—इतनी दूर चले गए हैं कि इनमें कम-से-कम अर्थ का तो कोई सम्बन्ध रह ही नहीं गया। चीन से 'लीचू' ने आकर 'लीची' का और यूनान से 'ओपियम' ने आकर 'अफीम' का रूप धारण कर लिया। अँगरेजी का टेढ़ा-मेढ़ा 'लैन्टर्न' शब्द हमारे यहाँ आकर 'लालटेन' बन गया और 'प्लेटून' ने 'पलटन' का रूप धारण कर लिया। अँगरेजी के 'बेयरिंग' को हमने 'बैरंग' बनाकर उसे अपने रंग में रँग लिया। मराठी में 'कैण्डल' (Candle) से 'कंदिल' और हिन्दी में 'कंडील' बना; पर 'लालटेन' के अर्थ में, 'बत्ती' के अर्थ में नहीं, जो उस शब्द का मूल अर्थ है। यही बात क्रियाओं और विशेषणों के सम्बन्ध में भी है। जब हम 'बहस' और 'वसूल' में 'ना' प्रत्यय लगाकर 'बहसना' और 'वसूलना', 'लीग' में 'ई' जोड़कर 'लीगी' (विशेषण) तथा उस 'लीगी' में 'अ' उपसर्ग लगाकर 'अलीगी' बना लेते हैं, तब वे शब्द हमारे ही हो जाते हैं।

जब हम कहेंगे—'उस दिन जब उनसे आग्रह किया गया, तब भैया ने नहीं माना।' तो यह अँगरेजी का अनुकरण होगा। हिन्दी की प्रकृति के अनुसार इसका रूप होगा—'उस दिन जब भैया से आग्रह किया गया, तब उन्होंने नहीं माना।' इसी प्रकार जब हम कहते हैं—'मैं अत्यन्त अनुगृहीत होऊँगा, यदि आप वह पुस्तक मेरे पास भेज देंगे।' अथवा 'जो प्रस्ताव मैं अभी, आप लोगों के सामने रखने जा रहा हूँ......' तो यह अँगरेजी का अनुकरण होगा। हिन्दी की प्रकृति के अनुसार तो इनके ठीक रूप होंगे—'यदि आप वह पुस्तक मेरे पास भेज देंगे, तो मैं अत्यन्त अनुगृहीत होऊँगा' और 'जो प्रस्ताव मैं अभी आप लोगों के सामने रखना चाहता हूँ....।' 'आश्चर्य न होगा यदि शीघ्र ही इसकी उपयोगिता कृतज्ञतापूर्वक स्वीकार कर ली जाए' की जगह 'यदि शीघ्र ही..... तो आश्चर्य न होगा।' कहना ही हिन्दी की प्रकृति के अनुकूल है। 'कीट्स में सौन्दर्य ने अपना एक अन्यतम उपासक पाया था' नाम के लिए भले ही हिन्दी हो, पर वास्तविक दृष्टि से सुन्दर गठी हुई हिन्दी कदापि नहीं—क्षत-विक्षत और विकलांग हिन्दी है। सुन्दर और गठी हुई हिन्दी तभी होगी, **जब हम कहेंगे 'कीट्स सौन्दर्य**

१. संस्कृत कंकाल से।

२. संस्कृत अज्ञानी (प्राकृत अणामी)।

का अन्यतम उपासक था।' उक्त प्रकार के प्रयोग देखकर लेखक को अपने वे स्कूली मौलवी साहब याद आते हैं जो 'हजरत अलै उस्सलाम' में के 'अले उस्सलाम' का अर्थ बतलाते थे—'सलाम ऊपर हमारा उनके।'

जब हम कहते हैं—'हम अपने घर जाएँगे' तब हम अपनी भाषा का ठीक-ठीक अनुसरण करते हैं। पर यदि हम कहें—'हम हमारे घर जाएँगे' तो बंगालवाले या गुजरातीवाले कहेंगे कि यह हमारा अनुकरण है। मध्य-प्रदेश के हिन्दी-भाषी प्रायः 'हम अपन घर जाएँगे' सरीखे प्रयोग करते हैं। उनका 'अपन' शब्द मराठी 'आपण' का सीधा-सादा अनुकरण है।[१] पर वास्तव में ऐसे प्रयोग होते हैं हिन्दी की प्रकृति के विरुद्ध ही। यदि बँगलावाले कहें—'आमी आमार बाड़ी जाबो' तो वह हमारा अनुकरण न होगा। पर यदि वे कहें—'आमी आपनार बाड़ी जाबो।' तो उनकी भाषा की प्रकृति के अनुसार इसका अर्थ हो जाएगा 'मैं आपके घर जाऊँगा।' यदि हम 'परिश्रम करना', 'हानि करना' या 'स्मरण करना' कहें तो यह औरों का अनुकरण न होगा; क्योंकि ये सब हमारे अपने क्रिया-प्रयोग हैं। पर यदि हम 'मेहनत उठाना' 'नुकसान पहुँचाना' या 'याद दिलाना' कहें तो वह 'मेहनत', 'नुकसान' और 'याद' (संज्ञाओं) के कारण नहीं, बल्कि 'उठाना', 'पहुँचाना' और 'दिखाना' (क्रियाओं के कारण उर्दूवालों का अनुकरण हो जाएगा; क्योंकि ये सब क्रिया-प्रयोग हमारे यहाँ के नहीं, बल्कि फारसी से उर्दू के द्वारा आए हैं। और इसीलिए ऐसे प्रयोग करते समय हम अपनी भाषा की प्रकृति से दूर हो जाएँगे। 'चार फुट' और 'कागज' (बहु० में भी) तो हिन्दी की प्रकृति के अनुकूल होगा, परन्तु 'चार फीट' और 'कागज़ात' कहना इसलिए हिन्दी की प्रकृति के विरुद्ध होगा क्योंकि हमारे यहाँ कोई ऐसा नियम नहीं, जिससे 'फुट' का बहुवचन 'फीट' या 'कागज' का बहुवचन 'कागज़ात' बनता हो। हमारे व्याकरण के अनुसार 'वकील' से भाव-वाचक संज्ञा 'वकीली' ही बनेगी, 'वकालत' नहीं। इसी प्रकार 'पुलकेशी द्वितीय' और 'जार्ज पंचम' सरीखे पद भी हमारी भाषा की प्रकृति के विरुद्ध हैं। हमारी प्रकृति तो 'द्वितीय पुलकेशी' और 'पंचम जार्ज' कहने की है। यही बात 'पाठ १' और 'धारा २' के सम्बन्ध में भी है। हमारे यहाँ उनके रूप होंगे—'पहला पाठ और 'दूसरी धारा'। भारतीय परंपरा के अनुसार 'गौतम ऋषि' तथा 'वशिष्ठ मुनि' ही कहना ठीक है 'ऋषि गौतम' तथा 'मुनि वशिष्ठ' नहीं।

आज-कल प्रायः लोग प्रश्नात्मक वाक्यों में 'क्या' बिलकुल अन्त में रखते हैं। जैसे—'आप वहाँ जाएँगे क्या ?' 'उन्होंने आपको पुस्तक भेज दी क्या ?' पर इस प्रकार के प्रयोग भी हिन्दी की प्रकृति के विरुद्ध हैं और बँगला तथा मराठी अनुवादों की कृपा से हिन्दी में होने लगे हैं। हमारी भाषा की प्रकृति कहती है कि ऐसे प्रयोग हमारे नहीं हैं और इसलिए त्याज्य हैं। हिन्दी में तो—'क्या आप वहाँ जाएँगे ?' और 'क्या उन्होंने आपको पुस्तक भेज दी?' कहना ठीक है।

हम 'ताजी रसोई' तो शौक से खाते हैं, पर 'जरी-सी लापरवाही' देखकर ही नहीं, बल्कि 'उम्दी बात' सुनकर भी नाक-भौंह सिकोड़ते हैं। कारण यही है कि 'ताजा' और उसका स्त्रीलिंग रूप 'ताजी' भी हमारी प्रकृति के अनुकूल पड़ता है, पर उर्दू के प्रभाव के कारण 'जरी' और 'उम्दी' हम अभी तक नहीं ले सके। पहले हम 'भारी' को स्त्रीलिंग मानकर उसका

---

१. भारतीय भाषाओं में हिन्दी, उड़िया, मराठी, पंजाबी आदि में ऐसे अवसरों पर 'अपने' के वाचक शब्दों का और गुजराती, बँगला, असमी आदि में 'हमारे' के वाचक शब्दों का प्रयोग होता है।

पुल्लिंग रूप 'भारा' भी बनाते थे। गोस्वामी तुलसीदास जी ने लिखा है—'रहे जहाँ निसचर भट भारे' और सूरदास जी ने लिखा है—'काम, क्रोध, मद, लोभ, मोह-बस अतिथि भये अघ भारे।' पंजाब में अब भी पु० में 'भारा' और स्त्री० में 'भारी' बोलते हैं, पर अब यह प्रवृत्ति धीरे-धीरे कम हो रही है, और प्रायः दोनों लिंगों में 'भारी' का प्रयोग होने लगा है। उर्दूवाले 'याँ-वाँ' और 'यों-वों' का प्रयोग करते हैं। पर हिन्दी में इनमें से केवल 'यों' ग्रहण किया गया है। बाकी शब्द हिन्दी की प्रकृति के विरुद्ध होने के कारण नहीं लिए जा सके। 'इस्म मुबारक' (या शरीफ) की जगह हम यह तो पूछने लगे—'आपका शुभ नाम ?' क्योंकि यह हमारी प्रकृति के अनुकूल था; पर 'खाना' हमें अब भी इसलिए परकीय जान पड़ता है कि वह हमारी प्रकृति के विरुद्ध है। उर्दूवालों का 'खाना' (संज्ञा, भोजन के अर्थ में) हम इसीलिए हजम नहीं कर सकते कि हमारे यहाँ इस प्रकार की क्रियाओं का वस्तुवाचक संज्ञाओं के रूप में प्रयोग नहीं होता।[१] यही बात 'आवाज उठाना' के सम्बन्ध में भी है, जो अँगरेजी (रेज़ वायस) की कृपा से और उर्दू के द्वारा हमारे यहाँ आना चाहता है। और अब तो कुछ लोग 'जनता की शिकायत ऊँची उठानेवाले जनसेवक' की ओर भी प्रवृत्त होने लगे हैं। यह अपनी भाषा की प्रकृति पर अत्याचार करने के सिवा और कुछ नहीं।

२.६. प्रकृति और विभक्तियाँ

कुछ अवसरों पर जब हम अरबी-फारसी आदि शब्दों का प्रयोग करते हैं, तब हमें उनके साथ विभक्तियाँ भी उन्हीं भाषाओं की प्रकृति के अनुसार लगानी पड़ती हैं। उदाहरणार्थ, हम अपने यहाँ के 'पीछे' के साथ 'से' विभक्ति लगाते हैं, जैसे—'पीछे से लोग जाकर हुल्लड़ मचाने लगे।' पर यदि हम 'पीछे' की जगह अरबी का 'बाद' शब्द रखें तो हमें उसके साथ 'को' या 'में' में रखना पड़ेगा। इसी प्रकार हम यह तो कह सकते हैं—'हम कई जगह कह चुके हैं।' पर यह नहीं कह सकते—'हम कई स्थान कह चुके हैं।' हमें यही कहना पड़ेगा—'हम कई स्थानों पर कह चुके हैं।' तात्पर्य यह कि 'जगह' के साथ तो 'पर' की आवश्यकता नहीं होती, परन्तु 'स्थान' का उसके बिना काम नहीं चलता। अँगरेजी में तो many a के बाद आनेवाली संज्ञा एकवचन ही होती है, पर हिन्दी में उसके वाचक 'कई एक' के बाद संज्ञा का बहुवचन रूप ही रहता है। इसी प्रकार Two or one के बाद अँगरेजी क्रिया बहु० होगी, पर हिन्दी में 'दो या एक' के बाद क्रिया एकवचन में ही होगी। इन सब उदाहरणों से सूचित होता है कि भाषा की प्रकृति उनकी संज्ञाओं, विशेषणों, विभक्तियों और क्रियाओं का कहाँ तक साथ देती और कहाँ तक उनसे प्रभावित है।

उर्दू में 'जल्द' विशेषण है, जिसका मूल अरबी अर्थ बलवान या सुदृढ़ है। उर्दूवाले इसे क्रिया-विशेषण के रूप में और 'शीघ्र' के अर्थ में प्रयुक्त करते और उससे संज्ञा 'जल्दी' बनाते हैं। पर हिन्दी में हम 'जल्दी' का व्यवहार क्रिया-विशेषण के रूप में भी और संज्ञा के रूप में भी करते हैं। उसका क्रिया-विशेषणवाला 'जल्द' रूप हमने ग्रहण नहीं किया इसीलिए हमारे यहाँ प्रायः उसका प्रयोग भी नहीं होता। इसी प्रकार फारसी का 'देर' शब्द है। हम 'देर' का प्रयोग तो करते हैं पर उसी अर्थ में उसका दूसरा रूप 'देरी' भी बना लेते हैं। परन्तु 'खुश' और 'खुशी' के सम्बन्ध में यह बात नहीं है। हम 'खुश' का प्रयोग विशेषण के रूप

---

१. एक अवसर पर किसी सज्जन ने महामना पं० मदनमोहन जी मालवीय से पूछा था—'आप खाना खा चुके ?' मालवीय जी ने चट उत्तर दिया—'खाना आप खाते होंगे, मैं तो भोजन करता हूँ।'

में और 'खुशी' का संज्ञा के रूप में ही करते हैं। यह बात दूसरी है कि कुछ लोग भूल से 'खुशी' का प्रयोग भी विशेषण के रूप में कर जाते हैं; जैसे—'वे आपको देखते ही ख़ुशी हो जाएँगे' पर हम अशुद्ध प्रयोगों के आधार पर कोई सिद्धान्त नहीं बना सकते। सिद्धान्त तो सदा शुद्ध प्रयोगों के आधार पर ही बनते हैं।

२.७. प्रान्त-भेद और प्रकृति

एक ही भाषा में प्रान्त-भेद से भी प्रकृति सम्बन्धी भेद देखने में आते हैं। पश्चिमी हिन्दी में नहीं तो कम-से-कम आगरा, दिल्ली आदि में लोग बोलते हैं—'वह कहवे था', 'मैं जाऊँ थी' आदि।[१] कुछ पश्चिमी जिलों में 'है' के साथ 'गा' भी लगा देते हैं और कहते हैं—'वह गया हैगा' पर शिष्ट हिन्दी में ऐसे प्रयोग त्याज्य माने जाते हैं। हाँ, यदि हमें उक्त स्थानों की स्थानिक बोलियों का विवेचन करना हो तो हमें मानना पड़ेगा कि वे अमुक बोली की प्रकृति के अंग ही हैं। फिर जब हम देखते हैं कि भिन्न-भिन्न स्थानों में शब्दों के रूप अलग-अलग प्रकार से बनते हैं, तब प्रान्तीयता और स्थानिकता का यह भेद और भी स्पष्ट होता है। संस्कृत का शब्द है—'बलिवर्द'। पश्चिमी हिन्दी में, उसके पूर्वार्द्ध से 'बैल' शब्द बना और पूर्वी हिन्दी में उसके उत्तरार्द्ध से 'बरधा' शब्द बना। इसी प्रकार संस्कृत के 'शकट' से कहीं 'सग्गड़' बना और कहीं 'छकड़ा'। संस्कृत 'अट्टालिका' से कहीं 'टाल' बना, कहीं 'अटाला' और कहीं 'अड़ार'। संस्कृत 'रुष्ट' से कहीं 'रुसना' बना और कहीं 'रूठना'। इससे सिद्ध होता है कि शब्दों की बनावट या रचना की दृष्टि से स्थानीय प्रकृतियाँ अलग-अलग ढंग से काम करती हैं।

आज-कल हम प्रायः दूसरी भाषाओं के प्रभाव में पड़कर अपनी भाषा की प्रकृति बिलकुल भूल जाते और उससे बहुत दूर जा पड़ते हैं। फल यह होता है कि हिन्दी का कोई ऐसा मानक रूप स्थिर नहीं होने पाता जो समान भाव से सब जगह आदर्श माना जा सके। एक वाक्य है—'सरकार जानती है कि राजे और नवाब हमारे विरुद्ध नहीं जा सकते।' इसमें का 'विरुद्ध नहीं जा सकते' अँगरेजी (cannot go against) का अविकल अनुवाद है और हमारी भाषा की प्रकृति के विरुद्ध है। हमारी भाषा की प्रकृति के अनुरूप होगा—'विरुद्ध नहीं हो सकते' अथवा 'विरुद्ध नहीं चल सकते।' एक और प्रकार का उदाहरण लीजिए। एक समाचार-पत्र में प्रकाशित एक वाक्य है—'कायदे आजम पर उनके सभी सहयोगियों का विश्वास नहीं रहा।' यह अँगरेजी के जिस वाक्य का अनुवाद है, उसका आशय यह है कि सब सहयोगियों का कायदे आज़म पर विश्वास नहीं, फिर भी कुछ या बहुतों का है। पर वाक्य का शाब्दिक अनुवाद होने के कारण हिन्दी में उसका आशय यही समझा जाएगा कि उनके एक भी सहयोगी का उन पर विश्वास नहीं रह गया, जो वास्तविक आशय से भी और वास्तविक स्थिति से भी बिलकुल अलग और बहुत दूर है। यहाँ भाव प्रकट करने के सम्बन्ध में दोनों भाषाओं की अलग-अलग प्रकृतियाँ अपनी भाव-व्यंजन-प्रणाली और मुहावरेवाले तत्त्वों के रूप में बिलकुल स्पष्ट दिखाई देती हैं।

कुछ अवसरों पर भाषा की प्रकृति शब्दों के उच्चारण के क्षेत्र में भी काम करती हुई दिखाई देती है। जैसे 'क़', 'ज़' 'फ़' आदि के अरबी-फारसीवाले उच्चारण प्रायः सभी भारतीय

१. अब कुछ लोग साहित्य में भी इसी प्रकार के प्रयोग करने लगे हैं। जैसे—'मैं भी कहूँ, क्या बात है।' यहाँ 'कहूँ' 'कहता था' के अर्थ में आया है। इस प्रकार के प्रयोग शिष्ट-सम्मत नहीं।

भाषाओं के लिए परकीय ही ठहरते हैं। यह ठीक है कि पूर्वी बंगाल तथा कुछ अन्य स्थानों में 'ज़' आदि बोले जाते हैं, पर अरबी-फारसी के प्रभाव के कारण नहीं, बल्कि वहाँ के आदिम जंगली निवासियों के प्रभाव के कारण, और इस दृष्टि से भी वे कुछ परकीय ही हैं। पर इस सम्बन्ध में ध्यान रखने की बात यह है कि पूर्वी बंगाल के 'ज' का उच्चारण अरबी के 'ज़ाल', 'जे' आदि के उच्चारण से कुछ भिन्न भी है। अँगरेजी के 'लैम्प' और 'कैम्प' अथवा 'कॉल' और 'हॉल' सरीखे शब्द हमारे यहाँ तभी खपते हैं, जब हम उन्हें 'लंप', 'कंप', 'काल' और 'हाल' रूप देते हैं। यह ठीक है कि कुछ अवसरों पर हमें ऐसे शब्दों के मूल उच्चारणों के स्पष्टीकरण की भी आवश्यकता होती है, पर वे रहते हैं हमारी प्रकृति के क्षेत्र के बाहर ही। अँगरेजी के 'स्कूल' और 'स्टेशन' सरीखे शब्द हमारे यहाँ बहुत कुछ 'इस्कूल' और 'इस्टेशन' के रूप में उच्चरित होते हैं। बंगाल में भी इनके उच्चारण बहुत-कुछ इसी प्रकार के होते हैं। पंजाबी प्रायः 'सकूल' और 'सटेशन' तो कहते ही हैं, पर जहाँ हम इनके पहले 'इ' लगाते हैं, वहाँ वे लोग 'अ' लगाकर 'अस्कूल' और 'अस्टेशन' भी कहते हैं। बात यह है कि शब्द के आरम्भ में यदि 'स' के साथ कोई व्यंजन अक्षर संयुक्त होता है तो उसका उच्चारण कुछ कठिन होता है, इसीलिए हम 'स्त्री' का उच्चारण बहुत-कुछ 'इस्त्री' के समान करते हैं। पंजाबी भी जब खाली 'स्कूल' या 'स्टेशन' कहने का प्रयत्न करेंगे, तब प्रायः उनके मुँह से 'सकूल' या 'सटेशन' ही निकलेगा। पर जब वे ऐसे शब्दों के आरम्भ में 'अ' लगा देंगे तब 'अस्कूल' और 'अस्टेशन' कहेंगे, अर्थात् उस अवस्था में 'अ' के संयोग से 'स्क' और 'स्ट' के ठीक उच्चारण कर सकेंगे। यहाँ यह ध्यान रखना चाहिए कि हम जन-साधारण की चर्चा कर रहे हैं, विशेष रूप से शिक्षित लोगों की नहीं। और भाषा की प्रकृति का ठीक-ठीक परिचय जन-साधारण की बोल-चाल से ही मिलता है।

२.८. प्रकृति और भाषा-शुद्धि

भाषा की प्रकृति का ठीक ज्ञान न होने के कारण जो अनेक प्रकार की भूलें होती हैं, उनमें से एक विलक्षण प्रकार की भूल का उदाहरण लीजिए। प्रायः बोलचाल में जल्दी या असंस्कार के कारण शब्द के अक्षर कुछ आगे-पीछे हो जाते हैं। इसे वर्ण-विपर्यय या वर्ण-व्यत्यय कहते हैं। संस्कृत से निकले हुए कई ऐसे तद्भव शब्द हैं, जिनमें यह वर्ण-व्यत्यय पाया जाता है, जैसे 'चिन्ह' और 'चिन्ह'। साधारणतः बोलचाल में भी बालक और अशिक्षित प्रायः वर्ण-व्यत्यय कर देते हैं। हमने कई बालकों को 'जमीन' की जगह 'मजीन' बोलते हुए सुना है। गँवार लोग प्रायः 'अन्दाज' को 'अंजाद' कहते हैं। पंजाब में प्रायः लोग 'मतलब' को 'मतबल' कहते हैं। 'पहुँचाना' की जगह 'चहुँपाना' तो उत्तर प्रदेश के कई पूर्वी जिलों और बिहार के कई पश्चिमी जिलों में बोला जाता है। 'लखनऊ' को 'नखलऊ' कहनेवाले लोग भी प्रायः दिखाई देते हैं। फारसी 'खुर्दः' से पहले 'खुरदा' बना; और अब वह प्रायः सब जगह 'खुदरा' के रूप में प्रचलित है। संस्कृत 'लुंठन' से बने हुए 'लुढ़कना' का पश्चिमी हिन्दी का रूप 'ढुलकना' बना है। बैसवाड़े में 'नहाये' की जगह 'हनाये' बोलते हैं। इसी प्रकार का एक शब्द है 'झमेला' जो झाँव-झाँव (लड़ाई-झगड़ा) से बना और जिसे इस प्रान्त के पश्चिमी जिलों में कुछ लोग भूल से 'मझेला' भी कहते हैं। साधारणतः इस प्रकार के शब्द साहित्य में नहीं लिखे जाते। परन्तु भाषा-विज्ञान का यह तत्त्व और अपनी भाषा की प्रकृति या शब्दों का स्वरूप न जानने के कारण ही उर्दू के कुछ शायर यह 'मझेला' शब्द भी अपने शेरों में बाँध गए हैं; जैसे—

न पूछो मुलाकात क्योंकर निभी।
हजारों तरह के मझेले रहे।।

इसी प्रकार हिन्दी का एक शब्द है 'पुछल्ला' जिसका अर्थ है—किसी बड़ी चीज के साथ पूँछ की तरह लगी हुई कोई फालतू छोटी चीज। यह हिन्दी 'पूँछ' में 'अल्ला' प्रत्यय लगाकर बनाया गया है। यह 'अल्ला' प्रत्यय अल्पता और उपेक्षा के भाव का सूचक होता है। और इसका स्त्रीलिंग रूप 'अल्ली' होता। 'रुपया' शब्द से 'रुपल्ली' इसी प्रत्यय के योग से बनता है; जैसे—'महीने में दस रुपल्ली मिली तो क्या, न मिली तो क्या !' पर हिन्दी की प्रकृति का ज्ञान न होने और हिन्दी शब्दों के बहिष्कार की प्रवृत्ति के कारण उर्दूवालों ने इसकी जगह 'दुम-छल्ला' शब्द बना लिया है। हिन्दी 'पूँछ' की जगह फारसी 'दुम' और हिन्दी 'अल्ला' प्रत्यय की जगह 'छल्ला' (संज्ञा) रख लिया गया है। पर यदि वास्तविक दृष्टि से देखा जाए तो 'दुम-छल्ला' निरर्थक जान पड़ेगा।

लिंग, विभक्ति और प्रत्यय के क्षेत्र में भी भाषा की प्रकृति समान रूप से काम करती हुई दिखाई देती है। प्रायः रह-रहकर यह प्रस्ताव हुआ करता है कि हिन्दी से लिंग-भेद उठा दिया जाना चाहिए, क्योंकि इसके कारण अन्य भाषा-भाषियों को हिंदी सीखने में बहुत कठिनता होती है। पर ऐसा प्रस्ताव या तो वे लोग करते हैं जो भाषा की प्रकृति नहीं समझते, या वे लोग करते हैं जिनकी मातृ-भाषा की प्रकृति क्रियाओं आदि में लिंग-भेद रखने के प्रतिकूल होती है। ऐसे लोगों को समझना चाहिए कि भाषा की प्रकृति बदलना उतना सहज नहीं जितना उसकी प्रवृत्ति बदलना। आगे चलकर कई प्रसंगों में हम यह बतलाएँगे कि किस प्रकार की बातें हिन्दी की प्रकृति के प्रतिकूल होती हैं। यहाँ हम यही कहना यथेष्ट समझते हैं कि भाषा की प्रकृति और चीज़ है, उसकी प्रवृत्ति कुछ और चीज़। इन दोनों को भ्रम से एक न समझ लेना चाहिए।

यह प्रकरण समाप्त करने से पहले हम हिन्दी की आज-कल की प्रवृत्ति के सम्बन्ध में भी कुछ बातें कह देना चाहते हैं। इधर कुछ दिनों से हम उर्दू के प्रभाव के कारण बहुत-सी क्रियाएँ छोड़ते आ रहे हैं। क्रियाएँ छोड़ते चलने की हमारी यह प्रवृत्ति ठीक नहीं; क्योंकि इससे हमारी भाषा दिन-पर-दिन पंगु होती जा रही है—क्रियाओं से वंचित तथा संज्ञा-प्रधान होती जा रही है। आज-कल की हमारी दूसरी प्रबल प्रवृत्ति यह है कि हम सहज तद्भव शब्दों को छोड़कर उनकी जगह संस्कृत के कठिन तत्सम शब्दों का अधिक प्रयोग करते हैं, अर्थात् हम उसी मार्ग पर चलने लगे हैं, जिस पर बहुत दिनों से बँगला चलती आ रही है, अथवा जिस पर चलकर उर्दू हमसे अलग हो रही है। इससे यह लाभ तो अवश्य होता है कि हम अन्य (संस्कृत-जन्य) भाषाएँ बोलनेवालों के अधिक समीप पहुँचते हैं, पर इससे हानि यह होती है कि हम आगे बढ़ने की जगह पीछे की ओर लौटते हैं, और अपने तद्भव शब्दों की हत्या करते रहते हैं। उर्दूवालों की भी ठीक यही प्रवृत्ति है। वे अपनी भाषा में अरबी-फारसी के शब्द अधिक भरते हैं। इस प्रकार दोनों ओर से तद्भव शब्दों की हत्या होती है। यह बात राष्ट्रीयता के विचार से चिन्तनीय है। हमें मध्यम मार्ग पर चलना चाहिए और अपनी भाषा ऐसी रखनी चाहिए, जो अधिक-से-अधिक लोगों की समझ में आ सके। तभी वह वास्तविक अर्थ में राष्ट्रभाषा हो सकेगी।

✡

३. उत्तम रचना

रचना का उद्देश्य—रचना का कौशल—वाक्यों की बनावट—रचना में सुधार—भाषा पर अधिकार—मुहावरे, कहावतें और अलंकार—भाषा में जान—भाषा में सरलता—व्याकरण का ज्ञान ।

३.१. रचना का उद्देश्य

साहित्य-रचना का मुख्य उद्देश्य होता है—अपने भाव दूसरों पर प्रकट करना। अतः वही रचना अच्छी मानी जाती है जो लेखक के मन के भाव पाठकों पर भली-भाँति प्रकट कर सके। यदि रचना-प्रणाली ठीक और नियमित न होगी तो पाठक भ्रम में पड़ जाएँगे। वे कुछ का कुछ अर्थ कर बैठेंगे या कुछ भी न समझ सकेंगे। वास्तव में लेखन भी कला है; और जो लोग अच्छे लेखक बनना चाहते हों, उन्हें इस कला का नियमित रूप से ज्ञान प्राप्त करना और परिश्रमपूर्वक इसका अभ्यास करना चाहिए। यहाँ रचना के कुछ ऐसे सिद्धान्त बतलाए जाते हैं, जिनका ध्यान रखने से लेखक अपने भाव और विचार सफलतापूर्वक दूसरों पर प्रकट कर सकते हैं। लेखों या रचनाओं में पहली और मुख्य चीज है—विचार या भाव। सबसे पहले लेखक के मन में वह भाव या विचार पूर्णतः स्पष्ट होना चाहिए जिसे वह व्यक्त करना चाहता है। यदि लेखक के मन में कोई बात स्पष्ट न हो तो वह दूसरों को कैसे और क्या समझा सकेगा! यदि मूल ही अस्पष्ट हो तो उसकी शाखा-प्रशाखाएँ कैसे स्पष्ट हो सकेंगी ! और यदि कहा जाए कि मूल तो सदा अस्पष्ट ही रहता है, तो भी रचना का उद्देश्य तो उसे स्पष्ट करना ही होता है। अतः रचना का पहला तत्त्व है—विचारों का अपने मन में ठीक और स्पष्ट बोध। एक बार अँगरेजी के किसी बहुत प्रतिष्ठित लेखक से किसी ने पूछा था—'उत्तम साहित्यिक रचना प्रस्तुत करने का रहस्य (या मूल मन्त्र) क्या है ?' उसने उत्तर दिया—'किसी विषय पर अच्छी तरह और स्पष्ट विचार करने पर ही उत्तम साहित्यिक रचना प्रस्तुत होती है। इसके सिवा इसका और कोई रहस्य हो ही नहीं सकता।' अतः जो लोग साहित्यिक क्षेत्र में यशस्वी होना चाहते हो, उन्हें पहले अपने लिए कोई उपयुक्त विषय चुनना चाहिए; और तब उस पर अच्छी तरह विचार करके अपनी मानस-दृष्टि के सामने उसका स्पष्ट चित्र प्रस्तुत करना चाहिए। साहित्यिक क्षेत्र में सफलता प्राप्त करने का यही गुर है। यदि हम कोई विषय स्वयं अच्छी तरह न समझते हों तो दूसरों के आगे उसका विवेचन करने का हमें कोई अधिकार नहीं।

जो विषय हमारे मानस-क्षेत्र के जितने समीप होगा और जिस पर हम सबसे अधिक विचार करते रहेंगे, उससे हमारा उतना ही घनिष्ठ सम्बन्ध भी होगा और उसी पर हम कलम चलाने के अधिकारी भी होंगे। अतः लिखने से पहले हमें अपने विवेच्य विषय की सब बातें भली भाँति हृदयंगम करनी चाहिए। जहाँ तक हो सके, उससे सम्बद्ध अधिक-से-अधिक सामग्री हमें एकत्र करनी चाहिए, और उस पर यथेष्ट मनन तथा विचार करना चाहिए। जिस विषय पर हमारा सच्चा और वास्तविक अनुराग न होगा, वह विषय ठीक तरह से और उपयुक्त रूप से लिख सकना हमारे लिए बहुत ही कठिन होगा—वह हमारी शक्ति और अधिकार के बाहर

होगा। और जिस विषय के स्पष्ट तथा उपयुक्त विचारों की हममें अधिकता होगी, उसी का हम सुचारु रूप से प्रतिपादन और विवेचन कर सकेंगे। किसी विषय का मनन-अध्ययन करके ही उस पर लेखनी उठानी चाहिए। यदि आपमें सामर्थ्य हो तो आप अनेक विषयों का साथ-साथ अध्ययन कर सकते हैं। परन्तु लिखना उसी विषय पर चाहिए, जिसका आपके मन में भली भाँति परिपाक हो चुका हो। पहले हमें अपने मन का भंडार भरना होगा, तभी हम उस भंडार से दूसरों को लाभ पहुँचा सकेंगे। संसार में स्थायी और उच्च कोटि का जितना साहित्य है, वह सब उसी प्रकार के परिपूर्ण भंडारों से निकला है।

लिखने के लिए सबसे अधिक उपयुक्त समय वही होता है, जब मन सब प्रकार की चिन्ताओं और विकलताओं से मुक्त तथा सब प्रकार से निश्चिन्त हो। प्रातःकाल प्रायः शरीर और मन दोनों उद्वेगों और व्यग्रताओं से बहुत-कुछ रहित, स्वस्थ और सक्रिय होते हैं। अधिकतर बड़े-बड़े लेखक ऐसे लोग हुए हैं, जो बहुत सबेरे उठते थे और दैनिक कृत्यों से निवृत्त होकर साहित्य-सेवा में लग जाते थे। कुछ ऐसे प्रतिभा-सम्पन्न लेखक भी अवश्य होते है, जो जब चाहते हैं, तभी लिखने बैठ जाते और खूब लिखते हैं। पर ऐसे लोग अपवाद रूप में ही समझे जाने चाहिए। साधारण लोगों के लिए उपयुक्त समय प्रायः सवेरे का ही होता है। इस सम्बन्ध में दूसरा सिद्धान्त यह है कि जिस समय किसी विषय में चित्त लीन हो जाता है, वही उस पर लिखने का उत्तम समय होता है। लेखक के लिए तल्लीनता आवश्यक है। कोई भावना जिस समय प्रबल होती है, उस समय उससे सम्बद्ध विषय पर जो कुछ लिखा जाता है, वह तर्क की दृष्टि से भले ही कुछ भिन्न कोटि का हो, पर उसमें सुन्दरता और हृदय-ग्राहिता आ ही जाती है।

३.२. रचना का कौशल

रचना का कौशल सहज में प्राप्त नहीं होता। उत्तम साहित्यिक रचना करने के लिए आवश्यक गुण और शक्ति बहुत दिनों में और बहुत परिश्रम से अर्जित की जाती है। बहुत से लोगों को उत्तम और स्थायी रचना प्रस्तुत करने के लिए बरसों परिश्रम करना और अपने जीवन का बहुत बड़ा अंश लगाना पड़ा है। यहाँ तक कि बहुतों को इसके लिए अपने स्वास्थ्य से भी हाथ धोना पड़ा है। बहब-सा समय लगाने और बहुत अधिक परिश्रम करने के बाद भी लोगों को अपनी रचनाओं में बहुत कुछ संशोधन और सुधारक की आवश्यकता जान पड़ती है। वे समझते हैं कि जब हमारी कृति स्वयं हमारा संतोष न कर सकी; तब दूसरों को कैसे सन्तुष्ट और प्रसन्न कर सकेगी ! और यह है बहुत अच्छी कसौटी।

लेखक का काम कुछ अंशों में मधु-मक्खियों के काम से मिलता-जुलता है। मधु-मक्खियाँ मकरन्द संग्रह करने के लिए कोसों चक्कर लगाती और अच्छे-अच्छे फूलों पर बैठकर उनका रस लेती हैं। तभी तो उनके मधु में संसार की सर्वश्रेष्ठ मधुरता रहती है ! यदि आप अच्छे लेखक बनना चाहते हैं तो आपको भी यही वृत्ति धारण करनी चाहिए। अच्छे-अच्छे ग्रन्थों का खूब अध्ययन कीजिए और उनकी बातों पर यथेष्ट मनन कीजिए। फिर आपकी रचनाओं में भी मधु का सा माधुर्य आने लगेगा। कोई अच्छा भाव, कोई अच्छा विचार भले ही दूसरों से ग्रहण किया गया हो, पर यदि यथेष्ट मनन करके आप उसे अपनी रचना में अपने ढंग से स्थान देंगे, तो वह आपका ही हो जाएगा। मननपूर्वक और अपने ढंग से लिखी हुई चीज के सम्बन्ध में जल्दी किसी को यह कहने का साहस ही न होगा कि यह अमुक स्थान से ले ली गई है, या उच्छिष्ट है। जो बात आप अच्छी तरह आत्मसात् कर लेंगे, वह फिर आपकी

ही हो जाएगी।

आप नित्य बहुत-सी घटनाएँ देखते हैं, बहुत-से लोगों से मिलते हैं, बहुत-सी बातें सुनते हैं और बहुत कुछ पढ़ते हैं। नित्य बहुत-सी अच्छी और बुरी बातें आपके सामने आती रहती हैं। यदि आप उन सभी बातों पर थोड़ा ध्यान देने का अभ्यास कर लेंगे तो नित्य आपको अपने काम की सैकड़ों बातें मिलने लगेंगी। जब आप इस प्रकार किसी विषय पर विचार करते रहेंगे और उसके भिन्न-भिन्न अंगों को विकसित करनेवाली बातों की खोज में रहेंगे, तब उससे सम्बन्ध रखनेवाले नए विचार और नए ढंग भी आपको सूझते रहेंगे और बहुत-सी नई बातें भी आपको मिलती चलेंगी। इस प्रकार की सब बातें ध्यान में रखना प्रायः असम्भव होगा; अतः ऐसी बात यदि आप कहीं टाँकते चलेंगे तो आपके पास जानने और बतलाने योग्य बहुत-सी बातों का अच्छा संग्रह हो जाएगा, जो समय पर बहुत काम देगा। कोई बात सुन या समझकर उसे कहीं टाँक लेने से कई लाभ होते हैं। एक तो इससे हमारी निरीक्षण करने की योग्यता बढ़ती है और हम किसी विषय पर कुछ नए ढंग से सोचने-विचारने की शक्ति प्राप्त करते हैं। दूसरे, हमें अपने विचार ठीक तरह से लिखने की शिक्षा भी मिलती है—क्रमशः हम यह सीखने लगते हैं कि भाव किस प्रकार ठीक रूप में व्यक्त किए जाते हैं। तीसरा बड़ा लाभ यह होता है कि स्मृत-पट पर उसका कुछ अधिक स्थायी अंकन भी हो जाता है जो आगे चलकर उस तरह की और बातें जानने, ढूँढ़ निकालने या संग्रह करने में सहायक होता है। इसके विपरीत, उत्तम और उपयुक्त बातें केवल स्मृति के भरोसे छोड़ देना मानो उनसे हाथ धोने के लिए तैयार रहना है।

जब बहुत-से विषय, बहुत-सी बातें और बहुत-से विचार आपकी पूँजी बन जाएँगे, तब लिखने का काम उतना कठिन न रह जाएगा। उस समय आपका पहला काम यह होना चाहिए कि आप उन सब बातों और विचारों को अलग-अलग विषय-विभागों में विभक्त कर लें; और तब एक-एक विषय लेकर उस पर लिखते चलें। बहुत-सी बातों, घटनाओं या विचारों को एक साथ गूँथने लगना ठीक नहीं। प्रत्येक विषय थोड़ा-थोड़ा और आंशिक रूप से लिखा जाना चाहिए, और क्रम-बद्ध रूप में लिखा जाना चाहिए। प्रत्येक विचार ही नहीं, बल्कि प्रत्येक वाक्य और यहाँ तक कि प्रत्येक शब्द भी खूब तौलकर और उसके ठीक-ठीक अर्थ या आशय का ध्यान रखकर लिखना चाहिए। ऐसा करने पर उसे दोहराने और उसमें संशोधन या सुधार करने की बहुत कम आवश्यकता रह जाएगी। फिर भी जब अपनी भूल मालूम पड़े या कोई अच्छा नया विचार सामने आए तब अपना लेख दोहराने और सुधारने के लिए भी सदा तैयार रहना चाहिए।

३.३. वाक्यों की बनावट

विचारों और भावों का क्रम बना लेने पर वाक्य में शब्दों का ठीक क्रम लगाना पड़ता है। भाव तथा विचार प्रकट करने के लिए उपयुक्त शब्दों की, और तब उनके उपयुक्त क्रम तथा सजावट की आवश्यकता होती है। यदि हमारे शब्द हमारे भावों और विचारों के उपयुक्त न होंगे तो उनमें कभी रस न आ सकेगा। जिस प्रकार लेख में उपयुक्त स्थान पर उपयुक्त विचार सजाने की आवश्यकता होती है, उसी प्रकार वाक्यों में उपयुक्त शब्द-योजना की भी आवश्यकता होती है। प्रत्येक वाक्य लिखते समय उसके आरम्भ और अन्त के रूपों का पूरा ध्यान रखना चाहिए। यह न हो कि वाक्य उठे तो कहीं से, बीच में वह कहीं और चला जाए और उसका अन्त उन सबसे अलग किसी और रूप में हो। वह उठे तो बहुत ऊँचाई

से और अन्त में जाकर गिर पड़े गड्ढे में ! वाक्य का आरम्भ पाठकों के मन में उत्सुकता उत्पन्न करनेवाला होना चाहिए, उसका मध्य वह उत्सुकता बनाए रखनेवाला होना चाहिए, और अन्त उस उत्सुकता का पूरी तरह से समाधान करनेवाला होना चाहिए। वस्तुतः वाक्य का अन्तिम अंश ही सबसे अधिक महत्त्व का होता है और वही सबसे ज्यादा वज़नदार होना चाहिए। 'वे इस षड्यंत्र का समूल नाश ही नहीं करना चाहते हैं, बल्कि इससे डटकर मोरचा भी लेना चाहते हैं।' ऐसा वाक्य है जिसका आरम्भिक अंश अधिक जोरदार है, अन्तिम कमजोर है। 'यह बिलकुल बदल दिये जाने के योग्य तो है ही, इसमें कुछ सुधार की भी आवश्यकता है।' इसी प्रकार का वाक्य है। यह तो वही बात हुई—'मैंने तुम्हें सौ बार समझाया हजार बार समझाया, दस बार समझाया; पर तुम मानते ही नहीं।' ऐसे वाक्य निर्जीव होते हैं। वस्तुतः वाक्य ऐसे होने चाहिए, जिन पर पाठकों का ध्यान बराबर लगा रहे तथा उनकी उतसुकता बराबर बनी रहे। उनकी तबीयत कहीं से उखड़ने या ऊबने न पाए। जो बात वाक्य के सम्बन्ध में है, वही अनुच्छेद, प्रकरण और समस्त ग्रन्थ के सम्बन्ध में भी समझनी चाहिए।

जहाँ तक हो सके, एक वाक्य में एक ही विचार या भाव रखना चाहिए। जब वाक्य का विस्तार आवश्यकता से बहुत बढ़ जाता है तब उसमें भूलों की संभावना भी अधिक हो जाती है और वह अस्पष्ट, भद्दा या भ्रामक भी हो जाता है। और यदि इनमें से कोई बात न हो, तो भी पाठकों को उसे समझने में कठिनाई तो होती ही है। वाक्य ऐसा होना चाहिए जिसे पढ़ते ही पाठक तत्काल उसका आशय समझ लें। इसके लिए उन्हें कोई विशेष आयास न करना पड़े। रचना में कभी-कभी ऐसे वाक्य भी रखने पड़ते हैं जिनमें एक से अधिक भाव होते हैं। व्याकरण में ऐसे वाक्यों को 'मिश्र वाक्य' तथा 'संयुक्त वाक्य' कहते हैं। विधान की धाराएँ, सभा समितियों के प्रस्ताव तथा गूढ़ विषयों के विवेचन प्रायः बड़े-बड़े संयुक्त वाक्यों में ही होते हैं। ऐसे वाक्य लिखते समय और भी अधिक सतर्क रहना चाहिए और उन्हें कहीं से शिथिल या विशृङ्खल न होने देना चाहिए। यदि ऐसे वाक्य स्पष्ट न हों तो उनका लिखा जाना ही व्यर्थ हो जाता है। इसके विपरीत साधारण पत्रों, उपन्यासों और नाटकों के कथोपकथन तथा समाचारपत्रों के लिए समाचार आदि लिखते समय साधारण और छोटे वाक्य ही अधिक उपयुक्त होते हैं। यदि वास्तविक दृष्टि से देखा जाए तो छोटे, परन्तु गठे हुए वाक्य ही अधिक सुन्दर और प्रभावशाली होते हैं। परन्तु साहित्यिक रचनाओं में दोनों प्रकार के वाक्यों की आवश्यकता होती है। कुशल लेखक अच्छी तरह जानते हैं कि कहाँ साधारण और छोटे वाक्यों का प्रयोग होना चाहिए और कहाँ बड़े तथा मिश्र या संयुक्त वाक्यों का। जब इस प्रकार की रचनाओं पर लेखक अपनी कुछ निजी तथा विशिष्ट शब्द-योजना तथा रचना-प्रणाली की रंगत चढ़ाता है तब हम उसे उसकी शैली कहते हैं।

शैली का विवेचन आगे चलकर एक स्वतन्त्र प्रकरण में किया जाएगा, इसलिए यहाँ हम उसका विचार छोड़कर यही कहना चाहते हैं कि रचना का सौन्दर्य इसी में है कि वाक्य यथा-साध्य संक्षिप्त और स्पष्ट हों। रचना वही अच्छी कहलाती है, जिसमें कम-से-कम शब्दों में अधिक-से-अधिक भाव प्रकट किए गए हों। इसके विपरीत यदि शब्दों का आडम्बर तो बहुत अधिक हो, पर विचार या भाव बहुत ही कम हों तो वह रचना दूषित समझी जाती है; और उसका आदर नहीं होता। अच्छी रचना की एक बहुत बड़ी पहचान यह है कि उसमें कुछ भी घटाने-बढ़ाने या उलट-फेर करने के लिए अवकाश नहीं होता। यदि किसी वाक्य में थोड़ा-बहुत परिवर्तन करने से उसका सौंदर्य या स्पष्टता बढ़ जाए तो समझ लेना चाहिए

कि वह वाक्य पहले ठीक नहीं बना था; और यदि उसमें कुछ भी उलट-फेर करने से उसका सौंदर्य घट जाए तो समझना चाहिए कि वह निर्दोष और उच्च कोटि की रचना है। जो रचना सचमुच उच्च कोटि की होती है, उसमें कभी किसी प्रकार के सुधार या परिवर्तन की अपेक्षा नहीं होती। सुधार की तो उसमें जगह नहीं रहती, और परिवर्तन उसका कोई-न-कोई गुण नष्ट किए बिना नहीं रहता।

यह तो सम्भव नहीं कि सभी लेखक आरम्भ से ही ऐसी सुन्दर रचना करने लगें, जिसमें किसी प्रकार के सुधार या परिवर्तन की आवश्यकता न हो। परन्तु निरन्तर अभ्यास से प्रायः सभी लोग इस प्रकार की उत्तम रचना कर सकते हैं। आप दो-चार पृष्ठ लिखें और तब उन्हें दोहराएँ-तेहराएँ तब स्वयं आपको उनकी कुछ त्रुटियाँ दिखाई देने लगेंगी। अब वे त्रुटियाँ दूर करके फिर से लिखें। इस प्रकार दो-तीन बार ऐसा करने से आपको मालूम हो जाएगा कि कब, कहाँ और किस तरह की त्रुटियाँ होती हैं और वे कई प्रकार बचाई या दूर की जा सकती हैं। फिर जब आपको अभ्यास हो जाएगा तब या तो दोहराने की आवश्यकता ही न होगी; और यदि होगी भी तो बहुत कम।

कोई चीज अच्छी तभी हो सकती है जब उसके सब दोष दूर कर दिए जाएँ। जिस प्रकार मूर्तिकार मूर्ति गढ़ते समय और चित्रकार चित्र अंकित करते समय बराबर इस बात का ध्यान रखते हैं कि कोई कोर-कसर न रहने पाए। उसी प्रकार लेखक को भी ध्यान रखना चाहिए कि मेरी रचना में कोई त्रुटि न रहने पाए। संसार में सभी चीजों का क्रमशः विकास होता है। आरम्भ में सभी चीजों में कुछ दोष रहते हैं। जब धीरे-धीरे वे दोष दूर कर दिए जाते हैं, तब जाकर वह चीज सर्वांग सुन्दर होती है। साहित्यिक रचना इस नियम का अपवाद नहीं। आपकी रचना में जो कुछ असुन्दर हो, वह सब निकाल दीजिए फिर वह रचना आप-से-आप सुन्दर हो जाएगी। अर्थात् अपनी रचना में अधिक-से-अधिक और जल्दी-से-जल्दी सुधार करने का सबसे सुगम उपाय यही है कि आप इस बात का ध्यान रखें कि कौन-सी ऐसी बातें हैं जो इसमें अवश्य आनी चाहिए, और कौन कौन-सी बातें हैं जो बिल्कुल नहीं आनी चाहिए। रद्दी, भद्दी, पुरानी और अनुपयुक्त बातों, विचारों और भाव-व्यंजन की प्रणालियों से जहाँ तक हो सके, बचकर अच्छी, बढ़िया और काम की बातें तथा विचार रखने चाहिए। साथ ही उन्हें प्रकट तथा प्रतिपादित करने का ढंग भी बिलकुल नया और निराला होना चाहिए। लिखते समय ध्यान सदा अच्छेपन की ओर रहना चाहिए—सुधार का तत्त्व कभी आँखों से ओझल न होना चाहिए। सदा इस बात का ध्यान रखना चाहिए कि साधारण अच्छी रचना भी प्रयत्नपूर्वक और अच्छी बनाई जा सकती हैं और इस प्रकार उसके सौंदर्य की मात्रा बढ़ाते-बढ़ाते वह परम सुन्दर बनाई जा सकती है।

३.४. रचना में सुधार

इस सम्बन्ध में एक बात विशेष रूप से ध्यान रखने योग्य है। वह यह कि यदि आप आज ही कुछ लिखें और आज ही उसे दोहराने बैठ जाएँ तो उसमें के सब दोष आपके सामने न आ सकेंगे। हाँ, यदि कुछ दिन बीत जाने पर आप उसे फिर से देखेंगे तो आपकी दृष्टि में उसके अवश्य कुछ दोष आ सकेंगे। इस बीच में आपका ज्ञान भी सम्भवतः कुछ बढ़ चुका होगा और सौष्ठव की परख भी। उत्तम और महत्वपूर्ण साहित्य-रचना के सम्बन्ध में एक बहुत बड़े लेखक का यह मत बहुत-कुछ ठीक है कि पहले कोई चीज लिखें और तब उसे साल-दो-साल यों ही रहने दें। फिर जब उसे देखेंगे, तब अवश्य उसमें के बहुत से दोष और त्रुटियाँ

आप-से-आप दिखाई देने लगेंगी, और तब उन सबका सहज ही में सुधार भी हो सकेगा। जो नए लेखक अपनी साहित्यिक रचनाओं का सचमुच आदर कराना चाहते हों, उनके लिए 'काता और ले दौड़ी' की नीति ठीक नहीं।

रचना में जिस प्रकार भावों के सौन्दर्य की आवश्यकता होती है, उसी प्रकार शब्द-योजना की सुन्दरता की भी। संसार की हर चीज सजावट चाहती है, परन्तु स्वयं सजावट में भी अनुरूपता की अपेक्षा होती है। यदि किसी सुन्दर मूर्ति को सुन्दर वस्त्र पहनाए जाएँ या सुन्दर आभूषणों से अलंकृत किया जाए, तभी वह मूर्ति और सुन्दर लगेगी। यदि किसी भद्दी मूर्ति को सुन्दर वस्त्र पहना दिए जाएँ अथवा किसी सुन्दर मूर्ति को भद्दे अलंकार पहना दिए जाएँ तो भद्दे और सुन्दर का यह मेल कभी ठीक न बैठेगा। सम्भव है, सुन्दर वस्त्रों से किसी भद्दी मूर्ति का भद्दापन कुछ कम हो जाए, परन्तु स्वयं उन वस्त्रों की सुन्दरता भी बहुत कम हो जाएगी। 'टाट की अँगिया में बाफ्ते की तनी' भला क्या अच्छी लगेगी ! एक का भद्दापन दूसरे पर प्रभाव डाले बिना न रहेगा । वास्तविक शोभा तो तभी होगी, जब दोनों सुन्दर होंगे। भाव और भाषा में बहुत-कुछ वही सम्बन्ध है, जो मूर्ति और उसके वस्त्रों आदि में है। सुन्दर भाव भी सुन्दर भाषा से ही सुशोभित होते हैं, भद्दी और भोंड़ी भाषा से नहीं। इसी प्रकार भड़कीली भाषा भी अच्छे भावों के बिना बेतुकी जान पड़ेगी। अतः लिखते समय भाव और भाषा की अनुरूपता पर विशेष ध्यान देना चाहिए। जिस विषय पर जिस अवसर के लिए जैसी भाषा उपयुक्त हो, उसे छोड़कर अन्य प्रकार की भाषा का उपयोग नहीं करना चाहिए।

३.५. भाषा पर अधिकार

भाषा पर अधिकार प्राप्त करने के लिए बहुत-से शब्दों का ज्ञान तो होना ही चाहिए, प्रत्येक शब्द के ठीक-ठीक अर्थ का भी ज्ञान होना चाहिए। प्रायः लोग बहुत से शब्दों का तो ज्ञान प्राप्त कर लेते हैं, और उनके बहुत-से पर्याय भी याद कर लेते हैं, पर सबके ठीक-ठीक अर्थ और आशय नहीं समझते और मनमाने ढंग से उनका प्रयोग करते चलते हैं। वे अपनी समझ से तो बहुत चातुरी दिखलाते हैं, पर वास्तव में हास्यास्पद बनते हैं। कुछ लोग ऐसे भी होते है जिन्हें बहुत थोड़े-से शब्दों का ज्ञान होता है और जो मौके-बे-मौके सभी जगह उन्हीं शब्दों का प्रयोग करते रहते हैं। दोनों प्रकार के लेखक वस्तुतः एक ही कोटि में रखे जाने के योग्य हैं। अच्छा लेखक वही होता है, जो शब्द भी जानता हो और उनके अर्थ भी; और साथ ही यह जानता हो कि किस शब्द का किस अवसर पर प्रयोग होना चाहिए। इस सम्बन्ध में एक बहुत बड़े विद्वान् का तो यहाँ तक मत है कि शब्दों का अशुद्ध प्रयोग दोष ही नहीं, बल्कि वह आत्मिक पतन का भी कारण होता है। अतः लेखकों के लिए शब्दों और अर्थों का पूर्ण ज्ञान बहुत आवश्यक है। इस प्रकार के ज्ञान के बिना भाषा में सौन्दर्य आ ही नहीं सकता।

भाषा के सम्बन्ध में ध्यान रखने की मुख्य बात यह है कि जहाँ तक हो सके, वह स्वाभाविक होनी चाहिए—उसमें किसी प्रकार की कृत्रिमता नहीं होनी चाहिए। हम जिस प्रकार साधारण बोल-चाल में अपने भाव प्रकट करते हैं, उसी प्रकार अपनी रचनाओं में भी हमें अपने भाव प्रकट करने चाहिए। जो बात सीधी तरह से कही जा सकती हो, वह कभी घुमा-फिराकर या टेढ़े-मेढ़े ढंग से नहीं कही जानी चाहिए। जहाँ तक हमें इन बातों का ध्यान रहेगा, वहाँ तक हमारी भाषा अपनी प्रकृति के अनुकूल चलेगी; पर जहाँ हमने इन बातों का

ध्यान छोड़ा, वहीं हमारी भाषा अपनी प्रकृति से दूर होने लगेगी। भाषा की प्रकृति की रक्षा के लिए सबसे अधिक आवश्यक यह है कि हम जो कुछ सोचें, अपने ढंग से सोचें— दूसरों के ढंग से न सोचें। प्रायः होता यही है कि हम विचार आदि तो एकत्र करते हैं दूसरी भाषाओं से पर उन्हें अच्छी तरह हजम किए बिना ही—उन्हें अपनी प्रकृति के अनुकूल बनाए बिना ही—उन्हें मूल रूप में ही हम अपनी रचनाओं में स्थान देने लगते हैं। ऐसे अभ्यास का परिणाम यह होता है कि जब कभी हम अपने मौलिक विचार अपनी रचना में रखने लगते हैं, तब वे भी हमारी भाषा की प्रकृति से बहुत दूर जा पड़ते हैं। उस समय हमारी भाषा की कृत्रिमता चिल्ला-चिल्लाकर हमरी चुगली खाने लगती है। जो लोग अच्छे लेखक बनना चाहते हों, उन्हें ऐसी भूल नहीं करनी चाहिए। उन्हें अपनी शब्द-योजना और भाव-व्यंजन की प्रणाली सदा अपनी भाषा की प्रकृति के अनुरूप रखनी चाहिए।

कुछ लोग अपनी भाषा में स्वाभाविकता लाने के लिए ऐसे ग्राम्य तथा स्थानिक शब्दों और भाव-व्यंजन प्रणालियों का प्रयोग करते हैं, जो या तो व्याकरण के नियमों के विरुद्ध होती हैं या देखने में भद्दी लगती हैं। वे इस बात का भी विचार नहीं करते कि हमारे ये नए प्रयोग सबकी समझ में आने योग्य और शिष्ट-सम्मत है या नहीं। इस प्रकार मर्यादा का उल्लंघन करके वे एक ओर तो भाषा का स्वरूप विकृत करते हैं और दूसरी ओर स्वयं हास्यास्पद बनते हैं। अपनी ओर से तो वे एक नया मार्ग निकालना चाहते हैं, पर वस्तुतः वे पहले का ठीक बना हुआ मार्ग भी तोड़ने-फोड़ने लगते हैं। नए लेखकों को कभी ऐसा नहीं करना चाहिए। उन्हें गुरुजनों के बनाए हुए सीधे मार्ग पर ही चलना चाहिए—कभी मर्यादा का उल्लंघन नहीं करना चाहिए। नया मार्ग निकालने या पुराने मार्ग में सुधार करने का काम वयोवृद्ध, अनुभवी और प्रतिभाशाली लेखक ही कर सकते हैं, और यह काम उन्हीं के लिए छोड़ देना चाहिए।

३.६. मुहावरे, कहावतें और अलंकार

भाषा में सौंदर्य लाने के लिए मुहावरों, कहावतों और अलंकारों से भी सहायता ली जाती है। इन सभी का भाषा में विशिष्ट और निजी स्थान होता है। कहावतों और अलंकारों की तो सब जगह उतनी अधिक आवश्यकता नहीं होती, पर मुहावरेदारी और बोल-चाल की भाषा तथा शिष्ट-सम्मत प्रयोगों के ज्ञान की हर जगह आवश्यकता होती है। जो भाषा बे-मुहावरे होगी या शिष्ट-सम्मत न होगी, वह जरूर खटकेगी। परन्तु मुहावरों के उपयोग के लिए भी कुछ विशेष अवसर होते हैं। यदि भाषा सिर से पैर तक मुहावरों, कहावतों और अलंकारों से लदी हुई हो तो वह भी भद्दी मानी जाएगी। जब इनमें से हर एक का उपयुक्त अवसर पर और उपयुक्त मात्रा में प्रयोग हो तभी भाषा में सौंदर्य आ सकता है।

भाषा सदा चलती हुई होनी चाहिए। साधारणतः बोल-चाल में चलती भाषा वही कहलार्ता है, जिसमें ऐसे सीधे-साधे और सहज शब्द हों जो सब लोगों के नित्य के व्यवहार में आते हों। यह परिभाषा कुछ गलत तो नहीं, परन्तु परिमित है—व्यापक नहीं। 'चलती भाषा' का इससे कुछ अधिक और गम्भीर आशय है। वास्तव में 'चलती भाषा' वह कहलाती है जिसमें शब्दों का प्रवाह बिलकुल ठीक तरह से चलता रहे—कहीं कोई खटक न हो, कोई रुकावट न हो। नित्य के व्यवहार की भाषा में थोड़े-से शब्द और बँधे हुए वाक्य रहते हैं; और उनके कहने या समझने में हमें किसी प्रकार की कठिनाई नहीं होती। इसीलिए ऐसी भाषा चलती हुई कहलाती है। यदि ऊँचे दरजे की साहित्यिक भाषा में भी यही गुण हों तो वह भी चलती

हुई भाषा कही जाएगी। वास्तव में भाषा की गति या रौ ही ठीक होनी चाहिए; फिर चाहे वह भाषा बालकों के बोलने और समझने की हो, चाहे बड़े-बड़े विद्वानों के पढ़ने-लिखने की।

३.७. भाषा में जान

जो भाषा हर तरह से चुस्त होने के सिवा सहज में समझी जा सके और पाठकों के मन पर प्रभाव डालकर उन्हें अपनी ओर आकृष्ट कर सके, वही रसपूर्ण, ओजस्विनी और सजीव मानी जाती है। किसी बड़ी रचना में आदि से अन्त तक तो सभी वाक्य ऐसे हो नहीं सकते, जिनमें समान रूप से रस और ओज भरा हो। हाँ, बीच-बीच में इस तरह का पुट अवश्य हो सकता है। इसके सिवा ध्यान रखने की एक बात और है भाषा में एक खास चीज होती है, जिसे 'जोर' कहते हैं; और यह 'जोर' शब्दों के ठीक चुनाव से ही आ सकता है। हम प्रायः कहते हैं कि यह वाक्य बहुत जोरदार है। इसका मतलब यही होता है कि इसमें शब्दों का चुनाव बहुत ठीक हुआ है। इससे लेखक का आशय तो स्पष्ट होता है, पाठकों पर यथेष्ट प्रभाव भी पड़ता है। उदाहरणार्थ, हम कहते हैं—(क) यह पुस्तक सबको पढ़नी चाहिए। (ख) यह पुस्तक प्रत्येक व्यक्ति को पढ़नी चाहिए। (ग) यह पुस्तक प्रत्येक व्यक्ति को अवश्य पढ़नी चाहिए। और (घ) किसी को यह पुस्तक बिना पढ़े नहीं रहना चाहिए। स्पष्ट है कि इन चारों वाक्यों में जोर क्रमशः बढ़ता गया है, और इसीलिए बढ़ता गया है कि इनमें शब्दों का चुनाव और वाक्य-रचना जोर बढ़ाने की ही दृष्टि से की गई है। यो तो अलग-अलग वाक्यों की बात हुई। इसके सिवा प्रत्येक वाक्य में भी प्रसंग के अनुसार यह 'जोर' उत्तरोत्तर बढ़ता हुआ होना चाहिए। ऐसा नहीं होना चाहिए कि आरम्भ में तो जोर अधिक हो और अन्त में कम या बिल्कुल न हो; जैसे—'यह बात आपके लिए अत्यन्त लज्ञाजनक और अप्रतिष्ठा की तो है ही, अनुचित भी है' में आरम्भ में तो बहुत जोर है, पर अन्त में आकर वह जोर बिल्कुल ठंडा पड़ गया है। भाषा का यही 'जोर' बढ़कर कहीं-कहीं उसकी 'जान' बन जाता है, और कभी-कभी तो एक सामान्य शब्द भी वाक्य में ऐसी जान डाल देता है कि यदि वह शब्द निकाल दिया जाए, तो वाक्य में दम नहीं रह जाता। उदाहरणार्थ मीराँबाई के प्रसिद्ध पद 'मेरे तो गिरधर गोपाल, दूसरो न कोई' में छोटा-सा शब्द 'तो' सारे पद की जान है। उर्दू का एक प्रसिद्ध शेर है—

जो पूछा यार से मैंने तुझे किससे मुहब्बत है
तो हँसकर यों लगा कहने, तुम्हीं पर दम निकलता है।

'हँसकर' इस शेर की जान है। यदि इस शेर में से वह निकाल दिया जाए तो इसमें दम ही न रह जाए। अत: लिखते समय इस तत्त्व का भी विशेष ध्यान रखना चाहिए।

३.८. भाषा में सरलता

भाषा साधारणतः वही अच्छी समझी जाती है, जिसमे सरल शब्दों का प्रयोग हो। केवल अपना पाण्डित्य दिखलाने के लिए जब बड़े दुर्बोध या अप्रचलति शब्दों का व्यवहार किया जाता है तब भाषा भद्दी हो जाती और खटकने लगती है। उदाहरण के रूप में एक वाक्य लीजिए, जो एक भाषण के समय एक अच्छे विद्वान् के मुँह से सुना गया था—'यह विषय विशिष्ट विवेचन सापेक्ष है।' एक पुस्तक में देखा था—'पक्षी अपना नीड़ निर्माण करता है।' उसी पुस्तक में एक और जगह देखा था—'बहुत-से ग्रन्थ पालि भाषा में लिखित हुए।' ऐसे

प्रयोगों में बहुत खटक होती है। 'प्रनृत्यमान मयूर' की जगह 'नाचता हुआ मोर' गड्डलिका-प्रवाह' की जगह 'भेड़िया-धँसान', 'अद्योपान्त' की जगह 'आदि से अन्त तक', 'अग्रज' की जगह 'बड़े भाई', 'घ्राणेन्द्रिय' की जगह 'नाक', 'प्रस्तोता', की जगह 'प्रस्तावक' और 'आलुलायित केश' की जगह 'खुले हुए बाल' लिखना कहीं अच्छा है। औद्धत्य, औन्नत्य, याथार्थ्य, काठिन्य आदि भी इसी प्रकार के शब्द और पद हैं जिनका प्रयोग नहीं या कम-से-कम होना चाहिए। इनके स्थान पर उद्धतता, उन्नति, यथार्थता, कठिनता आदि का प्रयोग ही समीचीन है।

भाषा की गति ठीक रखने के लिए बहुत-सी बातों की आवश्यकता रहती है। शब्दों का ठीक चुनाव, व्याकरण के नियमों के अनुसार उनका ठीक क्रम, विभक्तियों और अव्ययों का ठीक प्रयोग, शब्दों के साथ उपयुक्त क्रियाओं का प्रयोग आदि बहुत-सी ऐसी बातें हैं, जो भाषा की गति ठीक रखने में सहायक होती हैं। इन्हीं सब बातों के योग से भाषा बोल-चाल और मुहावरेदार बनती है। शायद कुछ लोग यह समझते हैं कि मुहावरेदार भाषा वह कहलाती है, जिसमें मुहावरों की खूब भरमार हो; पर ऐसा समझना भूल है। केवल मुहावरे कभी भाषा को मुहावरेदार नहीं बना सकते। यदि भाषा की गति ठीक न हो तो वह कभी चलती हुई या मुहावरेदार नहीं कहला सकती।

जहाँ तक हो सके, भाषा को जटिलता से बचाना चाहिए। जटिलता भाषा के बहुत बड़े दोषों में से है। जटिल शब्दों की अपेक्षा सरल शब्द और जटिल वाक्य-रचना की अपेक्षा सरल वाक्य-रचना ही अधिक पसन्द की जाती है। यही ठीक है कि भावों की जटिलता, और वह भी विशेषतः अनुवाद का कार्य करते समय, हमारे अधिकार के बाहर होती है। परन्तु यह निश्चित है कि हम सरल और स्पष्ट वाक्य-रचना की सहायता से परम जटिल भावों की जटिलता और दुरूहता भी बहुत-कुछ कम कर सकते हैं; और उन्हें सबके समझने योग्य नहीं तो, साधारण समझदारों के समझने योग्य तो अवश्य बना सकते हैं। ऐसे अवसरों पर यदि भावों के साथ-साथ भाषा और वाक्य रचना भी जटिल हो तो जल्दी अर्थ ही समझ में न आएगा। परन्तु यदि हम सरल भाषा लिखने के अभ्यस्त हों और हमारे वाक्य स्पष्ट हों, तो हम जटिल भाव और विषय भी बहुत-कुछ सरल और बोधगम्य रूप में लिख सकते हैं।

जब हम कठिन शब्दों का प्रयोग करते हैं, और उनकी सहायता से जटिल वाक्य रचकर जटिल भाव प्रकट करना चाहते हैं, तो हम मानो आप ही अपना उद्देश्य विफल करने पर उद्यत होते हैं। लिखते समय हमारा मुख्य ध्येय होना चाहिए—पाठकों को कोई विषय समझाना। जब हम उस उद्देश्य पर से दृष्टि हटा-कर केवल अपना रचना-कौशल दिखलाने या पांडित्य प्रकट करने लगते हैं, तब हमारा मुख्य उद्देश्य आप-से-आप विफल होने लगता है और हमारा सारा परिश्रम व्यर्थ हो जाता है। हमारा वास्तविक कौशल या पांडित्य तभी प्रकट होगा, जब हमारी कृति पाठकों की समझ में आएगी और उससे वे लाभ उठा सकेंगे। यहाँ प्रश्न हो सकता है कि लिखनेवाला यह कैसे समझे कि हमारे पाठकों में कितनी योग्यता है। साधारण अवस्थाओं के लिए इसका उत्तर यही है कि लेखक अपने पाठकों को भी अपने ही समान योग्यता रखनेवाला समझे। पर वास्तव में होता यह है कि लेखक प्रायः सुयोग्य और विद्वान् होते हैं, और साधारण पाठकों में अधिक योग्य तथा विद्वान् लेखकों की सभी बातें समझने की योग्यता नहीं होती। अतः हम जो कुछ लिखें, वह अपने पाठकों का पूरा-पूरा ध्यान रखकर लिखें तथा अपने स्तर के साथ-साथ पाठकों के स्तर का भी पूरा ध्यान रखें। छोटे बच्चों, स्त्रियों, मध्यम वर्ग के विद्यार्थियों और वयस्क शिक्षितों तथा विद्वानों के लिए

अलग-अलग प्रकार की भाषा उपयुक्त होती है। यह नहीं होना चाहिए कि हम पुस्तक तो लिखें बालकों के लिए, पर भाषा ऐसी रखें, जिसे शिक्षित वयस्क भी सहज में न समझ सकें। यही बात विवेच्य विषय के सम्बन्ध में भी है। हमें एक बार एक ऐसी पुस्तक की पांडुलिपि देखने को मिली थी, जिसमें कुछ बातें छोटे बच्चों के लिए थीं, कुछ युवक विद्यार्थियों के लिए थीं, और कुछ उच्च कोटि के शिक्षितों के जानने योग्य थीं। ऐसा नहीं होना चाहिए। यदि हमारी रचना कुछ विशिष्ट वर्गों के लिए हो, तो उसकी भाषा और विवेचन-प्रणाली भी उन विशिष्ट वर्गों के विचार से ही होनी चाहिए। और यदि वह जन-साधारण के लिए हो तो हमें सब बातें सहज और साधारण रूप से कहनी चाहिए।

३.९. व्याकरण का ज्ञान

लेखकों के लिए शब्दों के ज्ञान के अतिरिक्त व्याकरण का ज्ञान होना भी बहुत आवश्यक है। व्याकरण हमें भाषा के बहुत-से ऐसे नियम बतलाता है, जिनसे हम अनेक प्रकार की अशुद्धियों से बच सकते हैं। यह ठीक है कि कुछ लेखकों का भाषा पर इतना अधिक अधिकार होता है कि वे व्याकरण की बहुत-सी जटिलताओं का ज्ञान प्राप्त किए बिना ही बहुत अच्छी और मुहावरेदार भाषा लिख लेते हैं। पर कुछ ऐसे लेखक भी होते हैं, जो व्याकरण का बहुत अधिक ज्ञान रखने पर भी प्रायः अशुद्ध भाषा लिखते हैं। इन दोनों प्रकार के लेखकों को हमें अपवाद रूप में ही मानना चाहिए। अधिकतर लेखकों के लिए प्रायः व्याकरण का कुछ-न-कुछ ज्ञान आवश्यक होता है। फिर भी यह निश्चित है कि भाषा अभ्यास से ही शुद्ध, सुन्दर और मनोहर होती है। यहि हम अपनी मातृ-भाषा में ही लिखते हों और उसका हमें अच्छा अभ्यास हो, तो हमारे लिए व्याकरण के ज्ञान की उतनी आवश्यकता नहीं रह जाती। परन्तु दूसरी भाषाएँ सीखने और लिखने के कामों में व्याकरण बहुत अधिक उपयोगी होता है। व्याकरण भी एक शास्त्र है, और शास्त्र का ज्ञान सदा कुछ-न-कुछ उपयोगी ही होता है। अतः अपनी भाषा पर अच्छा अधिकार होने पर भी हमें उसके व्याकरण की उपेक्षा नहीं करनी चाहिए।

यह ठीक है कि प्रायः अच्छे और बड़े लेखक व्याकरण के नियमों आदि के झगड़े में नहीं पड़ते। व्याकरण यों भी बहुत रूखा विषय है। आरम्भिक अवस्था में प्रायः लोगों को उसका अध्ययन रुचिकर नहीं होता, और वयस्क होने पर प्रायः लोग उसकी अधिकतर बातें भूल जाते हैं। इसीलिए कहा जाता है कि अच्छी भाषा सीखने के लिए अच्छी भाषा लिखनेवाले लेखकों के ग्रन्थों का ध्यानपूर्वक अध्ययन करना चाहिए, और अपने कानों को अच्छी भाषा का इतना अधिक अभ्यस्त बना लेना चाहिए कि दूषित प्रयोगों की खटक तुरन्त मालूम हो जाए। उस अवस्था में हम अनायास ही शुद्ध, चलती और मुहावरेदार भाषा लिख सकेंगे, और दूसरों को वैसी भाषा लिखने की ओर प्रवृत्त कर सकेंगे।

लेखकों के लिए अध्ययन की आवश्यकता का विवेचन हम पहले ही कर चुके हैं। यहाँ हम उसी से सम्बद्ध एक और आवश्यकता का भी उल्लेख करना चाहते हैं। वह है अनेक भाषाओं का ज्ञान। जो लोग अच्छे लेखक बनना चाहते हों, उन्हें अपनी भाषा के अतिरिक्त कुछ अन्य भाषाओं का भी ज्ञान अवश्य प्राप्त करना चाहिए। दूसरी भाषाओं के अध्ययन से हमें अनेक प्रकार के लाभ होते हैं। हम विविध प्रान्तों और देशों के उच्च कोटि के लेखकों के विचारों से तो परिचित होते ही हैं, उनकी लेखन-शैलियों और भाव-व्यंजन की प्रणालियों का भी हमें बहुत-कुछ ज्ञान होता है। और ये सब बातें समय-समय पर हमारे बहुत काम

आती हैं। हम अपने बहुत-से संदेह भी दूर कर सकते हैं और किसी विषय में अपने स्थिर किए हुए मत में आवश्यकतानुसार संशोधन या परिवर्तन अथवा उसका पोषण भी कर सकते हैं। अतः अच्छे लेखकों को कभी किसी भाषा से द्वेष नहीं करना चाहिए। जहाँ तक हो सके, अधिक-से-अधिक भाषाओं का ज्ञान प्राप्त करना चाहिए। ऐसी ज्ञातव्य भाषाओं में स्वयं भारत की अनेक राज्य-भाषाएँ भी हैं, और पूर्व तथा पश्चिम की अनेक आधुनिक और प्राचीन भाषाएँ भी।

अन्त में हम यह बतला देना भी आवश्यक समझते हैं कि हमारी रचना सब प्रकार से सुष्ठु, निर्मल, प्रसादपूर्ण और शुभ फल देनेवाली होनी चाहिए। हमारी रचना का उद्देश्य सदा पवित्र होना चाहिए। वह सदा देश, समाज और धर्म (व्यापक अर्थ में) के लिए हितकर होनी चाहिए। साहित्यिक रचना के प्रति हमारा सदा पूज्य भाव होना चाहिए। वह किसी देव-मन्दिर या तीर्थ-स्थान से कम पवित्र नहीं समझी जानी चाहिए। विद्या और भाषा को सदा माता के समान पूज्य मानना चाहिए, तभी हम उसके दुरुपयोग से बच सकेंगे। यदि उनके प्रति हमारी पूज्य बुद्धि न होगी तो हमारी लेखनी अनर्थों और पापों की ओर प्रवृत्त होने लगेगी। निम्न कोटि के मनोविनोद, खिलवाड़ का किसी के अपकार आदि की दृष्टि से अथवा केवल व्यक्तिगत राग-द्वेष की तुष्टि के लिए कभी कोई रचना नहीं होनी चाहिए। यदि वह मनोविनोद या खिलवाड़ के लिए ही हो, तो भी उसका स्वरूप ऐसा निर्मल और निर्विकार होना चाहिए कि लोगों पर सदा उसका शुभ और सुखद प्रभाव पड़े, कभी को अशुभ, दुःखद, अनिष्टकारी या अवांछनीय प्रभाव न पड़े। हमारी रचना एक ऐसे मन्दिर के रूप में होनी चाहिए, जिसकी ईंटें शब्द हों, जिसके कमरे और दालान प्रकरण आदि हों, जिसके खंड या मंजिलें उस रचना के भाव आदि हों और जिसमें मूर्ति अथवा आत्मा के रूप में वह विशुद्ध ध्येय, वह पवित्र उद्देश्य वर्तमान, हो, जो नेत्रों के लिए सुखद, मन के लिए मोदकारी, चरित्र या आचार के लिए उत्कर्ष-साधक और मानव-समाज के लिए शुभ फलप्रद हो तथा जिससे सबका और सब ओर मंगल-ही-मंगल हो।

४. अर्थ, भाव और ध्वनि

अर्थ और भाव में अन्तर—शब्दों पर जोर—शब्दों के स्थान—अर्थ और संगति—उपयुक्त शब्दों का प्रयोग—प्रसंग के अनुकूल शब्द-योजना—भ्रामक वाक्य—मात्राएँ और अर्थ-भेद—अर्थ और वास्तविकता—वाक्यों में विरोधी बातें—मंगल-भाषित—ध्वनि और चमत्कार।

४.१. अर्थ और भाव में अन्तर

बोलने और लिखने में जिन दो बातों का महत्त्व सबसे अधिक होता है, वे हैं—अर्थ और भाव। अर्थ साधारणतः शब्द का ही होता है। वाक्यांश या वाक्य का भी अर्थ तो होता ही है, कुछ अवसरों पर भाव भी होता है। अर्थ तो बिल्कुल साधारण और स्पष्ट रहता है, परन्तु भाव कुछ गूढ़ होता है। किसी वाक्य का अर्थ समझने में तो उतनी कठिनता नहीं होती, जितनी कुछ अवसरों पर भाव समझने में होती है। अतः बोलने या लिखने में इस बात का ध्यान रखना पड़ता है कि वाक्य का अर्थ तो ठीक रहे ही, उसका ठीक भाव समझने में भी किसी को कठिनता या भ्रम न हो।

एक बहुत ही साधारण और छोटा-सा वाक्य लीजिए—वह गया। इसमें साधारण अर्थ ही है, विशिष्ट भाव नहीं। पर जब हम कहते हैं—'वह भी गया' तब इसमें एक भाव भी आ मिलता है। भाव यह है कि कुछ और लोग तो गए ही; उनके साथ, बाद या सिवा वह भी गया। जब हम कहते हैं—'आपके रहते हुए यह काम हो जाए तो अच्छा है।' तो 'रहते हुए' का अर्थ होता है—उपस्थिति में। पर जब हम कहते हैं—'आपके रहते हुए भी यह काम हो जाएगा !' तब 'भी' लगने के कारण 'रहते हुए' का अर्थ बिल्कुल बदल जाता है। इस अवस्था में अर्थ होता है—आपके बाधक होने या विरोध करने पर भी यह काम हो जाएगा। यदि कहा जाए—'यहाँ शोर मत कीजिए' तो यह आदेश-सूचक वाक्य होगा—पर यदि कहा जाए—'यहाँ शोर न करें' तो यह वाक्य शिष्टतापूर्ण अनुरोध का सूचक होगा। वाक्यों के इस प्रकार के अर्थ और आशय बहुधा शब्दों के ठीक चुनाव और उनके प्रयोग के पूरे ज्ञान पर ही आश्रित होते हैं, और इस प्रकार ठीक चुनाव तथा उपयुक्त प्रयोग अच्छे भाषाविद् ही कर सकते हैं; और उनका आशय समझना भी भाषा-भाषियों का ही काम है।

वाक्य में आशय या भाव कई प्रकार से उत्पन्न होते हैं, अथवा यों कहना चाहिए कि लाए जाते हैं। कुछ आशय अथवा भाव शब्दों के अर्थों में ही निहित होते हैं, कुछ उन शब्दों के साथ लगनेवाली क्रियाओं से उत्पन्न होते हैं और कुछ प्रसंग के अनुसार निकलते हैं। पहले वह भाव लीजिए जो कुछ विशिष्ट क्रियाओं के संयोग से निकलता है। एक साधारण वाक्य है—'लोग समझेंगे कि तुम मूर्ख हो।' अब इसमें दो विशिष्ट क्रियाओं का प्रयोग करके देखिए। इसका एक रूप हो सकता है—'लोग समझ लेंगे कि तुम मूर्ख हो।' एक और रूप हो सकता है—'लोग समझ जाएँगे कि तुम मूर्ख हो।' इन अन्तिम वाक्यों में 'लेना' और 'जाना' संयुक्त क्रियाओं के प्रयोग के कारण दो अलग प्रकार के भाव आ जाते हैं। वक्ता कि दृष्टि या विचार

से देखने पर पहले वाक्य में कुछ गम्भीरता का भाव है, दूसरे में कुछ उपेक्षा या उदासीनता का और तीसरे में सतर्क या सचेत करने का। इस प्रकार क्रियाएँ भी विशेष भाव प्रकट करने में सहायक होती हैं। अब प्रसंग के अनुसार निकलनेवाला भाव लीजिए। यदि किसी बच्चे के सम्बन्ध में हम कहें कि वह रोने लगा तो उसका साधारण अर्थ ही होगा, उसमें कोई विशेष भाव न होगा। पर यदि हम किसी वयस्क के सम्बन्ध में कहें कि वह जरा-सी हँसी करते ही रोने लगा, तो इस कथन का आशय ही कुछ और हो जाएगा, और इसमें 'रोने लगा' पद के कारण वह विशिष्ट भाव-सूचक तत्त्व आ जाएगा, जो मुहावरे के क्षेत्र में प्रसिद्ध है।

अर्थ और भाव सदा भाषा के साथ-साथ चलते हैं। अर्थ और भाव के लिए ही भाषा होती है, अतः एक प्रकार से कहा जा सकता है कि भाषा सदा भावों की अनुगामिनी होती है। परन्तु दूसरी दृष्टि से विचार करने पर कहना पड़ता है कि अर्थ और भाव को भाषा का अनुगमन करना पड़ता है। यदि भाषा अपने ठीक रास्ते पर चले तो अर्थ और भाव इधर-उधर नहीं हो सकते। पर जहाँ भाषा में जरा भी गड़बड़ी होती है, वहाँ अर्थ और भाव कुछ-न-कुछ गड़बड़ाए बिना नहीं रह सकते। यह बात दूसरी है कि हम प्रसंग अथवा अभ्यास से सहारे अशुद्ध या बेढंगी भाषा का भी ठीक-ठीक अर्थ और भाव समझ लें, परन्तु सब लोग सदा ऐसा नहीं कर सकते। बेढंगी या बे-ठिकाने की भाषा से अनेक अवसरों पर बहुत-से लोगों को अनेक प्रकार के भ्रम हो सकते हैं और होते भी हैं। जब पाठक किसी वाक्य का ठीक-ठीक अर्थ नहीं समझ सकता और उसके आशय या भाव तक नहीं पहुँच पाता, तब उसे बहुत उलझन होती है, यहाँ तक कि कभी-कभी वह खिजला भी जाता है। उस समय वह उसका मन-माना अर्थ भी लग सकता है। इसलिए भ्रम उत्पन्न करनेवाली भाषा का कभी प्रयोग न करना चाहिए।

४.२. शब्दों पर जोर

प्रायः बोल-चाल में जब हम किसी शब्द पर कुछ ज्यादा जोर देते हैं, तब हमारी बात में कुछ विशेष अर्थ या भाव आ जाता है। स्व० डा० रासबिहारी घोष जब एक मुकदमे में बहस कर रहे थे, तब जज ने कुछ बिगड़कर कहा—'आप मुझे कानून नहीं सिखा सकते।' डा० घोष ने उत्तर दिया—'जी हाँ, मैं नहीं सिखा सकता।' उन्होंनें 'नहीं' पर कुछ ऐसा जोर दिया था कि उससे भाव निकलता था कि आप इतने अयोग्य हैं कि आपको कानून सिखाया ही नहीं जा सकता। इसीलिए जज का चेहरा उतर गया था और वह चुप हो गया था। प्रायः लिखने में इस तरह का जोर लाने के लिए कुछ अवस्थाओं में कोई शब्द किसी विशिष्ट स्थान पर रखा जाता है। यों भी वाक्य में प्रत्येक शब्द का एक निश्चित स्थान होता है। हम प्रायः किसी की मूर्खता पर बिगड़कर कहते हैं—'तुम आदमी हो या जानवर !' कभी यह नहीं कहते—तुम जानवर हो या आदमी ! पहले वाक्य में 'आदमी' इसलिए पहले आता है कि जिससे यह बात कही जाती है, उसका आदमी होना निश्चित होता है, फिर भी उसमें जानवरपन के कुछ लक्षण दिखाई देते हैं। पर यदि हम किसी जानवर को आदमी की तरह समझदारी का काम करते हुए देखें तो कहेंगे—'वह जानवर है या आदमी?' ऐसे वाक्यों में 'आदमी' की जगह 'जानवर' या 'जानवर' की जगह 'आदमी' रखने से उनके अर्थों में निश्चित विशेषता आ जाती है।

सबसे अच्छा वाक्य वही समझा जाता है, जिसमें एक शब्द भी घटाने-बढ़ाने या इधर-उधर

करने का अवकाश न हो। यदि शुद्ध और अच्छे वाक्यों में का एक शब्द भी इधर-उधर कर दिया जाए तो या तो वह अशुद्ध हो जाएगा या उसका आशय बदल जाएगा। उदाहरण के लिए एक सीधा-सादा वाक्य लीजिए जो प्रायः व्याकरणों में आता है। वाक्य है—'उसने राम को घोड़ा दिया।' इसका दूसरा रूप होगा—'राम को उसने घोड़ा दिया।' आज-कल के अधिकतर लेखकों की कृतियाँ देखने पर यही जान पड़ता है कि वे 'उसने राम को घोड़ा दिया' और 'राम को उसने घोड़ा दिया' में कुछ भी अन्तर नहीं समझते। परन्तु वे नहीं सोचते कि व्याकरणों में साधारणतः उदारहण स्वरूप वाक्य का पहला रूप ही क्यों होता है और दूसरा रूप क्यों नहीं होता। फिर वाक्य का तीसरा रूप भी हो सकता है—'घोड़ा उसने राम को दिया।' ये तीनों वाक्य एक साथ रखने पर सहज में पता चल जाता है कि संस्कृत की दृष्टि से न सही, पर हिन्दी की दृष्टि से इनके भावों में बहुत अन्तर है।

१. उसने राम को घोड़ा दिया।
२. राम को उसने घोड़ा दिया।
३. घोड़ा उसने राम को दिया।

इनमें से पहले वाक्य में बिल्कुल साधारण विधान है। उसमें एक सामान्य घटना का साधारण उल्लेख है, पर उसका आशय यह है कि उसने राम को घोड़ा दिया, और कुछ नहीं दिया। परन्तु दूसरे वाक्य में 'राम' पर जोर है और उसका आशय यह है कि राम को ही उसने घोड़ा दिया, और किसी को नहीं दिया। तीसरे वाक्य में 'घोड़े' पर जोर है। उसका आशय यह है कि उसने औरों को चाहे जो कुछ दिया हो, पर राम को घोड़ा ही दिया ! यदि अन्तिम दोनों वाक्य निम्नलिखित प्रकार से कुछ और विस्तृत कर दिए जाएँ तो इनका अन्तर और भी अधिक स्पष्ट हो जाएगा :

१. उसने राम को घोड़ा दिया था, कृष्ण को नहीं।
२. घोड़ा उसने राम को दिया और गौ कृष्ण को।

व्याकरण का साधारण नियम यह है कि वाक्य में पहले कर्ता रहता है, तब कर्म और अन्त में क्रिया। यदि वाक्य इसी साधारण क्रम के अनुसार बना हो तो उसमें साधारण विधान होता है। उससे यही सूचित होता है कि ऐसी घटना हुई अथवा किसी ने ऐसा किया। पर यदि इस क्रम में कुछ परिवर्तन करके वाक्य के आरम्भ में कोई और शब्द पर जोर रखा जाए, तो उस शब्द पर जोर आ जाता है। इस प्रकार वाक्य के सब शब्द वही रहने पर भी उनके स्थान बदल जाने के कारण ही अलग-अलग भाव सूचित होते हैं 'पानी का गिलास लाओ' और 'गिलास का पानी लाओ' में जो अन्तर है, वह स्पष्ट ही है।

इसी प्रकार के कुछ और उदाहरण लीजिए—

१. उसका पता स्वयं डाक्टर साहब ने मुझे दिया था।
२. उसका पता डाक्टर साहब ने मुझे स्वयं दिया था।
३. उसका पता मुझे डाक्टर साहब ने स्वयं दिया था।

इन तीनों वाक्यों में अधिकतर शब्द ज्यों के त्यों हैं, परन्तु शब्दों के केवल स्थान बदले हुए हैं; और शब्दों के इस स्थान-परिवर्तन से ही वाक्यों के भावों में भी कुछ अन्तर हो गया है, पहले वाक्य में एक साधारण घटना का साधारण उल्लेख है। उसमें 'डाक्टर साहब' पर कुछ जोर अवश्य है; पर दूसरे वाक्य में वह जोर बहुत ज्यादा है, और तीसरे वाक्य में 'मुझे'

पर जोर आ जाता है।

१. कम-से-कम हो सकता है कि सरकार हमारे हितों का ध्यान न रखे।

२. हो सकता है कि कम-से-कम सरकार हमारे हितों का ध्यान न रखे।

३. हो सकता है कि सरकार कम-से-कम हमारे हितों का ध्यान न रखे।

इनमें से पहले वाक्य में 'कम-से-कम' सारे वाक्य के सम्बन्ध में है, दूसरे वाक्य में उसका सम्बन्ध 'सरकार' से और तीसरे वाक्य में 'हमारे हितों' से है।'

अकबर का एक शेर है—'सिधारे शेख काबे को हम इंग्लिस्तान देखेंगे, वह देखें घर खुदा का, हम खुदा की शान देखेंगे।' यहाँ 'वह देखें घर खुदा का' में एक विशेष प्रकार का उपेक्षासूचक व्यंग्य या चोट है। यदि इसके शब्दों का स्थान बदल कर कहा जाए 'खुदा का घर वह देखें' तो उसमें वह बात नहीं रह जाती—और वह साधारण कथन मात्र रह जाता है।

इसी प्रकार के कुछ अन्तर नीचे लिखे वाक्यों में भी हैं, जो बहुत ही थोड़े विचार से स्पष्ट हो सकते हैं :

१. मैं ही घर गया।
२. मैं घर ही गया।

१. वह सोता ही रह गया।
२. वह ही सोता रह गया।

१. वह अच्छा खेल खेला।
२. वह खेल अच्छा खेला।

१. ऐसा होना ही चाहिए।
२. ऐसा ही होना चाहिए।

अतः सदा इस बात का पूरा ध्यान रहना चाहिए कि शब्द अपने ठीक अर्थ में और अपना पूरा प्रभाव प्रकट करने के लिए अपने निश्चित स्थान पर आएँ।

४.३. शब्दों के स्थान

यदि कहा जाए—'पेठे की बरी या चावल और टमाटर की खिचड़ी को तहरी कहते हैं।' तो इसका अर्थ यह होगा कि तहरी में टमाटर का होना आवश्यक है, फिर चाहे उसके साथ पेठे की बरी मिलाई जाए, चाहे चावल। पर तहरी में टमाटर नहीं, बल्कि चावल प्रधान होता है, फिर चाहे उसमें पेठे की बरी मिलाई जाए, चाहे टमाटर। और यह अभिप्राय ठीक तरह से प्रकट करने के लिए हमें कहना पड़ेगा—पेठे की बरी और चावल या टमाटर और चावल की खिचड़ी को तहरी कहते हैं।' परन्तु इस प्रकार की सूक्ष्म बातों पर बहुत ही थोड़े विचारवानों का ध्यान जाता है, और इसीलिए आज-कल प्रायः ऐसे वाक्य देखने में आते हैं, जो भले ही पाठकों के मन में **भ्रम न उत्पन्न करें, फिर भी जो वास्तविक दृष्टि से भ्रामक होते** या हो सकते हैं। उदाहरणार्थ—'उसने उसके गले में एक गेंदे की माला डाल दी।' इस पर यह शंका हो सकती है कि क्या वह माला एक ही गेंदे की थी ? एक फूल की माला तो हो नहीं सकती। इसलिए इस वाक्य में 'एक गेंदे की माला' की जगह 'गेंदे की एक माला'

लिखना ही ठीक होगा। किसी समाचार-पत्र में एक समाचार का शीर्षक इस प्रकार छपा था—'कई रेलवे कर्मचारियों की गिरफ्तारी।' घटना एक स्थान की थी, और वास्तव में लेखक का अभिप्राय यह था कि एक रेलवे के कई कर्मचारी गिरफ्तार हुए हैं। परन्तु शीर्षक के शब्दों से यह भ्रम हो सकता था कि कई रेलवे कम्पनियों के कर्मचारी गिरफ्तार किए गए, जो वस्तुतः ठीक नहीं था। एक जगह छपा था—'हम निम्नलिखित काशी के निवासी।' इससे यह भ्रम हो सकता है कि काशी नाम की बहुत-सी नगरियाँ हैं और उनमें से 'निम्न-लिखित काशी' के कुछ निवासी कोई बात कह रहे हैं। होना चाहिए था—'काशी के हम निम्न-लिखित निवासी।' यही बात 'एक चौक थाने का सिपाही घायल हुआ' के सम्बन्ध में भी है। होना चाहिए 'चौक थाने का एक.....।'

अभी तक हमने ऐसे उदाहरण दिए हैं, जिनमें शब्दों के केवल स्थान-परिवर्तन से भाव में थोड़ा-बहुत अन्तर हो जाता है। अब इसी से मिलते-जुलते एक और तत्व पर विचार कीजिए। वह यह कि वाक्य में प्रत्येक शब्द का एक निश्चित अर्थ होता है। इसलिए वाक्य में उसका प्रयोग उसी निश्चित अर्थ में होना चाहिए। बहुत-से शब्दों के एक से अधिक अर्थ भी होते हैं, परन्तु साधारणतया उनका प्रयोग सदा उनमें से किसी एक ही अर्थ में होता है। साधारणतः वाक्य में एक शब्द एक से अधिक अर्थों में कभी प्रयुक्त नहीं होता। हाँ, जान-बूझकर बनाए हुए श्लिष्ट पदों की बात दूसरी है।

४.४. अर्थ और संगति

प्रायः शब्दों के अनेक अर्थ होते हैं, और इसीलिए जिन वाक्यों या पदों में वे शब्द आते हैं, उनके भी कई-कई अर्थ होते या हो सकते हैं। यदि हम कहें कि वे अपने तोते को बोलना सिखाते हैं, तो इसका यह अर्थ नहीं होगा कि उनका तोता बोलना ही नहीं जानता, बल्कि यह होगा कि वे अपने तोते को मनुष्यों की-सी बोली बोलना सिखाते हैं। 'स्त्रियों की माँग' का अलग-अलग प्रसंगों में अलग-अलग अर्थ होता है। पहला अर्थ तो यह होगा कि स्त्रियाँ अपने अधिकार के रूप में या सुभीते के लिए कुछ बातें करने के लिए कहती या अभ्यर्थन करती हैं। दूसरे, यह भी हो सकता है कि किसी स्थान पर स्त्रियों की आवश्यकता है या वहाँ से कुछ स्त्रियाँ माँगी गयी हैं। और तीसरे, इससे स्त्रियों के सिर की (बालों के बीच की) वह रेखा भी सूचित हो सकती है, जिसे सीमन्त कहते हैं।[१] अतः प्रत्येक अवसर पर शब्दों, पदों या वाक्यों का अर्थ प्रसंग के अनुसार ही लगाया जाता है। यदि प्रसंग का ध्यान न रखा जाए तो अर्थ का अनर्थ हो सकता है। जैसे यदि हम कहें—'उन्होंने उस हाथी के पालने में हजारों रुपए खर्च किए थे' तो साधारणतः वहाँ 'पालना' शब्द का वही साधारण क्रियावाला अर्थ (पालन करना) लिया जाना चाहिए, न कि उसका संज्ञावाला अर्थ, जो उस खटोले का सूचक है, जिस पर बच्चे लिटाकर झुलाए जाते हैं और जिसे हिंडोला या गहवारा भी कहते हैं। क्योंकि यह स्पष्ट ही है कि हाथी को लिटाकर झुलाने लायक पालना न तो बनता ही है, न जल्दी बन ही सकता है। यदि कहा जाए—'दस अरब स्त्रियों का प्रदर्शन' तो यहाँ 'अरब' का अर्थ 'अरब नामक देश में बसनेवाली जाति' ही लिया जाएगा, सौ करोड़ की सूचक संख्या

---

१. एक शेर है—

लिया दिल तो तुम्हारी माँग ने माँग।
य' चोटी किस लिए पीछे पड़ी है ?

इसमें 'चोटी' के प्रसंग से ही पहली 'माँग' का सीमन्तवाला अर्थ निकलता है।

का नहीं। क्योंकि न तो सारे संसार में इतनी स्त्रियाँ हैं और न कभी वे एक जगह इकट्ठी होकर प्रदर्शन कर सकती हैं। 'आप वादों के फेर में न पड़ें' का ठीक-ठीक अर्थ तब तक नहीं लग सकता, जब तक यह न मालूम हो कि इस वाक्य का प्रयोग किस प्रसंग में हुआ है; क्योंकि इसमें का 'वादों' शब्द अरबी के उस 'वादा' का बहुवचन रूप भी हो सकता है, जिसका अर्थ है—किसी काम के लिए किसी को दिया जानेवाला वचन, और उस सं० 'वाद' का भी बहुवचन रूप हो सकता है, जिसका अर्थ है—किसी विवादास्पद विषय के सम्बन्ध में प्रचलित एक-पक्षीय सिद्धान्त या मत। 'राज्यपाल इस दौरे में आसाम भी जाएँगे' में 'दौरे' का वही यात्रा या भ्रमणवाला अर्थ लिया जाएगा, बाँस आदि की पतली पट्टियों से बने हुए उस अर्द्ध-गोलाकार पात्र का नहीं, जिसमें अनाज या इसी तरह की और चीजें रखी जाती हैं। 'पेड़ों में फल नहीं लगे हैं' और 'आँखों में अंजन लगाया' में 'पेड़ों' से 'वृक्षों' का ही और 'अंजन' से 'काजल' का ही अर्थ लिया जाएगा क्रमात् खोए से बनी प्रसिद्ध मिठाई और रेलगाड़ियाँ खींचनेवाला प्रसिद्ध चालक उपकरण का नहीं।

तुलसी-कृत रामचरित-मानस की एक चौपाई है—

देह दिनहिं दून दूबरि होई। घटत तेज बल मुख छबि सोई।

यह चौपाई उस समय कही गई है, जब रामचन्द्र जी वन की ओर प्रस्थान कर चुके हैं, और भरत जी नन्दीग्राम में जाकर व्रत और संयमपूर्वक रहने लगे हैं। चौपाई का वास्तविक आशय यह है कि कठोर संयम से रहने के कारण भरत जी का शरीर तो दिन पर दिन दुर्बल होता जाता था, फिर भी तेज-बल घटित होता अर्थात् बनता या पुंजीभूत होता जा रहा था; और उनके मुख की शोभा ज्यों-की-त्यों बनी थी। पर यहाँ 'घटत' शब्द का ठीक-ठीक अर्थ न समझने के कारण अनेक टीकाकार गड़बड़ा जाते हैं। वे या तो कुछ-का-कुछ अर्थ कर जाते हैं[१], या अपनी समझ के अनुसार मूल पाठ ही बदल देते हैं। इस चौपाई के अन्तिम शब्द 'सोई' का अर्थ भी 'वही' होगा, 'सो गई' नहीं होगा।

मैना (पक्षी) की एक पहेली है—

एक नार तरुअर से उतरी, उसके सिर पर पाँव।
ऐसी नार कुनार को, मैं ना देखन जाँव।।

इसमें 'उसके सिर पर पाँव' का वास्तविक और संगत अर्थ यही है कि उसके सिर भी है, पर भी हैं और पाँव भी। यह अर्थ लगाया जाए कि उसके सिर के ऊपर पैर होते हैं तो वह असंगत ही होगा। पद का उक्त रूप तो केवल बूझनेवालों को धोखे में डालने के लिए है। इसी तरह की और भी पहेलियाँ हैं। जैसे 'लाख रुपए सेर, तो एक रुपए की कितनी?' में 'लाख' सौ हजार की संख्या की नहीं, बल्कि उसी लाख पदार्थ की सूचक है, जो कुछ वृक्षों के तनों और डालियों पर से निकलता है। और 'वह कौन-सा शब्द है जो सदा गलत ही लिखा जाता और गलत ही पढ़ा जाता है ?' में के दोनों 'गलत' स्वतः 'गलत' शब्द के ही सूचक हैं, अशुद्ध-वाचक विशेषण नहीं। अतः लिखने और पढ़ने के समय इस तत्त्व का भी ध्यान रखना चाहिए।

४.५. उपयुक्त शब्दों का प्रयोग

इन सब बातों का आशय यही है कि हमें प्रसंग के अनुसार ही उपयुक्त शब्दों का प्रयोग

१. जैसे—उनका तेज-बल घट या कम हो रहा था, आदि।

करना चाहिए और उनका ठीक अर्थ लगाना चाहिए। प्रायः वाक्य में उपयुक्त शब्दों का प्रयोग न करने के कारण बहुत-कुछ गड़बड़ी हो जाती है। यहाँ हम कुछ ऐसे वाक्य देते हैं, जिनमें शब्दों का ठीक-ठीक प्रयोग नहीं हुआ और जो इसीलिए भ्रामक, भद्दे या दूषित हो गए हैं।

१. 'शिक्षापूर्ण गानों के बीच-बीच में कहनेवाले दोहों का संग्रह।' इनमें 'कहने वाले' की जगह 'कहने लायक' या 'कहे जानेवाले' होना चाहिए।

२. 'वह दण्ड देने योग्य है।' होना चाहिए—'वह दण्ड पाने या दण्डित होने के योग्य है।' 'दण्ड देने के योग्य' का तो यह भी अर्थ हो सकता है कि उसमें इतनी क्षमता है कि वह औरों को दण्ड दे सके। यही बात 'दलन करने योग्य' और 'नष्ट करने योग्य' सरीखे प्रयोगों के सम्बन्ध में भी है।

३. 'वे एक बड़े वृक्ष से देवता का चित्र बनवाने में लगे थे।' मानो वे देवता का चित्र बनवाने का काम एक बड़े वृक्ष से ही करवा रहे थे। होना चाहिए—'वे एक बड़ा वृक्ष कटवाकर उसकी लकड़ी से (अथवा उसी वृक्ष से) एक देवता की मूर्ति (चित्र नहीं!) बनवा रहे थे।

४. 'शिवदयाल नामक फाँसी की सजा पाए हुए एक व्यक्ति के भागने का समाचार मिला है।' मानो फाँसी के अनेक प्रकार हों और उन प्रकारों के अलग-अलग नाम होते हों, और उनमें 'शिवदयाल नामक फाँसी' की सजा पानेवाला कोई आदमी भाग गया हो। होना चाहिए—'फाँसी की सजा पाए हुए शिवदयाल नामक.....।'

५. 'आपने लोगों का ध्यान एक ऐसे अभाव की ओर आकर्षित किया है, जो वास्तव में हमारे साहित्य का एक अंग है।' पर क्या 'अभाव' भी कभी किसी वस्तु का अंग होता है ? और क्या यह अभाव ही हमारे साहित्य का अंग है ? होना चाहिए— .... 'जो हमारे साहित्य में स्पष्ट दिखाई देता है।'

६. 'मेरे माता-पिता की बहुत अभिलाषा थी कि उनके सूने घर को सन्तान का जन्म सनाथ करे।' एक तो सूने घर में चहल-पहल की अपेक्षा होती है, सनाथत्व की नहीं। दूसरे, सन्तान या उसका जन्म घर को कभी सनाथ नहीं करता।

७. 'मैं जिस समय उससे बातें कर रहा था ज्वार-भाटा, जो मेरे जहाज को अन्दर से बाहर करता, लौट गया।' पर जहाज को अन्दर से बाहर केवट भाटा करता है, ज्वार नहीं। और फिर ज्वार-भाटा दो अलग-अलग चीजें हैं, और वे दोनों आती हैं, जाती या लौटती नहीं।

८. 'दिन भर में दो जगह गोली (या गोलियाँ ?) चली (या चलीं) का अर्थ तो यही समझा जाएगा कि 'दिन भर' बहुत बड़ा समय है; और उसकी तुलना में (केवल) दो जगह गोलियाँ चलना कोई बड़ी बात नहीं है। इस वाक्य में केवल 'भर' से ही बहुत भ्रम उत्पन्न हुआ है। यदि कहा जाए—'एक दिन में दो जगह गोलियाँ चलीं।' तो वाक्य में अपेक्षित ज़ोर आएगा।

९. 'यदि आजाद हिन्द फौज के बन्दियों को दण्ड दिया गया तो जन-मत को क्षुब्ध करने के सिवा दूसरा लाभ न होगा !' इसमें 'दूसरा लाभ' पद से यह आशय निकलता है कि 'जन-मत' क्षुब्ध करना मानो 'पहला लाभ' हो। अतः होना चाहिए—'जन-मत को क्षुब्ध करने के सिवा और कोई फल न होगा।'

४.६. प्रसंग के अनुकूल शब्द-योजना

एक और स्थिति है जिससे वाक्य के अर्थ और भाव में अन्तर पड़ सकता है। वह है—वाक्य में प्रसंग के अनुकूल शब्दों का चुनाव न होना। जहाँ शब्दों का चुनाव प्रसंग के अनुकूल नहीं होता, वहाँ भी आशय समझने में गड़बड़ी हो सकती है। मान लीजिए कि हम जिक्र तो करते हैं पिस्सुओं का, और उनके सम्बन्ध में लिखते हैं—'इनमें पुरुषों की अपेक्षा स्त्रियाँ बड़ी होती हैं।' अब एक ऐसा आदमी है जो यह तो नहीं जानता कि 'पिस्सू' क्या चीज है, पर वह नर-मादा और स्त्री-पुरुष का साधारण अर्थ और भेद समझता है। उसे भ्रम हो सकता है कि पिस्सू भी मनुष्यों की कोई जाति है, जिसमें पुरुषों की अपेक्षा स्त्रियाँ बड़ी होती हैं। इस प्रसंग में 'पुरुष और स्त्री' की जगह नर और मादा[१] शब्द होने चाहिए। पिस्सुओं के प्रसंग में यदि 'नर' और 'मादा' शब्द का प्रयोग न करके 'पुरुष और स्त्री' सरीखे शब्दों का प्रयोग किया जाएगा तो अपरिचितों या विदेशियों को ठीक आशय समझने में भ्रम होगा।

इसी प्रकार यह कहना भी भ्रामक है—'मक्खी के समान इन अंडों में भी परिवर्तन होते हैं।' वस्तुतः आशय तो यह है कि जिस प्रकार के परिवर्तन मक्खियों के अंडों में (स्वयं मक्खियों में नहीं) होते हैं, उसी प्रकार के परिवर्तन इन अंडों में भी होते हैं। परन्तु वाक्य की रचना से ऐसा जान पड़ता है कि जिस प्रकार के परिवर्तन स्वयं मक्खियों में (उनके अंडों में नहीं) होते हैं, उसी प्रकार के परिवर्तन इन अंडों में भी होते हैं। और यह आशय वास्तविक तथ्य से बहुत दूर जा पड़ता है।

यह ठीक है कि भाषा में कुछ अवसरों पर लाघव का तत्त्व भी काम करता है—हम कहीं कुछ शब्द छोड़ भी देते हैं। 'ये भी वैसे ही पण्डित हैं, जैसे आप।' इसके अन्त में 'पण्डित हैं' न भी रखें तो वाक्य बोल-चाल में ठीक ही होगा और अपना वास्तविक आशय देगा। पर यदि हम हर जगह 'लाघव' करने लगेंगे तो वाक्य या तो निरर्थक हो जाएगा या अनर्थक। अतः केवल लाघव के विचार से वाक्य को कभी भ्रामक न होने देना चाहिए।

कुछ उदाहरण लीजिए।

१. कोट का दाम पायजामे से अधिक होता है। (पायजामे के दाम से)

२. आपके सब काम हमसे अच्छे होते हैं। (हमारे कामों में)

३. बौद्ध स्तोत्र और माहात्म्य हिन्दुओं के-से हैं। (हिन्दुओं के स्तोत्रों और माहात्म्य के-से।)

---

१. कुछ लोग कहते हैं कि 'पुरुष' और 'स्त्री' का भी अर्थ वही है जो 'नर' और 'मादा' का है, परन्तु हिन्दी में वस्तुतः पशु-पक्षियों और कीड़े-मकोड़ों के सम्बन्ध में ही प्रायः नर-मादा शब्दों का प्रयोग होता है। इस विषय का विस्तृत विवेचन आगे चलकर 'हमारी आवश्यकताएँ' शीर्षक प्रकरण में किया जाएगा। इसके अतिरिक्त जो लोग विदेशी भाषाओं के शब्दों से घबराते हैं, उनके समाधान के लिए वहीं यह भी बतलाया गया है कि हमें विदेशी भाषाओं के शब्दों से क्यों नहीं घबराना चाहिए और क्यों तथा किन अवसरों पर उनका प्रयोग करना चाहिए।

४.७. भ्रामक वाक्य

यों बोल-चाल में इस प्रकार के वाक्य भले ही चलते हों, पर जहाँ ठीक अर्थ और भाव प्रकट करने की आवश्यकता हो वहाँ ऐसे वाक्य भ्रामक हो सकते हैं। अँगरेजी में ऐसे वाक्यों में शब्द के साथ एक प्रकार का संकेत (') लगाने या that of लिखने की प्रथा है, पर हमारे यहाँ यह बात नहीं। इसलिए ऐसे अवसरों पर हमें विशेष सावधान रहना चाहिए। ऐसे वाक्यों की देखा-देखी प्रायः नए और असावधान लेखक और भी अनेक प्रकार के भद्दे तथा भ्रामक वाक्य लिखने लगते हैं। ऐसे वाक्यों से प्रायः और का और अर्थ निकलने लगता है, जो भाषा का बहुत बड़ा दोष है। नीचे के वाक्यों से हमारा अभिप्राय स्पष्ट हो जाएगा।

१. कुत्ता दरबान की तरह दुम हिलाता हुआ दरवाजे पर खड़ा रहता था। (मानो दरबान भी कुत्तों की तरह दुम हिलानेवाला कोई जीव हो।) होना चाहिए— कुत्ता दुम हिलाता हुआ दरबान की तरह ....।

२. युद्धक्षेत्र पर हताहत सैनिकों के लिए रक्त भेजने का प्रबन्ध। (आहत सैनिकों के लिए तो रक्त का उपयोग होता ही है, पर हत सैनिकों के लिए उसका उपयोग कैसा ? 'हताहत' की जगह 'आहत' होना चाहिए।

३. सिनेमा की अभिनेत्रियों के समान कपड़ों का भण्डार बढ़ता गया। (क्या कपड़ों का भण्डार उसी प्रकार बढ़ता गया, जिस प्रकार आज-कल सिनेमा की अभिनेत्रियाँ बढ़ रही हैं ?) वास्तविक आशय यह है कि कपड़ों का भण्डार उसी प्रकार बढ़ता गया जिस प्रकार सिनेमा की अभिनेत्रियों के कपड़ों का भण्डार बढ़ता है।

४. इनके सेवन से मूत्र की तादाद कम हो सकती है। (साधारणतः 'तादाद' की जगह 'मिक़दार' या 'मात्रा' होनी चाहिए। 'तादाद' संख्या का वाचक है, मान का नहीं। अतः इसका प्रयोग उसी अवस्था में ठीक हो सकता है, जब बार-बार मूत्र होने में कमी हो।)

५. गुदगुदाने के लिए पग बढ़ा ही था कि उसने सोचा—(क्या इसका यह अर्थ नहीं है कि 'पग' स्वयं गुदगुदाने के लिए आगे बढ़ा ही था कि उसी ने सोचा ?) होना चाहिए—'वह गुदगुदाने के लिए बढ़ा ही था कि उसने सोचा। (यदि ऊपर के उद्‌धृत वाक्य में 'बढ़ा' की जगह 'बढ़ाया' होता तो भी ठीक होता।)

४.८. मात्राएँ और अर्थ-भेद

अब तक ऐसे वाक्यों के उदाहरण दिए गए हैं, जिनमें शब्दों के ठीक स्थान पर न होने के कारण या ठीक शब्दों का प्रयोग न होने के कारण भाव बदल जाता है अथवा अलग-अलग स्थानों पर रहने से अलग-अलग भाव प्रकट होते हैं। अब हम ऐसे उदाहरण देना चाहते हैं, जिनमें केवल मात्रा का अन्तर होने के कारण भाव बदल जाता है। 'आपको ऐसा भला आदमी जल्दी न मिलेगा' और 'आपके ऐसा भला आदमी जल्दी न मिलेगा' में जो अन्तर है, वह स्पष्ट है। यदि हम कहें—'शत्रु का पहाड़ी पर अधिकार' तो उसका आशय यह होगा कि शत्रु ने आगे बढ़कर एक ऐसी पहाड़ी पर अधिकार कर लिया, जो उसकी नहीं थी, अथवा पहले जिस पर उसका अधिकार नहीं था। पर यदि हम कहें—'शत्रु की पहाड़ी पर अधिकार' तो इसका आशय यह होगा कि जिस पहाड़ी पर पहले शत्रु का अधिकार था, अथवा जो उसकी थी, उस पर से उसे हटाकर दूसरे पक्ष ने अधिकार कर लिया है। यह तो बहुत साधारण-सी बात है। पर अब इस विषय पर कुछ और गम्भीर विचार करने के लिए

कुछ दूसरे प्रकार के वाक्य लीजिए। 'रोगी को अनार, सन्तरा और अंगूर का रस दिया जाना चाहिए।' इसका अर्थ यह होगा कि रोगी को अनार दिया जाना चाहिए; सन्तरा दिया जाना चाहिए और अंगूर का रस दिया जाना चाहिए। पर यदि हम कहें—'रोगी को अनार, सन्तरे और अंगूर के रस दिए जाने चाहिए।' तो इसका अर्थ यह होगा कि इन फलों के रस दिए जाने चाहिए; ये फल नहीं दिए जाने चाहिए। फिर भी यह सन्देह रह ही जाता है कि तीन फलों के रस एक में मिलाकर दिए जाएँ या अलग-अलग। यह विषय और अधिक स्पष्ट करने के लिए हम उक्त वाक्य दूसरे रूप में रखते हैं—'इस दुकान पर अनार, सन्तरे और अंगूर का शरबत मिलता है।' उसका ठीक-ठीक शब्दार्थ यही होगा कि तीनों फलों का मिला हुआ शरबत मिलता है। यदि हम यह बतलाना चाहें कि तीनों अलग-अलग शरबत मिलते हैं, तो हमें कहना होगा—'अनार, सन्तरे और अंगूर के शरबत मिलते हैं।' इस वाक्य पर यह आपत्ति हो सकती है कि इसका अर्थ यह होगा कि इस दूकान पर अनार मिलते हैं तथा सन्तरे और अंगूर के शरबत मिलते हैं। पर यह आपत्ति ठीक नहीं। ऐसा भाव प्रकट करने के लिए वाक्य का रूप होगा—'इस दुकान पर अनार तथा सन्तरे और अंगूर के शरबत मिलते हैं।' 'अनार' के बाद 'तथा' आ जाने से वह 'सन्तरे और अंगूर के शरबत' से अलग हो गया है। और यदि हम 'सन्तरे' को भी 'शरबत' से अलग करना चाहें, तो हमें कहना पड़ेगा—'इस दूकान पर अनार और सन्तरे तथा अंगूर का शरबत मिलता है।' और यदि यह वाक्य भी कुछ भ्रामक जान पड़े तो इसका रूप कुछ बदलकर कहना चाहिए—'इस दूकान पर अंगूर का शरबत और अनार तथा सन्तरे मिलते हैं।'

एक बार एक प्रसिद्ध गजल का एक शेर एक अच्छे गवैये के मुँह से इस प्रकार सुना था—

दहाने जख्म से हर वार पर आवाज आती है
खुदा रक्खे मसीहा को, मजा कात्तिल से मिलता है।

बहुत-कुछ सोचने पर भी अन्तिम मिसरे का कुछ अर्थ समझ में न आया। क्योंकि प्रसंग के विचार से इसका कुछ अर्थ हो ही नहीं सकता। इसके बाद जब और भी कई आदमियों के मुँह से यह मिसरा इसी रूप में सुना, तो उलझन और भी बढ़ी। बहुत-कुछ सोचने पर समझ में आया कि यह मिसरा इसीलिए निरर्थक जान पड़ता है कि इसमें 'का' की जगह लोगों ने भूल से 'को' कर दिया है। होना चाहिए—

खुदा रक्खे, मसीहा का मजा कात्तिल से मिलता है।

अर्थात् पूरे शेर का आशय यह है कि कात्तिल जब-जब मुझ पर वार करता है, तब-तब मेरे घाव-रूपी मुख से यह आवाज आती है कि ईश्वर ऐसे कात्तिल को जीता रक्खे, (कात्तिल के वारों की जीवन-दायिनी शक्ति और माधुर्य के कारण उसके प्रति शुभ कामना है !) जिससे मसीहा का मजा मिलता है। इससे मतलब बिलकुल साफ हो जाता है। परन्तु 'का' की जगह 'को' रखने पर कुछ भी मतलब नहीं निकलता था। यहाँ इस मिसरे के सम्बन्ध में ध्यान रखने की बात यह भी है कि यदि इसे लिखने में अल्पविराम का ठीक तरह से प्रयोग न किया जाए तो भी मतलब खब्त हो जाएगा। इसी प्रकार की एक और बात एक बार रेडियो सुनते समय हमारे ध्यान में आई थी। एक बार एक सज्जन ने गजल के अन्तर्गत गाया था—

मैं बुलाता तो हूँ उनको,
मगर ए जजबए दिल

ऐसी बन आए कुछ उन पर,
कि बनाए न बने।

इसमें के अन्तिम 'बनाए न बने' से कुछ अर्थ नहीं निकलता। वास्तव में होना चाहिए था—

ऐसी बन आए कुछ उन पर,
कि बिन आए न बने।

अर्थात् प्रेमी कहता है कि उन पर कुछ ऐसी बन आए वे ऐसे विवश हो जाएँ) कि उनसे बिना आए न रहा जाए—अवश्य आएँ। पर गायक महोदय ने 'बिन आए न बने' को 'बनाए न बने' करके मिसरा ही निरर्थक कर दिया था।

४.६. अर्थ और वास्तविकता

यह एक निश्चित सिद्धान्त है कि जब किसी भाषा के कुछ शब्द व्याकरण के निश्चित नियमों के अनुसार किसी वाक्य में एक क्रम से आते हैं, तब उनका कुछ-न-कुछ अर्थ होता ही है। पर उस अर्थ का सम्बन्ध वास्तविकता से होना चाहिए। यदि अर्थ का सम्बन्ध वास्तविकता से न हो तो व्याकरण के नियमों के अनुसार वाक्य शुद्ध होने पर भी निरर्थक रह जाता है। उदाहरण के लिए यदि हम कहें—'कल हिमालय पर्वत लन्दन की सैर करने गया था।' या 'अमेरिका का एक हवाई जहाज आज-कल चीन में अपने रहने के लिए एक मकान बना रहा है।' तो ये दोनों वाक्य व्याकरण की दृष्टि से बिल्कुल ठीक होने पर भी अर्थ की दृष्टि से किसी मतलब के नहीं। आलंकारिक कथनों में भले ही हिमालय रोता भी हो और गाता भी हो, पर साधारण कथन के प्रसंग में, अर्थात् वस्तुतः न तो हिमालय पर्वत अपना स्थान छोड़कर कहीं सैर करने जा सकता है और न हवाई जहाज अपने लिए मकान बना सकता है। 'कौआ हमारी चक्की उठा ले गया।' या 'बिल्ली ने हाथी को खा लिया।' सरीखे वाक्य बच्चों की कहानियों में भले ही खप जाएँ, पर वस्तुतः इनका कुछ अर्थ नहीं होता। परन्तु कुछ लोग कभी-कभी जल्दी में बिना समझे-बूझे इसी तरह के कुछ वाक्य कह या लिख जाते हैं, जिनका कुछ भी अर्थ नहीं होता। जैसे 'अगला एतवार किस दिन पड़ेगा ?' या 'साढ़े आठ बजे वाली गाड़ी कै बजे आती है ?' एक किस्सा है कि किसी सज्जन ने अपने मित्र को पत्र लिखा। उस पत्र के अन्त में उन्होंने यह भी लिख दिया था—'यदि यह पत्र आपको न मिले तो मुझे सूचित कीजिएगा। मैं इसकी नकल आपके पास भेज दूँगा'। मगर लिखनेवाले ने यह नहीं सोचा कि यदि वह पहला पत्र पानेवाले को मिलेगा ही नहीं तो वह कैसे जानेगा कि नकल लिखनेवाले के पास है और माँगने पर मिल सकती है।

इसी तरह के और भी कई किस्से हैं। किसी सरकारी दफ्तर में बहुत-से पुराने कागज-पत्रों की नत्थियाँ बहुत-सा स्थान घेरे हुए थीं ! उस विभाग के एक कर्मचारी ने उन्हें बिल्कुल व्यर्थ समझकर अपने प्रधान अधिकारी से उन सबको जला डालने की आज्ञा माँगी। जो आज्ञा मिली थी, उसमें लिख था—'पर इन सबकी जलाने से पहले नकल जरूर कर ली जाए।' अधिकारी ने यह नहीं सोचा कि जो कागज बिल्कुल व्यर्थ होनें के कारण ही जलाए जा रहे हैं, उनकी नकल रखने से क्या लाभ ?

कहते हैं कि एक बार किसी बड़ी देशी रियासत के किसी गाँव में आग लगी। गाँववालों ने तहसीलदार से दम-कल भेजने की प्रार्थना की। तहसीलदार ने वह प्रार्थना-पत्र जिले के

अधिकारी के पास भेज दिया और जिले के अधिकारी ने उसे ऊपर के बड़े अफसरों के पास भेजा। अन्त में महीनों बाद महाराज साहब ने उस पर आज्ञा लिखवाई—'तुरन्त दम-कल भेजने का प्रबन्ध किया जाए !'

किसी आदमी ने अपनी स्त्री की नाक दाँत से काट ली थी। जब अदालत में मुकदमा पेश हुआ, तब उस स्त्री ने अपने पति को किसी तरह बचाना चाहा। इसलिए उसने कहा—'मेरे पति ने मेरी नाक नहीं काटी।' उससे पूछा गया—'तब फिर नाक कटी कैसे?' उसने उत्तर दिया—'मैंने क्रोध में आकर स्वयं अपने दाँतों से अपनी नाक काट ली थी !'

जब एक सज्जन ने किसी समाचार-पत्र में पढ़कर अपनी स्त्री को बतलाया कि रेल दुर्घटनाओं में प्रायः अधिक क्षति सबसे आगेवाले और पीछेवाले डब्बों की ही होती है, तब स्त्री चट पूछ बैठी—'तो फिर ये डब्बे पहले ही क्यों नहीं निकाल दिए जाते ?'

एक सज्जन ने किसी डाकिए से अपने नाम का पत्र माँगा और डाकिए ने उनसे उनका नाम पूछा, तो उन्होंने उत्तर दिया था—'देख लीजिए, उस पत्र पर लिखा होगा।'

एक मालिक ने अपने नौकर को हुक्म दिया था—'जब सो जाना, तब दीया बुझा देना।' मतलब यह था कि जब सोने लगना, तब दीया बुझा देना। पर नौकर यदि अपने मालिक की आज्ञा का अक्षरशः पालन करे तो फिर दीया रात भर बुझ ही नहीं सकता। क्योंकि वह जब तक जागता रहेगा, तब तक बुझाएगा नहीं और सो जाने के बाद उसके लिए बुझाना असम्भव हो जाएगा।

भले ही ये सब मन-गढ़न्त किस्से हों, पर कभी-कभी पत्रों और पुस्तकों में भी इस तरह की कुछ बातें देखने में आ जाती हैं। एक वक्ता के भाषण में पढ़ा था—'यदि सरकार कहती है कि यह मार्ग बन्द ही नहीं, तो उसे ऐसा प्रयत्न करना चाहिए कि वह पुनः खुल जाए।' पर जब मार्ग बन्द ही नहीं, तब उसके खुलने का प्रश्न ही नहीं उठता। किसी विश्वविद्यालय के एक प्रश्न-पत्र में एक प्रश्न था—'जायसी ने पद्मावत की रचना में ऐतिहासिक तथा काल्पनिक तत्त्व का अच्छा मिश्रण किया है। बतलाइए कि इसमें उन्हें कहाँ तक सफलता हुई है।' यहाँ विचारणीय यह है कि जब आप पहले ही बतला देते हैं—'अच्छा मिश्रण किया है', तो मानो आप यह भी बतला देते हैं कि 'मिश्रण' में जायसी को अच्छी सफलता हुई है। तब प्रश्न में दम ही क्या रह गया ? प्रश्न तो तभी ठीक होता, जब 'मिश्रण' के पहले 'अच्छा' विशेषण न होता।

एक बार एक समाचार-पत्र में निकला था—'कृषि की पैदावार बढ़ाने के लिए जो कमेटी बननेवाली है, उसका यह मत है कि देश की पैदावार बहुत बढ़ सकती है।' इसमें विलक्षणता यह है कि कमेटी अभी बनी नहीं, सिर्फ बननेवाली है; पर उसका मत पहले से बताया जा रहा है, जो किसी प्रकार सम्भव नहीं। एक और पत्र में देखा था— 'विधान-परिषद् के भावी अधिवेशन में नेहरू-प्रस्ताव पर बहस समाप्त हो गई।' वस्तुतः इसमें 'हो गई' की जगह 'होगी' होना चाहिए था। एक समाचार-पत्र में छपा था—'चीन भावी विनाश के गर्त में पड़ा है।' 'विनाश' तो अभी 'भावी' है; पर उसके गर्त में पड़ा है अभी से ! एक बार एक देशी रियासत के मुखपत्र में देखा था—'महाराज साहब ने अगले साल के लिए जो नए नियम बनाए हैं, उनसे हम लोगों को बहुत लाभ पहुँच रहा है।' नियम तो बने हैं अगले साल के लिए; पर उनसे लाभ होने लगा है अभी से ! एक जगह देखा था— 'कलकत्ते और बम्बई जैसे बड़े

शहरों में नित्य हजारों इमारतें और सड़कें बनती हैं।' बड़े शहरों में नित्य हजारों इमारतें तो बनती हैं, पर नित्य हजारों सड़कें कैसे बन सकती हैं ? एक और जगह पढ़ा था—'लन्दन से जो हवाई जहाज जाता है, उसकी रफ्तार फी घण्टे सौ मील होती है।' मानो यह कोई निश्चित नियम हो कि लन्दन से आनेवाले किसी हवाई जहाज की रफ्तार फी घण्टे तीन सौ मील से कम या ज्यादा हो ही नहीं सकती !

एक कहानी में पढ़ा था—'दोनों हाथ कमर पर रख, सीना आगे की ओर झुकाते हुए मुँह बनाकर सुकुल जी ने फंकी लगाई।' जिक्र था सुरती की फंकी का। लेखक ने पहले तो लिखा—'कमर पर दोनों हाथ रख' और अन्त में लिख दिया—'फंकी लगाई।' यह न सोचा कि जब दोनों हाथ पहले से कमर पर रखे थे, तब फंकी कैसे लगाई होगी ! एक समाचार-पत्र में पढ़ा था— 'उसकी पीठ पर एक भारी पत्थर गिरा, जिससे उसकी कमर में बहुत चोट आई।' पत्थर गिरा पीठ पर, चोट आई कमर में। यह तो वही कहावत हुई—मारूँ घुटने, फूटे आँख।

किसी नाटक के एक पात्र को अभिनय के समय आवेशपूर्वक कहते हुए सुना था 'मारे थप्पड़ों के खाल खींच लूँगा।' थप्पड़ों की मार से मुँह लाल हो सकता है; पर खाल नहीं खिंच सकती। खाल खींचने की क्रिया तो कुछ और तरह से होती है। एक बार एक सज्जन अपने एक साथी पर कुछ बिगड़े थे। उन्हें कहना चाहिए था— 'कार्य करते समय बोला मत करो।' पर वे जल्दी में कह गए—'बात करते समय बोला मत करो।' एक पुस्तक में पढ़ा था—हाल ही में स्व० श्री उडरफ के तत्त्वावधान में जो तन्त्र सोसाइटी स्थापित हुई है,उसमें....।' सुयोग्य लेखक का आशय यह था कि स्व० श्री उडरफ द्वारा स्थापित तन्त्र सोसाइटी में अभी हाल में....। परन्तु असावधानी के कारण यह वाक्य कितना भद्दा, निरर्थक और हास्यास्पद हो गया है ! एक बार एक शिक्षित व्यापारी ने लेखक से कहा था—'यदि हो तो हमारी दुकान में दो घण्टे में सौ रुपये की बिक्री हो सकती है और न हो तो एक मिनट में भी नहीं हो सकती।' मानो दो घण्टों की अपेक्षा एक मिनट का मान बहुत अधिक हो।

कुछ दिन पहले कविराज चन्दनराय कृत 'नामार्णव' नाम का एक पुराना कोश मेरे देखने में आया था, जो सन् १८८२ में बाँकीपुर में छपा था। उसके आवरण-पृष्ठ पर एक जगह छपा था—'इसका किसी को कोई अधिकार नहीं है।' सम्भवतः लेखक का आशय यह था कि इसका प्रतीक-स्वत्त्व व्यासिद्ध है; और लेखक या प्रकाशक के सिवा इसे छापने का और किसी को कोई अधिकार नहीं। पर 'इसका किसी को कोई अधिकार नहीं है' का जो अर्थ होता है, वह उक्त आशय से कितना दूर जा पड़ा है।

कभी-कभी लोग अपनी भाषा आलंकारिक बनाने के फेर में पड़कर अपना वाक्य अर्थ की दृष्टि से दूषित कर देते हैं। एक बार एक सज्जन ने 'यावच्चन्द्र दिवाकरौ' की परम्परा में पड़कर एक प्रसंग में लिखा था—'जब तक आकाश में सूर्य, चन्द्रमा और तारे रहेंगे, तब तक मैं आपका कृतज्ञ रहूँगा।' मानो लेखक महोदय यह समझते हों कि जब तक आकाश में चन्द्र, सूर्य आदि रहेंगे, तब तक मैं भी इस पृथ्वी पर रहूँगा ही। इस प्रकार के प्रयोगों को आशीर्वादों और मंगल-कामनाओं तक ही परिमित रखना चाहिए।

४. १०. वाक्यों में विरोधी बातें

कभी-कभी लोग जल्दी में या प्रमादवश कुछ ऐसी रचनाएँ कर जाते हैं, जिनमें एक साथ **दो विरोधी बातें** या तत्त्व आ जाते हैं। यदि हम कहें—'यह अपने विषय की एक ही और **सर्वश्रेष्ठ** पुस्तक है।' तो इसमें दो विरोधी बातें होंगी। 'सर्वश्रेष्ठ' का मतलब है 'सबसे बढ़कर'।

पर यदि वह पुस्तक अपने ढंग की 'एक ही' हो, तो 'सर्वश्रेष्ठ' कैसे होगी ? सर्वश्रेष्ठ तो तभी होगी जब उस ढंग की और भी दो चार या दस-बीस पुस्तकें हों। 'वे अपनी परम्परा के अकेले कवि हैं' में 'परम्परा' के साथ 'अकेले' का प्रयोग इसलिए ठीक नहीं कि 'परम्परा' अनेक कवियों के चलते हुए क्रम की सूचक है। फिर उसमें 'अकेले' कैसे संगत होगा ? हाँ, यदि आशय हो कि उन्होंने अपनी कोई नई परम्परा चलाई थी, तो बात इस रूप में कही जानी चाहिए कि यह आशय स्पष्ट हो। इसी प्रकार यह कहना भी दो विरोधी बातों से युक्त हैं—'वे लोग आँखें मूँदकर सारा अत्याचार देख रहे थे !' हम आँखें मूँदकर और कार्य भले ही करते या कर सकते हों पर कम-से-कम देख तो नहीं सकते। 'राज्य के स्तम्भ को फँसाने के लिए जाल बिछाया गया था; पर वह स्तम्भ ही अपने विरोधियों का चारा और कँटिया निगल गया।' में एक साथ कई असंगत बातें आ गई हैं। कहाँ स्तम्भ और कहाँ उसे फँसाने के लिए जाल। और कहाँ उस स्तम्भ का चारा और कँटिया निगलना। एक समाचार-पत्र में पढ़ा था—'पाकिस्तान के जिस किले को सीमा-प्रान्त ने ढहा (या ढा ?) दिया था, पंजाब की राजनीतिक समझदारी ने उसके कफन में कीलें जड़ दी हैं।' किले का ढहना तक तो ठीक है; पर ढहे हुए किले के लिए यह कफन कैसा? और फिर कफन में कीलें कैसी? कीलें तो ताबूत या अर्थी में होती या हो सकती हैं।

एक मान्य विद्वान् के लेख में पढ़ा था— 'इस बार असन्तोष की जो लहर उठी थी, वह चिरकाल से दबी हुई असन्तोषाग्नि की चिनगारी मात्र थी।' पर कहाँ लहर और कहाँ चिनगारी। 'उनका यह विश्वास परीक्षा की भट्ठी में तप चुका था, फिर भी उस पर कोई आँच नहीं आने पाई थी।' भी विचारणीय है। 'आँच आना' मुहावरा तो अवश्य है, परन्तु 'तपने पर भी आँच न आना' कवित्वपूर्ण भले ही हो, अपने विरोधाभास के कारण साधारण गद्य में विलक्षण ही जान पड़ता है। 'वे अपने आपको समझदार और दूसरे को बेईमान समझते हैं।' या 'उनसे हमारा जितना सामीप्य है उतना ही इनसे विरोध है' कहना भी इसलिए ठीक नहीं है कि 'समझदार' का 'बेईमान' से और 'सामीप्य' का 'विरोध' से वास्तविक विरोध नहीं। उक्त वाक्यों में क्रमात् 'मूर्ख' और 'दूरत्व' होना चाहिए।

दो विरोधी या असंगत तत्त्वों के एक साथ आने की संभावना उस समय और भी बढ़ जाती है, जब गणित या लेखे से सम्बद्ध कोई विषय आता है। एक बहुत पुराने हिन्दी साप्ताहिक पत्र के एक प्रतिष्ठित सम्पादक थे जो सम्भवतः बहुत ही सज्जन तथा सरल थे। वे बँगला भी जानते थे और फलतः बँगला पत्रों से ही अनुवाद करके अपने पत्र के स्तम्भ भरते थे। एक बार उन्होंने लिखा था—'अमुक कार्य में....पाउण्ड अर्थात्..... रुपये व्यय हुए।' उन दिनों पाउण्ड की दर १५ रु० निश्चित थी। जब पत्र के अध्यक्ष महोदय ने वह अंश देखा तब उन्हें पता चला कि या तो पाउण्ड के आँकड़ों में भूल है या रुपए के आँकड़ों में। उन्होंने सम्पादक जी का ध्यान इस भद्दी भूल की ओर आकृष्ट करके पूछा कि यह क्या बात है? सम्पादक जी चट अपने कमरे में गए और दो मिनट बाद लौटकर बोले— 'बसुमती (बँगला साप्ताहिक) में तो ऐसा ही लिखा है।' अध्यक्ष ने कहा— 'पर आप तो हिसाब लगाकर देखिए कि यह ठीक है या नहीं।' उन्होंने फिर उत्तर दिया—'बसुमती में तो ऐसा ही लिखा है।' अध्यक्ष महोदय ने खिजलाकर अखबार हाथ से फेंक दिया। इस घटना के उल्लेख का आशय यही है कि जहाँ किसी प्रकार के हिसाब का सम्बन्ध हो, वहाँ देख लेना चाहिए कि वह ठीक है या नहीं।

इसी से मिलता-जुलता एक और प्रकार का प्रसंग होता है जिसमें लेखकों से असावधानता

के कारण प्रायः बड़ी-बड़ी भूलें हो जाती हैं। एक समाचार-पत्र में काशी की जेल की घटना के सम्बन्ध में शीतकाल के प्रसंग में छपा था— 'यहाँ की बरफीली रातें.....।' पर यह न सोचा गया कि काशी में बरफ पड़ती ही नहीं। एक समाचार-पत्र में सन् १८५७ के गदर के प्रसंग में कहा गया था—'वह उद्देश्य था सम्राट् की सरकार को उलटना !' पर सन् १८५७ में यहाँ सम्राट् का शासन था ही नहीं ! 'ईसवी की आरम्भिक शताब्दियों में मुसलमानों ने रसायन की बहुत उन्नति की थी।' में ध्यान देने की बात यह है कि ईसवी की आरम्भिक शताब्दियों में मुसलमानों का अस्तित्व ही नहीं था। इस्लाम का उदय तो ईसवी की छठवीं-सातवीं शताब्दी में हुआ था। इन पंक्तियों के लेखक को एक बार एक देशी रियासत की इतिहास सम्बन्धी एक ऐसी पाठ्यपुस्तक के अनुवाद का संशोधन करना पड़ा था, जिसके कई संस्करण हो चुके थे। उसमें एक राजा के सम्बन्ध में लिखा था कि गुरु गोविन्दसिंह के साथ उनकी घनिष्ठ मित्रता थी। पर उसी पुस्तक में राजा की मृत्यु का जो संवत् दिया गया था, उसके तीन वर्ष बाद पटना में गुरु गोविन्दसिंह का जन्म हुआ था। बहुत दिन पहले उत्तर-प्रदेश के हाईस्कूल में पढ़ाई के लिए इंग्लैण्ड का एक इतिहास लिखा गया था। छपने के समय पांडुलिपि में इसी से मिलती-जुलती दो-तीन भूलें इन पंक्तियों के लेखक के देखने में आईं। जब पुस्तक के लेखक को, जो इतिहास के प्राध्यापक थे, ध्यान उन भूलों की ओर दिलाया गया, तब वे दंग रह गए। उनकी समझ में ही न आता था कि ऐसी भूलें किस प्रकार ढूँढ़कर निकाली गईं ! जब उन्हें बतलाया गया कि जरा-सी असावधानी से भी कभी-कभी बहुत बड़ी भूलें हो जाती हैं, और थोड़ी-सी सतर्कता से ऐसी भूलें ढूँढ़कर निकाली और दूर की जा सकती हैं, तब उन्होंने बहुत कृतज्ञता प्रकट की और भविष्य में लिखते समय पूर्ण सतर्क रहने की प्रतिज्ञा की।

४.११. मंगल-भाषित

शब्दों के अर्थ के सम्बन्ध में ध्यान रखने की एक बात और भी है। मनुष्य का स्वभाव है कि वह अशुभ या अरुचिकर बातों से बचना चाहता है; और शुभ तथा रुचिकर बातों की ओर अधिक अनुरक्त होता है। जो विचार या भाव उसे अशुभ, अमांगलिक या दूषित जान पड़ते हैं, उन्हें व्यक्त करने के समय वह कभी-कभी ऐसे शब्दों का आश्रय लेता है, जो होते तो उन अशुभ भावों के प्रतिकूल या विरुद्ध ही हैं, फिर भी जिनसे निकलनेवाला अर्थ या भाव ज्यों-का-त्यों बना रहता है, उसमें कोई अन्तर नहीं आने पाता। अर्थात् अरुचिकर बातें भी कभी-कभी रुचिकर रूप अथवा शब्दों में प्रकट की जाती हैं। भाव-व्यंजन की इस प्रणाली को 'मंगल-भाषित' कहते हैं, क्योंकि इसके द्वारा हम अमंगलसूचक बातें भी मंगलसूचक शब्दों में कहते हैं।

उदाहरण के लिए 'मरना' शब्द लीजिए। मृत्यु सभी जगह बहुत बुरी और अशुभ समझी जाती है। यहाँ तक कि कुछ लोग उसका नाम लेना भी अच्छा नहीं समझते। इसीलिए हमारे यहाँ स्वर्गवास, परलोकवास, गंगा-लाभ आदि अनेक सुन्दर शब्द प्रचलित हैं। 'जलाना' क्रिया का सम्बन्ध मृत्यु, मृतक और नाश से है, इसलिए बहुत-से लोग 'दीया जलाना' की जगह 'दीया लगाना', 'दीया-बत्ती' करना' आदि कहते हैं। कुछ स्थानों में होली या चूल्हे आदि के प्रसंग में 'जलाना' क्रिया का प्रयोग न करके 'मंगलना' का भी प्रयोग किया जाता है। इस प्रदेश में जिस प्रकार 'दुकान बन्द करना' की जगह लोग 'दुकान बढ़ाना' कहते हैं, उसी प्रकार कुछ स्थानों में 'दुकान मंगलना' का भी प्रयोग होता है। इसी अमंगल-वारण के विचार से

कहीं साँप को 'मामा' और कहीं गीदड़ को 'पाँड़े' कहते हैं। जब अपना कोई प्रिय या आदरणीय व्यक्ति किसी रोग से पीड़ित होता है, तब इसी सिद्धान्त के अनुसार उर्दूवाले कहते हैं— 'उनके दुश्मनों की तबीयत नासाज है।' अर्थात् उस प्रिय या आदरणीय के रोग का आरोप उसके 'दुश्मनों' पर कर दिया जाता है। इन सब बातों का अभिप्राय यही है कि कुछ अवसरों पर अमंगल के परिहार के विचार से मंगलसूचक शब्दों का प्रयोग होता है। इससे कभी तो शब्दों में कुछ नये अर्थों का आरोप हो जाता है और कभी कुछ विशिष्ट क्रियाओं के योग से कुछ नए मुहावरे बन जाते हैं। ऐसे अवसरों पर शब्दों के ज्यों-के-त्यों या मूल अर्थ लगाना ठीक नहीं होता।

४.१२. ध्वनि और चमत्कार

वाक्यों के अर्थ और भाव का विचार हो चुका। अब एक और तत्त्व का विचार कर लेना भी आवश्यक जान पड़ता है, जिसके बिना यह विवेचन शायद अधूरा रह जाएगा। वह तत्त्व है ध्वनि का। हमारे यहाँ के प्राचीन साहित्यकारों ने इस तत्त्व का अपनी रचनाओं में विशद विवेचन किया है। उनका मत है कि जिस काव्य में वह तत्त्व होता है वह सर्वोत्तम समझा जाता है। काव्यगत ध्वनि का विवेचन करना हमारा काम नहीं। हमारा सम्बन्ध तो उस सामान्य ध्वनि से है जो प्रायः गद्य लेखकों के वाक्यों से निकलती है। साधारणतः ध्वनि उस चमत्कार को कहते हैं, जो वाक्यों के शब्दों से निकलनेवाले साधारण अर्थ के अतिरिक्त किसी प्रकार के व्यंग्य के रूप में प्रकट होता है। यदि रचना में वह चमत्कार जान-बूझकर लाया जाए और उससे अभीष्ट की ठीक तरह से सिद्धि हो तो रचना अवश्य उत्तम मानी जाएगी। परन्तु कभी-कभी लोग भूल से या अनजान में ऐसी बात कह जाते हैं जिससे कोई अनिष्ट, अप्रिय या परम विपरीत ध्वनि निकलती है। बहुत दिन हुए उर्दू के किसी अखबार में किसी हलुए के विज्ञापन में उसकी तारीफ में छपा था—'यह हलुआ खाने के बाद फिर कुछ भी खाने की जरूरत नहीं रह जाती।' बात बहुत दिनों की है, इसीलिए वाक्य का रूप सम्भव है, इससे कुछ भिन्न रहा हो। पर उससे ध्वनि यही निकलती थी कि यह हलुआ खाकर आदमी मर जाता है और उसके बाद फिर कुछ खाने की नौबत नहीं आती।

क़हते हैं कि एक आदमी किसी दवाखाने में कोई दवा खरीदने गया। दवा बेचनेवाले नौकर ने एक दवा की तारीफ करते हुए कहा— 'इसकी एक ही शीशी से आपका रोग सदा के लिए बिलकुल दूर हो जाएगा!' उस आदमी ने पूछा—'आखिर आप यह किस आधार पर कहते हैं कि एक ही शीशी से रोग सदा के लिए अच्छा हो जाएगा ?' उसने उत्तर दिया—'जो यह शीशी एक बार ले गया, वह फिर लौटकर नहीं आया !' यह बात उस नौकर ने अपनी ओर से बिल्कुल सीधी तरह से कही थी। पर उसके कथन से यही ध्वनि निकलती थी कि या तो यह दवा खाते ही आदमी मर जाता है या इससे इतना निराश हो जाता है कि फिर वहाँ नहीं आता !

स्व० सप्तम एडवर्ड के राज्याभिषेक के धार्मिक कृत्य करनेवाले एक पादरी से किसी कृत्य में कोई भूल हो गई ! बादशाह ने नम्रतापूर्वक पादरी से कहा कि यह कृत्य इस प्रकार नहीं, बल्कि इस प्रकार होना चाहिए था ! पादरी ने बिना सोचे-समझे उत्तर दिया—'बहुत ठीक ! अगली बार मैं इसका ध्यान रखूँगा।' अर्थात् जब आप मरेंगे और मैं आपके उत्तराधिकारी का अभिषेक कराऊँगा, तब ऐसी भूल न होगी। यह है ध्वनि का चमत्कार !

बहुत दिनों की बात है। स्व० महामना पं० मदनमोहन मालवीय दिल्ली की काउन्सिल में

भाषण कर रहे थे। प्रश्न था काशी हिन्दू विश्वविद्यालय को मिलनेवाली आर्थिक सहायता का। उसी में अछूतों का भी कुछ प्रसंग आ गया। श्री कबीरउद्दीन अहमद पूछ बैठे—"क्या आप अछूतों से मिलते-जुलते हैं?" मालवीय जी ने तुरन्त उत्तर दिया— 'हाँ, मैं उनसे उसी प्रकार स्वच्छन्दतापूर्वक मिलता-जुलता हूँ, जिस प्रकार अपने मित्र श्री कबीरउद्दीन अहमद से।' इस कथन से जो मार्मिक ध्वनि निकली थी, उसके कारण काउन्सिल में खूब जोरों का ठहाका लगा था।

एक बार बर्नर्ड शा एक ऐसी स्त्री से बातें कर रहे थे जो उनसे विवाह करना चाहती थी। स्त्री ने उन्हें अपनी ओर विशेष रूप से अनुरक्त करने के लिए कहा—'हम लोगों की जो सन्तान होगी उसे रूप तो मेरा प्राप्त होगा और बुद्धि आपकी।' शॉ भला कब थे चूकनेवाले! उन्होंने पूछा—'पर यदि उस सन्तान ने रूप मेरा पाया और बुद्धि तुम्हारी पाई, तो?' स्त्री का चेहरा फीका पड़ गया और वह चुपचाप उठकर चल दी।

जुलाई १९४४ ई० में हिटलर की हत्या का जो प्रयत्न हुआ था, उसके सम्बन्ध में हिटलर के एक बहुत बड़े पक्षपाती ने जो कुछ कहा था, उसका सारांश एक दैनिक में इस रूप में निकला था—'फुहरर को बचाकर ईश्वर ने जैसा रूप प्रकट किया है, वैसा फिर कभी न होगा।' मुख्य आशय तो यह था कि ईश्वर फिर कभी हिटलर पर ऐसा संकट न आने देगा। पर वाक्य की रचना से यह ध्वनि निकलती थी कि यदि फिर कभी हिटलर की हत्या का प्रयत्न हुआ तो ईश्वर उसकी रक्षा न करेगा।

एक स्त्री अपने पति को तलाक देना चाहती थी.! इस सम्बन्ध में वकीलों के यहाँ दौड़ती-दौड़ती जब बहुत परेशान हो गई, तब उसने अपनी एक विधवा धनिक सखी से अपनी परेशानी का जिक्र किया। विधवा सखी ने कहा—'कुछ न पूछो। मुझे भी अपनी विशाल सम्पत्ति का प्रबन्ध करने के लिए वकीलों के यहाँ इतना दौड़ना पड़ता है कि कभी-कभी मैं सोचती हूँ, कि मेरे पति न मरते तो अच्छा होता।' (अर्थात् साधारणतः मेरे पति का मर जाना ही मेरे लिए अच्छा हुआ !)

इन सब बातों का आशय यही है कि जरा-सी असावधानी से कभी-कभी मुँह या कलम से कोई ऐसी बात निकल जाती है, जो साधारणतः नहीं निकलनी चाहिए। अतः लिखते समय एक-एक शब्द और एक-एक मात्रा का ध्यान रखना चाहिए। यदि इन सब बातों का ध्यान न रखा जाएगा तो ठीक अर्थ तो निकलेगा ही नहीं; कभी कभी उलटा या बुरा अर्थ भी निकलने लगेगा।

इसी ध्वनि के अन्तर्गत वह तत्त्व भी आ जाता है, जिसे व्यंग्य या ताना कहते हैं। जैसा कि स्वयं 'व्यंग्य' शब्द से प्रकट है, यह तत्त्व भी शब्द की व्यंजना-शक्ति से ही प्रकट होता है। पर 'ध्वनि' और 'व्यंग्य' में कुछ अन्तर होता है। 'ध्वनि' बहुधा अनजान में या असावधानता में कही हुई बात में से निकलती है। जान-बूझकर कही हुई बातों में भी 'ध्वनि' होती या हो सकती है; और अनेक अच्छे कवि तथा लेखक प्रायः बहुत-कुछ इसी उद्देश्य या ढंग से लिखते हैं, कि कविता या लेख से कुछ विशिष्ट ध्वनि निकले; फिर भी अनिष्ट या भद्दी ध्वनि प्रायः अनजान में कही हुई बात से ही निकलती है। इसके विपरीत व्यंग्य जान-बूझकर, किसी को चिढ़ाने, नीचा दिखाने अथवा सचेत या सावधान करने के लिए होता है। अर्थात् व्यंग्य सदा किसी उद्देश्य से होता है, कभी निरुद्देश्य नहीं होता। सद्भाव और सदुद्देश्य से कही हुई व्यंग्यपूर्ण बातें प्रायः शुभ फल उत्पन्न करती हैं। इस प्रकार के सुन्दर व्यंग्य से पूर्ण

श्री 'संगम' का लिखा हुआ 'सोमनाथ पर चढ़ाई' शीर्षक एक लेख 'समाज' (साप्ताहिक, काशी) में निकला था (दिसम्बर, '४७)। उसके अनेक अंश बहुत ही सुन्दर थे। जब जूनागढ़ राज्य के अन्तर्गत सोमनाथ के ध्वस्त मन्दिर को फिर से बनाने का विचार और आयोजन हो रहा था, तभी यह लेख निकला था। इसका उद्देश्य था—भारतीय हिन्दुओं को पाकिस्तानी मुसलमानों की दुरभिसन्धियों से सजग करना। उक्त लेख के कुछ सुन्दर व्यंग्यपूर्ण स्थल इस प्रकार थे—

'भारत भूमि हलाकू और चंगेज को भूल गई तो अनर्थ हो जाएगा।' 'मुसलमानों के आने से पूर्व यहाँ कोई चीज व्यवस्थित नहीं थी.... मुसलमान आए तो उन्होंने सब बुराइयों का जड़मूल से नाश कर दिया।' 'मुसलमानों का सितारा चमका है; दिल्ली भी (उनके) हाथ आएगी, आज नहीं तो कल।' 'स्वतंत्र भारत में दो-चार पानीपत की लड़ाइयाँ न लड़ी गई, हल्दीघाटी और थानेश्वर के शानदार युद्ध नहीं हुए तो हम भारतवासियों के लिए चुल्लू भर पानी में डूब मरने की बात है।' 'स्वतंत्र भारत के बच्चों को यह बतलाया जाएगा कि यहाँ ईट बजती है।' 'यह आजादी की देन है।' 'बनाइए नए सिर से सोमनाथ का मन्दिर ! महमूद गजनवी की आँखों का काँटा बनिए।' 'और आप? आप विश्वास रखिए, वे सब धमकियाँ ही हैं। किसी प्रकार की तैयारी करने की क्या आवश्यकता है?' 'गजनवी और गोरी को तैयारी करने दीजिए। आप पृथ्वीराज की भाँति क्षमताशील बने रहिए।' 'अपनी नीयत के पैमाने पर (से) शत्रु की नीयत नापने की पुरानी परिपाटी न छोड़िए।' 'जो आज करना हो, उसे कल पर टालते जाइए।' आदि ! अधिकतर हिन्दुओं की अकर्मण्यता और उदासीनतापूर्ण निश्चिन्तता पर कैसे सुन्दर छींटें हैं। यह उत्कृष्ट व्यंग्य का अच्छा नमूना है।

एक अँगरेजी कहावत का आशय है बराबर अध्ययन करते रहने से मनुष्य में पूर्णता आती है और लिखने से यथार्थ दृष्टि। पर यह तभी हो सकता है, जब लिखने के समय मनुष्य पूर्ण सतर्क रहे। शब्द, अर्थ, भाव, ध्वनि और संगति सबका विचार करके जो कुछ लिखा जाएगा, उसी की गिनती सत्साहित्य में होगी। और यश के भागी भी ऐसे ही सत्तासाहित्य के रचयिता होंगे।

५. शैली

शैली का मूल—शैली का स्वरूप और उपयोग—शैली के दो विभाग—भाषा-गत शैली—वर्ण-योजना और शैली—शैली और अलंकार—अलंकारों का स्वरूप—शब्दों की शक्ति और गुण—शैली का पाश्चात्य रूप।

५.१. शैली का मूल

शैली शब्द का साधारण अर्थ है—ढंग। हर काम करने का एक ढंग होता है। खाने-पीने, उठने-बैठने, लिखने-पढ़ने, बोलने-चालने आदि सभी बातों का कुछ-न-कुछ अच्छा या बुरा ढंग होता है। जो काम ठीक ढंग से नहीं किया जाता, वह जल्दी ठीक या पूरा नहीं उतरता। हर काम अच्छे ढंग से करने पर करनेवाले का सुघड़पन प्रकट होता है; और अच्छे ढंग से न करने से फूहड़पन व्यक्त होता है। यह 'फूहड़पन' वास्तव से बेढंगेपन का ही दूसरा नाम है। बोलने और लिखने का एक ढंग होता है। जो बात ठीक ढंग नहीं कही या लिखी जाती, वह प्रायः अपना अभीष्ट ठीक तरह से सिद्ध नहीं कर सकती। इसीलिए बोलने और लिखने का भी ठीक ढंग सीखने की आवश्यकता होती है। बोलने या लिखने का यही अच्छा और खास ढंग शैली कहलाता है।

एक बार राजपूताने का एक सरदार अपने राजा से बातें कर रहा था। उस राजा के लड़के का स्वभाव बहुत ही उग्र तथा क्रूर था। वह अपने पिता तथा उसके संगी-साथी से बहुत चिढ़ता था, और सदा उन्हें तंग करने की फिक्र में रहता था। सरदार को यह डर था कि राजा के मरने पर जब राज्य उस दुष्ट लड़के को मिलेगा, तब वह मुझे चैन से न रहने देगा। अपने मन का यह भय वह राजा पर प्रकट करना चाहता था। पर राजा के सामने भला यह कैसे कहा जा सकता था कि जब आप मरेंगे तब यह होगा, वह होगा आदि। राजा से ऐसी अशुभ बात की चर्चा करना उद्दण्डता, अविनय और अशिष्टता का सूचक होता। और उसके परिणाम-स्वरूप उसका जो कोपभाजन बनना पड़ता, वह अलग। इसलिए उसने बहुत सोच-विचारकर राजा से बहुत नम्रतापूर्वक निवेदन किया—'जब महाराज की आयु पूरे सौ वर्ष की हो जाएगी, तब मुझे भय है कि राजकुमार मुझे सुख से न रहने देंगे।' उसने राजा के सामने उसके मरने की चर्चा तो की, पर कैसे अच्छे ढंग से !

कहते हैं कि एक बार राजा के यहाँ कोई ज्योतिषी गया। राजा ने उससे अपने भविष्य के सम्बन्ध में कुछ बातें पूछीं। ज्योतिषी को बात करने का ढंग नहीं आता था। वह कह बैठा—'आपकी आयु तो अवश्य बहुत अधिक होगी, परन्तु आपकी अन्तिम अवस्था बहुत कष्ट से बीतेगी। आपको अनेक प्रकार से शारीरिक कष्ट और मानसिक दुःख भोगने पड़ेंगे। आपके दाँत टूट जाएँगे, आपके नेत्रों की ज्योति जाती रहेगी। आप चलने-फिरने में अशक्त हो जाएँगे। आपको अपने कई लड़के-बालों और नाती-पोतों की मृत्यु देखनी पड़ेगी।' आदि-आदि। राजा ने नाराज होकर ज्योतिषी को कैदखाने में बन्द करा दिया।

कुछ दिनों बाद एक दूसरा ज्योतिषी घूमता-फिरता उस राज्य में आ पहुँचा। राजा ने

उससे भी अपना भविष्य पूछा। वह समझदार और बात-चीत करने का ढंग जानता था। इसलिए उसने कहा—'महाराज सब प्रकार से सुखी और भाग्यवान् तो हैं ही; ईश्वर के यहाँ से महाराज ने आयु भी पूरी-पूरी पाई है। महाराज का घर नाती-पोतों से भर जाएगा। महाराज पूरे सौ वर्षों तक जीएँगे। अपने-राज्य परिवार और राजवंश में महाराज की आयु सबसे अधिक होगी।' आदि-आदि। राजा ने उसे पारितोषिक-स्वरूप बहुत-सा धन देकर सम्मानपूर्वक विदा किया।

जब वह ज्योतिषी दरबार से चलकर अपने डेरे पर पहुँचा, तब राजा का एक दरबारी उसके पास आया। दरबारी ने उसे पहलेवाले ज्योतिषी की दुर्दशा का सारा समाचार सुनाकर पूछा कि क्या कारण है कि वह अभी तक कैदखाने में पड़ा हुआ सड़ रहा है, और आपको इतना पारितोषिक मिला? ज्योतिषी ने उत्तर दिया—'भाई, यदि विचारपूर्वक देखा जाए तो मैंने प्रायः वही बातें कही हैं, जो उस ज्योतिषी ने कही थीं। हाँ, उस ज्योतिषी के भविष्य-कथन का ढंग ठीक नहीं था। अरे! जो सौ वर्षों तक जिएगा, उसके दाँत तो टूटेंगे ही; वह अन्धा और अपाहिज भी होगा ही; और अपने परिवार के बहुत-से लोगों की मृत्यु भी उसे देखनी ही पड़ेगी। पर ये सब बातें इस तरह कहने की नहीं होतीं। समझदारों को स्वयं आशय निकालना और परिणाम सोचना चाहिए।' एक ही बात अच्छे ढंग से भी कही जा सकती है और बुरे ढंग से भी।

यह तो हुई कुछ कहने के ढंग की बात। आइए, अब एक दूसरे क्षेत्र में चलें। आप यह तो जानते ही हैं कि अमेरिका में आठ-आठ और दस-दस खंडों के मकान होना एक साधारण बात है। इसी प्रकार के एक बहुत ऊँचे मकान के एक कमरे में एक आदमी रहता था। एक दिन संध्या के समय वह अपने कमरे के सामनेवाले छज्जे पर, जो बाहर सड़क की तरफ पड़ता था, बैठा हुआ कोई पुस्तक पढ़ रहा था। इतने में कहीं से क्रोध से भरा हुआ एक पागल हाथ में भरी हुई पिस्तौल लिए हुए वहाँ आ पहुँचा। आते ही उसने डपटकर कहा—'तुम अभी इस छज्जे पर से सड़क पर कूदो, नहीं तो इस पिस्तौल से तुम्हारा सिर उड़ा दूँगा।' उस आदमी ने सिर उठाकर पागल की तरफ देखा। तुरन्त सब बातें उसकी समझ में आ गई। कमरे से निकलकर भागने का जो मार्ग था, उसे रोके हुए वह पागल, जिसके हाथ में भरी हुई पिस्तौल थी, खड़ा था। दोनों ओर मृत्यु मुँह फैलाए खड़ी थी। वह आठ-दस खंड ऊँचे मकान से सड़क पर कूदता है तो भी मृत्यु के मुख में जाता है; नहीं कूदता तो भी पागल के पागलपन का शिकार होता है। क्या आप सोच सकते हैं कि उसने कैसे अच्छे ढंग से अपनी जान बचाई? शायद नहीं। उस आदमी ने हँसकर पागल से कहा—'वाह, यह तुमने कौन-सी अनोखी बात कही ! मैं इससे भी बढ़कर विलक्षण काम तुम्हें कर दिखलाता हूँ। ऊपर से नीचे तो सभी लोग कूद सकते हैं। मैं नीचे सड़क पर से कूदकर इस छज्जे पर आ सकता हूँ।' ऐसी अद्‌भुत बात सुनकर पागल हँस पड़ा। प्रसन्नता और कुतूहल ने उसका सारा क्रोध ठंडा करके उसके मन की स्थिति बिल्कुल बदल दी। उसने कहा—'वाह ! तब तो मैं ऐसा विलक्षण काम अवश्य देखूँगा।' फिर पागल ने उस आदमी को बाहर जाने का रास्ता दे दिया। कमरे से निकलते ही उस आदमी ने बाहर से द्वार बन्द कर दिया और पुलिस को बुलवाकर उस पागल को पकड़वा दिया।

एक बार एक सज्जन रात के समय अपने कमरे में अकेले सोए हुए थे। इतने में कोई चोर किसी प्रकार वहाँ आ पहुँचा; और पिस्तौल दिखाकर बोला—'अपना सारा माल मेरे सुपुर्द कर दो। नहीं तो तुम्हें इसी पिस्तौल से मार डालूँगा। वह आदमी भी था चालाक और

समझदार। उसने तुरन्त उत्तर दिया—'यह कैसी कायरता है कि एक अकेले आदमी पर तुम दो-दो आदमी वार करने आए हो !' आगन्तुक घबराया। उसने सोचा कि मैं तो अकेला ही यहाँ आया; यह दूसरा मेरे साथ और कौन आ पहुँचा? यह जानने के लिए ज्यों ही उसने मुड़कर पीठे की तरफ देखा, त्यों ही घर के मालिक ने झपटकर उसे पकड़ लिया और उसके हाथ से पिस्तौल छीन ली। इस प्रकार उसने अपने प्राणों की और अपने धन की भी रक्षा की।

५.२. शैली का स्वरूप और उपयोग

आप कहेंगे कि ये सब बातें तो मनोविज्ञान के क्षेत्र की हैं। इनका साहित्यिक शैली से क्या सम्बन्ध? नहीं, सम्बन्ध है। पर उस सम्बन्ध का ज्ञान कराने से पहले हम आपको बतलाना चाहते हैं कि शैली किसे कहते हैं, उसका स्वरूप क्या है और उसका उपयोग क्या होता है। लिखने और बोलने में दो बातें होती हैं। एक तो मन में कुछ विचार करना, और दूसरे वह विचार प्रकटे करना। अपने मन के विचार ठीक तरह से व्यक्त करने का जो ढंग होता है, उसी को साहित्य में शैली कहते हैं। यदि हमारे विचार तो बहुत अच्छे हों पर हम उन्हें ठीक तरह से प्रकट न कर सकते हों और पाठकों अथवा श्रोताओं को अपनी बातों से प्रभावित न कर सकते हों, तो साहित्यिक दृष्टि से वह बहुत बड़ा दोष होगा। वास्तव में उत्कृष्ट विचार या भाव उसके अनुरूप तथा उपयुक्त ढंग से प्रकट करना ही कृति का कला-पक्ष है। इसी में कर्ता का कौशल और कृति का सौन्दर्य है। कुछ कहने या लिखने के समय एक तो विचार करने की शक्ति होती है; और दूसरी, विचार व्यक्त करने की शक्ति। यह विचार व्यक्त करने की शक्ति ही शैली है। जब हमें श्रोता या पाठक पर अपने किसी कथन या लेख का प्रभाव डालना होता है, तब हम अपने विचार अच्छे-से-अच्छे ढंग से प्रकट करना चाहते हैं। यह बात तभी हो सकती है, जब हमारा कथन या वर्णन यथातथ्य हो, उसमें ब्योरे की सभी बातें ठीक क्रम और ढंग के दी गई हों और उसमें ऐसा चातुर्यपूर्ण चमत्कार हो, जो श्रोता या पाठक पर तुरन्त प्रभाव डाल सके और हमारा अभीष्ट सिद्ध कर सके। शैली का एक गुण यह भी माना गया है कि कथन या लेख में शब्द तो थोड़े हों पर उनमें अर्थ या भाव बहुत हों, और उनका प्रभाव यथेष्ट ही। यदि हमारे विचार तो बहुत अच्छे हों पर उन्हें प्रकट करने का ढंग ठीक न हो या हमारा शब्दाडम्बर इतना बढ़ा हुआ हो कि हमारे सारे विचार उसी की लपेट में छिपे हुए पड़े रह जाएँ, तो ऐसे रूप में विचार प्रकट करने का हमारा वह प्रयास भी विफल होगा और सारा शब्दाडम्बर भी। प्रभावोत्पादकता उसमें आ ही नहीं सकती। ऊपर उदाहरण-स्वरूप जिन घटनाओं का वर्णन किया गया है, उनमें जो प्रभाव उत्पन्न करनेवाला और चमत्कारपूर्ण अंश है, वही शैली का आधार या मूल है—शैली-रूपी प्रासाद की भीत है। बहुत-से लोग शैली को वैसी ही अगम्य और अद्‌भुत या चमत्कारपूर्ण वस्तु समझते हैं, जैसे हवाई जहाज या रेडियो। पर वास्तव में शैली में इस प्रकार की कोई बहुत दुस्तर बात नहीं होती। जैसा कि हम अभी कह चुके हैं, अच्छी साहित्यिक शैली वही है जो विचार या भाव ठीक तरह से, ठीक शब्दों में और निर्भ्रान्त रूप से प्रकट कर सके। हाँ, आपके कहने या लिखने का ढंग कुछ निराला होना चाहिए—दूसरों का अनुकरण या पिष्ट-पेषण नहीं होना चाहिए।

काव्यों, नाटकों और कथा-कहानियों में की इस प्रकार की प्रभावोत्पादक और चमत्कारपूर्ण उक्तियाँ जब साहित्य-शास्त्र में मर्मज्ञों की दृष्टि में पड़कर विधा या कला के क्षेत्र में आती हैं,

कलात्मक दृष्टि से उनका विचार या विवेचन होता है, और साधारणीकरण के उपरान्त उन उक्तियों का वर्णीकरण होता है या उनके विभाग बनते हैं, तभी साहित्यिक शैली अपना अस्तित्व तथा स्वरूप प्रकट करती है। शैली ही दुरूह को सुगम और सुगम को दुरूह बनाती है। साहित्य का सारा सौन्दर्य शैली पर ही आश्रित है। जब लेखक कोरे भाव-व्यंजन से ऊपर उठकर, अच्छे-अच्छे उपयुक्त शब्दों तथा वाक्य-रचना के सुन्दर प्रकारों से अपनी कृति सजाने का कार्य आरम्भ करता है, तभी वह मानो अपनी शैली की सृष्टि करता है। इसीलिए कविवर पोप ने कहा है—'शैली हमारे विचारों की वेष-भूषा है।' और कारलाइल ने इससे भी आगे बढ़कर कहा है—'शैली लेखक के विचारों का परिधान नहीं, बल्कि त्वचा है।' पर यदि वास्तविक दृष्टि से देखा जाए तो शैली सदा भावों और विचारों से बिल्कुल भिन्न तथा स्वतन्त्र होती है; और एक ऐसी शक्ति के रूप में होती है जो पाठकों या श्रोताओं के हृदय तक पहुँचकर बहुत सहज में और सुन्दर ढंग से उनके मनोभाव जाग्रत करके लेखक या वक्ता के साथ उनका तादात्म्य स्थापित करती है। जब भाव या विचार को अभिव्यंजन के द्वारा उपयुक्त मूर्त रूप प्राप्त होता है, तभी शैली का आविर्भात्र होता है। कुछ विद्वानों ने इसे सत्य और सौन्दर्य का वह अद्‌भुत मिश्रण माना है जो आन्तरिक स्फूर्ति के बल से ही सम्भव है। इसीलिए वर्डस्वर्थ की उत्कृष्ट शैली की चर्चा करते हुए आर्नल्ड ने लिखा है—ऐसा जान पड़ता है कि उस समय स्वयं प्रकृति लेखक के हाथ से कलम छीनकर उसकी जगह लिखने बैठ जाती है।'

हमारे जहाँ प्राचीन साहित्यकारों ने शैली का बहुत ही सूक्ष्म और विशद विवेचन किया है। पर उस विवेचन का अधिकांश काव्य-जगत् से ही सम्बद्ध है। आधुनिक पाश्चात्य विद्वानों ने भी शैली का बहुत-कुछ विवेचन किया है; पर कुछ और ही दृष्टि से और कुछ और ही उद्देश्य से। हम इन दोनों पद्धतियों की बातों का न तो इस छोटे-से प्रकरण में विचार या तुलना ही कर सकते हैं और न वे सभी बातें हिन्दी के साधारण लेखकों और पाठकों के काम की ही हो सकती हैं। इसीलिए हम इन दोनों के आधार पर शैली से सम्बद्ध कुछ ऐसे मूल सिद्धांत और तत्त्व ही यहाँ बतलाना चाहते हैं जो साधारण विद्यार्थियों के काम के हों और जिनसे शैली का स्वरूप तथा उपयोग उनकी समझ में आ जाए।

५.३. शैली के दो विभाग

शैली के मुख्य विभाग दो हैं—शब्दगत और अर्थगत। हम जो कुछ बोलते या लिखते हैं उसमें होती भी यही दोनों बातें हैं। कुछ तो सार्थक शब्द होते हैं, और कुछ विचार, जिनका कुछ अर्थ या आशय होता है। हमारे कथन या लेख का जो अंश विशुद्ध वाक्य-रचना से सम्बद्ध होता है, वही शैली का शब्दगत अंग है। शब्दों का ठीक चुनाव, वाक्यों में उनका ठीक विन्यास अथवा इसी प्रकार की और सब बातें जिनका आगे चलकर इस पुस्तक में बहुत विस्तारपूर्वक विवेचन किया जाएगा, व्याकरण के क्षेत्र से सम्बद्ध होने पर भी कुछ अंशों में शैली के शब्दगत अंग के अन्तर्गत आती हैं। और हमारे कथन या लेख की जिन बातों का सम्बन्ध विचार या अर्थ से होता है, वही शैली के अर्थगत अंग या विभाग में आती हैं। अर्थ-सम्बन्धी सरलता, स्पष्टता, उक्ति की विलक्षणता, वर्णित विषय की यथा-तथ्यता आदि बातें इसी के अन्तर्गत आती हैं। इसीलिए शैली के द्विविध तत्त्व बाह्य और आभ्यन्तर तत्त्व भी कहलाते हैं। शैली के शब्दगत या बाह्य तत्त्व को हम उसका रूप या शरीर और उसके अन्तर्गत या आभ्यन्तर तत्त्व को उसकी आत्मा भी कह सकते हैं।

५.४. भाषागत शैली

हमारे काम के लिए शब्दगत विभाग के दो उपविभाग हो सकते हैं। इनमें से पहला भाषा के विचार से और दूसरा वर्णों या अक्षरों और शब्दों की योजना के विचार से है। भाषा-शैली के विचार से ही हम कह सकते हैं कि यह विशुद्ध हिन्दी है, यह चलती हुई या साधारण हिन्दी है, यह ठेठ हिन्दी है, उर्दू-मिश्रित हिन्दी है और यह विशुद्ध उर्दू है। विशुद्ध हिन्दी वह कहलाती है जिसमें या तो हिन्दी के तद्‌भव शब्द हों या संस्कृत के साधारण तत्सम शब्द। ऐसी भाषा में या तो अरबी-फारसी के शब्द बिल्कुल नहीं होते, या यदि होते भी हैं तो बहुत कम। पर वे शब्द ऐसे ही होते हैं जो बहुत सरल तथा बहुत प्रचलित हों अथवा जिनके ठीक-ठीक भाव प्रकट करनेवाले शब्द हमारे यहाँ न हों। उदाहरणार्थ—

'समय-चक्र बराबर घूमता है और उसके साथ परिवर्तन पर परिवर्तन होता चला जाता है। रात बीतने पर भोर होती (होता) है, तो शीतल, मन्द समीर के झोंकों से कलियाँ खिल जाती हैं, वृक्षों की टहनियाँ धीरे-धीरे हिलती हैं, चारों ओर सौरभ फैल जाता है, रात की नींद का आनन्द लेकर जीव पहले दिन का क्लेश भूल जाता है, और उस नैसर्गिक शोभा को देखकर आनन्द से परिप्लुप हो जाता है। पक्षियों के मधुर स्वर से उनका आनन्द और बढ़ जाता है। क्रम से सुनहरी (सुनहरा) मुकुट सिर पर धरे बाल-सूर्य उदय (उदित) होते हैं, मानों अब तक रात के अंधेरे ने सूर्य को ग्रस लिया था। उससे किसी तरह पीछा छुड़ाकर अब निकले हैं।'

(पं० दुर्गाप्रसाद मिश्र—जीव-तत्त्व)

इन वाक्यों में 'बराबर' तथा 'तरह' को छोड़कर और कोई विदेशी शब्द और 'नैसर्गिक' तता 'परिप्लुप' को छोड़कर और कोई विशेष संस्कृत शब्द नहीं आने पाया है। एक और उदाहरण लीजिए—

'इसी प्रकार दूज से बढ़ते-बढ़ते यह चन्द्र पूर्णता को पहुँचा। यह पूनों का पूरा चाँद किसके मन को न भाता होगा? यह गोल-गोल प्रकाश का पिण्ड देख भाँति-भाँति की कल्पनाएँ मन में उदय (उदित) होती हैं कि क्या यह निशा अभिसारिका के मुख देखने की आरसी है? या उसके कान का कुण्डल अथवा फूल है या रजनी रमणी के लिलार पर बुक्के का सफेद तिलक है अथवा स्वच्छ नीले आकाश में यह चन्द्र मानो त्रिनेत्र शिव की जटा में चमकता हुआ कुन्द के सफेद फूलों का गुच्छा है?'

(पं० बालकृष्ण भट्ट—चन्द्रोदय)

जिस भाषा में नाम को भी विदेशी शब्द नहीं होते और विदेशी सरल शब्दों के स्थान पर भी संस्कृत के कठिन शब्दों का प्रयोग होता है वह संस्कृत-बहुल हिन्दी कहलाती है। उदाहरणार्थ—

'जाति-विशेष के उत्कर्षापकर्ष का, उसके उच्च-नीच भावों का, उसके धार्मिक विचारों और सामाजिक संगठन का, उसके ऐतिहासिक घटना-चक्रों और राजनैतिक स्थितियों का प्रतिबिम्ब देखने को यदि कहीं मिल सकता है तो उसके ग्रन्थ-साहित्य में ही मिल सकता है। सामाजिक शक्ति या सजीवता, सामाजिक अशक्ति या निर्जीवता और सामाजिक सभ्यता तथा असभ्यता का निर्णायक मात्र साहित्य है।'

(पं० महावीरप्रसाद द्विवेदी—साहित्य की महत्ता)

जब इस प्रकार की भाषा अपेक्षया और भी अधिक संस्कृत-बहुल होती है, तब उसमें संस्कृत ढंग की शब्द-योजना भी आने लगती है, और वह एक प्रकार से गद्य-काव्य का रूप धारण कर लेती है। ऐसी भाषा समझने के लिए कुछ विशेष योग्यता और अधिक शब्द-ज्ञान की आवश्यकता होती है। उदाहरणार्थ—

'उस अकथ असीम परमानन्द, अपार-परिपूरक अमूल्य रत्नाकर, सदा सब रस-भरे छलकते अकूपार, अलौकिक सुधा-उदधि के अनन्त सुमधुर रस-रसीली लहरों से थकित, चकित, परिपूर, छकित, लोट-पोट आनन्द-मग्न उनके उस सरस रस-भीने रसीले मन भी अनदेखे अनुभव अनुमाने पर परतच्छ से दरसाते, अपूर्व लास्य-हास्य आदि नृत्य कला-विकास हाव-भाव भले अंग-अंग फड़काते-मटकाते नाचते मन लुभाते नाच का (?) सम पर लय बँधी, थिरकती हुई-सी लय-ताल के अतल तल में लय हो आप ही आप भी उसकी ध्वनि पर थिरक-थिरक कर ताल मिलाते मन-ही-मन गुनगुनाते उस ही धुन पर मानो सरबस खो विवश हो गहरे लहरे साथ मन की लहर में आ नाचने लगते हैं।'

(पं० गोविन्दनारायण मिश्र—कवि और चित्रकार)

चलती हुई या साधारण हिन्दी वह कहलाती है, जिसमें न तो संस्कृत के शब्दों की अधिकता हो, और न अरबी-फारसी शब्दों की भर-मार। ऐसी भाषा का सबसे बड़ा गुण यह होता है कि यह बहुत सरल होती है और इसे समझने में न तो कोई कठिनता होती है, न कोई प्रयत्न करना पड़ता है। ऐसी लचीली भाषा जब जिधर चाहें तब उधर मोड़ सकते हैं। उसमें संस्कृत या अरबी-फारसी के शब्दों का विचार नहीं होता। जो सबसे अधिक सहज, चलते हुए और उपयुक्त शब्द होते हैं, उन्हीं से काम लिया जाता है। जैसे—

'काशी में उदासी छायी हुई है ! बिहार शोक से विह्वल है। भारतवर्ष की शिक्षित मंडली के मुखों की कान्ति मलिन हो रही है। आरा, छपरा और बाँकीपुर के विद्वन्मंडल की आँखें डबडबाई हुई हैं। हिन्दी साहित्य की फली फुलवारी पर पाला पड़ गया। भाषा, कविता की खिली वाटिका में ओले गिर गये। जिनकी यह दिव्य मूर्ति देखते हैं, आज वह भारत-रत्न साहित्याचार्य, पण्डितवर अम्बिकादत्त इस संसार में नहीं हैं।'

(बा० बालमुकुन्द गुप्त—भारत मित्र, १६०० ई०)

इसी से मिलता-जुलता एक और उदाहरण है—

'सदन को कुछ तसल्ली हुई। बोला—सुमन, चाहे तुम समझती हो कि मैं बात बना रहा हूँ लेकिन मैं तुमसे सत्य कहता हूँ कि उसी मनहूस घड़ी से कभी मेरी आत्मा को शान्ति नहीं मिली। मैं बार-बार अपनी मूर्खता पर पछताता था। कई बार इरादा किया कि चलकर अपराध क्षमा कराऊँ। लेकिन यह विचार उठता कि किस बूते पर जाऊँ। घरवालों से सहायता की कोई आशा न थी। और मुझे तो तुम जानती ही हो कि सदा कोतल घोड़ा बना रहा ! बस इसी चिन्ता में डूबा रहता था कि किसी प्रकार चार पैसे पैदा करूँ और अपनी झोंपड़ी अलग बनाऊँ। महीनों नौकरी की खोज में मारा-मारा फिरा, लेकिन कहीं ठिकाना न लगा।'

(श्री प्रेमचन्द—मानसिक सन्ताप)

इसी वर्ग की, पर इससे भी कुछ हल्की, वह भाषा होती है, जिसमें कहीं एक भी कठिन शब्द नहीं होता- सभी शब्द बहुत ही चलते हुए और नित्य की बोलचाल के होते हैं, जिन्हें साधारण स्त्रियों और बच्चे तक सहज में समझ लेते हैं। जैसे—

'इस बात पर पानी डाल दो, नहीं तो बहुत पछताओगी और अपना किया पाओगी, मुझसे कुछ न हो सकेगा। तुम्हारी जो कुछ अच्छी बात होती तो मेरे मुँह से जीते जी न निकलती। पर यह बात मेरे पेट में नहीं पच सकती। तुम अभी अल्हड़ हो तुमने अभी कुछ देखा नहीं हैं।'

(इन्शाअल्ला खाँ—रानी केतकी की कहानी)

अथवा—'गाँव के पास एक छोटा जंगल भी था। उसी जंगल में बुढ़िया की गौ चरने जाती थी। वहीं से जलाने के लिए बुढ़िया लकड़ियाँ भी चुन लाया करती थी। बैसाख-जेठ में भी उस जंगल में ठंडक रहती थी। दोपहर को भी वहाँ धूप नहीं होती थी और ठंडी हवा चलती थी।'

(इस ग्रन्थ का परिशिष्ट—भाषा के नमूने)

बहुत-कुछ इसी से मिलती-जुलती वह भाषा होती है, जिसे ठेठ हिन्दी कहते हैं। ऐसी भाषा में हिन्दी के तद्भव शब्दों की बहुत अधिकता होती है; और उसमें प्रायः गाँव-देहात में बोले जानेवाले बहुत-से शब्द भी आ जाते हैं। यथा—

'देवनन्दन स्थिर होकर उसको देखने लगे। उसी समय फिर यह बात सुन पड़ी—क्यों, मुझको तुम जानते हो? मेरा नाम आशा है। मेरे बिना धरती का कोई काम नहीं चल सकता। मैं तुमको बतलाती हूँ। जतन करो ! जतन करने से सब कुछ होगा। देवनन्दन ने बहुत विनती के साथ कहा—कह तक होगा माँ?'

(पं० अयोध्यासिंह उपाध्याय—देवबाला की मृत्यु)

ऊपर हमने जिस चलती हुई या साधारण हिन्दी का जिक्र किया है, उसमें भी अरबी-फारसी के शब्द तो रहते हैं, पर वे प्रायः बहुत ही सरल और जन-साधारण में प्रचलित शब्द होते हैं। पर उर्दू-मिश्रित भाषा वह कहलाती है, जिसमें अरबी-फारसी के कुछ कठिन और कम प्रचलित शब्दों की अधिकता होती हैं। ऐसी भाषा की एक बड़ी पहचान यह भी है कि उसमें हिन्दी के साधारण प्रचलित शब्दों की जगह भी प्रायः अरबी-फारसी के कुछ कठिन शब्द रहते हैं। जैसे—

'चेयरमैन आप सिर्फ इसलिए हुए हैं कि अपनी कारगुजारी गवर्नमेण्ट को दिखाकर आप राय बहादुर हो जाएँ और खुशामदियों से आप ८ पहर ६४ घड़ी सदा घिरे रहें। एक बार एक बैठे-ठाले ने पता लगाया तो मालूम हुआ कि कुल ३० मुदर्रिसों में से २६ मुदर्रिस ठाकुर साहब के रिश्तेदार निकले—कुछ मातृ-पक्ष के, कुछ पितृ-पक्ष के।'

(पं० महावीरप्रसाद द्विवेदी—म्यूनिसिपैल्टियों के कारनामे)

विशुद्ध उर्दू-शैली वह है, जिसमें साधारण क्रियाओं, विभक्तियों, अव्ययों और कुछ विशेषणों को छोड़कर अधिकतर शेष शब्द अरबी-फारसी के होते हैं। बल्कि हम कह सकते हैं कि यह देवनागरी लिपि में लिखी हुई अच्छी उर्दू ही होती है। जैसे—

'सर हेनरी इलियट लिखते हैं—हिन्दू मुसन्निफ की तसनीफ में कोई ऐसी बात नहीं है, जिससे उसकी कौम और उसका मजहब जाहिर हो सके ! हाँ, शायद किसी तरह इबारत का गैर फसीह और पुर-तकल्लुफ होना अलबत्ता इस बात पर उँगली उठाता है कि गैर की पोशाक उसके बदन पर कैसी बुरी मालूम होती है !'

(राजा शिवप्रसाद—भाषा का इतिहास)

इसी प्रकार की विशुद्ध उर्दू शैली का एक नमूना है—

'तुम्हारी इन हरकतों पर यहाँ जन्नत में खूब-खूब चर्चे होते हैं। पुराने बादशाद और नवाब कहते हैं कि भाई, ये फिरंगी खूब हैं। एशियाई लोगों के ऐब तलाश करने में ही ये अपनी बहादुरी समझते हैं। दिखाने को तो उन ऐबों से नफरत करते हैं; पर हकीकत देखिए तो उनको चुन-चुनकर काम में लाते हैं।'

(बा० बालमुकुन्द गुप्त—शाइस्ता खाँ के खत, फुलर साहब के नाम)

५.५. वर्ण-योजना और शैली

यह तो हुआ भाषा के विचार से शैली का बाहरी रूप। इसके सिवा उसका दूसरा बाहरी रूप वर्णों या अक्षरों की योजना के संबद्ध है। पर इसका ठीक स्वरूप बतलाने से पहले हम अपने यहाँ के अलंकारों के सम्बन्ध में एक-दो बातें बतला देना चाहते हैं। अलंकार का अर्थ है—गहना या आभूषण। साहित्यिक अलंकार कुछ कहने के अच्छे प्रकार ही हैं। वास्तव में कथन का प्रकार ही कथ्य विषय को सुशोभित और अलंकृत करता है। साहित्यिक क्षेत्र में अलंकार के अन्तर्गत वे सभी बातें आ जाती हैं, जिनके योग से साहित्यिक रचना की शोभा बढ़ती है और उसमें चमत्कार आता है। हमारे यहाँ के प्राचीन साहित्यकारों ने अलंकार का बहुत ही विस्तृत और सूक्ष्म विवेचन किया है। पर इससे यह न समझना चाहिए कि अलंकार सिर्फ यहाँ की चीजें हैं। सभी देशों और जातियों के लोग सदा अपनी बोल-चाल और लेख अलंकारों से अलंकृत करते आए हैं। अलंकार आपको वेदों में भी मिलेंगे, बाइबिल में भी और कुरान में भी। यूनान, मिस्र और चीनवाले भी अपनी भाषा अलंकृत करते हैं और जैन, बौद्ध तथा पारसी भी। तात्पर्य यह कि जो व्यक्ति अच्छे ढंग से कुछ बोलता या लिखता है, उसकी बातों या लेखों में कुछ-न-कुछ अलंकार अवश्य होते हैं। जब तक हमारी भाषा आलंकारिक न हो, तब तक उसमें रोचकता नहीं आती। और जब तक हम अपने विचार अलंकारयुक्त भाषा में प्रकट न करें तब तक हमारे कथन में ओज, माधुर्य, आदि गुण नहीं आते। इसीलिए सब प्रकार की रचनाओं में अलंकारों का प्रमुख स्थान होता है। पर उसकी यह प्रमुखता भी संयत और मर्यादित होनी चाहिए। उस प्रकार की असंयत और अमर्यादित नहीं होनी चाहिए, जिस प्रकार की हमारे यहाँ के कुछ काव्यों में पायी जाती है। यदि सारा शरीर अलंकारों से ही ढका हो तो स्वयं शरीर की शोभा कहाँ रहेगी? और फिर यदि कोई धनी स्त्री अपने सब अलंकारों को एक साथ पहनकर घर से निकले तो उसे लोग क्या कहेंगे? इसीलिए अलंकारों का प्रयोग भी उपयुक्त स्थानों पर ही होना चाहिए। केवल अपना अलंकार-ज्ञान प्रकट करने के लिए कोई रचना नहीं होनी चाहिए।

५.६. शैली और अलंकार

हमारे यहाँ अलंकारशास्त्रियों ने अलंकारों के मुख्य दो भेद माने हैं—शब्दालंकार और अर्थालंकार। एक तो है शब्दों की योजना का चातुर्य; और दूसरा, अर्थ या भाव प्रकट करने का कौशल। इन दोनों के योग से एक तीसरा भेद और बन जाता है, जिसे उभयालंकार कहते हैं। अर्थात् जिस रचना में शब्दालंकार भी हों और अर्थालंकार भी, उसे उभयालंकार से युक्त रचना मानते हैं। अच्छी रचना वही मानी जाती है, जिसमें शब्दों की योजना भी सुन्दर हो और जो अर्थ के विचार से भी चमत्कारपूर्ण हो। अच्छी शैली का यही सबसे बड़ा गुण या लक्षण है।

शब्दालंकार में सारा चमत्कार शब्दों में ही रहता है; इसीलिए यदि वे शब्द हटाकर उनके स्थान पर उनके दूसरे पर्याय या समानक रख दिए जाएँ तो उनका सौंदर्य नष्ट हो जाता है। यों तो शब्दालंकार के भी हमारे यहाँ बहुत-से भेद और उपभेद हैं; पर मुख्य शब्दालंकार अनुप्रास यमक और श्लेष हैं। जहाँ केवल कोई वर्ण या अक्षर—चाहे अकेला हो, चाहे मात्रा सहित—बार-बार आता है, वहाँ अनुप्रास अलंकार होता है; जैसे नन्द, मन्द और कन्द में प्रत्येक शब्द में हलन्त न के बात 'द' आया है। अथवा मैली थैली फैली है' में 'ली' तो तीनों शब्दों में है ही; उससे पहले भी 'ै' है और अन्तिम 'है' भी जिसमें 'ै' है। इसी प्रकार—'बालक बनावे बुध बिमल विवेक-वंत विविध बजबे बीन बैनधारी है।' में 'ब' का अनुप्रास है। जहाँ कुछ स्वर और व्यंजन कुछ दूसरे शब्दों के साथ मिलकर आते तो बार-बार हैं, पर हर शब्द के साथ कुछ अलग अर्थ के सूचक होते हैं वहाँ यमक अलंकार होता है। जैसे—'बस अब हमारा कुछ बस नहीं चलता' में 'बस' आया तो दो बार है, पर दोनों जगह उसके अलग-अलग अर्थ हैं। इसी प्रकार—बसन देहु व्रज में हमें, बसन देहु व्रजराज।' में 'बसन' शब्द आया तो दो बार है, पर पहला बसने या निवास करने का वाचक है और दूसरा वस्त्र का। अथवा 'कनक कनक तें सौ गुनी मादकता अधिकाय' में पहला 'कनक' सोने या स्वर्ण का वाचक है और दूसरा धतूरे का। यदि यही बस, बसन और कनक शब्द किसी पद या वाक्य में बार-बार न आकर एक ही बार आएँ, पर ऐसे ढंग से आएँ तो उस पद या वाक्य में उनके दोनों अर्थ बैठ सकते हों, तो वहाँ श्लेष अलंकार होता है। अर्थात् दो या अधिक अर्थोवाले शब्दों का ऐसा प्रयोग श्लेष कहलाता है, जिसमें अलग-अलग प्रसंगों में उनके अलग-अलग अर्थ होते हैं। इन अलंकारों के भी तथा और-और शब्दालंकारों के भी अनेक भेद-उपभेद किसी अंलकार-ग्रन्थ में देखे जा सकते हैं।

शैली में शब्दालंकारों का अन्तर्भाव तो अवश्य होता है, पर उनका महत्त्व उतना अधिक नहीं होता, जितना अर्थ और फलतः अर्थालंकारों का होता है। अर्थालंकारों के हमारे यहाँ सैकड़ों भेद-उपभेद-माने गये हैं, और उन सबका बहुत सूक्ष्म विवेचन हुआ है। यह विवेचन इतना विशद और विस्तृत है कि इस पुस्तक के एक प्रकरण में हम उसका स्वल्प सारांश भी नहीं दे सकते, और न हमारे प्रस्तुत विवेचन में उसका कोई विशेष उपयोग ही है। जो लोग इन अलंकारों का परिचय प्राप्त करना चाहें वे अलंकार-शास्त्र के ग्रन्थ देख सकते हैं। यहाँ यही कहना यथेष्ट होगा कि चाहे जान-बूझकर हो चाहे अनजाने में, हमारी अधिकतर बातों और लेखों में कुछ-न-कुछ अलंकार आ ही जाते हैं। यहाँ तक कि बहुत ही साधारण तथा अपढ़ लोगों की बात-चीत में भी अर्थालंकार रहते हैं। कारण यही है कि सब अर्थालंकार अनेक प्रकार के कथन-प्रकारों में से ही संकलित हुए हैं। जो लोग अर्थालंकारों का अच्छा अध्ययन करते हैं, वे अपनी शैली में उनका उपयोग करके उसे ओज, प्रसाद और माधुर्य से बहुत-कुछ सम्पन्न कर सकते हैं। इस दृष्टि से शैली के शौकीनों के लिए अलंकार-शास्त्र का अध्ययन विशेष उपयोगी और लाभदायक होगा।

५.७. अलंकारों का स्वरूप

फिर भी यहाँ अलंकारों के स्वरूप का कुछ परिचय करा देना आवश्यक है। वास्तव में अलंकार कोई बात अच्छे और सुन्दर ढंग से कहने का प्रकार मात्र है। जो कुछ हम कहना चाहते हैं, वह तभी सुन्दर, सुशोभित और अलंकृत होता है, जब हमारे कहने का प्रकार या ढंग सुन्दर, साधारण से कुछ अलग और अच्छा होता है। हमारे काव्य-क्षेत्र में तो अलंकारों

का प्रभुत्व इतना अधिक बढ़ गया है कि उनका राज्य-सा दिखाई देता है। गद्य में उनकी इतनी अधिकता तो नहीं, फिर भी बहुत कुछ उपयोग होता और हो सकता है। हमारी रचनाएँ इस उद्देश्य से तो नहीं होनी चाहिए कि उनमें जगह-जगह अलंकार ही भरे हों; पर वे अलंकारों से बिल्कुल रहित भी नहीं होनी चाहिए; और न सहसा वे अलंकार-शून्य ही हो सकती हैं। यदि किसी का सारा शरीर अलंकारों से भरा हो तो वह कभी सौन्दर्य का प्रतीक न होगा। और निरलंकृत या अनलंकृत शरीर भी कभी उतना अच्छा न लगेगा जितना अच्छा सामान्य और उपयुक्त अलंकारों से अलंकृत शरीर लगेगा। अपनी रचनाओं में हमें अलंकारों का इसी दृष्टि से और नियमित मात्रा में उपयोग करना चाहिए।

यदि हम कहें—'अमुक पुस्तक बहुत उपयोगी है' तो यह कथन का बहुत ही साधारण प्रकार होगा; और इसीलिए सुननेवाले को उस पुस्तक की उपयोगिता का सामान्य ज्ञान मात्र होकर रह जाएगा। पर यदि हम कहें (क) 'यह पुस्तक रामायण के समान शिक्षा-प्रद है।' (ख)'यह पुस्तक अपना जोड़ नहीं रखती।' (ग) 'इस पुस्तक के सामने आपकी वह पुस्तक भी नहीं ठहरती।' (घ) 'यह पुस्तक तो दूसरी गीता है।' अथवा (ङ) इस पुस्तक के सामने आपकी दोनों पुस्तकें दब जाती हैं।' तो इस प्रकार के कथनों से सुननेवाले पर पुस्तक की उपयोगिता का अपेक्षया अधिक प्रभाव पड़ेगा। इसी प्रकार यदि हम कहें (क) 'आप बहुत कठोर-हृदय हैं।' (ख) 'आपका कलेजा पत्थर का है।' (ग) 'आपने तो कठोर-हृदयता में अपने भाई को भी मात कर दिया।' अथवा (घ) 'आपकी-सी कठोरता तो पशुओं में भी नहीं दिखाई देती।' तो ये सब भी कथन के अलग-अलग प्रकार ही होंगे, पर साधारण कथन-प्रकार से अधिक प्रभावशाली होंगे। इसी प्रकार हम यह भी कह सकते हैं—'आप दानियों में कर्ण, वीरों में अर्जुन और सत्य-पालन में हरिश्चन्द्र हैं।' यह भी कथन का एक निराला प्रकार हुआ। अथवा हम कह सकते हैं—(क) 'आप और आपके भाई दोनों एक हैं।' (ख) 'यह लड़का है या आफत का परकाला !' (ग) 'यह लड़का चार दिन की बीमारी में सूखकर काँटा हो गया।' (घ) 'आप अपने घर के राजा हों, तो भी हमारे किस काम के !' (ङ) 'आपकी शिक्षा से तो गधा भी आदमी बन सकता है।' (च) 'आज तो घर बैठे आपके दर्शन हो गए।' (छ) 'आपका यश सारे संसार में फैला है।' (ज) 'आपके दर्शन मात्र से हमारे सब पाप कट गए।' (झ) 'आपकी बातों पर मुझे हँसी भी आती है क्रोध भी चढ़ता है।' (ञ) 'राम की कृपा से अन्धे भी देखने और गूँगे भी बोलने लगते हैं।' तो ये भी कथन के अलग-अलग प्रकार ही हैं; और ऐसे ही कथन-प्रकारों के आधार पर साहित्य-क्षेत्र में अलंकारों की सृष्टि हुई है। इसीलिए कहा जाता है कि चमत्कारपूर्ण कथन-प्रकार ही अलंकार हैं। और इसी आधार पर अलंकार-शास्त्र के ज्ञाता लोक-प्रचलित कहावतों और मुहावरों तक में एक अथवा अनेक अलंकार ढूँढ़ निकालते हैं।

५.८. शब्दों की शक्ति और गुण

परन्तु अलंकार ही शैली के सर्वस्व नहीं, ये तो उनके एक अंग मात्र हैं। हमारे यहाँ के साहित्यकारों ने अर्थ के विचार से शब्दों की तीन प्रकार की शक्तियाँ मानी हैं—अभिधा, लक्षणा और व्यंजना। शब्द की ये शक्तियाँ तभी प्रकट होती हैं, जब उन्हें वाक्यों में स्थान मिलता है। किसी शब्द का एक ही और साधारण अर्थ उसकी अभिधा शक्ति से प्रकट होता है। पर जहाँ किसी वाक्य में ठीक संगति बैठाने के लिए शब्द के साधारण अर्थ को छोड़कर कोई और अर्थ लिया जाता है, वहाँ उसकी लक्षणा शक्ति काम करती है। प्रायः मुहावरों और

विशिष्ट क्रिया-प्रयोगों से शब्दों के जो नए अर्थ निकलते हैं, वे इसी शक्ति के द्वारा। और जहाँ व्यंग्य आदि के रूप में कुछ विपरीत-सा और चमत्कार-पूर्ण अर्थ निकलता है, वहाँ शब्दों की व्यंजना-शक्ति काम करती है। साहित्य में अच्छे वाक्य वही समझे जाते हैं जिनमें व्यंजना से सूचित होनेवाला व्यंग्यार्थ रहता है। शब्दों या वाक्यों का यही व्यंग्यार्थ सबसे अधिक चमत्कारपूर्ण और प्रभावशाली होता है।

शक्ति के सिवा शब्दों में गुण भी होते हैं, जिनमें माधुर्य, ओज और प्रसाद मुख्य हैं। फिर शब्द-योजना की जिस विशेषता से रचना में ये तीनों गुण उत्पन्न होते हैं, उसे शब्द की वृत्ति कहते हैं, इन तीनों गुणों की वृत्तियाँ भी तीन हैं। माधुर्य की वृत्ति मधुरा, ओज की परुषा और प्रसाद की प्रौढ़ा वृत्ति मानी गई है। फिर इन्हीं गुणों और वृत्तियों के अनुसार रचना की तीन रीतियाँ मानी गई हैं, जो वैदर्भी, गौड़ी और पांचाली कहलाती हैं। पर अब ये रीतियाँ बहुत पुरानी हो गई हैं, और इनके उदाहरण प्राचीन ग्रन्थों में ही पाए जाते हैं। आज-कल और विशेषतः गद्य में इनका कोई उपयोग नहीं, इसलिए इनका विचार छोड़कर हम शब्दों के गुणों और वृत्तियों के सम्बन्ध में ही कुछ मुख्य बातें बतलाकर आगे बढ़ेंगे।

रचना में माधुर्य तभी आता है, जब हम अपनी बात मधुर शब्दों में और मधुर रूप से कहते हैं। हम मधुर-से-मधुर बात कठोर रूप में भी कह सकते हैं, और कठोर-से-कठोर बात मधुर रूप में भी। आज-कल राजनीतिक प्रायः कठोर-से-कठोर बात भी मधुर रूप से कहने में बहुत सिद्ध-हस्त होते हैं। हम यह तो नहीं कहते कि हमारे लेखकों को भी इस विषय में राजनीतिज्ञों का ही अनुकरण करना चाहिए, क्योंकि राजनीतिज्ञों का माधुर्य प्रायः कपटपूर्ण होता है, पर राजनीतिज्ञों के भाषणों और लेखों से हम यह अवश्य सीख सकते हैं कि कोई बात मधुर रूप से कैसे कही जा सकती है। लेखकों को सदा इस बात का ध्यान रखना चाहिए कि हमारे विचार और भाव तो मधुर हों ही, उन्हें प्रकट करने की शैली भी वैसी ही मधुर हो। कभी कोई कठोर बात नहीं कहनी चाहिए। सब बातें ऐसे मधुर रूप में कहनी चाहिए कि सुनने और पढ़नेवाले प्रसन्न हो जाएँ। यदि कोई प्रत्यक्ष झूठ बोलता हो तो भी आज कल की संसदीय प्रथा के अनुसार उसे सहसा 'झूठा' नहीं कहा जाता। यही कहा जाता है—'आपका कथन सत्य से बहुत दूर है।' अथवा 'आपको इस विषय में जो सूचना मिली है, वह पूरी और ठीक नहीं है'। पं० जवाहरलाल नेहरू ने कश्मीर के सम्बन्ध में बम्बई में अपने एक भाषण (अप्रैल, १९४८) में कहा था—'यद्यपि भारत स्वतंत्र हो गया है, तथापि इन (संसार के बड़े-बड़े) राष्ट्रों के दृष्टिकोण में कोई अन्तर नहीं हुआ है।' थी तो वह फटकार ही, पर कैसे मधुर रूप में थी ! यदि कोई साधारण व्यक्ति होता तो यही कहता कि भारत के स्वतन्त्र हो जाने पर भी बड़े-बड़े राष्ट्र उसे अभी तक तुच्छ या हेय ही समझते हैं। इसमें फटकार तो होती ही नहीं, उलटे इससे भारत की तुच्छता या हीनता ही सिद्ध होती। पर नेहरू जी की उक्त उक्ति में फटकार के सिवा भारत के गौरव का उज्वल आभास भी भरा था।

रचना में ओज तभी आता है, जब उसमें शिथिलता कहीं नाम को भी न हो। जैसा कि आगे चलकर 'वाक्य-विन्यास' शीर्षक प्रकरण में बतलाया गया है, रचनाओं में शिथिलता दो प्रकार की होती है—पहली शब्दगत और दूसरी अर्थगत। वाक्यों की बनावट या शब्दों की योजना भी शिथिल हो सकती है, और विचार या भाव प्रकट करने का क्रम भी। जहाँ विचार ठीक क्रम से रखे जाते हैं और साथ ही वाक्यों की रचना भी ठीक ढंग से होती है वहीं रचना में ओज आ सकता है। हमारे विचार ठीक क्रम से तो होने ही चाहिए, उनमें प्रौढ़ता भी होना आवश्यक है। जब प्रौढ़ विचार उत्तम वाक्य रचना की सहायता से प्रकट किए जाते हैं, तभी

रचना प्रभावशाली होती है। कुछ अवस्थाओं में यह ओजगुण माधुर्य का विरोधी भी हो सकता है—रचना की मधुरता कुछ कम भी कर सकता है। पर प्रायः दोनों के कार्यक्षेत्र अलग-अलग होते हैं; इसलिए दोनों में विरोध की उतनी गुंजाइश नहीं होती।

प्रसादगुण का काम है—अर्थ का स्पष्ट और निश्चित अभिव्यंजन। हम बातें तो बहुत-सी और अच्छी-अच्छी कह जाएँ, पर वे बातें शब्दों की लपेट में इस तरह उलझ जाएँ कि सुनने या पढ़नेवाले के पल्ले बहुत कम पड़े या कुछ भी न पड़े अथवा कुछ का कुछ पड़े, तो हमारा सारा प्रयास ही व्यर्थ हो जाएगा—हमारा मुख्य उद्देश्य ही बिल्कुल नष्ट हो जाएगा। यह भी सम्भव है कि अर्थ की दुर्बोधता के कारण लोग हमारी रचना पढ़ते-पढ़ते बीच में ही ऊबकर उसे छोड़ दें। अथवा यदि जैसे-तैसे अन्त तक पढ़ भी जाएँ, तो हमारा ठीक तथा वास्तविक अभिप्राय न समझकर कुछ और ही अभिप्राय समझने लगें। इसीलिए हमारी रचना सदा ऐसा ही होनी चाहिए, जिसमें आदि से अन्त तक अर्थ की विमलता अपनी पूर्ण मात्रा में बनी रहे। यही है रचना का प्रसादगुण।

५.६. शैली का पाश्चात्य रूप

यह तो हुआ हमारे यहाँ के साहित्यकारों की दृष्टि से रचना-शैली का विवेचन। अब आइए, जरा आधुनिक पाश्चात्य विद्वानों की दृष्टि से भी देख और समझ लें कि वे शैली का विचार कैसे करते हैं। पाश्चात्य विद्वानों ने भी शैली पर विचार तो बहुत अधिक किया है, पर उन सबका कोई एक निश्चित मत या सिद्धान्त नहीं, भिन्न-भिन्न आचार्यों के भिन्न-भिन्न मत हैं। सब आचार्यों के मतों का सारांश यहाँ देना हमारे लिए असम्भव है। हाँ, उनमें कुछ बातें ऐसी भी हैं जिनके सम्बन्ध में बहुत ही कम मतभेद है या जिनमें जल्दी मतभेद हो नहीं सकता। और कुछ बातें ऐसी भी हैं, जो या तो हमारे यहाँ के सिद्धान्तों से मेल खाती हैं या किसी-न-किसी रूप में उनके अन्तर्गत आ सकती है। ऐसी ही बातें नए लेखकों के लिए उपयुक्त भी हो सकती हैं; अतः हम मुख्यतः इसी प्रकार की कुछ बातें यहाँ बतलाना चाहते हैं।

यह तो सभी लोग जानते और मानते हैं कि रचना में शुद्धता, सरलता और स्पष्टता होनी चाहिए; वह भाव-व्यंजन की सुन्दर प्रणालियों से युक्त होनी चाहिए; और उसमें सजीवता तथा लालित्य भी होना चाहिए। और इन सब बातों के क्षेत्र बहुत-कुछ वही हैं, जो माधुर्य, ओज और प्रसाद के हैं। हाँ, इनके पाश्चात्य वर्गीकरण का ढंग हमारे यहाँ के ढंग से कुछ अलग है। इस विषय में दो मत हो ही नहीं सकते कि रचना में सरलता होनी चाहिए, जिससे उसका अर्थ और भाव पाठकों की समझ में तुरन्त और अनायास आ जाए। यह तत्त्व हमारे यहाँ के प्रसादगुण के अन्तर्गत ही है। सजीवता को हम ओज के अन्तर्गत मान सकते हैं। यह रचना का वह गुण है, जो हमारी बातों में जान लाकर पाठकों के सामने हमारे वर्णित विषय का जीता-जागता चित्र उपस्थित करता है। यह गुण पाठकों की कल्पना-शक्ति तीव्र करने और उसे आगे बढ़ाने में बहुत सहायक होता है। लालित्य बहुत-कुछ वही है जो हमारे यहाँ का माधुर्य है। इससे रचना मनोहर होती है और पाठकों का ध्यान अपनी ओर आकृष्ट करती तथा अपने विवेचन पर उनका अनुराग बनाए रखती है। एक और गुण है जिसे कुछ लोग उल्लास या प्रोत्साहकता कहते हैं, पर जो हमारी सम्मति में चारुता है। इसे भी हम अपने यहाँ के ओज के अन्तर्गत मान सकते हैं। इसका काम भी रचना में दूसरों को प्रभावित करने की शक्ति उत्पन्न करना है। अन्तिम गुण लय या श्रुति-माधुर्य है जो यमक, अनुप्रास आदि

के सिवा सुन्दर और एक-रस शब्द-योजना से आता है, और इसीलिए यह रचना का शब्दगत सौन्दर्य है। एक के बाद एक उपयुक्त, मधुर, ललित और सुन्दर शब्दों का विन्यास ही इसका मुख्य आधार है। सारांश यह कि रचना सब प्रकार से सरल, स्वच्छ, स्पष्ट, मधुर, प्रभावोत्पादक, लालित्ययुक्त, शिष्टतापूर्ण और संगीतमयी होनी चाहिए।

शब्दों का ठीक चुनाव और वाक्यों में उनका उपयुक्त प्रस्थापन, वाक्यों का सुन्दर, सुष्ठु और स्पष्ट विन्यास, विचारों का समुचित विश्लेषण और प्रतिपादन, थोड़े से शब्दों में अधिक भाव प्रकट करना और पाठकों के मनोरंजन का ध्यान रखते हुए उन पर पूरा-पूर प्रभाव डालना ही शैली की विशेषताएँ हैं। हर जगह उपयुक्त क्रिया-प्रयोग और बीच-बीच में मुहावरे और कहावतें रखने से भाषा का प्रवाह ठीक रहता है और रचना में जान आती है, और ये बातें शैली स्थिर करने में बहुत-कुछ सहायक होती हैं। फिर शैली में इन सबसे बढ़कर जो बात होती है, वह है रचना पर लेखक की वैयक्तिक छाप। यह छाप ऐसी प्रबल होनी चाहिए कि इसे देखते ही लेखक पहचाना जा सके। रचना देखकर यह कहा जा सके कि यह अमुक लेखक की ही है, उसके सिवा और किसी की हो ही नहीं सकती। अच्छा लेखक वही समझा जाता है जिसकी शैली निज की और बोलती हुई हो। जिस लेखक की या जिस रचना में कोई विशिष्ट शैली न हो, उसकी गिनती अच्छे साहित्यकार या अच्छे साहित्य में नहीं होती। इसीलिए अच्छे साहित्यकार बननेवालों की अपनी विशिष्ट शैली बनानी पड़ती है। निजी और स्वतन्त्र शैली ही पद्मावत की पंक्तियाँ रामचरितमानस में, तुलसी के पद सूर के पदों में, प्रसाद के वाक्य प्रेमचन्द के वाक्यों में, आचार्य शुक्ल के ओज आचार्य गुलेरी के ओजों में और बा० बालमुकुन्द गुप्त की टिप्पणियाँ आचार्य द्विवेदी की टिप्पणियों में नहीं मिलने देतीं। शैली ही लेखक का नाम पुकारकर बतलाती और उसका परिचय देती है। साहित्य का सारा सौन्दर्य, आलोचना का सारा आधार और लेखक की विशिष्टता की सारी पहचान शैली में ही निहित रहती है। और जैसा कि पहले 'भाषा की प्रकृति' शीर्षक प्रकरण में बतलाया जा चुका है, शैली लेखकों तक ही परिमित नहीं रहती, बल्कि भाषा को भी अपने अधिकार-क्षेत्र में ले आती है। जिस प्रकार प्रत्येक श्रेष्ठ लेखक की शैली सबसे स्वतन्त्र होती है, उसी प्रकार प्रत्येक भाषा की शैली भी अन्य भाषाओं की शैलियों से भिन्न तथा स्वतन्त्र होती है और जिस प्रकार शैली पर व्यक्तियों की छाप होती है, उसी प्रकार भाषाओं की शैली पर देश-काल, युग-धर्म तथा सामाजिक परिस्थितियों की छाप रहती है।

✡

६. वाक्य-विन्यास

वाक्यों की स्पष्टता-निरर्थ क वाक्य-शिथिल वाक्य—जटिल वाक्य—अनिर्व हित वाक्य—निरर्थक शब्द और पद—दो प्रकार की द्विरुक्तियाँ—बे-मेल शब्द-योजना—वाक्यों में अँगरेजी शब्द—भ्रामक कारण या फल—अपेक्षक वाक्य—वाक्यों के क्रम—मिश्र वाक्यों के दोष—व्याख्यायक पद और वाक्यांश—प्रत्यक्ष और अप्रत्यक्ष कथन।

६.१. वाक्यों की स्पष्टता

लिखने या बोलने के समय इस बात का ध्यान रखने की बहुत अधिक आवश्यकता होती है कि जो कुछ लिखा या कहा जाए, वह बिल्कुल स्पष्ट हो और उसे समझने में किसी को कठिनता न हो। यदि लिखी या कही हुई बात किसी की समझ में ही न आए या उसे समझने के लिए कुछ अतिरिक्त प्रयत्न करना पड़े अथवा आवश्यकता से अधिक समय लगाना पड़े, तो वह लिखना या कहना व्यर्थ भले ही न हो, पर सदोष अवश्य समझा जाएगा। कुछ अवसरों पर तो वह लिखना या कहना इसलिए भी व्यर्थ हो जाता है कि बहुत-से लोग या तो उस लेख या कथन का ठीक-ठीक आशय ही नहीं समझ पाते या कुछ-का-कुछ अर्थ लगा बैठते हैं। जिन कारणों से यह बात होती है, उनमें सदोष वाक्य-रचना मुख्य है। अनियमित वाक्य-विन्यास के कारण भाषा में भद्दापन हो आता ही है, कुछ और तरह के दोष भी आ जाते हैं। अस्पष्टता, शिथिलता, जटिलता, भ्रामकता, अर्थहीनता आदि ऐसे दोष हैं जो किसी प्रकार क्षम्य नहीं कहे जा सकते। ये सब दोष इसीलिए होते हैं कि वाक्य का आदि से अन्त तक ठीक तरह से निर्वाह नहीं होता। यदि इस अनिर्वाह के कारण उक्त दोष न भी आएँ, तो भी भाषा में भद्दापन तो आ ही जाता है। भाव या अर्थ-सम्बन्धी अथवा शाब्दिक द्विरुक्ति या पुनरुक्ति भी वाक्य-रचना का बहुत बड़ा दोष है। यदि वाक्य का आदि से अन्त तक ठीक से निर्वाह तो हो, अर्थात् व्याकरण की दृष्टि से वाक्य शुद्ध तो हो, पर उसमें बेमेल शब्दों की योजना हो, तो भी वाक्य भद्दा हो जाता है। कभी-कभी वाक्य-रचना ऐसी होती है कि वाक्य का कुछ अर्थ ही नहीं निकलता। फिर कुछ लोग वाक्यों की रचना ऐसी असावधानी से करते हैं कि किसी कार्य का कारण या फल कुछ-का-कुछ प्रतीत होता है। कभी-कभी ऐसी बातों से अर्थ का अनर्थ भी हो सकता है। इन सब दोषों से बचने के लिए वाक्य की ठीक तरह से रचना या विन्यास की आवश्यकता होती है।

'आपके पास पढ़ने का आदेश देने के लिए अपना रेडियो हो सकता है।' भी इसी प्रकार का अस्पष्ट वाक्य है। इससे यह स्पष्ट नहीं होता कि रेडियो आपको पढ़ने का आदेश देने के लिए है; अथवा इसलिए है कि आप उसके द्वारा दूसरों को पढ़ने का आदेश दें। यद्यपि रेडियो से आदेश मिल ही सकता है, फिर भी वाक्य का रूप तो अस्पष्ट और भ्रामक है ही। नाक मुँह के बीचोबीच होती है।' से सुनने या पढ़नेवाले क्या समझेंगे ? 'वे खिड़की के बाहर मुँह निकालकर धो रहे थे।' मानो मुँह भी लोटे या तौलिए की तरह कोई चीज हो जो बाहर

निकाली और अन्दर रखी जा सकती हो।' 'वह मुँह को हथेली में रखे बैठा था।' 'वह नशे में आँख गड़ाकर देखता रहा।' 'उसने सड़क के दोनों तरफ आँख फैलाकर देखा।' और 'उसने कापी से मुँह नहीं उठाया।' इसी प्रकार के भद्दे और भ्रामक वाक्य हैं। वाक्य का स्वरूप ऐसा होना चाहिए कि उसका ठीक आशय तुरन्त समझ में आ जाए—वस्तु या विधान के सम्बन्ध में कोई भ्रम न हो।

कुछ दिन हुए अँगरेजी शासनकाल में रामपुर रियासत में एक काउन्सिल बनी थी, जिसमें कुछ निर्वाचित और कुछ नामांकित सदस्य रहने को थे। उसकी जो सूचना दिल्ली के रेडियो से दी गई थी, उसमें और-और बातों के साथ यह भी कहा गया था—'नवाब साहब ने यह भी फरमाया था कि वाइस प्रेसिडेण्ट काउन्सिल के मेम्बर चुनेंगे। वक्ता का आशय यह था, कि वाइस प्रेसिडेण्ट के चुनाव का अधिकार काउन्सिल के सदस्यों को दिया गया है परन्तु वाक्य का आशय यह भी हो सकता है कि वाइस प्रेसिडेण्ट ही काउन्सिल के सदस्यों का चुनाव करेंगे। एक और प्रसंग में रेडियो पर सुना था—'दुर्भाग्यवश पाकिस्तान में राष्ट्रपति का चुनाव होने के कारण गृह-मन्त्रियों की बैठक टाल दी गई है।' वक्ता का आशय तो यह था कि गृह-मन्त्रियों की बैठक टल जाना दुर्भाग्य की बात है, परन्तप वाक्य की रचना से यह ध्वनि निकलती थी कि पाकिस्तान में राष्ट्रपति का चुनाव होना ही दुर्भाग्यपूर्ण है। एक स्थान पर पढ़ा था—'श्री..... द्वारा भगाई गई औरतों को वापस होने की अपील।' वास्तव में लेखक का आशय यह था कि जो औरतें लोग भगा ले गये हैं, उन्हें फिर से अपनाकर घर में रखने की अपील अमुक सज्ज्न ने की है। पर वाक्य की रचना कहती थी कि अमुक सज्ज्न जिन औरतों को भगा ले गये थे, उन्हें फिर से अपनाने की किसी ने अपील की है। उक्त वाक्य अपनी दूषित रचना के कारण भ्रामक है। ठीक इस प्रकार की ये पंक्तियाँ भी हैं —

हिन्दी के व्योम में रक्त की लालिमा
जुल्म की कालिमा आज धोने चली।

इससे सहज में यह समझ में नहीं आता कि 'लालिमा' को 'कालिमा' धोने चली थी या 'कालिमा' को 'लालिमा'।[१]

एक स्थान पर लिखा था—'श्री हितहरिवंश जू के प्रशंसात्मक छप्पय की टीका।' इससे यह स्पष्ट नहीं होता कि जिस छप्पय की टीका का उल्लेख है, वह हितहरिवंश जू का बनाया है अथवा हितहरिवंश जू की प्रशंसा में किसी और का बनाया है। प्रसंग से यह बात अवश्य समझ में आ गई थी कि हितहरिवंश जू कि प्रशंसा में जो छप्पय बने हैं, उन्हीं की टीका से मतलब है! फिर भी वाक्य की रचना ऐसी थी कि लोगों को धोखा हो सकता था। एक पाठ्यपुस्तक में एक बार देखा था—'इस संस्था में एक घोड़े की तसवीर है, जिसके द्वारा दस हजार का साँप के काटे का सीरम तैयार कराके बाहर भेजा गया है।' इसमें के 'घोड़े की तसवीर... के द्वारा सीरम....भेजा गया है।' का क्या अर्थ है ? और इसमें 'दस हजार का' भी कितना अस्पष्ट और भ्रामक है। फिर सारे वाक्य की संगति भी तो नहीं बैठती ! 'कानून के अनुसार जो रिश्वत देता है, वह भी दण्ड का भागी है।' का ठीक अर्थ तभी समझ में आएगा, जब कहा जाएगा—'जो रिश्वत देता है, वह भी कानून के अनुसार दण्ड का भागी होता है' 'इस जगह पं० सुन्दरलाल के अभी आज ही पढ़े लेख का जिक्र करना

१. जैसा कि आगे चलकर एक स्थान पर बताया गया है, 'लालिमा' शब्द व्याकरण से असिद्ध है।

असंगत न होगा।' से यह स्पष्ट नहीं होता कि लेखक ने आज ही पं० सुन्दरलाल का कोई लेख पढ़ा है अथवा पं० सुन्दरलाल ने आज कहीं कोई लेख पढ़ा है; और लेखक उसका जिक्र कर रहा है। एक कोश में 'मालिश' के प्रसंग में लिखा था—'मालिश से पक्षाघात के आरम्भ में सहायता मिलती है।' मतलब यह था कि पक्षाघात के आरम्भ में मालिश से भी कुछ लाभ होता है। पर वाक्य का अर्थ होता है कि मालिश करके पक्षाघात आरम्भ किया जा सकता है ! 'युद्ध का निर्णयात्मक अध्याय में प्रवेश' ऐसा पद है, जिसका अर्थ कम लोग सहज में समझेंगे। होना चाहिए—'युद्ध के निर्णयात्मक अध्याय का आरम्भ।'

वाक्यों के भ्रामक होने का एक और प्रकार है। कभी-कभी वाक्य की रचना तो बिलकुल ठीक होती है, पर उसमें कोई शब्द इस ढंग से आ जाता है कि उससे कुछ-का-कुछ अर्थ सूचित हो सकता है। कुछ दिन हुए, एक समाचार-पत्र में एक शीर्षक देखा था—'लार्ड वेवल नए हल की तलाश में।' यह 'हल' था तो समस्या के निराकरण के अर्थ में; पर वह खेत जोतने के प्रसिद्ध उपकरण का भी सूचक हो सकता था। जबलपुर के हिन्दी साहित्य सम्मेलन के समय एक स्वागत-गान गाया गया था, जिसका एक चरण था—'स्वागत करो पसार कर।' इसमें का 'कर' था तो 'हाथ' का वाचक पर वह 'पसार' के साथ आंने के कारण पूर्वकालिक क्रिया के समान जान पड़ता था। अतः वाक्य-विन्यास में ऐसे भ्रामक प्रयोगों से बचना चाहिए।

६.२. निरर्थक-वाक्य

ये तो अस्पष्ट और भ्रामक वाक्यों के उदाहरण हैं, जो पाठक या श्रोता को भ्रम में भले ही डाल दें फिर भी इनका कुछ-न-कुछ अर्थ होता है। चाहे वह अर्थ लेखक या वक्ता के आशय से भिन्न या विपरीत ही क्यों न हो। पर इनसे भी बढ़कर दूषित वे वाक्य होते हैं, जिन्हें लाख प्रयत्न करने पर भी आदमी किसी तरह समझ ही नहीं सकता। 'उन्होंने अपने वक्तव्य में पुलिस के अत्याचारों की पुष्टि की।' में 'अत्याचारों की पुष्टि' से वह अर्थ नहीं निकलता, जो लेखक को अभीष्ट है। ऐसे वाक्य आप पढ़ या सुन भले ही लें, परन्तु आपके पल्ले कुछ भी न पड़ेगा। इनमें बिल्कुल वही 'अनमिल आखर, अरथ न जापू' वाली बात होगी। और कुछ उदाहरण देखिए—

१. समाचार-पत्र प्रतिशत के भाव से हमारे यहाँ अभी व्यापार नहीं बन पाए।
२. गाँवों तक समझे जानेवाले साहित्य से हम उच्चता वसूल करने की जिद छोड़कर सम्पर्क स्थापित करें।
३. हम क्यों आँख मूँदते हैं कि अँगरेजी इस देश की साधारण भाषा नहीं बनाई जा रही है?
४. दूसरी तरफ वे साहित्यिक हैं, जिनकी पढ़ने की भूख की तृप्ति उनकी रोटियाँ बेचकर भी पूरी नहीं होती।
५. ईमान परिस्थितियों के कारीगरों के यहाँ टूट-फूटकर मरम्मत किया जाता रहता है।
६. जिनका शासन ने तिरस्कार किया है, केवल उसी तिरस्कार पर हम अपने कलाकारों को न भुला दें।
७. क्षत-विक्षत सोम मलय को वन-सीमा पर रखकर रश्मि-धावन के पार खो गया है।
८. अँगरेज हमसे कह रहे हैं कि साम्राज्य ही हमारा अन्तिम सहारा है, यदि हम उन्हें यह विश्वास नहीं दिला देते कि प्रजातन्त्र के लिए अपनी जिम्मेदारी पूरी करने में हम

किनाराकशी के सिद्धान्त से परिचालित न होंगे।

९. लेकिन जनता को तो उस जालिम के विरुद्ध अधिकार का दृढ़ विश्वास चाहिए जो स्यात् उतना भी सुहृदय न हो।
१०. जिसकी खास आसमानी सुलतानी हरकतों से पैदा हुई बेबसी को छोड़कर बाकी ध्रुव की तरह अचल है।
११. भारत के विषय में मेरी दृष्टि सच्चे अर्थों में फासिस्ट विरोधिनी है।
१२. सबको उत्सुकता का मिश्र अनुभूत हुआ।
१३. वह पति के प्रति पीड़ा-ग्रस्त हो उठी।
१४. थोड़ी-सी वर्षा से ऋतु-परिवर्तन का मुख्य कारण महायुद्ध से उत्पन्न गैस है।
१५. विरुद्ध घटनाओं के प्रति आशङ्कित ललकार।
१६. उक्त झरना आश्चर्य का केन्द्र है।
१७. बहुमत के हेतु अब प्रसार मार्ग खुल गया है।
१८. इसका फल यह हुआ कि दोनों की घबराहट में समझौते की चेतना उत्पन्न हुई है।
१९. अन्त में योग्यता द्वारा मेडिकल कालेज में जो प्रवेश पाने में असमर्थ होकर अलीगढ़ में मेडिकल कालेज खोला गया।
२०. आपने बताया कि विक्रय-कर धारासभा से स्वीकृत होने तथा गवर्नर की अनुमति प्राप्त हो चुकने का भय नहीं होना चाहिए।
२१. वे ऐसे विश्वास परिचय के साथ पाठकों की यहाँ तक ले जाते हैं कि उनको धक्का बिलकुल नहीं लगता।
२२. खेती में कुछ समय के पश्चात् परिश्रम पूँजी की नई मात्रा के प्रयोग करने से सीमान्त उत्पत्ति में कमी हो जाती है; यदि अन्य सब बातें स्थिर रहें।

आप उक्त वाक्य दो-चार बार पढ़ें और उनके आशय समझने का प्रयत्न करें। और यदि आपकी समझ में कुछ भी आशय न आए तो ऐसी वाक्य-रचना से बचने का प्रयत्न करें।

६.३. शिथिल वाक्य

अब शिथिल वाक्य लीजिए। साधारण शिथिल वाक्य थोड़ा प्रयत्न करने पर समझ में आ जाते हैं। परन्तु जब उनकी शिथिलता बहुत बढ़ी हुई होती है, तब वे भी बहुत-कुछ अस्पष्ट और भ्रामक हो जाते हैं। अस्पष्ट वाक्यों की अपेक्षा शिथिल वाक्य कुछ कम दूषित होते हैं; अतः कहा जाता है कि अस्पष्टता से शिथिलता कुछ हलका दोष है। फिर भी वह दोष तो है ही। कुछ शिथिल वाक्य बिना किसी प्रकार की कठिनता के समझ में तो आ जाते हैं पर वे लेखक की हीन योग्यता अथवा असावधानता प्रकट करने के लिए यथेष्ट होते हैं। अतः वाक्यों को शैथिल्य-दोष से बचाने की भी बहुत बड़ी आवश्यकता होती है। शिथिल वाक्यों के कुछ उदाहरण लीजिए।

'यदि हम इस युद्ध के उद्देश्यों की घोषणा से इनकार ही करते रहेंगे तो उस समय कब हमें पिछड़ा हुआ युद्ध एशिया में चलाने का अवसर होगा, तो उन्हीं लोगों से काम पड़नेवाला है, जिनका हमारे प्रति विश्वास गलित हो चुका होगा।'

यही वाक्य यदि इस रूप में लिखा जाता, तो कितना स्पष्ट होता—'यदि हम इस युद्ध के उद्देश्यों की घोषणा करने से इनकार करते रहेंगे तो हमें जान रखना चाहिए कि एशिया

में पिछड़ा हुआ युद्ध जोरों से चलने के समय हमें उन्हीं लोगों से काम पड़ेगा, जिनका हमारे प्रति विश्वास गलित हो चुका होगा।'

'देहातों में हफ्ते में एक बार डाक बँटना देशी भाषाओं के पत्रों के फैलाने में महान् संकट है।' इस वाक्य का अच्छा रूप यह होगा—'...एक बार डाक बँटना देशी भाषाओं के पत्रों के प्रचार में बहुत बाधक है।' 'कब्रें उखाड़कर वे ही पीछा पकड़ने का पागलपन करते हैं।' की जगह—'कब्रें खोदकर (बल्कि गड़े मुर्दे उखाड़कर) वही पीछे मुड़ने (या पिछड़ने?) का पागलपन करते हैं।' कहना ठीक होगा। 'ऐसे दोनों अवसरों पर जो दोनों एक ही मास के भीतर की घटनाएँ हैं.....।' की जगह 'ऐसे दोनों अवसरों पर जो एक मास में आए हैं...।' अधिक उत्तम होगा। 'यह संस्था ठीक नाजीवाद के समान है।' इसलिए शिथिल और अस्पष्ट है कि संस्था तो सदा किसी दूसरी 'संस्था' के ही समान होगी 'वाद' के समान नहीं। हाँ, वह नाजीवाद के सिद्धान्तों की अनुगामिनी हो सकती है, अथवा नाजी संस्था के समान। 'नेत्रों के सभी रोगों में सूर्य की किरणें बहुत मूल्यवान हैं।' यहाँ मूल्यवान शब्द उपयुक्त नहीं। वास्तविक आशय यह है कि नेत्र के सभी रोग दूर करने में सूर्य की किरणें बहुत उपयोगी होती हैं; और इस दृष्टि से वाक्य का रूप होना चाहिए—'नेत्रों के सभी रोगों में सूर्य की किरणें बहुत गुणकारी होती हैं।

कुछ और उदाहरण लीजिए :

१. तब के बाद हिन्दी आगे बढ़ी कही मानी जाती है।
२. ग्वालियर अनेक विद्वानों को अपने में रखने का गौरव पाले हैं।
३. हमारा साहित्य गतिशील होने के बजाय, उसे मुहाफिजखानों में रखना पड़े।
४. खाद्य समस्या के बारे में हमें अपने पैरों पर खड़ा होना चाहिए।
५. वह बैठने के विरोध में मानो कुछ और चली जाने को उद्यत-सी दीखी।
६. ब्रिटिश खाद्य-अफसर इस अमेरिकन रिपोर्ट को साफ-साफ इनकार करते हैं कि भारत सरकार अमेरिका के खाद्य-बोर्ड को भारत की शोचनीय स्थिति के कायल नहीं कर पा सकती है।
७. इस प्रकार तुमने जीवों के आश्रयदाता संयमी पिता के चन्दन वृक्ष को कृष्ण सर्प शिशु के समान दूषित किया।
८. विरुद्ध दृष्टि के प्रति गरम हो जाना इन्हें पसन्द न था।
९. उसकी दाढ़ी में उसे हँसी नहीं रही।
१०. वह सुनते की स्वीकृति में कहती गई।
११. उनका हृदय करुणा का अपार पारावार था।

ये सब उदाहरण ध्यानपूर्वक देखने से स्पष्ट हो जाता है कि वाक्य किन कारणों से शिथिल होते हैं। पहली बात तो यह है कि शब्दों के ठीक-ठीक अर्थ और प्रयोग के ज्ञान का अभाव ही प्रायः वाक्यों को शिथिल करता है। दूसरी, व्याकरण-सम्बन्धी भूलें भी प्रायः वाक्य को शिथिल कर देती हैं; और तीसरी सबसे बड़ी बात, जो किसी वाक्य में शिथिलता उत्पन्न करती है; वह है शब्दों का अपने नियत और उचित स्थान से हटकर इधर-उधर होना। सतर्क लेखक इन तीनों दोषों से बचने का प्रयत्न करते हैं।

६.४. जटिल वाक्य

अब जटिल वाक्य लीजिए। जटिल वाक्यों के दूषित होने में तो कुछ भी सन्देह नहीं,

परन्तु उनका दोष कुछ अवस्थाओं के और कुछ दृष्टियों से क्षम्य भी हो सकता है। प्रायः ऐसे अवसर आते हैं, जिनमें किसी गूढ़ विषय का विवेचन करते समय अथवा अन्य भाषा से अनुवाद करते समय लेखक को विवश होकर कुछ जटिल वाक्य-रचना करनी पड़ती है। अथवा कभी-कभी ठीक ध्यान न देने से या अभ्यास-वश भी वाक्य जटिल हो जाते हैं। प्रायः वाक्यों का अनावश्यक अथवा असावधानी से किया हुआ विस्तार भी उन्हें जटिल बना देता है। ऐसे वाक्य केवल आंशिक रूप में अस्पष्ट होते हैं; थोड़ा प्रयास करने पर उनके ठीक-ठीक अर्थ समझ में आ जाते हैं। विशुद्ध जटिल वाक्य व्याकरण-सम्बन्धी भूलों से रहित होते हैं। यदि लिखते समय अच्छी तरह से सतर्क न रहा जाए, तो जटिल वाक्य भी व्याकरण की दृष्टि से अशुद्ध हो सकते हैं—उनमें व्याकरण-सम्बन्धी भूलें आ सकती हैं। यहाँ हम कुछ ऐसे जटिल वाक्यों के उदाहरण देते हैं जो हैं तो व्याकरण की दृष्टि से बिल्कुल शुद्ध, फिर भी जिनका आशय समझने में कुछ कठिनता होती है।

१. अलबत्ता इस जगह यह बात न देखी जाती थी कि कोसों तक सुस्वादु मीठे फलों से लदे हुए वृक्ष पथिकों के आतिथ्य के लिए अपनी लम्बी और विस्तृत शाखा रूपी भुजाओं से हवा में झकोरे खा-खाकर उन्हें बुला रहे हों।

२. आधुनिक युद्ध-प्रणाली में किसी स्थान से सेना के हारकर पीछे हटने के समय वहाँ की सब चीजों को पूरी तरह से जलाकर अथवा और उपायों से इस प्रकार नष्ट कर देना कि वहाँ पहुँचने पर शत्रु को कुछ भी न मिले, 'सर्व-क्षार' कहलाता है।

३. हमें आशा के द्वारा अपनी इच्छा या आवश्यकता ही नहीं प्रकट करनी पड़ती और उसकी सिद्धि का प्रयत्न अथवा उपाय ही नहीं करना पड़ता, बल्कि और भी ऐसे अनेक कार्य करने पड़ते हैं, जिनका इस अवसर पर विवेचन इष्ट न होने और एक बड़ी सीमा तक अप्रासंगिक होने के अतिरिक्त अनुचित और आक्षेप योग्य भी समझा या माना जा सकता है। (यह वाक्य यदि दो वाक्यों में विभक्त हो जाए तो इसकी जटिलता जाती रहे।)

४. उनका त्याग-पत्र प्रकाशित हो जाने पर इस संयोग से ऐतिहासिक समानान्तरता की सिद्धि होने पर भी वह आशा की जाना (उर्दू प्रभाव) और भी स्वाभाविक था कि अब प्रत्येक उपयुक्त अवसर आने पर वे निश्चित रूप से प्रजा का ही पक्ष लेने की तत्परता दिखलाएँगे। (जटिल और शिथिल)

५. दूकानदारों के इस कथन पर विश्वास न करने का कोई कारण न होने से जिन मकानों में बिजली नहीं है, उनमें रहने वाले चिन्तित हो रहे हैं। (जटिल और शिथिल)

६. जो लोग माया और मोह से अपना मन हटाकर गुरु के उपदेश से उसका सारा मल धो डालते हैं और उसे आत्म-स्वरूप में स्थापित कर लेते हैं और जिस प्रकार नमक जब तक समुद्र में नहीं पड़ता, तब तक तो वह समुद्र से भिन्न और आकार के विचार से उसके सामने बिल्कुल तुच्छ जान पड़ता है, पर जब वही नमक समुद्र में मिलकर उसके साथ एक-जीव हो जाता है, तब उससे अलग नहीं किया जा सकता, उसी प्रकार जिसका मन संकल्प-विकल्प के बाहर निकलकर चैतन्य में मिल जाता है, वह पुरुष यद्यपि देखने में देश-काल की मर्यादा के विचार से अन्यान्य लोगों की तरह देह में स्थित जान पड़ता है, तो भी वह अपने आत्म-स्वरूप से तीनों भुवनों को व्याप्त कर लेता है। (केवल विस्तार के कारण जटिल और दुरूह)

७. चूल्हा लोहे या मिट्टी आदि का बना हुआ वह प्रसिद्ध आधार है, जिसका आकार पात्र

के सदृश्य होता है और जिसके नीचे आग जलाकर जिस पर रसोई पकाते हैं। (जटिल होने के सिवा विलक्षण भी)

इन सब उदाहरणों से यह सिद्ध होता है कि जटिलता बहुत-कुछ वाक्य के विस्तार से सम्बन्ध रखती है। साधारणतः जब कोई बहुत लम्बा वाक्य लिखने का प्रयत्न किया जाता है अथवा आवश्यकता-वश ऐसा वाक्य लिखना पड़ता है, तब प्रायः उसमें जटिलता या दुरूहता आ जाती है। इस दोष से बचने का सबसे अच्छा उपाय यही है कि जहाँ तक हो सके, छोटे-छोटे वाक्य लिखे जाएँ अथवा एक ही वाक्य के कई छोटे-छोटे टुकड़े कर लिए जाएँ, और तब भाव तथा संगति के विचार से उनका उपयुक्त क्रम लगाया जाए। फिर भी यदि कहीं बड़ा वाक्य लिखने की आवश्यकता हो तो सतर्क रहकर उसे दुरूहता से बचाना चाहिए।

६.५. अनिर्वहित वाक्य

कभी-कभी वाक्य में आदि से अन्त तक ठीक तरह से न होनेवाले निर्वाह के कारण भी भाव प्रायः अस्पष्ट रह जाता है और वाक्य भद्दा हो जाता है। वाक्य-रचना वर्णन में इस प्रकार का अनिर्वाह साहित्यिक क्षेत्र में 'प्रक्रम-भंग' कहलाता है। यह अनिर्वाह या भंग दो प्रकार का होता है—शब्दगत और अर्थगत। अथवा हम कह सकते हैं कि पहले प्रकार में तो व्याकरण सम्बन्धी भूलें होती हैं और दूसरे प्रकार में अर्थ या भाव-सम्बन्धी। पहले प्रकार में वे रचनाएँ आती हैं, जिनमें वाक्य उठता तो ठीक है, पर मध्य या अन्त में जाकर बिगड़ जाता है। ऐसे वाक्यों में या तो शब्दों का चुनाव प्रायः दूषित होता है या वाक्य की रचना। जैसे—'वह वस्तुतः काव्य की सीमा, उसका स्वरूप, उसकी धारणा आदि का पता देनेवाली है।' केवल व्याकरण की दृष्टि से अशुद्ध और अनिर्वहति वाक्य है। इसका शुद्ध रूप होगा—'वह वस्तुतः काव्य की सीमा, उसके स्वरूप और उसकी धारणाओं आदि का पता देनेवाली है।'

इसी प्रकार के कुछ और वाक्य लीजिए—

१. उन्होंने कबीर आदि झाड़-फटकार के द्वारा चिढ़ानेवाले सिद्ध हुए सन्तों के साथ इनकी तुलना की है।
२. चावल की फसल कटने लग जाने पर भी सरकार अपनी योजना लागू करने सम्बन्धी कठिनाई समझ रही थी।
३. आज-कल दो लाख आदमियों को नित्य गल्ला खरीदने की आदत है।
४. आज दस लाख हिन्दू सिन्ध से भागने की दशा में पड़े हैं।
५. केवल ऐसा करने से ही भावुकता को स्थान नहीं हो जाता।
६. खाल से मढ़े अस्थि-पंजरों का दम तोड़ता समूह देहातों में मौत का तहलका मचा रहा था।
७. लेकिन आज तो दो लेखों पर ही गुरु-चेलों की जूती-पैजार होते देखी जाती है।
८. आप कैसे यह कह सकते हैं कि स्थिति के सम्बन्ध में स्वाँग नहीं बनाया गया है।
९. भारत चाहता है कि वह भी माल तैयार करने की दशा में हो।
१०. एक भावुक जो काम-धन्धे में जकड़ दिया गया था, किन्तु उसकी लेखनी यहाँ भी भावुकता का परिचय देने लगी।
११. ऐसा दारुण अन्न-कष्ट कभी नहीं देखा गया, जैसी भयंकर दशा आज उत्पन्न है।

१२. इस विभाग के इतने आदमी ऐश कर रहे हैं कि सर ज्वाला जैसी रईस तबीयत के लोग किस तरह इन लोगों का दामन छोड़ें।
१३. वे जब टोकियो आए, तब अपने साथ कई मित्रों को ले गए।
१४. ..... एक ऐसे निर्णय में बाँध दिया गया है कि मुसलमानों का हित नहीं हो सकता। ('कि' की जगह 'जिसमें' होना चाहिए)
१५. वहाँ एक ऐसे षड्यंत्र का पता लगा है, जो रजाकारों की भर्ती का प्रयत्न कर रहे थे।

स्पष्ट है कि ऊपर के वाक्यों की रचना ठीक तरह से नहीं हुई; उनमें शब्दों का चुनाव और विन्यास ठीक तरह से नहीं हुआ; उनमें प्रवाह भी ठीक नहीं है; और भाषा अशुद्ध तथा बोल-चाल की दृष्टि से बेढंगी है।

अनिर्वहित वाक्यों का दूसरा प्रकार वह होता है, जिसमें एक वाक्य या वाक्यांश की दूसरे वाक्य या वाक्यांश से, अर्थ की दृष्टि से संगति नहीं बैठती। जैसे—'पुस्तक में जहाँ-तहाँ भाषा-सम्बन्धी भूलें बहुत हैं। प्रूफ देखने में अधिक सावधानी होनी चाहिए थी।' पर 'भाषा-सम्बन्धी भूलें' कुछ और होती हैं, 'प्रूफ देखने की सावधानी न होने के कारण होनेवाली भूलें' कुछ और। दोनों काम प्रायः दो अलग-अलग आदमियों के होते हैं। 'भारत के सभी भागों में मुसलमान सुरक्षित हैं, और उनका विश्वास है कि आगे भी उन्हें यह प्राप्त रहेगी।' में पहले वह संज्ञा ही नहीं आई है, जिसका सूचक 'यह' सर्वनाम आया है; अतः यहाँ या तो 'यह' की जगह या उसके बाद, 'सुरक्षा' शब्द होना चाहिए था। इसी वर्ग में यह वाक्य भी आता है—'उन्हें दो रोग पकड़ लेते हैं—थाइसिस या प्रेम !' होना चाहिए—'....दो में से कोई एक रोग पकड़ लेता है.....!'

इसी से मिलता-जुलता उर्दू का एक शेर है—

ऐ तीरे निगाह आकर, दो काम किए तूने ।
लगते ही कलेजे में ली दिल की खबर तूने।।

पर अन्तिम चरण एक ही काम का सूचक है, दो कामों का नहीं। दो काम तो तब होंगे जब कहा जाएगा—(१) तू आकर कलेजे में लगा; और (२) तूने दिल की खबर ली। 'कलेजे में लगते ही तूने दिल की खबर ली' कहने से दो अलग कार्य सिद्ध नहीं होंगे। 'उन्हें विश्वास दिलाया गया कि जब कभी जरूरत हो, इस्लाम सरकार की सेवा करने को हम हर समय उपस्थित हैं।' में 'जब कभी' और 'हर समय' की संगति नहीं बैठती। अतः यह भी, अर्थ की दृष्टि से, अनिर्वहित वाक्य है।

आगे बढ़ने से पहले हम यहाँ अनिर्वहित वाक्यों के सम्बन्ध में एक-दो बातें और बतला देना चाहते हैं। पहली और स्पष्ट बात तो यह है कि भाषा पर जिन लोगों का यथेष्ट अधिकार होता है, उनकी कलम से अनिर्वहित और किसी प्रकार के दूषित वाक्य जल्दी निकलते ही नहीं। अथवा यदि किसी अवसर पर दृष्टि-दोष से निकल भी जाएँ तो वे तुरन्त और सहज में उन्हें सुधार लेते हैं। पर कभी-कभी ऐसा होता है कि वाक्य आरम्भ करने पर जब लेखक उसके मध्य या अन्त तक पहुँचने को होता है, तब उसे पता चलता है कि अपने इस रूप में वाक्य का ठीक तरह से निर्वाह न होगा—यह अनिर्वहित हो जाएगा। उस समय उसे वह वाक्य काटकर फिर नए सिरे से लिखना पड़ता है। पर अधिक सक्षम या गर्वीले लेखक लिखे हुए वाक्य को काटकर फिर से लिखना अच्छा नहीं समझते; और इसीलिए वे बीच में ही

वाक्य का प्रवाह या विन्यास ऐसे सुन्दर ढंग में बदल देते हैं कि अन्त तक उसका ठीक तरह से निर्वाह हो जाता है—वह अनिर्वहित नहीं होने पाता। यहाँ इस बात का उल्लेख इसलिए किया गया है कि नए लेखक वाक्य-विन्यास के इस तत्त्व से भी परिचित रहें, और भाषा पर इस प्रकार का अधिकार प्राप्त करने का प्रयत्न करें कि जहाँ वाक्य अनिर्वहित होता हुआ जान पड़े, वहीं वे उसका प्रवाह बदलकर उसे काट-कूट से बचा सकें।

कभी-कभी लोग वाक्यों में ऐसे शब्द ले आते हैं, जिनकी अन्य दो शब्दों या क्रियाओं के साथ संगति नहीं बैठती। जैसे—'इस श्लोक में स्त्री के विभिन्न अंगों और क्रियाओं के संस्पर्श से वृक्षों के पुष्पित होने का उल्लेख है।' यहाँ सोचने की बात यह है कि अंगों का संस्पर्श तो ठीक है, परन्तु क्रियाओं का संस्पर्श कैसे होता है ? इसी प्रकार का एक और वाक्य है—'यह सुदूर की संस्थाओं और व्यक्तियों के कार्यों के अनुवाद करके अपने पत्र में देता है।' इससे 'संस्थाओं और व्यक्तियों के कार्यों के अनुवाद' का क्या अर्थ है ? 'गन्धर्व वृक्षों की ओर अप्सराएँ उर्वरता की अधिष्ठात्री देवियाँ मानी जाती थीं।' तभी ठीक होगा जब हम कहेंगे—'गन्धर्व वृक्षों के अधिष्ठाता देवता और अप्सराएँ ...।

६.६. निरर्थक शब्द और पद

कभी-कभी बिल्कुल फालतू या निरर्थक शब्दों की भरती से भी वाक्य भद्दे हो जाते हैं। 'यथार्थ में वे महर्षि धन्य हैं कि जिन्होंने ये ग्रन्थ बनाए।' और 'मैं इसका वह अर्थ नहीं लगाता जो कि आप लगाते हैं।' में 'कि' बिल्कुल व्यर्थ है। 'बात तो यह....' में 'तो' निरर्थक है। 'यहाँ जो निराशावाद छाया हुआ है....।' में 'वाद' फालतू है। होना चाहिए—'यहाँ जो निराशा छाई हुई है....।' 'उत्सव के रंग में भंग' में 'उत्सव के' फालतू ही नहीं, बल्कि भ्रामक भी है। तुम 'आज ससुराल जा रही हो, अतः जाओ।' में 'अतः' फालतू है। 'मयूरी को प्रलुब्ध करने के लिए पुरुष मयूर नृत्य करता है।' में जब मयूर और मयूरी दोनों मौजूद हैं, तब मयूर के साथ 'पुरुष' विशेषण लगाना व्यर्थ है। 'जनता ने बिराट् जुलूस का प्रदर्शन किया' सरीखे वाक्य भद्दे होने के सिवा अर्थ के विचार से भी निकृष्ट होते हैं। 'जुलूस का प्रदर्शन' का कुछ भी अर्थ नहीं होता।

किसी नेता की मृत्यु पर एक पत्र में उनकी संक्षिप्त जीवनी निकली थी। उसमें लिखा था कि अपनी पत्नी की मृत्यु के उपरान्त 'आप तत्काल अपने छोटे बच्चों के माँ-बाप दोनों बन गए।' यह न सोचा गया कि वे उन बच्चों के बाप तो पहले से थे ही; फिर नए सिरे से बाप कैसे बने ? यहाँ साहित्य-दर्पणकार की एक बात याद आ गई। उन्होंने एक स्थान पर कहा है कि 'भवानीश' कहना इसलिए ठीक नहीं कि 'भवानी' शब्द का अर्थ ही है—भव की पत्नी अथवा पार्वती। 'भवानीश' का अर्थ होगा—'भव की पत्नी के पती' और यह भाव दूषित होने के कारण त्याज्य है। पर गोस्वामी तुलसीदास जी तक लिख गए हैं—

त्रयःशूल निर्मूलनं शूलपाणिम् । मजेऽहं भवानीपतिं भावगम्यं।।

साहित्य-दर्पणकार के बाद साहित्यकारों ने 'भवानी' को एक शब्द और नाम मानकर 'भवानी-पति' और इससे मिलते-जुलते प्रयोगों को ठीक सिद्ध किया है। फिर भी इस प्रकार के प्रयोगों की विचारणीयता बनी ही रहती है।

उदाहरण के रूप में कुछ और ऐसे वाक्य दिये जाते हैं, जिनमें या तो फालतू शब्दों का प्रयोग हुआ है या भद्दे और बेमेल शब्दों का।

१. उसके कार्य-कलाप से लोगों पर बड़ी आफतें आईं।
२. तीन साल पहले बंगाल के प्रति व्यक्ति के मत्थे ३८४ पाउण्ड चावल पैदा होता था।
३. चोर-बाजार की आस्मानी कीमत से चावल खरीद सकने की सार्थकता लोगों में नहीं रह गई।
४. कुन्ती ने वहीं से इन पुत्रों की आमदनी की थी।
५. उनकी एक आँख कानी थी।
६. बिना दवा के संग्रहणी समाप्त हो गई।
७. वे इन सब चीजों की तैयारी करने में विशेषज्ञ थे।
८. इसका इलाज लगातार रूप से करना चाहिए।
९. उनकी प्रखर बुद्धि-शक्ति हर काम में प्रकट होती है।

व्यर्थ के फालतू शब्दों के प्रसंग में एक और बात है। एक साहित्यज्ञ का कहना है कि 'आप अपने मन में सोचें' में 'अपने' शब्द फालतू है, क्योंकि सोचा सदा अपने ही मन में जाता है, पराए मन में नहीं। परन्तु इस तर्क में विशेष सार नहीं है। हम प्रायः कहते हैं—'यह चीज आप अपने हाथ से उन्हें दीजिए।' अथवा 'जरा अपनी आँख से देखो।' इन वाक्यों में 'अपने' और 'अपनी' के कारण कुछ जोर या विशेषता आ गई है; अतः हम इन्हें निरर्थक नहीं कह सकते। हाँ, 'वह अपने कपड़े बदलने चला' में 'अपने' अवश्य फालतू है। और 'आप अपनी तशरीफ ले जाएँ' में 'अपनी' व्यर्थ है। 'उसकी आवाज कान में सुनाई पड़ी।' में या तो 'कान में' फालतू है, या 'सुनाई' निरर्थक है। 'वह खाने-पीने के व्यंजन बनाने में मदद दे रही थी !' में 'खाने-पीने के' फालतू है; क्योंकि व्यंजन सदा खाने-पीने के ही होते हैं।

६.७. दो प्रकार की द्विरुक्तियाँ

वाक्य-विन्यास में एक और प्रकार की भूल द्विरुक्तियों के कारण होती है। ये द्विरुक्तियाँ दो प्रकार की होती हैं। पहले प्रकार में हम वे द्विरुक्तियाँ ले सकते हैं जो शब्दगत होती हैं। अर्थात् एक ही वाक्य में एक ही शब्द दो बार आता है, ज़िससे वाक्य भद्दा हो जाता है। कहीं-कहीं बोल-चाल में कुछ शब्द दो बार आते हैं जिनका कुछ विशिष्ट प्रयोजन और आशय होता है और जिन्हें द्विरुक्ति नहीं, बल्कि शब्दों की पुनरावृत्ति कहना अधिक युक्ति-संगत होगा। जैसे—'सभा-स्थल से लोग उठकर खड़े हो-हो जाते थे।' यहाँ 'हो-हो' खड़े होने की क्रिया की पुनरावृत्ति का सूचक है। श्री मैथिलीशरण गुप्त की एक पंक्ति है—

जान न यो ही धर्म-राज्य वह आया आया।

यहाँ 'आया आया' इस आशय का सूचक है कि धर्म-राज्य के आने में कुछ विलम्ब नहीं। ऐसी पुनरावृत्तियाँ बोल-चाल के अन्तर्गत होने के कारण उक्त प्रकार की द्विरुक्तियों से बिलकुल भिन्न होती हैं। इस प्रकार की सबसे भद्दी भूल एक दैनिक पत्र में इस रूप में मिली थी—'वह आवश्यक है कि युद्ध कि समाप्ति पर शान्ति और सुरक्षा के लिए बनी योजना में संशोधन करना आवश्यक है।' इसी से मिलता हुआ वाक्य एक दूसरे पत्र में देखा था—'आपमें जिन आवश्यक गुणों की आवश्यकता है....' या तो होना चाहिए था—'जिन आवश्यक गुणों की कमी है' या 'जिन गुणों की आवश्यकता है।' इस प्रकार की भूलों के कुछ और उदाहरण लीजिए—

१. मुसलमान लोगों में जो लोग अत्यन्त धर्म-परायण थे।
२. विश्व-व्यवस्था के आधार स्वरूप रूप में पक्का समझौता हो जाए।
३. उसने निश्चित रूप से वह रूप धारण कर लिया था।
४. दो वर्षों के बीच भारत और ब्रिटेन के बीच जो कटुता हुई है।
५. इस प्रकार वह अनेक प्रकार के बहाने बनाने लगा।
६. इसी रूप में वह जुदा-जुदा रूप लेती है।
७. भारत सरकार ने एक आदेश निकालकर उन्हें यह आदेश दिया है कि...।
८. यही कारण है, जिसके कारण हैदराबाद में अशांति बढ़ रही है।
६. आपने अपने २५ ता० के लिखे हुए पत्रों में लिखा है।

द्विरुक्ति दोष का दूसरा प्रकार वह है, जिसका सम्बन्ध अर्थ से होता है। अर्थात् जब वाक्य में एक ही अर्थ या भाव सूचित करने वाले दो शब्द साथ-ही-साथ लाए जाते हैं तब यह दोष होता है। कभी-कभी ऐसी द्विरुक्ति भ्रामक भी हो सकती है। जैसे—'कुछ मस्त नहीं अँखियाँ हमरी, कुछ नैन नहीं हमरे मतवारे' से यह भ्रम हो सकता है कि 'अँखियाँ' कुछ और चीज हैं, 'नैन' कुछ और। कविता में भले ही ऐसे वाक्य क्षम्य हों, पर गद्य में तो ऐसे वाक्य भद्दे ही समझे जाते हैं। एक बार एक सज्जन ने विद्वानों की एक सभा में कहा था—मैं इस प्रस्ताव का समर्थन और अनुमोदन करता हूँ।' यह ठीक है कि वास्तव में 'समर्थन' और 'अनुमोदन' में वही अन्तर है, जो 'सेकेण्ड' (Second) और 'सपोर्ट' (Support) में है, पर वक्ता ने दोनों का प्रयोग एक ही अर्थ में किया था। और फिर समर्थक तथा अनुमोदक अलग-अलग व्यक्ति होते हैं। कुछ और उदाहरण लीजिए।

१. कदाचित शायद वह मान-पत्र ठीक भी सिद्ध हो....।
२. वहाँ बहुत से लोग बेहाल दशा में पड़े थे।
३. देश की वर्तमान मौजूदा सामाजिक परिस्थिति....।
४. वेदव्यास ने यहीं बैठकर अपनी रचनाओं की सृष्टि की थी।
५. माँ भी सोती नींद से जाग पड़ी।
६. वे गुनगुने गरम पानी से स्नान करते हैं।
७. बे राब कालचक्र के पहिए के नीचे पिस गए।
८. वहाँ प्लेग के खतरे का डर है।
६. उसकी मर्यादा की सीमा टूट गई।
१०. अपनी चातुरी और शक्ति-बल से उन्होंने वह काम कर डाला।
११. जो ग्रन्थ उपलब्ध हुए हैं, वे भोपाल में पाए गए हैं।
१२. शौनकादि प्रभृति शास्त्र-ग्रन्थों के अनुसार....।
१३. सरकार की उस पर आलोचना चाहने की इच्छा नहीं थी।
१४. न जाने कितने बे-शुमार जीव पैदा हो गए।
१५. वे अपने आत्म-सम्मान की रक्षा करना चाहते हैं।
१६. बहुत से लोग आपके विवाहोत्सव समारोह में सम्मिलित हुए थे।
१७. इस प्रान्त में गौ-वंश की नसल सुधारने का प्रयत्न होगा।
१८. परन्तु फिर भी वह सोना-चाँदी खराब ही है।
१६. आपका भवदीय (पत्र के अन्त में)।

६.८. बेमेल शब्द-योजना

वाक्य वही सुन्दर होते हैं, जिनमें आदि से अन्त तक एक ही मेल के शब्दों का प्रयोग हो। एक ही वाक्य में कई तरह के या कई भाषाओं के बेमेल शब्दों का प्रयोग वाक्य-विन्यास का बहुत बड़ा दोष है। 'प्रति' के साथ 'दिन' ही भला लगेगा, 'रोज', सही नहीं ! 'सज्ञन पुरुष' की जगह 'शरीफ पुरुष' सरीखे पद रखने से वाक्य तो भद्दे होते ही हैं, उनके लेखक की असावधानता और उसके शब्द-भंडार की अल्पता भी सूचित होती है। कुछ और उदाहरण लीजिए—

१. आज-कल वहाँ काफी सरगरमी दृष्टिगोचर हो रही है।
२. वह सब उसके शिकम में विलीन हो जाता है।
३. नेचर के जर्रे-जर्रे पर जोबन का प्लावन था।
४. इसकी हर लाइन जिन्दादिली से परिपूर्ण है।
५. अलौकिक की लौकिक पर हावी होने की स्कीम नहीं है।
६. वे वैज्ञानिक अन्वेषणों में अजहद दिलचस्पी रखते थे।
७. वकीलों ने कागजात का निरीक्षण किया।
८. शीघ्र ही सनसनीखेज भीषण युद्ध छिड़ने की सम्भावना है।
९. उनका भण्डार निखिल न्यामतों से भरा था।
१०. साहित्य को अत्युच्च पैमाने पर पहुँचना चाहिए।
११. अत्यधिक ह्रास के बावजूद भी....इनमें 'के बावजूद' की जगह
१२. प्रबल विरोध के बावजूद भी....'होने पर' से काम चल सकता है।
१३. महाशय, आप कहाँ तशरीफ ले जाएँगे।
१४. वे अपने कर्तव्य की पाबन्दी का बहुत ध्यान रखते हैं।
१५. परम पेचीदा वैधानिक मसलों पर विचार....।
१६. समर्थ भारत सरकार की हैरत अँगेज मुफलिसी।
१७. वृहद पैमाने पर जन-परिवर्तन की व्यवस्था।

६.९. वाक्यों में अँगरेजी शब्द

आज-कल लेखों आदि में अँगरेजी शब्दों का प्रयोग करने की प्रथा भी खूब चल रही है। विशेषता यह है कि प्रयोग करनेवाले लोग शब्दों के आगे उसकी व्याख्या करने या अर्थ देने की भी आवश्यकता नहीं समझते। मानो वे यह मान लेते हैं कि हमारी ही तरह हमारे पाठक भी इन शब्दों के अर्थ जानते हैं और ये शब्द हिन्दी भाषा के अन्तर्गत आ गए हैं। एक समाचार-पत्र में एक बार निकला था—'दिल्ली में इसके लिए एड हॉक कमेटी बुलाई गई है।' हिन्दी में इसकी जगह 'तदर्थ समिति' चलता है। कुछ ऐसे साहसी लोग भी हैं जो अँगरेजी भाषा से बिल्कुल अपरिचित होने पर सिर्फ देखा-देखी और आज-कल का फैशन समझकर ऐसे शब्दों का प्रयोग करते हैं। ऐसे ही एक सज्जन ने एक बार लेखक से कहा था—'हम टेकनिक की थ्योरी पर विश्वास नहीं करते।'

साहित्य में आए हुए अँगरेजी शब्दों से युक्त और कुछ वाक्य देखिए—

१. मोटर का टायर बर्स्ट हो गया।
२. ये सब ग्रन्थ क्लासिक माने जाते हैं।
३. उन पर इन बातों का हिस्टारिक प्रभाव पड़ा।

४. हमें चाहिए कि हम अपने साहित्य का स्पिरिट समझें।
५. यह वेस्टर्न पेनिन्सुला में नासिक से उत्तर सरकार तक होता है।
६. उन्होंने सीलोन से लोअर ब्रह्मा तक यात्रा की थी।
७. स्थान के प्रपोर्शन का सौन्दर्य बिगड़ गया।
८. लाइट और शेड का आइडिया फोटोग्राफर को खाक भी न था।
९.आपका तो इम्प्रेशन परफेक्ट है।

हमने अच्छे-अच्छे लेखकों को अपने लेखों में एब्स्कॉण्ड, फॉरमैलिटी, म्यूजिक, स्कीमिंग, प्रोग्रेस, एटिकेट, एक्सिडेण्ट आदि शब्दों का प्रयोग करते देखा है, और वह भी कभी-कभी रोमन लिपि में। एक अच्छी पुस्तक में पढ़ा था—'यह ग्रन्थ उससे कम अच्छा और inferior मान लिया गया था।' कुछ लोग इससे और आगे बढ़कर वाक्यों में अँगरेजी संज्ञाओं से बने हुए विशेषणों तक का प्रयोग करने लगे हैं। एक समाचार-पत्र में देखा था—'रैशण्ड गल्ले की दूकानों पर....।' यह प्रवृत्ति परम दूषित और सर्वथा त्याज्य है।

६.१०. भ्रामक कारण-निर्देश

वाक्य-विन्यास में और भी अनेक प्रकार के दोष होते हैं। उनमें से एक दोष है—भ्रामक कारण-निर्देश। यह दोष तब माना जाता है जब कोई बात ऐसे ढंग से कहते हैं कि उसका कारण या फल कुछ-से-कुछ प्रतीत होने लगता है। यह बात प्रायः अँगरेजी ढंग की वाक्य-रचना के कारण होती है। उदाहरण के लिए एक प्रतिष्ठित लेखक का वाक्य है—'राहुल सांकृत्यायन की तिब्बत-यात्रा ने इन संस्कृत ग्रन्थों की संख्या को और भी बढ़ा दिया है।' लेखक महोदय का आशय तो यह है कि राहुल सांकृत्यायन को तिब्बत में बहुत-से नए ग्रन्थ मिले हैं, और इस कारण इस प्रकार के ग्रन्थों की संख्या और भी बढ़ गई है। परन्तु वाक्य-रचना से ऐसा जान पड़ता है कि मानो स्वयं राहुल जी की यात्रा ने ही उन ग्रन्थों की संख्या बढ़ा दी हो ! इसी प्रकार का एक और वाक्य है—'उसने मौर्यों की राजधानी का विशद वर्णन किया है, क्योंकि वह कई वर्षों तक वहाँ रहा था।' मानो मौर्यों की राजधानी में बहुत दिनों तक रहने से ही किसी में उसका वर्णन करने की योग्यता आ जाती हो, अथवा कई वर्षों तक कहीं रहने के कारण ही वहाँ का विशद वर्णन करने के लिए विवश होता हो। इसमें का 'क्योंकि' बहुत ही भ्रामक है। होना चाहिए—'वह बहुत दिनों तक मौर्यों की राजधानी में रहा था; उसने उसका विशद वर्णन किया है।'

इसी से मिलते-जुलते वे वाक्य होते हैं, जिनसे भ्रामक निष्पत्ति होती है; जैसे—

१. आप अपनी पत्नी और दो पुत्रों के अतिरिक्त शोकाकुल परिवार छोड़ गए हैं। (क्या पत्नी और पुत्र शोकाकुल नहीं हैं ?)
२. साहित्य एक नदी की तरह है, जो मैदानों की भाँति देश के प्राणियों के मस्तिष्क का सिंचन (?) करता है। (क्या मैदान प्राणियों के मस्तिष्क का सिंचन करते हैं?)
३. आजाद हिन्द फौज के गिरफ्तार किसी बन्दी को दण्ड दिया गया, तो जनमत को क्षुब्ध करने के सिवा दूसरा लाभ न होगा। (मानो जनमत को क्षुब्ध करना भी लाभ है और पहला लाभ है।)

६.११. अपेक्षक वाक्य

कभी-कभी लोग असावधानी से ऐसे वाक्य लिख जाते हैं, जो यों पूरे मालूम होने पर भी

वस्तुतः अधूरे होते हैं और जिनमें भाव स्पष्ट करने के लिए कुछ और शब्दों की अपेक्षा रहती है। ऐसे वाक्यों को हम अपेक्षक वाक्य कह सकते हैं। जैसे—'जो दरजा हिन्दी में तुलसी का, उर्दू में गालिब का और ग्रीक में होमर का है, वही आपका है।' में अन्तिम वाक्यांश अपेक्षक है। उससे यह स्पष्ट नहीं होता कि 'आपका' वह दरजा कहाँ और किसमें है। 'वह तो मेल-जोल बढ़ाना चाहते हैं, पर आपका मुँह देखने को ज़ी नहीं चाहता।' में यह स्पष्ट नहीं होता कि 'आपका' किसके लिए आया है। इसलिए अन्तिम वाक्यांश का रूप होना चाहिए—'पर आप उनका मुँह नहीं देखना चाहते।' अँगरेजी राज्य की स्थापना के अनन्तर अँगरेजी शब्दों की संख्या दिन-पर-दिन बढ़ती गई है।' भी अधूरा वाक्य है। वास्तव में लेखक का आशय यह है कि जब से हमारे देश में अँगरेजी राज्य स्थापित हुआ है, तब से हमारी भाषा में अँगरेजी शब्दों की संख्या बढ़ रही है। पर वाक्य के अधूरेपन के कारण उससे यह आशय नहीं निकलता। 'मदरास' के सिवा देश की खाद्य-स्थिति सन्तोषजनक है।' का अर्थ तब तक स्पष्ट नहीं हो सकता, जब तक 'देश' के पहले 'बाकी सारे' न हो।

६.१२. वाक्यों में क्रम

कुछ लोग वाक्यों में क्रम का ध्यान नहीं रखते। पहले दो-तीन कर्ता दे दिए और तब क्रम का ध्यान रखे बिना उनके कर्म या क्रियाएँ दे दीं। जैसे—'ऐसे चित्रों में किसी व्यक्ति या घटना के दृश्य या रूप का ही अंकन प्रधान होता है।' 'व्यक्ति' का 'रूप' होता है 'दृश्य' नहीं, और इस प्रसंग में 'घटना' का 'दृश्य' ही होगा, 'रूप' नहीं। अतः होना चाहिए—व्यक्ति या घटना के रूप या दृश्य....।' ऐसा ही एक और वाक्य है—'वहाँ बहुत से पशु और पक्षी उड़ते और चरते हुए दिखाई दिए।' इस वाक्य में यदि 'पशु' पहले हैं तो उसका कर्म 'चरना' भी पहले होना चाहिए, और यदि 'पक्षी' बाद में है तो उसका कर्म 'उड़ना' भी बाद में होना चाहिए। हास्य रस के एक लेख में पढ़ा था—'उनके प्रेम और मेरी यात्रा का सास और दामाद का सम्बन्ध हो गया था।' पर 'प्रेम' और 'यात्रा' के बाद 'दामाद' और 'सास' का क्रम होना चाहिए था। या यदि 'सास और दामाद' ही रखना था, तो फिर उससे पहले 'यात्रा और प्रेम' रखना चाहिए था।

व्याकरण के अनुसार वाक्य तीन प्रकार के होते हैं—साधारण, मिश्र और संयुक्त। ऐसे छोटे वाक्य जिनमें एक ही संज्ञा और एक ही क्रिया हो, और जिनसे एक ही घटना सूचित या एक ही विचार प्रकट होता हो, साधारण वाक्य कहलाते हैं। वाक्य विश्लेषण के प्रसंग में ऐसी संज्ञा को उद्देश्य और ऐसी क्रिया को विधेय कहते हैं। 'मैं वहाँ जाऊँगा।' या 'आप पुस्तक भेज दीजिएगा।' आदि साधारण वाक्य हैं। इनसे एक ही विचार प्रकट होता है; और वह भी ऐसा ही विचार प्रकट होता है, जो दो वाक्यों में प्रकट नहीं किया जा सकता। यदि हम ये विचार दो वाक्यों में प्रकट करना चाहें, तो हमें इनमें कुछ नए विचार भी सम्मिलित करने पड़ेंगे। परन्तु सभी वाक्य इतने छोटे-छोटे और सरल नहीं हो सकते। प्रायः ऐसे बड़े वाक्य भी होते हैं, जिनमें मुख्य विचार तो एक ही होता है, पर उसी से सम्बद्ध कोई गौण विचार भी लगा रहता है। अर्थात् ऐसे वाक्यों में मुख्य वाक्य के साथ कुछ आश्रित उपवाक्य भी रहते हैं। ये 'मिश्र वाक्य' कहलाते हैं। जैसे—'मैं तुम्हें भी वहीं भेज दूँगा, जहाँ वह गया है।' ऐसे वाक्यों के प्रायः दो वाक्य सहज में बन सकते हैं। हम यह कह सकते हैं—'उन्होंने अपने नौकर को इसलिए मारा कि वह उनके कपड़े चुरा ले गया था।' और यह भी कह सकते हैं—'उन्होंने अपने नौकर को मारा। वह उनके कपड़े चुरा ले गया था।'

संयुक्त वाक्य उन्हें कहते हैं, जिनमें कई प्रधान उपवाक्य और उनके साथ कई आश्रित उपवाक्य भी होते हैं। ऐसे वाक्यों में दो या अधिक मुख्य विचार तथा उनके साथ कुछ गौण विचार भी होते हैं। अर्थात् जब हम दो चार वाक्यों में कही जाने योग्य बातें एक साथ रखकर एक ही वाक्य में कहते हैं, तब वह वाक्य 'संयुक्त वाक्य' कहलाता है। जैसे—मैं उन लोगों को ठीक रास्ते पर लाना चाहता था, इसलिए मैं भी वहीं रुककर उनसे बातें करने और उन्हें समझाने-बुझाने लगा। कभी-कभी लोग संयुक्त वाक्य और मिश्र वाक्य एक ही में मिलाकर लिख जाते हैं। जैसे—'वह मिल जाने पर मुफ्त की चीज ले तो लेता था, पर उसके लिए किसी के आगे हाथ नहीं पसारता था।' यदि वाक्य में से 'मिल जाने पर' और 'किसी के आगे' उपवाक्य निकाल दिए जाएँ, तो भी बाकी बचा हुआ 'संयुक्त वाक्य' रह जाएगा।

६.१३. मिश्र वाक्यों के दोष

अपने विवेचन को व्याकरण की जटिलताओं से बचाना आरम्भ से हमारा प्रधान लक्ष्य रहा है। इसलिए यहाँ भी हम व्याकरण सम्बन्धी जटिल परिभाषाओं के फेर में न पड़कर यही बतलाना चाहते हैं कि मिश्र वाक्यों में किस प्रकार और किन कारणों से दोष आते हैं। यदि संक्षेप में कहा जाए तो मिश्र तथा संयुक्त वाक्य प्रायः दो कारणों से दूषित होते हैं। एक तो उनके उपवाक्यों का अपने ठीक स्थान पर न होकर कुछ आगे-पीछे होना। जैसे—

१. इस पुस्तक में साधारण लेखकों से जो गलतियाँ होती हैं, उनका अच्छा विवेचन है। (होना चाहिए—'साधारण लेखकों से जो गलतियाँ होती हैं, उनका इस पुस्तक में अच्छा विवेचन है।')

२. यह चित्र श्री शारदा जी जब नागौद पधारे थे, उस समय का है। (होना चाहिए—'यह चित्र उस समय का है, जब श्री शारदा जी नागौद पधारे थे।')

३. किसी अवसर पर किसी ऐसे काम के लिए स्वतन्त्रता जो और अवसरों पर निषिद्ध हो, प्राप्त होती है। (होना चाहिए—'किसी अवसर पर किसी ऐसे काम के लिए भी स्वतन्त्रता प्राप्त होती है, जिसके लिए और अवसरों पर वह निषिद्ध (या वर्जित) होती है।'

४. इस परिश्रम का बदला अपने कार्य से मनुष्य को जो संतोष होता है, वही है। (होना चाहिए—'अपने कार्य से मनुष्य को जो संतोष होता है, वही उसके लिए परिश्रम का बदला है।')

५. इधर मेरे देखने में बहुत-से ऐसे ग्रन्थ, जो तीसरी से छठी शताब्दी तक लिखे गए थे, और जो अभी तक प्रकाशित नहीं हुए, आए हैं। होना चाहिए—'इधर बहुत-से ऐसे ग्रन्थ मेरे देखने में आए हैं जो.....।')

६. महात्मा जी कार्य-समिति के सदस्यों से पहले यह वादा करा लेने पर ही कि बातचीत का विषय केवल अगस्त प्रस्ताव वापस लेने का होगा, मिलने दिए जाएँगे। (वाक्य शिथिल और दूरान्वयी तो है ही, इस 'ही कि' का प्रयोग बहुत ही भद्दा है।)

दूसरे, जब इस प्रकार के वाक्यों में उद्देश्य से विधेय का कोई पद अथवा उपवाक्य अपने उपयुक्त स्थान से इतनी दूर जा पड़ता है कि उसका सम्बन्ध निश्चित करना या अन्वय करना कठिन हो जाता है; जब वे भद्दे होने के अतिरिक्त प्रायः भ्रामक भी हो जाते हैं। जैसे —

१. अधिकांश धातु की वस्तुएँ साफ करके यथा-स्थान रख दी गई। (क्या इसका 'अर्थ

यह ही होता कि वही वस्तुएँ साफ करके यथा-स्थान रखी गई थीं जो अधिकांश (अधिकतर?) धातु की बनी हुई थीं ? होना चाहिए—'धातु की अधिकतर वस्तुएँ साफ करके....।'

२. एक ऐसे मिस्तरी की आवश्यकता है, जो कपड़ा धोनेवाला और टायलेट साबुन तैयार करनेवाला हो। (साधारणतः इसका अर्थ यही होगा कि ऐसे मिस्तरी की आवश्यकता है, जो कपड़ा धोनेवाला हो, और टायलेट साबुन तैयार कर सकता हो। होना चाहिए—'जो कपड़े धोने का और ....।')

३. निद्रा से उठे हुए ब्रह्मा को मत्स्येन्द्र रूप-धारी दानवों के शत्रु विष्णु ने प्रणाम किया। (इसका तो यही अर्थ होता है कि विष्णु सब दानवों के शत्रु नहीं थे, केवल ऐसे दानवों के शत्रु थे, जिन्होंने मत्स्येन्द्र का रूप धारण कर रखा था। लेखक का वास्तविक आशय यह है कि मत्स्येन्द्र रूप-धारी विष्णु ने, जो दानवों के शत्रु थे, ब्रह्मा को प्रणाम किया।

४. खेद है कि भारत-सरकार तक अपनी पुरानी परम्परा पर चल रही है और तुम उसे तोड़ना चाहते हो। (लेखक का वास्तविक आशय यह है कि पुरानी परम्परा पर चलना ही ठीक है। भारत-सरकार तक उसी परम्परा पर चल रही है; परन्तु खेद है कि तुम वह परम्परा तोड़ना चाहते हो। पर वाक्य की रचना से यह प्रकट होता है कि मानो भारत सरकार के परम्परा पर चलने पर ही खेद प्रकट किया जा रहा हो, और 'तुम उसे तोड़ना चाहते हो' कहकर कुछ समाधान-सा प्रकट किया गया हो। इसके सिवा इस वाक्य में 'परम्परा' के साथ 'पुरानी' विशेषण भी फालतू ही है।)

५. वह शिलालेख उसने अपनी भोजनशाला में खुदवाकर जड़वाया था। (इसका अर्थ तो यही होगा कि शिलालेख उसकी भोजन-शाला में ही खोदा गया था। पर वास्तविक आशय यह है कि वह शिलालेख खोदा चाहे जहाँ गया हो पर लगवाया गया था भोजनशाला में।)

६. दुर्भाग्यवश इस विषय की ओर पण्डितों का जितना ध्यान जाना चाहिए, उतना नहीं गया। (क्या यह विषय ही ऐसा है, जिसकी ओर पण्डितों का ध्यान दुर्भाग्यवश ही जाना चाहिए ? इस वाक्य में 'दुर्भाग्यवश' बहुत ही बे-मौके आया है।)

मिश्र तथा संयुक्त वाक्यों में विभक्तियों और अव्ययों के ठीक स्थान पर न रहने से उनकी जो दुर्दशा होती है, उसके कुछ उदाहरण लीजिए—

१. आप हिन्दू महासभा के अधिवेशन के, जो दिसम्बर में होनेवाला है, उसके सभापति चुने गए हैं। ('उसके' व्यर्थ आया है।)

२. उसी निवास-स्थान—जहाँ पिछले कई वर्षों से आप रहते थे—के बाहर आपका शव रखा गया था। ('निवास-स्थान के बाद' 'के बाहर' होगा।)

३. नारायण मुलजिम, जिसे छः महीने की सजा हुई थी, की अपील मंजूर की गई। ('मुलजिम' के ठीक बाद 'की' होना चाहिए।)

४. यह विधान जलयान, वायुयान आदि जहाँ कहीं हों, के सम्बन्ध में प्रयुक्त होगा। (होना चाहिए—'यह विधान सभी जलयानों, वायुयानों के लिए; चाहें वे कहीं हों प्रयुक्त होगा।')

५. फिर विदेशी शब्दों के उच्चारण, जो अब हिन्दी के ही अंश हैं, पर प्रकाश डालना। ('उच्चारण' के ठीक बाद 'पर' होना चाहिए।)

६. ऐसी अनुपस्थिति चाहे उस सम्पूर्ण अवधि के जब कि, उसे कार्य करना आवश्यक हो, लिए या उसके किसी भाग के लिए हो। (इसमें का पहला 'लिए' वस्तुतः 'अवधि के' ठीक बाद होना चाहिए।)

७. उसकी कुछ समझ में न आया। (होना चाहिए—उसकी समझ में कुछ या कुछ भी न आया।)

६.१४. व्याख्यायक पद और वाक्यांश

वाक्य में किसी शब्द या भाव की व्याख्या के लिए जो व्याख्यायक पद या वाक्यांश आते हैं, वे यदि वाक्य में अपने ठीक स्थान पर हों, तो कुछ अवस्थाओं में वे वाक्य सुन्दर भी होते हैं और जोरदार भी। जैसे—'ऐसे लोगों को समझाने का प्रयत्न करना बिल्कुल व्यर्थ है—वह सदा निष्फल होगा।' पर सभी अवस्थाओं में यदि वाक्य के बीच का कोई पद या वाक्यांश अपने स्थान से हटाकर अन्त में रख दिया जाए, तो वाक्य बहुत ही भद्दे हो जाएँगे। जैसे—'हम और आप दोनों वहाँ चलेंगे, साथ में।' या 'मैं आज-कल एक पुस्तक पढ़ रहा हूँ, अच्छी।' इस प्रकार के भद्दे वाक्यों के कुछ उदाहरण लीजिए—

१. परन्तु अन्यत्र समस्त शब्दों में सन्धि करना या न करना ऐच्छिक है, लिखने में।
२. इतना पण्डितों की सेवा में उपस्थित किया गया, थोड़े में।
३. उसने 'निवेदिता' शीर्षक एक कविता छपाई थी, खड़ी बोली की।

६.१५. प्रत्यक्ष और अप्रत्यक्ष कथन

अब हम एक आवश्यक बात बतलाकर यह प्रकरण समाप्त करेंगे। अँगरेजी व्याकरण में कथन के दो भेद किए गए हैं—प्रत्यक्ष और अप्रत्यक्ष। हम लोगों ने भी यह तत्त्व ग्रहण कर लिया है? यह हमारे लिए बिल्कुल निरर्थक तो नहीं; कुछ अंशों में यह उपयोगी भी है और आवश्यक भी। पर बिना समझे-बूझे इसका प्रयोग नहीं होना चाहिए। एक उदाहरण लीजिए। 'उन्होंने हुक्म दे दिया कि उनके मकान के सामने रोज छिड़काव हुआ करे।' इस वाक्य में 'उनके' बहुत भ्रामक है। वह हुक्म देनेवाले के सिवा किसी और का भी सूचक हो सकता है। प्रत्यक्ष कथन के प्रकार में इसका रूप होगा—'उन्होंने हुक्म दे दिया था हमारे मकान के सामने रोज छिड़काव हुआ करे।' परन्तु यदि इसे अप्रत्यक्ष कथनवाला रूप दिया जाए तो भी हिन्दी की प्रकृति के अनुसार इसमें 'था' और 'हमारे' के बीच में केवल 'कि' आना चाहिए। 'छोटी रियासतों के नरेशों का कहना है कि बड़ी रियासतों के नरेशों और उनके मंत्रियों के षड्यन्त्रपूर्ण आचरण से उनकी आवाज का नरेन्द्र-मण्डल में कोई मूल्य नहीं है' में 'उनकी' वास्तव में आया तो है छोटी रियासतों के नरेशों के लिए; पर उससे यह भी भ्रम हो सकता है कि वह बड़ी रियासतों के नरेशों और उनके मन्त्रियों के लिए आया है। इसलिए 'उनकी' की जगह 'हमारी' होना चाहिए। 'इन्स्पेक्टर साहब कहते हैं कि शिक्षकों ने जो उन्नति की है उससे वे सन्तुष्ट हैं।' में का 'वे' किनके लिए है ? इन्स्पेक्टर साहब के लिए? या स्वयं शिक्षकों के लिए ? है वह वस्तुतः इन्स्पेक्टर साहब के लिए, अतः 'वे' की जगह 'हम' होना चाहिए, नहीं तो इस अवस्था में 'वे' शिक्षकों का ही सूचक होगा। और यदि 'वे' शिक्षकों के लिए आया हो तो उसकी जगह 'वे लोग' होना चाहिए। एक समाचार-पत्र में देखा था—'पास ही कुछ सिपाही खड़े थे। श्री चर्चिल ने थोड़ी देर बाद देखा कि उनके सिर के ऊपर से

गोलियाँ जा रही हैं।' इस वाक्य में 'उनके' बहुत भ्रामक है। आया तो वह वस्तुतः चर्चिल के लिए है, पर वाक्य की रचना से यह भ्रम होता है कि गोलियाँ सिपाहियों के सिर के ऊपर से जा रही थीं। इसी प्रकार—'हिन्दुओं को चाहिए कि वे अपने बच्चों को बताएँ कि भारत उनका है।' ठीक नहीं है। इसमें 'उनका' की जगह 'तुम्हारा' या अधिक-से-अधिक 'हमारा' होना चाहिए। 'चाहे वे यह न जानते हों कि उन्होंने भूगोल सीखा है।' में 'उन्होंने' की जगह 'हमने' होना चाहिए। उक्त उदाहरणों में 'उनका', 'उनके' और 'उन्होंने' का प्रयोग केवल अँगरेजी के अप्रत्यक्ष कथनवाले प्रकार का अन्धानुकरण करने के कारण हुआ है।

एक बात और है। अँगरेजी व्याकरण का नियम है कि प्रत्येक कथन में वक्ता और दूसरे के उद्‌धृत कथन के बीच में बेड़ी पाई दे देते हैं और उद्‌धृत वाक्य उद्धरण-सूचक चिह्नों में रखते हैं। परन्तु अप्रत्यक्ष कथन में वाक्य का वही रूप रखा जाता है, जो ऊपरी अनुच्छेद में दिखाया गया है। हमारे यहाँ प्रायः लोग दोनों प्रकार एक में मिला देते हैं। अर्थात् वे कहीं तो अप्रत्यक्ष कथन-प्रकार में भी प्रत्यक्ष कथन-प्रकार का रूप ले आते हैं और कहीं अप्रत्यक्ष कथन-प्रकार भी प्रत्यक्ष कथन के रूप में रखते हैं। ऐसा नहीं होना चाहिए। हमें उनके अन्तर और तत्सम्बन्धी रूपों के नियमों का ठीक तरह पालन करना चाहिए। हमें यह भी ध्यान रखना चाहिए कि हमारी भाषा की प्रकृति अँगरेजी की प्रकृति से बहुत भिन्न है, और हमारे कथन-प्रकार के नियम अँगरेजी के कथन-प्रकार के नियमों से अलग हैं। हमें पहले दोनों के नियम अच्छी तरह समझ लेने चाहिए; और तब अपनी भाषा की प्रकृति का ध्यान रखते हुए ठीक रचना करनी चाहिए।

७. संज्ञाएँ और सर्वनाम

संज्ञाओं के ठीक अर्थ—प्रसंग के अनुसार संज्ञाएँ—समान जान पड़नेवाले शब्दों के सूक्ष्म अन्तर—अनुपयुक्त शब्दों का प्रयोग—शुद्ध और संकर समस्त पद—संज्ञाओं के अशुद्ध रूप—सर्वनामों के ठीक प्रयोग—सर्वनाम का स्थान—सर्वनाम और वचन।

७.१. संज्ञाओं के ठीक अर्थ

भाषा शब्दों से ही बनती है, इसलिए उसमें शब्दों का महत्त्व सबसे अधिक होता है। शब्दों में संज्ञाओं का प्रमुख स्थान है, अतः पहले हम उन्हीं पर विचार करना चाहते हैं। यों तो कोश में एक-एक संज्ञा के कई-कई पर्याय मिलते हैं, परन्तु यदि आप ध्यान से देखेंगे तो आपको मालूम होगा कि जो शब्द पर्यायवाची या समानार्थी माने जाते हैं, उनमें भी प्रायः भाव की दृष्टि से कुछ-न-कुछ अन्तर होता ही है। कुछ अवस्थाओं में आवश्यकता के अनुसार उनमें कुछ निश्चित अन्तर मान भी लिया जाता है। शब्दों के अर्थों और भावों में इसी प्रकार के अन्तरों के कारण भाषा में भाव व्यक्त करने की शक्ति बढ़ती है, और वह अधिक व्यंजक तथा व्यापक होती है। उदाहरण के लिए सीधा-सादा 'मन' शब्द लीजिए। 'हिन्दी शब्दसागर' में इसके दो पर्याय दिए गए हैं—अन्तःकरण और चित्त। परन्तु यदि विचारपूर्वक देखा जाए तो मन, चित्त और अन्तःकरण तीनों का सब जगह और समान रूप से प्रयोग नहीं हो सकता। हम यह तो कहेंगे—'उन्होंने हमसे मन मोटा कर लिया।' पर यह न कहेंगे—'उन्होंने हमसे चित्त या अन्तःकरण मोटा कर लिया।' हम यह तो कहेंगे—'हम सब बातों में अपने अन्तःकरण की आज्ञा मानते हैं।' पर यह न कहेंगे—'हम सब बातों में अपने चित्त की आज्ञा मानते हैं।' हम यह तो कहेंगे—'हमारा चित्त ठिकाने नहीं।' पर यह न कहेंगे—हमारा अन्तःकरण ठिकाने नहीं'। इसी प्रकार हम यह तो कह सकते हैं—'उनकी स्त्री (या पत्नी) भी उनके साथ आई है।' पर यह नहीं कह सकते हैं—'उनकी महिला (या अबला) भी उनके साथ आई है !' 'आपने उन्हें यहाँ बुलाकर अशुद्धि की।' नहीं कहा जा सकता; 'भूल की' ही कहा जाएगा। साधारणतः क्रिया, कृत्य और काम एक-दूसरे के पर्याय ही माने जाते हैं। पर इन सब में कुछ सूक्ष्म अन्तर अवश्य हैं।

एक समाचार-पत्र में पढ़ा था—'स्त्रियों ने अपना नारीत्व त्याग दिया।' पर वह प्रसंग ऐसा था, जिसमें स्त्रियों के एक वीरतापूर्ण कृत्य का उल्लेख था, अतः 'नारीत्व' की जगह 'अबलत्व' होना चाहिए था। इन दोनों शब्दों के अलग-अलग अर्थ और अलग-अलग भाव हैं। ये तो हिन्दी और संस्कृत के ही शब्द हैं। अब यदि हम इनके साथ इनके अरबी, फारसी आदि के पर्याय भी लें, जो हमारी भाषा में आकर मिल गए हैं, तो उनके भावों और प्रयोगों में और भी अधिक अन्तर दिखाई देगा।

आगे बढ़ने से पहले हम यह बतला देना आवश्यक समझते हैं कि आज-कल हमारे यहाँ कुछ संज्ञाएँ, दूसरी भाषाओं के प्रभाव से, विलक्षण अर्थों और रूपों में प्रचलित हो गई हैं।

'अभिभावक' और 'अभ्यर्थना' आज-कल हिन्दी में जिन अर्थों में प्रचलित हैं, वे उन शब्दों के मूल संस्कृत अर्थों से बिल्कुल भिन्न और स्वतन्त्र हैं तथा प्राणपण, चूड़ान्त, गल्प आदि शब्द बंगला भाषा की कृपा से हमारी भाषा में आकर चलने लगे हैं। 'प्रतिशब्द' वस्तुतः 'प्रतिध्वनि' का पर्याय है, पर बहुत से हिन्दी लेखकों ने इसे स्वयं 'पर्याय' का पर्याय मान रखा है। वे प्रायः लिखते और बोलते हैं—हमारे यहाँ अमुक शब्द के लिए कोई प्रतिशब्द नहीं।' 'महत्त्वाकांक्षा' एक ऐसा परम प्रचलित शब्द है, जिसका न रूप ठीक है, न अर्थ। 'महत्त्वाकांक्षा' का यदि अर्थ हो सकता है, तो वह है महत्त्व प्राप्त करने की आकांक्षा। पर वह प्रचलित है 'बहुत बड़ी या ऊँची आकांक्षा' के अर्थ में। यदि हम महती या उच्च आकांक्षा के अर्थ में उसका उपयोग करना चाहते हों तो उसका रूप होना चाहिए—'उच्चाकांक्षा'। अधिक सतर्क लेखक 'उच्चाकांक्षा' ही लिखते हैं, 'महत्त्वाकांक्षा' नहीं लिखते। इसी प्रकार का एक परम प्रचलित शब्द 'साहित्यिक' है, जो है तो विशेषण ही, पर जिसका व्यवहार लोग संज्ञा के रूप में और 'साहित्य-सेवी' के अर्थ में करते हैं। वस्तुतः होना चाहिए—साहित्यकार अथवा साहित्यज्ञ। प्रायः लोग 'इतिहासज्ञ' के अर्थ में 'ऐतिहासिक' का भी प्रयोग कर जाते हैं, जैसे—'कुछ ऐतिहासिक यह भी कहते हैं।' ऐसे अवसरों पर यदि 'इतिहासज्ञ' का प्रयोग हो तो अच्छा रहे।

एक बात और है। कुछ वस्तुओं और कार्यों के लिए कुछ विशिष्ट प्रकार के शब्द नियत हैं, और प्रायः उनका पारस्परिक नित्य-सम्बन्ध होता है, जैसे-गृह का निर्माण, ग्रन्थ की रचना, चित्र का अंकन या लेखन, केशों का विन्यास, न्याय की व्यवस्था, कार्य का संपादन, विषय का प्रतिपादन या विवेचन, समस्या का निराकरण या मीमांसा, शंका का समाधान आदि। इसी प्रकार पशु-पक्षियों की बोलियों के सम्बन्ध में भी कुछ शब्द नियत हैं; जैसे—चिड़िया की चहक, हाथी की चिंग्घाड़, शेर की दहाड़, साँप की फुफकार, कुत्ते की भूँक आदि। इस प्रकार के प्रयोगों के समय भी बहुत सचेत रहना चाहिए। अच्छे लेखक लिखते समय शब्दों का चुनाव इसी दृष्टि और विचार से करते हैं।

सभी लोग जानते हैं कि हमारी लिपि का नाम 'नागरी' और भाषा का नाम 'हिन्दी' है, फिर भी लोग असावधानी के कारण लिख ही जाते हैं—'महाकवि कालिदास के नाटकों का नागरी भाषा में अनुवाद।' एक बार हिन्दी के किसी व्याकरण में देखा था—'संज्ञा की प्रशंसा करनेवाले शब्द विशेषण कहलाते हैं।' कैसी प्रशंसनीय व्याख्या है! यहाँ 'प्रशंसा करनेवाले' की जगह 'विशेषता बतलानेवाले' होना चाहिए था। 'जनसंख्या का परिवर्तन होना चहिए' में जन-संख्या' का क्या अर्थ है? वही न जो 'आबादी' का अर्थ है? यहाँ इसकी जगह 'जनता' या 'निवासियों' होना चाहिए। 'इस प्रान्त की पुलिस में अभी आबादी का अनुपात न होगा।' का अधिक शुद्ध और सुन्दर रूप होगा—'इस प्रान्त की पुलिस में अभी जनसंख्या के अनुपात में प्रतिनिधित्व न हो सकेगा।'

'प्रदान' शब्द का क्या अर्थ है? साधारणतः देने की क्रिया या दान-ही इसका अर्थ है। परन्तु दान में प्र' उपसर्ग लगा होने के कारण इस अर्थ के साथ इसमें एक भाव भी आता है। हम यह तो कहेंगे कि अमुक राजा ने पंडित जी को एक गाँव प्रदान किया, पर यह नहीं कहेंगे कि एक भिखारी ने राजा को आशीर्वाद प्रदान किया। क्यों ? इसलिए कि प्रदान शब्द का प्रयोग हमारी भाषा में प्रायः उसी दान के लिए होता है, जो बड़ों की ओर से छोटों को हो। छोटों की ओर से तो बड़ों को अर्पण या भेंट होती है। देश में प्रायः नित्य कहीं-न-कहीं बड़े-बड़े आदरणीय मान्य व्यक्तियों को अभिनन्दन पत्र और मान-पत्र अर्पित किये जाते हैं।

परन्तु अधिकतर समाचार-पत्रों में उनके उल्लेख प्रायः इसी रूप में होते हैं—'आज वहाँ अमुक सज्जन को अभिनन्दन-पत्र प्रदान किया गया।' 'कल वहाँ अमुक पण्डित जी को मान-पत्र प्रदान किया जाएगा।' आदि। हमने अनेक अवसरों पर भरी सभाओं में लोगों को उस समय भी 'प्रदान' शब्द का प्रयोग करते देखा है, जिस समय मान-पत्र बहुत आदरपूर्वक झुककर अर्पित किया जाता है! ऐसे लोग यह नहीं सोचते कि अर्पण और प्रदान के भावों में क्या अन्तर है, और इसीलिए वे अभिनन्दन-पत्रों और मान-पत्रों को पुरस्कारों और बख्शीशों के वर्ग में ला रखते हैं। यदि वास्तविक दृष्टि से देखा जाए तो अभिनन्दन-पत्र और मान-पत्र के साथ 'प्रदान' शब्द का प्रयोग करके हम उन मान्य व्यक्तियों का अपमान करते हैं। यह कहना भी ठीक नहीं—'उन्होंने हिन्दी साहित्य को ऐसी सुन्दर भेंट प्रदान की है।' क्योंकि 'भेंट' और 'प्रदान' दोनों परस्पर विरोधी भावों के सूचक हैं। बराबरवालों के लिए भी 'प्रदान' का प्रयोग नहीं होना चाहिए। यह कहना ठीक नहीं—'सेना का एक अंग दूसरे को सहायता प्रदान कर रहा था।' पर सबसे बढ़कर वे लोग हैं जो स्वयं अपने सम्बन्ध में भी 'प्रदान' शब्द का उसी प्रकार प्रयोग करते हैं, जिस प्रकार कभी कभी अशिक्षित और असंस्कृत लोग कह जाते हैं—'हमें जो कुछ फरमाना था, वह हमने फरमा दिया।' एक अवसर पर ऐसे ही एक सज्जन ने लिखा था—'मेरे लिए यह सम्भव नहीं कि मैं संघ के कार्यों में सहयोग प्रदान कर सकूँ।' ऐसी बातें अभिमान की सूचक और हास्यास्पद जान पड़ती हैं।

कोई किसी सभा या संस्था की नियमावली बनाता है, तो लिखता है—'मैंने इसका निर्माण किया।' कोई लिखता है—'मेरे हृदय में काव्य-स्फूर्ति का निर्माण हुआ।' कोई लिखता है—'उन्होंने बीसियों लेखकों का निर्माण किया।' और कोई पंचांग बनाता है, तो उसमें अपने नाम के आगे 'निर्माता' लिखता है। परन्तु उक्त प्रसंगों में निर्माण और निर्माता का प्रयोग ठीक नहीं। 'इस विषय की पूर्ति का प्रयत्न होना चाहिए।' में 'पूर्ति' विचारणीय है। पूर्ति तो किसी माँग या अभाव की होती है, या फिर काव्य-क्षेत्र में समस्याओं की। पर 'विषय' की नहीं। 'कांग्रेस की तुलना में मुसलिम लीग नहीं ठहर सकती।' में या तो 'तुलना' की जगह 'मुकाबले' होना चाहिए, या 'नहीं ठहर सकती' की जगह 'कोई चीज नहीं' सरीखा कोई पद होना चाहिए। 'उन्हें लज्जा का अनुभव करना पड़ा।' में 'अनुभव' की जगह 'बोध' और 'करना पड़ा' की जगह 'हुआ' होना चाहिए। 'अनुभव' तो उस ज्ञान को कहते हैं, जो साक्षात् या प्रत्यक्ष प्रयोग आदि के द्वारा होता है। मन में उत्पन्न होनेवाले भावों आदि का तो 'बोध' या 'उद्रेक' ही होता है। साधारणतः होता यही है कि हम कोई शब्द सुनते या पढ़ते हैं किसी और प्रसंग में, और उसका प्रयोग कर जाते हैं किसी और प्रसंग में। इसी असावधानी का यह परिणाम है कि पंजाब के विद्यार्थियों में 'निबन्ध' के लिए 'प्रस्ताव' शब्द खूब प्रचलित हो गया है। और अब तो वहाँ के कुछ विद्यार्थी परीक्षा के प्रश्न-पत्रों के अलग अलग प्रश्नों को भी 'प्रस्ताव' कहने लगे हैं। जैसे—'पहले प्रस्ताव का उत्तर', 'चौथे प्रस्ताव का उत्तर' आदि। ऐसा नहीं होना चाहिए।

कोई लिखता है—'सरकार आपकी यह उक्ति मानने को तैयार नहीं है।' और कोई लिखता है—'सरकार आपको मुक्ति देने का विचार कर रही है।' कोई लिखता है—'वहाँ शेक्सपियर के नाट्य-शब्दों का प्रयोग होता है।' (अभिनय होना चाहिए।) कोई लिखता है—'इन यन्त्र की उत्पत्ति दो सौ वर्ष पूर्व हुई थी।' और कोई लिखता है—'भगवान् बुद्ध के सन्देशों से प्रभावित होकर बहुत-से लोग उदासी बन गए थे।

न हम 'उक्ति' का ठीक आशय समझते हैं, न 'मुक्ति' का। न 'प्रयोग' का ठीक प्रयोग

जानते हैं, न 'उत्पत्ति' का। आज-कल चारों ओर 'सन्देशों' की ही भरमार है, इसीलिए हम भगवान् बुद्ध के 'उपदेश' तो भूल जाते हैं, और हमारे दिमाग में चक्कर खानेवाले 'सन्देश' बरबस हमारी कलम से निकल पड़ते हैं। हम यह भी नहीं सोचते कि बुद्ध के अनुयायी त्यागियों को क्या कहते थे; और 'उदासी' आज-कल किस सम्प्रदाय के साधु कहलाते हैं। हम प्रायः अर्थ का विचार किए बिना ही शब्दों का प्रयोग करने के अभ्यस्त-से हो गए हैं।

७.२. प्रसंग के अनुसार संज्ञाएँ

कोई विषय अच्छी तरह समझे या जाने बिना जो कुछ लिखा जाएगा, वह अवश्य बेढंगा और भद्दा होगा। 'अत्यन्त सबल राग में उसने सितार को बजाया।' और 'तार को खींचकर वह उसमें मीड़ देती थी।' सरीखे वाक्य यही सिद्ध करते हैं कि लेखक को संगीत का कुछ भी ज्ञान नहीं। 'राग' और 'मीड़' उसके लिए सिर्फ सुने-सुनाए शब्द हैं और बिना समझे-बूझे बिल्कुल बेढंगेपन से वाक्यों में रख दिए गए हैं।

बहुत दिन हुए, स्व० द्विजेन्द्रलाल राय के किसी नाटक के हिन्दी अनुवाद में एक वाक्य पढ़ा था। वह वाक्य एक वेश्या के मुँह से उस्ताद के प्रति कहलाया गया था और इस प्रकार था—'उस्ताद, मैं इस गाने की कसरत कर रही थी।' 'गाने की' और 'कसरत'। लेखक महोदय यही नहीं जानते थे कि गाने के साथ पारिभाषिक शब्द 'रियाज' आता है। उनके सामने स्कूली लड़कों की कसरत आ गई और उसी से उन्होंने काम चलता किया। एक पुस्तक में पढ़ा था 'वह गीत की दो-चार लड़ियाँ गाती....।' पर गीत की 'लड़ियाँ' नहीं 'कड़ियाँ' होती हैं। एक और पुस्तक में पढ़ा था—'सितार एक ओर सहारा लिए लिहाफ में बन्द लेटा है।' पर सितार का 'लिहाफ' नहीं 'गिलाफ' होता है। और फिर 'लिहाफ' ओढ़ा जाता है, उसमें 'बन्द' हुआ या 'लेटा' नहीं जाता। एक समाचार-पत्र में पढ़ा था—'सर्राफों की दूकानों पर अशरफियों की मंडियाँ लगी रहती थीं।' 'ढेर' के अर्थ में 'मंडियों' का यह प्रयोग कितना विलक्षण है।

सन् १९६४ के अन्त में दिल्ली में श्री सुभाषचन्द्र बोस के सम्बन्ध में जो चित्र प्रदर्शनी हुई थी, उसका विवरण देते समय रेडियो पर कहा गया था—'सारे चित्र ऐसे तिकड़म से सजाए गए हैं कि....।' परन्तु तिकड़म शब्द विशुद्ध कौशल या दक्षता का वाचक नहीं, उसमें तो चालाकी और धूर्तता का भाव प्रधान है।

अर्थ का ध्यान रखे बिना लिखे हुए कुछ और वाक्य लीजिए—

१. उसने जालसाजी से चोरी की।
२. अगर मैं गलती करूँ तो आप मुझे दुरुस्त कर दें। (पर किसी को 'दुरुस्त करना' बोल-चाल में कुछ और ही अर्थ रखता है।)
३. यह पक्षी जुलाई में हिमालय को लाँघना शुरू कर देता है। (पार करना शुरू कर देता है।)
४. हमारी वर्तमान विपत्तियाँ टिकाऊ नहीं। ('टिकाऊ' की जगह 'स्थायी' चाहिए।)
५. विद्वानों से मिलने की उन्हें कोई बेचैनी नहीं थी।
६. वे ऊपर दी गई संज्ञाओं का चीड़-फाड़ करके यह बतलाएँगे....।
७. लगातार तीन बैठकों में उपस्थित न होनवाले सज्ज्नों का नाम रिक्त समझा जाएगा। ('रिक्त, तो स्थान होता है, नाम नहीं।)
८. आपकी मृत्यु अत्यन्त क्षोभजनक है।

९. गन्ने की रसहीन कतवार (अर्थात् खोई?) से कागज बनाया जाएगा।
१०. सरकार की ओर से सीमेंट बनाने के सम्बन्ध में एक कारखाना खुलने वाला है।

७.३. समान जान पड़नेवाले शब्दों में सूक्ष्म अन्तर

प्रायः लोग लिखते समय शब्दों के अर्थों का कुछ भी ध्यान नहीं रखते। खेद, दुःख और शोक के भेद समझनेवाले और वे भेद समझकर अवसर के अनुसार उपयुक्त शब्द का प्रयोग करनेवाले कितने लेखक हैं? शायद बहुत थोड़े। कोई अपने पत्र का उत्तर न पाकर ही शोक प्रकट करने लगता है; और कहीं अधिकारियों द्वारा लगाए गये प्रतिबन्ध पर शोक प्रकट किया जाता है! कोई किसी के भाई के मरने पर भी केवल खेद प्रकट करके रह जाता है, और किसी से भेंट न कर सकने के कारण ही दुःखी होने लगता है । और सबसे बढ़कर एक पुस्तक में किसी को निमंत्रण न भेज सकने के कारण क्षमा-सी माँगने के प्रसंग में पढ़ा था—'मुझे दुःख है कि उस समय मैं आपको कष्ट न दे सका ।' 'कष्ट' न दे सकने पर भी दुःख-प्रकाश !

अँगरेजी की देखा-देखी आज-कल हिन्दी में 'प्रश्न' का भी खूब प्रयोग होने लगा है; जैसे—'गजी के उन थानों में कबीर की रोटी का प्रश्न था।' यह प्रश्न उस समय और भी बेढब हो जाता है, जब इसके साथ 'को लेकर' लग जाता है। जैसे—'ये भारत के प्रश्न को लेकर चुनाव के लिए खड़े हुए हैं।' 'दक्षिण अफ्रीका में भारतीयों के प्रश्न को लेकर हलचल है।' आदि। स्वयं 'प्रश्न' का प्रयोग बहुत समझ-बूझकर होना चाहिए, और यह 'को लेकर' तो बिलकुल छोड़ दिया जाना चाहिए।

इधर कुछ दिनों से एक नया शब्द चला है—'मँहगाई; जिसका अर्थ है—मँहगी के फलस्वरूप मिलनेवाली वृत्ति या भत्ता। कुछ लोग भूल से 'मँहगाई' का प्रयोग मँहगी के अर्थ में कर जाते हैं। पर 'मँहगी' का अर्थ है 'मँहगा' होने का भाव या अवस्था अर्थात् मँहगापन। दोनों शब्दों के अलग-अलग अर्थ और भाव हैं। 'मँहगाई' तो 'मँहगी' के कारण मिलनेवाला भत्ता है। पर इस प्रकार के अन्तर न समझने के कारण कुछ लोग इनके अशुद्ध प्रयोग कर जाते हैं। एक समाचार-पत्र में छपा था—'काँग्रेस ने भारत की अच्छाई के अनेक कार्य किए हैं।' पर 'अच्छाई' का अर्थ है केवल अच्छापन या उत्तमता, अतः यहाँ इसकी जगह 'भलाई' होना चाहिए, जिसका अर्थ है—उपकार या लाभ।

'लक्षण' और 'चिह्न' में भी कुछ अन्तर है। सामुद्रिक शास्त्र में प्रयुक्त होनेवाले 'लक्षण' को छोड़कर शेष अधिकतर 'लक्षण' अमूर्त या अदृश्य होते हैं, और 'चिह्न' अधिकतर मूर्त या दृश्य होते हैं। पर लोग इस बात का ध्यान न रखकर एक ही अर्थ में दोनों प्रयोग कर जाते हैं। कभी-कभी लोग 'बैठक' और 'अधिवेशन' के प्रयोग में गड़बड़ा जाते हैं। वस्तुतः किसी बड़ी सभा का 'अधिवेशन' कई दिनों तक होता है, और नित्य उसकी एक या अधिक 'बैठकें' होती हैं। इसी प्रकार की गड़बड़ी प्रायः 'लक्ष' और 'लक्ष्य' के प्रयोग में भी देखने में आती है। यों साधारणतः 'संकलन' भी वही चीज है, जो 'संग्रह' है, फिर भी दोनों के भावों में कुछ सूक्ष्म अन्तर है। 'संग्रह' बहुत कुछ यों ही अथवा किसी विशेष विचार के बिना होता है, पर 'संकलन' प्रायः कुछ सोच-समझकर और चुन-छाँटकर किया जाता है। यों 'ठंड' और 'ठंडक' में कोई विशेष अन्तर नहीं जान पड़ता। पर यदि ध्यानपूर्वक देखा जाए तो ठंडक में का 'क' प्रत्यक्ष अल्पार्थक है, और इसीलिए 'ठंड' से 'ठंडक' हलकी होती है। 'ठंड' तो हमें अखरती है; क्योंकि हम कहते हैं—'यहाँ मैदान में ठंड पड़ने लगी; चलो—घर चलें।'

परन्तु 'ठंडक' सदा प्रिय और वांछनीय होती है; क्योंकि हम कहते हैं—'एक ही दिन पानी बरसने से बहुत कुछ ठंडक बढ़ गई।' या—'इस दवा को लगाते ही जलन कम हो जाएगी और ठंडक बढ़ जाएगी।'

बहुत-से लोग 'कारण' और 'हेतु' में कोई अन्तर नहीं समझते। यह ठीक है कि 'हेतु' का अर्थ 'कारण' भी होता है, पर उसका वह अर्थ गौण है। 'हेतु' का मुख्य अर्थ है—'वह उद्देश्य जिससे कोई कार्य किया जाए।' कोई कार्य करने का उद्देश्य या अभिप्राय ही मुख्यतः 'हेतु' कहलाता है। एक समाचार-पत्र में एक जज की सम्मति इस रूप में छपी थी—'हर तीसरा विचाराधीन मामला या तो गुजारे की नालिश का होता है और (?) या उसका हेतु प्रायः पति-पत्नी का विग्रह होता है।' यहाँ 'हेतु' शब्द कारण के अर्थ से प्रयुक्त हुआ है, जो ठीक नहीं। इस वाक्य की रचना से यह आशय निकलता है कि हर तीसरे मामले का उद्देश्य ही यह होता है कि पति और पत्नी में विग्रह हो। अर्थात् दोनों में लड़ाई कराने के लिए ही कोई मामला खड़ा किया जाता है। पर वास्तव में बात ऐसी नहीं है। पति-पत्नी में विग्रह पहले होता है और तब उस विग्रह के फलस्वरूप अदालत में मामला जाता है। अतः उक्त वाक्य में 'हेतु' के स्थान पर 'कारण' ही होना चाहिए। 'कारण' और 'हेतु' के अर्थों का अन्तर स्पष्ट करने के लिए हम यहाँ एक उदाहरण देते हैं। हम कह सकते हैं—'मैंने आपको वह पत्र जो उस रूप में लिखा था, उसका कारण यह था कि आपके व्यवहार से मुझे दुःख हुआ था।' और 'वह पत्र उस रूप में मिलने का हेतु यह था कि आपकी आँखें खुलें और आप ठीक रास्ते पर आएँ।' इन वाक्यों में 'कारण' और 'हेतु' के ठीक प्रयोग, इन शब्दों के अन्तर स्पष्ट करने के लिए यथेष्ट हैं।

कुछ लोग 'संसार' या 'जगत्' और 'विश्व' को एक समझकर लिखते हैं—

१. वर्तमान महासमर विश्व की सर्व-प्रमुख समस्या है।
२. विश्व के प्रथम कोटि के विचारक यहाँ तक कहने लगे हैं कि....।
३. यह आवश्यक है कि वे विश्व के सम्मुख भारत के मामले में अपनी सफाई पेश करें।
४. इस षड्यन्त्र की निन्दा करने में हमें विश्व में सबसे आगे रहे हैं।

यह ठीक है कि विश्व का एक अर्थ 'जगत्' या 'संसार' भी है, पर वह गौण है। उसका मुख्य अर्थ 'सब भुवनों का समूह' या 'ब्रह्माण्ड' ही है, अतः उक्त उदाहरणों में 'जगत्' या 'संसार' का ही प्रयोग होना चाहिए था। हाँ, यह कहना अवश्य ठीक है—'विश्व में न जाने कितने सूर्य-चन्द्रमा और कितने ग्रह-नक्षत्र हैं।'

हिन्दी में 'आयु' और 'अवस्था' के आर्थी अन्तर पर भी बहुत कम ध्यान दिया जाता है। प्रायः किसी का परिचय देते समय लोग कहते हैं—'इस समय आपकी आयु ४० वर्ष की है।' बालकों के एक मासिक-पत्र में एक बार एक बालक की कविता छपी थी। उसी के साथ उसका चित्र और नाम भी छपा था। नाम के नीचे कोष्ठक में लिखा था—आयु १२ वर्ष। वैद्यों से आशा की जाती है कि वे 'आयु' और 'अवस्था' का ठीक-ठीक भेद समझते होंगे। परन्तु प्रायः औषधियों के पुरजियों तक पर नाम और जाति के साथ एक खाना होता है, जिस पर लिखा रहता है—आयु। वास्तव में 'आयु' समस्त जीवन-काल को कहते हैं। जन्म से मरण तक का सारा समय 'आयु' है। 'अवस्था' इससे अलग चीज है। आज जिसकी अवस्था बीस वर्ष की है, पाँच वर्ष बाद उसकी अवस्था पच्चीस वर्ष की हो जाएगी। और यदि पच्चीस वर्ष की अवस्था में किसी की मृत्यु हो जाय तो हम कहेंगे—'उसने पच्चीस वर्ष

की आयु पाई थी।' अतः ऊपर के उदाहरणों में सब जगह 'आयु' के स्थान पर 'अवस्था', 'वय', या 'उमर' होना चाहिए।[१] इस सम्बन्ध में ध्यान रखने की एक और बात यह है कि 'आयु' और 'अवस्था' का यह अन्तर जीवधारियों के सम्बन्ध में ही होता है, और निर्जीव पदार्थों के सम्बन्ध में सदा 'आयु' का ही प्रयोग होता है। उदाहरणार्थ यदि किसी मकान को बने या किसी वृक्ष को उगे बीस वर्ष हुए हों तो लोग यही कहेंगे कि इस मकान (अथवा वृक्ष) की आयु अभी बीस वर्ष की हुई है। ऐसे अवसरों पर 'अवस्था' का प्रयोग ठीक न होगा।

इस विषय का विशेष विस्तार न करके यहाँ हम कुछ ऐसे शब्द-युग्म देंते हैं, जिनके प्रयोग में लोग प्रायः भूल करते हैं। थोड़ा विचार करने से पता चल जाएगा कि इन युग्मों में का एक शब्द दूसरे का समानक नहीं, बल्कि उससे कुछ भिन्न भाव सूचित करनेवाला है। और जब तक हम ऐसे सैकड़ों, हजारों शब्द-युग्मों का सूक्ष्म अन्तर न जाने, तब तक हमारा भाषा-ज्ञान अधूरा रहेगा।[२]

उदाहरण	दृष्टान्त	प्रयोग	व्यवहार
कविता	काव्य	स्वतन्त्रता	स्वाधीनता
उपहार	भेंट	शंका	सन्देह
अवस्था	दशा	क्रोध	रोष
उपकरण	साधन	अनुग्रह	कृपा
अधिकारी	भागी	त्रुटि	दोष
आदर	सम्मान	ठोकर	धक्का
आसरा	भरोसा	विचार	धारणा
काल	समय	वैर	शत्रुता
कष्ट	दुःख	नमूना	बानगी

१. हमारे एक मान्य मित्र का कहना है कि संस्कृत में भी कुछ स्थानों पर 'आयु' शब्द 'वय' के अर्थ में व्यवहृत हुआ है। प्रमाणस्वरूप उन्होंने दो श्लोक भी सुनाए थे, जिनमें से एक में आयु शब्द पूर्ण जीवन-काल के लिए और दूसरे में वय, अवस्था या उमर के लिए प्रयुक्त हुआ था। पर हमें संस्कृत कोशों में इसका एक ही अर्थ—'समस्त जीवन-काल' मिला है। सम्भव है, किसी संस्कृत कवि ने वय या अवस्था के अर्थ में भी उसका प्रयोग किया हो और यदि हम यह मान लें कि आयु के दोनों अर्थ होते हैं, तो भी 'आयु' का व्यवहार समस्त जीवन-काल के लिए ही अधिक प्रशस्त जान पड़ता है। आखिर दोनों भाव प्रकट करने के लिए हमें अलग-अलग शब्दों की भी आवश्यकता है ही।

२. लेखक बहुत दिनों से एक ऐसे शब्द-कोश की आवश्यकता का अनुभव कर रहा था, जिनमें प्रायः सभी मुख्य-मुख्य शब्दों के ठीक प्रयोग और मिलते-जुलते शब्दों से उनका अन्तर तथा पारस्परिक पार्थक्य बतलाया जाए। नवम्बर १९५५ में यह ग्रन्थ 'शब्द-साधना' के नाम से (इसी साहित्य-रत्न-माला कार्यालय से) प्रकाशित हो गया है, जिसमें १४०० हिन्दी शब्दों के अर्थों और अर्थ-भेदों का सूक्ष्म विवेचन है। पर अभी इस प्रकार का बहुत काम होने को है।

घुड़की	झिड़की	किराया	भाड़ा
अनुराग	प्रेम	बुद्धि	समझ
अड़चन	बाधा	तुलना	मिलान
प्रतिमा	मूर्ति	पदार्थ	वस्तु
चिन्तन	मनन	कल्पना	सूझ
बल	शक्ति	चेष्टा	प्रयत्न
सभ्यता	संस्कृति	अध्यक्ष	सभापति
साधारण	सामान्य	तालिका	सूची
छुटकारा	मुक्ति	अन्तर	भेद
कीर्ति	यश	उपस्थिति	विद्यमानता
मेल	मिलन	प्रयाण	प्रस्थान

७.४. अनुपयुक्त शब्दों का प्रयोग

अब हम शब्दों के दुरुपयोग का एक दूसरा प्रकार लेते हैं। कभी-कभी कुछ लोग ऐसे शब्दों का प्रयोग कर जाते हैं, जिनके अर्थ वे बिल्कुल नहीं जानते या यदि सुना-सुनाया अर्थ जानते भी हैं, तो कम-से-कम उनका ठीक आशय और प्रयोग नहीं जानते, अथवा जानने पर भी उनकी ओर ध्यान नहीं देते। बम्बई के भीषण विस्फोट और अग्निकांड के सम्बन्ध में एक समाचार-पत्र में पढ़ा था—'मकानों में से अभी तक धुएँ के अम्बार निकल रहे हैं।' एक समाचार-पत्र में छपा था—'उनके शरीर से बदबू के अम्बार उठ रहे थे।' एक कहानी में पढ़ा था—'घड़ों और मटकों में चीनी के अम्बार लगे थे।' एक समाचार-पत्र में छपा था—'सुनहले-रुपहले चाबुकों की जमात में.....।' और एक दैनिक पत्र में पढ़ा था—'वे जो बात कहते हैं फरागदिली से।' इन सब उदाहरणों में अम्बार, जमात और फरागदिली के प्रयोग अशुद्ध अर्थ में या अशुद्ध रूप में हुए हैं। एक समाचार-पत्र में एक भागे हुए अभियुक्त के सम्बन्ध में छपा था—'इसे कैद करानेवाले को सौ रुपये इनाम मिलेगा।' वहाँ 'कैद' की जगह 'गिरफ्तार' होना चाहिए। एक समाचार-पत्र में छपा था—'सम्मेलन को चाहिए कि वह सर.... को एक सारटिफिकट तकसीम कर दे।' पर 'तकसीम करना' या 'बाँटना' तो बहुत-से लोगों में होता है, एक आदमी को कोई चीज बाँटी नहीं जाती, दी जाती है। एक और पत्र में देखा था—'उन्होंने अपनी शराफत का पूरा तजरुबा ('सबूत', होना चाहिए) दे दिया।' और एक पत्र में देखा था—'जिन्ना अपने रुख पर दृढ़।' इन वाक्यों में 'तजरुबा' और 'रुख' का गलत अर्थ में प्रयोग हुआ है। कुछ लोग विदेशी शब्दों के ठीक रूप न जानने के कारण अपनी ओर से उन्हें कुछ विकट रूप दे देते हैं। एक समाचार-पत्र में छपा था—'भारत का प्रश्न ताख पर'। होना चाहिए 'ताक पर'। एक जगह 'तूमार' की जगह 'तोमाड़' देखने में आया। एक समाचार-पत्र के एक लेख में 'लुत्फ' शब्द पाँच-छह जगह 'लुफ्त' रूप में छपा था । सिद्धान्त सदा यह होना चाहिए कि हम जिस शब्द का प्रयोग करें, पहले उसका ठीक रूप और अर्थ समझ लें। यों मनमाने प्रयोग करके न तो स्वयं हास्यास्पद बनें और न अपनी भाषा का रूप विकृत करें।

७.५. शुद्ध और संकर समस्त पद

लिखते समय हमें प्रायः समस्त पदों का भी उपयोग करना पड़ता है और कभी-कभी नये समस्त पद बनाने भी पड़ते हैं। ऐसे समस्त पद दो प्रकार के होते हैं—शुद्ध और संकर। शुद्ध समस्त पद वे होते हैं जो किसी एक भाषा के दो शब्दों के प्रयोग से बनते हैं। जैसे—आय-व्यय, चढ़ा-ऊपरी आदि। इस प्रकार के समास बनाने में लोग प्रायः समास-सम्बन्धी संस्कृत व्याकरण के नियम न जानने के कारण अनेक प्रकार की भूलें कर जाते हैं। जैसे वे 'निरवलंब, 'रीत्यनुसार' 'नीत्यनुसार' 'प्रवृत्यनुसार' आदि न लिखकर निरावलंब, रीत्यानुसार, नीत्यानुसार, प्रवृत्यानुसार आदि लिख जाते हैं। संकर समस्त पद उसे कहते हैं, जिसमें एक शब्द एक भाषा का हो और दूसरा दूसरी भाषा का। आज-कल ऐसे संकर समस्त पद बनाने की प्रवृत्ति बहुत बढ़ती हुई दिखाई देती है। प्रायः सभी भाषाओं में इस प्रकार के समस्त पद होते हैं पर बहुत कम। हमारे यहाँ ऐसे पद मूलतः कम थे; परन्तु उर्दू की कृपा से उनकी संख्या कुछ बढ़ गई है। उर्दू में अरबी और फारसी के शब्दों की ही अधिकता है; और उर्दूवाले इन दोनों को अपनी आकर भाषा मानते हैं, अतः उनमें इन दोनों भाषाओं के योग से बहुत-से संकर समस्त पद बन गये हैं। जैसे—खिदमतगार, खैरख्वाह, खबरदार, गरीबपरवर, एहसानमन्द, कब्रिस्तान, ताबेदार, दखीलकार, नकल-नवीस, नवाबजादा, बागवान आदि। उर्दूवाले अरबी शब्दों के बहुवचन फारसी व्याकरण के नियमों के अनुसार और फारसी शब्दों के बहुवचन अरबी नियमों के अनुसार भी बना लेते हैं। कुछ दिन पहले हमारे यहाँ 'अंजुमन हिमायते चपरासियान' तक बनी थी ! यह ठीक है कि फारसवाले आर्य हैं और अरबवाले सामी या सेमेटिक; परन्तु धार्मिक, सामाजिक, राजनीतिक और सांस्कृतिक दृष्टियों से अरब और फारस के लोग आपस में मिलकर बहुत-कुछ एक हो गए थे, और इसीलिए फारस की भाषा में ऐसे संकर समस्त शब्द बहुत अधिक हो गए हैं। प्रायः वे सभी शब्द उर्दू में ले लिए गए हैं; और उनके ढंग पर बहुत से नये शब्द तथा पद गढ़ भी लिए गए हैं। उनमें से कुछ शब्द हिन्दी में भी आकर मिल गए हैं। इसके बाद उर्दूवालों ने एक और प्रकार के संकर समासों का प्रयोग आरम्भ किया। वह था हिन्दी और उर्दू के शब्दों का मेल। समझदार, हथियारबन्द, दिल्लगी, गरमाहट, कठहुज्जती, चौहद्दी और कमीनापन आदि इसी प्रकार के शब्द हैं, जो उर्दू के द्वारा हमारी भाषा में आकर घुल-मिल गए हैं। बहुत कुछ यही बात 'जेलखाना'[१] के सम्बन्ध में भी है।

आगे बढ़ने से पहले हम एक और बात बतला देना चाहते हैं। कुछ छोटे शब्द ऐसे होते हैं, जो अपनी बनावट का रूप के कारण अपनी मूल भाषा की छाप से बहुत-कुछ बचे हुए होते हैं। जैसे—काम, मन, कल, रेल, कम, पुल आदि। इसी प्रकार कुछ प्रत्यय भी होते हैं, जैसे—पन, दार आदि। 'कर' और 'कार' सरीखे कुछ प्रत्यय ऐसे भी हैं, जो संस्कृत और फारसी दोनों में बहुत-कुछ समान-रूप से प्रयुक्त होते हैं। संस्कृत के 'कर' और 'फारसी' के 'गर' प्रत्यय में भी विशेष अन्तर नहीं है। ऐसे शब्दों और प्रत्ययों में उच्चारण की सरलता के

१. जिस समय उर्दूवालों ने 'जेलखाना' बनाया था उसके बहुत पहले गोस्वामी तुलसीदास जी ने 'बन्दीखाना' बनाया था। यथा—

रावण नाम जगत जस जाना। लोकप जाके बन्दीखाना।

परन्तु 'जेलखाना' में कोई खटक नहीं थी इसलिए वह चल गया; पर 'बन्दीखाना' में कुछ

कारण यह एक बहुत बड़ा गुण होता है कि वे सहज में आस-पास की दूसरी भाषाओं में मिल जाते हैं। 'रेलगाड़ी' शब्द देखकर सहसा कोई यह नहीं कह सकता कि इसमें का 'रेल' शब्द हमारे यहाँ का नहीं है। फारसी 'कार', 'दार' तथा 'बन्द' आदि कुछ ऐसे प्रत्यय हैं—जो हमारे यहाँ के संस्कृत प्रत्ययों और शब्दों से ही निकलते हैं और यही कारण है कि वे हमें परकीय नहीं जान पड़ते। उधर 'पन' आदि कुछ हिन्दी प्रत्यय भी सहज होने के कारण उर्दूवालों को अपने ही जान पड़ते हैं। उन्होंने 'आवारापन' चलाया तो हमने 'एकाकीपन' पसन्द कर लिया। संस्कृत के 'गुरु' शब्द में अँगरेजी प्रत्यय 'डम' के योग से जो 'गुरुडम' शब्द बना है, वह हमारे यहाँ और विशेषतः पंजाब में बहुत अधिक प्रचलित हो गया है। यमक और अनुप्रास भी ऐसे तत्त्व हैं जो संकर समासों की खटक बहुत कम कर देते हैं। इन सब बातों का तात्पर्य यह है कि जिन शब्दों का रूप या बनावट कुछ विशेष प्रकार की या सरल होती है, वे प्रायः सहज में दूसरी भाषाओं में या तो यों ही या संकर-समासों में खप जाते हैं, और इसीलिए वे जल्दी खटकते भी नहीं।

पर आज-कल हिन्दी में जो संकर पद बनते हैं, उनमें से बहुतेरे प्रायः विकट और कर्णकटु होते हैं। यह विकटता और कर्णकटुता उस समय और भी बढ़ जाती है, जब दो विभिन्न भाषाओं, और विशेषतः विभिन्न प्रकृतियोंवाली भाषाओं के शब्दों से यौगिक शब्द बनाए जाते हैं। हिन्दी और संस्कृत में उतना अधिक वैषम्य नहीं है, जितना हिन्दी और अरबी-फारसी में। 'रणखेत' या 'पूँजीपति' ऐसे शब्द हैं, जिनमें खटक जरूर है, पर बहुत अधिक नहीं। अब हम आधुनिक हिन्दी लेखकों के द्वारा प्रयुक्त किए हुए कुछ ऐसे यौगिक पद बतलाते हैं, जिनमें बहुत खटक है। शीशा-विशेषज्ञ, पैमाइश-प्रबोध, नन्दन-चमन, सान्ध्य-पोशाक, सामानवाही विमान, युद्ध-सामान, बहु-खर्चीलापन, वर्ष-गाँठोत्सव, मंजूरी-पत्र, कांग्रेसांक, सुलह-समिति, झंडाभिवादन आदि ऐसे शब्द हैं, जो सुनने में बहुत खटकते हैं। इनमें से अधिकतर तो बहुत चल भी गए हैं। जो संकर पद सुनने में भला न मालूम हो और जिसमें प्रकृतिगत साम्य न हों, वह खटकेगा ही। इसी प्रकार की प्रवृत्तियों का यह फल है कि पश्चिमी उत्तर प्रदेश के एक दवाखाने ने अपने यहाँ एक नेत्र-उपचार का नाम रखा है—'ऐनक-तोड़ साधन'। लाहौर के एक प्रसिद्ध वैद्य ने पथरी की दवा का नाम रखा था—'संग-तोड़'। काशी के एक वैद्य ने प्लेग की दवा का नाम रखा है—'प्लेगारि' ! और हिन्दी की एक परम प्रसिद्ध तथा प्रामाणिक संस्था के बनाए हुए शब्दकोश में 'कुर्की' के लिए शब्द गढ़ा गया था—मालापहरण ! कुछ दिन हुए, किसी पत्र में पढ़ा था कि लखनऊ विश्वविद्यालय के कुछ विधार्थी, 'कुल-हिन्द विधार्थी साहित्य अंजुमन' स्थापित कर रहे हैं ! इधर कुछ दिनों से कुछ पत्र 'सलाह-कारिणी-समिति' भी लिखते हैं। अभी तक तो 'झंडाभिवादन' ही होता था, पर अब कहीं-कहीं 'झंडोत्तोलन' भी दिखाई देने लगा है ! पर 'झंडाभिवादन' से 'ध्वजाभिवादन' या 'ध्वजवन्दन' अधिक अच्छा भी है और शुद्ध भी। कुछ लोग 'अधिकांश' की जगह 'बहुतांश' लिखने लगे हैं। ऐसी सन्धियाँ करनेवालों को यह स्मरण रखना चाहिए कि हमारे हिन्दी व्याकरण में सन्धि होती ही नहीं। सन्धि तो संस्कृत में ही होती है और संस्कृत शब्दों की ही होती है। यदि हिन्दी और संस्कृत के शब्दों को संस्कृत के संधि-नियमों के अनुसार मिलाने की यह प्रवृत्ति बढ़ती गई तो जो लोग आज 'विमानाक्रमण' लिखते हैं, वही कल को 'जहाजाक्रमण' भी लिखने लग जाएँगे। आज-कल के वकील 'अर्पणनामा' तो लिखने ही लगे हैं; कल कोई कर्मठ कर्मकांडी 'तर्पणनामा' भी तैयार कर देंगे! 'आपका कृपा-कार्ड मिला' तो प्रायः पत्र-व्यवहार में देखने में आता ही है, पर शायद अब 'आपका कृपानामा दस्तगत हुआ'

सरीखे ऐसे वाक्य भी बनने लगेंगे, जिनकी कल्पना स्व० पं० जगन्नाथप्रसाद चतुर्वेदी ने केवल परिहास में की थी। यों तो हमारी भाषा में जो शब्द आते हैं, वे सभी तात्त्विक दृष्टि से, हमारे हो जाते हैं, फिर भी कोई सीमा और मर्यादा तो होनी ही चाहिए। जो शब्द हमारी भाषा में आकर अच्छी तरह रच-पच गए हैं और जिन पर से परकीयतावाली छाप बिल्कुल मिट चुकी है, अथवा जिन पर परकीयता की कोई छाप है ही नहीं, उनके समास भी खटक से खाली होंगे।

७.६. संज्ञाओं के अशुद्ध रूप

अब हम संज्ञाओं के अशुद्ध रूपों के सम्बन्ध में कुछ बातें बतलाना चाहते हैं। 'निर्मोही' हिन्दी का बहुत पुराना शब्द है और प्रायः कविताओं और विशेषतः गीतों में आता है। पर इससे कुछ लोग भाववाचक संज्ञा 'निर्मोहिता' भी बनाने लगे हैं। संस्कृत का प्रसिद्ध शब्द 'प्रकट' यदि हिन्दी में 'प्रगट' तक लिखा जाय तो हर्ज नहीं। पर यदि उस 'प्रगट' से 'प्रागट्य' भी बनने लगे तो क्या कहा जाए? 'कौशल' की जगह 'कौशल्य' और 'अज्ञान' की जगह 'अज्ञानता' लिखना अपना अज्ञान ही प्रकट करना है।

यद्यपि 'चारुताई', 'मित्रताई', 'सुन्दरताई', आदि से हमारा पीछा बहुत-कुछ छूट चला है, पर 'तरलता' की जगह 'तरलाई', 'साफल्य' या 'सफलता' की जगह 'साफल्यता', 'साहाय्य' की जगह 'साहाय्यता', वैमनस्य की जगह 'वैमनस्यता', 'तत्त्वावधान' की जगह 'तत्त्वाधानता', 'महत्ता' की जगह 'महानता'[१] और 'ऐक्य' की जगह 'ऐक्यता' लिखने वाले अब भी बहुत-से लोग मौजूद हैं। ऐसे लोगों की संख्या भी कम नहीं जो फारसी 'लाल' से 'लालिमा' और हिन्दी 'हरा' से 'हरीतिमा' तक बना लेते हैं, और ऐसे शब्दों को स० 'कालिमा' के वर्ग में ला रखते हैं। इन सबसे बढ़कर विलक्षण भाव-वाचक शब्द हमें एक कोश में मिला था। उसमें 'बैकवर्डनेस' (Backwardness) के आगे लिखा था—'पिछड़ाहुआपन'। 'फल' शब्द के पहले जब 'सह' लगता है तब संस्कृत समास के नियम के अनुसार उसका रूप 'स' हो जाता है। जिससे 'सफल' शब्द बनता है, और उसका भाववाचक रूप होता है 'सफलता'। अधिकतर हिन्दी लेखक उसी 'सफल' में 'अ' उपसर्ग लगाकर 'असफल' और 'असफलता' लिखते हैं। हमारी सम्मति में इनके स्थान पर 'विफल' और 'विफलता' का प्रयोग ही अधिक उत्तम होगा।

यह प्रवृत्ति धीरे-धीरे बढ़ती हुई गलत रास्ते पर पहुँच रही है। अब हम लोग बिना सोचे-समझे अनेक प्रकार के 'संकर' शब्द बनाने लगे हैं। शब्द एक भाषा का होता है तो उसमें प्रत्यय दूसरी भाषा का लगता है ! जैसे—मुसलमानत्व, अपनत्व, थिरता, सुघरता, कट्टरता आदि। ऐसे शब्दों में 'त्व या 'ता' प्रत्यय की जगह 'पन' प्रत्यय लगाना ही अधिक उत्तम होगा। दो-एक स्थानों पर 'लाजुकता' का भी प्रयोग हमारे देखने में आया है। यदि इसी के पीछे लगी हुई 'नाजुकता' भी आ पहुँचे तो उसे कौन रोकेगा? इसलिए यह प्रवृत्ति कभी शुभ नहीं कही जा सकती।

भाववाचक संज्ञाओं का प्रसंग आ गया है, इसलिए यहाँ हम इस सम्बन्ध में एक और बात बतला देना चाहते हैं। संस्कृत में भाववाचक संज्ञाएँ कई प्रकार से बनती हैं। जैसे — निकट से निकटता, निकटत्व और नैकट्य; एक के एक, एकत्व और ऐक्य; विकट से

---

१. यह भूल इसलिए होती है, कि लोग 'महान्' को 'महान' समझने और लिखने लगे हैं, और इसी भूल के कारण कुछ लोग 'महत्तम' को 'महानतम' भी लिख जाते हैं।

विकटता, विकटत्व और वैकट्य और तटस्थ से तटस्थता, तटस्थत्व और ताटस्थ्य आदि। इनमें से निकटता, एकता, विकटता और तटस्थता सरीखे रूप विशेष सुगम हैं, अतः जहाँ तक हो सके, ऐसे ही रूपों का प्रयोग करना चाहिए। पर साथ ही हमें यह भी स्मरण रखना चाहिए कि 'स्वास्थ्य' और 'स्वस्थता' या 'सामर्थ्य' और 'समर्थता' के भाव में बहुत कुछ अन्तर भी है। साधारणतः 'स्वस्थता' या 'समर्थता' का जो अर्थ होता है, उसकी अपेक्षा 'स्वास्थ्य' या 'सामर्थ्य' से कुछ अलग और विशेष अर्थ या भाव सूचित होता है। अतः हमें रूपों की सुगमता और सुन्दरता का तो अवश्य ध्यान रखना चाहिए; पर साथ ही शब्दों के अर्थ या भाव पर भी पूरी दृष्टि रखनी चाहिए।

'स्पष्टीकरण' और 'एकीकरण' के ढंग पर भी आज-कल कुछ नए शब्द बनने लगे हैं। जैसे—निरस्त्रीकरण, सरलीकरण, साधारणीकरण, राष्ट्रीकरण, शस्त्रीकरण औद्योगिकीकरण आदि। यहाँ तक तो ठीक है। पर इस प्रकार के कुछ संकर शब्द भी बनने लगे हैं; जैसे — फिरंगीकरण, मुसलमानीकरण, उर्दूकरण आदि। ऐसे प्रयोग विचारणीय हैं। एक अवसर पर एक सज्जन से तो इस फेर में पड़कर 'पृथक्करण' को 'पृथक्कीकरण' बना डाला था; और एक पत्र में छपा था—'सभ्यीकरण'।

सभी भाषाओं में आवश्यकतानुसार कुछ शब्द और प्रयोग दूसरी भाषाओं से लिए जाते हैं, पर वे सब-के-सब चल नहीं पड़ते। उनमें जो बातें ग्रहण करनेवाली भाषा की प्रवृत्ति के अनुकूल होती हैं, वे चलती हैं, बाकी बातें या तो छूट जाती हैं या दूषित समझी जाती हैं। बहुधा सुयोग्य भाषाविद् पण्डित समझ-बूझकर जो शब्द चलाते हैं, अधिकतर वही चलते हैं, स्व० लोकमान्य तिलक ने एक शब्द चलाया था —'नौकरशाही जो देश के एक सिरे से दूसरे सिरे तक आप-से-आप चल गया। हिन्दी में 'निरादर' सरीखे कुछ ऐसे शब्द भी चलते हैं, जो संस्कृत व्याकरण के अनुसार ठीक न होने पर भी हमारे यहाँ के प्राचीन साहित्य और जन-साधारण की बोल-चाल में आ गए हैं। साधारण लोगों के चलाए हुए कुछ शब्द भी अवश्य चल जाते हैं, परन्तु इस वर्ग में वही शब्द आते हैं जो ग्राहक भाषा की प्रकृति के अनुरूप होते हैं। परन्तु ऊपर उदाहरण स्वरूप जो संकर, यौगिक तथा भाववाचक शब्द दिए गए हैं वे अधिकतर सामान्य लेखकों की कलम से और वह भी परम असावधानता के कारण निकले हैं। वे शब्द गढ़नेवाले अधिकतर ऐसे ही लोग हैं, जो भाषा-विज्ञान के तत्त्व और स्वयं अपनी भाषा की प्रकृति नहीं जानते। और उनकी देखा-देखी उन्हीं की कोटि के नए अनजान लेखक भी उन शब्दों के प्रयोग कर चलते हैं; कभी-कभी उन्हीं के ढंग पर नए शब्द भी बनने लगते हैं। यह ठीक है कि इस प्रकार के अधिकतर शब्दों की आयु बहुत थोड़ी होती है, और वे जल्दी ही मर जाते हैं; फिर भी यह प्रवृत्ति घातक ही है; क्योंकि इससे भाषा का स्वरूप विकृत होता है और उसका मानक स्थिर नहीं होने पाता। नए तथा सामान्य लेखकों को इनसे सदा बचना चाहिए।

७.७. सर्वनामों के ठीक प्रयोग

जिस प्रकार हम लोग संज्ञाओं के प्रयोग में असावधान रहते हैं, उसी प्रकार प्रायः सर्वनामों के प्रयोग में भी एक ही वाक्य में 'हम' के साथ 'अपना' या 'अपने' की जगह 'हमारा' और 'हमारे' तथा 'मैं' के साथ 'अपना' या 'अपने' की जगह 'मेरा' और 'मेरे' का प्रयोग कर जाते हैं। जैसे—

१. हमारे (अपने) महान् राष्ट्र को पद-दलित रखनेवाली जंजीरों को हम शीघ्र झटक दें!

२. मेरी निगाह मेरे (अपने) मित्र की ओर थी।
३. हमारी (अपनी) भाषा की यह दुर्दशा देखकर मैंने उसके निवारण का उपाय सोचा।
४. इस सम्बन्ध में मेरा (अपना) मत मैं पहले ही प्रकट कर चुका हूँ।
५. मेरी (अपनी) माता की मृत्यु के उपरान्त मैं अपने पिता जी के पास सोता था।

उक्त उदाहरणों से यह सिद्ध होता है कि प्रायः लोग यह निश्चय नहीं कर सकते कि कहाँ 'अपना' (या 'अपने') और कहाँ मेरा' (या 'मेरे') तथा 'हमारा' (या 'हमारे') होना चाहिए। इस सम्बन्ध में एक व्यापक सिद्धान्त यह है कि जहाँ किसी कथित वस्तु या विषय के साथ वक्ता का बिल्कुल 'स्व' का सम्बन्ध हो, अर्थात् जिसके साथ वस्तुतः अपनेपन या निजत्व का भाव हो, उसके बाद 'अपना' या 'अपने' का प्रयोग होना चाहिए, और जिसके साथ 'पर' का सम्बन्ध हो, या जहाँ कुछ परायेपन का भाव हो, वहाँ 'मेरा' या 'मेरे' या 'हमारा'—'हमारे' होना चाहिए। एक-दो उदाहरणों से यह बात स्पष्ट हो जाएगी। ऊपर उदाहरण है—'मेरी निगाह मेरे मित्र की ओर थी।' यहाँ साधारण कथन-प्रकार के विचार से 'निगाह' के साथ कोई परकीयतावाला भाव नहीं। अतः इसमें 'मेरे' की जगह 'अपने' रखना ठीक है। हाँ, 'मेरी निगाह मेरे वश में नहीं थी।' में 'मेरे' इसलिए ठीक है कि (वश में न होने के कारण) उसमें परत्व का भाव आ गया है। इसी प्रकार 'मेरा मन अपनी पुस्तक में लगा था', और 'मेरा मन मेरा विरोध करता था' भी हैं। इनमें से पहले वाक्य में 'अपनी' और दूसरे वाक्य में 'मेरा' दोनों ठीक हैं। 'मैंने अपने भाई से सुना था।' में 'स्व' वाला तत्त्व वर्तमान है; अथवा कम-से-कम परत्व सूचित करनेवाला कोई भाव नहीं है; इसलिए इसमें 'अपने' ही ठीक है। पर 'मेरा भाई मुझसे कहता था' में भाई की सत्ता मुझसे स्पष्टतया अलग सूचित होती है, इसलिए इसमें 'मेरा' ही ठीक है।[१]

फिर भी कुछ अवसरों पर यह बतलाना बहुत कठिन हो जाता है कि यहाँ 'हमारा' या 'हमारे' क्यों होना चाहिए, अथवा इनकी जगह 'अपनी' या 'अपने' क्यों होना चाहिए। इस पुस्तक के तीसरे संस्करण में 'हमारी आवश्यकताएँ' शीर्षक प्रकरण के पहले अनुच्छेद में एक वाक्य बढ़ाया गया था, जो इस प्रकार था 'हमारे जो अंग व्यवहार में आने अथवा पुराने होने के कारण छीजते रहते हैं, उनकी पूर्ति के लिए भी और हमारे समस्त अंगों की पुष्टि, वृद्धि और विकास के लिए भी हमें अनेक पोषक तत्त्वों की आवश्यकता होती है।' पर प्रूफ देखने के समय ध्यान आया कि इस वाक्य के उत्तरार्द्ध में जो 'हमारे समस्त अंगों की...' पद है, उसमें 'हमारे' की जगह 'अपने' रखना ठीक होगा। और इसका कारण कदाचित् यही था कि इसके उपरान्त 'हमें अनेक पोषक तत्त्वों....' पद आया है। और यही सोचकर प्रूफ में उक्त 'हमारे' की जगह 'अपने' कर दिया गया था। फिर भी हम यही कहेंगे कि अभी तक इस सम्बन्ध के पूरे व्यापक नियम नहीं बने हैं, इसलिए ऊपर जो उदाहरण दिए गए हैं, उन्हीं

---

१. यह विवेचन पढ़कर एक सज्ज्न ने पूछा था—

न काबू में है दिल मेरा, न कहने में जबाँ मेरी।

कोई हो राजदाँ अपना, जो कह दे दास्ताँ मेरी।।

में 'अपना' का प्रयोग ठीक है या नहीं? यहाँ 'अपना' का प्रयोग इसलिए बिल्कुल ठीक है कि वह वक्ता और उसके प्रिय, दोनों के लिए आया है। आशय यह है कि जो हम लोगों

के आधार पर विद्यार्थियों को ठीक प्रयोग करना चाहिए।

७.८. सर्वनाम का स्थान

साधारणतः नियम यह है कि वाक्य में संज्ञा पहले आती है और तब आगे आवश्यकता पड़ने पर उससे सम्बन्ध रखनेवाला सर्वनाम आता है। पर कुछ लोग अँगरेजी की छाया में रहने के कारण यह क्रम उलट देते हैं। वे पहले सर्वनाम रखते हैं और संज्ञा बाद में लाते हैं। जैसे —'तब उसने अपनी दृष्टि उसके चेहरे पर गड़ाकर सुनीता से कहा।' होना चाहिए—'तब उसने सुनीता के चहरे पर दृष्टि गड़ाकर, उससे कहा।' नहीं तो कुछ अवस्थाओं में ऐसा 'उसके' भ्रामक हो सकता है, और उससे किसी दूसरे के चेहरे के संकेत का भ्रम हो सकता है। इसी प्रकार 'उसे अपनी जानकारी का बहुत अभिमान था, इसलिए माधव ने अकड़कर कहा....' के बदले 'माधव को अपनी जानकारी का बहुत अभिमान था, इसलिए उसने अकड़कर कहा......' कहना ही अधिक उत्तम है।

कुछ लोग ऐसे अवसरों पर भी संज्ञा का ही प्रयोग कर जाते हैं, जिनमें सर्वनाम होना चाहिए। जैसे—'किसी असाध्य कार्य के साधन में प्रेतादि की सहायता लेने के लिए उन दिनों लोग श्मशान में जाकर प्रेतादि के हाथ महामांस बेचते थे।' में दूसरे 'प्रेतादि' की जगह 'उन' होना चाहिए।

'मैं उसे विद्वानों की गवेषणा की वस्तु समझकर विद्वानों के लिए ही छोड़ देता हूँ।' में यदि 'विद्वानों के लिए ही' की जगह 'उन्हीं के लिए' हो तो वाक्य हल्का और सुन्दर हो जाए। यहाँ प्रसंगवश यह भी जान लेना आवश्यक है कि 'छोड़ देता हूँ' की जगह 'छोड़े देता हूँ' उपयुक्त है।

७.९. सर्वनाम और वचन

कुछ अवस्थाओं में सर्वनाम के वचन का ध्यान न रखने से भी वाक्य भ्रामक हो जाते हैं। एक बार एक समाचार-पत्र में महात्मा गाँधी के एक वक्तव्य में पढ़ा था—'जेल में यदि उनकी मृत्यु भी हो जाए तो उसके लिए आँसू न बहाऊँगा।' इसमें 'उसके' की जगह 'उनके' होना चाहिए। यों वह 'उन' की ओर संकेत न करके स्वयं 'मृत्यु' की ओर संकेत करता हुआ जान पड़ता है। अर्थात् जिस रूप में वाक्य ऊपर दिया गया है, उसका अर्थ होता है—मैं मृत्यु के लिए आँसू न बहाऊँगा। पर वास्तविक आशय है—मैं उन लोगों के लिए आँसू न बहाऊँगा। पर यह आशय तभी प्रकट होगा, जब 'उसके' की जगह 'उनके' होगा। उक्त वाक्य के समर्थन में कहा जा सकता है कि उसमें का 'उसके' वस्तुतः 'मृत्यु हो जाने' के समर्थन में आया है। पर इस प्रकार के समर्थन से वाक्य की भ्रामकता दूर नहीं हो सकती। यही बात—'और कामों की भीड़ भी तो है, जिसे निपटाना है' के सम्बन्ध में है। इसमें 'जिसे' का सम्बन्ध वस्तुतः 'कामों' से है, न कि उनकी भीड़ से, अतः 'जिसे' की जगह 'जिन्हें' होना चाहिए।

वाक्य में एक ही व्यक्ति या वस्तु के लिए कहीं 'यह' और कहीं 'वह', कहीं 'आप' और कहीं 'हम' कहीं 'उसे' और कहीं 'उन्हें', कहीं 'उनका' और कहीं 'उसका' भी नहीं होना चाहिए। पर प्रायः लोग इस छोटी-सी बात पर भी ध्यान नहीं देते। वे बहुत-कुछ इस प्रकार के भद्दे वाक्य लिख जाते हैं—'आप जब वहाँ पहुँचे तब स्टेशन पर भारी भीड़ थी। बहुत-से लोग उनका स्वागत करने के लिए आये थे। स्टेशन के बाहर एक शामियाने के नीचे बहुत

बड़ी सभा हुई। वहाँ से चलकर जब ये ठहरने के स्थान पर पहुँचे, तब संध्या हो चुकी थी।' 'ऐसा माल बिकता भी जल्दी है और उनका मूल्य भी अधिक होता है।' 'ये आँखें किसकी हैं। उन आँखों में क्या है?' 'इन्हें अपने साथ ले जाइए। आप सब बातें उन्हें समझा देंगे।' आदि। कुछ लोग सर्वनामों के साथ आनेवाली क्रियाओं के रूप भी गड़बड़ा देते हैं। जैसे—'आप खाना खाने जाओ। 'सुनो, मैं आपका कृतज्ञ हूँ।' आदि। होना चाहिए—'आप खाना खाने जाएँ।' और 'सुनिए, मैं आपका कृतज्ञ हूँ।' इस प्रकार की भूलों से वाक्य बहुत भद्दे हो जाते हैं, पर जरा-सी सावधानी से उन्हें भद्देपन से बचाया जा सकता है।

कभी-कभी लोग सम्बन्धवाचक सर्वनामों का प्रयोग करने में अनेक प्रकार की भूलें करते हैं। एक बार एक पत्र में छपा था—'श्रीनगर में यह अफवाह फैली है कि कबायलियों को उनका मत बदलने के लिए उन्हें उकसाया गया है।' वास्तविक आशय यह था कि कश्मीरियों का मत बदलने के लिए कबायलियों को उकसाया गया है। पर वाक्य से यह आशय नहीं निकलता। इस प्रकार की कई भूलों से युक्त जो एक वाक्य हमें एक समाचार-पत्र में मिला था; वह इस प्रकार था—'जिन लोगों की नौकरी २० वर्ष से कम की है और वे अभी जाना नहीं चाहते, जो जाना भी चाहते हैं और उनका आवेदन-पत्र अभी स्वीकृत नहीं हुआ है, वे तथा स्थायी सैनिक अधिकारियों को तब तक भारत में रखा जाएगा, जब तक यहाँ उनकी जरूरत समझी जाएगी।' इस वाक्य में 'और वे' की जगह 'पर जो', और 'उनका' की जगह पर 'जिनका', 'और वे', की जगह 'उन्हें' होना चाहिए। इसी प्रकार की एक और भद्दी भूल एक बार एक समाचार-पत्र में इस रूप में देखने में आई थी—'कुछ मुसलमान पाकिस्तान से कुछ हिन्दू स्त्रियों को भगाकर पश्चिमी सीमा-प्रान्त में ले गए थे। इपी के फकीर ने फतवा निकालकर उन्हें कुत्तों से नुचवा डाला।' इसमें का 'उन्हें' कितना भ्रामक है। पता ही नहीं चलता कि यह 'उन्हें' उन मुसलमानों के लिए आया है जो हिन्दू स्त्रियों को भगा ले गए थे, या उन स्त्रियों के लिए, जिन्हें वे लोग भगा ले गए थे। यद्यपि इपी के फकीर का रुख देखते हुए यही जान पड़ता था कि हिन्दू स्त्रियों को भगा ले जानेवाले मुसलमान ही कुत्तों से नुचवाए गए होंगे, फिर भी अधिकतर अनजान लोगों ने यही समझा होगा कि हिन्दू स्त्रियाँ ही कुत्तों से नुचवाई गई थीं। थोड़ा ध्यान रखने से ही लोग भद्दी भूलों से बच सकते हैं।

८. विशेषण और क्रिया-विशेषण

विशेषण की व्याख्या—विशेषणों में पारस्परिक अन्तर—उपयुक्त विशेषण और क्रिया-विशेषण—विशेषणों के अशुद्ध प्रयोग—अनुपयुक्त विशेषण —विशेषणों के अशुद्ध रूप समान जान पड़नेवाले विशेषणों में अन्तर—विशेषणों के स्थान—संस्कृत विशेषणों के शुद्ध और अशुद्ध रूप—प्रत्ययों के दूषित प्रयोग—अनावश्यक विशेषण और क्रिया-विशेषण—विशेषणों के स्त्रीलिंग रूप—संख्यावाचक विशेषणों के अशुद्ध प्रयोग—क्रिया-विशेषणों के अशुद्ध प्रयोग—नित्य-सम्बन्धी क्रिया-विशेषण।

८.१. विशेषण की व्याख्या

व्याकरणों में आपको विशेषण की कई प्रकार की व्याख्याएँ मिलेंगी। पर उन सबका सारांश साधारणतः यही होगा की संज्ञा की विशेषता बतलाने वाले शब्द विशेषण कहलाते हैं। 'विशेषण' शब्द ही इस विशेषतावाले तत्त्व का सूचक है। पं० कामता प्रसाद गुरु ने इस व्याख्या से कुछ और आगे बढ़कर अपने 'हिन्दी व्याकरण' में लिखा है—'जिस विकारी शब्द से संज्ञा की व्याप्ति मर्यादित होती है, उसे विशेषण कहते हैं।' पर यदि विचारपूर्वक देखा जाए तो भाषा के क्षेत्र में विशेषण का कार्य इससे कहीं अधिक विस्तृत है। वस्तुतः विशेषण का कार्य है—किसी वस्तु या कार्य का बिल्कुल यथार्थ और यथातथ्य परिचय देना; ऐसा परिचय देना, जिससे उस वस्तु या कार्य का ठीक-ठीक स्वरूप दूसरों के ध्यान में आ जाए और उसके सम्बन्ध में उनके मन में कोई भ्रम न रह जाए। संज्ञा के सम्बन्ध में जो काम विशेषण करता है, वही काम क्रियाओं और विशेषणों के सम्बन्ध में क्रिया-विशेषण करता है; और साधारण वाक्यों में जो काम विशेषण या क्रिया-विशेषण करता है, मिश्र तथा संयुक्त वाक्यों में वही काम विशेषण उप-वाक्य या क्रिया-विशेषण उप-वाक्य करता है।

यदि हम विशेषण अथवा क्रिया-विशेषण का प्रयोग तो करें, पर ऐसा प्रयोग करें, जिससे किसी को उस विशिष्ट वस्तु या कार्य के ठीक स्वरूप का ज्ञान ही न हो सके अथवा कुछ का कुछ ज्ञान हो, तो उस अवस्था में हमें मानना पड़ेगा कि हमने विशेषण या क्रिया-विशेषण का ठीक प्रयोग नहीं किया; और हमारे उस प्रयोग का उद्देश्य सिद्ध नहीं हुआ। ऐसा प्रयोग हमारे भाषा ज्ञान की अपूर्णता का सूचक होगा।

८.२. विशेषणों में पारस्परिक अन्तर

अधिकतर शब्दों के एक से अधिक अर्थ होते हैं, और अधिकतर भावों के सूचक भी कई-कई शब्द होते हैं। पर सबमें प्रायः कुछ-न-कुछ सूक्ष्म अन्तर होता ही है। अतः प्रत्येक अवसर पर व्यवहार में लाने के लिए विशेषणों का चुनाव बहुत सतर्कतापूर्वक करना चाहिए। उदाहरण के लिए एक विशेषण लीजिए—मोटा। मोटा आदमी भी होता है और मोटा कपड़ा भी, यहाँ तक कि कुछ आदमियों की अक्ल भी मोटी होती है। पर टेबुल मोटा नहीं होता, तसवीर मोटी नहीं होती और बेवकूफ़ी भी मोटी नहीं होती। अब दूसरा पक्ष लीजिए, 'मोटा'

का विरोधी भाव सूचित करनेवाले कई विशेषण हैं; जैसे महीन, बारीक, सूक्ष्म, पतला आदि। छड़ पतला होता है, पर कपड़ा महीन। पेड़ की डाल पतली तो हो सकती है, पर महीन नहीं। और 'मोटी बुद्धि' का विरोधी भाव सूचित करने के लिए हम 'पतली या महीन' बुद्धि नहीं कह सकते। हमें बुद्धि के साथ 'सूक्ष्म' विशेषण लगाना होगा। फिर 'पतला' का विरोधी भाव 'मोटा' से तो सूचित होता ही है; उसका विरोधी भाव सूचित करनेवाला एक और 'गाढ़ा' शब्द भी है। 'पतली डाल' भी होती है और 'मोटी डाल' भी। पकी हुई दाल 'पतली' न हो तो वह 'मोटी' नहीं, बल्कि 'गाढ़ी' कहलाएगी। ये सभी विशेषण अलग-लग भावों के सूचक हैं, और अलग-अलग प्रकार के पदार्थों के साथ अलग-अलग अवस्थाओं में प्रयुक्त होते हैं, जैसे—चावल मोटा होता है। किसी और अर्थ में, और उसकी संगिनी दाल पतली होती है किसी और अर्थ में। फिर जिस अर्थ में दाल पतली होती है, उस अर्थ में तरकारी पतली नहीं होती, बल्कि उसका रसा पतला होता है। इस प्रकार सभी अवसरों पर ठीक और उपयुक्त विशेषण चुनने की आवश्यकता होती है।

८.३. उपयुक्त विशेषण और क्रिया-विशेषण

संज्ञाओं और क्रियाओं के साथ विशेषण और क्रिया-विशेषण बहुत समझ-बूझ कर लगाए जाने चाहिए। एक समाचार-पत्र में देखा था—'पर सिले हुए कपड़े इस आज्ञा से वंचित हैं।' परन्तु वंचित का प्रयोग ऐसे अवसरों पर होना चाहिए, जब कोई अधिकारी या पात्र अपना उचित प्राप्य पाने से रोका जाए। यहाँ तो केवल यह आशय है कि यह आज्ञा सिले हुए कपड़ों के लिए प्रयुक्त न होगी। अतः उक्त वाक्य में 'वंचित' का प्रयोग बिल्कुल गलत अर्थ में और बेमौके हुआ है। एक पुस्तक में पढ़ा था —'मैं अपने से कम जाति की स्त्री के हाथ का भोजन नहीं करता ' पर, जातियाँ एक दूसरी से 'कम' या 'ज्यादा' नहीं हुआ करतीं। वे तो 'छोटी' या 'नीच' अथवा 'ऊँची' होती हैं। प्रायः समाचार-पत्रों में 'पठित समाज' सरीखे प्रयोग देखने में आते हैं। पर 'पठित' का अर्थ है— पढ़ा हुआ (ग्रन्थ, विषय आदि)। 'पढ़ा-लिखा' या 'शिक्षित' के अर्थ में 'पठित' का प्रयोग बिल्कुल अशुद्ध है। 'पठित समाज' की जगह सदा 'शिक्षित समाज' का प्रयोग होना चाहिए। 'नोबेल-पुरस्कार' विजयिनी पर्ल बक' में 'विजयिनी' का प्रयोग ठीक नहीं। 'पुरस्कार' जीता नहीं जाता, गिलता या प्राप्त होता है। अतः उक्त वाक्य में 'विजयिनी' की जगह 'प्राप्त' होना चाहिए था। एक प्रतिष्ठित मासिक पत्र में एक चित्र का परिचय इस प्रकार छपा था—'विद्यार्थी द्वारा निर्मित चित्र।' पर चित्र सदा अंकित या चित्रित होता है। यदि इस वाक्य में 'चित्र' की जगह 'मूर्ति' हो तो उसके साथ निर्मित ठीक होगा। कहीं कोई किसी पुस्तक माला का प्रकाशन आरम्भ करता है, तो लिखा जाता है—'अमुक सज्जन ने यह पुस्तक-माला स्थापित की है।' कहीं चन्दा जमा होता है तो निकलता है—'वहाँ ४० हजार रुपये संकलित हुए।' 'संकलित' की जगह 'एकत्र' होना चाहिए। कोई लिखता है—'यह गौरव और भी उन्नत हो गया है।' 'उन्नत हो गया' की जगह बढ़ गया ही भला है। कोई लिखता है—**'भवन-निर्माण-योजना'** धीरे-धीरे उन्नत हो रही है। कोई लिखता है—'वे सारे देश का धुँआधार दौरा करेंगे।' कहीं 'तालों' के लिए टेंडर निमंत्रित किये जाते हैं।' उक्त वाक्यों में 'उन्नत' की जगह विकसित धुँआधार की जगह 'तूफानी' और 'निमंत्रित' की जगह 'आमंत्रित' होना चाहिए। कहीं मिलता है—'उन्होंने परामर्श स्थिर कर लिया।' यह कहीं कोई लिखता है—'आप अपने अनुभवी हाथों से उसे प्रस्तुत करते थे।' यहाँ अनुभवी की जगह 'मँजा हुआ' होना चाहिए।

८.४. विशेषणों के अशुद्ध प्रयोग

एक बार एक ऐसे सज्जन का प्रार्थना-पत्र देखने को मिला था, जो हिन्दी के एम० ए० तो थे ही, हिन्दी-साहित्य-सम्मेलन के साहित्य-रत्न भी थे। उन्होंने अपनी इन योग्यताओं का इन शब्दों में उल्लेख किया था—'मैंने सन् १९३६ में सम्मेलन की उत्तमा परीक्षा उत्तीर्ण की थी और गत वर्ष काशी विश्वविद्यालय से एम० ए० की परीक्षा उत्तीर्ण की है।' लगभग उन्हीं दिनों हिन्दी की एक परम प्रतिष्ठित पत्रिका में किसी के परिचय के अन्तर्गत पढ़ा था—'आपने प्रथम श्रेणी में बी० ए० की परीक्षा उत्तीर्ण की है।' एक और जगह पढ़ा था—'एक परीक्षा उत्तीर्ण करके अब दूसरी का सामना करना पड़ा।' वस्तुतः होता तो है मनुष्य स्वयं किस परीक्षा में उत्तीर्ण; परन्तु उसकी 'योग्यता' उससे स्वयं परीक्षाएँ ही उत्तीर्ण करा डालती है ! क्रमात् होना चाहिए—'मैं अमुक परीक्षा में उत्तीर्ण हुआ हूँ।' 'आप अमुक परीक्षा में उत्तीर्ण हुए हैं।' और 'एक परीक्षा में उत्तीर्ण होने पर अब उन्हें दूसरी का सामना करना पड़ा।'

कन्या के विवाह के सम्बन्ध में जो निमन्त्रण-पत्र अपने सम्बन्धियों और इष्ट-मित्रों के यहाँ भेजे जाते हैं, उनमें प्रायः लिखा रहता है—'हमारी सौभाग्यवती कन्या.... का शुभ विवाह....!' पर 'कुमारी' कन्या के लिए 'सौभाग्यवती' शब्द का प्रयोग हमारी परम्परा और संस्कृति के विचार से अनुचित है। वह सौभाग्यवती तो तब होती है, जब उसका विवाह हो जाता है। विवाह से पहले आप उसके लिए और विशेषणों (सौभाग्यकांक्षिणी, कल्याणीया, स्वस्तिमती आदि) का प्रयोग कर सकते हैं—'पर 'सौभाग्यवती' का नहीं। इसी प्रकार निमन्त्रण-पत्रों में यह लिखना ठीक नहीं है—'मेरे सुपुत्र (अथवा सुपुत्री) का विवाह....।' अपने मुँह से अपने पुत्र को 'सुपुत्र' कहना कुछ वैसा ही है, जैसे अपने लड़के का परिचय देते समय कहना—'ये हमारे साहबजादे हैं।' इससे ध्वनि यह निकलती है कि हम 'साहब' या 'बड़े आदमी' हैं।

कुछ लोग 'अपूर्व' का बहुत ही भद्दा और बेठिकाने प्रयोग कर जाते हैं। जैसे—'उनकी मृत्यु से नगर की अपूर्व क्षति हुई।' और 'इस दंगे के कारण नगर में हिंसा का अपूर्व दृश्य उपस्थित था।' ऐसे प्रयोग करनेवालों को जानना चाहिए कि 'अपूर्व' का प्रयोग सदा शुभ और इष्ट बातों के लिए ही होता है; अशुभ और अनिष्ट बातों के लिए नहीं। अपूर्वता में सदा प्रशंसा, उल्लास आदि का भाव निहित रहता है। अतः अनिष्ट प्रसंगों में 'अपूर्व' का प्रयोग नहीं होना चाहिए।

बहुत से लोग 'दाता' और 'दायक' शब्द का भेद न समझने के कारण एक की जगह दूसरे का प्रयोग कर जाते हैं। यद्यपि दोनों का शब्दार्थ 'देनेवाला' है फिर भी दोनों के प्रयोग में बहुत अन्तर है। 'दाता' का प्रयोग प्रायः व्यक्ति के सम्बन्ध में और 'दायक' का प्रयोग वस्तु के सम्बन्ध में होना चाहिए। 'हे प्रभो, आनन्ददाता ज्ञान हमको दीजिए' में 'दाता' का प्रयोग बिल्कुल ठीक है; क्योंकि वह ईश्वर (व्यक्ति) के सम्बन्ध में आया है। और 'वह स्थान हम लोगों के लिए सब प्रकार से सुखदायक सिद्ध हुआ' में 'दायक' का प्रयोग इसलिए ठीक है कि वह स्थान (वस्तु) के सम्बन्ध में आया है। यह ठीक है कि कुछ अवसरों पर 'दाता' की जगह भी 'दायक' का प्रयोग हो सकता है। इसलिए इन शब्दों के प्रयोग से भी बहुत सचेत रहने की आवश्यकता होती है।

प्रायः 'गम्भीर' का प्रयोग भी ऐसे अवसरों पर किया जाता है, जहाँ वह या तो निरर्थक

होता है या अनावश्यक। 'यह विषय गम्भीर है।' यहाँ 'उनकी मुद्रा गम्भीर थी।' कहना तो ठीक ही है; पर 'मालवीय जी की अवस्था गम्भीर है।' और 'आटे का भाव गम्भीर रूप धारण कर रहा है।' में 'गम्भीर' का क्या अर्थ है? हम एक पाठ पढ़ लेते हैं कि 'सीरियस' (Serious) का अर्थ 'गम्भीर' है। यह नहीं सोचते कि 'सीरियस' के कई अर्थों में 'गम्भीर' केवल एक अर्थ है; और इसके अतिरिक्त उसके और भी अनेक अर्थ होते अथवा हो सकते हैं। फिर जहाँ-जहाँ हमें 'सीरियस' का भाव व्यक्त करना होता है, वहाँ हम 'गम्भीर' बैठाते चलते हैं। यह नहीं सोचते कि इस अँगरेजी शब्द के लिए अलग-अलग प्रसंगों के अनुसार हमारे यहाँ कई अलग-अलग शब्द होने चाहिए, और प्रस्तुत प्रसंग में 'गम्भीर' उपयुक्त है भी या नहीं।

८.५. अनुपयुक्त विशेषण

साधारणतः वाक्यों में विशेषणों का प्रयोग कुछ विशेषता प्रकट करने के सिवा उनमें चमत्कार उत्पन्न करने और जोर लाने के लिए भी होता है। पर प्रायः लोग वाक्यगत विशेषता या चमत्कार का ध्यान छोड़कर केवल अपनी कलम का जोर दिखाने के लिए बड़े-बड़े अनुपयुक्त या व्यर्थ के विशेषणों का प्रयोग करते हैं। वे इस बात का कुछ भी ध्यान नहीं रखते कि हमारे ऐसे प्रयोगों का कुछ अर्थ भी होता है या नहीं। 'उन्होंने एक निरीह बालिका का चित्रण उपस्थित किया।' में 'उपस्थित' अनावश्यक तो है ही, निरर्थक भी है। एक बार एक समाचार-पत्र में पढ़ा था—'वह बात परम आश्चर्यजनक तो है ही, अत्यन्त विस्मयकारक भी है।' मानो 'परम आश्चर्यजनक' किसी एक भाव का सूचक हो और 'अत्यन्त विस्मयकारक' किसी दूसरे भाव का। एक पुस्तक में पढ़ा था—'आकाश से भीषण बूँदें पड़ रही थीं।, लेखक ने यह नहीं सोचा कि 'बूँदें' सरीखी छोटी और तुच्छ चीज के साथ 'भीषण' विशेषण रूप भी खप सकता है या नहीं।' 'भीषण वर्षा' तक तो ठीक है, पर 'भीषण बूँद' ठीक नहीं है। विशेषणों के ऐसे प्रयोगों से वाक्य बहुत ही बोदे हो जाते हैं। जो बात वाक्यों में वस्तुतः जान डालनेवाली होनी चाहिए, वही असावधानता के कारण उन्हें परम निर्जीव और हास्यास्पद बना देती है। विशेषणों के भद्दे प्रयोगों के कुछ और उदाहरण लीजिए—

१. साहित्य और जीवन का घोर सम्बन्ध है। (घनिष्ठ)
२. उसके घोर आग्रह करने पर ही वह पत्र लिखा गया था। (अत्यधिक)
३. उनकी मृत्यु के समाचार से नगर में भीषण शोक छा गया। (गहरा)
४. राजनीतिक परिस्थिति ने देश में भीषण शोक उत्पन्न कर दिया। (गहरा)
५. वह भीषण रूप से इस काम में लग गया। (डटकर)
६. वे दान देने में विकट रूप से प्रसिद्ध थे। (परम)
७. उनकी उग्र गम्भीरता देखकर सब लोग चकित हो गए। (असीम)
८. ब्रिटिश सैनिकों ने इस अवसर पर भयानक सहन-शक्ति का परिचय दिया। (अत्यधिक)
९. वहाँ भारी-भरकम भीड़ जमा थी। (बहुत बड़ी)
१०. गाँवों की स्थिति उग्र है। (विषम)
११. उसने आग्रहग्रस्त होकर कहा। (आग्रहपूर्वक)

१२. वे सरकार की इस नटखट सलाह पर अमल न करेंगे। (शरारत-भरी)

१३. अनेक विषयों का साहित्य उनकी मेज पर विराजमान होने लगा। (प्रस्तुत)

१४. वे चुनाव में प्रचंड बहुमत से जीते (अत्यधिक)

१५. इस काम में भयंकर विलम्ब हो सकता है। (घोर)

८.६. विशेषणों के अशुद्ध रूप

जब हम स्वयं अपने यहाँ के विशेषणों का ऐसा दुरुपयोग करते हैं, तब अरबी-फारसी आदि के विशेषणों का तो कहना ही क्या है! एक बहुत पुराने और प्रतिष्ठित लेखक ने एक बार अपने एक उपन्यास में नायक के मुँह से नायिका के प्रति कहलाया था—'तुम बहुत लजीज हो'। 'लजीज' का अर्थ है स्वादिष्ट; और उसका प्रयोग केवल खाने-पीने की चीजों के सम्बन्ध में होता है—जैसे—पुलाव बहुत लजीज बना था। किसी स्त्री को 'लजीज' कहना मानो उसे भी खाद्य पदार्थों की कोटि में ला रखना है। एक समाचार-पत्र में छपा था—'लीगियों ने खूँख्वार अस्त्र-शस्त्रों से हमला किया। पर खूँख्वार तो शेर, चीते, भालू आदि जानवर होते हैं, या उनकी-सी प्रकृतिवाले मनुष्य भी 'खूँख्वार' कहे जा सकते हैं। 'अस्त्र-शस्त्र' के साथ 'खूँख्वार' विशेषण कैसा? एक पत्र में निकला था—'मैंने इसके हसीन पहलुओं का खाका तैयार कर रखा है।' पर 'हसीन' का प्रयोग केवल व्यक्तियों के सम्बन्ध में होना चाहिए, पदार्थों या अमूर्त विचारों आदि के सम्बन्ध में नहीं।[1] एक जगह देखा था—'वे लोग जोश में लबालब थे।' पर 'लबालब' का प्रयोग बरतन-भाँड़ों या अधिक-से-अधिक ताल-तलैया आदि के लिए ही होता है। एक जगह देखा था—'न्याय को बालाए-ताक़ पर रख दिया जाता था।' पर 'बालाए-ताक़' का मतलब ही है—ताक़ पर। अतः वाक्य में या तो 'बालाए' नहीं होना चाहिए था या 'पर'। एक समाचार-पत्र में देखा था—'कुल १५० आदमी जिनमें ५० पुलिसवाले भी शरीक हैं, घायल हुए। इसमें 'शरीक' शब्द का बिल्कुल ग़लत और भद्दा प्रयोग हुआ है; उसके स्थान पर 'शामिल' होना चाहिए। 'शरीक' शब्द का प्रयोग उस अवस्था में होता है, जब कुछ लोग मिलकर स्वयं कोई काम करते हैं। 'शरीक' वह कहलाता है जो किसी काम में अपनी इच्छा से आगे बढ़कर सम्मिलित होता या उसमें हिस्सेदार बनता है। आदमी खाने-पीने में शरीक हो सकता है, चोरी करने या डाका डालने में शरीक हो सकता है या हिस्सा बँटाने के समय अपना हक लेने के लिए उसमें शरीक हो सकता है। पर मार खाने और घायल होने में शिरकत कैसी? मार खानेवालों में तो बस अधिक से अधिक 'शामिल' ही रहेगा।

एक पुस्तक में एक बार बढ़ा था—'मेरी तबीयत नाशाद थी।' पर असल मतलब था—नासाज़ थी। एक मासिक पत्र में पढ़ा था—'वहाँ बातचीत में वक्ता को नाज़-नखरा जाहिर करने (दिखलाने) का मौका नहीं दिया जाता था।' एक साप्ताहिक पत्र में छपा था—'जब तक मि० चर्चिल और एमरी का जबानी घोड़ा मुबारक है...। इसमें 'मुबारक' की जगह 'सलामत' होना चाहिए था। एक और जगह पढ़ा था—'उन्हें बेशुमार परेशानी हुई।' इसमें 'बेशुमार' की जगह 'बेहद' होना चाहिए था। 'बेशुमार' का प्रयोग तो उन्हीं चीजों के

---

१. फिर भी निम्नलिखित शेर में हसीं (हसीन) का कितना सुन्दर प्रयोग हुआ है—

दिल में किसी के राह किए जा रहा हूँ मैं।
कैसा हसीं गुनाह किए जा रहा हूँ मैं !

सम्बन्ध में होना चाहिए जो गिनी न जा सकती हों। हिन्दीवालों के लिखे हुए इस प्रकार के प्रयोग देखकर यदि किसी दक्षिण भारतीय हिन्दी-भाषी विद्यार्थी ने परीक्षा की उत्तर-पुस्तिका में लिख दिया—'सूरज का दीपक बहुत जल्लाद है।' तो उसमें उस बेचारे का विशेष दोष नहीं मानना चाहिए। यहाँ प्रसंग आ गया है, इसलिए ऐसे प्रयोगों के सम्बन्ध में हम एक और बात बतला देना चाहते हैं। वह यह कि खाली 'बड़े' या 'अच्छे' और 'बड़े-बड़े' या 'अच्छे-अच्छे' के अर्थों में भी कुछ अन्तर है। उदाहरण के लिए दो वाक्य लीजिए—(क) 'हिन्दी के अच्छे लेखक ऐसा नहीं करते।' और (ख) 'हिन्दी के अच्छे-अच्छे लेखक ऐसा नहीं करते।' पहले वाक्य में 'अच्छे' के अन्तर्गत हिन्दी के सभी अच्छे लेखक आ जाते हैं; पर दूसरे वाक्य में 'हिन्दी के सभी अच्छे लेखक' नहीं आते, बल्कि उनमें से कुछ ही आते हैं। इस प्रकार यह सिद्ध होता है कि 'अच्छे' की जितनी व्याप्ति है, उतनी 'अच्छे-अच्छे' की नहीं। वह अपेक्षया परिमित है। जब हम कहते हैं—'उन्होंने अच्छों-अच्छों को नीचा दिखाया' तो इसका आशय यह होता है कि अच्छों में भी जो आगे बढ़े हुए और फलतः बहुत अच्छे थे, उन्हें भी उन्होंने नीचा दिखाया। अतः ऐसे प्रयोग करते समय बहुत सावधानी और विचार की आवश्यकता होती है।

८.७. समान जान पड़नेवाले विशेषणों में अन्तर

जिस प्रकार समानार्थक जान पड़नेवाली अनेक संज्ञाओं में वस्तुतः कुछ सूक्ष्म अन्तर होता है, उसी प्रकार समानार्थक जान पड़नेवाले अनेक विशेषणों में भी अन्तर होता है। 'चिन्तनीय' का अर्थ है—(विषय) जिसके सम्बन्ध में चिन्तन या सोच-विचार करने की आवश्यकता हो; अर्थात् जिसमें या जिसके लिए चिन्तन अपेक्षित हो। और 'चिन्ताजनक का अर्थ है—जो मन में चिन्ता उत्पन्न करे। पर इस अन्तर का ध्यान न रखकर एक पत्रकार ने लिख दिया था—'चावल का चिन्तनीय अभाव।' यों किसी चीज का अभाव भी चिन्तन का विषय अर्थात् चिन्तनीय हो सकता है; पर जिस प्रसंग में यह वाक्य आया था, उसमें 'चिन्ताजनक' के अर्थ में ही था। अतः वहाँ 'चिन्तनीय' की जगह 'चिन्ताजनक' ही होना चाहिए था। इसी प्रकार का अन्तर 'चिन्तनीय' और 'चिन्त्य' में भी है। 'चिन्तनीय' वह है जिसका या जिसके सम्बन्ध में चिन्तन करने की आवश्यकता हो, पर 'चिन्त्य' वह है जिसका या जिसके विषय में चिन्तन किया जाए या होने को हो। पर यह अन्तर न समझकर प्रायः लोग एक ही जगह दूसरे का प्रयोग कर जाते हैं। ऐसे लोगों को स्मरण रखना चाहिए कि जिस विषय में हमें अधिक सोच-विचार की आवश्यकता आ पड़े, वह हमारे लिए 'चिन्तनीय' होगा; और जिस पर हम सोच-विचार या चिन्तन करने को हों वह 'चिन्त्य' होगा। प्रायः लोग समझते हैं कि 'अन्तिम' और 'पिछला' समानार्थक हैं। इसीलिए एक समाचार-पत्र में निकला था—'गांधी जी ने अपनी अन्तिम जेल यात्रा से पहले कहा था....।' पर 'अन्तिम' का अर्थ है—सबसे अन्त का। अतः इसका यह अर्थ होगा कि यह गांधी जी का आखिरी बार जेल जाना था; और अब भविष्य में वे कभी जेल नहीं जाएँगे। पर यह कोई निश्चित बात नहीं थी। हो सकता था कि उन्हें फिर जेल जाना पड़ता। अतः उक्त वाक्य में 'अन्तिम' की जगह 'पिछली' होना चाहिए था। कुछ लोग 'आगामी' और 'भावी' का अन्तर न समझ सकने के कारण गड़बड़ा जाते हैं; और 'आगामी घटना' आदि लिख जाते हैं। 'आगामी' का अर्थ है—आगे चलकर आनेवाला। इसमें आनेवाली वस्तु का आना निश्चित होता है; और इस बार आने या होने के बाद ही फिर अगली बार जब उसके आने या होने का जिक्र होता है तब इसका प्रयोग किया जाता है। प्रायः इसका प्रयोग काल का मान बतलानेवाला शब्दों के

साथ होता है; जैसे—आगामी सप्ताह, आगामी वर्ष आदि। जिन कार्यों का निश्चित समय हो, उनके सम्बन्ध में भी इसका प्रयोग होता है; जैसे—आगामी अधिवेशन। 'भावी' का अर्थ है—भविष्य में होनेवाला। अर्थात् जिसका न तो होना ही निश्चित हो और न कोई नियत समय या पारी ही हो, उसके सम्बन्ध में इसका प्रयोग होता है। इसके सिवा 'भावी' में केवल भविष्य में होने या अस्तित्व में आने का भाव ही प्रधान है, किसी प्रकार के प्रयत्न के फलस्वरूप घटित होने या अपने-आपको सामने लाने का भाव गौण है। अतः 'घटना' सरीखे शब्दों के साथ 'भावी' का ही प्रयोग ठीक है, 'आगामी' का नहीं।

बहुत से लोग 'विहीन' और 'रहित' में कोई अन्तर नहीं समझते। यह ठीक है कि कुछ अवस्थाओं में दोनों बहुत-कुछ समानार्थक होते हैं; पर कुछ अवस्थाओं में दोनों में सूक्ष्म अन्तर भी होता है। हम यह तो कह सकते हैं—वे सब प्रकार के दोषों से रहित हैं। पर यह नहीं कह सकते—'वे सब प्रकार के दोषों (अथवा कष्टों, रोगों आदि) ने विहीन हैं।' 'विहीन' का प्रयोग अपेक्षित, अच्छी या इष्ट बातों के अभाव के सम्बन्ध में होता है; बुरी या अनिष्ट बातों के अभाव के सम्बन्ध में नहीं। पर 'रहित' का प्रयोग प्रायः अच्छी और बुरी या इष्ट और अनिष्ट दोनों प्रकार की बातों के अभाव के लिए हो सकता है। जैसे—पुरुषार्थ-रहित, कष्ट-रहित आदि। इनके स्थान पर हम पुरुषार्थविहिन तो कह सकते हैं, पर कष्टविहीन नहीं कह सकते !

'कोई' और, 'कुछ' के प्रयोगों में भी प्रायः गड़बड़ी देखी जाती है। प्रायः लोग लिख या बोल जाते हैं—'इसका कोई अर्थ नहीं होता।' पर यदि वास्तविक दृष्टि से देखा जाए, तो ऐसे अवसरों पर 'कोई' की जगह 'कुछ' होना चाहिए। 'हम दोनों सगे भाई होकर भी मैं कोई नहीं और आप चक्रवर्ती !' में भी 'कोई' की जगह 'कुछ' ही होना चाहिए। यहाँ तो 'सार्थक अस्तित्व' सूचित करनेवाला शब्द होना चाहिए और ऐसा शब्द 'कुछ' है। हाँ, 'आत्मीय होकर मुझसे राय नहीं ली, जैसे मैं कोई नहीं !' में 'कोई' का प्रयोग ठीक हुआ है। यहाँ महत्त्व सूचित करनेवाले शब्द की आवश्यकता है न कि अस्तित्व सूचित करनेवाले शब्द की। इसी विचार से 'इसका तो कोई अर्थ ही नहीं होता' में भी 'कोई' की जगह 'कुछ' होना चाहिए। 'कोई', 'किसी' और 'कुछ' का अन्तर स्पष्ट करने के लिए हम यहाँ कुछ और उदाहरण देते हैं। मान लीजिए, हम कहते हैं—(क) यह कोई काम की बात नहीं। (ख) यह किसी काम की बात नहीं। और (ग) यह कुछ काम की बात नहीं। अब यदि विचारपूर्वक देखा जाए तो उक्त तीनों वाक्यों के अर्थ एक दूसरे से बहुत भिन्न हैं। अर्थों की यह भिन्नता नीचे के उदाहरणों से स्पष्ट होती है—(क) यह कोई अच्छी आदत नहीं। (ख) यह किसी काम का आदमी नहीं। और (ग) यह कुछ तमाशा नहीं। अतः इस प्रकार के शब्दों के प्रयोग के समय प्रसंग का पूरा ध्यान रखना चाहिए।

यहाँ हम इस प्रकार के कुछ और ऐसे उदाहरण देते हैं, जिनके अर्थों में है तो बहुत बड़ा अन्तर, पर प्रायः लोग उस अन्तर का ध्यान न रखकर एक की जगह दूसरे का प्रयोग कर जाते हैं।

गोल	वर्तुल	अलभ्य	अप्राप्य
बलवान्	प्रबल	अलौकिक	लोकोत्तर
निरर्थक	व्यर्थ	तात्कालिक	तत्कालीन
अनभिज्ञ	अपरिचित	अधिकारी	आधिकारिक

तत्पर	प्रस्तुत	अनुरूप	अनुकूल
विचित्र	विलक्षण	पुराना	प्राचीन
मान्य	स्वीकृत	विपरीत	विरुद्ध
ऊँचा	लंबा	यथेष्ट	पर्याप्त
चिन्तनीय	विचारणीय	ऊपरी	बाहरी
साधारण	सामान्य	उत्तम	श्रेष्ठ

कभी-कभी लोग ऐसी जगह संज्ञाओं का प्रयोग कर जाते हैं, जहाँ वास्तव में विशेषण या क्रिया-विशेषण की आवश्यकता होती है; जैसे—इस काम में न तो जाने कितने जीवन उत्सर्ग हुए होंगे।' और 'अभी निश्चय रूप से कुछ नहीं कहा जा सकता'। इनमें से पहले वाक्य में 'उत्सर्ग' की जगह 'उत्सृष्ट' और दूसरे में 'निश्चय' की जगह 'निश्चित' होना चाहिए। 'वे अपना हृदय परिवर्तन करना नहीं चाहते।' में 'परिवर्तन' की जगह 'परिवर्तित' होना चाहिए। और 'कश्मीर निश्चय आजाद होगा।' में 'निश्चय' की जगह निश्चित रूप से' या 'अवश्य' होना चाहिए। इसके विपरीत कभी-कभी लोग ऐसे अवसरों पर भी विशेषण का प्रयोग कर जाते हैं, जहाँ संज्ञा का प्रयोग होना चाहिए; जैसे—'वे इधर महीनों से रुग्ण-शय्या पर पड़े थे।' इस वाक्य में 'रुग्ण' की जगह 'रोग' होना चाहिए। 'पद्य के चौथे भाग को चरण कहते हैं।' यहाँ 'चौथे' की जगह 'चौथाई' होना चाहिए। चौथा तो क्रमवाचक विशेषण है; और इस दृष्टि से उक्त वाक्य का यह अर्थ हो जाएगा कि पद्य के पहले, दूसरे और तीसरे भागों की तो कुछ और संज्ञाएँ या नाम हैं पर उसका चौथा भाग 'चरण' कहलाता है।

संज्ञा के स्थान पर विशेषण और विशेषण के स्थान पर संज्ञा के प्रयोग की बहुत-कुछ गड़बड़ी प्रायः 'अधिकांश' और 'अधिकतर' के सम्बन्ध में भी देखी जाती है। बहुत कम लोग इस बात का ध्यान रखते हैं कि 'अधिकांश' मुख्यतः संज्ञा है, क्योंकि इसका शब्दार्थ है—अधिक अंश; और 'अधिकतर' विशेषण; क्योंकि इसमें अधिक के साथ 'तर' प्रत्यय लगा है, और इसका अर्थ है—अधिक की अपेक्षा कुछ और आगे बढ़ा हुआ या ज्यादा। परन्तु इन दोनों शब्दों के अर्थों का ठीक-ठीक अन्तर न समझने के कारण, जल्दी में अथवा दूसरों की देखा-देखी प्रायः कुछ लोग एक की जगह दूसरे का प्रयोग कर जाते हैं; जैसे—'आपकी अधिकांश बातें ठीक हैं।' यहाँ या तो 'अधिकांश' की जगह 'अधिकतर' होना चाहिए या वाक्य का रूप होना चाहिए—'आपकी बातों का अधिकांश ठीक है।' यह कहना ठीक नहीं। 'अधिकांश लोगों का यही विचार है।' होना चाहिए—'अधिकतर लोगों का यही विचार है।' यही बात 'अधिकांश लोग चले गए' के सम्बन्ध में भी है। ऐसे प्रयोग अशुद्ध होते हैं। हाँ, यह कहना अवश्य ठीक है—'इसका अधिकांश हमारे लिए व्यर्थ है।' इन दोनों शब्दों और उक्त उदाहरणों के अर्थों पर विचार करने से इनका अन्तर सहज में जाना जा सकता है। यह ठीक है कि कुछ अवसरों पर 'अधिकांश' का प्रयोग क्रिया-विशेषण के समान भी होता है; जैसे—'अधिकांश ऐसा ही होता है।' पर यदि वास्तविक दृष्टि से देखा जाए तो यहाँ भी 'अधिकांश' बहुत-कुछ संज्ञा के रूप में ही प्रयुक्त हुआ है; क्योंकि इसके बाद 'में' विवक्षित (अन्तर्निहित) होता है। वाक्य का वास्तविक रूप होता है—'अधिकांश में ऐसा होता है।' इसलिए ऐसे अवसरों पर 'अधिकांश' की जगह 'अधिकतर' का प्रयोग अधिक उचित और ठीक होगा।

८.८. विशेषणों का ठीक स्थान

कभी-कभी विशेषण अपने ठीक स्थान पर न आने के कारण भी कई तरह के भ्रम उत्पन्न करता है। एक पुस्तक में पढ़ा था—'हवा ठंडी चल रही थी।' इस वाक्य में 'ठंडी' शब्द है तो 'हवा' का विशेषण; पर अपने ठीक स्थान पर न होने के कारण 'चल रही थी' का क्रिया-विशेषण सा जान पड़ता है। कुछ विशिष्ट अवस्थाओं में जोर देने के लिए इस प्रकार के प्रयोग ठीक समझे जाते हैं। जैसे—'आज तो नल में पानी ठंडा आ रहा है। एक और पुस्तक में पढ़ा था—'इतने में हल्की-सी हवा का झोंका आया।' होना चाहिए था—'इतने में हवा का हल्का-सा झोंका आया।' नहीं तो 'हल्की-सी' देखने और अन्वय करने में हवा का विशेषण माना जाएगा।

८.९. संस्कृत विशेषणों के शुद्ध और अशुद्ध रूप

विशेषण के सम्बन्ध में हिन्दी में प्रायः एक और प्रकार की भूल देखने में आती है। प्रायः कभी-कभी संस्कृत के कुछ विशेषणों को लोग अपनी ओर से विशेषणत्व का एक नया जामा पहनाकर उन्हें दोहरा विशेषण बना देते हैं। या तो 'शंकित' होना चाहिए, या 'सशंक'। पर लोग प्रायः 'सशंकित' लिखते हैं। इसी प्रकार के कुछ शब्द-युग्म हैं जिनमें के पहले रूप शुद्ध और दूसरे रूप अशुद्ध हैं—

वैद्युत-वैद्युतिक, निराकांक्ष-निराकांक्षी, समकोण-समकोणिक, अनभिलाषा-अनभिलाषी, निरपराध-निरपराधी, निर्दय-निर्दयी, अमानुष-अमानुषी ('अमानुषी' वस्तुतः 'अमानुष' का स्त्री० रूप है।) आवश्यक-आवश्यकीय, निर्धन-निर्धनी आदि।

कुछ लोग संस्कृत की संज्ञाओं से बने हुए हल्के और ठीक विशेषणों का व्यवहार न करके मनमाने ढंग से कई तरह के विशेषण बना लेते हैं; जैसे—'अनुमित' की जगह 'अनुमानित', 'संपृक्त' की जगह 'संपर्कित', 'उद्दिष्ट' की जगह 'उद्देशित', 'ग्रस्त' की जगह 'ग्रसित', 'त्रस्त' की जगह 'त्रसित' 'क्रुद्ध' की जगह 'क्रोधित' 'गार्हस्थ्य' की जगह 'गार्हस्थिक' आदि। व्यापित (व्याप्त), व्यवहरित (व्यवहृत) आदि इसी प्रकार के और भी बहुत से अशुद्ध शब्द हैं जो हिन्दी में प्रायः देखने में आते हैं।

इस सम्बन्ध में कुछ लोगों का मत है कि अनुमानित, संपर्कित और व्यवहरित सरीखे रूप तो हिन्दी के मान लिए जाएँ और अनुमित, संपृक्त तथा व्यवहृत सरीखे रूप संस्कृत के। संस्कृत के रूप हम छोड़ दें और उनके स्थान पर हिन्दी के नए और सुगम रूप प्रचलित करें। इस तर्क में कुछ तथ्य तो अवश्य है, पर इस सुझाव के अनुसार चलने में बहुत बड़ी गड़बड़ी होने का भी डर है। पहली बात तो यह है कि कुछ प्रयोग संस्कृतवाले वर्ग में होने के कारण छूट जाएँगे; और केवल हिन्दी के माने जानेवाले रूप रह जाएँगे, जिससे हम घाटे में पड़ जाएँगे। फिर 'आमंत्रित' और 'अभिलषित' सरीखे शब्दों का क्या होगा? दूसरे, हमें यह भी स्मरण रखना चाहिए कि आकृष्ट-आकर्षित, विभक्त-विभाजित सरीखे कुछ शब्दों के अलग-अलग अर्थ भी होते या हो सकते हैं। अपनी भाषा की वर्तमान आवश्यकताएँ देखते हुए हमें मानना पड़ेगा कि 'आकृष्ट' का अर्थ है या होना चाहिए—खींचा हुआ, और 'आकर्षित' का अर्थ है या होना चाहिए—खींचा हुआ। संस्कृत में, भाववाचक संज्ञाओं की भाँति, विशेषण भी कई प्रकार से बनते हैं। और सब प्रकार के नियम न जानने के कारण प्रायः लोग मनमाने ढंग से विशेषण बनाने लगे हैं। अतः हो सकता है एक ही विशेषण के कई-कई रूप प्रचलित हो

जाएँ और उनमें से कुछ रूप अशुद्ध या भ्रामक निकलें।

'नियोजन' से 'नियोजक' तथा 'नियोक्ता और 'विभाग' से 'विभागीय' तथा 'वैभागिक दोनों रूप बनते हैं। यह ठीक है कि हमें साधारणतः 'नियोजक' और 'विभागीय सरीखे ऐसे ही रूप रखने चाहिए, जो लिखने में भी सहज हों और जिनका उच्चारण भी सुगम हो। पर कुछ अवसरों पर हमें 'वैभागिक' सरीखे रूपों की भी आवश्यकता हो सकती है; इसलिए हम नियमपूर्वक किसी एक रूप को त्याज्य और दूसरे को ग्राह्य नहीं मान सकते। हाँ, जहाँ तक हो सके, हमें सुगमता और बोधगम्यता का ध्यान रखना चाहिए।

संस्कृत में 'प्रलय' से 'प्रलयंकर' विशेषण बनता है। पर एक सज्जन लिखते हैं—'एक प्रलयी हुंकार के साथ...। एक समाचार-पत्र में देखा था—'प्रतिनिषेधात्मक शासन।' ऊपर हमने 'प्रलयी' का उदाहरण दिया है जिसमें 'प्रलय' के साथ 'ई' प्रत्यय लगाया गया है। शब्दों में 'ई' लगाकर विशेषण बनाने की हमारी यह प्रवृत्ति संस्कृत शब्दों तक ही सीमित नहीं। जिस प्रकार हम अरबी-फारसी की कुछ संज्ञाओं में व्यर्थ ही 'ई' लगाकर उनका एक नया और अशुद्ध रूप बना लेते हैं।[१] उसी प्रकार हम विशेषणों में भी प्रायः व्यर्थ 'ई' लगाने के अभ्यस्त होते जा रहे हैं। बनारस में 'तैयारी' आम और कलकत्ते में 'तैयारी' कोट तो बहुत दिनों से बिकते हैं। एक विज्ञापन में देखा था—'बवासीर का शिकारी' जो वस्तुतः 'बवासीर का शिकार' होना चाहिए था; क्योंकि 'शिकारी' तो शिकार करनेवाले को कहते हैं। पर इन्हें हम अशिक्षितों के अथवा बोलचाल के प्रयोग मानकर छोड़ भी सकते हैं। पर अब कुछ शिक्षित लोग साहित्य में भी ऐसे शब्दों का प्रयोग करने लगे हैं; जैसे—'रेल में एक लावारिसी बच्चा मिला।' 'श्रीमती नायडू द्वारा नीलामी' और 'उनके साथ कई मातहती भी थे।' इन उदाहरणों में 'लावारिसी' की जगह 'लावारिस', 'नीलामी' की जगह 'नीलाम' और 'मातहती' की जगह 'मातहत' ही होना चाहिए। 'लावारिसी' भाववाचक संज्ञा है; 'नीलामी' वस्तुतः विशेषण है, संज्ञा नहीं; जैसे 'नीलामी माल' और 'मातहती' भी वस्तुतः भाववाचक

१. संज्ञाओं में व्यर्थ 'ई' लगाने की प्रवृत्ति हमारे यहाँ तक ही नहीं। संस्कृत में 'अज्ञान' संज्ञा भी है, विशेषण भी। अर्थात् इसके दो अर्थ हैं—(१) ज्ञान का अभाव और (२) जिसे कुछ भी ज्ञान न हो। अन्तिम अर्थ में इसका व्यवहार प्रायः संज्ञा के समान होता है; अर्थात् वह जिसे कुछ भी ज्ञान न हो। पर इस अर्थ में लोग प्रायः अज्ञान की जगह भूल से 'अज्ञानी' का प्रयोग कर जाते हैं। 'बिना श्रीराम को देखे नहीं दिल को करारी है' तो प्रायः अशिक्षित लोग गलियों में गाते-फिरते हैं, जिसमें 'करारी' वस्तुतः 'करार' (स्थिरता या चैन) की जगह आता है। पर हमारे शिक्षित भाई भी लिखते हैं—वे चाहते हैं कि मैं अपनी इनकारी पर फिर विचार करूँ।' और 'वह दिन भी आ गया जिसकी इन्तजारी थी।' वस्तुतः 'इनकार' और 'इन्तजार' ही यथेष्ट और ठीक हैं। इन्तजारी का प्रयोग कुछ उर्दू कवि भी, कदाचित् भूल से ही कर गए हैं। जैसे—

(क) इन्तजारी ने तेरी खूब दिखाया लहरा।
शाम से सुबह हुई सुबह से पिछला पहरा।।

(ख) फिर किसी की इन्तजारी ने बनाया बुत मुझे।
फिर बरंगे चश्मे रीजन चश्म का हल्का हुआ।।

इसी प्रकार की प्रवृत्तियों का यह परिणाम है कि समाचार-पत्रों में इस प्रकार के विज्ञापन निकलते हैं—'हमारे यहाँ सब तरह का सामान ढुलाई होता है।'

संज्ञा है ! जैसे—'आज-कल उनकी मातहती में पचासों आदमी काम कर रहे हैं।'

८.१०. प्रत्ययों के दूषित प्रयोग

एक ओर तो हम लोग दूसरी भाषाओं के शब्दों में अपने यहाँ के प्रत्यय लगाकर और दूसरी ओर ठेठ हिन्दी के शब्दों में संस्कृत, अरबी-फारसी आदि के प्रत्यय लागकर नए-नए विशेषण बनाने लगे हैं। इस प्रकार का एक शब्द है 'तोड़क' जो पहले-पहल लाहौर के 'जात-पाँत तोड़क मण्डल' की कृपा से चला था। या तो हमें नहीं मालूम कि यह मण्डल जाति-पाँति के बन्धन तोड़ने में कहाँ तक सफल हुआ, पर इसमें सन्देह नहीं कि हिन्दी व्याकरण के कुछ नियमों की मर्यादा तोड़ने में यह अवश्य सफल हुआ। कदाचित् उसी समय से लगभग अथवा उससे भी कुछ पहले हिन्दी में 'सुधारक'[१] शब्द भी चला था; पर इसमें उतनी खटक नहीं थी, जितनी 'तोड़क' में। अब तो आकाश में 'टोहक' जहाज भी उड़ने लगे हैं; 'बीमा-हड़तालक' आदि कुछ और शब्द भी इसके अनुकरण पर बनने लगे हैं, और दक्षिण भारत में 'संगठक' का खूब प्रचार हो चला है। अब यदि कोई 'पड़तालक' के ढंग पर 'हड़तालक' भी लिखने लगे तो उसे कौन रोकेगा? और इसी प्रकार आगे चलकर छोड़क, मोड़क, फोड़क और खोदक सरीखे शब्द भी बनने लगें तो कहाँ ठिकाना लगेगा? जिस समय 'तोड़क' शब्द बना था, उससे बहुत पहले स्व० बा० जगन्नाथदास जी, 'रत्नाकर' ने आज-कल के 'जाँचकर्ता' की जगह 'जाँचक' शब्द बनाया था। यथा—

सुकवि प्रशंसनीय विधि भलाहिं नियम बहु तोरहिं।

करहिं दोष जिहि सोधन सद् जाँचक साहस नहिं।।

और उनसे भी बहुत पहले गोस्वामी तुलसीदास जी ने 'बेचनेवाला' के अर्थ में 'बेचक' शब्द का प्रयोग किया था यथा—

द्विज स्रुति बेचक भूप प्रजासन। कोउ नहिं मान नियम अनुसासन।

और सूरदास जी ने 'चाहक' बनाया था; यथा—

कहा सुदामा कै धन हौ? तो सत्व प्रीति के चाहक।

महाकवि देव भी अपने इस चरण में 'मेटक' का प्रयोग कर गए हैं—

देव जी को हिन्दी हुलसी, तुलसी बन में कुल-सील की मेटक।

परन्तु यह स्पष्ट है कि 'जाँचक', 'बेचक', 'चाहक' और 'मेटक' शब्द अथवा इसी प्रकार के और अनेक शब्द जो अन्य कवियों ने बनाए थे, हिन्दी में नहीं चले। इसका मुख्य कारण यही है कि ये शब्द हमारी भाषा की प्रकृति के अनुकूल नहीं थे; और इनमें कुछ खटक थी। इसके सिवा इनका व्यवहार कविता में हुआ था और ये कवियों के विशेषाधिकार की छाया में रहने के कारण उतने आपत्तिजनक भी नहीं थे। पर यह प्रवृत्ति है अवश्य चिन्तनीय।

एक समाचार-पत्र में किसी के ठगे जाने का समाचार छपा था। उसके अन्त में था—'वह निरीह व्यक्ति ठगित होकर लौट गया।' एक और जगह पढ़ा था—'उन्होंने हमें सुभाषित्त कर लिया' (लुभा लिया के अर्थ में)। कोई किसी की धृष्टता देखकर 'अचम्भित' होता है; कोई 'रत्न-जटित' की जगह 'रत्न-जड़ित' लिखता है, और कोई अपनी पुस्तक के नए संस्करण

१. 'सुधार' वस्तुतः हिन्दी का शब्द है, संस्कृत का नहीं।

को उसका 'सुधारित रूप' बतलाता है। यदि यही प्रवृत्ति बढ़ती रही तो आगे चलकर हमें पुस्तकों के 'छापित' और 'दोहरायित' रूप भी दिखाई देने लगेंगे ! और उन्हें देखकर हम 'उमंगित' भी होने लगेंगे ! यह ठीक है कि संस्कृत और हिन्दी का बहुत घनिष्ठ सम्बन्ध है और हमने अधिकतर बातें संस्कृत से ही ली हैं; पर इसका यह अर्थ नहीं होना चाहिए कि हम हिन्दी के तद्भव शब्दों के विशेषण भी संस्कृत व्याकरण के नियमों के अनुसार बनाने लगें।[१]

यह दूषित प्रवृत्ति बराबर बढ़ती जा रही है। पुस्तकों के 'अजिल्द' और 'सजिल्द' संस्करण तो बहुत दिनों से चले आ रहे हैं। पर अब ऐसा जान पड़ता है कि किसी को किसी बात की मर्यादा का ध्यान रखना ही पसन्द नहीं। अब प्रायः लोग भिन्न-भिन्न भाषाओं के प्रत्यय और उपसर्ग लगाकर अनेक प्रकार के संकर विशेषण और क्रिया-विशेषण बनाने लगे हैं। उदाहरणार्थ लंबे-खिड़की, असरकारक, उथल-पुथल-मय, सह-मालिकाना, लापरवाहीपूर्ण अडाक्टर, अफारसी, टैक्सदाता, कामकाजहीन, गैरबौद्ध, भीड़युक्त, सजाप्राप्त, नमूनार्थ, थोकविक्रेता, खोजपूर्ण, खोजानुसार, अमेरिकास्थ, लन्दनस्थ, पटना-जिलान्तर्गत आदि।[१] हमें इस प्रकार के प्रयोगों से बचना चाहिए।

८.११. अनावश्यक विशेषण और क्रिया-विशेषण

विशेषणों के सम्बन्ध में ध्यान रखने योग्य और कई बातें हैं। पहली बात यह है कि संज्ञाओं के साथ फालतू विशेषण नहीं लगाने चाहिए, जैसे—'गरम आग' या ठंडी बरफ' कहना ठीक नहीं। जो चीज सदा गरम या ठंडी ही रहती है, उसके साथ गरमी या ठंडक सूचित करनेवाला विशेषण क्यों लगाया जाए ? 'गुप्त रहस्य' लिखना भी ठीक नहीं। रहस्य वस्तुतः वही होता है, जिस पर किसी प्रकार का आवरण हो और जिसका ठीक या वास्तविक स्वरूप सब लोगों के सामने न हो। ऐसी अवस्था में उसके साथ 'गुप्त' विशेषण बिल्कुल व्यर्थ और अनावश्यक है। पुरानी परम्परा में 'पुरानी' व्यर्थ है। महात्मा गाँधी की 'मृत आत्मा' में 'मृत' का प्रयोग भी बहुत ही भद्दा और अशुद्ध है। आत्मा 'स्वर्गीय' तो हो सकती है, पर 'मृत' नहीं। 'ऐसी सम्भावना गलत है।' में 'गलत' ठीक नहीं। 'सम्भावना' या तो 'होती है' या 'नहीं होती'। वह 'गलत' या 'सही' नहीं हो सकती। 'घमासान' में तो घोरता का भाव पहले से है ही; अतः 'घोर घमासान' लिखना ठीक नहीं। 'दयनीय दशा' तो ठीक है; पर 'दयनीय दुर्दशा' ठीक नहीं; क्योंकि दुर्दशा सदा 'दयनीय' ही होती है। दूसरे, क्रियाओं और विशेषणों के साथ निरर्थक क्रिया-विशेषण भी नहीं लगाने चाहिए। 'बहुत काफी' जो प्रायः 'बहुत अधिक' के अनुकरण पर लिखा जाता है जो अशुद्ध भी है और भद्दा भी। 'अधिक' के पहले तो 'बहुत' का प्रयोग इसलिए ठीक है कि वह 'अधिकता' की बढ़ी हुई मात्रा का सूचक है। पर 'काफी' का अर्थ ही है—यथेष्ट। और जो स्वयं यथेष्ट है, उसके साथ 'बहुत' लगाने की आवश्यकता नहीं। यही बात, 'यह दवा बहुत तत्काल असर दिखलाती है' में आए हुए 'बहुत' के सम्बन्ध में भी है। 'उन्होंने इस बात पर आपत्ति प्रकट की' और इस विषय की सम्भावना प्रकट हो रही है।' में प्रकट बिल्कुल निरर्थक और फालतू है। 'धान' को 'छिलकेदार चावल' कहना मानो अपना अज्ञान प्रकट करना है। एक अवसर पर हमारे देखने में 'अग्राह्यकर' आया था, जिससे सूचित होता था कि लेखक केवल 'अग्राह्य' को यथेष्ट

१. एक विद्यार्थी ने अपनी छुट्टी के प्रार्थना-पत्र में लिखा था—श्रीमन्मास्टर साहबेषु।

नही समझता। इससे भी बढ़कर विलक्षण प्रयोग एक सज्जन ने किया था—'निरानन्दपूर्ण कमरा।' इससे पहले तो नकारात्मक 'निर्' उपसर्ग लगा है और बाद में पूर्ण है; अर्थ के विचार से ये दोनों एक दूसरे के बिल्कुल विरोधी हैं। कुछ लोग 'परम उत्तम' और 'उत्तमतर' सरीखे प्रयोग भी कर जाते हैं। कदाचित् वे 'उत्तम' शब्द के रूप और वास्तविक अर्थ पर ध्यान नहीं देते। 'उत्तम' का अर्थ ही है—सबसे बढ़कर। न तो 'उत्तम' के पहले 'परम' या और कोई विशेषण लगाना ठीक है और न उसके बाद 'तर' प्रत्यय; क्योंकि उसमें 'उत्' के साथ 'तम' प्रत्यय पहले से लगा हुआ है। यही बात 'श्रेष्ठ' के सम्बन्ध में भी है। 'श्रेष्ठतर' और 'श्रेष्ठतम' रूप अशुद्ध हैं। केवल 'श्रेष्ठ' लिखना यथेष्ट है।

विशेषणों के स्त्रीलिंग रूप

कुछ लोग संस्कृत के कुछ विशिष्ट विशेषणों के स्त्रीलिंग रूपों का भी व्यवहार करते हैं। जैसे विगता, विपुला, ललामा, नवला, पूरिता आदि। कविता में भले ही चरण की मात्राएँ पूरी करने या समास-सौंदर्य के लिए इन रूपों का कुछ उपयोग हो सकता हो, पर गद्य में प्रायः विगत, विपुल, ललाम, नवल, पूरित आदि रूप ही चलते हैं। हाँ, जहाँ किसी विशेषण का संज्ञा के समान प्रयोग हो; वहाँ उसका स्त्रीलिंग रूप रखना आवश्यक है; जैसे—सुन्दरी, तपस्विनी, अभागिनी आदि। कुछ अवस्थाओं में विशेषण के स्त्रीलिंग रूप बिल्कुल व्यर्थ भी होते हैं। एक समाचार-पत्र में पढ़ा था—'वे सपतिका यहाँ आई हैं।' इसमें का 'सपतिका' वस्तुतः 'सपतिक' ही होना चाहिए। 'सपतिक' कहने से कभी किसी को उसके पुल्लिंग होने का संदेह नहीं हो सकता। पुरुष कभी 'सपतिक' नहीं हो सकता; जब होगी, तब स्त्री ही होगी। पुरुष को 'सपत्नीक' होगा। अतः स्त्री के लिए 'सपतिका' की जगह 'सपतिक' ही होना चाहिए जो बात स्वतः सिद्ध हो, उसमें व्यर्थ के प्रत्यय बढ़ाकर या उसकी मात्राएँ बदलकर स्पष्ट करने का प्रयत्न निरर्थक होगा। कुछ अवस्थाओं में तो विशेषणों के स्त्रीलिंग रूप बनाने की प्रवृत्ति अनर्थकारी भी हो सकती है। यदि किसी भद्र महिला को पत्र लिखते समय आरम्भ में सम्बोधन के स्थान पर 'प्रिय महोदया' की जगह 'प्रिया महोदय' लिखा जाए तो वह लेखक की परम अयोग्यता और अशिष्टता का ही सूचक होगा। फारसी के 'जुदा', 'उम्दा', 'पेचीदा', 'चुनिंदा', आदि विशेषण दोनों लिंगों में ज्यों-के-त्यों रहते हैं, स्त्रीलिंग रूप 'जुदी' 'उम्दी', 'पेचीदी', 'चुनिंदी', आदि नहीं होते। पर प्रायः लोग भूल से 'जुदी', 'उम्दी' आदि बोल और लिख जाते हैं। एक समाचार-पत्र में पढ़ा था—'भारत की राजनीति बहुत पेचीदी है।' यहाँ 'पेचीदा' से अच्छी तरह काम चल सकता था।

जिस प्रकार संज्ञा के साथ उपयुक्त विशेषण रखना आवश्यक है; उसी प्रकार वाक्य में विशेषण अपने ठीक स्थान पर रखना भी आवश्यक है। 'एटम बम से भी भयंकर साइन्स का आविष्कार' में 'भयंकर' यद्यपि 'आविष्कार' का विशेषण है, पर यह 'साइन्स' का विशेषण जान पड़ता है। इसका यह अर्थ हो सकता है कि 'एटम बम' भी कोई साइन्स है; और अब उससे भी भयंकर साइन्स का आविष्कार हुआ है 'सर्वोत्कृष्ट ज्वर की चिकित्सा' भी ऐसा ही भ्रामक और भद्दा वाक्य है। इसमें का 'सर्वोत्कृष्ट' विशेषण चिकित्सा के लिए है अतः उसी के पहले आना चाहिए न कि 'ज्वर' के पहले।

विशेषणों की तरह लोग विशेषण वाक्यांशों का भी भद्दा और बेठिकाने प्रयोग करते हैं। एक पत्र में सम्राट् छठे जॉर्ज और उनकी सम्राज्ञी के अलग-अलग चित्र छपे थे। सम्राट् के चित्र के नीचे 'पालर्मिंट का उद्घाटन करनेवाले 'सम्राट्' और सम्राज्ञी के चित्र के नीचे

'राजनीतिक कार्यों में सहायता देनेवाली सम्राज्ञी' छपा था। इस प्रकार के पद कभी कभी बहुत भ्रामक हो सकते हैं। पहले पद का यह आशय भी हो सकता है कि सम्राट् अनेक हैं और उनमें से पार्लमिंट का उद्घाटन करनेवाले सम्राट् का यह चित्र है। यही बात दूसरे पद के सम्बन्ध में भी है। हिन्दी की प्रकृति के अनुसार ये पद इन रूपों में होने चाहिए थे—'सम्राट्, जिन्होंने पार्लमिंट का उद्घाटन किया।' और 'सम्राज्ञी' जो राजनीतिक कार्यों में सम्राट् को सहायता देती है'। 'तरह-तरह के जादू के खेल' का वह अर्थ नहीं, जो 'जादू के तरह-तरह के खेल' का है। पहले वाक्य के 'तरह-तरह के' से वस्तुतः जादू के अनेक प्रकार सूचित होते हैं; और दूसरे वाक्य में यह पद केवल खेलों के प्रकार सूचित करता है।

८.१२. संख्यावाचक विशेषणों के शुद्ध प्रयोग

संख्यासूचक अंक भी एक अवस्था में विशेषण होते हैं; अतः उनके सम्बन्ध में भी यहाँ कुछ बातें बतला देना आवश्यक जान पड़ता है। कभी तो लोग संख्याएँ अंकों में लिखते हैं और कभी एक ही वाक्य में अंकों और अक्षरों दोनों में; जैसे—'७ से सोलह तक'। ऐसा नहीं होना चाहिए। पर जहाँ कहना हो, २५ को ५ से भाग दो या गुणा करो, वहाँ सदा अंकों का प्रयोग होना चाहिए। नियम का ठीक तरह से पालन न होने पर कभी-कभी लोगों को आशय समझने में भ्रम भी हो सकता है। यदि हम लिखें—'२ से ५ सौ तक' इसके दो अर्थ हो सकते हैं। एक तो 'दो से पाँच सौ तक', और दूसरा 'दो सौ से पाँच सौ तक।' अँगरेजी में ऐसे अवसरों पर अधिक स्पष्टता के विचार से '२ से ५०० तक' लिखने की प्रथा है; क्योंकि 'दो से पाँच सौ तक' लिखने पर भी वह भ्रम हो सकता है, जिसका उल्लेख ऊपर हुआ है। '२८ अगस्त से ३० तक' की जगह '२८ से ३० अगस्त तक' लिखना चाहिए। एक समाचार-पत्र में एक शीर्षक था—'१ हजार ६०५ बम बरामद' पर '१ हजार ६०५' से '१६०५' कहीं अधिक हल्का, सहज और सुबोध है। अँगरेजी के प्रभाव के कारण कुछ लोग १३० हजार, २१२ लाख आदि भी लिख जाते हैं। यह भी ठीक नहीं। हमें क्रमात् १ लाख ३० हजार और २ करोड़ १२ लाख ही लिखना चाहिए। इसके सिवा पाठकों के सुभीते के लिए तथा उन पर प्रभाव डालने के लिए भी १३०००० या २१२००००० की जगह क्रम से १ लाख ३० हजार या २ करोड़ १२ लाख लिखना अधिक अच्छा है। और भी अधिक प्रभाव डालने तथा मान बहुलता सूचित करने के लिए १०० मन की जगह लोग प्रायः ४००० सेर या ८००० पाउण्ड (वजन) भी लिखते हैं।

हिन्दी में बहुत दिनों से एक प्रवृत्ति चली आ रही है, जो अब धीरे-धीरे कम हो रही है। हमारे यहाँ किसी समय श्री ३, श्री ५, श्री १०८ आदि लिखने की प्रथा थी। इसके फेर में पकड़कर कुछ लोग 'बड़े २' और 'अच्छे २' भी लिखने लग गए और अब भी कुछ लोग इसी तरह लिखते हैं। यह ठीक नहीं। सदा 'बड़े-बड़े' और 'अच्छे-अच्छे' ही लिखना चाहिए।

अन्त में लेखकों को हम एक और विषय में सचेत कर देना चाहते हैं। स्वयं अपने नाम के साथ श्री, जी, बाबू, पण्डित, डाक्टर, प्रोफेसर या बी० ए०, एम० ए० आदि विशेषणों या उपाधियों का प्रयोग करना भी ठीक नहीं। प्रायः लोग अपनी लिखी हुई पुस्तक या अपने ही द्वारा सम्पादित होनेवाले सामयिक पत्रों आदि पर अपने नाम के साथ 'श्री', 'जी' आदि का प्रयोग करते हैं। यह प्रश्न भाषा का तो है नहीं, शिष्टाचार और सभ्यता का अवश्य है फिर ऐसे प्रयोग पाठकों को बहुत खटकते हैं और लेखक की असंस्कृति तथा अहम्मन्यता के

सूचक भी होते हैं। इसीलिए यहाँ इनका उल्लेख किया गया है।

८.१३. क्रिया-विशेषणों के अशुद्ध प्रयोग

विशेषणों के प्रयोग भी प्रायः लोग बहुत असावधानी से करते हैं। जान पड़ता है कि बहुत-कुछ विशिष्ट शब्दों के सम्बन्ध में विशेषणों और क्रिया-विशेषणों के अन्तर ही नहीं समझते; जैसे—'पुस्तक बहुत ही विद्वत्तापूर्ण लिखी गई है।' वास्तव में होना चाहिए....'पुस्तक बहुत ही विद्वत्तापूर्वक लिखी गई है।'

एक पुस्तक में ऐसा प्रसंग था, जिससे बातचीत में एक पात्र को कुछ लज्जित होना पड़ा था। उसी की वह अवस्था सूचित करने के लिए लेखक ने लिखा था—'उसकी गरदन नीचे थी।' यहाँ 'नीचे' (क्रि० वि०) की जगह 'नीची' (विशेषण) होना चाहिए था। 'उसकी गरदन नीचे थी' का तो यह अर्थ होगा कि ऊपर कोई और चीज भी थी या वह किसी की तुलना में नीचे थी। एक बहुत साधारण शब्द 'बड़ा' है, जिसका बहुत अधिक भ्रमपूर्ण प्रयोग देखने में आता है। 'वह बड़ा चालाक है।', 'इस काम में बड़ा लाभ है।', 'आपने बड़ा अच्छा काम किया।' 'उससे हमें बड़ा सहारा मिला।', 'वे बड़े भारी कवि थे !', 'यह पुस्तक बड़ी सुन्दर है।', 'उनका बड़ा सम्मान हुआ।' आदि अनेक प्रयोग नित्य सामने आते हैं। उक्त प्रसंगों में 'बड़ा' की जगह 'बहुत' होना चाहिए। 'वहाँ बड़ा भूकम्प आया' में बड़ा के स्थान पर 'भारी' होना चाहिए। कुछ लोग 'अनुसार' की जगह 'अनुरूप' या 'अनुकूल' का प्रयोग कर जाते हैं। विशेषतः 'अनुरूप' का प्रयोग अनेक ऐसे अवसरों पर देखा जाता है, जहाँ वस्तुतः 'अनुसार' होना चाहिए। अतः इन शब्दों के प्रयोग में भी बहुत सावधान रहना चाहिए, और सदा अर्थ का ध्यान रखते हुए प्रसंग के अनुसार उपयुक्त शब्द का प्रयोग करना चाहिए।

कुछ लोग 'परस्पर' के प्रयोग में कई प्रकार की भूलें करते हैं। बहुत दिन हुए, एक बहुत प्रसिद्ध कवि की बच्चों के लिए लिखी हुई एक कविता में पढ़ा था— 'हम तुम परस्पर बाल हैं।' इसमें 'परस्पर' का बेठिकाने और अशुद्ध प्रयोग हुआ है। 'हम लोगों के पारस्परिक मित्र श्री केदारनाथ शर्मा...' कहना भी ठीक नहीं। ऐसे प्रसंगों में 'पारस्परिक' का प्रयोग नहीं होना चाहिए; क्योंकि उसका कोई अर्थ नहीं होता। दूसरी बात यह है कि 'परस्पर' के साथ 'में' विभक्ति भी नहीं लगानी चाहिए। 'हम लोग परस्पर में समझ लेंगे।' सरीखे वाक्य अशुद्ध होते हैं।

जब कई दिनों के भीषण साम्प्रदायिक उपद्रवों और दंगों के उपरान्त दिल्ली में कुछ शान्ति हुई थी (सितम्बर १९४७), तब एक समाचार-पत्र में शीर्षक छपा था, 'दिल्ली में लगभग शान्ति।' पर यह 'लगभग' का अशुद्ध प्रयोग था। वस्तुतः 'लगभग' का प्रयोग अंक और मान सरीखे भावों के सूचक शब्दों ही के साथ होता है। 'लगभग एक सप्ताह' और 'लगभग चालीस तोले' सरीखे प्रयोग तो ठीक होते हैं, पर 'वह लगभग सो गया', 'मैं लगभग चल रहा हूँ', 'मैं लगभग चुप हूँ', सरीखे प्रयोग अभी तक शिष्ट-सम्मत नहीं। हाँ, आगे चलकर हो जाएँ तो बात दूसरी है। ऐसे अवसरों पर 'लगभग' की जगह 'प्रायः' या किसी और शब्द का प्रयोग अधिक अच्छा होगा।

८.१४. संज्ञा की जगह क्रिया-विशेषण

कुछ लोग भ्रम से कुछ क्रिया-विशेषणों का प्रयोग प्रायः संज्ञा के समान कर जाते हैं। इनमें से एक विशेष प्रचलित शब्द 'तत्काल' है जिसका अर्थ है 'उसी समय' या 'तुरन्त' न

कि 'उस समय' या 'इस समय'। इसके दुरुपयोग के कुछ उदाहरण हैं—

१. प्रशांत में अमेरिका की दस लाख सेना तत्काल मौजूद है।

२. तत्काल दक्षिण भारत की दशा बहुत नाजुक हो चली है।

३. सरकारी आदेश जारी होते ही तत्काल से लागू हो गया। आदि।

इनमें से पहले और दूसरे वाक्यों में 'तत्काल' की जगह 'इस समय' और तीसरे वाक्य में या तो 'उसी समय' चाहिए या 'तत्काल' के बाद विभक्ति नहीं होना चाहिए।

कभी-कभी कुछ लोग क्रिया-विशेषण की जगह विशेषण अथवा विशेषण की जगह क्रिया-विशेषण का प्रयोग कर जाते हैं। वे इस बात का विचार नहीं करते कि इस गड़बड़ी के कारण अर्थ में कितना अन्तर पड़ जाता है। उदाहरणार्थ—(क) 'जैसा आपका लड़का, वैसा हमारा लड़का' और (ख) 'जैसे आपका लड़का, वैसे हमारा लड़का'। इनमें से पहले वाक्य का आशय यह है कि आपका लड़का और हमारा लड़का दोनों बहुत-सी बातों में समान हैं। पर दूसरे वाक्य का आशय यह है कि लड़का जिस प्रकार आपका है, वैसे ही हमारा भी है। अर्थात् आपके लड़के को भी हम अपने ही लड़के के समान समझते हैं। उस पर हमारा भी वैसा ही स्नेह है जैसा आपका है; अथवा प्रतिक्रमात् भी। प्रायः समाचार-पत्रों और पुस्तकों में भी इस प्रकार के प्रयोगों की गड़बड़ी देखने में आती है; जैसे—'प्रशान्त का युद्ध लम्बा चलेगा', 'उसका भारी अनुरोध है', 'छात्र दृढ़ संगठित हों' और 'वह पुस्तकें ही विशेष पढ़ता था' ये प्रयोग शिष्ट-सम्मत तो नहीं, किन्तु अब चल पड़े हैं। इनके शिष्ट-सम्मत रूप ये हैं—'प्रशान्त का युद्ध लम्बा होगा' या 'बहुत दिनों तक चलेगा।' 'उसका बहुत अनुरोध है।' 'छात्र दृढ़ता से संगठित हों।' और 'वह विशेषतः पुस्तकें ही पढ़ता था।'

८.१५. नित्य-सम्बन्धी क्रिया-विशेषण

अन्यान्य भाषाओं की तरह हिन्दी में भी कुछ ऐसे क्रिया-विशेषण और अव्यय हैं जिनमें परस्पर नित्य-सम्बन्ध रहता है। यदि उनमें से एक शब्द पहले किसी वाक्यांश में आए, तो उसके बादवाले वाक्यांश में उसके साथ का दूसरा शब्द आना भी आवश्यक होता है; जैसे—'यदि—तो', 'यद्यपि—तथापि', 'जितना—उतना', 'जैसे—वैसे', 'चाहे'—'पर' आदि। इनके व्यवहार में भी लोग बहुत असावधानी करते हैं। उदाहरणार्थ—'जैसे इनमें कुछ निकटता जरूरी है, उसी प्रकार कुछ दूरी भी।', 'चाहे आप नाराज हो जाएँ, मैं यह बात नहीं मान सकता।', 'जितना अंश देख गया हूँ, वह मुझे बहुत उपयोगी जँचा है।' इनमें से पहले उद्धरण में 'जैसे' की जगह 'जिस प्रकार', दूसरे उद्धरण के दूसरे वाक्यांश के पहले 'पर' और तीसरे उद्धरण में 'जितनी' की जगह 'जो' या 'वह' की जगह 'उतना' होना चाहिए। यही बात 'हिन्दी का ऐसा दमन ८०० वर्ष के मुगल राज्य में भी नहीं हुआ, जितना अब हो रहा है।' के सम्बन्ध में भी है। इसमें या तो 'ऐसा' की जगह 'उतना' या 'जितना' की जगह 'जैसा' होना चाहिए। 'जैसी पण्डिताऊ भाषा की बेकदरी है, उसी तरह अँगरेजी से लदी भाषा की भी बात समझिए।' तो बिल्कुल नए सिरे से ढालने योग्य वाक्य है। इसका ठीक और सुबोध रूप होगा—जैसी बेकदरी पण्डिताऊ भाषा की है, वैसी ही अँगरेजी से लदी भाषा की भी।' इस प्रकार के वाक्यों में यदि नित्य-सम्बन्धी शब्दों का ठीक ध्यान न रखा जाए तो वे भद्दे और दूषित हो जाते हैं अतः उनका प्रयोग करते समय बहुत सावधान रहना चाहिए।

६. क्रियाएँ और मुहावरे

क्रियाओं के अशुद्ध प्रयोग—खटकनेवाली क्रियाएँ—अकमर्क की जगह सकर्मक और सकर्मक की जगह अकर्मक—समान जान पड़नेवाली क्रियाओं में अन्तर—संज्ञाओं से सम्बद्ध क्रिया-प्रयोग —अशुद्ध क्रिया-प्रयोग—संयुक्त क्रियाएँ—संयुक्त क्रियाओं का दुरुपयोग—क्रियाओं की संगति—मुहावरों का विवेचन—मुहावरे और बोलचाल में अन्तर—मुहावरों के अशुद्ध प्रयोग—अशुद्ध बोल-चाल—मुहावरों के बँधे हुए रूप; उनका अनुवाद करना ठीक नहीं—मुहावरों और कहावतों में अन्तर।

६.१. क्रियाओं के अशुद्ध प्रयोग

भाषा की गति ठीक रखनेवाले अनेक तत्त्वों का अब तक विस्तृत विवेचन हो चुका है। दो मुख्य बातें और हैं। एक तो क्रियाओं और दूसरे मुहावरों का ठीक प्रयोग। यही दोनों बातें ऐसी हैं जो भाषा की गति ठीक रखने, उसमें उपयुक्त प्रवाह लाने और सरसता तथा ओज उत्पन्न करने में सबसे अधिक सहायक होती हैं; और तात्त्विक दृष्टि से ये प्रायः एक ही वर्ग में आती भी हैं। अतः इस प्रकरण में हम मुख्य रूप से इन्हीं दोनों बातों पर विचार करना चाहते हैं।

पहले क्रियाएँ लीजिए। हिन्दी में सबसे अधिक प्रचलित क्रिया 'करना' है जो प्रायः सभी जगह लगती या लग सकती है। फिर भी कितने आदमी ऐसे हैं जो इस क्रिया का बिल्कुल ठीक और उपयुक्त अवसर पर व्यवहार करना चाहते हैं? सभी लोग कहते हैं—'मैं अपनी बात का स्पष्टीकरण करने के लिए तैयार हूँ।' पर कोई यह नहीं सोचता कि 'करना' का वाचके एक 'करण' तो 'स्पष्टीकरण' में पहले से मौजूद है ही; फिर उसके साथ अनावश्यक रूप से 'करना' क्यों लगाया जाए? यही क्यों न कहा जाए—'मैं अपनी बात के स्पष्टीकरण के लिए तैयार हूँ?' उसी प्रकार—'इन विषयों का ठीक तरह से वर्गीकरण किया गया है' कहने की अपेक्षा यह कहना अच्छा होगा—'इन विषयों का ठीक तरह से वर्गीकरण हुआ है' हमारा यह कहना नहीं कि जिन शब्दों के अन्त में 'करण' हो, उनके साथ कभी 'करना' या उसके किसी रूप का प्रयोग होना ही नहीं चाहिए। होना चाहिए, पर मौके से; जैसे—'आंप अपने मत का स्पष्टीकरण कीजिए' या 'आप इन विषयों का वर्गीकरण कीजिए।' आप कहेंगे कि इससे भी अच्छा रूप होगा—'आप अपना मत स्पष्ट कीजिए' या 'आप इन विषयों को वर्गों में बाँटिए'। बिल्कुल ठीक। अवश्य यह अच्छा और बहुत अच्छा प्रयोग है। फिर भी जो लोग 'करण' शब्द का व्यवहार किए बिना न रह सकते हों; उनके लिए इतनी गुंजाइश है; पर इससे अधिक नहीं।

एक दूसरा उदाहरण लीजिए। 'निर्भर'[१] शब्द के साथ सभी लोग 'करना' क्रिया का प्रयोग करते हैं। यह विषय आप पर निर्भर करता है', 'लड़कों की पढ़ाई पुस्तकों पर निर्भर

---

१. आज-कल हिन्दी में 'निर्भर' शब्द जिस अर्थ में (अवलंबित) में सबसे अधिक प्रचलित है, वह अर्थ बँगला से हमारे यहाँ आया है, और उससे 'निर्भरता' संज्ञा भी बनने लग गई है। 'निर्भर' का मूल अर्थ है—पूरा या भर-पूर। गो० तुलसीदास जी ने इसी अर्थ में इसका प्रयोग किया है। यथा—'निर्भर प्रेम मगन हनुमाना।'

करती है' 'सरकार शान्ति-रक्षा के लिए पुलिस पर निर्भर करती है' आदि सैकड़ों प्रयोग नित्य देखने में आते हैं। कभी कोई इस बात का विचार नहीं करता कि 'निर्भर' के साथ 'करना' क्रिया का प्रयोग ठीक है या नहीं ! अब लोगों ने एक सीधा-सादा नियम-सा बना रखा है कि बात और हल्दी की तरह 'करना भी जहाँ चाहो वहाँ लगा दो। पर इस नियम के जो अपवाद हैं, उनकी ओर जल्दी किसी का ध्यान नहीं जाता। यदि वास्तविक दृष्टि से देखा जाए तो 'निर्भर' शब्द के साथ दो ही क्रियाओं का प्रयोग ठीक है—'रहना' और 'होना'। होना चाहिए—'वह विषय आप पर निर्भर है', 'लड़कों की पढ़ाई पुस्तकों पर निर्भर है' और 'सरकार शान्ति रक्षा के लिए पुलिस पर निर्भर है।'

'सम्भावना' केवल 'होती है'; फिर भी कुछ लोग लिखते हैं—'सम्मेलन स्थगित होने की सम्भावना की जा रही है।' इसमें 'की जा रही है' की जगह केवल 'है' होना चाहिए। श्रद्धा, भक्ति आदि और भी अनेक ऐसे शब्द हैं जिनके साथ 'करना' क्रिया नहीं खपती; फिर भी यह उनके साथ लगा दी जाती है। 'मैं आपकी श्रद्धा (या भक्ति) करता हूँ। का क्या अर्थ है? होना चाहिए—'मेरी आप पर श्रद्धा है।' 'मैं आपका भक्त हूँ।' पर सभी लोग इस प्रकार के भद्दे प्रयोग बिल्कुल बेधड़क होकर करते हैं, जिससे ये प्रयोग कुछ मँजते जा रहे हैं—इनकी खटक बहुत-कुछ निकलती जा रही है; और इसीलिए हम लोगों ने खटक की ओर ध्यान देना बिल्कुल छोड़ दिया है।

'करना' के बाद दूसरी परम प्रचलित क्रिया शायद 'आना' है। आज कल की हिन्दी में 'करना' का जितना प्रचलन है, शायद उतना ही बल्कि उससे भी कुछ बढ़कर इस 'आना' का आदर है। जहाँ देखिए वहाँ जबरदस्ती यह क्रिया लगायी जाती है ! 'वह घबरा आया', 'वह हँस आया', 'वह रो आई।' आदि प्रयोग खूब चलने लगे हैं। एक पुस्तक में पढ़ा था—'बेचारा बुड्ढा बिसाती डबडबा आया।' एक दूसरी पुस्तक में पढ़ा था—'अमुक समय मनुष्य जी जाता है।' एक और जगह पढ़ा था—'तबीयत ऊब आती है। और इन सबसे बढ़कर एक जगह पढ़ा था—'मूर्छा आने ही वाली थी।' मानो मूर्छा का भी, रेल या डाक की तरह, आने का कोई निश्चित समय हो।

६.२. खटकनेवाली क्रियाएँ

ये तो ऐसी चलती हुई क्रियाओं के उदाहरण हैं, जिनकी खटक हम खटक ही नहीं समझते। पर बहुत-सी ऐसी क्रियाएँ भी हैं, जिनमें बहुत कुछ खटक है, पर हम दिन पर दिन उनकी खटक से भी उदासीन होने के अभ्यस्त होते जा रहे हैं। 'प्रश्न' के साथ 'करना' क्रिया ही अच्छी जान पड़ती है। फिर भी जिसे देखिए, वह 'प्रश्न पूछता' है। 'प्रश्न करनेवाले' बहुत कम होते हैं, 'पूछनेवाले' अधिक। 'प्रश्न पूछना' अँगरेजी 'आस्किंग क्वेश्चन' (Asking question) की कृपा से हमारे यहाँ आया है। इसी प्रकार दान 'करनेवाले' कम हैं 'देनेवाले' अधिक। अब यदि कोई 'दुग्धपान करना' छोड़कर 'दुग्धपान पीना' आरम्भ करे तो आज-कल की प्रवृत्ति देखते हुए हम कह सकते हैं कि इसका भी अनुकरण करनेवाले कुछ लोग निकल ही आएँगे। ऐसी ही अवसरों पर भाषा की मर्यादा की रक्षा के लिए सुयोग्य लेखकों के द्वारा आदर्श-स्थापन और नियन्त्रण की आवश्यकता होती है।

जहाँ 'करना' क्रिया की आवश्यकता नहीं होती, वहाँ तो वह जबरदस्ती लगाई जाती है; पर जहाँ उसकी आवश्यकता होती है, वहाँ पर प्रायः निकाल बाहर की जाती है और उसकी जगह नई-नई ऐसी क्रियाएँ लगाई जाती हैं, जिनसे भाषा भद्दी और बेमुहावरे हो जाती है।

कुछ लोग 'अनुभव करना' की जगह 'अनुभव लेना' तक लिखते हैं, जिसका कुछ अर्थ ही नहीं होता। ''भाषण करना' की जगह 'भाषण देना' (अँगरेजी की कृपा से) इतना अधिक प्रचलित हो गया है कि उससे पीछा छूटना कठिन है। 'निर्णय लेना' की जगह 'निर्णय करना' ही युक्तिसंगत है। 'युद्ध' केवल 'होता' है या 'किया जाता' है; पर लोग लिख जाते हैं—'आसाम की सीमा पर युद्ध लड़ा जा रहा है। 'लड़ाई लड़ना' तो ठीक है पर 'युद्ध लड़ना' ठीक नहीं, 'युद्ध करना' ही ठीक है। कुछ लोग 'युद्ध छिड़ना' और 'युद्ध चलना' का अन्तर न समझने के कारण लिख जाते हैं—'शीघ्र ही युद्ध चलने की सम्भावना है।' यहाँ 'युद्ध छिड़ना' होना चाहिए। यों, यह कहा जा सकता है—'यह युद्ध तीन वर्षों तक चलता रहा।' साधारणतः 'संकल्प करना' ही होता है; पर कुछ लोग 'संकल्प लेना' भी लिखते हैं। वस्तुतः 'संकल्प लेना' का प्रयोग उसी समय होना चाहिए जिस समय धार्मिक रूप में दान आदि कृत्य करते हुए हाथ में विधिपूर्वक जल लेकर मन्त्र पढ़ा जाए। और जब वह जल हाथ से गिराया जाता है, तब उसे 'संकल्प छोड़ना' कहते हैं। पर यह ठीक नहीं—'हमने सच बोलने का संकल्प लिया है।' ऐसे अवसरों पर 'लिया' की जगह 'किया' ही होना चाहिए। 'उनकी भूलों पर ध्यान न देकर उनका अभिनन्दन होना चाहिए।' इसलिए अशुद्ध है कि इसमें पहले 'ध्यान न देकर' आया है; और इसीलिए अन्तिम 'होना' की जगह 'करना' होना चाहिए। यही बात 'वह नागरी लिपि में होना चाहिए और हिन्दी में उसका अर्थ भी देना चाहिए।' के सम्बन्ध में भी है। इसमें 'होना' की जगह 'रखना' या 'रहना' होना चाहिए। कुछ लोग 'उन्नति करना' की जगह 'उन्नति देना' और 'दुराव करना' की जगह 'दुराव समझना' लिखते हैं। कुछ लोग प्रतीक्षा करना ही जगह 'प्रतीक्षा देखना' लिखते हैं; जैसे—'एक वर्ष तक उसकी प्रतीक्षा देखकर........ यह उर्दू 'राह देखना' का अनुकरण है। कुछ लोग तो 'प्रतिज्ञा को तोड़ डालकर' ही अपना लेखन कौशल दिखलाते हैं ! कुछ लोग 'निराश करना' की जगह 'निराशा देना' लिखते हैं—'हम लोग लेखकों को निराशा देते हैं।' 'हिन्दी प्रचारिणी संभाएँ (सभाओं होना चाहिए) और साहित्य-मंडल से जनता को उचित मार्ग-प्रदर्शन मिल रहा है।' में 'मार्ग प्रदर्शन' 'मिलना' का तात्त्विक दृष्टि से क्या अर्थ है? 'मार्ग-प्रदर्शन' के साथ तो दो ही क्रियाएँ लग सकती हैं—करना और होना। 'स्मरण कराना' और 'सन्तोष कराना' की जगह प्रायः सभी लोग 'स्मरण दिलाना' और 'सन्तोष दिलाना' लिखते हैं। इसी प्रकार 'वे लोग हिन्दी की शिक्षा ले रहे हैं' में भी 'शिक्षा ले रहे हैं' की जगह 'शिक्षा पा रहे हैं' होना चाहिए। 'शिक्षा लेना तो एक मुहावरा है, जिसका अर्थ है दूसरे को दंड या कष्ट भोगते हुए देखकर स्वयं ऐसे कामों की प्रतिज्ञा करना, जिनका परिणाम बुरा हो। इस प्रकार के भद्दे क्रिया-प्रयोगों के प्रचलन का कारण यही है कि हम लोग अपनी भाषा की प्रकृति बिल्कुल भूलते जा रहे हैं; और दूसरों का अनुकरण ही अपना परम कर्तव्य समझने लगे हैं।

अकर्मक की जगह सकर्मक और सकर्मक की जगह अकर्मक

'दिखाना' क्रिया का भी आज-कल खूब दुरुपयोग देखने में आता है। पुरानी हिन्दी में भी और आज-कल की कुछ स्थानिक बोलियों में भी 'दीखना' रूप प्रायः चलता है। इसी का दूसरा रूप होता है—दिखना। उसी 'दीखना' से लोग धीरे-धीरे 'दिखाना' पर (जो वस्तुतः प्रेरणार्थक रूप है) आए, परन्तु सकर्मक और प्रेरणार्थक अर्थ में नहीं, बल्कि अकर्मक अर्थ में ही। और अब उससे भी कुछ आगे बढ़कर लोग अकर्मक रूप में ही 'दिखलाना' तक का प्रयोग करने लगे हैं। अभी तक यह प्रवृत्ति प्राचीन कवियों में ही थी, जो बहुत-कुछ क्षमतो-भी मानी जा सकती थी।[1] उन्हीं की देखा-देखी अनेक आधुनिक कवियों ने भी ऐसा ही

किया है। यथा—

वही तेज-हत हो अब है डूबता दिखाता। और

फलों से उत्फुल्ल कौन भव में दिखलाता। आदि।

पर अब यह प्रवृत्ति गद्य में भी अपना अधिकार जमाना चाहती है। हम यह भूल जाते हैं कि 'पिसना' के अर्थ में 'पिसाना', 'छीजना', के अर्थ में 'छिजाना' और 'घिसना' के अर्थ में 'घिसाना' आदि बिल्कुल पूर्वी प्रयोग हैं और शिष्ट मानक हिन्दी में उनका प्रचलन नहीं है। 'दिखाई देना' के अर्थ में 'दिखाना' भी, इसी प्रकार का पूर्वी प्रयोग होने के कारण त्याज्य है। फिर भी हम लिख सकते हैं—'पर इस बात की बहुत कम सम्भावना दिखलाती है।' और 'हमें तो ऐसा दिखाता (दिखलाई देता) है।' और 'वह सदा इसी धुन में था।' (मतलब यह कि वह सदा इस धुन में लगा हुआ दिखाई देता था।) इसी की देखा-देखी कुछ लोग दूसरी सकर्मक तथा प्रेरणार्थक क्रियाओं का भी अकर्मक रूप में प्रयोग करने लगे हैं। 'शान्ति-काल में सैनिकों को भुलाया नहीं जाएगा !' कहना ठीक नहीं। किसी को भुलाने का सीधा-सादा अर्थ है—उसे भ्रम में डालना होना चाहिए—'शान्ति-काल में सैनिकों को भूला नहीं जाएगा !' 'पाकिस्तान की परिभाषा भूली' का तो यही अर्थ होगा कि 'पाकिस्तान की परिभाषा' ने कोई भूल की है या वह रास्ता भूल गई है अथवा वह कोई बात याद नहीं रख सकी। इसकी जगह होना चाहिए—'पाकिस्तान की परिभाषा (उसके परिभाषक या लोग) भूल गए।' अकर्मक और सकर्मक का ध्यान न रखने के कारण इससे भी और आगे बढ़कर कुछ लोग 'सौ रुपये मुझे अभी चाहेंगे।' 'अब तुम जाने हो !' और 'मैं जानी हूँ।' सरीखे प्रयोग करने लगे हैं। और इससे भी कुछ आगे बढ़कर लोग साधारण क्रिया 'ढाना' की जगह उसके प्रेरणार्थक रूप 'ढहाना' का प्रयोग करते हैं; जैसे—'मैं उनके सब मंसूबे ढहा दूँगा।' होना चाहिए—'ढा दूँगा'। यहाँ वक्ता का आशय यह नहीं कि मंसूबे ढाने का कार्य मैं किसी और से कराऊँगा, बल्कि यह है कि मैं स्वयं उसके मंसूबे ढाऊँगा। यह प्रवृत्ति ठीक नहीं। अकर्मक और सकर्मक में यदि भेद न रखा जाएगा तो बहुत गड़बड़ी होगी।

'सीढ़ी भी पार हो गई।' भी इसी प्रकार का भद्दा वाक्य है। होना चाहिए—'हम सीढ़ी पार कर गए।' 'ऐसे अवसरों पर धन का व्यवहार बहुत समझ-बूझकर होना चाहिए।' में 'होना चाहिए' की जगह 'करना चाहिए' या 'किया जाना चाहिए' और 'मेरे जन्म होते ही उस आश्रम में प्रसन्नता की सरिता बहने लगी।' में 'मेरे जन्म होती ही' की जगह या तो 'मेरा जन्म होते ही' या 'मेरे जन्म लेते ही' होना चाहिए। इसी प्रवृत्ति का यह फल है कि एक लेखक ने एक अवसर पर 'बोलना' का 'बुलाना' रूप बना डाला था और लिखा था—'उसके मुँह से सदा शुद्ध किताब ही बुलाती है।' अकर्मक की जगह सकर्मक और सकर्मक की जगह अकर्मक क्रिया रखने से वाक्य सदा भद्दा हो जाता है।

हम पहले ('वाक्य-विन्यास' शीर्षक प्रकरण में) कुछ ऐसे वाक्यों के उदाहरण दे चुके हैं; जो सारांश की दृष्टि से अपूर्ण या अधूरे और अनिर्वहित होते हैं। कभी-कभी लोग क्रियाओं की दृष्टि से भी इसी प्रकार के अपूर्ण या अधूरे और अनिर्वहित वाक्य लिख जाते हैं।

---

१. हमारे यहाँ के अनेक प्राचीन कवियों ने अकर्मक क्रियाओं का प्रयोग सकर्मक रूप में और सकर्मक क्रियाओं का प्रयोग अकर्मक रूप में किया है। इसके अनेक उदाहरण सूर, तुलसी आदि के पदों में मिलते हैं। पर ऐसे अधिकतर प्रयोग या तो छंद के विचार से मात्राएँ घटाने-बढ़ाने के लिए या तुक मिलाने के लिए ही हुए हैं।

जैसे—'उसका मनोहर रूप, सज्ज्ञनोचित व्यवहार और विनयपूर्ण बातें सुनकर सब लोग मुग्ध हो गये।' अधूरा और अनिर्वहित वाक्य है। इसका शुद्ध रूप होगा—'उसका मनोहर रूप और सज्ज्ञनोचित व्यवहार देखकर तथा विनयपूर्ण बातें सुनकर सब लोग मुग्ध हो गए।'

६.३. समान जान पड़नेवाली क्रियाओं में अन्तर

आपस में मिलती-जुलती कुछ क्रियाएँ प्रायः भ्रम से एक दूसरी की समानक समझ ली जाती हैं, जैसे 'भागना' और 'दौड़ना'! पर यदि वास्तविक दृष्टि से देखा जाए तो दोनों में बहुत अन्तर है। 'भागना' किसी प्रकार की आशंका या भय के कारण अथवा किसी बात से अपना बचाव करने के लिए होता है; पर 'दौड़ना' में इनमें से कोई बात नहीं होती। वह सदा अपनी इच्छा से और जान-बूझकर होता है। इसके सिवा 'भागना' का एक अर्थ है—'जी चुराना' या 'जान बचाना', जो 'दौड़ना' का नहीं है। हम यह तो कह सकते हैं—'वह काम करने से भागता है।' पर यह नहीं कह सकते—'वह काम करने से दौड़ता है।' 'लड़का मिठाई लेकर भागा हुआ घर आया।' कहना तभी ठीक होगा, जब उसकी मिठाई छिनने या उसके पिटने या इसी प्रकार की और कोई बात होने की सम्भावना हो। नहीं तो 'दौड़ा हुआ' कहना ठीक होगा। साधारणतः 'भागा हुआ' कहने से अभिप्राय यही होगा कि कोई उसका पीछा कर रहा था या उसे दौड़ा रहा था। हाँ, यह कहना ठीक है—'शत्रु मैदान से भाग खड़ा हुआ।' यहाँ 'दौड़ खड़ा हुआ' नहीं कहा जाएगा। पर कुछ लोग यह अन्तर न समझकर प्रायः 'दौड़ना' की जगह 'भागना' का प्रयोग करते हैं। जैसे—'वह उसके पीछे भागा हुआ स्टेशन पहुँचा।' और 'घर में फल नहीं थे; सो मुझे भगाया गया।' बहुत से लोग 'गूँथना' और 'गूँधना' के अर्थों का भेद न समझकर प्रायः एक की जगह दूसरे का प्रयोग कर जाते हैं। वस्तुतः माला 'गूँथी' जाती है और आटा 'गूँधा' जाता है। अतः यह कहना ठीक नहीं—'मालिन माला गूँधकर ले आई।' और 'लड़की आटा गूँथ रही हैं। 'हड़पना और 'निगलना' में अर्थ की दृष्टि से बहुत अन्तर है। 'हड़पना' में बेईमानी और बुरी नीयत का भाव प्रधान है, जो 'निगलना' में नहीं। पर एक जगह पढ़ा था—'मानो पृथ्वी ऊँटों सहित उन्हें हड़प कर गई।' इसमें 'हड़प कर गई' की जगह 'निगल गई' होना चाहिए था। द्वितीय महायुद्ध के समय बरमा और मलाया के निवासियों की जो दुर्दशा हुई थी उसके सम्बन्ध में एक पत्र में छपा था—'परिवार के परिवार फकीर बन गए।' पर 'फकीर बनना' तो स्वेच्छापूर्वक और अपने प्रयत्न से होता है। होना चाहिए था—'फकीर (बल्कि कंगाल) हो गए।' 'इस पर लीग की तरफ से आए हुए वोटर भी डट गए और कहने लगे कि हमें भी रुपए मिलने चाहिए' में 'डट गए' ठीक नहीं है; होना चाहिए था—'अड़ गए'। इसके सिवा और भी अनेक क्रियाएँ हैं; जिनके अर्थों में बहुत-कुछ अन्तर है; पर लोग अन्तर का विचार किए बिना उनमें से एक की जगह दूसरी क्रिया का व्यवहार कर जाते और अर्थ में गड़बड़ी कर देते हैं। जैसे—

लोटना	लेटना	खेलना	खिलाना
उछलना	कूदना	काटना	कतरना
बनाना	गढ़ना	चीरना	फाड़ना
मलना	मसलना	गलना	सड़ना
घिसना	रगड़ना	टहलना	चलना

मारना	पीटना	पीना	निगलना
घूमना	मुड़ना	लौटना	उलटना
खींचना	तानना	हटाना	निकालना

इस प्रकार की क्रियाओं का प्रयोग बहुत ही सावधानीपूर्वक और सोच समझ कर ठीक अर्थ में करना चाहिए।

६.४. संज्ञाओं से सम्बद्ध क्रिया-प्रयोग

साधारणतः अलग-अलग संज्ञाओं के साथ लगनेवाली क्रियाएँ भी अलग-अलग होती हैं। मनुष्य 'सूली' पर 'चढ़ाया', 'सलीब' पर 'टाँगा' और 'फाँसी' पर 'लटकाया' जाता है। जहाँ हम 'फाँसी चढ़ाना' का प्रयोग करते हैं। वहाँ हमारा अभिप्राय होता है—फाँसी के तख्ते पर (स्वयं फाँसी पर नहीं) चढ़ाना। 'भाँग छानी जाती हैं', और 'शराब या बोतल ढाली जाती है। पर प्रायः लोग लिखते और बोलते हैं—'वह शराब छानता था।' 'वहाँ बोतल छन रही थी।' आदि। हम 'तकलीफ उठाते' हैं, और 'कष्ट भोगते' हैं; पर 'सहते' प्रायः दोनों ही हैं। 'हमें बहुत-सी असुविधाएँ उठानी पड़ रही हैं।' में 'उठानी' का प्रयोग उर्दू की छाया का सूचक है। हिन्दी की प्रकृति के अनुसार तो 'हो रही है' ही होना चाहिए। पर अधिकतर लोग इस तथ्य का ध्यान न रखकर क्रियाओं के मनमाने प्रयोग करते हैं। एक जगह पढ़ा था—'वह सितार उठाकर गीत बजाने लगी।' पर गीत गाया जाता है; बजाया तो 'राग' जाता है या 'गत'। तूफान 'उठता' या 'आता' है। पर एक पत्र में पढ़ा था—'कल से अचानक तूफान बह रहा है। एक बहुत बड़े विद्वान् के मुँह से एक भाषण में सुना था—'इसका मूल्य नापा या तौला नहीं जा सकता !' पर मूल्य आँका या लगाया जाता है; नापी या तौली तो वह चीज जाती है, जो हम मूल्य चुकाकर लेते हैं।

६.५. अशुद्ध क्रिया-प्रयोग

कभी-कभी क्रियाओं का ठीक प्रयोग न होने के कारण अर्थ का अनर्थ भी हो जाता है। जब एक सम्मानित नेता एक घातक रोग से मुक्त हुए थे, तब एक समाचार-पत्र में उनके सम्बन्ध में निकलना था—'वे अभी मरने से बच गये हैं !' यदि इस वाक्य का ठीक अर्थ किया जाए, तो इसका आशय यही होगा कि इस समय तो वे बच गये हैं, पर कुछ समय बाद वे अवश्य मरेंगे। कैसी अशुभ भावना की ओर संकेत है। होना चाहिए था—'वे अभी-अभी मरने से बचे हैं।

क्रिया-प्रयोगों की दुर्दशा के कुछ और उदाहरण लीजिए—

१. वे अभी दक्षिणी यूरोप से योजना बाँधकर लौटे हैं।

२. यह सुनते ही उसका चेहरा गिर गया। (मानो मिट्टी या कागज चेहरे की तरफ ऊपर से लगा हुआ था।)

३. उन्हें देखते ही माधव की मुद्रा उदास हो गई। (मानो माधव का उस उदासी से कोई सम्बन्ध नहीं था।)

४. वह संकल्प कमाने में लगा।

५. लिखने की कला का बहुत-कुछ मसाला उन्होंने कमा लिया था। (मसाला इकट्ठा किया जाता है, 'कमाया' तो धन या चमड़ा जाता है।)

६. उसने गम्भीरता की आकृति बनाते हुए कहा। (मानो वह कलम लेकर 'गम्भीरता' का चित्र अंकित करने बैठा था।)
७. आखिर रोटी-दाल कैसे निभेगी? (दाल-रोटी चलती भले ही हो, पर निभती नहीं।)
८. पास ही पुराना किला था जो बिल्कुल फूटा हुआ पड़ा था।
९. उन्हें जीते जी कब्र दिये जाने का एक मात्र कारण यह था....।
१०. साहब ने उसके सामने अपना रोना गाया। (तब तो गाना भी रोते होंगे।)
११. इनके सेवन से महिलाएँ इच्छानुसार गर्भ बन्द कर सकती हैं।
१२. वह अचरज मना रहा था। (मानो अचरज भी कोई त्यौहार या खुशी की बात हो।)
१३. बटेविया में पुनः युद्ध गति भड़की।
१४. पानी बरसने से सड़कों की धूल मिल गई थी।
१५. वह कुरसी में धर ही गया। ('बैठ गया' के अर्थ में)
१६. उसका गुस्सा उबल रहा था और बल खा रहा था।

९.६. संयुक्त-क्रियाएँ

धातुओं के कुछ विशिष्ट कृदन्तों के साथ, अर्थ में विशेषता लाने के लिए कभी-कभी कुछ और क्रियाएँ भी जोड़ी जाती हैं, जो संयुक्त क्रियाएँ कहलाती हैं; जैसे—कर डालना, दे देना, भार रखना आदि। इनमें डालना, देना और रखना संयुक्त क्रियाएँ हैं। ये कई प्रकार की होती हैं; और कुछ विशिष्ट प्रकार के अर्थ या भाव सूचित करने के लिए होती हैं, जिनका विवरण और विवेचन किसी अच्छे व्याकरण में देखा जा सकता है। यहाँ हम कुछ उदाहरण देकर ही इनका स्वरूप स्पष्ट करने का प्रयत्न करेंगे। यदि हम कहें—'तुम्हें वहाँ जाना होगा।' तो यह साधारण कथनवाला विधिवाक्य होगा। पर यदि कहा जाए—'तुम्हें वहाँ जाना पड़ेगा।' तो यह किसी प्रकार की विशेषता का सूचक हो जाएगा। यदि हम कहें—'दया करो' तो यह साधारण निवेदनात्मक और सार्विक प्रयोग होगा; पर यदि कहा जाए —'दया कर दो।' तो इसमें आग्रह, आदेश या विधि का भाव आ जाएगा। 'उसने लड़के को मारा' में छड़ी, थप्पड़, मुक्के आदि से साधारण आघात करने का ही आशय है। पर 'उसने लड़के को मार डाला।' में वध या हत्या का भाव आ जाता है। चाहना, चूकना, देना, पड़ना, पाना, रहना, लगना, लेना, सकना आदि क्रियाओं के इसी प्रकार संयुक्त क्रिया के रूप में प्रयोग होते हैं। परन्तु ऐसी क्रियाओं के प्रयोग में जिस सतर्कता और सावधानी की आवश्यकता होती है, वह साधारणतः नहीं बरती जाती, जिससे ठीक अर्थ या आशय नहीं निकलने पाता; और कुछ अवसरों पर तो अर्थ का अनर्थ भी हो जाता है। अतः लिखते समय ऐसी संयुक्त क्रिया का प्रयोग भी बहुत सोच-समझकर ही करना चाहिए।

संयुक्त क्रियाओं के सम्बन्ध में ध्यान रखने की बात यह भी है कि जब किसी सकर्मक क्रिया के साथ कोई अकर्मक क्रिया संयुक्त क्रिया के रूप में लगती है, तब उससे बननेवाला पद भी सकर्मक न रहकर अकर्मक हो जाता है, जैसे—

(क) उसे काठ मार गया।

(ख) फसल को पाला मार गया।

(ग) कुत्ते को लकवा मार गया। आदि।

एक शेर है—

इसलिए वस्ल से इन्कार है, हम जान गए।

यह न समझे कोई, क्या जल्द कहा मान गए।।

इसमें सकर्मक क्रियाओं के 'जान' और 'मान' रूप अकर्मक क्रिया के 'गए' रूप के संयोग से ही अकर्मकवत् हो गए हैं।

संयुक्त क्रियाओं का दुरुपयोग

ऐसे बहुत से प्रयोग हैं जो भद्दे और हास्यास्पद होने के सिवा हमारी भाषा की प्रकृति के बिल्कुल विरुद्ध और अशुद्ध हैं। उदाहरणार्थ—'अट्टहास हो उठा।' 'वह झींक उठा।', 'उन्होंने खूब आनन्द उठाया।', 'साम्राज्यवाद अब लड़खड़ा उठा है।', 'वह पड़ा हुआ निद्रा ले रहा था।', 'मैंने बहुत परिश्रम उठाकर यह काम किया है।', 'उसकी आँखें विश्वास माँगती थीं।', 'वह दिखाना चाहने लगा।', 'सरकार ३५ करोड़ का कर्ज जारी करेगी।', 'बात की बात में ढेर खड़ा हो जाता था।', 'क्यों दूसरों के पैर में अड़ंगा डालते हो।', 'एक को दूसरी की आवश्यकता की कीमत लगती थी।', 'वह आराम को किनारा देता रहा है।', 'दूसरों को हँसी दिलाने के लिए उसमें बेढंगापन बहुत था।', 'उनके मन में वासनायें लीला मचा रही थीं।', 'घरघराहट चुप हो गई।', 'उनका तापमान अभी जारी है।' (अर्थात् ज्वर नहीं उतरा), 'नहाकर झटपट चुको।', 'संगीत चुक गया।', 'उसका चित्त भींग आया।', 'और मैं इसका और क्या कारण दे सकता हूँ?', दिलचस्पी लेना, स्वार्थ लेना, भाग लेना, शपथ लेना, स्नेह माँगना, साहस देना, भरोसा पाना, फिक्र बाँधना, माँग करना आदि सैकड़ों विलक्षण क्रिया-प्रयोग देखने में आते हैं; और उनकी संख्या दिन-दूनी रात-चौगनी बढ़ती जाती है। 'अभियोग लगाना' तक तो ठीक है पर अब कुछ लोगों ने 'अभियोग चलाना' भी प्रारम्भ कर दिया है। 'आरोप' और 'आक्षेप' के साथ 'करना' का प्रयोग ही प्रशस्त है; पर बहुत से लोग 'आरोप लगाना' और 'आक्षेप रखना' (या लगाना) आदि भी लिखते हैं। इस प्रकार के प्रयोग हमारी मानसिक दासवृत्ति और उच्छृङ्खलता के सूचक तथा भाषा के कलंक हैं।

'कह फेंककर', 'लपक लेकर', 'गुस्सा चुक चुकाने पर', 'कह दे सका', आदि भद्दे प्रयोग हैं। 'उसे कुछ पकड़ नहीं मिल रहा था।' का अर्थ सहज में सबकी समझ में नहीं आ सकता।' 'कुछ पकड़ पाना' तक तो ठीक है, पर 'पकड़ मिलना' ठीक नहीं। भद्दी और अनावश्यक संयुक्त क्रियाओं के कुछ और उदाहरण इस प्रकार हैं—

१. वह अभी आ रहे हो सकते हैं।

२. और कुछ धीमी हो गई हुई गाड़ी.....।

३. वह किसी का नाम लेकर पुकार पड़ा।

४. वह ऊँचे पर ही कहीं रहे रही।

५. यह अवस्था लोगों को अस्वाभाविक लग जानी चाहिए।

ठीक संयुक्त क्रियाओं का प्रयोग न होने के कारण कभी-कभी अर्थ में बहुत अन्तर पड़

सकता है। 'वह चली जाती थी।' और 'वह चली जा रही थी।' सरीखे वाक्यों में अर्थ और भाव का बहुत अन्तर होता है। अर्थ और प्रयोग-सम्बन्धी इस प्रकार के अन्तर साधारण व्याकरणों तक में मिलते हैं। इसीलिए यहाँ उनका विवेचन करने की आवश्यकता नहीं। यहाँ तो हम यह बतलाना चाहते हैं कि क्रियाओं और संयुक्त क्रियाओं का प्रयोग बहुत समझ-बूझकर करना चाहिए।

क्रियाओं की संगति

कुछ लोग वाक्यों में क्रियाओं की संगति का ध्यान नहीं रखते। एक ही वाक्य में कहीं एक काल की और कहीं दूसरे काल की क्रियाएँ रख देते हैं। जैसे—'जो भाषा पर अधिकार रखता है, वह सीधे ढङ्ग के ऐसी बात कह जाएगा !' इसका अच्छा रूप होगा—'जिसका भाषा पर अधिकार होगा वह सीधे ढङ्ग से ऐसी बात कह जाएगा।' 'जो लेखक बनना चाहते हैं, वह भाषा पर ध्यान रखें।' ('हैं' की जगह 'हों' होगा)। जब हम काव्य की आलोचना कर रहे हैं, तब भाषा चलती हुई होनी चाहिए। ('है' की जगह 'हों' होगा)। इसी प्रकार के कुछ और वाक्य हैं—

१. देखिए, तकल्लुफ न करें। (कीजिए)

२. यदि आपका पत्र अन्तिम वाक्य था (हो) तब तो थोड़ी आशा है। (यदि वाक्य के पूर्वार्द्ध की अँगरेजियत का ध्यान छोड़ दिया जाए तो भी।)

३. जब सनलाइट साबुन माँगिए, तब अच्छी तरह देख लें (देख लीजिए।)

४. यदि आप कृपा कर आ सकें तो बहुत अच्छा होता (हो)।

५. ज्यों-ज्यों आलोचना होने लगी त्यों-त्यों रहस्य प्रकट होते गए (होने लगे)।

६. दिल्ली में जो बातें हुई थीं (है) उनसे मालूम होता है कि गाँधी जी फिर बड़े लाट से मिलेंगे।

७. ऐसी घटनाएँ इस वर्ष हुई हैं, वैसी पहले कभी देखने में नहीं आई हैं।
(अन्त में केवल 'आई' या 'हुई' होना चाहिए, 'हैं' नहीं होना चाहिए)

८. अपना धन बेकार पड़े (पड़ा) न रहने दीजिए।

भाषा में प्रत्येक शब्द और प्रत्येक क्रिया का कुछ निश्चित अर्थ, कुछ निश्चित भाव और कुछ निश्चित प्रयोग होता है; और शब्दों का दुरुपयोग भाषा के लिए सदा घातक ही होता है; श्रीवर्धक नहीं ! इसलिए प्रत्येक शब्द और प्रत्येक क्रिया का प्रयोग करते समय बहुत ही ध्यानपूर्वक यह देख लेना चाहिए कि वह अपने ठीक स्थान पर और अपने ठीक अर्थ में है या नहीं। यदि समझ में न आए तो दूसरों से पूछ लेना उतना लज्ज्ञाजनक नहीं है, जितना बिना समझे-बूझे अशुद्ध और भद्दी भाषा लिख चलना है।

६.७. मुहावरों का विवेचन

अब मुहावरे लीजिए। मुहावरों का प्रयोग भाषा में सौन्दर्य लाने के लिए होता है। पर यदि वे मुहावरे ही बेमुहावरे हों, तो उनसे भाषा में क्या सौन्दर्य आ सकता है? मुहावरों के बेढंगे प्रयोग करके हम भाषा को श्रीहत करने के सिवा और कुछ नहीं कर सकते। यह भी हिन्दी का दुर्भाग्य ही है कि इसके लेखकों में मुहावरों की दुर्दशा करनेवालों की संख्या

दिन-पर-दिन बढ़ती जा रही है।

आगे बढ़ने से पहले हम मुहावरों के सम्बन्ध में कुछ बातें बतला देना चाहते हैं। शब्दों या क्रिया-प्रयोगों के योग से कुछ विशिट पद बन जाते हैं जो मुहावरे कहलाते हैं। अर्थात् 'मुहावरा' उस गठे हुए पद को कहते हैं जिससे कुछ विशिष्ट लक्षणाजन्य अर्थ निकलता है और जिसकी गठन में किसी प्रकार का अन्तर होने पर वह लक्षणावाला अर्थ नहीं निकल सकता। यह तो नहीं कहा जा सकता कि मुहावरों से सूचित होनेवाला भाव उसके शब्दों से निकलनेवाले अर्थ से बिल्कुल भिन्न होता है; क्योंकि लक्षणा में भी भावार्थ या वाच्यार्थ से कुछ सम्बन्ध तो होता ही है; फिर भी मुहावरों के लक्षणा से निकलनेवाले भावार्थ में साधारण अर्थ की अपेक्षा कुछ विशेषता अवश्य होती है। जैसे—'इस दूकान में लाखों रुपए लगे हैं।' में 'रुपए लगना' मुहावरा है। दूकान में लाखों रुपए या लाखों रुपए के नोट जड़े या चिपके हुए नहीं होते। अतः शब्दार्थ की दृष्टि से वाक्य निरर्थक है। पर इसका लाक्षणिक अर्थ यह है कि इस दूकान में जो सामान रखा है, उसमें लाखों रुपए व्यय हुए हैं। अतः इस प्रसंग में 'रुपए लगना' मुहावरा हुआ। पर यदि हम कहें—'लखनऊ का किराया पाँच रुपए लगेगा।' तो यहाँ 'रुपए लगना' कोई मुहावरा नहीं हुआ, क्योंकि 'लगना' का अर्थ 'खर्च होना' भी है। इस प्रसंग में 'रुपए लगना' अपने सामान्य अर्थ में आया है। साधारण क्रिया-प्रयोग और मुहावरे में जो अन्तर है, वह एक और उदाहरण से स्पष्ट हो जाएगा। यदि हम कहें—'डाकुओं ने सारा सामान लूटने के बाद घर में आग लगा दी।' तो यहाँ 'आग लगाना' कोई मुहावरा न होगा। वह 'आग' के साथ 'लगाना' क्रिया का साधारण प्रयोग होगा। पर जो आदमी इधर-उधर की झूठी-सच्ची बातें कह-कहकर लोगों में लड़ाई-झगड़ा कराता हो, उससे यदि हम कहें—'तुम तो यों ही जगह-जगह आग लगाते फिरते हो। तो यहाँ 'आग लगाना' मुहावरा हो जाएगा; क्योंकि साधारण क्रिया-प्रयोगवाले अभिधात्मक अर्थ से इस प्रसंग का अर्थ लक्षणात्मक होने के कारण; बिल्कुल भिन्न हो जाएगा। यही बात 'दुलत्ती चलाना', 'पापड़ बेलना', 'हाथ मिलाना' आदि के सम्बन्ध में भी है, जिनका एक प्रसंग में तो साधारण क्रिया-प्रयोगवाला रूप होता है और दूसरे प्रसंग में मुहावरेवाला रूप। एक दूसरा मुहावरा लीजिए—'किसी को उँगलियों पर नचाना।' उँगलियों पर कभी कोई आदमी नचाया नहीं जा सकता। इस पद का प्रयोग एक विशिष्ट भाव सूचित करने के लिए होता है। यही बात 'किसी को मुँह लगाना', 'सिर चढ़ाना', 'छठी का दूध याद आना', 'बाँसों कलेजा उछलना' आदि के सम्बन्ध में भी है। कभी-कभी कहावतों की तरह मुहावरे भी कुछ कहानियों आदि के आधार पर बन जाते हैं;—'जैसे आँखों की सूइयाँ निकालना।' हिन्दी का एक प्रसिद्ध मुहावरा है—(किसी के) 'कान काटना', जैसे 'आप चालाकी में बड़े-बड़ों के कान काटते हैं।' यह मुहावरा 'दबी बिल्ली चूहों से कान कटाती हैं' वाली कहावत से बना है; और स्वयं यह कहावत एक विशेष परिस्थिति से सम्बद्ध तथ्य के आधार पर बनी है। पर अधिकतर मुहावरे क्रियाओं के योग से ही बनते हैं; और इसलिए हमने भी इसका विवेचन क्रियाओं के साथ ही करना उचित समझा है।

प्रायः लोग यह आपत्ति करते हैं कि हमारे यहाँ 'मुहावरों' के लिए कोई शब्द नहीं और मुहावरे दूसरों से सीखे या लिए हैं। यह बात पूरी तरह से ठीक न होने पर भी कुछ अंशों में अवश्य ठीक है। हम देखते हैं कि 'पृथ्वी', 'वायु' आदि संस्कृत शब्दों के साथ तो मुहावरे नहीं के समान हैं; पर 'जमीन', 'हवा', आदि विदेशी शब्दों के साथ बहुत से मुहावरे हैं। यदि काल-क्रम की दृष्टि से देखा जाए तो भाषा के क्षेत्र में मुहावरों का प्रचलन और विकास

भी बहुत बाद में हुआ। फिर भी हमारे यहाँ के प्राचीन साहित्यकारों को मुहावरों के तत्त्व का ज्ञान अवश्य था। उन्होंने शब्द की तीन प्रकार की शक्तियाँ मानी हैं—अभिधा, लक्षणा और व्यंजना। शब्द की जिस शक्ति के द्वारा उसका साधारण या प्रत्यक्ष अर्थ सूचित होता है, वह अभिधा कहलाती है। जैसे—रोटी या मकान का साधारण और प्रचलित अर्थ इसकी अभिधा शक्ति से सूचित होता है। पर यदि हम किसी लड़के को 'गधा' या 'उल्लू' कहें तो इसका कभी यह अर्थ नहीं होगा कि वह लड़का मानव-वर्ग का नहीं बल्कि उस पशु-वर्ग का है जिसे 'गधा' कहते हैं, अथवा उस पक्षी-वर्ग का है जिसे 'उल्लू' कहते हैं। हमारा अभिप्राय यही होता है कि गधे या उल्लू के समान मूर्ख और अबोध है। यह अभिप्राय इन शब्दों की लक्षणा शक्ति से सूचित होता है। तीसरी व्यञ्जना शक्ति वह है जिससे किसी शब्द का साधारण अर्थ तो छूट जाता है और उससे कोई विशेष अर्थ या भाव प्रकट होता है। मुहावरों का अन्तर्भाव भी शब्द की इन्हीं दूसरी और तीसरी व्यापक शक्तियों के अन्तर्गत होता है।

एक साधारण शब्द लीजिए—मुँह। इसका पहला और अभिधा शक्ति द्वारा निकलनेवाला अर्थ प्राणियों का वह अंग है; जिससे वे खाते-पीते या बोलते हैं। पर बरतनों का भी मुँह होता है और फोड़े-फुन्सियों का भी। ऐसे प्रसंगों में शब्द की दूसरी शक्ति लक्षणा उसका अर्थ या आशय प्रकट करती है। पर जब हम कहते हैं कि आपने इस लड़के को मुँह लगा रखा है, तब यहाँ शब्द की वह तीसरी शक्ति काम करती है, जिसे व्यंजना कहते हैं। संज्ञाओं के साथ क्रियाओं के लक्षणात्मक प्रयोग ही मुहावरे होते हैं; और व्यंजनात्मक प्रयोग से जो अर्थ सूचित होता है, उसे ध्वनि कहते हैं। और इसमें भी कुछ मुहावरों का अन्तर्भाव होता है।

इससे सिद्ध होता है कि हमारे यहाँ मुहावरों का विचार उस संकुचित दृष्टि से नहीं हुआ था, जिससे अन्यान्य देशों के साहित्यकारों ने किया था; बल्कि उनकी अपेक्षा कहीं अधिक सूक्ष्म और व्यापक दृष्टि से विचार किया गया था। फिर भी हमें निस्संकोच होकर यह मानना ही पड़ता है कि आज-कल जिसे 'मुहावरा' कहते हैं, वह तत्त्व हमारे लिए बहुत-कुछ नया और परकीय है। हम यह तो मानने के लिए तैयार नहीं कि यह तत्त्व हमने उर्दू से ग्रहण किया है, क्योंकि उर्दू के प्रचार से बहुत पहले हमारे यहाँ मुहावरे बनने और चलने लग गए थे; पर हाँ 'मुहावरा' शब्द हमने अवश्य बाहर से लिया है। सम्भवतः संस्कृत में इस प्रकार के गठे हुए पद न होते हों; जिनका कोई विशिष्ट लाक्षणिक अर्थ सूचित होता हो। और इसीलिए उस भाषा में 'मुहावरे' के लिए शायद कोई शब्द भी नहीं है। शब्दों और पदों के विशेष अर्थ लक्षणा से भी निकलते हैं और व्यंजना से भी। हम कहते हैं कि नेहरू जी भारतीय राष्ट्र की पतवार हैं।' इसका अर्थ यह हुआ कि वे भारतीय राष्ट्र-रूपी नौका के कर्णधार हैं। वाक्य का यह अर्थ लक्षणा शक्ति से निकलता है। इसी प्रकार यदि हम कहें—'आपसे किसी काम के लिए कहना तो अरण्य-रोदन करना है।' तो इसका आशय व्यंजना शक्ति से निकलता है। 'मुहावरा' इसी प्रकार के प्रयोगों का विकसित रूप है। लक्षणा के हमारे यहाँ तो भेद किए गए हैं—'रूढ़ा-लक्षणा और प्रयोजन-लक्षणा। इसमें से रूढ़ा-लक्षणा में वे शब्द-प्रयोग आते हैं जो रूढ़ या प्रचलित हो जाते हैं और प्रयोजन-लक्षणा में किसी प्रयोजन-वश शब्दों के अर्थ में विशेषता आती है। तत्त्वतः मुहावरा हमारे यहाँ की रूढ़ा-लक्षणा के अन्तर्गत आता है। अतः हम मुहावरों को 'रूढ़ि' और मुहावरेदार को 'रूढ़' कह सकते हैं। हमें इसके लिए एक दूसरा शब्द 'वाक् सम्प्रदाय' भी सुझाया गया है; पर यह शब्द कुछ बड़ा है; अतः यदि मुहावरे के लिए 'रूढ़ि' शब्द ही रूढ़ हो जाए तो कोई हर्ज नहीं। और फिर यदि अपने यहाँ

कोई उपयुक्त शब्द न होने के कारण हम स्वयं 'मुहावरा' शब्द भी चलने दें तो वह कोई कलंक या लज्जा की बात नहीं।

६.८. मुहावरे और बोलचाल में अन्तर

कुछ लोग बोलचाल के प्रचलित और शिष्ट-सम्मत प्रयोगों को ही 'मुहावरा' समझते हैं; पर वास्तव में यह 'मुहावरे' का दूसरा और गौण प्रकार है। यदि तात्त्विक दृष्टि से देखा जाए तो 'मुहावरे' और 'बोलचाल' में बहुत कम अन्तर है। कुछ तत्त्व दोनों में प्रायः समान रूप से पाए जाते हैं; और इसीलिए कभी-कभी एक में दूसरे का अन्तर्भाव दिखाई देता है। फिर भी दोनों के क्षेत्र अलग-अलग हैं। 'बोलचाल' वही चीज है, जिसे उर्दूवाले 'रोज-मर्रा' कहते हैं। यह 'रोज-मर्रा' भी होता है प्रायः कुछ गठे हुए या निश्चित शब्दों में ही, पर उन शब्दों से सामान्य अर्थ ही निकलता है—उस प्रकार का कोई विशेष अर्थ नहीं निकलता, जिस प्रकार का मुहावरे से निकलता है। हम यह तो कहेंगे—'यह पाँच-सात दिन पहले की बात है', पर यह नहीं कहेंगे—'यह चार-सात दिन या छह-नौ दिन पहले की बात है।' बोलचाल का बँधा हुआ रूप 'दिन दूना और रात चौगुना' ही है। इसे हम 'रात दूना दिन चौगुना' नहीं कह सकते। कुछ संज्ञाओं के साथ जो कुछ विशिष्ट या निश्चित क्रियाएँ आती हैं, वे भी इसी बोलचाल के तत्त्व की सूचक और इसी के अन्तर्गत हैं। उदाहरणार्थ, यहि हम कहें—'वह गाँव गुण्डों का दुर्ग (या किला) है।' तो यह साहित्यिक भाषा ही रहेगी पर यदि हम कहें—'वह गाँव गुण्डों का गढ़ है।' तो यह प्रयोग बोलचाल के अन्तर्गत आ जाएगा, क्योंकि बोलचाल में ऐसे प्रसंगों के लिए 'गढ़' शब्द मँज चुका है। तिस पर इस 'गुण्डों का गढ़' में अनुप्रास की जो छटा आ गई है, वह अलग। ऐसे ही अवसरों पर साहित्यिक भाषा की तुलना में बोलचाल की भाषा की श्रेष्ठता देखने में आती है। आगे के पृष्ठों में जो विवेचन है, वह मुहावरों के सम्बन्ध में भी है और बोलचाल के सम्बन्ध में भी।

हर भाषा में क्रिया-प्रयोग भी और मुहावरे भी अलग-अलग वर्गों में बँटे हुए होते हैं; और उनके ठीक तथा शिष्टसम्मत प्रयोग उस भाषा के अच्छे ज्ञाता ही कर सकते हैं। जो लोग क्रियाओं और मुहावरों का अच्छा ज्ञान प्राप्त करना चाहते हों, उन्हें भाषा के अच्छे-अच्छे ज्ञाताओं की बातें अच्छी तरह सुननी और रचनाएँ ध्यान से पढ़नी चाहिए। क्रिया-प्रयोगों और मुहावरों का ठीक-ठीक ज्ञान न होने के कारण भाषा में अनेक प्रकार की भूलें हो जाती है; और अनेक अवसरों पर अर्थ का अनर्थ हो जाता है। इस प्रकार के बहुत-से उदाहरण आगे चलकर विस्तार से दिए गए हैं।

मनुष्य की प्रकृति सब जगह प्रायः समान रूप से काम करती है; और इसीलिए अनेक भाषाओं में परस्पर मिलते-जुलते भावोंवाले मुहावरे भी पाए जाते हैं। कुछ अवसरों पर दूसरी भाषाओं के मुहावरे कुछ काट-छाँटकर ग्रहण भी कर लिए जाते हैं। परन्तु जब तक वे अच्छी तरह मँजकर शिष्ट-सम्मत नहीं हो जाते तब तक उनका प्रचलन नहीं होता। हाँ, तत्काल किसी दूसरी भाषा के मुहावरे का किया हुआ अनुवाद सहसा सब की समझ में न आने के कारण प्रायः हास्यास्पद ही होता है। यदि हमारी भाषा में उससे मिला-जुलता कोई मुहावरा हो तो उससे हम अवश्य अपना काम चला सकते हैं। परन्तु इसके लिए अपनी भाषा के मुहावरों का अच्छा ज्ञान होना चाहिए।

'रास्ते का काँटा बनना' एक ऐसा मुहावरा है, जिससे मिलते-जुलते मुहावरे और भाषाओं में भी मिलते हैं। परन्तु 'काँटों में घसीटना' ऐसा मुहावरा है जिससे मिलते-जुलते मुहावरे और

भाषाओं में कम देखे गए हैं। अँगरेजी का एक मुहावरा है—'हार्ड नट टु क्रैक' (Hard-nut to crack) हमारे यहाँ इससे मिलता-जुलता मुहावरा है 'टेढ़ी खीर' जो वास्तव में एक कहानी के आधार पर बनी हुई एक कहावत है। कुछ अवसरों पर इसका काम 'लोहे के चने चबाना' से भी चल सकता है। हमारे यहाँ का 'किनारा खींचना' मुहावरा फारसी के 'किनारा-कशी' मुहावरे से आया है, जो उर्दू के द्वारा शिष्ट-सम्मत होकर प्रचलित हो चला है। परन्तु 'कान पकड़ना', 'पल्ले पड़ना', 'मुँह आना' आदि हजारों ऐसे मुहावरे हैं जो हमारे अपने हैं और जिनमें से कुछ के समकक्ष मुहावरे दूसरी भाषाओं में हैं और कुछ के नहीं।

अब हम बतलाना चाहते हैं कि हमारे यहाँ के लेखक और पत्रकार मुहावरे और बोल-चाल के क्षेत्र में कितने प्रकार की भूलें करते हैं।

६.६. मुहावरों के अशुद्ध प्रयोग

कोई पचास वर्ष पहले महाराज रणजीत सिंह की एक जीवनी देखने में आई थी। सब कुछ लिख चुकने के बाद अन्त में लेखक ने लिखा था—'बस तभी से पंजाब के गले में पराधीनता की बेड़ियाँ पड़ गई।' लेखक ने यह नहीं सोचा कि बेड़ियाँ गले में नहीं पैरों में पड़ती हैं। उन दिनों हिन्दी लिखी बहुत कम जाती थी इसलिए मुहावरों की इस प्रकार की दुर्दशा भी कम होती थी। तब से अब तक हिन्दी ने बहुत उन्नति की है—उसमें बहुत अधिक साहित्य प्रस्तुत होने लगा है। पर खेद की बात है कि मुहावरों की दुर्दशा भी उसी अनुपात में, बल्कि कदाचित् उससे भी अधिक हो रही है। एक समाचार-पत्र में पढ़ा था—'सम्पादकों का गला घोंटने के लिए सदा उनके सिर पर दमन की तलवार लटकती रहती है।' मानो तलवार ने गला काटने का काम छोड़कर गला घोंटने का पेशा अख्तियार कर लिया हो ! एक पुस्तक में पढ़ा था—'उससे भिड़ना तलवार की नोक पर चलना है। पर लेखक ने यह न सोचा कि तलवार की नोक पर कोई चल ही कैसे सकता है ! मुहावरा है—'तलवार की धार पर चलना।' एक पत्र में देखा था—'अँगरेज झूठी शान के पीछे न पड़ें' पर 'किसी के पीछे पड़ना' एक खास मुहावरा है जिसका अर्थ है—किसी को सदा तंग करते रहने का प्रयत्न करना। इसलिए होना चाहिए था—'अँगरेज झूठी शान के फेर न पड़ें'। एक समाचार-पत्र में छपा था—'हमने उनकी योजनाओं को दुम दबाकर स्वीकार कर लिया। 'दुम दबाकर' तो केवल 'भागना' या 'चल देना' होता है; कुछ कहना, सुनना, मानना, आदि नहीं। एक समाचार-पत्र में छपा था—'यह देखकर मेरा तो सिर शर्म से उड़ गया।' पर सिर तलवार से उड़ा करता है, शर्म से नहीं। शर्म से तो वह झुकता ही है। एक और पत्र ने एक दुर्घटना का उल्लेख करते हुए लिखा था—'इतने में पुलिस वहाँ आ धमकी'। पर 'आ धमकी' का प्रयोग ऐसे ही अवसरों पर होना चाहिए, जहाँ कोई अवांछित रूप से आ पहुँचे। दुर्घटना होने पर पुलिस का आना कभी अवांछित नहीं कहा जा सकता। इसलिए यहाँ 'आ धमकी' की जगह 'आ पहुँची' होना चाहिए था। एक मासिक पत्र में एक कहानी के अन्तर्गत पढ़ा था—'उसकी हुलिया तंग थी।' इस सम्बन्ध में पहली बात तो यह है कि हुलिया स्त्रीलिंग नहीं पुल्लिंग है। दूसरी बात यह है कि हुलिया केवल बनता या बिगड़ता है, तंग तो 'काफिया' हुआ करता है। 'वे फुटकर काम करके अपना पेशा कमाते हैं।' में 'पेशा कमाना' मुहावरे का बहुत ही भद्दा और बेमौके प्रयोग हुआ है। वस्तुतः इस मुहावरे का प्रयोग तो धन लेकर व्यभिचार करनेवाली दुश्चरित्रा स्त्रियों के सम्बन्ध में ही उपयुक्त है। 'आपकी आँखों पर पड़ा हुआ सारा परदा फाश हो जाएगा।' में 'फाश होना' का अशुद्ध प्रयोग हुआ है। 'परदा फाश

होना' का अर्थ है—रहस्य या भेद खुल जाना। इसलिए यहाँ 'फाश हो जाएगा' की जगह 'हट जाएगा', 'दूर हो जाएगा' होना चाहिए। हाँ, यदि किसी काम का कोई रहस्य प्रकट हो जाए तो हम कह सकते हैं—'उसका परदा फाश हो गया। 'लड़की फूट-फूटकर चिल्ला रही थी।' में 'चिल्ला रही थी' की जगह 'रो रही थी' होना चाहिए।

एक पुस्तक में पढ़ा था—'वह प्रसन्नता के पारावार में बह चली।' जिसका कुछ अर्थ ही नहीं होता। एक और जगह पढ़ा था—'वहाँ जान पर कुरबान होनेवालों की कमी नहीं।' 'जान कुरबान करनेवालों' तक तो ठीक है, पर 'जान पर कुरबान' होने का कुछ अर्थ नहीं होता ! 'उन्होंने भी जले-भुने शब्दों में स्वीकार किया है....।' 'जले-भुने शब्द' कोई बोलचाल नहीं। होना चाहिए—'उन्होंने भी जल-भुल-कर स्वीकार किया....।' 'वह सिट्टी भूल गई, की जगह होना चाहिए—उसकी सिट्टी भूल गई।' 'वे स्वयं अपने कर्तव्याभाव से जी भर फिट्टे पड़ चुके हैं' में 'फिट्टे पड़ चुके हैं' के साथ 'जी भर' कोई बोलचाल नहीं और बिल्कुल व्यर्थ है। होना चाहिए था—'फिट्टे पड़ चुके हैं।' 'उसका बोल-बाला कम हो गया।' भी कोई बोलचाल नहीं है ! 'बोल-बाला' केवल 'होता' या 'रहता' हैं, पर 'कम' या 'ज्यादा' नहीं होता। 'वहाँ ऐसे लोगों को पर मारने नहीं दिया जाता।' की जगह होना चाहिए—'वहाँ ऐसे लोग पर नहीं मार सकते।' 'उस पर घड़ों पानी गिर गया' का ठीक रूप होगा—'उस पर घड़ों पानी पड़ गया।' एक पुस्तक में पढ़ा था—'लाज और लिहाज के मोरचे टूट पड़े।' पर हिन्दी में 'टूट पड़ना' एक खास मुहावरा है, जिसका अर्थ होता है —किसी को मार गिराने आदि के लिए उस पर झपटना या सहसा आक्रमण करना। अतः 'टूटे पड़े' की जगह 'टूट गए' होना चाहिए था। वस्तुतः मुहावरे का शुद्ध रूप है—'दाँतों उँगली दबाना' पर कुछ लोग भूल से लिख जाते हैं 'दाँतों तले उँगली दबाना।' जिसके उसका मुहावरेवाला तत्त्व नष्ट हो जाता है और उसका साधारण क्रिया-प्रयोगवाला रूप बन जाता है। स्वर्गीय डॉ० राजेन्द्रप्रसाद का गुणगान करते हुए एक सज्जन ने कहा था—'मैंने उनकी उदारता और सज्जनता का कई बार मजा चखा है।' परन्तु मुहावरे के क्षेत्र में मजा चखना और चखाना का प्रयोग साधारण रसास्वादन करने के अर्थ में नहीं होता। उसका आशय तो होता है—दंड भोगना या भुगवाना।

एक विद्वान् लेखक के भाषण में पढ़ा था—'युग की माँग का यह बीड़ा कौन चबाता है?' पर 'बीड़ा चबाना' कोई मुहावरा नहीं है; मुहावरा है—'बीड़ा उठाना।' मध्ययुग में हमारे यहाँ राज-दरबारों में यह प्रथा थी कि जब कोई विकट कार्य आ पड़ता था, तब वीर सामन्तों आदि को बुलाकर उन्हें उस कार्य के सम्बन्ध की सारी बातें बतला दी जाती थीं। वहीं थाली में पान का बीड़ा भी रखा रहता था। जो व्यक्ति वह कार्य करने का भार लेता था वह थाली में का बीड़ा उठा लेता था। इसी से यह मुहावरा बना है। इसका तात्पर्य है—कोई बड़ा काम करने के लिए प्रतिज्ञापूर्वक सन्नद्ध होना है। पर एक पुस्तक में पढ़ा था—'मैंने उनकी बात न मानने का बीड़ा नहीं उठाया था।' यह इस मुहावरे का बिल्कुल गलत प्रयोग है। इसमें पहली बात तो यह है कि सदा कुछ करने का ही बीड़ा उठाया जाता है; कुछ न करने का बीड़ा नहीं उठाया जाता। दूसरी बात यह है कि इस मुहावरे का प्रयोग कोई बड़ा और विकट अथवा विशिष्ट श्रम-साध्य कार्य करने के सम्बन्ध में ही होता है, किसी की कोई बात सुनने या मानने अथवा किसी के यहाँ यों ही आने-जाने सरीखे साधारण कार्यों के सम्बन्ध में इस का प्रयोग नहीं होता।

कुछ लोग 'बीड़ा उठाना' की जगह 'बीड़ा लेना' का प्रयोग करते हैं; पर यह भी ठीक

नहीं। 'बीड़ा लेना' या 'बीड़ा देना' कोई मुहावरा नहीं है। एक विशेष प्रसंग में 'बीड़ा' एक विशेष अर्थ में प्रयुक्त होता है; और वह अर्थ है—गाने-बजानेवालों आदि का पारिश्रमिक ठीक करके उन्हें दी जानेवाली साई या पेशगी रकम। और इस अर्थ में इसके साथ देना, लेना, मिलना, पाना, लौटाना, भेजना आदि क्रियाएँ साधारण क्रिया-प्रयोग के रूप में आती हैं। इनमें मुहावरे का कोई भाव या तत्त्व नहीं है; 'हाँ', उक्त मुहावरे से निकला हुआ 'बीड़ा' का एक विशेष अर्थ अवश्य है।

ऐसे और भी बहुत से मुहावरे हैं, जिनकी समय-समय पर बहुत दुर्दशा देखने में आती है। बहुत से लोग 'गप लड़ाना' और 'गप हाँकना' में कोई अन्तर नहीं समझते। खाली बैठे-बैठे इधर-उधर की बातें करने को 'गप लड़ाना' कहते हैं; और अपने संबंध में अथवा इधर-उधर की कोई बात बहुत बढ़ा-चढ़ाकर कहने को 'गप हाँकना' कहते हैं। 'घुटना टेकना' सुस्ताने को क़हते हैं; और 'घुटने टेकना' किसी के आगे झुककर अधीनता या पराभव स्वीकार करने को। 'नाक काटना' किसी को कुरूप करने का सूचक है और 'कान काटना' किसी काम में किसी को नीचा दिखाने या हराने का। परन्तु कई जगह इनमें से एक का प्रयोग दूसरे स्थान पर होता हुआ देखा गया है। असल मुहावरा 'मलियामेट' करना है, जो 'मलिया' नाम के खेल से लिया गया है। लड़के खेलने के लिए जमीन पर 'मलिया' की आकृति बनाते हैं। पर जब हारने लगते हैं तब उद्दंडतापूर्वक उसे मिटा देते हैं। पर यहाँ कदाचित् अनुप्रास के विचार से 'मलियामेट' 'मटियामेट' हो गया है। इसके सम्बन्ध में भी लोगों में वैसा ही भ्रम फैला हुआ है जैसा 'सत्यानाश' (शुद्ध रूप—सत्यनाश) के सम्बन्ध में है। पर अब 'मटियामेट' और 'सत्यानाश' पद ही बहुत प्रचलित हो चुके हैं। एक प्रसिद्ध मुहावरा है—'बाछें खिलना, जिसका पश्चिम में बहुत प्रयोग होता है। उर्दू लिपि की कृपा से कुछ पुराने लेखक 'बाछें खिलना' की जगह 'बाछें खुलना' लिख गए हैं, जिसका वस्तुतः कुछ भी अर्थ नहीं होता। 'बाछ' होंठ के सिरे को कहते हैं, और 'बाछें खिलना' का अर्थ है—मुस्कराहट आना। पर यह बात न समझकर कुछ लोग लिखते हैं—'उनकी बाछें खुल गई।' असल मुहावरा है—'किसी को आड़े हाथ लेना !' पर एक जगह पढ़ा था—'उन्होंने आड़े हाथों से खबर ली।' हिन्दी का एक मुहावरा है—'कसर न करना' और इसी से मिलता-जुलता दूसरा मुहावरा है—'कुछ उठा न रखना।' पर प्रायः लोग इन दोनों मुहावरों को एक में मिलाकर इनकी ऐसी चटनी बनाते हैं कि दोनों बुरी तरह से पिस जाते हैं। 'कसर न रखना' और 'कसर न उठा रखना' इसी बेसवाद चटनी के नमूने हैं। 'किसी से पाला पड़ना' और 'किसी के पल्ले पड़ना' दो अलग-अलग मुहावरे हैं; पर इनका भी विलक्षण मिश्रण देखने में आता है। प्रायः लोग लिख जाते हैं—'वह ऐसे आदमी के पाले पड़ा था।' होना चाहिए—ऐसे आदमी से (उसका) पाला पड़ा था' या 'वह ऐसे आदमी के पल्ले पड़ा था।' इस मुहावरे का बहुत ही भद्दा प्रयोग एक समाचार-पत्र में इस प्रकार हुआ था—'उन्होंने अपनी किस्मत हमारे पल्ले अटका रखी है।' मुहावरे के फेर में सारा वाक्य बेसिर-पैर का और निरर्थक हो गया है। बहुत-कुछ यही बात 'मिलना-जुलना' और 'घुलना-मिलना' के सम्बन्ध में भी है। 'मिलना-जुलना' साधारण भेंट और व्यवहार का सूचक है, पर 'घुलना-मिलना' बहुत घनिष्ठ व्यवहार का। हमारे 'नाक में दम होना' की भी प्रायः दो तरह से दुर्दशा होती है। कोई लिखता है—'हमारे नाक में दम आ गया।' और कोई लिखता है—'हमारी नाक में दम हो गया।' पर ये दोनों रूप अशुद्ध हैं। शुद्ध रूप है—'नाक में दम होना!' और उसमें मुख्य शब्द है 'दम' न कि 'नाक'। 'हमारे (या हमारी ?) नाक में दम हो गया' का तात्त्विक दृष्टि से कुछ भी अर्थ नहीं

होता। ठीक अर्थ तभी निकलेगा, जब कहा जाएगा—'हमारा नाक में दम हो गया।' एक मुहावरा है—'हथेली पर सिर रखकर' (कोई काम करना) पर कुछ लोग लिखते हैं—'हथेली पर जान रखकर' और कुछ लोग इससे भी आगे बढ़कर लिखते हैं—'वह हथेली पर जान लेकर आगे बढ़ा।' इस प्रकार के मनमाने परिवर्तनों से मुहावरे सदा भद्दे और निरर्थक हो जाते हैं। किसी चीज में 'चार चाँद लगना' का अर्थ होता है—(उसका) सौंदर्य बहुत बढ़ा जाना। पर इस मुहावरे का प्रयोग वहीं होता है, जहाँ किसी सुन्दर वस्तु की, किसी और कारण से सौंदर्य-वृद्धि का उल्लेख होता है। पर एक जगह पढ़ा था—'यों तो सारा चित्र ही अत्यन्त अश्लील और घृणित है, जिस पर गानों ने इसमें और भी चार चाँद लगा दिए हैं। स्पष्ट है कि 'अश्लील और घृणित' वस्तु में 'चार चाँद लगाना' बिल्कुल उलटा और बहुत ही हास्यास्पद प्रयोग है। और फिर प्रसंग को देखते हुए इसकी गिनती व्यंग्य में भी नहीं हो सकती। इस प्रकार के प्रयोग लेखक का अज्ञान तो प्रकट करते ही हैं; भाषा की दुर्दशा भी करते हैं।

प्रायः लोग बोलते और लिखते हैं—'यह सुनते ही उनका नशा हिरन हो गया।' शायद वे इसका यह अर्थ लगाते और समझते होंगे कि हिरन जिस प्रकार जल्दी से दौड़कर दूर निकल जाता है उसी प्रकार नशा भी जल्दी से दूर हो जाता है। पर यह बात नहीं। मुहावरे का वास्तविक और शुद्ध रूप है—'नशा हरन होना।' और इसमें का 'हरन' संस्कृत 'हरण' का विकृत रूप है। मुहावरे का वास्तविक अर्थ है—नशा हर लिया गया, अर्थात् उसका अस्तित्व नहीं रहने दिया गया, अथवा दूर हो गया। हिन्दी में यह भूल संभवतः उर्दू लिपि की कृपा से आई है। उर्दू में हरन और हिरन बहुत-कुछ एक तरह से लिखे जाते हैं। उर्दू में 'हरन' का प्रयोग या तो लोगों को अटपटा लगा हो या उसका अर्थ ही समझ में न आया हो। इसलिए उन्होंने 'हरन' को 'हिरन' बना दिया। बहुत से लोग दो या कई अच्छी बातों के संयोग होने पर कहते और लिखते हैं—'यह तो सोने में सुहागा हो गया।' परन्तु मुहावरे का यह रूप भी बिल्कुल गलत है। सुहागा तो सोने को गलाता ही है, उसमें कोई नवीनता या विशेषता नहीं लाता। शुद्ध रूप है—'सोने में सुगंध होना' अर्थात् एक बहुत अच्छी चीज में कोई दूसरा बहुत अच्छा गुण या विशिष्टता उत्पन्न होना।

एक प्रसिद्ध मुहावरा है 'कटे पर नोन (या नमक) छिड़कना।' यदि शरीर में किसी कटी हुई जगह पर नमक लग जाता है, तो बहुत छरछराहट होती है। इसी से यह मुहावरा बना है। उर्दू में इस मुहावरे का बहुत प्रयोग हुआ है। एक शेर है—

> नमक छिड़को, नमक छिड़को, मजा कुछ इसमें आता है।
> कसम ले लो, नहीं आदत मेरे घावों को मरहम की।।

इससे सूचित होता है कि घाव पर मरहम लगाने का जो असर होता है, उसका ठीक उलटा असर नमक लगाने का होता है। पर कुछ लोग इसकी जगह 'जले पर नमक छिड़कना' का प्रयोग करते हैं, ज़ो ठीक नहीं। जले पर नमक तो एक तरह से दवा का काम देता है। हमारे यहाँ का बहुत पुराना प्रयोग भी 'क्षत पर क्षार' ही है, 'दग्ध पर क्षार' नहीं। महाकवि राजेश्वर ने कर्पूर-मंजरी (२-११) में 'क्षतेक्षारं' का प्रयोग किया। यथा—

> परे जोण्हा उण्हो गरल सरिसो चन्दन रसो।
> खअक्खारो हारो रजनि पवणा देह तवणा।।

इसमें का 'खअक्खारो' वस्तुतः 'क्षत-क्षार ही है। भवभूति ने भी उत्तर रामचरित (४-७)

में कहा है—

य एव मे जमः पूर्वकासीन्मूर्तो महोत्सवः।
क्षते क्षारमिवासह्यं जातं तस्यैव दर्शनम् ॥

पर इधर कुछ दिनों से इसकी जगह भूल से 'जले पर नमक' हो चल पड़ा है। यहाँ तक कि गोस्वामी तुलसीदास ऐसे परम सुविज्ञ भी कह गए हैं—

अति कटु वचन कहत कैकेई। मानहु लोन जरे पर देई।।

'जल पर नमक' के समर्थन में हमारे एक सुयोग्य मित्र का कहना है कि 'कटे पर नमक' और 'जल पर नमक' दो अलग-अलग मुहावरे हैं, जो अलग-अलग प्रदेशों में प्रचलित हैं। पर 'कटे पर नमक' की उक्त परम्परा देखते हुए यह तर्क कुछ ठीक नहीं जँचता। जान पड़ता है कि 'जले पर नमक' भ्रम से ही चल पड़ा है।

कभी-कभी लोग मुहावरों के ठीक रूप और अर्थ न जानने के कारण और भी कई तरह की भूलें कर जाते हैं। एक प्रसिद्ध गीत है—

अवधि बदि सैयाँ अजहूँ न आये।

इसमें 'अवधि बदना' पुराना मुहावरा है, जिसका अर्थ है—कोई काम करने की अवधि निश्चित करना या ठीक समय बतलाना। पर अधिकतर संगीत-प्रेमियों के मुँह से इसका यही रूप सुना जाता है—

अवधिपति सैयाँ अजहूँ न आए।

इसमें 'अवधिपति' का इसलिए कुछ भी अर्थ नहीं है क्योंकि इससे बादवाला पद (जिसे संगीत में अन्तरा कहते हैं।) है—

ठाड़ी अटा पर कृष्ण पुकारे, भरि आई नदिया बारी रे!

इसी प्रकार एक मुहावरा है—'बातें बनाना जिसका अर्थ है गढ़-गढ़कर या झूठी बातें' कहना। एक दादरे में यह मुहावरा इस प्रकार आया है—

हटो जाओ न मो सों बनाओ बतियाँ।

पर प्रायः लोग मुहावरों का ठीक रूप न समझने के कारण कहते हैं—

हटो जाओ न झूठी बनाओ बतियाँ।

वास्तव में 'बातें बनाना' में ही झूठेपन का भाव आ जाता है; अतः 'बनाओ बतियाँ' से पहले 'झूठी' विशेषण निरर्थक है। हमने गद्य साहित्य में भी कई जगह 'झूठी बातें बनाना' का प्रयोग देखा है, जो किसी तरह ठीक नहीं। 'बातें बनाना' ही यथेष्ट है।

प्रायः लोग बातचीत में कहा करते हैं—'उन्हें वहाँ से टका-सा जवाब मिला'। पर वास्तव में 'टका-सा' का कोई अर्थ नहीं है। असल मुहावरा है 'टुक्का-सा', जिसका अर्थ है—टुकड़ा-सा। पंजाबी और पश्चिमी हिन्दी में अब भी संज्ञा रूप में 'टुक्का' का अर्थ 'टुकड़ा और विशेषण रूप में 'टुका हुआ' होता है। तात्पर्य यह है कि जिस प्रकार किसी के आगे टुकड़ा तोड़कर फेंक दिया जाता है, उसी प्रकार उपेक्षापूर्वक दिया हुआ जवाब 'टुक्का-सा जवाब' कहलाता है। इसीलिए हिन्दी शब्दसागर में 'टुकड़ा-सा जवाब देना' भी एक मुहावरा मान लिया गया है। वह तो उर्दू लिपि की कृपा से और उर्दू वालों की फसाहत की बदौलत 'टुक्का-सा' का 'टका-सा' हो गया है।

इसी तरह के कुछ और प्रयोग या मुहावरे हैं, जिनका प्रयोग तो प्रायः होता है, पर जिनका ठीक आशय जल्दी लोगों की समझ में नहीं आता। प्रायः लोग बातचीत में कहा करते हैं—उनकी ऐसी की तैसी। पर यदि आप किसी से पूछें कि 'ऐसी की तैसी' का अर्थ क्या है, तो वे कुछ भी न बतला सकेंगे। पश्चिमी हिन्दी और विशेषतः पंजाबी में इसका दूसरा रूप यों भी सुना जाता है—'जैसी की तैसी'। 'और वास्तव में यही रूप शुद्ध तथा सार्थक है; पर लोक में इसका बिगड़ा हुआ रूप 'ऐसी की तैसी' ही प्रचलित है। जब हम कहते हैं—'मैं उसकी जैसी की तैसी कर दूँगा।' तो इसका विशिष्ट अर्थ होता है। कभी-कभी किसी का मिजाज बहुत बढ़ जाता है और वह समझने लगता है कि अब मेरी प्रतिष्ठा, बात या शक्ति पहले से बहुत बढ़ गई है। ऐसे लोगों की यही मनोवृत्ति देखकर कहा जाता है—मैं उसकी जैसी की तैसी कर दूँगा। आशय यह होता है कि मैं उसकी सारी शेखी भुला दूँगा; और उसे फिर उसकी अपेक्षाकृत हीन दशा में पहुँचा दूँगा, जिसमें वह पहले था।

विशेषण के रूप में 'ऊटपटाँग' पद बहुत प्रयुक्त होता है। यह पद वस्तुतः 'ऊँट पर टाँग' से बना है। मान लीजिए कि कोई कहता है 'मैं जमीन पर एक टाँग से खड़ा था और दूसरी टाँग ऊँट (या उसकी पीठ) पर थी। यह बात सुनने में कितनी बेढंगी और असम्भव जान पड़ती है। जब इसी प्रकार की कोई बेढंगी और बेतुकी बात सामने आती है, तब उसके लिए 'ऊटपटाँग' का विशेषण के रूप में प्रयोग होता है।

हिन्दी शब्दसागर का सम्पादन करते समय एक बार पं० रामचन्द्र शुक्ल ने मुझसे पूछा था—'वह अपना-सा मुँह लेकर लौट आए' में 'अपना सा मुँह' का क्या अर्थ है? मैं क्षण-भर के लिए सोच में पड़ गया। पर तुरन्त ही मैंने कहा—जब कोई किसी बड़ी आशा से कहीं जाता है, तब प्रायः उसकी पूर्ति की सम्भावना से बहुत प्रसन्न रहता है; और उसका चेहरा बहुत खिला हुआ रहता है। पर जब वहाँ उसे निराशा होती है तब उसका चेहरा मुरझा या सूख जाता है। ऐसे अवसरों पर उक्त प्रयोग का वास्तविक आशय यही होता है कि चेहरा उतर गया है। पर इसके मूल में यह भावना है कि उसका वैसा मुँह नहीं रह गया, जैसा पहले था। इसीलिए 'अपना मुँह' की जगह 'अपना-सा मुँह' का प्रयोग होता है जो उतार या हीनता का सूचक है। शुक्ल जी को मेरी यह व्याख्या बहुत पसन्द आई थी, और उन्होंने इसे ठीक मान लिया था।

अशुद्ध बोल-चाल

बहुत से लोग भाषा में जबरदस्ती मुहावरेदारी लाने के फेर में पड़कर अपना अज्ञान प्रकट करते हैं। बंगाल में भीषण अकाल के समय इस प्रान्त के एक समाचार-पत्र ने लिखा था—'प्रान्तीय सरकार दम भरती है कि इस प्रान्त में भी ऐसे अकाल की स्थिति उत्पन्न होने की सम्भावना है।' यहाँ 'दम भरना' मुहावरे का बिल्कुल गलत और उलटा प्रयोग हुआ है। 'किसी बात का दम भरना' का अर्थ होता है—किसी बात का पूरा भरोसा रखकर अभिमानपूर्वक उसकी चर्चा करना। जैसे—'आप भी तो उसकी दोस्ती का दम भरते हैं।' इस दृष्टि से उक्त उद्धरण के शब्दों से सूचित होता है कि प्रान्तीय सरकार को इस बात का पूरा विश्वास है कि इस प्रान्त में भी वह स्थिति उत्पन्न हो जाएगी, जो बंगाल में उत्पन्न हुई थी, और अपना यह विश्वास वह प्रसन्न होकर अभिमानपूर्वक प्रकट कर रही है ! साथ ही यह भाव भी प्रकट

होता है कि सरकार इसके लिए प्रयत्नशील है और उसका यह प्रयत्न शीघ्र ही सफल भी हो जाएगा। कैसा अनर्थ है !

एक पुस्तक में पढ़ा था—'उसके कदम आगे बढ़ने में सहम जाते थे।' वास्तव में 'कदम' नहीं सहमते, सहमता आदमी है। होना चाहिए था—'वह आगे कदम बढ़ाने में सहमता था।' एक और जगह पढ़ा था—'उसका सिर चक्कर काटता था।' मानो सिर उसके धड़ से अलग होकर आकाश में चक्कर लगा रहा था। सीधी तरह होना चाहिए—'उसका सिर चकरा रहा था।' एक और पुस्तक में पढ़ा था—'तिस पर तुक्का यह कि उलटे बंगाल सरकार पर एक तोहमत लगाई जाती थी।' इसमें 'तुक्का' की जगह 'तुर्रा' होना चाहिए था। महासमर का एक और अभिशाप बिट्रेन के जिम्मे यह पड़ा कि....।' इसलिए ठीक नहीं है कि अभिशाप किसी 'पर' या किसी के 'सिर' पड़ता है, किसी के 'जिम्मे' नहीं पड़ता। 'वे लीग के प्रचार का मुँह उन्हें प्रान्तीय शासन में उचित स्थान देकर बन्द करना चाहते हैं।' में 'प्रचार का मुँह' बहुत भद्दा है। केवल 'लीग का मुँह' से काम चल सकता था, साथ ही इस वाक्य में 'उन्हें' के स्थान पर 'लीगवालों को' होना चाहिए। 'किसी से उलझने की धुन उसमें चढ़ी' भी कोई शिष्ट-सम्मत प्रयोग या बोल-चाल नहीं। 'धुन' किसी 'में' नहीं चढ़ती, बल्कि किसी पर सवार होती है या किसी को लगती है।

कभी-कभी लोग क्रियाओं, क्रिया-प्रयोगों और मुहावरों या बोल-चाल का ठीक-ठीक अन्तर न समझने के कारण ही भद्दी भूलें कर जाते हैं। प्रायः बोल-चाल में आता है—'वह ढेर पर ढेर लगा रहा था।', 'उसकी हार पर हार हो रही थी।' आदि। अर्थात् इस प्रकार जोर देने के लिए शाब्दी द्विरुक्तियाँ संज्ञाओं की होती हैं। पर कुछ लोग यह बात न जानने के कारण क्रियाओं की इसी प्रकार की द्विरुक्तियाँ कर जाते हैं। जैसे—'वह हार पर हार रहा था।' ऐसे प्रयोगों में पहली क्रिया के सम्बन्ध में यह भ्रम हो सकता है कि कहीं वह संज्ञा तो नहीं। और चाहे यह भ्रम न भी हो फिर भी वह बोल-चाल की भाषा नहीं। उक्त वाक्य का शुद्ध रूप होगा—'उसकी हार पर हार हो रही थी।' ऐसे प्रयोग क्रियाओं को भी जोरदार बनाते हैं। 'जब हम मिलते हैं, तब मिलते हैं।' में अन्तिम 'मिलते हैं' का अर्थ है—अच्छी तरह मिलते हैं। यद्यपि हिन्दी शब्दसागर में 'सेंध' के क्रिया-प्रयोगों में 'देना' और 'लगाना' के साथ 'मारना' भी दिया गया है, पर वास्तव में 'सेंध' के साथ 'मारना' क्रिया-प्रयोग नहीं होता, बल्कि 'सेंध मारना' मुहावरा है। इसीलिए 'सेंध लगाने का सामान' तो ठीक, पर 'सेंध मारने का सामान' ठीक नहीं। पर एक अखबार में छपा था—'वह सेंध मारने के सामान के साथ पकड़ा गया'। एक समाचार-पत्र में पढ़ा था—'कांग्रेस-बोर्ड की गलती ठीक करनेवाले सरदार पटेल अब नहीं रहे।' यह बात उस समय कही गई थी, जब सरदार पटेल जीवित थे, और इसका वास्तविक आशय यह था कि कांग्रेस-बोर्ड की गलती सुधारने का सरदार पटेल को अब कोई अधिकार नहीं रह गया। पर वाक्य का अन्तिम पद 'अब नहीं रहे' बोल-चाल की दृष्टि से कैसी अनिष्ट-भावना का सूचक है[१], इसकी ओर लेखक का ध्यान नहीं गया !

'कहा-सुनी' का कुछ विशेष अर्थ है। जब दो आदमियों में कुछ क्रोधपूर्ण उत्तर-प्रत्युत्तर

१. साधारण बोलचाल में 'अब नहीं रहे' का अर्थ होगा—अब इस लोग में नहीं हैं, अर्थात् मर गये।

या साधारण जबानी झगड़ा होता है, तब उसे 'कहा-सुनी' कहते हैं। पर हमने कई लेखकों को साधारण बातचीत के अर्थ में भी इसका प्रयोग करते हुए देखा है। 'क्या तो हिन्दीवाले' 'क्या तो उर्दूवाले', 'न ही यह', 'न ही वह' आदि विलक्षण प्रयोग भी बढ़ते जा रहे हैं जो बोल-चाल के विरुद्ध हैं। 'ज जाने' की जगह 'जाने' का प्रयोग भी होने लगा है। जैसे—'जाने वे कब आयेंगे। न जाने इस खाली 'जाने' का लोग क्या अर्थ समझते हैं।

कुछ लोग शब्दों के साथ लगी हुई साधारण क्रियाओं को भी भूल से मुहावरों के अन्तर्गत मान लेते हैं। 'सन्नाटा छाना' कोई मुहावरा नहीं, क्योंकि इन शब्दों से निकलनेवाले अर्थ से भिन्न इसका कोई भाव नहीं। इसी प्रकार 'नथने फाड़ना' भी कोई मुहावरा नहीं, वह एक प्रकार की मानसिक अवस्था की शारीरिक प्रतिक्रिया मात्र है। जैसा कि ऊपर बतलाया जा चुका है, कभी-कभी ऐसा होता है कि कुछ क्रियाओं को एक अवस्था में तो साधारण का अर्थ होता है, और दूसरी अवस्था में (किसी शब्द के साथ होने पर विशेष अर्थ निकलने के कारण) मुहावरों के अन्तर्गत हो जाता है। जब हम कहते हैं—'गरम तवा छूने से हाथ जल जाएगा' तब 'जल जाना' पद साधारण क्रिया के रूप में प्रयुक्त रहता है। पर जब हम कहते हैं 'वह हमें देखते ही जल जाता है' तब यही 'जल जाना' मुहावरा हो जाता है। 'हाथ-पैर फूलना' जब शारीरिक रोग का सूचक हो, तब मुहावरा नहीं होगा, पर जब किसी से भयभीत होकर बिल्कुल शिथिल हो जाने का सूचक हो, तब अवश्य वह मुहावरा हो जाएगा। साधारणतः यदि हम कहें—'उसके गले में दर्द है।' तो इसमें 'दर्द' का साधारण अर्थ 'पीड़ा' ही होगा, और इसमें मुहावरे का कोई तत्त्व न होगा। पर यदि कोई गवैया बहुत ही मधुर मर्मस्पर्शी स्वर में गाता हो, और हम कहें—'वाह ! उसके गले में कितना दर्द है !' तो 'गले में दर्द होना' मुहावरा हो जाएगा, क्योंकि इसका अर्थ हो जाएगा—मन में वर्द या रस पैदा करनेवाला तत्त्व होना। 'बछिया के ताऊ', 'बिना पेंदी का लोटा', 'खिचड़ी दाढ़ी' और 'नींबू-निचोड़' सरीखे पद मुहावरे नहीं हैं, यो तो यौगिक पद हैं जो कुछ विशिष्ट तथ्यों के सूचक मात्र हैं।

६.१०. मुहावरों के बँधे हुए रूप, उनका अनुवाद करना ठीक नहीं

जैसा कि हम पहले बता चुके हैं, मुहावरों के सम्बन्ध में ध्यान रखने की मुख्य बात यह है कि वे खास शब्दों में ही बँधे हुए होते हैं, उनके शब्दों में कभी कुछ उलट-पुलट करने की गुंजाइश नहीं रहती। यदि हम कहें—'आपके दोनों हाथ लड्डू हैं।' तो इसका विशेष अर्थ होगा—आपका हर तरह से लाभ है। पर यदि हम कहें 'आपके दोनों हाथों में लड्डू है।' तो इसका केवल सामान्य शाब्दिक अर्थ होगा कोई विशेष अर्थ न होगा। कुछ अवस्थाओं में लिंग या वचन आदि के कारण भी मुहावरों के बँधे हुए रूप में कोई परिवर्तन या विकार नहीं होता। 'फूलकर कुप्पा होना' एक प्रसिद्ध मुहावरा है। हम यह तो कह सकते हैं—'वह (पुरुष) फूलकर कुप्पा हो गया', पर यह नहीं कह सकते—'वह (स्त्री) फूलकर कुप्पी हो गई।' या 'वे लोग फूलकर कुप्पे हो गए। इसी प्रकार हम यह भी नहीं कह सकते—'मारे प्रसन्नता के फूलकर पीपा (या गुब्बारा) हो गए।' उक्त सभी अवस्थाओं में मुहावरे का रूप 'फूलकर कुप्पा होना' ज्यों का त्यों रहेगा। इस सम्बन्ध में ध्यान रखने की दूसरी बात यह है कि मुख्यतः इसी तत्त्व के कारण और गौणतः विशिष्ट अर्थवाले तत्त्व के कारण एक भाषा के मुहावरों का दूसरी भाषा के अनुवाद नहीं हो सकता। अँगरेजी का एक मुहावरा है—'

To have feet of clay' दि इसका अविकल अनुवाद 'उनके पैर मिट्टी के हैं !' करके रख दिया जाए तो हिन्दी के पाठकों की समझ में कुछ न आएगा। ऐसे अवसर पर हमें कहना पड़ेगा—'वे बिल्कुल निकम्मे हैं।' या यदि हम मुहावरा ही रखना चाहें तो हमें कहना पड़ेगा—'वे पूरे मिट्टी के माधव हैं। उर्दू का एक मुहावरा है—'नजर लगना' (जैसे—बच्चे को नजर लग गई) और हिन्दी का एक मुहावरा है—'आँख लगना' (जैसे बच्चे की आँख लग गई अर्थात् उसे नींद आ गई है)। 'नजर' और 'आँख' एक सीमा तक समानार्थी हैं, पर उक्त दोनों मुहावरों के अलग-अलग अर्थ हैं। इसीलिए हम 'नजर लगना' की जगह 'आँख लगना' या 'आँख लगना' की जगह 'नजर लगना' का प्रयोग नहीं कर सकते। जहाँ हम 'बल लगाना' कहते हैं, वहाँ 'जोर लगाना' तो कह सकते हैं, क्योंकि यहाँ क्रिया अपने साधारण रूप में आती है। पर जहाँ 'जोर देना' कहते हैं, वहाँ 'बल देना' नहीं कह सकते, क्योंकि मुहावरेवाला तत्त्व आ जाता है। उर्दू का एक मुहावरा है—'किसी का काम तमाम करना', जिसका अर्थ है—किसी को मार डालना। पर हमने कुछ स्थानों में इसकी जगह 'काम पूरा करना' का भी प्रयोग देखा है, जिसका वह अर्थ नहीं होता जो 'काम तमाम करना' का है। जून सन् १६४४ ई० में गाँधी जी और भारत सरकार का जो पत्र-व्यवहार प्रकाशित हुआ था, उसका सारांश देते हुए एक समाचार-पत्र ने लिखा था—'आपने आग से खेला।' इस वाक्य में व्याकरण सम्बन्धी जो दोष (आपने खेला) है वह तो है ही, दूसरा दोष यह कि इसमें का 'आग से खेला' अँगरेजी मुहावरे 'To play with fire' का अविकल अनुवाद है। इसीलिए हिन्दीवाले इस प्रयोग का जल्दी अर्थ ही नहीं समझ सकते। यदि इस वाक्य में 'आग से खेलवाड़ किया' भी होता तो भी कुछ अर्थ निकल सकता था। इसी प्रकार का पद 'जलता प्रश्न' या 'जलता सवाल' है, जो अँगरेजी के 'Burning question' (या topic) का अविकल शब्दानुवाद है। यदि इसकी जगह ज्वलन्त उदाहरण, ज्वलन्त प्रमाण सरीखे पदों की तरह 'ज्वलन्त प्रश्न' का प्रयोग किया जाए तो वह अधिक सार्थक भी होगा और हिन्दी की प्रकृति के अनुरूप भी। यदि अनुवाद करते समय कोई मुहावरा सामने आ जाए तो होना यह चाहिए कि हम अपनी भाषा में उससे मिलता-जुलता कोई मुहावरा ढूँढ़ें; और यदि वह न मिले तो उसका भाव ऐसे ढंग से प्रकट करें, जो हमारी भाषा की प्रकृति के अनुकूल और हमारे समाज में समझने योग्य हो। ऐसे अवसरों पर हमें यह भी ध्यान रखना चाहिए कि कभी-कभी दो भाषाओं के अलग-अलग मुहावरों की शाब्दिक समानता भी बहुत भ्रामक होती है, और उनके दो अलग-अलग बल्कि परस्पर विरोधी अर्थ भी हो सकते हैं। अँगरेजी के 'To show teeth' मुहावरे का अर्थ है—अपना उग्र रूप दिखाना। पर इससे शाब्दिक समानता रखनेवाले हिन्दी के मुहावरे—'दाँत दिखाना' का अर्थ है कायरता या दुर्बलता प्रकट करना। जैसे—'एक घुड़की में उसने दाँत दिखा दिए।' 'वह अपनी सब नावें जला कर हम लोगों से साथ हो लिया।' इसीलिए भद्दा और दुरूह है कि यह अँगरेजी मुहावरे 'To burn boats' का अनुवाद है और हमारे यहाँ 'नाव जलाना' का कोई विशेष अर्थ नहीं होता। इस अँगरेजी मुहावरे का अर्थ है—पिल पड़ना। 'निस्सन्देह यह लीग के पाकिस्तानी कफन की दूसरी कील है।' 'Nail in the coffin' का अनुवाद यों ही भद्दा है, तिस पर 'कफन की कील' तो और भी भद्दा है, क्योंकि किलें कफन में नहीं जड़ी जातीं, ताबूत में जड़ी जाती हैं। कफन तो सीया, लपेटा या बाँधा जाता है। अँगरेजी में जिसे 'कॉफिन' कहते हैं उसका हिन्दी समानक कफन नहीं, बल्कि ताबूत है। एक स्थान पर देखा था—'सरकार उस विषय पर महीनों तक सोती रही। 'सोते रहना' हमारे यहाँ का मुहावरा अवश्य है, परन्तु किसी विषय पर 'सोते

रहना' अँगरेजी मुहावरे का अविकल अनुवाद ही है, और इसीलिए बहुत अस्पष्ट है। यही बात नीचे लिखे वाक्यों के सम्बन्ध में भी है :

१. 'कांग्रेस अपना झूठ दूसरों के मुँह में रखती है।'

२. 'हिन्दुओं की कीमत पर मुसलमानों ने बहुत कुछ पा लिया। 'देश में शान्ति की रक्षा हर मूल्य पर की जाएगी।'

३. 'भारत में अकाल के मूल्य पर ब्रिटिश साम्राज्य खेल खेल रहा है।'

४. 'यदि इसका निर्णय पाकिस्तान के पक्ष में न हुआ तो यह सदा झगड़े की हड्डी बना रहेगा।'

५. 'उनके इस पागलपन के पीछे एक पद्धति है।'

इस प्रकार के प्रयोग इसीलिए भद्दे औ त्याज्य हैं कि ये हमारे मुहावरों और बोलचाल या समझ के क्षेत्र के बाहर के हैं।

एक पत्र में एक सज्जन का लेख पढ़ने को मिला था, जिन्होंने अँगरेजी ढंग के भद्दे मुहावरे गढ़ने का कारखाना-सा खोल रखा है। उन्होंने लिखा था—'कभी भूले और ढीले क्षण में भी उनके मुँह से कोई खोटी बात नहीं निकलती थी !' जब 'भूले और ढीले क्षण' हो सकते हैं, तब तो 'याद और चुस्त क्षण' भी हो सकेंगे। अँगरेजी मुहावरों के अनुकरण पर गढ़े हुए भद्दे वाक्यों के और नमूने हैं—'उन्होंने लड़के को इतनी तो रस्सी दी है।' 'सुनीता कमरा तैर गई।' 'उसके होंठों पर हँसी तैर गई।' आदि। और 'वह कमरे में अकेला रहकर अँधेरा पड़ गया।' इसी प्रकार का बहुत ही विलक्षण और प्रायः निरर्थक-सा वाक्य एक समाचार-पत्र में इस रूप में मिला था—'लीगवाले अब यह अच्छी तरह समझने लगे हैं कि जूता गलत पैर में पड़ा गया है; और वह जूता लीग के लिए ही अनर्थकारी सिद्ध होगा।' इधर कुछ दिनों से समाचार-पत्रों में कृत्रिम दुःख-प्रकाशन के लिए 'धड़ियाल के आँसू' और 'नक्राश्रु' सरीखे प्रयोग देखने में आते हैं, जो अँगरेजी के 'crocodile tears' के अनुकरण पर बने हैं। यही बात 'मधुराच्छादित वटिका' के सम्बन्ध में भी है जो 'sugar-coated pill' का अनुवाद है। जो लोग अँगरेजी मुहावरे न जानते हों, वे इन वाक्यों का कुछ भी आशय नहीं समझ सकते। इसलिए सदा अपनी भाषा में प्रचलित मुहावरों का ही प्रयोग करना चाहिए; दूसरी भाषाओं के मुहावरों का अविकल अनुवाद करने के फेर में नहीं पड़ना चाहिए।

असल बात यह है कि हम लोगों को न तो अपने घर की पूँजी का ज्ञान होता है न अपनी भाषा की प्रकृति का। दूसरों के पास कुछ देखते ही हमारी आँखें चौंधियाँ जाती हैं, और उसी को नोच-खसोटकर हम ले भागने का प्रयत्न करते हैं। हम 'किसी विषय में रुचि लेते हैं।', 'किसी बात में स्वार्थ लेते हैं।', 'किसी कार्य में भाग लेते हैं। और 'लज्जित से हो पड़कर' किसी की 'आँखों में आँख डालकर', 'एक-दो बात कस देते हैं !' इस प्रकार अपनी भाषा को विदेशी सज्जा से सज्जित करके उसकी प्रकृति तथा राष्ट्रीयता की हत्या करते हैं।

जो बातें मुहावरों के संबंध में कही गई हैं, प्रायः वही कहावतों के संबंध में भी समझनी चाहिए। कहावतों का अर्थ और भाव मुहावरों के अर्थ और भाव की अपेक्षा और अधिक गम्भीर तथा व्यापक होता है। कहावतों की सहायता से अनेक बातें बहुत थोड़े शब्दों में कही जा सकती हैं। इसका कारण यह है कि अधिकतर कहावतें किसी-न-किसी कहानी, घटना

या तथ्य के आधार पर बनी होती हैं और उन कहावतों में उस कहानी, घटना का तथ्य का सारांश या निचोड़ रहता है। 'ऊँट के गले में बिल्ली', 'ठठेरे-ठठेरे बदलौवल, 'चोर की दाढ़ी में तिनका' आदि कहावतें प्रसिद्ध कहानियों के आधार पर बनी हैं। कभी-कभी किसी कविता की कोई सुन्दर उक्ति भी कहावत के रूप में प्रचलित हो जाती है। जैसे—'होनहार बिरवान के होत चीकने पात।' या 'जैसे कन्ता घर रहे, तैसे रहे बिदेस' आदि।[१] इसके सिवा कुछ कहावतें कुछ विशिष्ट सर्वमान्य सिद्धान्तों के आधार पर भी बनी हुई होती हैं। जैसे—'मान न मान, मैं तेरा मेहमान', 'दूध का दूध, पानी का पानी', 'ऊँट के मुँह में जीरा', 'आँख के अंधे, नाम नैनसुख', 'चोर-चोर मौसेरे भाई', 'ढोल का साथी डंडा' आदि। इस प्रकार कहावतों का उपयोग थोड़े शब्दों में कोई परिस्थिति या तथ्य समझाने के लिए होता है। इसीलिए कहावतों का ठीक प्रयोग भी मुहावरों की तरह बहुत समझ-बूझकर करना चाहिए।

६.११. मुहावरों और कहावतों में अन्तर

इस सम्बन्ध में प्रायः एक और विलक्षण बात देखने में आई है। वह यह कि बहुत से लोग मुहावरों और कहावतों में अन्तर नहीं समझते और जो लोग यह अन्तर समझते भी हैं, वे भी प्रायः दोनों को एक में मिला देते हैं। बहुत दिन हुए, पटने से हिन्दी मुहावरों की एक पुस्तक प्रकाशित हुई थी। उसमें मुहावरों के साथ बहुत-सी कहावतें भी मिली हुई थीं। यही बात पं० ब्रजमोहन दत्तात्रेय 'कैफी की उर्दू पुस्तक 'कैफिया' में भी देखने में आई। कई कोशों में भी हमने प्रायः ऐसा ही देखा है। मुहावरों का प्रयोग तो वाक्यों के अन्तर्गत उनका सौंदर्य बढ़ाने और उनमें उपयुक्त प्रवाह लाने के लिए होता है, और कहावतों का प्रयोग बिल्कुल स्वतन्त्र रूप से और किसी विषय को केवल स्पष्ट करने के लिए। मुहावरा यदि वाक्य में से निकाल दिया जाए तो उसकी बहुत-कुछ शोभा जाती रहती है। पर कहावतें निकाल देने पर प्रायः ऐसा नहीं होता। यहाँ हम कुछ प्रसिद्ध कहावतें देते हैं जिन्हें देखकर सहज में यह समझा जा सकता है कि मुहावरों और उनमें क्या अन्तर है :

१. गधा पीटने से घोड़ा नहीं बनता।
२. खरबूजे को देखकर खरबूजा रंग पकड़ता है।
३. आम के आम गुठलियों के दाम।
४ आम खाने से काम है, पेड़ गिनने से नहीं
५. दूध का दूध, पानी का पानी।
६. सौ सुनार की, एक लुहार की।
७. सिर मुँड़ाते ही ओले पड़े।
८. धोबी का कुत्ता, घर का, न घाट का।

---

१. ये दोनों कहावतें क्रमात नीचे लिखे दोहों के अन्तिम चरण हैं—

उपजे एकहि खेत में, बोये एक किसान।
होनहार बिरवान के होत चीकने पात।।

और

कबहुँ न हँसि के कुच गहे, कबहुँ न रिस के केस।
जैसे कन्ता घर रहे, तैसे रहे विदेस।।

९. मन चंगा तो कठौती में गंगा।

१०. एक तो करेला, दूसरे नीम चढ़ा।

११. सत्तर चूहे खा के बिल्ली हज को चली।

१२. उड़ता सत्तू पितरों के नाम।

१३. आ बैल, सींग मार या आ बैल, मुझे मार।

१४. अजगर के दाता राम।

१५. न रहेगा बाँस न बजेगी बाँसुरी। आदि-आदि

कभी-कभी कहावतों, कहानियों या तथ्यों के आधार पर कुछ ऐसे पद भी बन जाते हैं जो संज्ञा या विशेषण के समान काम देते हैं। जैसे—'ऊटपटाँग' है तो विशेषण, पर वास्तव में यह 'ऊँट पर टाँग' कहावत से बना है, जो अब प्रचलित नहीं है। पर दोनों का आशय एक ही है। 'टेढ़ी खीर', 'बगला भगत', 'गड़बड़ चौथ', 'तेली का बैल', 'भेड़िया-धँसान', 'बरसाती मेढ़क' आदि इसी प्रकार के पद हैं।

कभी-कभी कुछ कहावतें अर्थ या भाव की दृष्टि से परस्पर विरुद्ध भी पड़ती हैं। जैसे—'ओस चाटने से प्यास नहीं जाती।' और 'डूबते को तिनके का सहारा।' इन दोनों के आशय एक-दूसरे के बहुत-कुछ विपरीत हैं। बहुत-कुछ यही बात 'ऊँट के मुँह में जीरा' और 'तिल के ओट में पहाड़' अथवा 'साँप भी अपने बिल में सीधा होकर जाता है' और 'कुत्ते की दुम कभी सीधी नहीं होती' के सम्बन्ध में भी है। पर ऐसे अवसरों पर हमें यह स्मरण रखना चाहिए कि कहावतें सदा अलग-अलग प्रसंगों के लिए और अलग-अलग तथ्यों के आधार पर बनती हैं, अतः उनके इस विरोध-तत्त्व पर ध्यान नहीं देना चाहिए।

✡

१०. विभक्तियाँ और अव्यय

'ने'—'को'—'की' या 'का' ?—'को लेकर'—'का' और 'के' 'का' या 'के'?—'का' या 'पर' ?—'के अन्दर' और 'के बीच'—'के ऊपर' और 'पर'—'सहित' और 'के साथ'—'द्वारा' या 'मारफत'—'एकत्र' 'अपेक्षा'।

१०.१. 'ने'

नियम यह है कि 'ने' का प्रयोग केवल सकर्मक क्रियाओं के सामान्य, सन्दिग्ध, पूर्ण और आसन्न-भूत कालों में होता है, वर्तमान या भविष्यत् कालों अथवा उनके विधि, निषेध आदि रूपों में नहीं होता। सकर्मक क्रियाओं में भी 'भूलना', 'लाना' और 'बोलना' के साथ 'ने' नहीं लगता। इनके सिवा संयुक्त क्रियाओं के सम्बन्ध में भी जो नियम हैं, वे किसी व्याकरण में देखे जा सकते हैं। 'मैंने उसे पुस्तक दी' तो ठीक है, पर 'मैंने वहाँ जाऊँगा', 'पर उसने बोला' अथवा 'उन्होंने बातें करते हैं' सरीखे वाक्य अशुद्ध होते हैं। फिर भी प्रायः लोग लिखते हैं—'मैंने हँस दिया।', 'उन्होंने मुस्करा दिया।', मैंने उन स्त्रियों के साथ नाचा।' आदि। और कुछ लोग आवश्यक 'ने' की उपेक्षा करके ऐसे वाक्य भी लिख जाते हैं—'मैं कुछ का कुछ लिख दिया हूँ।', 'मैं उन्हें पहचाना।', 'मैं इधर कागज लाया और उधर छपाया।' आदि। यदि ऊपर बतलाए हुए नियमों का ध्यान रखा जाए तो ऐसी भूलें न हों।

कुछ अवस्थाएँ ऐसी हैं जिनमें 'ने' का प्रयोग होता है और नहीं भी होता। जैसे—'मैंने समझा' और 'मैं समझा'। दोनों में कुछ अर्थ-सम्बन्धी अन्तर तो है ही। ऐसा जान पड़ता है कि 'मैंने समझा' का प्रयोग तो ऐसे अवसरों पर होता है जहाँ वक्ता कुछ सोच-समझकर कोई तथ्य या मत स्थिर करता है; जैसे—'मैंने समझा कि आपने मेरी बात मान ली' परन्तु 'मैं समझा' का प्रयोग ऐसे प्रसंगों में होता है जहाँ कोई सोच-विचार नहीं किया जाता और वक्ता को अपने कथन की सत्यता में किसी प्रकार का भ्रम या सन्देह होता है; जैसे—'चाँदनी रात सनम ओढ़ के पट्टू निकला, मैं यह समझा कि मेरे यार का टट्टू निकला।' प्रायः दोनों का समान रूप में व्यवहार होता है। हो सकता है कि 'मैं समझा' का प्रयोग उर्दू से हिन्दी में आया हो। सुनते हैं कि किसी व्याकरण में 'समझना' क्रिया के अतिरिक्त तीन और ऐसी क्रियाएँ भी दी गई हैं जिनके साथ 'ने' का प्रयोग करना या न करना ऐच्छिक बतलाया गया है; पर बहुत ढूँढ़ने पर भी वह व्याकरण अभी तक मेरे देखने में नहीं आया।

'को'

हिन्दी के विभक्ति-चिह्न और अव्ययों में जितना दुरुपयोग 'को' का होता है, उतना कदाचित् ही किसी और विभक्ति-चिह्न या अव्यय का होता हो। 'को' के प्रयोग में लोग बहुत ही मुक्त-हस्त और उदार देखे जाते हैं। 'को' बिल्कुल अनावश्यक तो नहीं है, पर अधिकतर लेखक बिना कुछ सोचे 'को' का अन्धाधुन्ध प्रयोग करते हुए देखे जाते हैं। यहाँ हम इस सम्बन्ध में कुछ विशेष बातें बतलाने से पहले कुछ ऐसे उदाहरण दे देना चाहते हैं, जिनमें

'को' बिल्कुल व्यर्थ आया है :

१. क्या एम० ए० तक को उन्होंने इसी भाषा को पढ़ाया है ?
२. सैनिक जब अपने अफसर को देखता है, तब बन्दूक को समर्पण करता है।
३. यह कविता कई भावों को प्रकट करती है।
४. इसका आनन्द पाठक उसके विवरण को पढ़कर ले सकते हैं।
५. इंग्लैण्ड की जनता क्रामवेल के नाम को घृणा के साथ (?) लेती थी।
६. हैजे के रोगी को इसी वस्तु को जल में घोलकर पिलावें।
७. फल को खूब पका हुआ होना चाहिए।
८. इस ग्रन्थ को कई हकीमों ने बनाया है।
९. उन्होंने इस सटीक ग्रन्थ के अनुवाद को लिखा।
१०. वे कवियों पर लगे हुए कलंक को धो डालें।
११. उसने ऊपर को देखकर कहा।
१२. लोग नहीं चाहते थे कि वे यातनाओं को सहें।

कहने की आवश्यकता नहीं कि उक्त सभी उदाहरणों में 'को' फालतू ही नहीं है, बल्कि उससे वाक्यों में बहुत-कुछ भद्दापन भी आ गया है। इन सभी वाक्यों में से यदि 'को' निकाल दिया जाए तो ये बहुत-कुछ हलके और सुन्दर हो जाएँ। यदि विशेष विचारपूर्वक देखा जाए तो इस तरह के कुछ ऐसे वाक्य भी मिलेंगे, जिनसे नए पाठक और विशेषतया अन्य भाषा-भाषी बहुत-कुछ भ्रम में पड़ सकते हैं। जैसे—'हम प्राचीन साहित्य को समझावें।' मानो प्राचीन साहित्य कोई जानदार चीज है और हमारी बात नहीं समझता; हम चाहते हैं कि उसे समझा-बुझाकर ठिकाने लावें।

यह हुआ 'को' के अनावश्यक प्रयोग का प्रकार। परन्तु कुछ अवस्थाओं में 'को' का प्रयोग या तो वाक्य का अर्थ ही बिल्कुल बदल देता है, या उसे बहुत ही भ्रामक बना देता है। यदि कहा जाए—'प्रकृति ने रात्रि को विश्राम के लिए बनाया है', तो उसका सीधा-सादा अर्थ यही होगा कि प्रकृति ने रात्रि इसलिए बनाई है कि वह विश्राम करे। परन्तु वास्तविक आशय तो यह है कि प्रकृति ने रात्रि इसलिए बनाई है कि जीव जन्तु आदि इस काल में विश्राम करें। इसलिए यही कहना ठीक होगा—'प्रकृति ने रात्रि हमारे विश्राम के लिए बनाई है।' इसके सिवा कुछ लोग 'पर', 'से', 'के लिए' और 'के हाथ' के स्थान पर भी भूल से 'को' का प्रयोग कर जाते हैं; जैसे—

१. वह इस व्याकरण की असलियत हिन्दी जगत् को (पर) प्रकट कर दें।
२. वह प्रत्येक प्रश्न को (का) वैज्ञानिक ढंग पर विश्लेषण करने का पक्षपाती था।
३. इनको (से) इनकार कर वह स्वराज्य लेगा।
४. उनको (की) समझौते की इच्छा थी।
५. कवि 'प्रसाद' का अध्ययन करनेवालों को (के लिए) यह उत्तम सहायक ग्रन्थ है।
६. सरकारी एजेण्टों को (के हाथ) तुम अपना माल मत बेचो।

७. स्त्री को 'स्त्री' संज्ञा देकर पुरुष को (का) छुटकारा नहीं है।

८. मैं ऐसा पंडित नहीं हूँ जो आपको (से) अधिकारपूर्वक कुछ कह सकूँ।

९. पर जनता का (के लिए) उनका उपयोग कुछ भी नहीं है।

१०. मैं अध्यक्ष को (से) अपने निर्णय पर फिर से विचार करने का निवेदन करता हूँ।

११. जावा के आन्दोलन को (का) जोरदार समर्थन।

१२. श्री सप्रू ने लोगों को (के सामने) गत्यवरोध दूर करने के सुझाव पेश किए।

कुछ अवसरों पर 'को' का निरर्थक प्रयोग लेखकों का एक और प्रकार का अज्ञान प्रकट करता है और उनसे लिंग सम्बन्धी भूलें कराता है; जैसे—

१. उन्होंने भवन की कार्रवाई को देखी।

२. एक अटैची में विस्फोटक पदार्थ भरकर उसको फुहरर के नीचे रख दी।

३. पोथी को जहाँ से ली थी, वहीं रख दो।

४. उस पुस्तक को तो मैंने यों ही रहने दी।

५. मैंने इसको तैयार कर दी।

जरा-सा ध्यान रखने से ही भाषा को इस प्रकार के भद्देपन और अशुद्धि से बचाया जा सकता है।

एक और क्षेत्र है जिसमें 'को' का निरर्थक प्रयोग बचाया जा सकता है। उसको, हमको, तुमको आदि की जगह उसे, हमें, तुम्हें आदि लिखकर वाक्य पर से 'को' का बोझ कम किया जा सकता है।

फिर भी कुछ स्थानों पर 'को' का प्रयोग आवश्यक होता है। हम सदा यही कहेंगे—'वह अपने भाग्य को कोस रहा था।' यह नहीं कहेंगे—'वह अपना भाग्य कोस रहा था।' इसी प्रकार—'भगवान् रामचन्द्र को समुद्र पर पुल बाँधना पड़ा था।', 'महराज के स्वर्गवास पर राज्य उनके छोटे भाई को मिला था।' 'सरकार को विवश होकर वह कानून बनाना पड़ा।', 'पिता को अपने सब पुत्रों पर समान रूप से प्रेम रखना चाहिए।' आदि ऐसे उदाहरण हैं जिनमें 'को' का प्रयोग किये बिना काम नहीं चल सकता; और इसीलिए ये वाक्य भद्दे भी नहीं मालूम होते। यदि आप यह जानना चाहते हों कि कहाँ 'को' का प्रयोग होना चाहिए और कहाँ नहीं होना चाहिए तो आप अपना वाक्य दोनों रूपों में बनाकर देखें। यदि आपका काम बिना 'को' के चल जाए (पर वाक्य अशुद्ध न हो) तो आप समझ लीजिए कि उसमें 'को' निरर्थक है। और तब यदि आप ऐसे वाक्य में 'को' का प्रयोग करेंगे, तो वह अवश्य भद्दा होगा।

कुछ स्थलों पर 'को' के प्रयोग के सम्बन्ध में ठीक सिद्धान्त स्थिर करने में कुछ बातें बाधक भी होती हैं। उदाहरणार्थ, हम यह तो कह सकते हैं—'वह अपनी स्त्री को (या अपने भाई को या अपने पिता को) अपने साथ लाए हैं।' ऐसे वाक्यों में कुछ भी भद्दापन न होगा। पर यदि हम कहें—'वह अपनी गाड़ी को साथ लाए हैं।' या 'अपनी पुस्तक को साथ लाए हैं।' तो अवश्य भद्दा जान पड़ेगा। एक और वाक्य लीजिए—'वह अपनी सब चीजें और अपने लड़के को वहीं छोड़कर चला गया।' इसमें 'सब चीजें' की जगह यदि 'सब चीजों को' कहा जाए तो खटक आ जाएगी; परन्तु यदि 'लड़के को' की जगह खाली 'लड़का' कर दिया

जाए और 'को' निकाल दिया जाए तो भी वाक्य में खटक आ जाएगी। हम यह तो कहते ही हैं—'वह पुस्तक जो आपने भेजी थी।' पर 'वह आदमी जो आपने भेजा था' कहने से 'वह आदमी जिसे आपने भेजा था' कहना अधिक अच्छा और शुद्ध जान पड़ता है। (अन्तिम उदाहरण में 'जिसे' भी 'जिसको' का ही दूसरा रूप है।) पहले उदाहरण के 'जो' में तो इसलिए कुछ खटक नहीं कि वह ठीक स्थान पर आया है। पर दूसरे उदाहरण में 'जो' की अपेक्षा 'जिसे' क्यों आवश्यक और अच्छा जान पड़ता है और 'वह पुस्तक जिसे आपने भेजा' में का 'जिसे' क्यों खटकता है ? हो सकता है कि इसके मूल में वहीं बेजान या जड़ चीजोंवाला तत्त्व हो, जिसके कारण कुछ भाषाओं के व्याकरणों में नपुंसकलिंग भी रहता है। संस्कृत में तो नपुंसकलिंग होता भी है। पर उसकी उत्तराधिकारिणी हिन्दी में वह नहीं है। तो भी कहीं-कहीं यह तत्त्व अपना रूप दिखाता ही है। अब एक और प्रकार का उदाहरण लीजिए। 'केस' अँगरेजी में मुकदमे को भी कहते हैं और रोगी को भी। एक पुस्तक में एक वाक्य पढ़ा—'मुझे एक केस को लेकर लाहौर जाना है।' यह उक्ति एक वकील की थी; और इसमें 'केस' में मुकदमे का अभिप्राय था। इसलिए इस वाक्य में 'को' खटकता और फालतू जान पड़ता था। अधिक विचार करने पर ऐसा जान पड़ा कि यदि यही उक्ति किसी डॉक्टर की होती और इसमें 'केस' से रोगी का अभिप्राय होता, तो वाक्य में खटक न होती; और 'को' फालतू न जान पड़ता। इससे सिद्ध होता है कि सजीव व्यक्ति या प्राणी के साथ तो 'को' नहीं खटकता, पर निर्जीव या जड़ पदार्थ के साथ कुछ अवस्थाओं में खटकता है।[१] फिर भी सन्देह के कुछ स्थल रह ही जाते हैं जैसे—'मैं अपने नौकर को आपके पास भेज दूँगा।' और 'मैं अपना नौकर आपके पास भेज दूँगा।' अधिक सूक्ष्म विचार करने पर ऐसा जान पड़ता है कि उक्त दोनों वाक्यों के अर्थों में कुछ अन्तर है। पहले वाक्य में किसी निर्दिष्ट नौकर की ओर संकेत हो सकता है, और दूसरा वाक्य इस बात का सूचक हो सकता है कि मैं अपने कई नौकरों में से कोई एक नौकर आपके पास भेज दूँगा। एक और उदाहरण से यह अन्तर और भी अधिक स्पष्ट हो जाता है। मालती-माधव नाटक में मालती की सखी लवंगिका जब देखती है कि माधव की चिन्ता में मालती सूखती जा रही है, तब वह उससे कहती है—'तुम उन (माधव) का चित्र बनाओ। मैं वह चित्र किसी प्रकार उनके पास पहुँचा दूँगी। तब वे चित्रकार को ढूँढ़ेंगे।' इसमें जो 'को' आया है वह चित्र के विशिष्ट चित्रकार (मालती) की ओर संकेत करता है। यदि वाक्य में से 'को' निकाल दिया जाए और उसका रूप रहे—'वे चित्रकार ढूँढ़ेंगे।' तो इससे किसी विशिष्ट चित्रकार की ओर संकेत न होगा, बल्कि वाक्य का यह आशय हो जाएगा कि वे (चित्रकारों के वर्ग या समाज में से) कोई चित्रकार ढूँढ़ेंगे। कुछ अवस्थाओं में 'को' के रहने से वाक्य का एक अर्थ निकलता है; और न रहने पर उसका कुछ दूसरा ही अर्थ होता है। उदाहरणार्थ, ये दो वाक्य लीजिए—(क) मैंने एक साँप को मारा था। और (ख) मैंने एक साँप मारा था। इनमें से पहले वाक्य का

---

१. उर्दू का शेर है—

तिरछी नजरों से न देखो आशिके दिलगीर को।
कैसे तीरन्दाज हो, सीधा तो कर लो तीर को ।।

इसमें पहले मिसरे के अन्त का 'को' तो इसलिए आवश्यक और अनिवार्य है कि वह आशिक (प्राणी) के साथ आया है; पर दूसरे मिसरे के अन्त का 'को' केवल तुक मिलाने के लिए है; और तीर (पदार्थ) के साथ आने के कारण अनावश्यक और फालतू है—उसके न रहने से कोई हर्ज नहीं होता।

ठीक अर्थ होगा—मैंने साँप पर आघात या प्रहार मात्र किया था। अर्थात् यह निश्चय नहीं कि वह आघात उसे लगा या नहीं, अथवा उस आघात का उसके शरीर पर क्या परिणाम हुआ। दूसरे वाक्य का यही निश्चयात्मक अर्थ होगा कि मैंने साँप को जान से मार डाला था—वह जीता नहीं बचा। जान पड़ता है कि यह अन्तर वाक्यों में आई हुई 'मारना' क्रिया के प्रयोग के कारण उत्पन्न होता है। 'किसी को मारना' का अर्थ है—किसी पर प्रहार करना। पर उक्त प्रसंग में 'मारना' का अर्थ है—जान से मार डालना। 'को' के इस प्रकार के बहुत से ऐसे प्रयोग हैं, जिन पर हिन्दी व्याकरण के विद्वानों को पूरा-पूरा विचार करना चाहिए। ये सूक्ष्मताएँ ऐसी हैं जिन पर सब लोग और विशेषतः विद्यार्थी विचार नहीं कर सकते। उनके लिए तो वह कसौटी यथेष्ट है, जिसका निर्देश ऊपर हुआ है; और उसी से उनका बहुत कुछ काम चल रहा है।

बोलचाल में कुछ अवसरों पर 'को' का कुछ विलक्षण अर्थों में भी प्रयोग होता है जैसे—'आज को आप किताब उठा ले गए; कल को कुछ और उठा ले जाएँगे।' पर ऐसे प्रयोगों की गणना तो बोल-चाल या मुहावरे के अन्तर्गत होनी चाहिए। इनके सिवा यह भी कहा जाता है—'अब तो यह बात साल भर को गई।' यहाँ 'को' का अर्थ 'के लिए' है। पर ऐसे प्रयोगों का क्षेत्र बहुत परिमित है। सब जगह इस अर्थ में 'को' का प्रयोग न तो होता है और न होना ही चाहिए।

'को' या 'का'

कुछ स्थल ऐसे भी होते हैं जिनमें लोग भूल से 'को' की जगह 'का' रख देते हैं। उदाहरणार्थ 'उसने लड़का का गला घोंटकर मारा डाला।' साधारणतः इसमें के 'मार डाला' पद में कुछ स्पष्टता की अपेक्षा है। मार डाला—किसे ? होना चाहिए—'उसने उस लड़के को गला घोंटकर मार डाला।'

'को लेकर'

पहले एक अवसर पर 'प्रश्न' शब्द के भद्दे प्रयोग के प्रसंग में हम बतला चुके हैं कि आज-कल लोग किस प्रकार बिना समझे-बूझे 'को लेकर' का प्रयोग करते हैं। 'को लेकर' का यह रोग दिन-रात बढ़ता जा रहा है; और कुछ लोग बहुत ही भद्दी तरह से इसका प्रयोग करने लगे हैं। जैसे—

१. वे सन्तान को लेकर (के कारण) दुःखी थे।

२. वह खेल को लेकर (में) व्यस्त था।

३. तुम मेरे जाने को लेकर (से या के कारण) क्यों उदास हो ?

४. वह सितार को लेकर (पर) मानो उत्क्रुद्ध है। (इसका तो कुछ अर्थ ही समझ में नहीं आता !)

५. इस विषय को लेकर (पर) दोनों राष्ट्रों में बहुत मतभेद है।

ऊपर के सभी उदाहरणों में 'को लेकर' का बहुत ही भद्दा, निरर्थक और कुछ स्थलों में भ्रामक प्रयोग हुआ है। एक समाचार-पत्र में छपा था—'एक पुलिस अफसर को लेकर सात आदमी घायल हुए।' आशय यह था कि सात आदमी घायल हुए जिनमें एक पुलिस अफसर भी था। पर आज-कल साधारणतः जिस अर्थ में 'को लेकर' का प्रयोग होने लगा है, उसके

अनुसार इसका यह भी अर्थ हो सकता है कि एक पुलिस अफसर के सम्बन्ध में कोई झगड़ा हुआ, जिसके कारण सात आदमी घायल हुए। हमारे यहाँ यह 'को लेकर' बहुत कुछ बँगला की कृपा से और कुछ-कुछ मराठी की कृपा से आया है। पर है यह सर्वथा त्याज्य। अच्छे लेखकों को इससे बचना चाहिए।

१०.२. 'का' और 'के'

जिस प्रकार लोग 'को' का व्यर्थ और अनावश्यक प्रयोग करते हैं, उसी प्रकार कभी-कभी 'का' या 'के' का भी प्रयोग करते हैं। बोलचाल में तो लोग कह ही जाते हैं—'यह लड़का महा का पाजी है।' पर समाचार-पत्रों में भी लोग लिख जाते हैं—'वहाँ घमासान की लड़ाई हो रही है।' कुछ लोग 'से' की जगह 'का' लिखते हैं, जैसे—'सभ्यता का दाढ़ी का क्या सम्बन्ध है ?' और 'वह आँखों के ओझल हो गया।' इसमें से पहले वाक्य में किसी एक 'का' की जगह और दूसरे वाक्य में 'के' की जगह 'से' होना चाहिए। इसी प्रकार कुछ लोग अँगरेजी के प्रभाव के कारण लिखते हैं—'बनारस का शहर'। कुछ लोग 'के' का भी उसी प्रकार निरर्थक प्रयोग करते हैं जिस प्रकार 'को' का जैसे—

१. इस बात के कहने में किसी को संकोच न होगा। (यह बात कहने में....)

२. वह चेकों के लेने लगा रहा। (वह चेक लेने....)

३. इस जयन्ती के मनाने में दस हजार रुपए लगे। (यह जयन्ती मनाने में....)

४. कवियों को काव्य के करते समय जो आनन्द मिलता है....। ('के' फालतू है)

५. पाठकों को उपन्यास के पढ़ने में आसानी होती है। (,, ,, ,,)

६. भाव के प्रकट करने का ढंग बतलाया जाएगा। (,, ,, ,,)

७. बड़ी-बड़ी विपत्तियों के आने पर हम दृढ़ रहें। (,, ,, ,,)

८. वह वहाँ से सब चीजें निकाल करके ले गया। (,, ,, ,,)

९. उससे जाकर के सब हाल कह देना। आदि। (,, ,, ,,)

कभी-कभी लोग 'को' की जगह भी भूल से 'के' का प्रयोग कर जाते हैं। जैसे—'उनकी चाची के लड़की हुई है'। 'उनके चाचा के (घर या यहाँ) लड़की हुई है।' तो ठीक है 'पर चाची के लड़की हुई है' उतना ठीक नहीं है। होना चाहिए—'चाची को लड़की हुई है' जिसका अर्थ होगा—चाची के गर्भ से लड़की का प्रसव हुआ है। प्रायः लोग कुछ दूसरी विभक्तियों की जगह भी 'का' प्रयोग कर जाते हैं; जैसे—'इससे हमारे काम की (में) हानि होती है।'

कुछ अवसरों पर 'का' के परम अशुद्ध और भ्रामक प्रयोग भी देखने में आते हैं। जैसे 'श्रीमती सरस्वती देवी के प्रतिबन्ध हटे।' वस्तुतः प्रतिबन्ध हटे तो सरस्वती देवी पर से, परन्तु वाक्य का अर्थ होता है, अथवा हो सकता है कि श्रीमती सरस्वती देवी ने जो प्रतिबन्ध लगाये थे, वे हटे। अतः उक्त वाक्य में 'के' अशुद्ध और भ्रामक है।

कभी-कभी लोग आवश्यक 'का' या 'के' छोड़ भी देते हैं, जिससे वाक्य या तो भद्दा हो जाता है या दुरूह और भ्रामक। उदाहरणार्थ, कांग्रेस शस्त्र-बल नहीं, परिस्थिति के आगे झुकी।' में 'शस्त्र-बल' के बाद 'के' न होने से वाक्य में भद्दापन और दुरूहता आ गई है। इस प्रकार के उदाहरणों से इस सिद्धान्त की भी पुष्टि होती है कि विभक्तियाँ मूलतः शब्दों के

अङ्ग के रूप में थी; और इसीलिए अब उन्हें शब्दों के साथ रखना चाहिए, उनसे अलग या बहुत दूर नहीं।

ऊपर जो बातें 'को' के सम्बन्ध में कही गई हैं, प्रायः वही बातें 'का' और 'के' के सम्बन्ध में भी समझनी चाहिए। फालतू 'का' या 'के' का प्रयोग भी उसी प्रकार त्याज्य है, जिस प्रकार 'को' का। और आवश्यक स्थानों पर 'का' भी उसी प्रकार अवश्य आना चाहिए, जिस प्रकार 'को'।

१०.३. 'का' या 'के'

कुछ स्थल ऐसे होते हैं, जिनमें यह निर्णय करना कठिन होता है कि 'का' रखा जाए या 'के'। उदाहरणार्थ, लोग प्रायः उपद्रवी बच्चों से कहते हैं—'गिर पड़ोगे तो सिर एक के दो हो जाएँगे।' आजकल व्यापारियों के सम्बन्ध में प्रायः कहा जाता है—'उनके यहाँ एक का चार हो रहा है।' वस्तुतः व्याकरण की दृष्टि से उक्त दोनों वाक्य अशुद्ध हैं। क्रमात् होना चाहिए—'सिर एक का दो हो जाएगा।' और 'एक के चार हो रहे हैं।' कारण यह है कि सिर तो एक ही है और एक ही रहेगा, हाँ, टूटकर दो टुकड़े हो सकता है। पर रुपया या धन चौगुना होता है, जहाँ एक रुपया होता है वहाँ चार रुपये हो जाते हैं। यह बात अधिक स्पष्ट करने के लिए हम एक और उदाहरण देते हैं। मेज पर रखा हुआ गिलास अगर गिरकर टूट जाए और उसके चार टुकड़े हो जाएँ तो हम कहेंगे—'गिलास गिरते ही एक का चार हो गया।' पर यदि कोई जादूगर एक गिलास सन्दूक में बन्द करके उसकी जगह चार गिलास निकालकर दिखला दे तो हम कहेंगे—'गिलास एक के चार हो गए।'

एक और प्रसंग लीजिए। 'तुम हमारे गले का हार बन जाओ' ठीक है या 'तुम हमारे गले के हार बन जाओ' ? हमारी सम्मति में पहला वाक्य ठीक है; क्योंकि केवल आदरार्थक प्रयोगों में ही 'का' की जगह 'के' होता है; और उक्त वाक्य में हार के लिए किसी प्रकार का आदर दिखलाना अभीष्ट नहीं। पर यदि हम 'हार' का विचार छोड़कर 'तुम' का विचार करें, तो ? उस दशा में कदाचित् 'के' ही ठीक पड़ेगा। अतः यह विषय विचारणीय है। इस प्रकार के और भी ऐसे प्रसंग हो सकते हैं, जिनमें यह निर्णय करना कठिन होता है कि 'का' रखा जाए या 'के'। फिर भी आशा है कि उक्त उदाहरण से ऐसे अवसरों पर ठीक निर्णय करने में विशेष सहायता मिलेगी।

१०.४. 'का' या 'पर' ?

कभी-कभी लोग असावधानी से 'का' और 'पर' का भेद न समझने के कारण एक की जगह दूसरे का प्रयोग कर जाते हैं। जैसे—'आपने अनेक ग्रन्थ लिखकर हिन्दी पर उपकार किया है।' साधारणतः यहाँ 'पर' की जगह 'का' होना चाहिए। 'किसी का उपकार करना' और 'किसी पर उपकार करना' में बहुत अन्तर है। पहले पद का अर्थ साधारण रूप से किसी की भलाई करना है; और दूसरा पद एहसान या निहोरे के भाव का सूचक है। जैसे—यदि कोई जन्म भर लिखता तो रहे अँगरेजी या उर्दू में; और कभी भूले-भटके एकाध लेख या पुस्तिका हिन्दी में भी लिख डाले, तो कहेंगे—'चलिए, आपने हिन्दी पर बहुत उपकार किया।' पर यदि कोई सारा जीवन हिन्दी की सेवा में बिताए और उसमें बहुत से ग्रन्थ लिखे तो कहेंगे—'आपने अपनी रचनाओं से हिन्दी का बहुत उपकार किया है।'

१०.५. 'के अन्दर' और 'के बीच'

'को', 'का' की तरह 'के अन्दर' का भी प्रायः बिल्कुल निरर्थक और भद्दा प्रयोग होता है। जैसे—'हम इस बेड़े के अन्दर खड़े होकर देखते हैं।', 'वे बन्धनों के अन्दर रहकर दबे हैं।', 'इस विनाशी नीति को जनता के अन्दर लोकप्रिय बनाने का प्रयत्न होता है।', 'धर्मशास्त्रों के अन्दर बहुत-से तत्त्व पड़े हैं।', 'औषध के अन्दर बहुत-से गुण हैं।', 'हमारी आत्मा के अन्दर बड़ा बल है।', 'सीधी-सादी जनता के अन्दर यह भावना है।', 'अज्ञात रहस्य के अन्दर प्रवेश।', 'हमें बहुत से संकटों के भीतर बड़े-बड़े काम करने पड़े।', 'यह प्रदेश सीमा-कमीशन के निर्णय के अनुसार आसाम के अन्दर शामिल किया गया था।' आदि। हिन्दी में यह प्रयोग पंजाबियों के द्वारा आया है। परन्तु अब इसका प्रचार इतना बढ़ गया है कि उत्तर प्रदेश के पत्रों में भी शीर्षक निकलते हैं—'आगा खाँ के महल के अन्दर बातचीत।' 'रावलपिण्डी जिसके अन्दर बाढ़।', 'भारत-रक्षा नियमावली के अन्दर गिरफ्तारी।' ऊपर के अधिकतर वाक्यों में 'के अन्दर' (या भीतर की जगह सीधे-सादे 'में' से काम चल सकता है; और उसी का प्रयोग होना चाहिए। कुछ अवसरों पर यह 'के अन्दर' भ्रामक भी हो सकता है; जैसे—'उन्होंने विजय का मार्ग तलवार के अन्दर होकर बनाया था।' का तो यह अर्थ होता है या हो सकता है कि उन्होंने तलवार के अन्दर कोई सुरंग खोदी थी ! एक जगह पढ़ा था—'तालाब के अन्दर छोटा-सा शिवालय था।' लेखक का आशय तो केवल यह था कि 'तालाब में अथवा उसके मध्य भाग में एक शिवालय था, जिसे किनारे से सब लोग देख सकते थे। परन्तु इसका यह भी आशय हो सकता है कि तालाब सूख जाने पर, यों ही अथवा कुछ खुदाई आदि होने पर पता चला कि उसके अन्दर एक पुराना शिवालय भी था। यदि हमारा संकेत इस अंतिम स्थिति की ओर हो तो 'के अन्दर' का प्रयोग शुद्ध ही नहीं बल्कि आवश्यक भी होगा। पर यह कहना बिल्कुल भद्दा है—'हमारी किताब के अन्दर बहुत सी जानने योग्य बातें हैं।'

'के अन्दर' की ही तरह कुछ लोग 'के बीच' का भी भद्दा और फालतू प्रयोग करते हैं जैसे—'इन वर्षों के बीच यहाँ बहुत-से परिवर्तन हुए हैं।', 'उन दोनों के बीच बहुत मित्रता है।', 'हम लोगों के बीच झगड़ा हो गया।' आदि।' कभी-कभी यह 'के बीच' भी बहुत भ्रामक होता है। जब गाजियाबाद और हापुड़ में कुछ साम्प्रदायिक दंगे हुए थे, तब एक पत्र में निकला था—'गाजियाबाद और हापुड़ के बीच जो दंगे हुए हैं.... !' पर इसका अर्थ हो जाता है कि स्वयं गाजियाबाद और हापुड़ में नहीं, बल्कि दोनों के बीचवाले क्षेत्र में दंगे हुए थे। 'के बीच' के भद्दे प्रयोग के कुछ और उदाहरण हैं—

१. यदि वे अपना वेष न बदलें तो हिन्दुओं के बीच कैसे मिलेंगे ?

२. कुछ लोग हिन्दी वाक्यों के बीच अँगरेजी शब्द ला रखते हैं।

३. लोगों के बीच कुछ ऐसी अवस्थाएँ चल पड़ी हैं।

४. विस्तृत वार्ता के बीच मैंने उन्हें सब बतला दिया।

५. वे चीनियों और अमेरिकनों के बीच लोकप्रिय थे।

६. वह घर में माँ-बाप के लाड़ के बीच रहती है।

७. उन्होंने श्रीमती शिन्दे को जय-हिन्द नारों के बीच आने दिया।

८. चतुर कार्यकर्ताओं के बीच उनकी एक न चलने पाई। आदि।

ऐसे प्रयोग भी दूषित और त्याज्य हैं। ऐसे अवसरों पर केवल 'में' से बहुत अच्छी तरह काम चल सकता है।

१०.६. 'के ऊपर' और 'पर'

बहुत से लोग समझते हैं कि 'के ऊपर' और 'पर' में कोई अन्तर नहीं[1]; अतः जहाँ 'पर' की आवश्यकता होती है वहाँ वे 'के ऊपर' का और प्रतिक्रमात् भी प्रयोग कर जाते हैं। पर दोनों में बहुत अन्तर है। 'उसकी पीठ पर कोड़े लगे।' तो ठीक है, पर 'उसकी पीठ के ऊपर कोड़े लगे।' ठीक नहीं 'उसकी पीठ पर फोड़ा हुआ' और 'उसकी पीठ के ऊपर फोड़ा' हुआ से यह अन्तर बहुत स्पष्ट हो जाता है। कुछ इसी प्रकार का अन्तर 'उसके पेट के ऊपर फोड़ा हुआ' और 'उसके पेट पर फोड़ा हुआ' में भी है। 'के ऊपर' का अर्थ होता है—ऊपरी भाग में। पहले वाक्य का अर्थ है—पेट के ऊपरी भाग पर; और दूसरे वाक्य का अर्थ है—पेट के बाह्य तल पर फोड़ा हुआ। यहाँ हम कुछ ऐसे उदाहरण देते हैं, जिनमें 'के ऊपर' का अशुद्ध और भद्दा प्रयोग हुआ है। जिनमें 'पर' रखना ही ठीक होगा।

१. यह प्रश्न हमारे ऊपर नहीं, बल्कि ब्रिटिश राजनीतिज्ञों पर निर्भर है।

२. वह अपने गुरु के ऊपर भक्ति रखते हैं।

३. इस पुस्तक में शिव के ऊपर भक्ति करने का उपदेश है।

४. इसका उत्तरदायित्व हम सब लोगों के ऊपर है।

५. उनके ऊपर यह अभियोग लगाया गया है।

६. सब लोगों ने मिलकर अर्थ-बिल के ऊपर सरकार को हराया था।

७. तुम पैंतीस-चालीस रुपए के ऊपर अलग घर लेकर रहो।

८. उन्होंने उसके ऊपर दावा दायर कर दिया।

९. उनके सौ रुपए आपके ऊपर बाकी हैं। आदि।

इसी प्रकार 'पर' का भी प्रायः बेमौके और भद्दा प्रयोग होता है। जिन प्रसंगों से ये उदाहरण लिये गए हैं उनका ध्यान रखते हुए उनके शुद्ध रूप कोष्ठक में रख दिए गए हैं। यथा—

१. मैं यह पत्र निश्चय से अधिक लम्बा हो जाने पर (के लिए या के कारण) क्षमा-प्रार्थी हूँ।

२. गाँवों पर (में) सर्पों का प्रकोप।

३. उन पर (का) इसके अलावा और क्या दोष है ?

४. गली बहुत गन्दी थी; उस पर (में) कूड़े का ढेर लगा था।

५. मुझ पर (मेरे लिए) कोई लाचारी नहीं है।

६. यद्यपि प्रधानता भावों पर (की) है....।

---

१. 'ऊपर' और 'पर' के अर्थों के जो सूक्ष्म अन्तर है, उनका विस्तृत विवेचन 'मानक हिन्दी कोश' में 'ऊपर' शब्द के अन्तर्गत किया गया है। जो यह अन्तर जानना चाहें, वहीं देख लें।

७. उसकी अजेयता पर (से) वह सुखी।

८. उस पर एक कुमारी पर (के साथ) बलात्कार करने का अभियोग था।

९. भारत के प्रश्न पर (में) रूप की दिलचस्पी।

१०. वह तुरन्त स्टेशन पर (को या की ओर) भागा।

११. तुर्की की जर्मनी और जापान पर (के प्रति) युद्ध-घोषणा।

१२. रेडियो नीति पर (के सम्बन्ध में) कांग्रेस-दल की तटस्थता।

१३. उन लोगों पर (के साथ) कड़ी कार्रवाई की जाएगी।

१४. ब्रिटेन में कोयले पर (के सम्बन्ध में) अनुसंधान।

'कोयले पर अनुसंधान' में 'पर' का प्रयोग वस्तुतः हिन्दी की प्रकृति के अनुकूल नहीं है। परन्तु अँगरेजी के Research on coal का भाव इससे अवश्य अच्छी तरह व्यक्त होता है।

१०.७. 'सहित' और 'के साथ'

'सहित' और 'के साथ' का भी हिन्दी में बिना समझे-बूझे केवल अँगरेजी के प्रभाव के कारण भ्रामक प्रयोग होता है; जैसे—'आपका पत्र धन्यवाद सहित मिला।', 'आपकी पुस्तक धन्यवाद सहित लौटाता हूँ।', सुरक्षा सहित अपने घर में रह सकें।' आदि। कोई चीज धन्यवाद सहित पाने या लौटाने का सीधा-सादा अर्थ तो यही है कि उसके साथ 'धन्यवाद' भी मिला या लौटाया जा रहा है। ऐसे अवसरों पर 'सहित' की जगह 'पूर्वक' का प्रयोग अच्छा होगा। यही बात 'के साथ' के सम्बन्ध में भी है। 'एक कान्स्टेबल गहरे घावों के साथ अस्पताल भेजा गया।' का तो यही अर्थ होगा कि कान्स्टेबल अस्पताल भेजा गया और उसके साथ गहरे घाव भी भेज दिए गए। होना चाहिए—'गहरे घाव लगने पर एक कान्सटेबल अस्पताल भेजा गया।', 'वे लगन के साथ देश की सेवा कर रहे हैं।', 'नम्रता के साथ आपसे क्षमा चाहता हूँ' आदि वाक्यों में 'के साथ' का प्रयोग दूषित और त्याज्य है। इन सभी वाक्यों में तो सीधा-सादा 'से' या 'पूर्वक' होना चाहिए। इसका सबसे भद्दा और भ्रामक उदाहरण एक कहानी में इस रूप से मिला था—'मैं एक दिन शांति के साथ सोया हुआ था।' लेखक का अभिप्राय तो यह था कि मैं शान्तिपूर्वक सोया हुआ था पर संयोग से उस कहानी में शान्ति नाम की एक पात्रा भी पहले आ चुकी थी, जिससे पाठकों का ध्यान उसकी ओर भी जा सकता था और वे कुछ दूसरा ही अर्थ लगा सकते थे।

१०.८. 'इसलिए'—'क्योंकि'

इधर कुछ दिनों में रेडियो की उर्दू-हिन्दी वार्ताओं और समाचारों में भी और हिन्दी की पत्र-पत्रिकाओं में भी एक नए प्रकार का अशुद्ध और विलक्षण प्रयोग दिखाई देने लगा है; जैसे-(क) वहाँ इसलिए इस विषय की कोई चर्चा नहीं हुई थी क्योंकि इसका कोई प्रसंग नहीं छिड़ा था। (ख) मैं वहाँ इसलिए नहीं गया था क्योंकि किसी ने मुझे बुलाया नहीं था। वस्तुतः इसके साथ 'क्योंकि' का प्रयोग अशुद्ध है कि 'क्यों' का आशय या भाव 'इसलिए' में अंतर्भुक्त है। सीधा और शुद्ध प्रयोग होना चाहिए—मैं इसलिए वहाँ नहीं गया था कि मुझे किसी ने बुलाया नहीं था। आदि-आदि।

१०.९. 'द्वारा' या 'मारफत'

'द्वारा' के प्रयोग भी बहुत से लोग कई प्रकार की 'भूलें' करते हैं। जैसे—'मैंने यह बात उनके द्वारा सुनी थी। होना चाहिए—'मैंने यह बात उनसे सुनी थी।' 'से' और 'द्वारा' के प्रयोग में बहुत अन्तर है। 'किसी के द्वारा कोई बात कहलाना' का अर्थ भी उसी प्रकार का होगा, जिस प्रकार का 'किसी के द्वारा कोई बात सुनना' का होता है। हम कहते हैं—(क) हमने यह बात उनसे कही थी। और (ख) हमने यह बात उसके द्वारा कहलाई थी। यहाँ 'से' और 'द्वारा' का अन्तर स्पष्ट हो जाता है। प्रायः 'द्वारा' के प्रयोग में अँगरेजी अनुकरण के कारण भूलें होती हैं। नीचे के वाक्यों में 'द्वारा' या 'मारफत' का प्रयोग इस प्रकार अनुकरण से कलुषित होने के अतिरिक्त अशुद्ध और भ्रामक भी हैं। अतः ऐसे प्रयोग सर्वथा त्याज्य हैं।

१. अपराधियों द्वारा जुर्म करने में विज्ञान का उपयोग किया जाता है।

२. अधिकारियों के द्वारा देश में बहुत आतंक फैल रहा था।

३. वह जुर्माने द्वारा दंडित हुआ।

४. जनरल बेक द्वारा आत्महत्या।

५. वैद्यों द्वारा शोक-सभा।

६. महिला सैनिक द्वारा विदेश-यात्रा।

७. हम पर यह विपत्ति आँखों के द्वारा आई है।

८. झरिया में ६०० छुरे रेल पार्सल द्वारा बरामद हुए हैं।

९. यह कार्रवाई संघ के सदस्यों द्वारा की गई थी।

१०. लकीरों और अंकों की मारफत दुनिया को समझो।

११. संसार भर उन्हें और उनकी मारफत उनके देश की सरकार को लज्जित करता है। (बहुत ही भद्दा प्रयोग)

१०.१०. 'से'

प्रायः लोग असावधानता से कारण 'से' के प्रयोग में भी कई प्रकार भी भूलें करते थे। वे ऐसे अवसर पर 'से' का प्रयोग कर जाते हैं, जहाँ किसी और विभक्ति की आवश्यकता होती है। जैसे—

१. यह और काम से लगेगा। ('में' चाहिए)

२. आपकी राय से यह काम जरूरी है। ('में' चाहिए)

३. वह इस कीमत से नहीं मिल सकता। ('पर' चाहिए)

४. फिर कुछ देर से उससे कहा ('बाद' चाहिए)

इसके विपरीत कभी-कभी लोग उपयुक्त स्थान पर 'से' का प्रयोग न करके कोई और विभक्ति ला रखते हैं। जैसे—'उनकी योग्यता हर काम में प्रकट होती है।' यहाँ 'में' की जगह 'से' होना चाहिए। यह कहना भी ठीक नहीं है।—'चीता क्रोध में भरकर शिकारी

पर झपटा।' होना चाहिए—'चीता क्रोध से भरकर शिकारी पर झपटा।' इस प्रकार की भूलें सर्वनामों के प्रसंग में और भी अधिक देखी जाती हैं। जैसे—'वह मुझे आपके बारे में कहा करते थे।' और 'तुम मुझे प्रेम करना छोड़ो।' इन उदाहरणों में 'मुझे' की जगह 'मुझसे' होना चाहिए। कुछ अवसरों पर 'से' का अनावश्यक प्रयोग भी देखने में आता है। जैसे—'जबरदस्ती से सरकार हमसे जो चाहे वह करा ले' और 'इसी बहाने से हम भी वहाँ पहुँच गए'। कभी-कभी व्यर्थ की द्विरुक्ति भी होती है, जैसे—'नारा लगाने से और बात बनाने से देश-सेवा नहीं होती'। अन्तिम उदाहरण में पहलेवाला 'से' व्यर्थ है।

कुछ अवस्थाओं में 'से' का भ्रामक प्रयोग भी देखने में आता है, जैसे—'देखने से पहले जान पड़ता है कि यह कचनार है।' इसमें का 'देखने से पहले' बहुत ही भ्रामक है। होना चाहिए—'पहले देखने पर.....।' यही बात 'उसने उसे बाँह से पकड़ लिया' के सम्बन्ध में भी है। इसका अर्थ तो यही होगा कि उसने हाथ से नहीं, बल्कि बाँह से पकड़ा ! लेखक का वास्तविक आशय यह है कि उसने उसकी बाँह पकड़ ली। पर वाक्य से यह बात नहीं, बल्कि कुछ और ही बात प्रकट होती है।

१०.११. 'में'

बहुत ही साधारण विभक्ति 'में' के भी प्रायः अशुद्ध और भद्दे प्रयोग देखने में आते हैं। जैसे—'उसकी दृष्टि चित्र में गड़ी थी।' और 'वह किताब में आँख गाड़े पढ़ रही है।' मानो चित्र या किताब कोई जमीन हो और उसमें दृष्टि या आँख निधि की तरह गड़ी हो। दृष्टि या आँख किसी वस्तु 'पर' गड़ती है, किसी वस्तु 'में' नहीं ! यही बात 'कन्या की हत्या में आजन्म कैद', 'नाजायज शराब में गिरफ्तारी', 'जंगलों के क्षेत्र में गिरफ्तार', 'हमारी भाषा में अँगरेजी का प्रभाव', 'उनकी माँग में सब लोगों की सहानुभूति है', 'पेरिस रेडियो में यह समाचार बताया गया है' और 'आस्ट्रेलिया में बाहुल्य में पाए जानेवाले शुतुरमुर्ग' के सम्बन्ध में भी है।' 'सड़क में भारी भीड़ लगी थी।' 'उस स्थान में पहले से कई आदमी मौजूद थे।', 'उन्होंने गुरु के चरणों में सिर रख दिया।' सरीखे वाक्यों में 'में' की जगह 'पर' होना चाहिए। 'उनमें ऐसी आदत नहीं डालनी चाहिए, में 'उनमें' की जगह 'उन्हें' होगा। 'सारा काम उनके हाथ में सुपुर्द कर दिया।' की जगह होना चाहिए—'सारा काम उन्हें सुपुर्द कर दिया।' 'निज में', और 'परस्पर में' सरीखे प्रयोग पहले तो कलकत्ते की तरफ के हिन्दी-भाषियों की बोलचाल में ही सुनने में आते थे; पर अब कुछ लोग साहित्य में भी इस प्रकार के प्रयोग करने लगे हैं, जो ठीक नहीं। इसके विपरीत जहाँ 'में' की आवश्यकता होती है, वहाँ कुछ लोग उसे छोड़कर उसके स्थान पर और-और शब्द रख देते हैं। जैसे—'वह अपने साथ कुछ गड़बड़ी नहीं देखता था।' 'साथ' की जगह 'में' होना चाहिए।' 'वह क्रोध में भरकर लड़के पर झपटा' में 'क्रोध में भरकर' की जगह होगा—'क्रोध से भरकर'। कुछ अवस्थाओं में यदि 'में' का प्रयोग न भी किया जाए, तो हर्ज नहीं होता, बल्कि वाक्य कुछ हलका हो जाता है। जैसे—'मन-ही-मन में' और 'उन दिनों में' के 'में' व्यर्थ है।

१०.१२. 'केवल', 'मात्र', 'भर' और 'ही'

'केवल', 'मात्र' और 'भर' बहुत कुछ समानार्थक शब्द हैं; और 'ही' भी प्रायः यहाँ भाव

सूचित करता है, जो 'केवल' अथवा 'मात्र' से सूचित होता है। जैसे हम कहते हैं—'हम आज केवल दूध पीकर रहेंगे।' या 'हम आज दूध मात्र पीकर रहेंगे।' या 'हम आज दूध ही पीकर रहेंगे।' इन तीनों वाक्यों के आशय में कोई अन्तर नहीं। परन्तु बहुत से लोग यह बात न समझकर इन तीनों शब्दों में से कोई दो शब्द साथ-ही-साथ ला रखते हैं। जैसे—'शब्द केवल संकेत मात्र होते हैं।', 'केवल कहने मात्र से कुछ नहीं होता।' 'ये बातें केवल दिखावा भर थीं।' 'केवल' और 'ही' के प्रयोगों में बहुत ही सूक्ष्म अन्तर है। जब हम कहते हैं—'यह रोगी केवल दूध पीकर रह सकता है।' तो इसका आशय यह होगा कि इसे दूध के सिवा और कुछ न भी दिया जाए तो भी उसका काम चल सकता है। पर जब हम कहते हैं—'यह रोगी दूध ही पीकर रह सकता है।' तो इसका आशय यह होगा कि दूध ही एक ऐसी चीज है जिसके आधार पर यह जीवित रह सकता है। मेरे कुछ मान्य मित्रों का कहना है कि कुछ प्रसंगों में 'केवल' के साथ 'ही' रखना भी आवश्यक होता है; जैसे—

—सुनते हैं दुर्घटना में उनकी उँगली कट गई।

—उँगली ही नहीं कटी, कलाई भी कट गई।

—जी नहीं, केवल उँगली ही कटी है।

कहा जाता है कि इससे वाक्य में अपेक्षित जोर आ जाता है, परन्तु मेरी समझ में यह विषय फिर भी विचारणीय ही रह जाता है। 'यह केवल उत्तरी ध्रुव में ही दिखाई देता है।', 'यह सब तो केवल आप पर ही निर्भर है।' आदि। 'केवल', 'मात्र' और 'ही' का प्रयोग किसी व्यक्ति या बात पर जोर देने के लिए होता है। इनके प्रयोग का आशय यह होता है कि हम इसीलिए उस वस्तु, व्यक्ति या बात पर जोर दे रहे हैं कि उस, व्यक्ति या बात के अतिरिक्त और किसी से हमारा अभिप्राय नहीं। अगर लोग समझते हों कि इस तरह के दोहरे प्रयोगों से वाक्य में दोहरा जोर आ जाएगा, तो यह उनकी भूल है। कुछ अवसरों पर 'मात्र' भी वही भाव सूचित करता है जो 'समस्त' से सूचित होता है। इसलिए यह भी कहना ठीक नहीं—'समस्त प्रजा मात्र से सहायता ली जाएगी।' वहाँ या तो केवल 'समस्त' होना चाहिए या केवल 'मात्र'। कुछ अवस्थाओं में 'समस्त' से सूचित होनेवाले भाव की तुलना में 'मात्र' से सूचित होनेवाला भाव अधिक विस्तृत और व्यापक भी होता है जैसे—'समस्त' ब्राह्मणों का यह कर्तव्य है।' कहने में उतना जोर नहीं आता, जितना यह कहने में आता है, ब्राह्मण मात्र का यह कर्त्तव्य है।' इसके सिवा पहले वाक्य का आशय यह भी हो सकता है कि कथित कर्त्तव्य ब्राह्मणों के अतिरिक्त औरों का भी हो सकता है। परन्तु दूसरे वाक्य का आशय यह होगा कि कथित कर्त्तव्य ब्राह्मणों का ही है और किसी का नहीं। जिस पर दूसरे वाक्य में ब्राह्मणों में कोई अपवाद भी नहीं हो सकता, जिसकी पहले वाक्य में बहुत कुछ संभावना है। 'ही' का प्रयोग भी जोर देने के लिए होता है। कुछ लोग 'अवश्य' और 'स्वयं' (या स्वतः) सरीखे शब्दों के साथ भी 'ही' जोड़कर मानो उन पर उसी तरह का दोहरा जोर पहुंचाना चाहते हैं; जिस तरह 'केवल' या 'मात्र' के साथ 'ही' लगाकर। जैसे—'हम स्वयं ही उनसे मिलेंगे।' और 'हम तो अवश्य ही वहाँ जाएँगे।' परन्तु ये प्रयोग भी वैसे ही दूषित हैं। 'स्वयं' और 'अवश्य' से काफी जोर पहुँचता है, अतः इसके साथ 'ही' जोड़ना व्यर्थ है। जिस प्रकार 'अवश्य' के बाद 'ही' नहीं आना चाहिए, उसी प्रकार 'अवश्यमेव' और 'अवश्यम्भावी' के बाद भी 'भी' नहीं आना चाहिए। 'परम' और 'अत्यन्त' सरीखे शब्दों के बाद भी 'ही' का प्रयोग अशुद्ध और वर्जित है।

'केवल' और 'मात्र', 'भर' या 'ही' के सम्बन्ध में ध्यान रखने की एक बात यह भी है कि 'केवल' तो सदा उस शब्द के पहले आता है जिस पर जोर देना होता है; पर 'मात्र', 'भर' या 'ही' उस शब्द के बाद आता है। यदि हम कहें—'आप केवल अपने गुणों के कारण इस पद पर पहुँचे हैं' तो 'अपने गुणों पर जोर रहेगा ।' पर यदि हम कहें —आप अपने गुणों मात्र के कारण ही इस पद पर पहुँचे हैं' और 'अपने गुणों' पर से हटकर 'कारण' पर आ जाएगा। चाहे साधारणतः यह अन्तर बहुत बड़ा न जान पड़ता हो, फिर भी कुछ अवसरों पर ऐसे प्रयोगों से अर्थ या भाव में बहुत कुछ अन्तर हो सकता है। अतः इन शब्दों का प्रयोग करते समय बहुत सचेत रहना चाहिए।

कुछ लोग ऐसे अवसरों पर भी 'ही' का प्रयोग करते हैं, जिनमें वह अनावश्यक ही नहीं होता, बल्कि भाषा में कुछ भद्दापन भी लाता है; जैसे—'वे सोलहवीं शताब्दी के आरम्भ में ही उत्पन्न हुए थे।' बिल्कुल साधारण कथन की अवस्था में इस वाक्य में का 'ही' निरर्थक है। हाँ, यदि विवाद का कोई प्रसंग हो और यह सिद्ध करना हो कि वे सोलहवीं शताब्दी के मध्य या अन्त में नहीं हुए थे, तो बात दूसरी है। इसी प्रकार 'वे कोई आवश्यकता ही नहीं समझते।' में 'ही' इसलिए निरर्थक है कि वाक्य में 'कोई' से 'आवश्यकता' पर काफी जोर पहुँच जाता है। इस सम्बन्ध में यह मोटा सिद्धान्त याद रखना चाहिए कि जहाँ 'कोई' किसी संज्ञा के पहले अर्थात् विशेषण के रूप में आए, वहाँ उसके बाद 'ही' नहीं रहना चाहिए। 'कोई बात ही नहीं हुई' या 'वहाँ कोई आदमी ही नहीं था' में 'ही' निरर्थक है। पर यदि 'कोई' का व्यवहार सर्वनाम के रूप में हो, तो उसके साथ आनेवाली संज्ञाओं या क्रियाओं पर जोर देने के लिए उनके बाद 'ही' का प्रयोग हो सकता है, जैसे—'कोई दो ही चार आदमी वहाँ रह गए होंगे'। इस वाक्य में जो 'ही' है वह 'दो-चार' पर जोर देने के लिए आया है; 'आदमी' पर जोर देने के लिए नहीं। 'कोई गया ही नहीं' में भी 'कोई' के बाद 'ही' इसलिए ठीक है कि उससे 'गया' पर जोर पड़ता है, 'कोई' पर नहीं। 'वह बुड़बक तो नहीं ही।' में 'ही' भद्दा और व्यर्थ है, क्योंकि 'नहीं' में 'ही' का अन्तर्भाव है ही। 'वह किसी प्रकार के परिवर्तन की अपेक्षा नहीं रखता' में 'ही' इसलिए निरर्थक है कि वाक्य में पहले 'किसी' आ चुका है, जिसमें 'ही' पहले से लगा है। 'इन दोनों में केवल यही अन्तर है।', 'सिर्फ वही लोग वहाँ जा सकेंगे।' 'केवल इसीलिए मैं वहाँ नहीं गया।' सरीखे प्रयोग भी इसलिए अशुद्ध हैं कि इनमें 'यही', 'वही' और 'इसी' में 'ही' का अन्तर्भाव है; और इसीलिए इनके साथ 'केवल', 'मात्र', 'सिर्फ, 'भर' या 'ही' का प्रयोग नहीं होना चाहिए। इनमें से पहले वाक्य में या तो 'केवल यह' या 'यही' होगा; दूसरे में 'सिर्फ वे लोग' या 'वही लोग' होगा और तीसरे में या तो 'केवल इसलिए' होगा यह 'इसीलिए'। इसी प्रकार 'केवल तभी वह काम होगा।' कहना भी ठीक नहीं। या तो 'केवल तब' हो या खाली 'तभी', 'दोनों', 'तीनों' आदि के साथ भी 'ही' निर्थक होता है। 'दोनों (या तीनों) आदमी जाएँगे।' कहना ही यथेष्ट है। 'दोनों (या तीनों) ही' कहना अशुद्ध भी है और भद्दा भी।

जोर देने के अतिरिक्त कहीं-कहीं 'ही' हीनता या उपेक्षा का भी सूचक होता है। और कहीं-कहीं वह जोर कम करने के लिए भी लाया जाता है; जैसे—'चार ही रुपये न !', 'अब वह मिल ही जाए तो क्या हो जाएगा ?' और 'हाँ, यह भी अच्छा ही है।' वास्तव में इन उदाहरणों में भी 'चार', 'मिलने' और 'अच्छा' पर जोर तो अवश्य दिया गया है, पर प्रसंग के अनुसार 'ही' उनमें हीनता या उपेक्षा का सूचक हो गया।'

कहीं-कहीं 'पर' भी विवक्षित होता है; जैसे—'मैं वहाँ जाऊँगा तो, बोलूँगा नहीं।' इसमें दूसरे वाक्यांश के पहले 'पर' की भी आवश्यकता है। यद्यपि अधिकतर लेखक ऐसे अवसरों पर 'पर' का प्रयोग नहीं करते, परन्तु भाषा का प्रवाह ठीक रखने के लिए 'पर' रखना ही ज्यादा अच्छा है।

कुछ अवस्थाओं में 'ही' के साथ, बादवाले वाक्यांश में 'बल्कि' या 'वरन्' रखना आवश्यक होता है। एक समाचार-पत्र में छपा था 'विद्यार्थियों के सामने रोटी की ही समस्या नहीं है। उनके सामने यह समस्या भी है।' यह वाक्य दो कारणों से भ्रामक है। एक तो बीच में भूल से पूर्ण विराम आ जाने के कारण एक के दो वाक्य बन गए हैं। दूसरे, दोनों वाक्यांशों के बीच में 'बल्कि' या 'वरन्' नहीं है। पाठकों को यह भ्रम हो सकता है कि विद्यार्थियों के सामने रोटी की समस्या है ही नहीं—रोटी उन्हें भरपेट मिल रही है। पर यह बात नहीं ! लेखक का वास्तविक आशय यह है कि विद्यार्थियों के सामने रोटी की भी समस्या है और कुछ दूसरी समस्याएँ भी हैं। पर वाक्य की रचना से यह आशय ठीक तरह से प्रकट नहीं होता। इससे बिल्कुल उलटा या विरोधी भाव सूचित होता है।

१०.१३. 'भी'

'का', 'को', और 'ही' की तरह 'भी' के अशुद्ध प्रयोग भी प्रायः देखने में आते हैं। अनेक अवसरों पर इनका अनावश्यक रूप से और व्यर्थ प्रयोग किया जाता है। उदाहरणार्थ—किसी भी, कोई भी, अभी भी, कभी भी, कहीं भी, किसी भी, जो भी, कितना भी आदि।[1] खाली 'किसी', 'कोई', 'कहीं' आदि से पूरा अर्थ निकलता है; और उनके साथ 'भी' लगाने से वाक्य प्रायः भद्दा हो जाता है। 'किसी भी आदमी को भेज दो' या 'वह कहीं भी नहीं गया था' आदि लिखने या बोलने की अपेक्षा 'किसी आदमी को भेज दो' या 'वह कहीं नहीं गया था' आदि कहना शुद्ध और प्रशस्त भी है और हलका भी। इसी प्रकार 'जितना भी' 'कितना भी' आदि की जगह 'चाहे जितना', 'कितना ही' आदि का प्रयोग ठीक है। 'मैं कैसा भी तो नहीं हो रहा हूँ।' का तो कुछ अर्थ ही नहीं होता। वाक्य में 'भी' का बेठिकाने प्रयोग भी बहुत खटकता है; जैसे—'वे भी लोग हैं, जिन्होंने यह योजना तैयार की है।', 'प्रस्ताव की व्याख्या के सिवाय भी बातों का उत्तर दिया गया।' और 'उनकी और-और चीजों को सँभाल कर ठिकाने रख दिया।' साधारणतः क्रमात् होना चाहिए—'वे लोग भी हैं.....।' 'प्रस्ताव की व्याख्या के सिवा और बातों का भी....' और 'उसकी और-और चीजें भी सँभालकर रख दीं।'

'भी' का निरर्थक प्रयोग भी आज-कल बहुत बढ़ रहा है; जैसे—

१. मैं यह हरगिज भी नहीं समझ सकता।

२. इस प्रकार की इच्छा जब भी (जब-जब या जब कभी) मैंने उन पर प्रकट की...।

३. आज उसके कानों में उसकी आवाज बिल्कुल भी न पड़ी।

४. वह बिल्कुल भी बात करना नहीं चाहती थी।

५. इसमें तीव्र मद्य बिल्कुल भी न लगना चाहिए।

---

१. स्व० बा० बालमुकुन्द जी गुप्त ने अपने 'भाषा की अनस्थिरता' शीर्षक लेख में स्व० आचार्य द्विवेदी जी के 'कोई भी', 'किसी भी' आदि प्रयोगों पर गहरा कटाक्ष करते हुए उन्हें अशुद्ध बतलाया था।

६. चाहे जैसे भी हो, तुम वहाँ जाओ।

उक्त सब वाक्यों में 'भी' बिल्कुल अनावश्यक है। कुछ लोग 'जब कभी' की जगह 'जब भी' और 'जिस तरह' की जगह 'जैसे भी' या 'कैसे भी' का प्रयोग करते थे जिससे वाक्य बहुत भद्दा हो जाता है; जैसे—'वह बात जब भी मैंने उनसे कही।' होना चाहिए—'जब कभी...।' 'चाहे कैसे भी (या जैसे भी) यह काम हो जाना चाहिए' आदि। 'भी' के इस प्रकार के प्रयोग भी त्याज्य हैं। हर जगह 'भी' लगाने की यह प्रवृत्ति बहुत बुरी है। अन्यान्य अनावश्यक शब्दों की तरह 'भी' से भी जहाँ तक हो सके, बचना चाहिए। जहाँ उसका प्रयोग आवश्यक हो, बहुत समझ-बूझकर और ठीक स्थान पर करना चाहिए। 'आप (निजवाचक), 'स्वयं' या 'खुद' के साथ 'भी' प्रायः निरर्थक होता है। 'मैं आप (या स्वयं) वहाँ जाऊँगा।' कहना ही यथेष्ट है। 'मैं आप भी (या स्वयं भी...)' कहना मानो 'आप' (या स्वयं) पर दोहरा और वस्तुतः व्यर्थ का जोर देना है।

बोल-चाल मे 'भी' का एक विलक्षण प्रयोग किसी बात के प्रति कुछ उपेक्षा अथवा किसी व्यक्ति या कार्य के प्रति आग्रह सूचित करने के लिए भी होता है; जैसे—'चलो, जाने भी दो।', 'तुम कुछ देर बैठो भी तो।' आदि आदि।

१०.१४. 'सा'

'सा' (अव्यय) प्रायः दो अर्थों में प्रयुक्त होता है। एक तो 'सादृश्य' के अर्थ में, और दूसरे 'मान' 'परिमाण' के अर्थ में। इन दोनों अर्थों में यह तो कुछ आपेक्षिक हीनता या किसी प्रकार के निश्चयात्मक भाव का सूचक होता है; जैसे—'एक छोटा-सा मकान बनवा लो।' और 'इनमें से तुम कौन-सा लोगे ?' पर कभी-कभी लोग 'सा' का अनावश्यक या गलत प्रयोग भी कर जाते हैं; जैसे—'मुझे तुम अपना छोटा-सा भाई समझो।' इसमें 'सा' का अशुद्ध प्रयोग हुआ है। इसी प्रकार 'बहुत-से दिन बीत गए।' में भी 'से' का प्रयोग इसलिए ठीक नहीं कि वह उस सादृश्य का भी सूचक है जो वस्तुतः उक्त प्रसंग में अभिप्रेत नहीं।

सदा इस बात का ध्यान रखना चाहिए कि 'बहुत' और 'बहुत-सा' में अथवा 'कौन' और 'कौन-सा' गें अन्तर है; और 'सा' का प्रयोग यह अन्तर समझकर ही करना चाहिए। 'उन्होंने बहुत धन कमाया था' और 'उन्होंने बहुत-सा धन कमाया था'। में से अन्तिम वाक्य अपेक्षया कुछ हीनता, न्यूनता या उपेक्षा का सूचक है। पहला वाक्य धन की जितनी प्रचुरता का सूचक है, दूसरा वाक्य उतनी प्रचुरता का सूचक नहीं; वह अपेक्षया कम प्रचुरता सूचित करता है। 'मेरे पास बहुत पुस्तकें हैं।' और 'मैं तुम्हें बहुत-सी पुस्तकें दूँगा।' में भी यही बात है। वस्तुतः 'बहुत-सा' उस मान से कुछ कम का सूचक होता है, जिस मान का सूचक 'बहुत' होता है। यही बात 'यहाँ कौन कमी है !' और 'यहाँ कौन-सी कमी है ?' के सम्बन्ध में भी है। 'वह एक छोटा राज्य था।' से सूचित होता है कि 'वह राज्य तो था, पर छोटा था।' पर 'वह एक छोटा-सा राज्य था।' का अर्थ होगा—वह एक छोटे राज्य के समान था (वस्तुतः छोटा राज्य नहीं था)। यही बात 'यह छोटी बात है।' और 'यह छोटी-सी बात है।' के सम्बन्ध में भी है। 'छोटी बात' का अर्थ होता है—अनुचित या निन्दनीय बात या भले आदमियों के न करने योग्य काम। पर 'छोटी-सी बात' का अर्थ होगा—बहुत ही तुच्छ या सामान्य बात, जो साधारणतः सब लोगों की समझ में आती या आ सकती है। इस विवेचन का ध्यान रखते हुए 'अब मैं वहाँ कौन-सा मुँह लेकर जाऊँ।' कहना इसलिए ठीक नहीं है

कि इसका आशय यह हो जाएगा कि मेरे पास कई मुँह हैं या रखे हुए हैं और मैं यह जानना चाहता हूँ कि उन मुँहों में से कौन-सा मुँह लेकर मैं वहाँ जाऊँ। यहाँ 'सा' बहुतों में से किसी एक के निश्चयात्मक भाव का सूचक है।

'ऐसा', 'वैसा' और 'कैसा' के बाद 'सा' नहीं लगाना चाहिए; क्योंकि उक्त शब्दों के साथ सादृश्य के अर्थवाला 'सा' पहले से लगा है। 'बात कुछ ऐसी-सी जान पड़ती है।' में 'सी' का प्रयोग निरर्थक तो है, भद्दा भी है। 'यह कुछ वैसा-सा जान पड़ता है' की जगह 'यह कुछ वैसा ही जान पड़ता है' कहना अधिक शुद्ध भी है और सुन्दर भी।

कुछ लोग 'सा' की जगह 'सारा' या 'सारे' का प्रयोग करते हैं, जो बिल्कुल स्थानिक और कई कारणों से त्याज्य है। 'बहुत सारे ठोस अधिकार' की जगह 'बहुत-से ठोस अधिकार' और 'बहुत सारे लोग' की जगह 'बहुत-से लोग' लिखना ही ठीक है।

१०.१५. 'कर'

कुछ पूर्वकालिक क्रियाओं के साथ 'कर' के भी विलक्षण और भद्दे प्रयोग देखने में आते हैं। इसमें मुख्य 'होकर', 'लेकर' और 'लगाकर' है। प्रायः इस प्रकार के वाक्य देखने में आते हैं—'वे लेख वैज्ञानिक न होकर प्रबुद्ध अनुभूति के परिणाम हैं।' कुछ लोग इससे भी आगे बढ़कर लिखते हैं—'वह उसे हास्यकर होकर तनिक भी न लगा।' यह अँगरेजी और मराठी की छाया का फल है और त्याज्य है। 'के सम्बन्ध में' या 'के कारण' के अर्थ में प्रायः लोग 'लेकर' का जो भद्दा प्रयोग करते हैं, उसके सम्बन्ध में कुछ बातें पहले बतलाई जा चुकी हैं, अतः यहाँ उन्हें दोहराने की आवश्यकता नहीं। कुछ लोग 'लेकर' की जगह 'लगाकर' लिखते हैं, जैसे—'काश्मीर से लगाकर कन्याकुमारी तक'। ऐसे प्रयोग भी स्थानिक होने के कारण अप्रशस्त तथा त्याज्य होते हैं। ऐसे अवसरों पर 'लेकर' का प्रयोग ठीक है। परन्तु कुछ अवस्थाओं में यह 'लेकर' भी फालतू होता है; और केवल 'से' से इसका काम चल जाता है; जैसे—'यहाँ से लेकर वहाँ तक' के बदले 'यहाँ से वहाँ तक' और 'कलकत्ते से लेकर बम्बई तक' के बदले 'कलकत्ते से बम्बई तक' कहना ही अच्छा है।

१०.१६. 'एकत्र'

संस्कृत का 'एकत्र' शब्द वस्तुतः अव्यय है; अर्थात् इसमें किसी प्रकार का विकार नहीं होता। हिन्दी में इसका व्यवहार विशेषण के समान होता है, पर 'एकत्र' रूप में नहीं, बल्कि 'एकत्रित' रूप में। जिसे देखिए, वह 'एकत्रित' ही लिखता दिखाई देता है; जैसे—'उन्होंने बहुत-सी पुस्तकें एकत्रित कर ली हैं।', 'इस काम के लिए दस हजार रुपए एकत्रित हुए हैं।' आदि। मानो 'एकत्र' रूप हिन्दी से उठ ही गया हो। कुछ लोगों का कहना है कि 'एकत्रित' भी शुद्ध है। हो सकता वह शुद्ध हो; पर संस्कृत के कई कोशों में हमें 'एकत्र' रूप ही मिला है। 'एकत्रित' नहीं मिला।[१] और फिर 'एकत्रित' से 'एकत्र' कहीं हल्का और सुगम है। अतः 'एकत्र' रूप का प्रयोग ही अधिक प्रशस्त है। 'एकत्रित' से बचना ही श्रेयस्कर है।

---

१. श्री राजशेखर बसु ने भी अपने सुप्रसिद्ध बँगला शब्द-कोश 'चलन्तिका' में 'एकत्र' रूप ही शुद्ध माना है और 'एकत्रित' को अशुद्ध बतलाया है।

१०.१७. 'अपेक्षा'

कभी-कभी 'अपेक्षा' के भी कई प्रकार के अशुद्ध और भ्रामक प्रयोग देखने में आते हैं; जैसे—'वे अपने रजिस्टर की अपेक्षा दूसरे का लेकर चले गए।' यहाँ 'अपेक्षा' की जगह 'के बदले' या 'की जगह' होना चाहिए। इसी प्रकार यह कहना भी ठीक नहीं है—'वैज्ञानिक शब्द बनाने की अपेक्षा कुछ नियम होने चाहिए' इसमें 'की अपेक्षा' का प्रयोग अशुद्ध तो है ही; क्रियाओं का भी ठीक निर्वाह नहीं हुआ। वाक्य का शुद्ध रूप होगा—वैज्ञानिक शब्द बनाने से पहले कुछ नियम बना लेना अधिक अच्छा (या उपयोगी) होगा।' यहाँ हम यह भी बतला देना चाहते हैं कि यद्यपि 'हिन्दी शब्दसागर' में इसका एक अर्थ निस्बत, तुलना या मुकाबला भी दिया है और कहा गया है कि इसके आगे 'में' लुप्त रहता है, तथापि प्रयोग के विचार से इसकी गणना अव्ययों में ही होनी चाहिए। इस अर्थ में इसे संज्ञा मानना ठीक नहीं। संज्ञा रूप में तो इसका अर्थ बहुत-कुछ आवश्यकता की तरह का होता है।

११. लिंग और वचन

लिंग-निर्णय की समस्या—लिंग-सम्बन्धी अशुद्धियों के कारण—प्रान्तीय और स्थानिक विलक्षणताएँ—कुछ विशिष्ट शब्दों में लिंग-भ्रम—लिंग-सम्बन्धी साधारण भूलें—वचन-सम्बन्धी भूलें—बहुवचन-वाचक संस्कृत शब्द—कुछ शब्दों के बहुवचन रूप—विवादास्पद बातें।

११.१. लिंग-निर्णय की समस्या

एक प्रतिष्ठित और बड़े दैनिक पत्र के एक भूतपूर्व सम्पादक ने एक बार अपने किसी लेख में 'लालच' शब्द का प्रयोग स्त्रीलिंग में किया था, जो उसी प्रकार छप भी गया था। जब दूसरे दिन एक सहायक ने उनसे इस भूल का जिक्र किया, तब उन्होंने छूटते ही उत्तर दिया—'वाह ! लालच पुंलिंग कैसे है? सब लोग कहते हैं—लालच बुरी बलाय !' यह बात उन्होंने कुछ इस तरह डपटकर कही कि बेचारे सहायक को उन्हें यह समझाने का साहस ही न हुआ कि इस कहावत में 'बुरी' शब्द 'बलाय' का विशेषण है, 'लालच' का नहीं। फलतः कुछ दिनों तक उस पत्र में लालच बराबर स्त्रीलिंग रूप में ही लिखा जाता रहा। और भी बहुत-से लोग भूल से 'लालच' को स्त्रीलिंग रूप में ही लिखते हैं। एक और स्वर्गीय सम्पादक 'झूठ' शब्द स्त्रीलिंग ही मानते और लिखते थे। इन पंक्तियों के लेखक ने उनका यह भ्रम दूर करने का प्रयत्न किया; पर वे इतने हठी थे कि किसी तरह मानते ही न थे। अपनी यह टेक उन्होंने अन्त तक 'वीर भारत की सफेद झूठ'[१] लिखकर निबाही !

वास्तव में हिन्दी में लिंग-निर्णय की समस्या है भी बहुत कठिन ! बहुत से अन्य भाषा-भाषी तो हिन्दी से इसीलिए घबराते हैं कि इसमें लिंगों का विलक्षण पचड़ा है। इसीलिए कई बार यह प्रस्ताव भी हो चुका है कि क्रियाओं और विशेषणों पर से लिंग का बन्धन हटा दिया जाए। पर, जैसा हम पहले बतला चुके हैं, इस प्रकार के प्रस्ताव करनेवाले लोग यह नहीं समझते कि भाषा का एक स्वाभाविक या प्राकृतिक स्वरूप हुआ करता है; और उसी स्वरूप या प्रकृति के अनुसार उसका विकास होता है। भाषा को जबरदस्ती नया रूप देने या उसे नए ढंग से गढ़ने का प्रयत्न कभी सफल नहीं होता। भाषा में अनेक प्रकार के सुधार तो हो सकते हैं; परन्तु उसमें किसी प्रकार का तात्त्विक परिवर्तन नहीं हो सकता। यह बात दूसरी है कि भाषा अपने स्वाभाविक प्रवाह में चलते-चलते भले ही कोई नया रूप धारण कर ले। पर यह प्रवाह जबरदस्ती और जादू की छड़ी घुमाकर बदला नहीं जा सकता।

---

१. प्रसंगवश यहाँ 'सफेद झूठ' के सम्बन्ध में भी एक बात बतला देना आवश्यक जान पड़ता है। यह पद अँगरेजी के White lie से लिया गया है; परन्तु बिल्कुल विपरीत अर्थ में। अँगरेजी White lie ऐसे झूठ को कहते हैं जो किसी दुष्ट उद्देश्य से न कहा गया हो, अर्थात् जो यों ही अथवा सौजन्यवश कहा गया हो। इसीलिए ऐसा झूठ क्षम्य समझा जाता है, और उसकी गिनती 'झूठ' में नहीं होती। परन्तु मूल पद का यह आशय न समझकर हिन्दीवाले (और उर्दूवाले भी) 'सफेद झूठ' ऐसे झूठ को कहते हैं जिसमें नाम को भी सत्यता न हो, और जो सभी लोगों की दृष्टि से सरासर और स्पष्ट झूठ हो।

हिन्दी की आकर-भाषा संस्कृत है। हमारे यहाँ के अधिकतर शब्द और व्याकरण-सम्बन्धी अधिकतर नियम संस्कृत से ही आए हैं; और बहुत-सी बातों में हमें संस्कृत का ही मुखापेक्षी रहना पड़ता है। अनेक अवसरों पर हम संस्कृत से अलग और दूर भी हो जाते हैं। अग्नि, आत्मा, देह, पवन, राशि, शपथ आदि अनेक शब्द संस्कृत में तो पुंलिंग हैं, परन्तु हिन्दी में स्त्रीलिंग माने जाते हैं। 'आत्मा के सम्बन्ध में एक विलक्षण बात यह है कि स्त्रीलिंग मानने पर भी उसके सब यौगिक पद पुंलिंग ही रहते हैं यथा—परमात्मा, धर्मात्मा, पुण्यात्मा, दुष्टात्मा, आदि पुंलिग ही रहते हैं। पर 'अन्तरात्मा' का प्रयोग फिर भी स्त्रीलिंग में ही होता है ! एक विद्वान् मित्र का सुझाव है कि 'आत्मा' शब्द पुंलिंग ही रहना चाहिए, क्योंकि वह 'प्रकृति' का नहीं, 'पुरुष' का अंश है। यह तर्क बहुत समीचीन तथा विद्वानों के लिए विचारणीय है। हिन्दी व्याकरण का साधारण नियम यह है कि संस्कृत के नपुंसकलिंग शब्द भी पुंलिंग ही माने जाते हैं। परन्तु संस्कृत के पुस्तक, वस्तु और आयु सरीखे कुछ नपुंसकलिंग शब्द भी हिन्दी में स्त्रीलिंग रूप में लिखे जाते हैं। इसके अतिरिक्त 'तारा' और 'देवता' ऐसे शब्द हैं जो संस्कृत में स्त्रीलिंग होने पर भी हमारे यहाँ पुंलिंग ही माने जाते हैं। सौभाग्य, सौजन्य, स्वास्थ्य और तादात्म्य सरीखी भाववाचक संज्ञाएँ हिन्दी में पुंलिंग ही रहती हैं; पर अधिकतर लोग 'सामर्थ्य' स्त्रीलिंग में ही लिखते हैं। इन सब बातों से यही सूचित होता है कि हिन्दी की प्रकृति अनेक अंशों में संस्कृत की प्रकृति से भिन्न है।

कुछ अवसरों पर लोग संस्कृत व्याकरण के नियमों से भली-भाँति परिचित न होने के कारण ही लिंग-सम्बन्धी कई तरह की भूलें कर जाते हैं। वे यह नहीं जानते कि संस्कृत में मंत्री का स्त्री० रूप मंत्रिणी और शास्त्री का स्त्री० रूप शास्त्रिणी होता है; और इसीलिए वे इनके स्थान पर मनमाने ढंग से मंत्राणी और शास्त्राणी बना लेते हैं। जो लोग यह नहीं जानते कि प्रदर्शन का स्त्री० प्रदर्शनी और प्रदर्शी का स्त्री० प्रदर्शिनी होता है, अथवा मोहन का स्त्री० मोहनी और मोही का स्त्री० मोहिनी होता है, वे प्रदर्शनी की जगह प्रदर्शिनी और मोहनी की जगह मोहिनी अथवा प्रदर्शिनी की जगह प्रदर्शनी और मोहिनी की जगह मोहनी लिखे जाते हैं। लिखते समय इस प्रकार के सूक्ष्म भेदों का पूरा ध्यान रखना चाहिए।

११.२ लिंग-सम्बन्धी अशुद्धियों के कारण

अपनी भाषा की प्रकृति ठीक-ठीक न समझने के कारण, और कुछ अवसरों पर विदेशी प्रभाव के कारण, हम कभी-कभी भारी भूलें कर जाते हैं। प्राचीन आर्य अपने देश का नाम पुंलिंग ही रखते थे। आर्यों की जो जर्मन शाखा यूरोप में बसती है, वह अपने देश को 'मातृभूमि' नहीं, बल्कि 'पितृदेश' कहती है। 'मातृभूमि' की कल्पना तो आर्यों से भिन्न लोगों की है। विदेशी प्रभाव के कारण अँगरेज अपने देश को 'मातृभूमि' कहते हैं ! हमारे देश का नाम 'भारतवर्ष' है। हमारे यहाँ 'जन्मभूमि' और 'भारत-लक्ष्मी' (सम्बन्ध तत्पुरुष समास) आदि की जो कल्पनाएँ हैं, वे 'पितृदेश' की कल्पना से बिल्कुल भिन्न अर्थ और भाववाली हैं। परन्तु अँगरेजों की देखा-देखी हम लोग भी अपना पूर्व स्वरूप भूलकर अपने देश में स्त्रीत्व का आरोप करने लग गए हैं। सबसे पहले लाहौर में 'भारत माता हॉल' की स्थापना हुई थी। तब से 'भारतमाता' इतना प्रचलित हो गया कि काशी तक में 'भारत माता का मन्दिर' बन गया ! और अब तो भरी सभाओं में लोग निसंकोच होकर 'भारत माता की जय' कहते हैं। सुनते हैं, दक्षिण भारत में 'भारतदेवी' नामक एक समाचार-पत्र भी निकलता था। पर

है यह सब हमारी मूल प्रकृति और धारणा तथा 'भारत' शब्द के लिंग के विरुद्ध ही। अपने देश के नाम का प्रसंग आ गया है, इसलिए हम 'हिन्दुस्तान' शब्द पर भी कुछ विचार कर लेना चाहते हैं। यह ठीक है कि फारसी का 'स्तान' संस्कृत के 'स्थान' से ही निकला है; फिर भी उसमें परकीयता की कुछ गन्ध है। जब 'स्थान' हमारे यहाँ प्रायः सभी प्रान्तों में परम प्रचलित है, तब उसे छोड़कर 'स्तान' का आश्रय लेना ठीक नहीं जान पड़ता। वह हमारे स्वदेशाभिमान का ठेस पहुँचानेवाला है, अतः हमें 'हिन्दुस्तान' और 'हिन्दुस्तानी' की जगह 'हिन्दुस्थान' और 'हिन्दुस्थानी' का प्रयोग करना चाहिए।

११.३. प्रान्तीय और स्थानिक विलक्षणताएँ

हमारे यहाँ कुछ प्रान्तीय विलक्षणताएँ भी हैं। 'अखबार' वस्तुतः 'खबर' का बहुवचन है, अतः उसका स्त्रीलिंग माना जाना ही युक्तियुक्त है। पंजाब में अखबार, तार, गेहूँ आदि कुछ शब्द स्त्रीलिंग माने और बोले जाते हैं। पर हिन्दी में ये पुंलिंग ही हैं। पूर्वी उत्तर-प्रदेश तथा बिहार में प्रायः लोग दही, मोती और हाथी के लिए भी स्त्रीलिंग का ही व्यवहार करते हैं; पर हिन्दी में ये शब्द निश्चित रूप में पुंलिंग हैं। फारसी का 'बाजू' हिन्दी में पुंलिंग ही माना जाता है; पर मराठी प्रभाव के कारण कुछ लोग लिखते हैं—'जमा की बाजू।' हम लोग संस्कृत के अनुकरण पर 'चर्चा' शब्द स्त्रीलिंग ही मानते हैं, परन्तु उर्दूवाले उसे (आकारान्त होने के कारण) सदा पुंलिंग ही रखते हैं। यथा—

हम आह भी करते हैं तो हो जाते हैं बदनाम।
वह कत्ल भी करते हैं तो चर्चा नहीं होता ।।
अगर खत-किताबत का चर्चा रहेगा।
तो दिल एक परचे से परचा रहेगा ।। आदि

हमारे यहाँ का 'धारा' शब्द है तो स्त्रीलिंग, पर उर्दूवाले इसे भी आकारान्त होने के कारण पुंलिंग मानते हैं। यथा—

तू है गंगा की मौज मैं हूँ जमना का धारा। तथा
आज तो साहिल पै धारे नजर आने लगे।

संस्कृत 'कंदुक' से निकला हुआ 'गेंद' शब्द हिन्दी में पुंलिंग ही है, परन्तु ब्रज में वह स्त्रीलिंग माना जाता है। इसके लिए ब्रजवाले सूरदास जी का यह पद प्रमाण स्वरूप उपस्थित करते हैं। 'खेलत गेंद गिरी जमुना में।' कुछ ऐसे गीत भी हैं, जिनमें 'गेंद' का प्रयोग स्त्रीलिंग में हुआ है; जैसे—'मारया टोल गई गेंद दह........।' और 'फुलवान की गेंदा मैंका न मारो।' इस भेद का कारण कदाचित् यही है कि ब्रज-भाषा बहुत ही कोमल और मधुर है और उसकी प्रवृत्ति स्वभावतः स्त्रीलिंग प्रयोगों की ओर ही अधिक है। खड़ी बोली में जहाँ हम कहते हैं—'मैंने कहा।' वहाँ ब्रज के लोग बोलते हैं—'मैंने कही।' अवश्य यह 'कहीं' रूप बात के विचार से है, पर इससे ब्रजभाषा की प्रकृति और प्रवृत्ति ही सूचित होती है। हिन्दी व्याकरण का एक साधारण नियम यह है कि आकारान्त पुंलिंग शब्दों में अन्तिम 'आ' की जगह 'ई' कर देने से उनका स्त्रीलिंग रूप बन जाता है; जैसे घोड़ा से घोड़ी। पर कुछ शब्द ऐसे हैं जो साधारणतः देखने में तो इसी वर्ग के युग्म जान पड़ते हैं, पर जिनके अलग-अलग रूप के अलग-अलग अर्थ होते हैं; जैसे—भौंरा और भौंरी, ताला और ताली, कोठा और कोठी, अंडा और अंडी, माला और माली, अँगूठा और अँगूठी आदि। इन युग्मों के स्त्रीलिंग

शब्द अपने साथ में पुंलिंग शब्दों के स्त्रीलिंग रूप नहीं, बल्कि बिल्कुल स्वतन्त्र हैं और अलग पदार्थों के सूचक हैं।

इससे भी बढ़कर विलक्षण 'टीका' शब्द है। 'अर्थ की व्याख्या या विवरण' के अर्थ में तो यह स्त्रीलिंग है, पर कई अन्य अर्थों में पुंलिंग। हम रामायण और भागवत की 'टीकाएँ' पढ़ते हैं, पर माथे पर लम्बा 'टीका' लगाते हैं। विवाह आदि अवसरों पर अपने सम्बन्धियों और मित्रों के यहाँ 'टीका' भेजा जाता है। हिन्दी शब्दसागर में पहले अर्थ में यह शब्द संस्कृत से ज्यों का त्यों लिया हुआ बतलाया गया है, और शेष अर्थों में यह सं० 'तिलक' से निकला हुआ माना गया है। पर हमारी समझ में संस्कृत का 'टीका' शब्द ही हमने ज्यों का त्यों लिया है; और एक अर्थ में तो हमने उसे मूल स्त्रीलिंग में ही रहने दिया है, पर शेष अर्थों में या तो 'तिलक' के अनुकरण पर पुंलिंग मान लिया है या आकारान्त होने के कारण उसी प्रकार पुंलिंग मान लिया है, जिस प्रकार उर्दूवाले 'चर्चा' और 'धारा' को पुंलिंग मानते हैं। 'टक्कर' है तो स्त्री०, पर हम कहते हैं—उसके टक्कर का। हमारा नम्र निवेदन यही है कि हिन्दी का जो व्यापक और राष्ट्रीय स्वरूप है, उसे उक्त प्रकार के दोषों से दूर ही रखना चाहिए। जो शब्द व्यापक रूप से स्त्रीलिंग अथवा पुंलिंग मान लिए गये हैं, उनमें केवल प्रान्तीयता के आधार पर लिंग-परिवर्तन नहीं करना चाहिए। यदि प्रत्येक शब्द का एक निश्चित और स्थिर लिंग रहेगा, तो भाषा में लिंग-सम्बन्धी गड़बड़ी की सम्भावना बहुत कम हो जाएगी।

११.४. कुछ विशिष्ट शब्दों में लिंग-भ्रम

आज-कल भाषा में लिंग-सम्बन्धी बहुत-सी उलझनें और बहुत-से प्रमाद देखने में आते हैं। एक ही पुस्तक या लेख में कुछ शब्द (जैसे—गन्ध, सूँड़, हठ, दलदल आदि) कहीं स्त्रीलिंग में और कहीं पुंलिंग में व्यवहृत होते हुए देखे जाते हैं। कभी-कभी इससे भी बढ़कर विलक्षणता यह देखने में आती है कि एक शब्द पहले तो पुंलिंग में व्यवहृत है, पर आगे चलकर उसी का विभक्तियुक्त या बहुवचन रूप स्त्रीलिंग में रखा जाता है। हमने एक अवसर पर देखा था कि एक लेखक ने 'तारा' रूप तो पुंलिंग में ही रखा था, पर उसका बहुवचन 'ताराओं' कर दिया था। ऐसे सज्जनों को जानना चाहिए कि पुंलिंग 'तारा' का विभक्तियुक्त बहुवचन रूप 'तारों' होगा; और स्त्रीलिंग 'तारा' का उस प्रकार का रूप 'ताराओं' होगा। इसी प्रकार एक समाचार-पत्र में 'बदला' शब्द साधारणतः पुंलिंग में व्यवहृत होता था, पर एक टिप्पणी का शीर्षक छपा था—'इन बदलाओं का अन्त कहाँ होगा?' 'बदलाओं' की जगह 'बदलों' का होना चाहिए था। इसके विपरीत 'माला' शब्द है तो सर्वथैव स्त्रीलिंग, फिर भी कुछ लोग 'मालाओं के दाने' न लिखकर 'मालों के दाने' लिखते हैं। कुछ इसी तरह की गड़बड़ी 'औषधि' और 'औषध' में भी होती है। संस्कृत में 'औषधि' स्त्रीलिंग और 'औषध' नपुंसकलिंग और फलतः हिन्दी में पुंलिंग है। परन्तु हिन्दी में ये दोनों शब्द किसी सिद्धान्त और उनके अर्थों का ध्यान रखे बिना कभी स्त्रीलिंग में और कभी पुंलिंग में लिखे और बोले जाते हैं। बहुत-से लोग 'ओषधि' या 'औषधि' और 'औषध' सभी रूप लिखते हैं;, पर इन शब्दों के अर्थों और लिंगों में जो सूक्ष्म भेद है उस पर ध्यान नहीं देते। संस्कृत की तरह हमें इनके अर्थ भी निश्चित रखने चाहिए और लिंग भी।

इसी प्रकार की कुछ गड़बड़ी 'समाज' और 'व्यक्ति' सरीखे शब्दों के सम्बन्ध में भी होती है। 'समाज' शब्द पुंलिंग होने पर भी कुछ लोग स्त्रीलिंग में लिखते हैं। 'व्यक्ति' शब्द एक अर्थ में पुंलिंग और एक अर्थ में स्त्रीलिंग है अवश्य; पर कुछ लोग बिना अर्थ का विचार

किए सब जगह उसे स्त्रीलिंग ही लिखते हैं। मनुष्य या आदमी के अर्थ में वह पुंलिंग ही लिखा और माना जाता है। पर वह 'व्यक्त' का भाववाचक संज्ञा रूप है, अतः शेष अर्थों में वह स्त्रीलिंग ही है। इसी में 'अभि' उपसर्ग लगने से 'अभिव्यक्ति' शब्द बनता है, जो सदा स्त्रीलिंग रूप में ही लिखा जाता है। हिन्दी के अनेक पुराने नाटकों में 'प्रतिहारी' का प्रयोग पुंलिंग में हुआ है; पर अब लोग समझने लगे हैं कि यह पुंलिंग नहीं, बल्कि 'प्रतिहार' का स्त्री रूप है।

'ओर' (तरफ) के लिंग के सम्बन्ध में भी लोग निश्चित सिद्धान्त का पालन नहीं करते; और शायद इसका कोई व्यापक सिद्धान्त स्थिर भी नहीं हुआ है। हिन्दी शब्दसागर में केवल इतना कहा गया है कि जब इसके पहले कोई संख्यावाचक शब्द आता है तब इसका व्यवहार पुंलिंग की तरह होता है। पर यह यथेष्ट नहीं। हम खाली 'दाहिनी ओर' और 'बायीं ओर' तो लिखते ही हैं, और ऐसा लिखना ठीक भी है पर 'उसकी दाहिनी (या बायीं) ओर' में कहीं-कहीं कुछ खटक-सी जान पड़ती है। हो सकता है कि इसका कारण यह हो कि ऐसे प्रयोग किसी वस्तु या व्यक्ति की अपेक्षा या विचार से दिशा के सूचक होने के कारण ही पुंलिंग रूप में चलते हों; क्योंकि 'उसकी दाहिनी ओर बिल्कुल खाली पड़ी थी।' में तो खटक नहीं है, पर 'उसकी दाहिनी ओर लड़का खड़ा था।' में खटक है। यहाँ उसके दाहिनी ओर......।' ही अधिक अच्छा जान पड़ता है। इसका कारण यह हो सकता है कि बिना 'ओर' शब्द का प्रयोग किए हम 'उसके दाहिने' और 'उसके बाएँ' सरीखे प्रयोग करने के अभ्यस्त हो गए हैं। इसीलिए हम 'उसके चारों ओर' कहते हैं, 'उसकी चारों ओर' नहीं कहते। कुछ लोगों का मत है कि संख्यावाचक शब्दों के साथ इसका प्रयोग पुंलिंग रूप में होना चाहिए अन्यथा स्त्रीलिंग रूप में। जो हो, यह विषय विद्वानों के लिए विचारणीय है।

स्वयं हिन्दी के बहुत-से ऐसे शब्द हैं, जो पुंलिंग होने पर भी प्रायः स्त्रीलिंग लिखे जाते हैं, जैसे—चपत, जेब, साँस आदि। कहीं-कहीं विशेषतः पूरब में, बाजारों में मुहल्लों के नामों में भी इसी प्रकार की भूलें देखी जाती हैं, जैसे 'नई बाजार' और 'पुरानी गोदाम'। पूरबवाले इस विषय में अपेक्षया कुछ अधिक सतर्क रहते हैं। 'बाजार' की जगह आवश्यकता पड़ने पर 'बजरिया' (स्त्रीलिंग अल्पार्थक) बना लेते हैं; पर ये प्रयोग स्थानिक हैं। इनके सिवा मुहल्लों और बाजारों के नाम सहज में बदले भी जा सकते हैं। परन्तु ऐसे नाम देखकर यह नहीं समझ लेना चाहिए कि 'बाजार' और 'गोदाम' शब्द स्त्रीलिंग हैं। हमने कई अच्छे पढ़े-लिखे लोगों को यह कहते सुना है—'बाजार खुल गई।' ऐसे ही लोग यह भी पूछ बैठते हैं—'कै बजी ?' उनका यह भ्रम घड़ी के संयोग से होता है। मतलब यह होता है कि घड़ी ने कै बजाए।

११.५. लिंग-सम्बन्धी साधारण भूलें

समाचार-पत्रों और पुस्तकों में प्रायः लिंग-सम्बन्धी बहुत-सी भूलें देखने में आती हैं। उदाहरणार्थ—'उसने तलाक ले ली।', 'जेल खाली हो गई।', 'नगर में पुलिस की गश्त।', स्मृतियाँ उस विशाल साहित्य की अंग हैं।', 'कभी तो डकार लेनी पड़ेगी।', 'पर्वत के निभृत कन्दरे में', 'जाड़े के मौसम में।', 'लाइसेन्स जब्त हो गई।', 'थोथा बकवास !', 'मोटी तौर पर।', 'तम्बाकू दे दी।', 'गाड़ी आने की इन्तजार थी।', 'लार्ड वेवल के उत्तर पर अटकल लगाया जा रहा है।', 'मास्टर जी के जीवन में थोड़ा मिठास आने लगा।' 'अनुनासिक ने मिठास पैदा कर दिया है।', 'कहीं इंजन हमारी गर्दन पर खड़ी हो गई तो?' आदि। कुछ

लोग 'अपने व्यक्तिगत जानकारी' के आधार पर ही 'बड़ी-बड़ी बातें कह डालते हैं, और कुछ लोग यह देखकर दुखी होते हैं कि 'गाय-भैंस तौलकर बेचे जा रहे हैं।' एक प्रतिष्ठित लेखक ने 'निराला' जी के निधन के प्रसंग में लिखा था—प्रतिभा और सनक जुड़वाँ भाई होते हैं।' उन्होंने यह सोचने की आवश्यकता नहीं समझी की 'प्रतिभा' और 'सनक' दोनों स्त्री० हैं; उन्हें 'भाई' नहीं, 'बहनें' कहना उपयुक्त होगा। 'इच्छा' और 'आवश्यकता' है तो स्त्रीलिंग ही; परन्तु जब 'अनुसार' के साथ इनकी सन्धि होती है, तब समस्त पद अव्यय हो जाते हैं। पर कुछ लोग 'अपनी इच्छानुसार' लिखते और 'अपनी आवश्यकतानुसार' बोलते हैं; और तर्क के आधार पर इन्हें भी ठीक सिद्ध करते हैं। पर है यह कोरा तर्क ही। व्याकरण के अनुसार ऐसे शब्द पुंलिंग माने जाने चाहिए। इस प्रकार वाक्य-रचना के ठीक सिद्धान्त न जानने के कारण लोग वाक्यों के अन्त की क्रियाओं में भी लिंग की गड़बड़ी करते हैं; जैसे—'शायद ही कोई ऐसी साड़ी हो जिसे उन लोगों ने न देखी हो।' होना चाहिए—'जिसे उन लोगों ने न देखा हो।' या 'जो उन लोगों ने न देखी हो।' कभी-कभी संज्ञा के दूर पड़ जाने के कारण भी लिंग-सम्बन्धी भूलें हो जाती हैं, जैसे—साधारण ध्वनि उस चमत्कार को कहते हैं, जो साधारण अर्थ के अतिरिक्त किसी प्रकार के व्यंग्य के रूप में प्रकट होती है।' इस वाक्य में 'होती है' केवल 'ध्वनि' शब्द के विचार से लाया गया है, जो ठीक नहीं। वास्तव में इस क्रिया का सम्बन्ध 'चमत्कार' से है, न कि 'ध्वनि' से; और इसीलिए 'होती है' की जगह 'होता है' होना चाहिए।

एक और प्रसंग है जिसमें लोग क्रियाओं के लिंग के सम्बन्ध में भूलें करते हैं। व्याकरण का साधारण नियम यह है कि वाक्य की क्रिया सामान्यतः कर्ता या उद्देश्य के अनुसार होती है। पर कुछ लोग इस बात का ध्यान न रखकर क्रिया का रूप भूल से कर्म या विधेय के अनुसार रख देते हैं, जैसे—

१. सारा राज्य उसके लिए एक थाती थी।

२. नेताओं को रिहा करना मूर्खता होगी।

३ इनको कुछ उत्तर देना भूल होगी।

४ उन्होंने मुझे बम्बई घुमाई।

५. वह भू-भाग अनेक प्राकृतिक कुंजों की प्रसव-भूमि थी।

६. यह सड़क भारत से आवागमन का रास्ता बनाया गया।

७. वर्तमान अवस्था अत्यन्त चिन्ता का विषय समझा जा रहा है। आदि।

यों सुनने में ये वाक्य भले ही कुछ अच्छे जान पड़ें, परन्तु व्याकरण की दृष्टि से हैं ये अशुद्ध ही। 'सारा राज्य उसके लिए एक थाती था।, और 'इनको कुछ उत्तर देना भूल होगा।' व्याकरण के अनुसार ठीक होने पर भी कुछ खटकते हैं। ऊपर के उद्धरणों में चौथा वाक्य तो बिल्कुल अशुद्ध है। अन्तिम दोनों वाक्य भी दूसरे और तीसरे वाक्यों के समान ही है। यदि यह कहा जाए कि ऐसे अवसरों पर वाक्य का रूप ही कुछ बदल दिया जाना चाहिए, तो यह भी कोई अच्छी मीमांसा नहीं होगी। वह तो पीठ दिखाकर भागना होगा। ऐसी अवस्था में व्याकरण के नियमों का पालन ही श्रेयस्कर प्रतीत होता है। हाँ, यदि वाक्य की खटक दूर करना चाहें तो उनका रूप भले ही बदल दें।

व्याकरण का एक और साधारण नियम यह है कि क्रिया का लिंग अन्तिम संज्ञा के अनुसार

होता है। 'उपन्यास, काव्य, नाटक और कहानी ('कहानियाँ' होना चाहिए) पर्याप्त संख्या में प्रकाशित हुए हैं। कहना अशुद्ध है। होना चाहिए—प्रकाशित हुई हैं। क्योंकि वाक्य में अन्तिम संज्ञा कहानी (कहानियाँ) है। इसी प्रकार—'एक ब्राह्मण और एक गाय लाए गए'। की जगह 'एक ब्राह्मण और एक गाय लाई गई' कहना ही ठीक है। वाक्य में अकर्मक तथा सकर्मक क्रियाओं से सम्बन्ध रखनेवाले लिंग-विषयक नियमों की उपेक्षा भी प्रायः देखने में आती है। कुछ लोग लिखते हैं—'मैं अब जानी कि यह बात नहीं है।' 'और लड़की ने जोर से हँस दी।' होना चाहिए—'मैंने अब जाना...... ।' और ......'हँस दिया।' या 'लड़की जोर से हँस पड़ी।' कहीं-कहीं लोग किसी विभक्ति के कारण भी भ्रम में पड़कर लिंग-सम्बन्धी भूलें कर जाते हैं, जैसे—'शिराओं का चौड़ी हो जाना।' होना चाहिए 'शिराओं का चौड़ा हो जाना।' या 'शिराएँ चौड़ी हो जाना।'

११.६. वचन-सम्बन्धी भूलें

लिंग की भाँति वचन में भी अनेक प्रकार की भूलें होती हैं। एक समाचार-पत्र का शार्षक था—'५० हजार का टिकट गायब' पर पचास हजार रुपयों का एक ही टिकट गायब नहीं हुआ था। ५० हजार रुपए मूल्य के बहुत से टिकट गायब हुए थे, अतः होना चाहिए था—'५० हजार के टिकट गायब।' 'गौएँ अपने बच्चे को देखती जा रही थीं।' में 'बच्चे' की जगह 'बच्चों' होना चाहिए; क्योंकि 'गौएँ' तो हैं एक से अधिक; और उन सबका एक ही बच्चा नहीं होगा, कई होंगे।

इस प्रकार 'पेड़ों पर से कोयल का बोलना बहुत भला लगता था।' में 'कोयल' की जगह 'कोयलों' होना चाहिए; क्योंकि पहले 'पेड़' नहीं बल्कि 'पेड़ों' है। परन्तु इस प्रकार की सूक्ष्मताओं पर ध्यान न देकर कोई लिखता है—'आठ-दस रसगुल्ला खाया (खाए)।' कोई कहता है—'वहाँ अनेक प्रकार की विद्या (विद्याओं) और कला (कलाओं) का प्रचार था।' कोई लिखता है—'कनखजूरे के सौ पैर होते हैं, जिससे वह चलता है।' और कोई लिखता है—'इसकी पत्तियाँ बहुत घनी होती हैं जिनसे यह बहुत स्थान घेरता है।' अन्तिम दो उदाहरणों में से पहले उदाहरण में 'जिससे' की जगह 'जिनसे' और दूसरे उदाहरण में 'जिनसे' की जगह 'जिससे' होना चाहिए। पहले उदाहरण में 'पैर' वह साधन है, जिससे कनखजूरा चलता है।[1] और दूसरे उदाहरण में 'वृक्ष का घनापन' वह कारण है, जिससे वह स्थान घेरता है, होना चाहिए। अब यह प्रश्न दूसरा है कि क्या पत्तियों के घनेपन के कारण ही कोई वृक्ष अधिक स्थान घेरता है। हो सकता है कि कोई वृक्ष घनी पत्तियोंवाला न होने पर भी अधिक स्थान घेरता हो। इस तरह 'इस पुस्तक में जो बहुत-सी भूलें दिखाई देती हैं, उनका कारण यह है कि........।' कहना भी ठीक नहीं।' 'उनका' की जगह 'उसका' होना चाहिए। 'उसका' वस्तुतः 'दिखाई देने के कारण' को इंगित करता है भूलों को नहीं। कभी-कभी लोग किसी वचन के सान्निध्य के कारण ही उनके बादवाले वचन-रूप में भूल कर जाते हैं। 'अब लोग ऐसे शब्द चलाने लगे हैं जो शुभ लक्षण हैं।' इसमें अन्तिम 'हैं' की जगह 'है' होना चाहिए, क्योंकि 'शब्द' शुभ लक्षण नहीं है, बल्कि उनका प्रचलन शुभ लक्षण है। इस प्रकार की कुछ बातों का विचार 'अर्थ, भाव और ध्वनि' वाले प्रकरण में हो चुका है; यहाँ उनके विशेष विवेचन की आवश्यकता नहीं। कहने का तात्पर्य यही है कि वचन सरीखे साधारण

---

१. इस वाक्य में 'वह साधन है' ठीक है 'वे साधन हैं' कहना ठीक नहीं, क्योंकि 'वह' का सम्बन्ध 'साधन' से है, 'पैरों' से नहीं।

तत्त्वों पर भी पूरा-पूरा ध्यान रखना होगा।

वचन-सम्बन्धी एक साधारण नियम है कि जब एक ही तरह की कई चीजों या उनके समूहों का वर्णन किया जाता है, तब उन सभी चीजों के नाम बहुवचन रूप में रखे जाते हैं। परन्तु इस विषय की उपेक्षा भी प्रायः देखी जाती है। कुछ उदाहरण लीजिए—

१. कमरे में कुरसी (कुरसियाँ) और सोफे करीने से सजे हुए थे।
२. बहुत से पत्र (पत्रों) और पत्रिकाओं का प्रकाशन बन्द हो गया।
३. जगह-जगह मनुष्य (मनुष्यों) और पशुओं की लाशें पड़ी सड़ रही थी।
४. यह ग्रन्थ दोहा (दोहों) और चौपाइयों में लिखा गया है।
५. इस देश में हिन्दू (हिन्दुओं) और मुसलमानों (या हिन्दू-मुसलमानों) में प्रायः दंगे होते रहते हैं।
६. भिन्न-भिन्न देश (देशों) और जातियों में यह प्रथा समान रूप से पाई जाती है।
७. तट पर लगे हुए वृक्ष (वृक्षों) और लताओं से नदी की शोभा और बढ़ गई थी।
८. बारहसिंहा सींगवाला (सींगोंवाला) चौपाया है।
९. जयदेव के (का) 'चन्द्रालोक' और अप्पय दीक्षित के (का) 'कुवलयानन्द' ही इनके आधार थे—कारण यह कि 'चन्द्रालोक' भी एक ही है और 'कुवलयानन्द' भी एक ही।

कुछ लोग वाक्य का आरम्भ और अन्त में वचन की संगति का ध्यान नहीं रखते। यदि वे आरम्भ में बहुवचन रखते हैं तो अन्त में एकवचन; और यदि आरम्भ में एकवचन रखते हैं तो अन्त में बहुवचन ले आते हैं। जैसे—

१. मेरे आँसू (आँसुओं होना चाहिए) से, जो गेरे रोके नहीं रुकते, तुम्हारा आधा पत्र धुल गया है।
२. जापान तब तक न मानेगा, तब तक उनकी फौजें लड़ सकती हैं। (या तो होना चाहिए—'जापानी तब तक न मानेंगे......।' या 'उनको' की जगह 'उसकी होना चाहिए।)
३. वह सिद्धान्त और तर्क-प्रकार आदि जिसमें धार्मिक विवेचन हों। ('वह' की जगह 'वे' और 'जिसमें' की जगह 'जिनमें' होना चाहिए) क्योंकि यहाँ.....तर्क-प्रकार आदि हैं।
४. चारों वेदों के चार उपवेदों का नाम है......(के नाम हैं)।
५. पराड़कर जी की भूमिका ने पुस्तक में चार चाँद लगा दिया है (लगा दिए हैं।)
६ मिस्र के पिरामिड उसकी महत्ता के प्रमाण है। ('है' की जगह 'हैं' होना चाहिए।)
७. लड़की के वेष में लड़का और लड़के के वेष में लड़की समान जान पड़ती है। ('समान' से पहले 'दोनों' और 'पड़ती है' की जगह 'पड़ते हैं' होना चाहिए।)

कुछ लोग ऐसे स्थानों में बहुवचन का प्रयोग करते हैं, जहाँ एकवचन का प्रयोग होना ाहिए, और जहाँ बहुवचन का प्रयोग होना चाहिए, वहाँ एकवचन का प्रयोग करते हैं, ैसे—

१. उन्होंने अपने जीवन में बहुत-सा उतार-चढ़ाव देखा था (बहुत-से उतार-चढ़ाव देखे थे।)
२. कम से कम दो शब्द अवश्य होना चाहिए (होने चाहिए)।
३. इस सूची में समस्त संस्कृत ग्रन्थों का नाम था (के नाम थे)।
४. सभी प्रकार की चीज मौजूद थी (चीजें मौजूद थीं)।
५. आपके एक-एक शब्द तुले होते थे (आपका..... तुला हुआ होता था)।
६. हमारे बाप-दादाओं ने कभी ऐसा नहीं किया ('बाप-दादा' होना चाहिए)।
७. देश में हैजों आदि से हजारों आदमी मर रहे हैं (हैजे आदि से)।

बहुत से लोग 'वह' और 'यह' प्रायः दोनों वचनों में एक ही रूप में लिखते हैं; और कुछ लोग ऐसे भी हैं जो बहुवचन में कहीं 'यह' और कहीं 'ये' तथा कहीं 'वह' और कहीं 'वे' लिखते हैं। ऐसा नहीं होना चाहिए। 'यह' का बहुवचन सदा 'ये' और 'वह' का 'वे' रखना चाहिए।

११.७. बहुवचन में ही प्रयुक्त होनेवाले संस्कृत शब्द

दर्शन, प्राण आदि कुछ शब्द ऐसे हैं जो संस्कृत में सदा बहुवचन में प्रयुक्त होते हैं; और पुराने हिन्दी लेखक भी संस्कृत के अनुकरण पर बहुवचन में ही लिखते थे। परन्तु आजकल लोग लिखते हैं—'उनका प्राण निकल गया।' और 'मैं आपका दर्शन करने आया हूँ।' इसी प्रकार का आधुनिक शब्द 'हस्ताक्षर' है। वस्तुतः इसका प्रयोग भी बहुवचन में ही होना चाहिए; पर अधिकतर लोग इसका प्रयोग एकवचन में ही करते हैं। इसी प्रकार का एक शब्द है—'सामग्री' जो वस्तुतः उपयोग में आनेवाली बहुत-सी वस्तुओं के समूह का वाचक है और जिसका प्रयोग सदा एकवचन में ही होना चाहिए। पर लोग इसका भी बहुवचन रूप 'सामग्रियाँ' बनाते हैं जो ठीक नहीं है।

कुछ लोग 'हर एक', 'प्रत्येक' और 'एकाध' के साथ भी बहुवचन का प्रयोग करते हैं। ऐसा नहीं होना चाहिए; क्योंकि प्रधानता 'एक' की अभीष्ट होती है; जैसे—'सभा में उपस्थित हर एक सदस्यों का यही मत था' ('सदस्य' होना चाहिए)। 'वह प्रत्येक छोटी-मोटी विशेषताओं को देखता है' ('विशेषता' होना चाहिए और 'को' नहीं रहना चाहिए)। 'ऐसी एकाध बातें देखने में आई हैं' ('बात....' है, होना चाहिए ! यह कहना भी ठीक नहीं है—'इस मतभेद के कारण हर एक अपने-अपने विचारों के अनुसार कार्य कर सकता है !' इस वाक्य में पहले 'हर एक' (एकवचन) और तब 'अपने-अपने' है जो बहुवचन का बोधक है; अतः इसकी जगह केवल 'अपने' होना चाहिए। यदि सूक्ष्म दृष्टि से विचार किया जाए तो 'विचारों' की जगह भी 'विचार' ही होना चाहिए; क्योंकि वस्तुतः वह मतभेद में के 'मत' की जगह आया है।

'आदि' अव्यय है; पर कुछ लोग इसका भी बहुवचन बना डालते हैं; जैसे—'ऋषि-मुनि आदियों के.....।' ऐसा नहीं होना चाहिए। कुछ लोग 'आदि' के उपरान्त क्रिया एकवचन में रखते हैं; जैसे—कपड़ा, बरतन आदि चला गया।' पर 'आदि' सदा कुछ वस्तुओं या नामों के अन्त में आता और बहुवचन का सूचक होता है; अतः उसके बाद की क्रिया बहुवचन में ही होनी चाहिए। कुछ ऐसे लोग भी हैं जिनकी तृप्ति केवल 'अनेक' से नहीं होती और जो 'अनेकों' लिखते हैं, जैसे—'इस विषय पर अनेकों बड़ी-बड़ी पुस्तकें लिखी गई हैं। और

रंगमंच पर अनेकों कृष्णचक्र चलते हुए दिखाई देते हैं।' यह अशुद्ध है। विशेषण रूप में सदा 'अनेक' ही लिखना चाहिए, 'अनेकों' नहीं। हाँ, यदि 'अनेक' का प्रयोग सर्वनाम के रूप में हो और यह संज्ञा के स्थान पर आया हो तो आगे आनेवाली विभक्ति के विचार से अवश्य 'अनेकों' रूप रखना चाहिए; जैसे—'उन दिनों अनेकों ने यह व्रत धारण किया था।'

कुछ लोग 'सब' का बहुवचन 'सबों' या 'सभों' बना लेते हैं, जो बहुत खटकता है जैसे—'सबों ने यह राय दी।' यहाँ केवल 'सब' होना चाहिए। कहा जा सकता है कि जिस अवस्था में 'अनेक' का रूप 'अनेकों' हो सकता है, उस अवस्था में 'सब' का रूप 'सबों' हो सकता है या होना चाहिए। यह आपत्ति बहुत-कुछ ठीक और विचारणीय है। फिर भी न जाने क्यों 'सबों' रूप में कुछ खटक है। हम सदा यही कहते हैं—'सब को थोड़ा-थोड़ा दे दो, कभी 'सबों' नहीं कहते। और 'सब' ही सुनने में भला लगता है, 'सबों' नहीं।

इसके विपरीत 'ओर' शब्द है, जिसका रूप बहुवचन में लोग कभी बदलते ही नहीं। 'चारों ओर से सन्नाटा छाया था' तो ठीक है, पर 'चारों ओर से आवाजें आने लगीं' कहाँ तक ठीक है? सिद्धान्ततः होना चाहिए—'चारों ओरों से।' जान पड़ता है कि हिन्दी में 'ओर' का बहुवचन रूप उर्दू के कारण ही नहीं होता। उर्दूवाले लिखते हैं—'चारों तरफ से.....। अरबी 'तरफ' की बहुवचन 'अतराफ' तो होता है और उर्दूवाले इस रूप का भी प्रयोग करते हैं, पर 'तरफ' से वे 'तरफें' नहीं बनाते। हाँ, यदि आगे विभक्ति लगने को हो तो उसके विचार से 'तरफों' अवश्य रखते हैं। शायद उन्हीं की देखा-देखी हम लोग भी 'ओर' को सब अवस्थाओं में 'ओर' ही रखते हों। वैयाकरणों को इस पर भी कुछ विचार करना चाहिए।

११.८. कुछ शब्दों के बहुवचन रूप

कुछ लोग अँगरेजी 'फुट' को बहुवचन में 'फीट' लिखते हैं, जो हिन्दी की दृष्टि से ठीक नहीं। हिन्दी में बहुवचन में भी 'फुट' ही होना चाहिए। 'कागजात स्वयं 'कागज' का बहुवचन है; अतः 'कागजातों' रूप नहीं होना चाहिए। इसके सिवा हमें 'कागज' का बहुवचन 'कागज' ही रखना चाहिए, 'कागजात' नहीं। कुछ लोग 'किसी' का बहुवचन 'किन्हीं' बना लेते हैं। प्रायः इसका काम 'कुछ' से अच्छी तरह चल जाता है; जैसे—'किन्हीं कारणों से' और 'किन्हीं लोगों ने' की जगह 'कुछ कारणों से' और 'कुछ लोगों ने' कहीं अधिक सुन्दर है। कुछ लोग 'भेजी गई' या 'भेजी थी' की जगह 'भेजीं गईं' और 'भेजीं थीं' भी लिखते हैं,जो अशुद्ध है। इसके विपरीत कुछ लोग इस प्रकार के वाक्य लिखते और बोलते हैं—'लड्डू न मिले तो पेड़े लेते आना।' होना चाहिए—'लड्डू न मिलें तो पेड़े लेते आना।' या 'लड्डू न मिले तो पेड़ा लेते आना।'

११.९. विवादास्पद बातें

वचन के सम्बन्ध में कई बातें विवादास्पद और विचारणीय भी हैं, जिनका ठीक-ठीक निर्णय होने की आवश्यकता है; जैसे—'वह कई दिन तक प्रतीक्षा करता रहा'। में कुछ लोग 'कई दिन' की जगह 'कई दिनों' लिखना पसन्द करते हैं। पर कुछ लोग कहते हैं कि 'कई दिन' ही कानों को भला लगता है और यही ठीक है। यही बात 'कुछ महीनों बाद' और 'चार वर्षों में' के सम्बन्ध में भी है। कुछ लोग 'सौ रुपया देकर माल खरीदते हैं' और ऐसे अवसरों पर भी 'रुपया' का समर्थन करते हैं; 'रुपए' का प्रयोग वे नहीं करते। कुछ अवसरों पर बड़े-बड़े विद्वान् भी इसका समर्थन करते हुए देखे जाते हैं। परन्तु ऐसे लोगों के तर्क में

कोई विशेष तथ्य नहीं होता। वस्तुतः होना चाहिए 'रुपए' ही। हमारे एक विद्वान् मित्र का कहना है कि इसमें मूर्त और अमूर्त का भेद होना चाहिए। मूर्त पदार्थों के नामों का रूपों' से युक्त होना चाहिए, पर अमूर्त पदार्थों के नामों का नहीं। अर्थात् 'कई दिनों से' या 'कई वर्षों से' की जगह 'कई दिन से' या 'कई वर्ष से' ही लिखना चाहिए। पर 'नाम' और 'बात' भी तो 'अमूर्त' ही है। फिर भी हम कहते हैं—'यह चीज बाजार में कई नामों से बिकती है।' और 'इन बातों में क्या रखा है !' ऐसे अवसरों पर कभी-कभी लोग जो 'कई नाम' का प्रयोग करते हैं, वह अशुद्ध है; और उसकी अशुद्धता इसी से सिद्ध है कि हम सदा 'इन बातों' ही कहते हैं, कभी 'इन बात' नहीं कहते। बात यह है उर्दू के संसर्ग से हम लोग 'कई दिन से', 'कई बरस से' आदि ही लिखने, बोलने और सुनने के इतने अभ्यस्त हो गए हैं कि अब 'कई दिनों से' और 'दस वर्षों से' में हमें कुछ खटक मालूम होती है और कुछ अवस्थाओं में यह खटक कम मालूम होती है और कुछ में बहुत। यदि हम कहें—'बीसियों वर्ष से ऐसा होता आया है' तो इसमें उतनी खटक नहीं मालूम होगी। पर यदि हम कहें—'इन चार वर्ष में एक भी वर्ष ऐसा नहीं था, तो इसमें बहुत-कुछ खटक मालूम होगी। और यह खटक तभी दूर होगी, जब हम 'चार वर्षों' कहेंगे। कारण यह है कि पहले उदाहरण में जो 'बीसियों' शब्द आया है, उसी में बहुवचन का चिह्न 'यों' लगा हुआ है। पर 'चार वर्ष' में उस चिह्न का अभाव ही खटक पैदा करता है। यहाँ हमें यह भी स्मरण रखना चाहिए कि भाषा का बहुत-कुछ सम्बन्ध कानों से होता है—उसका भला लगना भी और खटकना भी प्रायः अभ्यास और परिचय पर ही आश्रित होता है, पर जहाँ तात्त्विक विवेचन होता या सिद्धान्त का प्रश्न सामने आता है, वहाँ अभ्यास आदि का विचार छोड़कर यही देखना पड़ता है कि वस्तुतः ठीक क्या है अथवा क्या होना चाहिए। हम मानते हैं कि कुछ अवसर ऐसे होते हैं जिनमें एकवचन रूप ही अधिक श्रुतिमधुर होते हैं; और कुछ अवसरों पर एकवचन और बहुवचन दोनों रूप समानतः श्रुतिमधुर होते हैं। परन्तु कोरा श्रुतिमाधुर्य सदा कसौटी का काम नहीं दे सकता। काम तो देते हैं सिद्धान्त और नियम। उनकी अवज्ञा करके केवल श्रुतिमाधुर्य का आश्रय लेना ठीक नहीं। यदि किसी विशेष अवसर पर किसी सिद्धान्त या नियम का अपवाद रखने की आवश्यकता हो ही, तो उसका भी निराकरण होना चाहिए। अन्याय विषयों के साथ साथ यह भी विद्वानों के लिए विचारणीय है।

✡

१२. छाया-कलुषित भाषा

'छाया-कलुषित' की परिभाषा—उन्नत भाषाओं की सहायता—बँगला की छाया—अँगरेजी की छाया—अँगरेजी ढंग का वाक्य-विन्यास—वाक्यों का आवश्यक विस्तार—अँगरेजी के कारण नामों की दुर्दशा—मराठी की छाया—उर्दू की छाया—स्थानिक और प्रान्तीय छायाएँ।

१२.१. 'छाया-कलुषित' की परिभाषा

भाषा की प्रकृति और स्वरूप का ठीक-ठीक ज्ञान प्राप्त किये बिना जो कुछ लिखा जाता है, वह प्रायः प्रकृति-विरुद्ध और विरूप होने के कारण दूषित और भद्दा होता है। अँगरेजी भाषा की प्रकृति और स्वरूप का ठीक ज्ञान न रखनेवाले लोग जो अँगरेजी लिखते हैं, वह इसी कारण अँगरेजी भाषा के अच्छा जानकारों की दृष्टि में हास्यास्पद होती है और 'बाबू इंगलिश' कहलाती है। 'बाबू इंगलिश' का मतलब है—अँगरेजी दफ्तरों में काम करनेवाले साधारण लिपिकों या 'बाबुओं' की लिखी हुई भद्दी या अशुद्ध अँगरेजी। अँगरेज लोग जो हिन्दी बोलते थे, उनकी हँसी उड़ाते हुए हम लोग भी उसे 'साहबी हिन्दी' कहते थे। यद्यपि अनेक हिन्दुओं ने उर्दू साहित्य की बहुत बड़ी-बड़ी सेवाएँ की हैं और उसके निर्माण में हिन्दुओं का बहुत बड़ा अंश रहा है, फिर भी बहुतेरे मुसलमान उर्दू भाषा पर अपना ही जन्म-सिद्ध अधिकार मानते और हिन्दुओं की लिखी हुई उर्दू भाषा पर तरह-तरह के आक्षेप करते हैं। परन्तु भाषा किसी जाति, देश या धर्म की बपौती नहीं हुआ करती। सभी लोग परिश्रम करके किसी भाषा का पूरा और अच्छा अधिकार प्राप्त कर सकते हैं। भेद यही है कि कोई भाषा जिन लोगों की मातृभाषा होती है, उस पर उनका अधिकार सहज में और शीघ्र हो सकता है; और जिनकी वह मातृभाषा नहीं होती, उन्हें उस पर अधिकार प्राप्त करने के लिए विशेष प्रयास करना और कुछ समय लगाना पड़ता है। बहुत से भारतीय नेताओं, लेखकों और वक्ताओं ने अँगरेजी भाषा पर इतना अच्छा अधिकार प्राप्त किया है कि उसे देखकर अँगरेजी के बड़े-बड़े साहित्यकार भी दंग रह जाते हैं। इधर कुछ दिनों से दक्षिण भारत के अनेक हिन्दी-प्रचारकों ने हिन्दी भाषा पर जो अधिकार प्राप्त किया है, वह बहुत-से हिन्दी-भाषियों के लिए भी आश्चर्य और स्पर्द्धा की वस्तु है।

हमें हिन्दी लिखने से पहले उसकी वास्तविक प्रकृति और ठीक स्वरूप का पूरा-पूरा ज्ञान प्राप्त करना चाहिए। इस प्रकार का ज्ञान प्राप्त किए बिना जो हिन्दी लिखी जाएगी, वह कभी निर्दोष और ठिकाने की न होगी। यह नहीं, सम्भव है कि उस दशा में हमारे लेखों में बहुत-सी ऐसी बातें भी आ जाएँ तो हमारी भाषा की प्रकृति और स्वरूप के विरुद्ध हों। और यदि हम कुछ अन्यान्य भाषाएँ भी जानते होंगे, तो हमारे लेखों में उन भाषाओं के मुहावरों, क्रिया-प्रयोगों और भावव्यंजन-प्रणालियों की भी बहुत-कुछ छाया आ जाएगी। जिस भाषा पर इस प्रकार की परकीय भाषाओं की अवांछनीय छाया हो, वही 'छाया-कलुषित' कहलाती है।

मान लीजिए, हमने थोड़ी-बहुत अँगरेजी, बँगला, मराठी या उर्दू पढ़ी है; और इनमें से किसी एक या अधिक भाषाओं का कामचलाऊ ज्ञान प्राप्त किया है। परन्तु हम अपनी भाषा की प्रकृति और स्वरूप से अनभिज्ञ हैं। ऐसी अवस्था में हमारे लेखों में उन भाषाओं की छाया आने लगेगी, जिनका हमने कुछ अभ्यास या अध्ययन किया होगा। और जब हम उस भाषा से अपनी भाषा में कुछ अनुवाद करने बैठेंगे, तब उसी के प्रवाह के साथ चल पड़ेंगे जिससे उसकी छाया और भी बढ़ जाएगी। इस प्रकार की छाया-कलुषित भाषा लिखते-लिखते हम उसके इतने अभ्यस्त हो जाएँगे कि स्वतन्त्र लेख आदि लिखने के समय भी हम वह छाया किसी प्रकार बचा न सकेंगे। यही कारण है कि आज-कल का अधिकतर हिन्दी साहित्य इसी प्रकार की छाया-कलुषित भाषा में लिखा जा रहा है।

१२.२. उन्नत भाषाओं की सहायता

आज-कल विद्या और साहित्य की चर्चा पहले से बहुत बढ़ गई है। अब तो बहुत सी स्थानिक बोलियाँ भी 'भाषा' बनने का प्रयत्न करने लगी हैं। जब स्थानिक बोलियाँ नए सिरे से भाषा का रूप धारण करना चाहती हैं, तब उन्हें आस-पास की उन्नत भाषाओं का सहारा लेना पड़ता है। उदाहरणार्थ, यदि मैथिली या पंजाबी बोली में गद्य साहित्य की रचना आरम्भ हो (और इस प्रकार की रचना का आरम्भ भी हो गया है) तो उन्हें अनिवार्य रूप से भारत की अन्य उन्नत भाषाओं से सहायता लेनी पड़ेगी। यह सहायता ग्रन्थों के अनुवाद के रूप में भी होगी और शब्दों तथा भाषा सम्बन्धी प्रयोगों के रूप में भी। और अँगरेजी तो इन सब भाषाओं के ऊपर है ही। उसकी सहायता तो बड़ी-बड़ी उन्नत भाषाएँ तक ले रही हैं।

यद्यपि हिन्दी का गद्य साहित्य बहुत पुराना है और गद्य के सैकड़ों बरस पुराने नमूने भी हमारे प्राचीन साहित्य में जहाँ-तहाँ बिखरे हुए मिलते हैं, तथापि हमें अपने आधुनिक गद्य साहित्य को नवीन पथ पर लाने के लिए बँगला और अँगरेजी की सहायता लेनी पड़ी थी। पचास-साठ बरस पहले हमारा आधुनिक गद्य साहित्य बहुत-कुछ बँगला पर आश्रित था। उसके बाद उसने अँगरेजी से भी सहायता लेना आरम्भ किया। अब बँगला का तो उतना अधिक सहारा नहीं लिया जाता; पर अँगरेजी साहित्य का सहारा अभी तक लिया जा रहा है; और सम्भवतः और भी कुछ दिनों तक लिया जाएगा। इधर कुछ दिनों से हम मराठी, गुजराती और उर्दू साहित्यों का अध्ययन तथा उनके अच्छे-अच्छे ग्रन्थों के अनुवाद करने लगे हैं। इन कारणों से हमारी भाषा पर प्रायः उक्त सभी भाषाओं की छाया दिखाई देती है।

परन्तु इस विषय का विशेष विवेचन करने से पहले हम एक बात बतला देना चाहते हैं। वह यह कि दूसरी भाषाओं की सभी छायाएँ सदा दूषित और हमारी भाषा को कलुषित बनानेवाली ही नहीं होतीं। परकीय भाषाओं की जो बातें हमारी भाषा की प्रकृति या स्वरूप के अनुरूप होती हैं, वे हमारी भाषा का सौंदर्य और भी बढ़ाती हैं। ऐसी बातों से हमारा शब्द-भण्डार भी बढ़ता है और भाव-व्यंजन की शक्ति भी। ऐसी छाया क्षम्य ही नहीं, श्लाघ्य भी है। हाँ, पराई भाषाओं की जो बातें हमारी भाषा की प्रकृति या स्वरूप के विरुद्ध होती हैं, अथवा जिन बातों पर हम अपने हिन्दीपन की छाप नहीं बैठा सकते, वे हमारी भाषा का कलेवर कलुषित और दूषित करती हैं। ऐसी बातों से हमारी भाषा समृद्ध या विस्तृत होने के बदले हीन या विकलांग तथा जोरदार होने के बदले कमजोर या बोदी होती है। यदि यह तत्त्व ध्यान में रखा जाएगा, तो हम अपनी भाषा की (विशुद्ध भाषा की दृष्टि से) बहुत उन्नति कर सकेंगे।

१२.३. बँगला की छाया

अब हम प्रकृत विषय पर आते हैं। आधुनिक हिन्दी गद्य की प्रारम्भिक अवस्था में लोग बँगला से अनुवाद करने की ओर झुके थे। पर उनकी भाषा अधिक विकृत न होने पाई थी। कारण, हमारे आरम्भिक अनुवादक कम-से-कम आज-कल के अनुवादकों की तुलना में अधिक सतर्क रहते थे; अथवा यों कहना चाहिए कि वे अपनी भाषा की प्रकृति अधिक पहचानते थे; और अन्यान्य भाषाओं के साथ विशेष घनिष्ठ सम्पर्क न होने के कारण उनके उत्कट प्रभावों से बचे हुए थे। आज-कल बँगला से जो अनुवाद होते हैं, उनकी अपेक्षा उस समय के अनुवाद, भाषा की दृष्टि से कहीं अधिक निर्दोष होते थे। बा० रामकृष्ण वर्मा, बा० कार्तिक प्रसाद खत्री आदि के किए हुए अनुवाद इस बात के साक्षी हैं। जहाँ तक भाषा का प्रश्न है, हिन्दी पर बँगला का बहुत ही थोड़ा प्रभाव पड़ने पाया था। वह प्रभाव जितना पड़ा था। उससे अधिक इसलिए हो भी नहीं सकता था कि बँगला की प्रकृति हिन्दी की प्रकृति से बहुत-कुछ मिलती-जुलती है। हाँ, बँगला से हिन्दीवालों ने बहुत-से शब्द अवश्य ग्रहण किए थे, जिनमें से कुछ तो उपयुक्त थे और कुछ अनुपयुक्त। उदाहरण के लिए अकाट्य, सुविधा और सराहनीय शब्द हैं। 'अकाट्य' का प्रचार तो बहुत कम हो चला है, पर 'सुविधा' और 'सराहनीय' अब भी कहीं-कहीं चलते हैं। बँगला से आया हुआ 'नितांत' तो हिन्दी में खूब चल रहा है। बँगलावाले 'निज' के स्थान पर 'निजे' बोलते हैं। इसलिए उनके सम्पर्क में रहनेवाले अर्थात् कलकत्ते आदि के हिन्दी-भाषी प्रायः 'निज में' बोला करते हैं। परन्तु अब कुछ लोग लिखने में भी वह 'निज में' लाने लगे हैं; जैसे—'वह निज में वहाँ नहीं जाना चाहता था।' यह बिल्कुल अशुद्ध प्रयोग है। यहाँ 'निज में' के स्थान पर 'स्वयं' या 'आप' होना चाहिए। बँगला में इसी प्रकार का एक और प्रयोग होता है, 'शेष' शब्द का। कुछ लगो बँगला के प्रभाव में पड़कर लिख जाते हैं—'शेष में ऐसा हुआ।' चाहे यह प्रयोग व्याकरण की दृष्टि से अशुद्ध न हो; पर बहुत-कुछ परकीय अवश्य है। हाँ, बँगला के प्रभाव के कारण 'प्रजा की अभूतपूर्वत वृद्धि हो उठी', 'आन्दोलित हो उठी', 'स्पर्द्धा पुंजीभूत होकर अभ्र-भेदी हो पड़ी' और 'खूब सम्भव है कि' सरीखे प्रयोगों की आज-कल जो भरमार है, वह हिन्दी की प्रकृति के बिल्कुल विरुद्ध और सर्वथा त्याज्य है।

'मैं इसे बरदास्त नहीं कर पा रहा हूँ,' जाऊँगा नहीं, ऐसी प्रतिज्ञा मैंने की हो, ऐसा तो मुझे याद नहीं आता।', 'बहुत कुछ है जो होना माँगता।' सरीखे वाक्य भी हमारी भाषा की प्रकृति के विरुद्ध होने के कारण बेहद खटकते हैं। उक्त तीनों वाक्य मौलिक लेखकों की कलमों से निकले हुए हैं, बँगला के अनुवाद नहीं हैं। बहुत दिन पहले एक समाचार-पत्र में एक शीर्षक देखा था—'दिक्-दिक् अशान्ति'। एक साप्ताहिक में देखा था—'चावल का बस्ता' और 'नमक का बस्ता'। हिन्दी वाले जिसे 'बोरा' कहते हैं उसी को बँगलावाले 'बस्ता' कहते हैं। पर हिन्दी में 'बस्ता' या तो लड़कों की पढ़ाई की पुस्तकों का होता है या मुकदमे लड़नेवालों के कागज-पत्रों का अथवा पुस्तकालयों के हस्तलिखित ग्रन्थों आदि का। हमारे यहाँ तो चावल या नमक का 'बोरा' ही होता है। इसी प्रकार की बातों से यह सिद्ध होता है कि हम पर अनजान में ही दूसरी भाषाओं का ऐसा प्रभाव पड़ता है कि हमारी कलम से ऐसे छाया-कलुषित प्रयोग निकल जाते हैं। फिर जब हम बँगला से अनुवाद करने बैठते हैं, तब हमारी भाषा बँगला की छाया से और भी अधिक कलुषित हो जाती है। इस प्रकार के कुछ उदाहरण 'अनुवाद की भूलें' शीर्षक प्रकरण में भी दिए गए हैं।

१२.४. अँगरेजी की छाया

बँगला के कुछ ही बाद अँगरेजी की बारी आई। उस समय राज-भाषा के नाते अँगरेजी का अध्ययन हमारे लिए आवश्यक होता था। जिस पर उसका साहित्य भी परम उन्नत था; इसलिए उसका सहारा लेना हमारे लिए अनिवार्य-सा था। अँगरेजी की जबरदस्त पढ़ाई का कुफल यह हुआ कि बहुत-सी बातों में हम पर पूरी तरह से अँगरेजी की बहुत गहरी रंगत चढ़ी। यहाँ तक कि अब तो बहुत से हिन्दी लेखक अँगरेजी से अनुवाद ही नहीं करते बल्कि मौलिक लेख आदि लिखने के समय भी पहले अँगरेजी में ही सोचते हैं और तब जैसे-तैसे हिन्दी में लिखते हैं। अँगरेजी में होनेवाली इस सोचाई की हमारी भाषा पर बहुत गहरी छाप दिखाई देती है। इस छाप के सूचक सभी प्रयोग त्याज्य हैं।[१] हम सीधी तरह से यह न कहकर कि 'जो बात मैं कहना चाहता हूँ....' या 'जो बात मैं अभी कहूँगा.....' प्रायः 'जो बात मैं अभी कहने जा रहा हूँ.....' सरीखे वाक्य बोलने और लिखने के अभ्यस्त हो गए हैं। यदि हमें कहना होगा—'वे जल्दी यहाँ आनेवाले हैं', तो हम कहेंगे—'वे निकट भविष्य में यहाँ आनेवाले हैं।' एक सज्जन ने अपनी पुस्तक के दूसरे संस्करण की भूमिका में एक जगह लिखा था—'मैंने इसे कहीं-कहीं छुआ है।' आशय यह था कि इसमें कहीं-कहीं कुछ परिवर्तन या काट-छाँट की है। हम नहीं कह सकते कि साधारण पाठकों ने इसका क्या अर्थ लगाया हो। अँगरेजी के प्रभाव के कारण हम लोग प्रायः सीधी तरह से वाक्य न लिखकर बहुत-कुछ घुमाव-फिराव और पेचीदे ढंग से लिखने के अभ्यस्त हो रहे हैं। हम सीधी तरह से यह न लिखकर 'आप जनता की सेवा के लिए सदा प्रस्तुत रहते थे।' लिख जाते हैं—'आपकी सेवाएँ जनता के लिए सदा प्रस्तुत रहती थीं।' होना चाहिए—'मैं यह भार वहन करने में असमर्थ हूँ।' परन्तु रेडियो की एक वार्ता में सुना था—'मैं अपने आपको यह भार वहन करने की स्थिति में नहीं पाता हूँ !' अब बहुत-से हिन्दी लेखक कुछ इस प्रकार की वाक्य-रचना के भी अभ्यस्त होते जा रहे हैं—'आप निकट भविष्य में होने वाले इस प्रयोग की पूर्ति में अपने व्याख्यानों के द्वारा बहुत तत्परता के साथ नाटकीय ढंग से भाग लेने और जनेता के कष्टों की आवाज उठाने और उनकी पूर्ति की माँग करने के नेतृत्व का श्रेय प्राप्त करने जा रहे हैं।' कभी-कभी हम अँगरेजी प्रभाव के कारण ऐसे पद भी लिख जाते हैं, जिनका अर्थ वास्तविक आशय से बहुत दूर जा पड़ता है। एक दैनिक पत्र के अग्रलेख में पढ़ा था—'कठोरतम शब्दों में इसकी निन्दा नहीं की जा सकती।' इसका अर्थ तो यही हो सकता है कि कठोर या कठोरतर शब्दों में भले ही निन्दा की जा सकती हो, पर कठोरतम शब्दों में नहीं की जा सकती। वस्तुतः यह अँगरेजी की जिस वाक्य-रचना का अनुकरण है, उसका वास्तविक आशय यह है कि इसकी पूरी-पूरी निन्दा कठोरतम शब्दों में भी नहीं हो सकती, या कठोरतम शब्द भी इसकी पूरी निन्दा करने के लिए पर्याप्त न होंगे। पर उक्त हिन्दी रूपान्तर मूल आशय से बहुत दूर हो गया ! एक समाचार-पत्र में छपा था—'इन सब स्थानों पर अपने ढंग से उत्सव मनाया गया था, पर इस वाक्य में 'अपने ढंग से' का कुछ भी अर्थ नहीं। यह अँगरेजी की जिस वाक्य-रचना की नकल है, उसका वास्तविक आशय है—निराले ढंग से। 'आपने अपने अनुभवों पर प्रकाश डालते हुए कहा' का कदाचित् कुछ अर्थ न होगा; पर हम अर्थ का विचार किए बिना ही अँगरेजी का अनुकरण करके प्रायः

---

१. स्व० बाबू बालमुकुन्द जी गुप्त के मत के ऐसे वाक्य लिखना मानो 'अँगरेजी बोतल का टुकड़ा पीसकर हिन्दी की खिचड़ी में मिलाना है'—देखें, उनका 'बालमुकुन्द गुप्त निबन्धावली' में 'भाषा की अनस्थिरता शीर्षक लेख।'

वास्तविक आशय और अभिप्राय से बहुत दूर जा पड़ते हैं।

अँगरेजी की कृपा से हिन्दी में जो अनेक भद्दे प्रयोग प्रचलित हो गए हैं, उनमें एक मुख्य प्रयोग है—माँग करना। आज-कल समाचार-पत्रों में इस भद्दे प्रयोग की भरमार दिखाई देती है। 'बच्चा मांस-भोजन की माँग करता है।' और 'अब वे लोग भी अपने अधिकारों की माँग करने लगे हैं।' सरीखे प्रयोग नित्य देखने में आते हैं। कुछ लोग तो इस भद्दे प्रयोग के इतने अधिक अभ्यस्त हो गए हैं कि 'वहाँ उन लोगों ने सभा करके अपनी शिकायतों की माँग की।' आदि तक लिख जाते हैं। पहले तो 'माँग करना' ही सीधे-सादे 'माँगना' के सामने भद्दा है तिस पर 'शिकायतों की माँग की' का तो कुछ अर्थ ही नहीं होता। इस 'माँग करना' से हिन्दी का जितनी जल्दी पीछा छूटे, उतना अच्छा है। इसी से मिलता-जुलता दूसरा भद्दा प्रयोग है—भाग लेना। यह प्रयोग भी वाक्यों में, प्रायः बहुत से भद्दे और निरर्थक रूप में लाया जाता है; जैसे—'आपके भाषण में भाग लेने के लिए बहुत से मुसलमान भी आए थे।' एक तो 'भाग लेना' यों ही हिन्दी की प्रकृति के विरुद्ध प्रयोग है; तिस पर किसी के 'भाषण में भाग लेने' का तो कुछ अर्थ ही नहीं होता। यह प्रयोग भी सर्वथैव त्याज्य है। एक बहुत चलता हुआ 'गलत' शब्द है, जिसके अनेक ऐसे प्रयोग होते हैं जो सरासर गलत हैं; जैसे—'उस पर ग़लत बोझ डाला गया है', 'अगर मैं गलत नहीं हूँ', 'सब लोग तुमको गलत समझ सकते हैं, पर मैं तुम्हें गलत नहीं समझ सकता' आदि। अन्तिम वाक्य में लेखक का अभिप्राय यह है कि और लोगों को तुम्हारा उद्देश्य समझने में भ्रम हो सकता है, पर मुझे नहीं हो सकता। 'तुम्हारा सब काम गलत होता है' भी ठीक नहीं है। होना चाहिए—'तुम्हारे सब कार्यों में गलतियाँ होती हैं' या 'तुम्हारा कोई काम ठीक नहीं होता'।

एक बार हमें एक निमंत्रण-पत्र मिला था, जो इस प्रकार छपा था—'श्रीयुत ...... प्रार्थी हैं श्री..... जी की उपस्थिति के उनके पुत्र चि०.....के यज्ञोपवीत संस्कार के अवसर पर.....पर उनके निवास स्थान पर.....स्वीकृति.....के पास वांछनीय।' इसमें एक भी प्रयोग हिन्दी की प्रकृति के अनुरूप नहीं। सभी वावय अँगरेजी साँचे गें ढले हुए और अँगरेजी निगंत्रण पत्रों के अन्धानुकरण हैं। वाक्यों की इसी प्रकार की ढलाई और ऐसा अन्धानुकरण हिन्दी के लिए बहुत ही घातक है। हमें सदा अपने वाक्यों की रचना अपनी भाषा की प्रकृति के अनुरूप करनी चाहिए। ऐसा सोचना भी ठीक नहीं है, यदि कोई ऐसा सोचता हो कि राष्ट्रीयता का प्रचार हमारे धार्मिक जीवन का अन्त कर देगा।' अँगरेजी की छाया से कलुषित वाक्य है। हिन्दी की प्रकृति के अनुसार इसका ठीक रूप होगा—'यदि कोई यह सोचता हो कि... तो उसका ऐसा सोचना ठीक नहीं।' यहाँ हम इस प्रकार के कुछ और वाक्य देते हैं, जो हमारी भाषा की प्रकृति के विरुद्ध और अँगरेजी की छाया से बुरी तरह कलुषित हैं :

१. क्या इस बात का अनुभव भी कहीं हिन्दी साहित्य ले रहा है ?

२. युग के बीच में आज नवीन धारा में अपनी कृतियाँ लेकर उन्नत है।

३. उसने जानकार क्षेत्रों को रहस्य में डाल दिया है।

४. वह अपनी लड़की के लिए कह उठे। (अँगरेजी और बँगला दोनों की छाया)।

५. हम प्रभाव के व्यक्तियों के बराबरी के दावे से नहीं मिलते।

६. वह समझता, फिर आदमी ही आदमी में क्या सौन्दर्य है।

७. वह नहीं चाहता था कि अपने शब्द व्यय करे।

८. उतनी ही निन्दा उस स्त्री की उसकी सास द्वारा की गई सुनी है।

९. यह खत तुम्हें पा जाए तो उत्तर अवश्य देना।

१०. वहाँ फूलों की प्रदर्शिनी बुलाए जाने वाली है।

११. उनके आश्चर्य को सन्तुष्ट करते हुए उसने कहा....।

१२. हम एक शपथ के नीचे इकट्ठे हुए हैं।

१३. मन्त्री ने दरबार में ऊँची मराठी में एक लम्बा भाषण दिया।

१४. परमाणु बम ने मानवता पर पराजय बोल दी है।

१५. वे बर्बरतापूर्ण रूप से लड़ सकते हैं।

१६. पंजाब में मुस्लिम लीग का नेतृत्व अस्वीकारिता का एक ऐतिहासिक तथ्य बन चुका है।

१७. वह एक दयनीय राजनीतिक व्यंग्य है।

१८. एक मुसलमान अपने घर में मृत्यु का जाल बनाकर कफन का कपड़ा लेने गया।

१९. श्री अलेकजेंडर का रुख भारत की अखंडता के पक्ष में निर्णायक रहा।

२०. काँग्रेस को अपनी घोषणा के विरुद्ध जाना पड़ेगा।

२१. इसके पीछे बहुत-से इंजीनियरों का अनुभव है।

२२. उन्होंने भारत सरकार को एक बार हिन्दू सरकार कहकर पुकारा था।

२३. मैं अभी इस विषय में नहीं जाना चाहता।

तात्पर्य यह है कि इस प्रकार के बहुत-से भद्दे प्रयोग हमारी भाषा पर बराबर लदते जा रहे हैं। ऐसे प्रयोग हम हजम नहीं कर सकते; इसलिए हमारी भाषा का शरीर अजीर्ण से जर्जर हो रहा है।

ऐसी वाक्य-रचना भी अँगरेजी की छाया से कलुषित मानी जाती है—'इसमें महायानीय लक्षण है, यद्यपि यह हीनयानवालों के लिए लिखा गया था' और 'समीक्षा कहीं अधिक महत्त्वपूर्ण है, अपेक्षाकृत संगीत के'। 'अँगरेजी का कुछ इसी प्रकार का प्रभाव इन वाक्यों पर भी दिखाई देता है—'इससे ज्यादा जानकारी किसी के पास नहीं थी', 'विजय का भरोसा हमारे पास है', 'वह चाहता था कि कुछ समाधान उसके पास आवे', 'उसके पास नींद आ गई' और 'उसने ललित कला में विशेष रुचि पाई है'।

आज-कल कुछ लोग ऐसे स्थलों पर भी अँगरेजी के 'बिकॉज' (Because) के कारण 'क्योंकि' का प्रयोग करते हैं, जहाँ केवल 'कि' होना चाहिए; जैसे—

१. इसीलिए बोला क्योंकि मैं समझता था....।

२. पाँच व्यक्तियों को इस कारण कारावास का दंड मिला, क्योंकि....

३. मैं इसीलिए वहाँ नहीं गया, क्योंकि.....।

४. पैसा इसीलिए नहीं है क्योंकि लोग बे-रोजगार हैं।

इसी से मिलता-जुलता 'जब कि' का भी प्रयोग है। जैसे—'अतीत युगों के चित्र अपूर्ण थे, जब कि वर्तमान युग के चित्र परिपूर्ण हैं।' हिन्दी की प्रकृति के अनुसार इसमें 'जब कि' की जगह 'परन्तु' होना चाहिए।

उपन्यासों आदि में पात्रों की बातचीत पर भी, जिसे कथोपकथन कहते हैं, अँगरेजी का प्रभाव पड़ता हुआ दिखाई देता है; जैसे—

'तुम्हारी यही लियाकत है !' मालिक ने डाँटा। 'जाओ, दूर हो।'

'छुट्टी पर जा रहा हूँ।'—विनोद ने बिस्तर इक्के पर रखते हुए कहा, 'अब मुझे फुरसत ही फुरसत है।'

'आप कौन हैं ?' पूछा नीहार ने।

कुछ लोग कहते हैं कि इस प्रकार की वाक्य-रचना से भाषा में कुछ जोर आ जाता है। हो सकता है कि कुछ विशिष्ट अवसरों पर इससे जोर आता हो; अथवा बातों का सिलसिला मिलाए रखने के लिए भी इसका कुछ उपयोग होता हो; पर कहानियों या उपन्यासों में आदि से अन्त तक सब जगह इसी प्रकार की वाक्य-रचना परम अनावश्यक, परकीय और त्याज्य है।

प्रायः लोग वाक्य में कोई कठिन शब्द या पद रखने के बाद कोष्ठक में उसकी व्याख्या कर देते हैं अथवा उसके लिए कोई सरल शब्द या पद रख देते हैं। पहले तो ऐसा करना इसलिए अनुचित है कि हम एक ही शब्द या पद दो बार लिखते हैं; एक बार कठिन रूप में और दूसरी बार सरल रूप में। क्यों न पहले ही सरल रूप में लिखा जाए ? पर हँसी तब आती है, जब लोग पहले तो सरल शब्द रखते हैं और तब उसे स्पष्ट करने के लिए कठिन शब्द देते हैं ! एक समाचार पत्र में पढ़ा था—'कम्पनी से सदर दफ्तर (हेड आफिस) से यह आज्ञा आई है।' मानो जन-साधारण के लिए 'सदर दफ्तर' समझना कठिन हो और 'हेड आफिस' समझना सहज। यदि कठिन है तो दोनों समान रूप से कठिन हैं। इससे भी आगे बढ़ जाने वाले वे लोग हैं, जो इस प्रकार के वाक्य लिखते हैं—वहाँ चमड़ा कमाने के बड़े-बड़े कारखाने (Tanneries) हैं।

१२.५. अँगरेजी ढंग का वाक्य-विन्यास

कुछ लोग अपने लेखों में अँगरेजी के वाक्यों के ज्यों-के-त्यों रूप रख देते हैं। अनुवाद के समय ही नहीं, बल्कि मौलिक रूप में लिखने के समय भी प्रायः यही बात होती है। लोग पहले हर बात अँगरेजी में सोचते और तब हिन्दी में लिखते हैं। जब एक नेता के अस्वस्थ होने का समाचार आया, तब एक समाचार-पत्र ने एक टिप्पणी में लिखा था—'आप जेल में बुरी तरह अस्वस्थ हैं।' मानो सम्पादक महोदय चाहते थे—'आप जेल में अच्छी तरह अस्वस्थ हों।' उक्त वाक्य का 'बुरी तरह' सिर्फ अँगरेजी के Badly की कृपा से आया है, जो बहुत ही भद्दा है। एक समाचार-पत्र में पढ़ा था—'नवाबजादा लियाकत अली को एक गुप्त सर्कुलर निकालने का सम्मान दिया जाता है।' केवल अँगरेजी साँचे में ढला होने के कारण वाक्य कितना भद्दा और निरर्थक हो गया है ! यदि इसमें 'सम्मान' की जगह 'श्रेय' होता, तो भी वाक्य कुछ ठिकाने का हो जाता। एक और वाक्य है—'उसका यह वश नहीं है कि सौ रुपए मेरी माँग के विरोध में अपने पास रोक रखे।' वस्तुतः लेखक का आशय है—'ऐसा नहीं हो सकता कि मेरे माँगने पर भी सौ रुपए मुझे न दें।' पर दिमाग में घुसी हुई अँगरेजियत ने वाक्य कितना भद्दा और दुर्बोध कर दिया है; और उसे हिन्दी की प्रकृति से कितना दूर ले जा पटका है ! इसी प्रकार का एक और वाक्य है—'आप मेरे नाम के खिलाफ वह रकम न लिखें।' यह 'नाम के खिलाफ' अँगरेजी के 'अगेन्स्ट माई नेम' (against my name) का

अविकल अनुवाद है। हम किसी के खिलाफ कोई कार्रवाई तो जरूर करते हैं और किसी के खिलाफ कोई मुकदमा भी दायर करते हैं; पर रकम लिखते हैं सिर्फ 'किसी के नाम', 'किसी के नाम के खिलाफ' नहीं।

प्रायः समाचार-पत्रों में रहता है—'आपने और कहा....।' या 'आपने आगे चलकर यह कहा।' यह अँगरेजी फरदर (Further) का अनुकरण है। होना चाहिए—आपने यह भी कहा है। इसी प्रकार—'इस प्रतिज्ञा में हमें अपनी आवाज जोड़ते हुए गर्व होता है' और 'उसने हँसते हुए जोड़ा' में 'जोड़ा' अँगरेजी 'एडेड' (added) से लिया गया है। यदि यही क्रम चलता रहा तो शायद लोग इस प्रकार के वाक्य भी लिखने लगेंगे—'आपकी कलम इस तरह दौड़ती है' (runs thus); और 'यह अन्तर का ढेर बनाता है' (It makes a lot of difference)।

१२.६. वाक्यों का अनावश्यक विस्तार

कभी-कभी हम अँगरेजी प्रभाव के कारण अपने वाक्यों का बिल्कुल अनावश्यक विस्तार भी कर जाते हैं या उन्हें जटिल, अस्पष्ट और भद्दा कर देते हैं; जैसे—'जिज्ञासा पंख उठाती है।', 'वह अपने को पिता के घर से तोड़कर भाग आया था।', मेरी पत्नी तुम्हारे पत्रों की मित्र हो गई है।', 'वास्तव में उनकी उपस्थिति का अनुभव जनता की आम तौर से एकदम गरीब लोगों की प्रतिक्रियाओं ने कराया है।', 'उसका जी यह सब देखकर लिख पड़ने को मानो लाचार हो ही गया' आदि। 'कुम्भ के अवसर पर उन्होंने अपने आपको प्रयाग में पाया' से तो यही ध्वनि निकलती है कि शायद वे मोटर के धक्के से गिरकर बेहोश हो गए थे; और जब उन्हें होश आया, तब उन्होंने अपने-आपको प्रयाग में पड़े हुए पाया। 'भारत स्वतन्त्रता-प्राप्ति के कष्टों से गुजर रहा है।' 'कष्टों से गुजरना' कोई शिष्ट और सार्थक प्रयोग नहीं। दूसरे, यह ध्वनि निकलती है कि भारत को उस समय स्वतन्त्रता मिल चुकी थी और स्वतन्त्रता मिलने पर (आज-कल का सा !) कष्ट होता ही है। ऐसे वाक्य बहुत सहज में, बहुत थोड़े परिवर्तन से और बहुत ही स्पष्ट करके लिखे जा सकते हैं।

१२.७. अँगरेजी के कारण नामों की दुर्दशा

अँगरेजी के प्रभाव का यहीं अन्त नहीं होता। पूर्वी भारत का 'असम' प्रदेश अँगरेजी की कृपा से सारे देश में 'आसाम' कहलाने लगा है। कलकत्ते और बम्बई को हम लोग 'कैल्कटा और 'बाम्बे' कहने लगे हैं। स्वयं उत्तर प्रदेश के समाचार-पत्र अपने यहाँ के 'हापड़' नगर को प्रायः 'हापुड़' लिखते हैं। 'त्रिपुरा' अब 'टिपरा' क्या, बल्कि 'टिपारा' तक हो गया। दैनिक पत्र में काश्मीर के प्रसिद्ध नगर 'वारामूला' की जगह कुछ सप्ताहों तक 'बड़ा मुल्ला' छपता रहा। कुछ दिन पहले समाचार-पत्रों में सिन्ध के 'हूरों' के उपद्रवों का प्रायः उल्लेख रहता था, वे वस्तुतः 'हूर' नहीं बल्कि 'हुर' हैं। लोग इड़ा सरकार को आइड़ा सरकार, यूथिका राय को जुथिका राय, कपिला देवी को कापिला देवी, गिरीन्द्र को गिरेन्द्रा और पटेल को पाटिल लिख जाते हैं। बँगाली लोग 'रमला' का उच्चारण कुछ 'रमोला' से मिलता-जुलता, 'कणिका' का 'कोनिका' से मिलता-जुलता और 'मणिका' का 'मोनिका' से मिलता-जुलता करते हैं। अँगरेजी में ये नाम लिखे हुए देखकर हम भी लिख जाते हैं—रमोला देवी, कोनिका राय और मोनिका देसाई। 'तरुण बैनर्जी' को हम 'तोरुन बैनर्जी' बना देते हैं। 'सती अनसूया' की जगह कहीं 'सती अनुसूइया' तक छपा हुआ हमने देखा है। किसी जमाने में उर्दू-फारसी

के प्रभाव के कारण हम 'संयोगिता' को 'संयुक्ता' और 'संजुक्ता' लिखते थे; पर बच्चों की आज-कल की एक पाठ्य-पुस्तक में हमें 'संयुक्ता' मिला ! पहले हम उर्दू के प्रभाव के कारण अपने नाम 'हौसिला परशाद' और 'कहकहा परशाद' तक रखते और 'लालता परशाद' तक लिखते थे। उससे पीछा छूटने पर आज-कल अँगरेजी के प्रभाव से हम लोग स्वस्तिक को स्वस्तिका, श्रीवास्तव को श्रीवास्तवा और सत्य को सत्या कहने लगे हैं। कई जगह हमने 'दत्त' की जगह 'दत्ता' और 'गोत्र' की जगह 'गोत्रा' तक लिखा हुआ देखा है। यह तो पराए और ऐसे नामों की बात है, जिससे हम परिचित न होने की भी आड़ ले सकते हैं। पर हम अपने ही नाम बिगाड़ते हैं, तब क्या कहा जा सकता है ? हम अपने नामपटों पर भी 'शुक्ला कम्पनी', 'मिश्रा ब्रदर्स', 'मित्रा भंडार', 'गुप्ता स्टोर' आदि लिखा करते हैं। हम नहीं सोचते कि 'शुक्ला', 'गुप्ता' और 'दत्ता' वास्तव में 'शुक्ल', 'गुप्त' और 'दत्त' के स्त्रीलिंग रूप हैं। और सीध-सादे 'सिंह' शब्द के स्थान पर 'सिनहा' का तो मानो देशव्यापी प्रचलन हो गया है। यह है अँगरेजी की कृपा से होनेवाला हमारा सांस्कृतिक पतन।

१२.८. मराठी की छाया

अब मराठी प्रभाव की ओर ध्यान दीजिए। हिन्दी में 'लागू' और 'चालू' तो उसी समय से चलने लग गए थे, जब सन् १९०७ में नागपुर से स्व० पं० माधवराव जी सप्रे ने 'हिन्दी केसरी' निकाला था।[१] ये शब्द हमारे यहाँ इसलिए बहुत सहज में खप गए थे कि हमारे यहाँ भी इसी तरह के 'काटू', 'घोटू' आदि शब्द प्रचलित थे। अर्थात् ये शब्द हमारी प्रकृति के कुछ अनुरूप थे। परन्तु जब मराठी से हिन्दी में अनुवाद होने लगा और कुछ महाराष्ट्रीय सज्जन कृपा कर हिन्दी की ओर प्रवृत्त हुए, तब हमारी भाषा पर मराठी की विशेष छाया पड़ने लगी। मराठी की कृपा से आज-कल हिन्दी में आभार, प्रगति, प्रश्रय आदि शब्द खूब चल पड़े हैं। मध्य प्रदेश की भाषा पर तो थोड़ा-बहुत मराठी प्रभाव पहले से था ही; अब वह प्रभाव हमारी समस्त हिन्दी भाषा पर पड़ता हुआ दिखाई देता है। अब हिन्दी में 'मर्दाई' (मर्दानगी), 'भागीदारी' और 'तनखा' (तनखाह) सरीखे शब्द और रूप भी धीरे-धीरे आने लगे हैं। एक जगह पढ़ा था—'जब सूद की दर उतर जाती है, तब कहा जाता है कि नाणा सस्ता हो गया।' (मराठी में 'नाणा' सिक्के को कहते हैं।) महाराष्ट्र के लोग जब बाजार जाते हैं, तब दुकानदार से कहते हैं, 'कोई अच्छी धोती बताओ' (दिखाने के अर्थ में)। मध्य-प्रदेश में भी 'अँगूठा बताना' (दिखाना के अर्थ में) सरीखे प्रयोग प्रचलित है। वहाँ की एक प्रसिद्ध कहावत भी है—

बावली को आग बताई।
उसने ले घर में लगाई।।

पर अब यह 'बताना' धीरे-धीरे हमारी साहित्यिक भाषा में भी आने लगा है; जैसे—'उन्होंने कई बड़े-बड़े मुकदमे जीतकर बताए थे।' इससे भी विलक्षण एक और वाक्य किसी दैनिक में देखा था, जो इस प्रकार था—'ये शब्द नेताजी के भतीजे श्री अरविन्द बसु के हैं, जो कल उन्होंने यहाँ बताए।'

---

१. इस पुस्तक के लेखक को भी 'हिन्दी केसरी' के सम्पादन विभाग में रहने का सौभाग्य प्राप्त हो चुका है, जहाँ ऐसे प्रयोगों पर विचार भी होता था।

मराठी की छाया से कलुषित कुछ उदाहरण लीजिए—

१. इस बार हम लोग सब झंझट उन्हीं से सिर ठेलकर हट जाएँगे, और अपना बक़ाया माँगते बैठेंगे।

२. उसका वह अंश निकाल दिया देखने में आया।

३. वे दूसरों को उपदेश देते हैं, पर खुद ने उस उपदेश के विरुद्ध आचरण करते हैं।

४. यह जाहिरात आपकी आशा पूरी करेगा। ('जाहिरात' मराठी में विज्ञापन को कहते हैं।)

५. मित्र सेनाओं को भागते आफत पड़ी थी।

६. वे इन्दौर के वजनदार विद्वान् हैं।

७. स्विजरलैंड में एक बैरिस्टर बन्धु ने जेल में मुझे सलाद खिलाया था।

८. वे बारहवीं शताब्दी में हुए दीखते हैं।

९. उस भाषण में कोई भी बात नहीं रहनेवाली हो, ऐसी नहीं है।

१०. लड़की को किस गाँव में भेज दिया गया बताया जाता है।

११. तरुण स्त्री-पुरुष ने परस्पर की सम्मति से विवाह करना चाहिए।

१२. श्री अणे ने स्थापित यह सिद्धान्त सबको मान्य है।

१३. कहीं तो भी पुस्तक मिल जाएगी।

१४. दस रुपए खर्च जाकर बाकी उन्हें दे दिए गए।

१५. उन्होंने काफी परिश्रम किया जान पड़ता है।

१६. हमें तो इसका कुछ भी अर्थ नहीं समझता।

१७. इस पत्र से (मराठी 'बरून' का अनुवाद) हम यह समझ सकते हैं कि .... ?

१८. दुर्घटना घटते बची।

१९. इस साबुन से आपके त्वचा का रक्षा कीजिए।

२०. चाहे किसी भी स्त्री को देवी का पद प्राप्त हो सकता है।

२१. पता चला है कि वह अग्निकांड न होकर सरकारी कागज जलाए गए थे !

१२.९. उर्दू की छाया

यद्यपि तात्त्विक दृष्टि से उर्दू और हिन्दी में कोई विशेष भेद नहीं माना जाता और यही कहा जाता है कि उर्दू भी हिन्दी का एक रूप अथवा शाखा ही है, फिर भी कुछ बातों में उर्दू और हिन्दी में कई छोटे-मोटे अन्तर हैं। उर्दूवाले जिस प्रकार अरबी और फारसी से अपने शब्द लेते हैं, उसी प्रकार वे अपने वाक्यों के रूप में भी यथासाध्य अरबी और फारसी की वाक्य-रचना के अनुरूप ही रखना चाहते हैं। अरबी और फारसी की प्रकृतियों में परस्पर अन्तर है। अरबी सामी परिवार की भाषा है और फारसी हमारे आर्य या संस्कृत परिवार की। संस्कृत से फारसी का जितना सामीप्य और घनिष्ट सम्बन्ध है, अरबी से उसका उतना दूरत्व और जुदायगी है। दोनों के इतिहासों में यह विरोध बराबर बढ़ता हुआ दिखाई देता है। उर्दू वाले अरबी और फारसी के इस अन्तर पर ध्यान न देकर दोनों से अपने शब्द भी

लेते हैं और भाव व्यक्त करने की प्रणालियाँ और वाक्य-रचना के प्रकार भी। फिर उर्दू का मूल है तो संस्कृत-जन्य पुरानी हिन्दी ही; इसलिए उर्दू में हिन्दी, अरबी और फारसी तीनों भाषाओं की अनेक बातों का विलक्षण मिश्रण दिखाई देता है। जिन्हें उर्दू का विशेष अभ्यास होता है अथवा जो उर्दू से अनुवाद करने बैठते हैं, उन पर उर्दू की इन विलक्षणताओं का प्रभाव पड़े बिना नहीं रहता; और उनकी भाषा अरबी-फारसी की छाया से कलुषित रहती है।

स्व० आचार्य रामचन्द्र जी शुक्ल ने अपने 'हिन्दी-साहित्य का इतिहास' में बतलाया है कि चार बातों में हिन्दी से उर्दू में भिन्नता हो रही है—

'उर्दू वाले एक तो अरबी-फारसी के शब्द तत्सम रूप में लेते हैं। दूसरे उर्दू पर फारसी व्याकरण का प्रभाव बहुत अधिक पड़ रहा है। तीसरे वे सम्बन्ध कारक की विभक्ति का लोप करके उसके स्थान पर 'ए' की इज़ाफत करके समस्त पद बनाते हैं। और चौथे वे कभी-कभी क्रिया को ही कर्ता से पहले रखकर अथवा इसी प्रकार के कुछ और परिवर्तन करके अपना वाक्य-विन्यास ही निराला कर लेते हैं।' कुछ हिन्दी लेखकों की कृतियों में ये सब या इनमें से कई बातें प्रायः दिखाई देती हैं।

किसी दूसरी भाषा से शब्द लेने में बुराई नहीं। परन्तु वह शब्द-ग्रहण अनावश्यक नहीं होना चाहिए। यदि हम अपने घर के शब्दों का परित्याग करके और आँखें बन्द करके पराए शब्द लेते चलें, तो यह कोई बुद्धिमत्ता की बात न होगी, प्रत्युत एक प्रकार की आत्महत्या होगी। परन्तु खेद तो इस बात का है कि उर्दू का प्रभाव हम पर इतना अधिक पड़ा है कि हम 'सजा' और 'शुरू' को तो सहज समझते हैं और 'दण्ड' तथा 'आरम्भ' को कठिन। 'मुश्किल' तो हमारे लिए सहज होता है, पर 'कठिन' कठिन ही रह जाता है। हमें 'पृथ्वी' की जगह 'जमीन', 'आकाश' की जगह 'आसमान' और 'अभ्यास' की जगह 'आदत' कहने की आदत पड़ गई है। कुछ लोग सिर, भूख, झूठ, ठंढक और धोखा की जगह उर्दूवालों की देखादेखी सर, भूक, झूट, ठंडक और धोका तथा 'हज़ारों' की जगह 'हजारहा' भी लिखते देखे जाते हैं।

यह हमारे दुर्भाग्य का सूचक होने पर भी एक दृष्टि से क्षम्य हो सकता है; परन्तु जब हम अपने यहाँ के सीधे-सादे शब्दों 'चलान' और 'बरात' को 'चालान' और 'बारात' लिखते हैं, तब मानो वह अपनी भाषा और शब्दों के रूप से बिल्कुल अनभिज्ञ होने की घोषणा करते हैं।

उर्दू के कुछ कवियों ने कुछ तो अपने यहाँ के स्थानिक प्रभावों के कारण और कुछ अपने छोटे-छोटे शब्दों के क्षीण आयाम के कारण कुछ क्रियाओं और सर्वनामों के विलक्षण प्रकार के प्रयोग किए हैं; जैसे—

१. घटा की अक्ल और दाढ़ी बढ़ा की।

२. दिल मिलाकर खाक ढूँढ़ा किया, खोया हुआ।

३. एक वह हैं जिन्हें तसवीर बना आती है।

४. वर्नः क्या बात कर नहीं आती।

५. उनके देखे से जो आ जाती है रौनक मुँह पर।

६. मुझे क्या बुरा था मरना अगर एक बार होता है। आदि।

पर इधर कुछ हिन्दी लेखक भी गद्य में इसी प्रकार के प्रयोग करने लगे हैं, जैसे—'वह बोला किया', 'तुम देश-देश में भटका किए हो', 'तुम्हीं बहस में मुझसे सदा जीता किए हो' आदि। यह ठीक है कि हमारे वहाँ के कुछ प्राचीन काव्यों में भी कहीं-कहीं इस प्रकार के कुछ स्थानिक प्रयोग देखने में आते हैं; जैसे—'अन्त राम कहि आवत नाहीं।' इसमें का 'कहि आवत नाहीं' भी ठीक उसी प्रकार का प्रयोग है, जिस प्रकार का 'वर्नः क्या बात कर नहीं आती' में का 'कर नहीं आती' है। पर अब इसका प्रचलन नहीं। कुछ लोग उर्दू के प्रभाव के कारण लिख जाते हैं—'एक बात आप से कहना रह गई।', 'यह आशा की जाना ठीक नहीं।', 'यह बात यहाँ नहीं उठना चाहिए थी।', 'उन्होंने चेष्टा करना शुरू कर दी है।' आदि। इस प्रकार के प्रयोग भी आधुनिक हिन्दी की प्रकृति और व्याकरण के नियमों के विरुद्ध तथा त्याज्य हैं।

हम अपनी अरजियाँ मुकदमे के फैसले के लिए पेश करने के बदले 'वास्ते इन फिसाल मुकद्दम' पेश करते हैं, और हमारी अदालतें 'नोटित निस्बत दिखाने वजह के' जारी करती हैं। हम दूसरों के रुपए 'बाद काटे जाने कुल खर्चों के' अदा करते हैं। 'शहर बनारस' के रहनेवाले 'बाद खाना खाने के' 'किनारे दरयाए गंग' के सैर करते हैं, और माह नवम्बर १६४३ में 'सम्पादक नागरी-प्रचारिणी पत्रिका' को पत्र लिखकर 'सूचना बाबत लकड़ी' या 'नोटिस नीलाम घाट' निकालते हैं। हम किसी का परिचय देते समय 'पुत्री श्रीयुक्त द्वारकादास', 'पत्नी श्रीयुक्त नारायणदास', 'पुस्तकालय हिन्दू विश्वविद्यालय', 'अध्यक्ष हिन्दी विभाग', 'कार्यालय मुख्य-मन्त्री' आदि पदों का प्रयोग करते हैं। और 'वास्ते जमा करने ऐसी मिसालों के' हमें 'बगैर किसी की मदद के' मेहनत करनी पड़ती है ! हम 'सुनहरा खंजर' की जगह 'सुनहरी खंजर' लिखते हैं और 'लेना चाहते हैं' की जगह 'लिया चाहते हैं' कहते हैं। 'हम आशा करते हैं कि आप अच्छे होंगे' की जगह 'चाहिए कि आप अच्छे हैं' भी कहीं देखा है। उर्दूवालों की नकल पर हम भी लिख चलते हैं—'कोयलें बोल रही हैं', 'फूल खिल रहे हैं' (इस प्रसंग में 'फूल खिले हुए हैं', आदि होना चाहिए।) 'सिर का पल्ला पीछे खिसक रहा' में 'रहा' वस्तुतः 'गया' की जगह आया है, और 'वह खद्दर का लम्बा कुरता पहन रहा था।' में 'पहन रहा था' वास्तव में 'पहने हुए था' की जगह आया है, जो बहुत ही भ्रामक है। 'तुम्हारा पलंग ऊपर बिछ रहा है।' में 'बिछ रहा है' आया तो है 'बिछा हुआ है' की जगह, पर ऐसा मालूम होता है कि उसका आशय यह है कि पलंग अभी बिछाया जा रहा है।

१२.१०. स्थानिक और प्रान्तीय छायाएँ

दूसरी भाषाओं के प्रभाव के अतिरिक्त हिन्दी पर कई प्रकार की प्रान्तीय छायाएँ भी देखने में आती हैं। जो पंजाबी सज्जन हिन्दी में लिखते हैं, वे प्रायः 'कुछ दिनों से' की जगह 'कई दिनों से' और 'बहुत दिनों से' की जगह 'बहुत देर से' लिखते हुए देखे जाते हैं। यही छाया—'मैं पढ़ने से तो नहीं मुड़ता हूँ', 'उनका जी तो राजी है न ?' और 'पहले यह सम्मेलन दिसम्बर में होना (होनेवाला या होने को) था' में भी दिखाई देती है 'नहीं केवल देश-काल के आधार पर कहानी लिखी जा सकती है।' और 'नहीं यह काम पत्रों के आधार पर किया जा सकता है।' में का 'नहीं' वास्तव में पंजाबी 'न ही' का मिला और बिगड़ा हुआ रूप है, और उसके प्रयोग से वाक्य भद्दा हो गया है। बिहारी लेखक लिखते हैं—'चार छटाँक गल्ला प्रति शाम एक आदमी को मिलता है।' और 'इस तरफ वह एक बार भी नहीं चितई।' मध्य

प्रान्तवाले लिखते हैं—'अपने वहाँ नहीं गए थे।' और बंगालवाले लिखते हैं—'वह जाने नहीं सके।'

समय-समय पर समाचार-पत्रों और पुस्तकों में अनेक ऐसे प्रयोग दिखाई देते हैं, जिन पर स्थानिकता की ऐसी छाया होती है, जिससे वे व्याकरण के अनुसार अशुद्ध होने के अतिरिक्त बहुत ही भद्दे भी होते हैं। 'इतने तुम आराम से बैठो।' और 'इतने फल तराश कर रखो। में 'इतने' का प्रयोग 'जब तक' की जगह हुआ है, जो दिल्ली की तरफ की बिल्कुल स्थानिक बोलचाल है। पर अन्तिम वाक्य में 'इतने' कितना भ्रामक है ! वह फल के विशेषण के समान जान पड़ता है। 'किन्ने (किरने) कर दिया।', 'मैंने करा (किया) होगा।' आदि भी इसी प्रकार के स्थानिक प्रयोग हैं जिनका प्रवचन नहीं होना चाहिए। इस प्रकार के कुछ और उदाहरण लीजिए —

१. वह जब कचहरी जाने लगा, तब कहा....।

२. भूकम्प के धक्के-से बहुत से लोग खटिए पर फेंका गए।

३. जो जहाँ मिला, वह वहीं से पकड़कर रक्षा-गृह में बाँध दिया गया।

४. वे अपनी स्त्री को वहाँ भेजे होंगे और उसे अपराध में शामिल कराए होंगे।

५. मैना बाई अपना सारा कार्य उन्हीं के सुपुर्द किए थी।'

६. चर्चिल फिर मुँह की खाए।

७. मैंने कुछ उचाट नहीं लिया। आदि।

हम स्थानिक प्रयोगों के विरोधी नहीं हैं; परन्तु एक तो ऐसे प्रयोग व्याकरण-सम्मत होने चाहिए; और दूसरे सबके समझने योग्य होने चाहिए। पर हम देखते हैं कि कुछ प्रचलित स्थानिक प्रयोग बेढंगे और प्रायः भ्रामक होते हैं। यहाँ हम इसी प्रकार के विशिष्ट प्रयोगों की चर्चा करना चाहते हैं।

एक साधारण शब्द 'और' है, जिसका राजस्थानी आदि कुछ प्रान्तीय बोलियों में अर्थ होता है—'भी', 'अतिरिक्त', या 'ऊपर' से; जैसे—'यह घोड़ी लँगड़ी तो है ही, कानी और है।' या 'हम उधर से और जाएँगे।' 'और' का ऐसा प्रयोग खटकनेवाला और कुछ अवसरों पर भ्रामक भी हो सकता है।

ठीक इसी प्रकार का खटकनेवाला और भ्रामक प्रयोग 'मना' शब्द का भी होने लगा है। साधारणतः 'मना' शब्द का वही अर्थ है, जो हमारे यहाँ के 'वर्जन' का है। कुछ स्थानों में यह अस्वीकृति या इन्कार के अर्थ में भी बोला जाता है, परन्तु यह शिष्ट-सम्मत नहीं। अब कुछ लोग साहित्य में भी इसका प्रयोग करने लगे हैं; जैसे—

१. उनसे सभापति होने के लिए प्रार्थना की गई थी, पर उन्होंने मना कर दिया।

२. सभा से कई बार द्विवेदी जी की सामग्री दिखलाने के लिए कहा गया पर उसने मना कर दिया।

उक्त दोनों उदाहरणों से लेखकों का ठीक-ठीक आशय प्रकट नहीं होता। इनमें 'मना' शब्द का ठीक अर्थ में, और ठीक अवसर पर व्यवहार नहीं हुआ। मान लीजिए, हम कहते हैं—'वे तो मुझे भी बुलाना चाहते थे, पर मैंने मना कर दिया।' अब आप इसका क्या अर्थ समझेंगे ? यही न, कि मैंने उनसे कह दिया कि आप मुझे मत बुलाएँ अर्थात् मैंने उन्हें बुलाने से ही रोक दिया। इस वाक्य से सहसा कोई इसका यह आशय नहीं समझ सकता कि मैंने

वहाँ जाने से इन्कार कर दिया। वही बात 'वह तो कह रहे हैं, पर तू ही मना कर रहा है।' के सम्बन्ध में भी है। ऐसी अवस्था में 'मना' शब्द का इस तरह का प्रयोग भ्रामक होता है।

अँगरेजी में प्रायः पत्रों आदि के नीचे पी० टी० ओ० (P.T.O.) लिखने की प्रथा है। यह Please Turn Over का संक्षिप्त रूप है, जिसका अर्थ है—कृपया पृष्ठ उलटिए। पर कुछ लोग इसका हिन्दी अनुवाद करते हैं—'कृपया पृष्ठ लौटिए।'[१] बात यह है कि कुछ क्षेत्रों में 'उलटना' के लिए 'लौटना' शब्द भी व्यवहृत होता है जैसे—'वह किताब के पन्ने लौट रहा था।' परन्तु यह प्रयोग बिल्कुल स्थानिक है और इसलिए त्याज्य है क्योंकि मानक हिन्दी में इसका प्रयोग कुछ और होता है। एक बार एक परम मान्य विद्वान् के मुँह से सुना था—'यदि हमें कोई मारेगा, तो हम भी लौटकर उसे मारेंगे।' इसका यह भी आशय हो सकता है कि अभी तो हम कहीं जा रहे हैं, जब वहाँ से लौटकर आएँगे तो हम भी उसे मारेंगे। अतः 'लौटना' का प्रयोग 'वापस आना' तक ही परिमित रखना चाहिए; 'उलटना' के अर्थ में उसका प्रयोग नहीं करना चाहिए। इसी प्रकार 'आलू का साग' भी भ्रामक हो सकता है। यह ठीक है कि कुछ स्थानों में 'तरकारी' का प्रयोग इसलिए निषिद्ध समझा जाता है कि पश्चिम में 'तरकारी' पकाए हुए रसेदार मांस को भी कहते हैं। पर अन्य भाषा-भाषी आलू के साथ साग देखकर उसे मरसे, चौलाई या सरसों आदि के सागों की तरह का कोई 'साग' समझ सकते हैं।

यह हिन्दी का सौभाग्य है कि वह अनेक ऐसे प्रदेशों में भी लिखी पढ़ी और बोली जाती है, जिनमें वह साधारण बोल-चाल की भाषा नहीं; जैसे पंजाब, बंगाल, महाराष्ट्र, मदरास आदि। यदि ऐसे प्रदेशों के वे निवासी हिन्दी में लिखने में भूल करें, जो हिन्दी के क्षेत्र में नवागंतुक होते हैं और लेखक बनने का दावा नहीं करते, तो वे हर तरह क्षम्य ही हैं। बल्कि क्षम्य क्यों, उन्हें तो अभिनन्दनीय समझना चाहिए। कुछ दिन हुए, हमारे हाथ एक विज्ञापन पड़ा था, जिसका आरम्भ इस प्रकार था—'इस बीसवीं शताब्दी में शास्त्रीय संशोधन रूपी फल (प्रगति) सीमा पहुँच गई। घर बैठे अपने दुनिया के सुन्दरों का मधुर अलाप व ताजी खबरें सुनते। विद्युल्लंते की रंग-बेरंगी शोभा तथा बहुरंगी पराक्रम देखते। महासागर में प्रासाद रूपी नौका भूमि पर 'अजस्र यांत्रिक तोफा' (इसे भूल से तोहफा न समझ लीजिएगा' यह 'तोप' का मराठी बहु रूप है।) वेगवान हौद (टैंक के लिए कितना सुन्दर शब्द गढ़ा है !) आकाश में उड़ते किले वगैरों से युद्ध याने त्याज्य दन्तकथा सत्य रूप में गोचर है।'

यह विज्ञापन पढ़कर हमें इस दृष्टि से बहुत प्रसन्नता हुई थी कि एक मराठी-भाषी सज्ज्ञन ने हिन्दी को राष्ट्रभाषा मानकर उसमें कुछ लिखने का प्रयत्न तो किया। इस पुस्तक का पहला संस्करण देखकर मदरास प्रान्त के एक सज्ज्ञन ने लिखा था—'इस प्रान्त में इसके लिए आवश्यक खटक रहा था ! आपने पूरा किया।' एक बार कहीं किसी बंगाली सज्ज्ञन की यह रचना देखने को मिली थी—

---

१. P.T.O. का इससे भी बढ़कर विलक्षण अनुवाद हमें एक विश्वविद्यालय के ऐसे प्रश्न-पत्र में देखा था, जो उसकी कदाचित् सबसे बड़ी हिन्दी परीक्षा के परीक्षार्थियों के लिए था। उसमें एक पृष्ठ की समाप्ति पर नीचे लिखा था—'उलटाओ।' शायद परीक्षक महोदय अथवा विश्वविद्यालय के अधिकारी, जिनकी देख-रेख में प्रश्न-पत्र छपा था, यह नहीं जानते थे कि 'उलटाना' या 'उलटवाना' वास्तव में 'उलटना' का प्रेरणार्थक रूप है।

दिन गया, शाम गया, और बेला नेई।
भानू का किरन कुछ नेई मालूम होई।।
शेफाली, बोकुल, जुई होय प्रस्फुटितो।
कोकिल पेड़े के ऊपर गाय गीतो।।

ऐसे लोगों की भूलों पर ध्यान न देकर हमें उनका आदर और अभिनन्दन करना चाहिए; क्योंकि वे अपनी योग्यता के अनुसार हिन्दी लिखने का प्रयत्न तो करते हैं। परन्तु जो लोग हिन्दी-भाषी हैं और हिन्दी के लेखक बनने का दावा करते हैं, उनसे यह आशा भी अवश्य की जाती है कि वे अशुद्ध, भद्दी और भ्रष्ट भाषा लिखकर, हिन्दी का कलेवर कलुषित न करें। हिन्दी लिखने का अधिकार सबको है, परन्तु उसका स्वरूप विकृत और कलेवर क्षत-विक्षत करने का अधिकार किसी को नहीं।

✡

१३. समाचार-पत्रों की हिन्दी

समाचार-पत्रों का महत्त्व—हिन्दी पत्रों का सम्पादन—पत्रों में भाषा की दुर्दशा—अँगरेजी ढंग का भाव-व्यंजन अनर्थक शब्द-योजना—पत्रों में शीर्षक—अनेक प्रकार के अनुवाद—हिन्दी सम्वाद समिति—विज्ञापनों की भाषा।

१३.१. समाचार-पत्रों का महत्त्व

आधुनिक युग में समाज और राष्ट्र के जीवन में समाचार-पत्रों का बहुत ही विशिष्ट और ऊँचा स्थान है। समाचार-पत्र मानो देश की सभ्यता, संस्कृति और शक्ति के प्रतीक होते हैं। जिस देश में जितने अच्छे और जितने अधिक समाचार-पत्र होते हैं, वह देश उतना ही उन्नत और प्रभावशाली समझा जाता है। बहुत से क्षेत्रों में जो काम समाचार-पत्र कर जाते हैं, वह बड़ी-बड़ी सेनाएँ और बड़े-बड़े राजनीतिज्ञ भी नहीं कर पाते। समाचार-पत्र एक ओर तो जनता का मत सरकार और संसार पर प्रकट करते हैं; और दूसरी ओर देश में सुदृढ़ और संपुष्ट लोकमत तैयार करते हैं। देश को सब प्रकार से जाग्रत और सजीव रखने में जितनी अधिक सहायता समाचार-पत्रों से मिलती हैं, उतनी शायद और किसी चीज से नहीं। इसीलिए आज-कल समाचार-पत्रों का अधिक महत्त्व है।

हमारे देश में भी बहुत से समाचार-पत्र हैं; और हमारी राष्ट्र-भाषा हिन्दी में भी उनकी दिन-पर-दिन वृद्धि और उन्नति होती जा रही है। जहाँ आज से तीस चालिस वर्ष पहले नाम मात्र को एक-आध दैनिक पत्र निकलता था, वहाँ अब दैनिक पत्रों की संख्या पचासों तक पहुँच गई है। यह वृद्धि और उन्नति हिन्दी के लिए भी शुभ है और देश के लिए भी। यह स्थायी साहित्य के निर्माण में भी बहुत अधिक सहायक हुई है और जन-साधारण को जाग्रत और उसकी रुचि परिष्कृत करने में भी। इससे हिन्दी के प्रेमियों और पाठकों की संख्या में भी वृद्धि हो रही है, वह अलग। इन दृष्टियों से देश पत्र-पत्रिकाओं का बहुत ऋणी और कृतज्ञ है।

परन्तु जहाँ महत्त्व की वृद्धि होती है, वहाँ उत्तरदायित्व भी बढ़ जाता है। इस सिद्धान्त के अनुसार हमारे पत्रकारों का उत्तरदायित्व भी बहुत अधिक है अनेक दृष्टियों से बहुत-से पत्रकार अपना उत्तरदायित्व बहुत कुछ समझने लगे हैं; और अपने ऊपर पड़े हुए इस भार का वहन बहुत अच्छी तरह करने लगे हैं। परन्तु जब हम अपने यहाँ के समाचार-पत्रों की भाषा के क्षेत्र पर निगाह डालते हैं, तब वहाँ के हमें बहुत बड़ी अराजकता फैली हुई दिखाई देती है। अधिकतर समाचार-पत्रों की भाषा देखते हुए हमें विवश होकर आज भी यही कहना पड़ता है कि भाषा की शुद्धता और सौन्दर्य पर दृष्टि रखनेवाले पत्रकार बहुत ही थोड़े हैं—शायद दाल में नमक के बराबर !

समाचार-पत्र देश के सभी भागों से निकलते हैं और उनके सम्पादकीय विभागों में अधिकतर नए-नए लोग ही काम करते हैं। फिर समाचार-पत्रों और विशेषतः दैनिक समाचार-पत्रों में काम करनेवालों के लिए एक और कठिनता होती है। उन्हें प्रायः अँगरेजी से अनुवाद करना

पड़ता है, और वह भी बहुत ही जल्दी में। आज का काम किसी प्रकार कल पर नहीं छोड़ा जा सकता। कल तो दूर रहा, आज भी उन्हें अधिक सोचने-समझने का अवकाश नहीं मिलता। उनके सामने जो कुछ आता है, वह सब उन्हें निर्जीव चक्की की तरह पीसकर रख देना पड़ता है। उन्हें यह देखने का भी मौका नहीं मिलता कि जो कुछ हमने पीसा है, वह महीन है या दरदरा, साफ है या कंकरीला। वे जो कुछ उल्टा-सीधा लिखते या अनुवाद करते हैं, वह प्रायः ज्यों-का-त्यों छप भी जाता है। और कभी-कभी इसलिए वह और भी अधिक अशुद्ध तथा भद्दा हो जाता है कि उसका प्रूफ या तो वे स्वयं देखने नहीं पाते, या प्रूफ देखने का काम अपनी प्रतिष्ठा के विरुद्ध समझकर ऐसे लोगों पर छोड़ देते हैं जिन्हें शुद्ध और अशुद्ध का ज्ञान अपेक्षया और भी कम होता है। देश की दरिद्रता और पत्रों के प्रकाशन के मार्ग में पड़नेवाली दूसरी कठिनाइयाँ उन्हें आर्थिक दृष्टि से जल्दी निश्चित नहीं होने देतीं। इन सब बातों का फल यह होता है कि दस-दस और बीस-बीस वर्षों तक सम्पादकीय विभाग में काम कर चुकने के बाद भी बहुत-से लोग अन्त में जैसे-के-तैसे और कोरे ही रह जाते हैं। फिर उनकी अधीनता में रहकर काम सीखनेवाले नए लेखकों का तो कहना ही क्या।

१३.२. हिन्दी पत्रों का सम्पादन

ऐसे लोग अपने कार्यों में कितने सतर्क रहते हैं, इसके कुछ उदाहरण लीजिए। एक प्रतिष्ठित, बड़े और पुराने दैनिक समाचार-पत्र के साप्ताहिक संस्करण के सम्पादक मण्डल के एक उत्साही सदस्य के दिमाग में यह बात आई कि हिन्दी के बड़े-बड़े लेखकों के चित्र और हस्त-लेख प्रकाशित किए जाने चाहिए। आरम्भ करने के लिए पहले आप एक ऐसे सज्जन के पास पहुँचे, जो अपने समय के हिन्दी लेखकों में सबसे अधिक मान्य समझे जाते थे। उन्होंने पत्रकार महोदय को अपना चित्र और अपने हाथ से लिखकर एक बहुत पुराने कवि का एक प्रसिद्ध सोरठा दे दिया। परन्तु भ्रम से उसका पहला चरण लिखा गया था सोरठे के रूप में; और दूसरा चरण लिखा गया था दोहे के रूप में ! न तो लेखक महोदय ने यह सोचा कि मैं क्या लिखकर दे रहा हूँ; और न सुविज्ञ पत्रकार महोदय ने यह समझने की कोशिश की कि यह क्या लिखा गया है। ज्यों-की-त्यों उसकी प्रतिकृति छप गई !

एक बार छह पत्रकारों के हस्ताक्षर से आठ वाक्यों का एक छोटा-सा वक्तव्य निकला था, जिसमें के तीन वाक्य अशुद्ध और दो शिथिल थे ! और एक वाक्य ऐसा था, जो अनिर्वहित होने के कारण अर्थहीन था ! एक बार एक प्रतिष्ठित दैनिक में पौन कालम में एक समाचार छपा था जिसमें पचासों भूलें थी। उनमें कुछ वाक्य इस प्रकार थे—

"...कुछ सज्जनों के कफन के कपड़े के वितरण की दुर्व्यवस्था पर प्रश्न करने पर टाउन रेशनिंग अफसर ने यह निश्चय किया कि पिछले छः महीनों से जिला तथा शहर में जितने मौतें हुई हैं तथा अब तक कितने कपड़े दिए गए हैं; उनकी सूची तैयार की जाए, जिससे यह अनुमान किया जाए कि कितने कोटे जिला तथा शहर के लिए पर्याप्त होंगे। गाँव की अधिकांश गरीब स्त्रियाँ कपड़े के बिना बाहर नहीं निकल पातीं, जिससे वे अपने रोजगार को भी नहीं कर पाती हैं; देहात की नंगी दशा को देखकर हम लोगों का कर्तव्य है कि दो महीने तक कपड़े का कोटा केवल देहातों के लिए ही दे दिया जाता तथा जब तक शहर में वस्त्र का नया कोटा न दिया जाए। यहाँ तक कहा है कि हमारे पास कई महीनों से कपड़े पड़े हैं, किन्तु बाहर से मँगाए जाने के कारण इस पर ध्यान नहीं जाता। शहर में गल्ले की

पर कार्ड की व्यवस्था में जो धाँधली और गड़बड़ी है, उसे बताते हुए कहा कि जिसका घर राशन गल्ले की दुकान के ऊपर है, उसे भी दूसरे मुहल्ले से दूर जाकर अपने नम्बर के हिसाब से गल्ला लेना पड़ता है।

'दाल के सम्बन्ध में लाइसेन्स की जो आज्ञा सरकार ने भेजी है, उसके विपक्ष में यह कहा गया है कि अधिकांश तथा विधवा स्त्रियाँ दाल दलने के ऊपर अपना जीवन निर्वाह करती आ रही हैं। यदि उन्हें हिसाब रखने या कण्ट्रोल से खरीदकर बेचने का ढंग रखा जाएगा तो हजारों गरीब स्त्रियाँ भूखों मरने लगेंगी।'

एक बार एक समाचार-पत्र में छपा था—'पश्चिमी पंजाब खरीफ की फसल खो देने की संकटापन्न अवस्था को पहुँच गया है।' एक प्रसिद्ध और प्रतिष्ठित मासिकपत्र में एक बार किसी सज्जन का कृषि सम्बन्धी एक लेख छपा था, जिससे कई जगह 'भैंस का पुंलिंग' छपा था। स्वयं सम्पादक जी ने भी उस लेख के सम्बन्ध में जो टिप्पणी दी थी, उसमें भी उसी 'भैंस का पुंलिंग' का प्रयोग था ! अर्थात् न तो लेखक और न सम्पादक यह जानते थे कि 'भैंस का पुंलिंग' 'भैंसा' होता है। एक पत्र में देखा था 'देश के अनुपम गृह-उद्योगों की दुर्दशा को पुनः उन्नति की ओर ले जाने के लिए यह योजना शुरू की है।' अर्थात् दुर्दशा-ग्रस्त गृह-उद्योगों को उन्नति की ओर ले जाने के लिए नहीं, बल्कि गृह-उद्योगों की दुर्दशा को उन्नति की ओर ले जाने के लिए योजना शुरू हुई है। एक पत्र में छपा था—'तभी से वह स्थान स्नान, व्रत सूर्य की उपासना करने से संतति का एवं चर्म रोग का नाशक हुआ !' चर्म रोग का तो नाशक हुआ ही, संतति का भी नाशक हुआ !

एक बार एक समाचार पत्र में एक मुकदमे का कुछ हाल छपा था। उसका आशय कुछ इस प्रकार था—'अमुक स्थान का मुकदमा, जो बहुत दिनों से चल रहा था, कल खारिज हो गया। हिन्दू उसे किसी साधु की समाधि बतलाते थे और मुसलमान उसे शहीद की कब्र कहते थे। पर सारा समाचार पढ़ जाने पर भी कहीं से पता नहीं चलता था कि दावा हिन्दुओं की तरफ से हुआ था या मुसलमानों की तरफ से; और अन्त में जीत किस पक्ष की हुई। संवाददाता ने जो कुछ लिखकर ला दिया, वही सम्पादक जी ने आँखें बन्द करके छाप दिया। फिर जब सम्पादक का ध्यान इस ओर दिलाया गया, तब दो दिन बाद इस भूल का सुधार हुआ। एक बार (सितम्बर १६४६) जब दूकानों के खुलने और बन्द होने के समय में सरकार की ओर से कुछ परिवर्तन हुआ था, तब एक स्थानीय पत्र में छपा था—'सबेरे ८ बजे के पहले और रात ६ बजे के बाद दूकानें खुल सकेंगी।' पर इसका अर्थ यह होता है कि सबेरे ८ बजे के बाद और रात ६ बजे के पहले दूकानें नहीं खुल सकेंगी या खुलने पाएँगी। होना चाहिए था—सबेरे ८ बजे के पहले भी दूकान खुल सकेंगी और रात ६ बजे के बाद भी खुली रह सकेंगी ! एक समाचार-पत्र में एक टिप्पणी का शीर्षक था—'बर्बरता का अन्त' पर सारी टिप्पणी पढ़ जाने पर पता चला कि सम्पादक ने 'अन्त' का प्रयोग 'पर्यवसान' या 'समाप्ति' के अर्थ में नहीं, बल्कि 'पराकाष्ठा' या 'चरम सीमा' के अर्थ में किया था, जो ठीक नहीं था। एक दैनिक पत्र में पढ़ा था 'बिहार के बेट्टियाह नामक स्थान में....।' जिससे सूचित होता था कि सम्पादक जी प्रसिद्ध बेतिया (नगर) के नाम तक से परिचित नहीं।

एक साप्ताहिक पत्र में किसी लेख में पढ़ा था—'मुस्लिम लीग नवाबों, जमींदारों, तालुकेदारों और रायबहादुरों की संस्था है।' न लेखक ने सोचा और न सम्पादक ने कि मुस्लिम लीग में रायबहादुर कहाँ से आए! एक समाचार-पत्र में देखा—'मित्र राष्ट्र चाहते हैं कि थाईलैंड अपना यह नाम बन्द कर दे।' भला इस 'नाम बन्द कर दे' का क्या अर्थ है? एक और पत्र में

पढ़ा था—'नेहरू जी की महाप्रयाण चीन को।' बेचारे पत्रकार यह नहीं जानते थे कि यहाँ 'प्रयाण' को 'महा' लगाकर कैसे अनिष्ट भाव का सूचक हो जाता है और फिर महाप्रयाण को जो स्त्रीलिंग बना दिया गया, वह अलग ! कलकत्ते के एक मारवाड़ी सज्जन के पास बहुमूल्य प्राचीन पुस्तकों का एक अच्छा संग्रह था। उसका उल्लेख करते हुए कलकत्ते के एक प्रसिद्ध दैनिक पत्र ने लिखा—'आप महाप्रस्थान करते समय हम लोगों को एक महान् सम्पत्ति दे जाएँगे।' एक और समाचार-पत्र में १५-२० पंक्तियों के अनुवाद में नीचे लिखे कई ऐसे वाक्य छपे थे जिनका कुछ अर्थ ही नहीं निकलता था। यथा—'वीर योद्धा सुभाष ने भारतीय राष्ट्र के जीवन में जो नई प्रेरणा दी थी, उनको भारतीय अनुकरणीय पृष्ठ न बनने दिया जाए।', 'भारत सरकार इस फौज के सरगना लोगों को कड़ी सजाएँ देकर भारतीय सेना की राजभक्ति भंग करने का कड़ाई से प्रयत्न करना चाहती थी।', इस तरह 'भारतीय सेना के भड़काने के पीछे भय उत्पन्न कर देना चाहती थी' और 'भारतीय सेना की राज-भक्ति को आश्वासन देना चाहती थी।' एक और पत्र में देखा था—'रस्सी के बदले धोती की सहायता सच्ची जान पड़ती है; और जयप्रकाश बाबू धोती से ही निकले थे, ऐसा विश्वास किया जाता है।' एक दैनिक पत्र के एक छोटे से समाचार में नीचे लिखे वाक्य छपे थे—'पूँछ क्षेत्र में शत्रुओं ने गोला फेंकने के लिए तोपों को काम में लाए थे—हिन्द फौज को पहाड़ी क्षेत्रों में भारी मुश्किलाहट का सामना करना पड़ा है।' सतर्क पाठक जानते हैं कि इस प्रकार के वाक्यों से युक्त समाचार-पत्रों की हिन्दी में अधिकता है फिर भी इस प्रकार की भाषा और बातें लिखनेवाले 'पत्रकार' तो कहलाते ही हैं।

इस सम्बन्ध में एक और विलक्षण बात भी देखने में आती है। कभी-कभी ऐसा होता है कि कोई समाचार या वक्तव्य पहले दिन सन्ध्या को किसी हिन्दी समाचार-पत्र में पढ़ने को मिलता है; पर उसके कुछ अंश ऐसे होते हैं, जिनका कुछ भी आशय समझ में नहीं आता। फिर जब दूसरे दिन सबेरे वह समाचार या वक्तव्य अँगरेजी पत्रों में मिलता है, तब कहीं जाकर पहेली सुलझती है। सर जफरउल्ला के एक वक्तव्य का, जो उत्तर भारत-सरकार की ओर से दिया गया था (सितम्बर १६४७), एक अंश का हिन्दी दैनिक में इस प्रकार निकला था—'सर जफरउल्ला की इस धमकी से हम नहीं डरते कि राष्ट्रसंघ में पाकिस्तान सरकार किसी भी निष्पक्ष न्यायालय द्वारा उनके आरोपों की जाँच में सहायता के लिए तैयार है।' जब बहुत प्रयत्न करने पर भी इसका आशय स्पष्ट नहीं हुआ, तब दूसरे दिन अँगरेजी पत्र देखने पर पता चला कि इस सारांश में वक्तव्य के जिस अंश की मिट्टी पलीद हुई है; उसका वास्तविक आशय यह है—'सर जफरउल्ला कहते हैं कि यदि भारत सरकार मुसलमानों की यह हत्या न रोकेगी, तो राष्ट्रसंघ से इसकी शिकायत की जाएगी। भारत सरकार का कहना है कि सर जफरउल्ला यदि ऐसा करना चाहते हों तो करें। सर जफरउल्ला के आरोपों के सम्बन्ध में भारत सरकार किसी निष्पक्ष पंचायत का निर्णय मानने को तैयार है।' अब ऊपर के दोनों वक्तव्य पढ़कर देखिए; दोनों में कितना अन्तर है ! हिन्दी पत्रकार संघ को इस प्रकार की बातों की ओर ध्यान देना चाहिए।

समाचार-पत्रों के मालिक या व्यवस्थापक भी थोड़े खर्च से काम निकालने के लिए विवश होते हैं। स्कूल या कालेज से निकला हुआ जो नवयुवक उनके सामने आ खड़ा होता है, प्रायः उसी से वे काम निकालना चाहते हैं और निकालते भी हैं। ऐसे व्यक्तियों ने भले ही थोड़ा-बहुत साहित्यिक अध्ययन किया हो, पर उनका भाषा सम्बन्धी अध्ययन ईश्वर का नाम

हो होता है। इसी के साथ दुर्भाग्यवश एक दूसरी बहुत बड़ी बात आ मिलती है। सब लोग समझते हैं कि हिन्दी तो हमारी राष्ट्र-भाषा और मातृ भाषा है। अतः हिन्दी लिखने का तो हमें जन्म-सिद्ध अधिकार है। ऐसे बहुत से लोग समझते ही नहीं, बल्कि समय पड़ने पर कह भी बैठते हैं—'हिन्दी क्या है ! जो कुछ हम लिखते और बोलते हैं, वही हिन्दी है। आगे आनेवाली पीढ़ियाँ उसे ही हिन्दी मानेंगी।' भला इसके आगे किसी के कुछ कहने की जगह हो सकती है !

१३.३. पत्रों में भाषा की दुर्दशा

यही कारण है कि जिससे आज-कल समाचार-पत्रों के भाषा क्षेत्र में पूरी अराजकता फैली हुई दिखाई देती है। भाषा की जितनी दुर्दशा आज-कल के समाचार-पत्रों में देखने में आती है, उतनी न तो साहित्य के किसी और क्षेत्र में दिखाई देती है, और न किन्हीं दूसरी भाषाओं के समाचार-पत्रों में। समाचार-पत्रों के सम्पादकीय विभागों से निकले हुए इस प्रकार के लोग जब ग्रन्थकार बनने लगते हैं, तब उस क्षेत्र में भी भाषा की वही दुर्दशा होती है। ग्रन्थ आदि तो अपेक्षया कम ही लोग पढ़ते हैं, पर समाचार-पत्र पढ़नेवाले लोग बहुत अधिक हैं। जन-साधारण में बहुत-से लोग ऐसे होते हैं जो किताबें तो सारी जिन्दगी में ही चार पढ़ते होंगे, परन्तु समाचार-पत्र प्रायः नित्य पढ़ते हैं। ऐसे लोगों पर अशुद्ध, भद्दी और बेमुहावरे भाषा का जो बुरा प्रभाव पड़ता है, वह आगे चलकर हमारी भाषा विकृत करने में और भी अधिक सहायक होता है। हमें आशा है कि विशुद्ध हित के विचार से कही हुई हमारी ये बातें हिन्दी पत्रकार विशेष रूप से ध्यान में रखेंगे, और इनसे लाभ उठाकर भविष्य में अपनी भाषा के परिमार्जन का विशेष प्रयत्न करेंगे।

यों तो इस पुस्तक के प्रायः सभी प्रकरणों में समाचार-पत्रों की भाषा-सम्बन्धी भूलों के अनेक उदाहरण आए हैं, पर इस प्रकरण में हम मुख्य रूप से केवल समाचार-पत्रों से कुछ ऐसे उदाहरण देते हैं जो बिना किसी विशेष प्रयास के, यों ही समाचार-पत्र उलटते समय एकत्र किए गए हैं। आप भी यदि चाहें तो नित्य और अनायास ही इस प्रकार के बीसियों उदाहरण एकत्र कर सकते और दूषित प्रयोगों के बच सकते हैं। कुछ उदाहरण लीजिए—

१. हिन्दू जाति कुछ भी उन्नति न किए पाए।

२. बाढ़ से फसल सर्वनाश हो रही है।

३. सम्राट ने उनकी बातों को सुन ली।

४. पर दो पुरस्कार एक आदमी को नहीं मिलेगा।

५. कपड़े उतार कर रख दिया।

६. कोर्ट मुकदमे चल पड़ा।

७. भारत के अन्य प्रान्त अन्न संचय किए हैं।

८. उसने कहा है कि मैं चार भाई हूँ।

९. उन्होंने बहुत से ग्रंथ अनुवाद किए हैं।

१०. जब खेल दिखलाई जा रही थी तब छत गिर पड़ा।

११. स्टेशन से गाँव तक यात्रियों का ताँता नहीं टूटता। आदि।

अनेक अवसरों पर तो वचन और लिंग सम्बन्धी इतनी साधारण भूलें देखने में आती हैं कि समाचार-पत्र पढ़ते-पढ़ते हाथ से फेंक देने को जी चाहता है; जैसे—

१. दिल्ली में दो गिरफ्तारी

२. ४ जरमन जहाज डूबा।

३. उसके सींगे नहीं थीं।

४. रिक्शा की अगली पहिया टूट गई।

५. हमारी शक्ति हमें यह कड़वी घूँट पी लेने का बल देगी।
(जरा 'शक्ति बल देगी' पर भी ध्यान दीजिए।)

६. दूसरी कन्दें भी इसी प्रकार गुणकारी हैं।

७. लखनऊ की स्टेशन पर पहुँचकर मैंने देखा।

८. हम नई प्रकार की मृत्यु चाहते हैं।

९. अमेरिका में गिरफ्तारी—फासिस्ट नेता के कन्या की।

१०. सड़कें और नल फट गई।

११. नगर में सशस्त्र पुलिस की गश्त। ('की' जगह 'का' होना चाहिए।)

१२. काश्मीर का जिच दूर होगा।

१३. ६ मई से मुकदमा शुरू हैरिसन रोड के अपराधियों की। (शीर्षक)

१४. सत्य, अहिंसा से ही कल्याण विश्व की शोषित जनता की। (शीर्षक)

१५. पुलिस के वेश में हूर, धोखा देकर गाँव लूटी। (शीर्षक)

अन्तिम उदाहरण से यह न समझना चाहिए कि शीर्षक में प्रेस के भूतों की कृपा से 'लूटा' का 'लूटी' हो गया है। असल बात यह है कि वाक्य के पहले अंश में जो 'पुलिस' है, उसी ने लेखक को भ्रम में डालकर दूसरे अंश में 'लूटी' लिखने को विवश किया था। १३वें, १४वें और १५वें उदाहरणों से सम्बन्ध में एक विशेष बात यह है कि ये एक ही समाचार-पत्र के एक ही दिन के अंक से लिए गए हैं। कुछ और प्रकार की भद्दी भूलें देखिए—

१. वहाँ खाना, कपड़ा और दूसरी सब प्रकार की चीजों की कमी थी।

२. उन्हें केवल सजावट के लिए मैंने यहाँ रख दिए हैं।

३. बंगाल में भूख की व्यापक घटनाएँ।

४. बर्दवान में सड़कों पर लाशों के दृश्य।

५. हर जगह मौत का ताँता।

६. वह लोग कुछ फायदा लेकर दूकानदारों के हाथ बेच देते हैं।

७. युद्ध-काल से उसे पहले के लाभ को देकर घाटे से भी बेचना पड़ेगा।

८. पुलिस में दस हजार रुपए की दगा को रिपोर्ट की गई थी।

९. आर्डिनेन्स के लागू होने की देर नहीं हुई कि लोग भागने लगे।

१०. विशिष्ट दर्शकों में निम्नलिखित उल्लेख नाम योग्य हैं।

११. वे भरपूर यज्ञ में डटे ही हैं।

१२. नानबाई के दूकानदारों ने अपनी दूकानें बन्द कर देने का निश्चय किया है।

१३. वहाँ के निवासियों की रहन-सहन का दर्जा ऊपर उठाने को प्रयत्न होगा।

१४. संघर्ष की स्थिति बाढ़ पर है।

१५. उन्होंने राजा रघुनाथराव के विषय की जो कविता की थी, उसे जगद्विनोद में रख दी।

१६. मोटर दुर्घटना में फँसे।

१७. मछली जापानी बमों का शिकार।

१८. कैसिनो में जरमन एक-एक भागे।

१६. गांधी जी को जिच हटाने की चेष्टा।

२०. न्यायाधीश ने उसे सात वर्ष की सजा का अधिकारी बनाया।

२१. ऊपर शीर्षक है—'शिमला में गोली कांड' और नीचे समाचार आरम्भ होता है—'शिमले से खबर आई है.......।'

१३.४. अँगरेजी ढंग का भाव-व्यंजन

समाचार-पत्रों में सम्पादकीय विभाग में काम करनेवाले लोग अँगरेजी के अनुवाद करते-करते अँगरेजी भाव-व्यंजन प्रणालियों के इतने अधिक अभ्यस्त हो जाते हैं कि वे अपनी वाक्य-रचना अँगरेजी के प्रभाव से किसी तरह बचा नहीं सकते। जो बात बहुत ही सीधे-सादे ढंग से, बहुत ही थोड़े शब्दों में कही जा सकती है, उसे भी वे जबरदस्ती इतना चक्करदार बना देते हैं कि उसमें आवश्यकता से अधिक विस्तार, अस्पष्टता और भद्दापन आ जाता है। उदाहरणार्थ—उनके जीवित रह सकने की आशा भी बहुत हिम्मत बाँधकर ही की जा रही थी।' यही बात सीधी तरह से इस प्रकार से लिखी जा सकती थी—'उनके जीवित रहने की बहुत ही कम आशा रह गई थी।' अथवा 'उनके जीवन से सब लोग निराश-से हो रहे थे।' इस प्रकार के कुछ और उदाहरण लीजिए—'इस मामले को लेकर नई आशा यह अनुमान नष्ट कर रही है।', 'क्या यदि उसकी इन आशंका के अनुसार ऐसी स्थिति सामने आई तो वह उसे सँभालने का कार्य कर सकती है।', 'वैदिक सूत्रों में हाल के सप्ताह में जो यह नई चर्चा चल खड़ी हुई है', 'उस पर इस कर्तव्य का भार रखने की योजना की गई थी।', 'उसकी योग्यता ने समुचित रूप का प्रदर्शन किया है।' आदि।

इस प्रकार की बेढंगी भाषा लिखते-लिखते जब लोग और आगे बढ़ते हैं, तब उनकी भाषा में और भी अनेक प्रकार की भूलें आने लगती हैं। अनेक स्थलों पर वे कुछ बँधे हुए शब्दों या पदों का इस प्रकार प्रयोग करने लगते हैं कि मानो वे उनका ठीक-ठीक अर्थ समझते ही नहीं। परिणाम यह होता है कि उनकी वाक्य-रचना उनके मूल आशय से बहुत दूर जा पड़ती है। इस प्रकार का सबसे भद्दा और अशुद्ध वाक्य जिसे हम अनेक दोषों का अद्‌भुत आगार कह सकते हैं, एक समाचार-पत्र में इस रूप में मिला था—'इन सब कार्यों के करने का कारण उन अफसरों को बताया जाता है, जिन्होंने अधिक साहस में सीमा पार करके आन्दोलन को कुचला था।' इससे पहले तो 'कार्यों के करने का' ही विलक्षण है फिर 'उन अफ़सरों को बताया जाता है' से सूचित होता है कि दूसरों से वह कारण गुप्त रखा जाता है—उन्हें नहीं बतलाया जाता। तिस पर 'साहस से सीमा पार करना' ने तो वाक्य को प्रशंसात्मक-सा बना दिया है। 'साहस से सीमा पार करके' तो सदा ही अच्छा काम समझा जाएगा। फिर सारा मतलब तो खब्त है, वह अलग। और असर मतलब यह है कि जिन

अफसरों ने अपने अधिकारों का दुरुपयोग करके आन्दोलन को कुचला था, वही इस प्रकार के अनुचित कार्य कर रहे हैं। पर वाक्य से यह अर्थ किसी प्रकार निकलता ही नहीं।

१३.५. अनर्थक शब्द-योजना

'गाँववालों ने उन्हें अपने खेतों से ईख चुराने की आज्ञा नहीं दी थी।' में 'चुराने की आज्ञा' का क्या मतलब है। क्या किसी की चीज उसकी आज्ञा लेकर चुराई जाती है? या कोई किसी को यह आज्ञा देता है कि तुम हमारी चीज चुरा लो? 'हर देश अपने भाग्य का स्वयं ही अधिष्ठाता है', ('विधाता' होना चाहिए)। 'डालर की दर चोर-बाजार में एक हजार से ७२० डालर हो रही है, जब कि सरकारी दर ८० डालर मात्र है।' का तो कुछ अर्थ ही समझ में नहीं आता। होना चाहिए था—७२० से १००० डालर तक।

कोई परिवार रेल से यात्रा कर रहा था इस सम्बन्ध की घटना का उल्लेख एक समाचार-पत्र में इस प्रकार हुआ था—'संयोगवश परिवार की छोटी लड़की रेल से नीचे गिर पड़ी।' यहाँ 'संयोगवश' कितना खटकता है। 'संयोग' शब्द का व्यवहार या तो प्रायः अच्छी बातों के सम्बन्ध में होता है, या ऐसे बातों के सम्बन्ध में, जो अच्छी न होने पर भी बुरी नहीं होतीं। किसी शोचनीय दुर्घटना के सम्बन्ध में 'संयोग' का प्रयोग ठीक नहीं है। हाँ, यदि किसी बुरी घटना के साथ कोई अच्छी घटना भी आ पड़े तो अवश्य वहाँ 'संयोग' का प्रयोग हो सकता है।

एक सामयिक पत्र में एक चित्र का परिचय इस प्रकार छपा था—'बम को बेकार बनाया जा रहा है।' आशय यह था कि बम ऊपर से गिरा, पर फटा नहीं। यह चित्र उस प्रक्रिया का है, जिससे बम बेकार हो जाएगा और फटकर हानि न पहुँचा सकेगा। परन्तु स्वयं वाक्य के शब्दों से कुछ ऐसी ध्वनि निकलती है कि बम व्यर्थ ही बनाया जा रहा है, इसका उपयोग नहीं हो सकता। इसे बनाने की सारी मेहनत बेकार होगी। होना चाहिए था—बम बेकार किया जा रहा है।

एक दैनिक पत्र में निकला था—'कोई भी व्यक्ति सोना खाकर जीता नहीं रह सकता।' इस वाक्य में 'भी' का जो प्रयोग है, उस पर विभक्तियाँ और अव्यय शीर्षक प्रकरण में विचार हो चुका है। यहाँ ध्यान इस बात पर देना है कि लेखक का वास्तविक आशय यह है कि आदमी के पास सोना हो, तो उसी से उसका निर्वाह नहीं हो सकता, उसे खाने-पीने के लिए अन्न-जल की आवश्यकता होगी ही। वाक्य के शब्दों से यह अर्थ निकलता है कि सोना किसी तरह का जहर है; और जो उसे खाता है, वह मर जाता है। मुख्य आशय से शब्दार्थ कितना दूर जा पड़ता है। यदि 'जीता नहीं रह सकता' की जगह 'नहीं जी सकता' भी होता है तो अर्थ कुछ स्पष्ट हो जाता है।

एक समाचार-पत्र में एक-समाचार के अन्तर्गत छपा था—'वहाँ के आला औजार नष्ट कर दिए गए।' इसमें 'आला' भी संज्ञा के रूप में और औजार या उपकरण के अर्थ में ही प्रयुक्त हुआ है; पर यों देखने पर ऐसा जान पड़ता है कि यह उस अरबी विशेषण के रूप में आया है, जिसका अर्थ होता है—उत्तम या श्रेष्ठ। यदि संज्ञा 'आला' का बहुवचन रूप 'आले' दे दिया जाता और औजार के साथ उसका सम्बन्ध दिखलाने के लिए उसके बाद संयोजक चिह्न लगा दिया जाता तो अर्थ की यह गड़बड़ी न होने पाती।

जब एक बैलगाड़ी किसी रेलगाड़ी से टकराकर चकनाचूर हो गई थी, तब एक पत्र में

शीर्षक छपा था—'ट्रेन बैलगाड़ी भिड़न्त। पर लिखते समय यह नहीं सोचा गया कि भिड़न्त तो बराबरवालों में होती है। ट्रेन के मुकाबले में बैलगाड़ी क्या चीज है! भला शेर और चूहे में भिड़न्त या टक्कर हो सकती है? ऐसे ही एक और प्रसंग में एक जगह छपा था—'रास्ते में एक जगह गाड़ी एक आदमी से टकराती चकराती बच गई।' मानो आदमी के धक्के से स्वयं गाड़ी के उलट जाने का डर हो ! यह पढ़कर हमें एक किस्सा याद आ गया। एक आदमी स्टेशन के प्लेटफार्म पर पैर लटकाए बैठा था। जब किसी कर्मचारी ने उससे कहा—'हट जाओ, गाड़ी आ रही है।' तब उसने कहा था—'क्या गाड़ी मेरे पैरों से टकराकर उलट जाएगी ?'

१३.६. पत्रों में शीर्षक

समाचार-पत्रों में समाचारों, प्राप्त पत्रों तथा टिप्पणियों पर शीर्षक भी लगाए जाते हैं। ये शीर्षक या तो पाठकों का ध्यान आकृष्ट करने के लिए होते हैं, या विषय का परिचय देने के लिए। पर हमारे यहाँ प्रायः शीर्षक भी बे-सिर-पैर के निरर्थक या उलटे-पुलटे भाव प्रकट करनेवाले होते हैं। 'जवाहरलाल ने जिन्ना से हाथ मिलाया' ऐसा शीर्षक है, जिसमें कुछ दम नहीं। 'मदनलाल अपने मामा से मिला' भी ऐसा ही बोदा और बेदम शीर्षक है। (मदनलाल गांधी-हत्याकांड का एक अभियुक्त था।) एक शोक-ग्रस्त सज्जन ने सहानुभूति प्रकट करनेवाले अपने मित्रों आदि के प्रति कृतज्ञता प्रकट करने के लिए जो पत्र प्रकाशित कराया था, उसका शीर्षक एक सम्पादक जी ने लगाया था—'अनुग्रह-प्रकाश', जिसका उस प्रसंग में कुछ भी अर्थ नहीं होता था। एक और जगह एक शीर्षक देखा था—'भारत के सड़क-निर्णय' जिसका कोई विशेष अर्थ नहीं। एक समाचार-पत्र में ऊपर शीर्षक था—'मद्यपान-निषेध' और नीचे समाचार था कि अमुक प्रान्त के गाँजे की बिक्री बन्द होने वाली है! 'रूस में अणु बम की खोज' से तो यही समझ में आता है कि अणु बम कहीं खो गया है; और रूस में उसकी खोज हो रही है ! होना चाहिए—'रूस में अणु-बम-सम्बन्धी अनुसन्धान।' महामना मालवीय जी की मृत्यु के दूसरे दिन उनकी अर्थी के साथ लाखों आदमियों की भीड़ श्मशान तक गई थी। उसके सम्बन्ध में एक स्थानीय दैनिक में मोटे-मोटे अक्षरों में छपा था—'दो-लाख जन-समूह की अपूर्व (?) श्मशान-यात्रा।' अर्थात् सम्पादक जी मालवीय जी के साथ दो लाख आदमियों को भी श्मशान पहुँचा दिया था। श्मशान-यात्रा तो उसी की होती है, जिसका शव हो, उसके साथ जानेवालों की नहीं। शव के साथ जो श्मशान तक जाते हैं, उनके सम्बन्ध से हमारे यहाँ धर्म शास्त्रों में 'शवानुगमन' पद का प्रयोग हुआ है। प्रायः समाचार-पत्रों में ऐसे शीर्षक भी देखने में आते हैं, जो वाक्य-रचना की दृष्टि से बहुत ही दूषित और शिथिल होते हैं; जैसे—

१. एलबा पर मित्रों का अधिकार होने की दशा।
२. काँग्रेस जाँच में अभियोगों से सर्वथा निर्दोष।
३. मित्र अगली चौकी का विस्तार।
४. बड़े लाट को डाक्टर महमूद की सफाई।
५. होर्थ की धोखेबाजी ध्वस्त।
६. पश्चिमी मोरचा विगत महायुद्ध की स्थिति में।
७. साम्प्रदायिक उपद्रव बचा।

८. छः माह जल-सेना के गुप्त संकट का फल।

९. बरलिन में आतंक का बोल-बाला था।

१३.७. अनेक प्रकार के अनुवाद

समाचार-पत्रों में अँगरेजी से जो अनुवाद होते हैं, उनके सम्बन्ध में एक और बात बतला देना भी आवश्यक जान पड़ता है। एक ही वाक्य का, दस पत्रों में दस तरह से अनुवाद होता है। यहाँ हम केवल एक उदाहरण देना यथेष्ट समझते हैं। कुछ दिन पहले एक अवसर पर पं० जवाहरलाल नेहरू ने अँगरेजों और अँगरेजी सरकार को सम्बोधित करते हुए कहा था—'वी हैव हेड एनफ आफ यू। गेट आउट !' स्थानीय 'आज' के साप्ताहिक संस्करण (२६ दिसम्बर १६४१) में बतलाया गया था कि भिन्न-भिन्न पत्रों ने इस वाक्य के कितने प्रकार के अनुवाद किए थे। नमूने देखिए :

आज (दैनिक)—बहुत हो चुका, अब पधारिए—

भारत—हम आप से ऊब गए हैं, आप दूर ही रहिए।

राष्ट्र-वाणी—हम लोग आपसे बहुत कुछ पा चुके; अब आप अपनी तशरीफ ले जाएँ।

प्रताप—हमें आपका काफी अनुभव हो चुका है, अब आप निकल जाइए।

आर्यावर्त—आपको बहुत देख चुके, अब आप चले जाइए।

अधिकार—हम आपका काफी अनुभव कर चुके हैं, अब आप निकल जाएँ।

विश्वमित्र (साप्ताहिक)—हम तुमसे बहुत तृप्त हो चुके, अब अपना रास्ता लो।

वीर अर्जुन—तुमसे भर पाए, निकल जाओ।

राजस्थान—हम आपके साथ बहुत रह चुके, अब बाहर निकल जाओ।

आज (साप्ताहिक)—जनाब बहुत हो गया, क्षमा कीजिए।

कुछ और पत्र—

बहुत हो चुका, अब चलते-फिरते नजर आइए।

बस हद हो गई, अब भाग जाइए।

बस अति हो गई, अब प्रस्थान कीजिए।

तुमसे हमारा मन भर गया, निकल जाओ !

बहुत हो चुका, अब रास्ता नापिए। आदि।

१३.८. हिन्दी संवाद-समिति

हिन्दी में होनेवाले विचित्र अनुवादों के उक्त उदाहरणों पर विचार करने से कई बातें प्रकट होती हैं। पहली बात तो यह है कि हिन्दी में न तो अनुवाद की और न भाषा ही की कोई स्थिर शैली है ! दूसरी बात यह है कि जवाहरलाल नेहरू का मूल वाक्य जितना जानदार था, उतना जानदार हिन्दी में एक भी अनुवाद न हो सका। नेहरू जी का उक्त मूल अँगरेजी वाक्य तो अमर हो गया; पर हिन्दी में उसके मुकाबले का कोई वाक्य न बना जो उतना सजीव और वैसा अमर होता। हमारी सम्मति के इसका सीधा-साधा ठीक और चलता हुआ अनुवाद होना चाहिए था—'बस बहुत हो चुका; अब चले जाइए।' और तीसरी सबसे बड़ी बात जो हमारे

ध्यान में आती है वह यह है कि अँगरेजी समाचार भेजनेवाली संस्थाओं के समान हिन्दी में भी समाचार भेजनेवाली संस्थाओं की बहुत बड़ी आवश्यकता है। जो हिन्दी सारे राष्ट्र की भाषा बन चुकी हो, उसके लिए यह अभाव लज्ज़ाजनक है। यदि हिन्दी में ही समाचार भेजनेवाली कोई संस्था बन जाए तो हिन्दी समाचार-पत्रों के मार्ग की बहुत-सी कठिनाइयाँ सहज में दूर हो जाएँ। अँगरेजी से हिन्दी में अनुवाद करने के लिए सबको अलग-अलग जो परिश्रम करना और समय लगाना पड़ता है, उसकी बहुत बड़ी बचत हो जाए। वही संस्था अपने यहाँ सुयोग्य अनुवादक रखकर विशुद्ध और निर्दोष भाषा में सब पत्रों के पास समाचार भेजा करे। ऐसी संस्था में काम करनेवाले विद्वान् भाषा का एक अच्छा प्रतिमान उपस्थित कर सकेंगे; और वह प्रतिमान समस्त हिन्दी जगत् के लिए अनुकरणीय होगा।

यह तो सभी लोग जानते हैं कि हैदराबाद में निजाम सरकार की कृपा से कुछ दिन पहले उर्दू का प्रचार बहुत जोरों से हो रहा था। उस राज्य में शायद आठ-दस दैनिक-पत्र उर्दू में निकलते थे, जो सम्भवतः अब भी निकलते होंगे। जो कठिनाइयाँ हम हिन्दीवालों के सामने हैं, वही सब कठिनाइयाँ उर्दू पत्रों के सम्पादकों के सामने भी आती रहती थीं। इसलिए वहाँ के सब सम्पादकों ने मिलकर अपना एक मंडल बना रखा था। समय-समय पर उस मंडल की बैठकें होती थीं, जिनमें लोग अपनी-अपनी कठिनाइयाँ उपस्थित करते थे; और सब लोग मिलकर उन कठिनाइयों से बचने का मार्ग निकालते थे। वहीं बहुत से अँगरेजी शब्दों के लिए उर्दू पर्याय भी निश्चित होते थे, जिनका प्रयोग सब समाचार-पत्र अब तक समान रूप से करते हैं। इस प्रकार वे लोग अपनी भाषा में यथा-साध्य एकरूपता लाने का प्रयत्न करते थे, जिसमें उन्हें बहुत कुछ सफलता भी होती थी। हमारे यहाँ भी हिन्दी पत्रकारों का सम्मेलन है; और उस सम्मेलन ने एक पत्रकारोपयोगी कोश बनवाना भी निश्चित किया था, जो आज तक नहीं बना। यदि ऐसे सम्मेलनों के समय सम्पादक लोग मिलकर भाषा-सम्बन्धी कुछ प्रश्नों पर विचार किया करें, तो उससे बहुत लाभ हो सकता है।

१३.६. विज्ञापनों की भाषा

समाचार-पत्रों में विज्ञापन भी रहते ही हैं। विज्ञापन वस्तुतः समाचार-पत्रों के जीवन-निर्वाह में बहुत अधिक सहायक होते हैं। यदि समचार-पत्रों को विज्ञापन न मिला करें तो उनका चलना असम्भव नहीं तो बहुत कठिन अवश्य हो जाए। खैर, हमारा मतलब तो उन विज्ञापनों की भाषा से है। हम देखते हैं कि अनेक विज्ञापनों की भाषा स्वयं समाचार-पत्रों की भाषा से भी कहीं बढ़कर भद्दी होती है। ग्रामोफोन के रेकार्डों के एक विज्ञापन में एक रेकार्ड के एक गीत का परिचय इस प्रकार छपा था—'नैयन से नैयन मिला ले।' गीत होगा—'नैन से नैन मिला ले'। और अँगरेजी से हिन्दी करने में 'नैन' से 'नैयन' हो गया होगा। एक फिल्म के विज्ञापन में एक बार देखा था—'तमाम जाति का ज्वर में अक्सर उपाय।' इसमें का 'अक्सर' वस्तुतः 'अक्सीर' की जगह आया है। शेष सारे वाक्य की बनावट ऐसी है जो किसी हिन्दी भाषी की हो नहीं सकती। ज्ञान पड़ता है कि यह कार्यालय के किसी बंगाली लिपिक की भाषा है। ताल मिसरी के एक विज्ञापन में लिखा था—'इसके व्यवहार से बच्चों नीरोग और बलिष्ठ होती है।'

अगस्त १६४२ में भारत में जो राजनीतिक उपद्रव हुए थे, उनके शान्त हो जाने पर तत्कालीन ब्रिटिश सरकार ने भी विज्ञापनबाजी की शरण ली थी। उसकी ओर से भी तरह-तरह

के विज्ञापन प्रकाशित होने लगे थे। उन विज्ञापनों में लोगों को उपद्रवों में सम्मलित न होने और उन्हें रोकने की सलाह दी जाती थी। उनमें एक विज्ञापन का शीर्षक था—'अपने मित्रों से ये प्रश्नों को पूछिए।' यह उस भारत सरकार का विज्ञापन था, जिसके प्रकाशन-विभाग से बहुत-कुछ ठिकाने की हिन्दी में वह 'युद्ध समाचार' भी प्रकाशित होता था।

यह ठीक है कि अधिकतर विज्ञापन समाचार-पत्रों के पास विज्ञापनदाताओं के यहाँ से लिखे-लिखाए या छपे-छपाए आते हैं; और कभी-कभी उनके बने हुए ब्लाक या स्टीरियो भी आते हैं। ऐसे विज्ञापन प्रायः बहुत बड़ी-बड़ी कम्पनियों के ही होते हैं, जिनके बड़े-बड़े दफ्तर कलकत्ते, बम्बई आदि नगरों में होते हैं। हमारे लिए यह तो बहुत-कुछ श्लाघा की बात है कि प्रायः सभी विज्ञापनदाता अपने विज्ञापन हिन्दी में भी देना आवश्यक समझते हैं। इस प्रकार के लोग हिन्दी का देशव्यापी महत्त्व मान लेते और यह सिद्ध करते हैं कि उसकी उपेक्षा नहीं की जा सकती। पर उनके इस सम्मान के साथ ही एक प्रकार का अपमान भी लगा जाता है। अन्यान्य भाषाओं के विज्ञापन तो वे लोग उन-उन भाषाओं के अधिकारी लेखकों से तैयार कराते हैं; पर हिन्दी के विज्ञापन लिखते समय वे अधिकारी और अनधिकारी का कुछ भी ध्यान नहीं रखते। जो लिपिक सामने आया, उसी को हिन्दी का विज्ञापन लिखने का काम दे दिया। यही कारण है कि हिन्दी के विज्ञापन अशुद्धियों से भरे रहते हैं।

ऐसे विज्ञापनों के सम्बन्ध में भी समाचार-पत्रों का कुछ कर्तव्य होना चाहिए। भद्दी भाषा में लिखे हुए जो विज्ञापन उनके यहाँ आवें उनकी भाषा सम्बन्धी भूलें उन्हें स्वयं दूर कर देनी चाहिए। छपे हुए विज्ञापनों की भाषा भी इसी प्रकार सुधारी जा सकती है। यदि बने-बनाए ब्लाकों की भाषा में अशुद्धियाँ हों तो समाचार-पत्रों को ऐसे-ब्लाक छापने से इन्कार कर देना चाहिए। यदि जीविका के विचार से वे इस तरह इन्कार करने का साहस न कर सकते हों, तो भी अपनी भाषा शुद्ध रखने के विचार से वे विज्ञापनदाताओं को यह तो अवश्य सूचित कर सकते हैं कि आपके विज्ञापन में अमुक-अमुक अशुद्धियाँ हैं; आगे जब दोबारा ब्लाक बनावें, या विज्ञापन लिखवाएँ तब उसे ऐसी अशुद्धियों से बचावें। पर यह तभी हो सकता है, जब समाचार-पत्रवाले स्वयं अपनी भाषा सुधार लें; और इस बात की दृढ़ प्रतिज्ञा कर लें कि हम अपनी भाषा का स्वरूप किसी प्रकार विकृत न होने देंगे।

१४. अनुवाद की भूलें

अनुवाद का महत्त्व—साहित्य में अनुवाद का स्थान—अनुवाद का सौंदर्य—शब्दार्थ और भावार्थ—बँगला से अनुवाद की भूलें—अँगरेजी से अनुवाद की भूलें।

१४.१. अनुवाद का महत्त्व

अभी कुछ दिन पहले तक हिन्दी में अनुवादों की धूम थी। आधुनिक हिन्दी गद्य साहित्य का आरम्भ ही वस्तुतः अनुवादों से हुआ था। ऐसा होना प्रायः अनिवार्य भी था, और अनेक अंशों में उपयोगी तथा आवश्यक भी। आज-कल किसी नई भाषा को अपने पैरों पर खड़े होने के समय दूसरी भाषाओं का सहारा लेना ही पड़ता है; और स्वतन्त्र साहित्य की रचना का युग प्रायः अनुवाद-युग के बाद ही आता है। पहले दूसरी भाषाओं के अच्छे-अच्छे अनुवाद प्रस्तुत होते हैं। उन अनुवादों की सहायता से पाठकों का ज्ञान बढ़ता है और उनकी आँखें खुलती हैं। वे देखते हैं कि अन्यान्य भाषा-सम्बन्धी कैसे अच्छे-अच्छे स्वतन्त्र तथा मौलिक ग्रन्थ लिखते हैं; और उन्हें देखकर उनमें भी मौलिक ग्रन्थ लिखने की स्पर्धा उत्पन्न होती है, जिससे स्वतन्त्र साहित्य के निर्माण में बहुत सहायता मिलती है। और तब कुछ दिनों में यथेष्ट मात्रा में स्वतन्त्र साहित्य का निर्माण होने लगता है। आज से ३०-३५ वर्ष पहले के हिन्दी-साहित्य के भंडार की आज के साहित्य-भंडार से तुलना करने पर हमारे इस कथन की सत्यता बिल्कुल स्पष्ट हो जाती है। इन्हीं सब दृष्टियों से हम अपने यहाँ के पुराने अनुवादों को भी आदर की दृष्टि से देखते हैं।

अनुवाद की आवश्यकता का यहीं अन्त नहीं होता। किसी भाषा या साहित्य के बहुत-कुछ पुष्ट तथा उन्नत हो चुकने पर भी उसमें अनुवादों की आवश्यकता बनी ही रहती है। पर उस समय दृष्टिकोण बहुत-कुछ बदल जाता है। भाषा की आरम्भिक या शैशवावस्था में आँखें मूँदकर ऐसी-वैसी पुस्तकों के अन्धाधुन्ध अनुवाद करने की ही प्रवृत्ति रहती है। पाठकों की रुचि भी तब तक परिष्कृत नहीं होती; इसलिए उस समय बहुत सामान्य अथवा निम्न कोटि के ग्रन्थों के साधारण अनुवाद ही प्रकाशित होते हैं। ब्रिकी भी प्रायः इसी प्रकार के साहित्य की अधिक होती है। प्रकाशक और अनुवादक-दोनों लाभ उठाने की धुन में लगे रहते हैं। परन्तु जब भाषा और साहित्य आगे बढ़कर पुष्ट होते हैं और युवावस्था में प्रवेश करते हैं, तब उनके साथ-ही-साथ पाठकों की रुचि भी बहुत-कुछ परिष्कृत हो जाती है। इसलिए उस समय अच्छे ग्रन्थों के अच्छे अनुवादों के साथ-साथ उच्चकोटि के मौलिक साहित्य की रचना भी आरम्भ होती है। हमारा वर्तमान हिन्दी साहित्य बहुत-कुछ इसी अवस्था में चल रहा है।

हम ऊपर कह आए हैं कि भाषा जब पूर्ण रूप से पुष्ट तथा साहित्य परम उन्नत हो जाता है तब भी अनुवादों की आवश्यकता बनी ही रहती है। अन्यान्य भाषाओं में जो अनेक उत्तमोत्तम ग्रन्थ प्रकाशित होते हैं, उनके अनुवाद भी लोगों को अपनी भाषा में प्रकाशित करने ही पड़ते हैं। यदि ऐसा न हो तो एक भाषा के पाठक दूसरी भाषाओं के अच्छे-अच्छे ग्रन्थों और उनमें प्रतिपादित विचारों तथा सिद्धान्तों के ज्ञान से वंचित ही रह जाएँ। उस अवस्था में पहुँचने पर भाषा-साहित्यों में परस्पर होड़ सी होने लगती है। हमारे मन में भी यह इच्छा

होती है कि हम भी वैसे ही ग्रंथ प्रस्तुत करें, जैसे अन्यान्य उन्नत भाषाओं में हो रहे हैं।

आधुनिक युग में तो अनुवाद का महत्त्व और अधिक बढ़ गया है; और अनुवाद कार्य की गिनती भी कला में होने लगी है। आधुनिक स्वतन्त्र भारत में एकता-स्थापन में उसका स्थान महत्त्वपूर्ण माना जाने लगा है; और वह संस्कृति के प्रसार तथा समृद्धि का बहुत बड़ा साधन बन गया है। जो सीमाएँ देशों और समाजों को एक दूसरे से अलग करती हैं, उन्हें तोड़कर सबको एक करने और विविधता में एकता लाने का यह बहुत बड़ा साधन समझा जाने लगा है। और अब तो अनुवादों के द्वारा राजनीतिक विचारों और सिद्धान्तों के प्रचार में भी सहायता ली जाने लगी है। चीन, रूस आदि बड़े-बड़े देशों में अपना साहित्य दूसरे देशों की भाषाओं में और दूसरों का साहित्य अपनी भाषा में अनूदित करने का काम बहुत ही तत्परता और लगन से किया जाने लगा है।

१४.२. साहित्य में अनुवाद का स्थान

एक बात और है। किसी भाषा के साहित्य की शोभा मौलिक ग्रन्थों से तो होती ही है पर अनुवाद भी उसकी श्रीवृद्धि में कम सहायक नहीं होते। आज अँगरेजी भाषा का साहित्य अपनी मौलिक रचनाओं के कारण तो इतना उन्नत और आदरणीय है ही, अपने अनुवादों के कारण भी वह कम विशाल और सम्मान्य नहीं। अँगरेजी भाषा में संसार भर की प्रायः सभी भाषाओं के उपादेय ग्रन्थों के अनुवाद मिलते हैं। यदि आप संसार के किसी भी कोने की भाषा के किसी अच्छे ग्रन्थ का अध्ययन करना चाहें, तो बहुधा आपको अँगरेजी का ही आश्रय लेना होगा। प्राचीन मिस्र, फोनीशिया, चीन, यूनान या मध्य अमेरिका की दो-चार हजार बरस पहलेवाली भाषाओं का ज्ञान प्राप्त करना तो हर आदी का काम नहीं; पर अँगरेजी की सहायता से सब लोग उन भाषाओं में रचित साहित्य तक पहुँच सकते हैं। अँगरेजी साहित्य की यही विशेषता बहुत से लोगों को अँगरेजी सीखने में प्रवृत्त करती हैं। जब हम सुनते हैं कि बँगला या मराठी में उच्चकोटि के बहुतेरे ग्रन्थ हैं, तब हम भी बँगला-मराठी का कुछ ज्ञान प्राप्त करने का प्रयत्न करते हैं। इस प्रकार अच्छा साहित्य और अच्छे अनुवाद भाषा के प्रचार में भी बहुत सहायक होते हैं।

अनुवादों में एक बात और होती है। हम पहले बतला चुके हैं कि प्रत्येक भाषा की एक स्वतन्त्र प्रकृति तथा शैली होती है और उसमें भाव-व्यंजन की कुछ विशिष्ट प्रणालियाँ होती हैं। उदाहरणार्थ अँगरेजी की एक प्रसिद्ध कहावत है—He can do who thinks he can do. हिन्दी में इसका अनुवाद तभी ठीक होगा, जब कहा जाएगा—'वही कोई काम कर सकता है, जो यह समझता है कि मैं इसे कर सकता हूँ।' पर आज-कल के अधिकतर अनुवादक इसका अनुवाद करेंगे—'वही कोई काम कर सकता है, जो यह समझता है कि वह कर सकता है।' पर इसमें का 'वह कर सकता है' हिन्दी की प्रकृति के विरुद्ध होने के सिवा भद्दा और भ्रामक भी है। इसके अतिरिक्त भिन्न-भिन्न विषयों के ग्रन्थों में कुछ विशिष्ट प्रकार के भाव तथा उनके व्यंजक शब्द होते हैं। अब हम दूसरी भाषाओं के ग्रन्थों के अनुवाद करते हैं, तब प्रायः हमें बहुत से नए शब्द गढ़ने पड़ते हैं और भाव-व्यंजन के कुछ नए प्रकार भी लेने पड़ते हैं। साधारणतः अनुवाद का अभ्यास लेखक बनने की पहली सीढ़ी का काम देता है। जो लोग स्वभावतः प्रतिभाशाली हों उनकी बात छोड़ दीजिए। पर साधारण लोग जब साहित्य-क्षेत्र में आना चाहते हैं, तब उन्हें पहले प्रायः अनुवाद से ही आरम्भ करना पड़ता है। आज-कल साहित्य-क्षेत्र में प्रवेश करने के लिए मुख्य द्वार पत्रकारिता का भी है; पर वहाँ भी लोगों को आरम्भ में अधिकतर अनुवाद ही करने पड़ते हैं। अच्छे ग्रन्थों का अनुवाद

करने से उत्तम रचना-शैली के बहुत-से तत्त्वों का ज्ञान अनायास हो ही जाता है। अतः इस दृष्टि से भी अनुवादों का महत्त्व कुछ कम नहीं है।

१४.३. अनुवाद का सौन्दर्य

अनुवाद वस्तुतः वही अच्छा होता है जिसमें मूल की सब बातें ज्यों-की-त्यों आ जाए। न तो मूल की कोई बात छूटने पाए और न बिगड़ने पाए। जिस अनुवाद में मूल के भावों का अंग-भंग हुआ हो या उसका विकृत अथवा अस्पष्ट रूप उपस्थित किया गया हो, वह कभी अच्छा अनुवाद नहीं कहा जा सकता। अनुवाद में, दूसरा गुण यह होना चाहिए कि वह कहीं से अनुवाद न जान पड़े—सब प्रकार से मूल का ही आनन्द दे। उक्त दोनों गुणों में से पहला गुण उस भाषा के ठीक-ठीक ज्ञान पर आश्रित है, जिससे अनुवाद किया जाता है; और दूसरा गुण उस भाषा की प्रकृति या स्वरूप के उत्कृष्ट ज्ञान से प्राप्त होता है जिसमें अनुवाद किया जाता है। जहाँ इन दोनों में से किसी बात की कमी होती है, वहीं अनुवाद अशुद्ध, अस्पष्ट या भद्दा हो जाता है। यदि हम कोई अनुवाद पढ़कर मूल का ठीक-ठीक आशय और भाव तो समझ लें पर यह न समझ सके कि यह अनुवाद किस भाषा से किया गया है, तो हमें मानना पड़ेगा कि यह अनुवाद सचमुच बहुत अच्छा हुआ है और नहीं तो नहीं।

हमारे यहाँ के अधिकतर अनुवादक जब अनुवाद करने बैठते हैं, तब मानो वे स्वयं अपनी भाषा की प्रकृति की सत्ता या स्वरूप बिल्कुल भूल जाते हैं। जिस भाषा से वे अनुवाद करने बैठते हैं; वही भाषा उन्हें जिधर बहा ले जाती है, उधर ही वे बह जाते हैं। पग-पग पर ऐसे अनुवादों की दुर्बलता प्रकट होती है। पर जिन लोगों को अपनी भाषा पर पूरा-पूरा अधिकार होता है और जो उसकी प्रकृति से पूर्ण परिचित होते हैं, वे कभी दूसरों के प्रभाव में नहीं पड़ते। अँगरेजी में संसार भर की प्रायः सभी भाषाओं के ग्रन्थों के अनुवाद हुए हैं। पर ऐसा कोई अनुवाद देखकर आप सहसा यह भी नहीं कह सकते कि यह किस भाषा से अनूदित है। उसकी वाक्य-रचना और क्रिया-प्रयोग, मुहावरे, भाव-व्यंजन की प्रणालियाँ आदि सभी स्वतन्त्र और अपनी होती हैं। और यही वे सब तत्त्व हैं जो किसी अनुवाद की उत्तमता प्रकट करते हैं।

१४.४. शब्दार्थ और भावार्थ

अनुवाद करते समय लोग प्रायः सबसे बड़ी भूल यह करते हैं कि वे मूल के शब्द और शब्दार्थों पर ही सबसे अधिक ध्यान रखते हैं; भावार्थ उनकी दृष्टि के सामने प्रायः आने ही नहीं पाता। वे शब्दों के स्थान पर शब्द और वाक्यों के स्थान पर वाक्य रखते चलते हैं। इस प्रकार की भूल का एक सबसे बढ़कर विलक्षण और हास्यास्पद प्रयोग उत्तरप्रदेश के सरकारी गजट के हिन्दी संस्करण के मई १९४८ के अंक में देखने आया था। अँगरेजी के प्रसिद्ध शब्द (Transferece) के मुख्यतः दो अर्थ होते हैं। इनमें से एक तो सम्पत्ति आदि से सम्बद्ध है, जिसके लिए हिन्दी का 'हस्तान्तरण' शब्द प्रचलित हैं। दूसरा कर्मचारियों आदि की बदली से सम्बद्ध है, जिसके लिए हिन्दी शब्द है—स्थानान्तरण। पर इस अन्तर का ध्यान रखे बिना सरकारी गजट में प्रायः प्रकाशित होता था—'अमुक स्कूल की अध्यापिका श्रीमती (अथवा कुमारी) ..... देवी अमुक स्कूल में हस्तान्तरित कर दी गई। हम यह नहीं जानते कि

किसी देवी ने अपने इस प्रकार हस्तान्तरित किए जाने का विरोध किया था या नहीं; पर यह प्रयोग था बहुत ही आपत्तिजनक। एक प्रतिष्ठित दैनिक पत्र में पढ़ा था—'स्वदेशीय वस्त्रालय के नाम और ढंग पर कपड़े का व्यापार आरम्भ किया।' इस वाक्य का 'ढंग' शब्द विशेष ध्यान देने योग्य है जो अँगरेजी के 'स्टाइल' (Style) शब्द का बिना समझे-बूझे किया हुआ अनुवाद है। यह ठीक है कि 'स्टाइल' का एक अर्थ 'ढंग' या 'शैली' होता है; परन्तु इसका एक और अर्थ होता है। वह अर्थ है—किसी व्यक्ति, परिवार या व्यापारिक संस्था आदि का निजी और सर्वमान्य नाम। अँगरेजी में यह शब्द इस अर्थ में बहुत अधिकता से प्रयुक्त होता है। अँगरेजी के जिस वाक्य का उक्त अनुवाद किया गया था उसमें 'स्टाइल' शब्द इसी अन्तिम अर्थ में आया था। परन्तु अनुवादक महोदय ने तत्त्व समझे बिना 'स्टाइल' की जगह सीधा-सादा 'ढंग' शब्द रख दिया जिसका उस प्रसंग में कुछ भी अर्थ नहीं होता था। एक समाचार-पत्र में देखा था, 'पुलिस ने जौहरियों की दुकान से दो लाख पाउण्ड के कीमती पत्थर बरामद किए।' इसमें का 'कीमती पत्थर' अँगरेजी के Precious stone का अविकल अनुवाद था। होना चाहिए था—जवाहिरात। एक पत्र में छपा था—'लौह हस्त से इन प्रवृत्तियों का दमन होना चाहिए।' इसमें का 'लौह-हस्त अँगरेजी के Iron hand का अविकल अनुवाद है, और केवल हिन्दी जाननेवाले की समझ में आने योग्य है। इसी से मिलता-जुलता वाक्य है 'कांग्रेस बनाम लीग की स्थिति खतरनाक है। अदालती मुकदमों में तो Versus की जगह 'बनाम' आता है पर उक्त वाक्य में 'बनाम' से कुछ भी अर्थ नहीं निकलता। एक समाचार-पत्र में एक नई दवा के विषय में निकला—'एक सौ से ऊपर मामलों में इसका प्रयोग बिल्कुल सफल रहा है।' इसमें का 'मामलों' अँगरेजी के Cases का अनुवाद था। पर दवा का प्रयोग 'मामलों में' नहीं, बल्कि 'रोगियों पर' होता है। ऐसे ही अनुवादकों को अँगरेजी में Red tape शब्द दिखाई देता है, तब वे 'लाल फीता' लिखकर आगे बढ़ते हैं। वे यह सोचने की आवश्यकता नहीं समझते कि Red tape का मूल, परम्परा और आशय क्या है ! यह सोचने की भी वे आवश्यकता नहीं समझते कि हमारे पाठकों की समझ में 'लाल फीता' का कुछ अर्थ आएगा या नहीं; और वे 'लाल फीता' के व्यवहार या प्रयोग से परिचित भी हैं, या नहीं। अपने यहाँ के शब्दों का न तो उन्हें पूरा-पूरा ज्ञान होता है और न वे अपने ज्ञात शब्दों का ठीक तरह से उपयोग करना ही जानते हैं। अपने यहाँ की 'दीर्घसूत्रता' तो उन्हें दिखलाई नहीं देती; इसलिए वे 'लाल फीता' ही नहीं बल्कि 'लाल फीतापन' तक ले आते हैं। In near future देखते ही वे 'निकट भविष्य में' लिख जाते हैं, 'शीघ्र या जल्दी ही' पर उनका ध्यान ही नहीं जाने पाता। किसी समय बँगला से अनुवाद करते समय लोग 'अनतिदूरे' की जगह 'अनतिदूर पर' लिख जाते थे; पर अपने यहाँ का 'पास' या 'निकट' उन्हें दिखाई ही नहीं देता था।

अँगरेज अपने देश इंगलैंड और अपने महादेश यूरोप को संसार का केन्द्र मान कर एशिया को 'पूर्व' मानते हैं। यहाँ तक तो ठीक ही है; क्योंकि एशिया है ही यूरोप के पूर्व में। वे लोग इस पूर्व के प्रायः तीन भाग करते हैं—Near East, Middle East और Far East और हम भी उन्हीं का अनुकरण करते हुए निकट पूर्व, मध्य पूर्व और सुदूर पूर्व का प्रयोग कर चलते हैं। इम यह नहीं सोचते कि जो प्रदेश उनके लिए 'निकट पूर्व' है, वह हमारे लिए 'सुदूर पश्चिम' और उनका 'सुदूर पूर्व' हमारे लिए 'निकट पूर्व' है। हमारी समझ में उक्त तीनों शब्दों के स्थान पर क्रमात् पश्चिमी एशिया, मध्य एशिया और पूर्वी एशिया का प्रयोग होना चाहिए। हमें अपने देश और अपने महादेश को केन्द्र मानकर चलना चाहिए, इंगलैंड

या यूरोप को केन्द्र मानकर नहीं।[१] इस प्रकार के अनेक प्रयोग हमारी भाषा का स्वरूप विकृत तथा भ्रष्ट तो करते ही हैं, इसके अतिरिक्त ये अधिकतर हिन्दी पाठकों के लिए या तो निरर्थक होते हैं या भ्रामक।

हमारे लिए यह गौरव की बात है कि हमारे यहाँ के अधिकतर आरम्भिक अनुवादक अनेक दृष्टियों से अच्छे ही थे। उस समय के अनुवादकों को उन भाषाओं का भी अच्छा ज्ञान होता था, जिनसे वे अनुवाद करते थे; और अपनी भाषा पर भी उनका अच्छा अधिकार होता था। बल्कि भाषा के तो वे पथ-प्रदर्शक ही थे, अतः उनके अनुवाद बहुत-कुछ निर्दोष होते थे। पर आगे चलकर जब उनकी देखा-देखी अनुवादकों की बाढ़ आने लगी, तब धीरे-धीरे अवस्था भी बिगड़ने लगी। इधर कुछ दिनों से हमने भाषा की ओर ध्यान देना बिल्कुल छोड़ दिया और अनुवाद्य ग्रन्थ का ठीक-ठीक आशय समझने की ओर भी विशेष ध्यान नहीं दिया। परिणाम यह हुआ कि प्रायः भ्रष्ट, भद्दे और अशुद्ध अनुवादों से ही हमारा साहित्य भरता रहा।

१४.५ बँगला से अनुवाद की भूलें

अनुवादों का आरम्भ हमने बँगला से किया था। अतः हम पहले बँगला से हुए अनुवादों में ही दिखाई देनेवाली कुछ भूलों का निर्देश करना चाहते हैं। आज-कल हिन्दी में बँगला के बहुत-से नाटकों और उपन्यासों के जो अनुवाद मिलते हैं, उन्हें देखने से साधारणतः यही धारणा होती है कि अनुवादक न तो बँगला ही अच्छी तरह जानते हैं, न हिन्दी। वे यह बात बिल्कुल भूल जाते हैं कि अनुवादक को उस भाषा का अच्छा ज्ञान होना चाहिए, जिस भाषा में वह अनुवाद करने बैठा हो। साथ ही उस भाषा पर भी पूरा अधिकार होना चाहिए, जिसमें वह अनुवाद करने लगा हो। किसी भाषा का वर्ण-परिचय से कुछ ही उत्कृष्ट ज्ञान प्राप्त करके और अपनी भाषा बिना अच्छी तरह सीखे यदि हम अनुवाद करने बैठेंगे तो क्या दशा होगी? वही न ! जो इस समय दिखाई दे रही है।

बँगला का एक साधारण शब्द लीजिए 'मा'। यह विशुद्ध संस्कृत का शब्द है, जिसका अर्थ है—माता[२]। ठीक उच्चारण की दृष्टि से हमारे यहाँ इस शब्द में आकार की मात्रा पर अर्द्ध-चन्द्र भी लग गया है; और उसका रूप हो गया है—माँ। बँगला में 'मा' का प्रयोग 'माता' के अतिरिक्त अन्यान्य आदरणीय स्त्रियों के लिए भी प्रयुक्त होता है; जैसे—मासी मा, पिशी मा, ठाकुर मा आदि। यहाँ तक कि कन्याओं और बहुओं के लिए भी यह 'मा' प्रयुक्त होता है। वे अपनी बेटी को भी सम्बोधित करते समय कहते हैं—'मा आमार और बहुओं' के लिए भी 'बौ मा' (बहू मा) का प्रयोग करते हैं। सम्भवतः उनका यह प्रयोग 'मा' के लक्ष्मी या देवीवाले अर्थ पर आश्रित होता है। पर हम हिन्दीवाले बड़ी और मातृ-स्थानीय

१. हर्ष का विषय है कि भारत सरकार का ध्यान इस तत्त्व की ओर आकृष्ट हुआ है, और उसने १९५६ के आरम्भ में एक घोषणा के द्वारा अपना यह निश्चय प्रकट किया है कि भविष्य में सरकारी कागज-पत्रों में पश्चिमी एशिया, मध्य एशिया, और पूर्व एशिया सरीखे पदों का ही प्रयोग किया जाएगा।

२. संस्कृत में 'मा' लक्ष्मी को कहते हैं। यथा—

स्त्रियों के लिए तो 'माँ' शब्द का प्रयोग करते हैं परन्तु वय या अवस्था में अपने बराबर की या छोटी तथा कन्याओं, बहुओं और बालिकाओं के लिए इसका प्रयोग नहीं करते। हमारे यहाँ उक्त शब्द के 'माँ' वाले रूप में बँगलावाला अतिरिक्त अर्थ नहीं है। पर कुछ अनुवादक यह तत्त्व और अन्तर न समझकर अनुवाद के समय माता या पिता तक के मुँह से लड़की के लिए 'मा' की जगह अपनी भाषा के शब्द 'माँ' का प्रयोग कराके स्वयं तो हास्यास्पद बनते ही हैं, अपनी भाषा को भी हास्यास्पद बनाते हैं।

जान पड़ता है कि बँगला में भी उक्त अवसरों पर 'मा' कदाचित् 'लक्ष्मी' वाले अर्थ में ही प्रयुक्त होता है। बंगाल में 'लक्ष्मी' शब्द का विशेष रूप में प्रचार है। बंगाली इसका उच्चारण 'लक्खी' या 'नक्खी' करते हैं वे 'लक्खी मा' और 'लक्खी बौ' (बहू) तो कहते ही हैं; 'लक्खी छेमे; (लड़का) तक उसी तरह कहते हैं, जिस तरह पंजाबी लोग लड़कों को 'बीबा' (बीबी का पुल्लिंग रूप) राजा' कहते हैं। ऐसे अवसरों पर 'लक्खी' और 'बीबा' का अर्थ होता है—बहुत अच्छा और उसका व्यवहार बहुत-कुछ उसी रूप से होता है, जिस रूप से हमारे यहाँ 'राजा बेटा' और 'रानी बेटी' में 'राजा' या 'रानी' का होता है। अतः हम समझते हैं कि बंगला में बेटी या बहू के लिए 'मा' का प्रयोग होता है। वह 'लक्ष्मी' के अर्थ में ही होता है; 'मा' अर्थात् माता के अर्थ में नहीं।

बँगला एक शब्द है 'जांला' या 'जाङ्ला' जो हिन्दी के 'जँगला' का ही रूपान्तर है। परन्तु इस शब्द के हिन्दी और बँगला अर्थों में भेद है। हमारे यहाँ लोहे आदि के छड़ों की उस पंक्ति को जँगला कहते हैं, जो खिड़कियों या बरामदों आदि में लकड़ी के चौखटे में जड़ी होती है। हम जिसे जँगला कहते हैं, वह स्थिर और अपने स्थान पर दृढ़ता से जड़ा हुआ होता है। परन्तु बँगला में 'जांला' खिड़की मात्र को कहते हैं, फिर चाहे उसमें लोहे के छड़ लगे हों चाहे काठ के दिल्ले या तख्ते। हम जिस तरह खिड़की खोलते और बन्द करते हैं, उसी तरह बंगाली 'जांला' खोलते और बन्द करते हैं। पर हम यह अन्तर समझे बिना लिख चलते हैं।—'वह दरवाजे-जँगले बन्द करने लग गई।' वस्तुतः यहाँ 'जँगले' की जगह 'खिड़कियाँ' होना चाहिए।

बँगला 'खयाल' का रूप होता है—खेयाल। हम जिन अर्थों में 'खयाल' शब्द का प्रयोग करते हैं, उन अर्थों में तो बँगलावाले उसका प्रयोग करते ही हैं, उनके अतिरिक्त कुछ और अर्थों में वे उसका प्रयोग करते हैं। 'स्वप्न', 'प्रलाप' और 'प्रिय उद्देश्य' आदि के अर्थों में भी बँगला के 'खेयाल' शब्द प्रयुक्त होता है। इस 'खयाल' शब्द से हम लोग जो 'खयाली' शब्द बनाते हैं, वह हमारे यहाँ केवल विशेषण रूप और 'कल्पित' के अर्थ में प्रयुक्त होता है। जैसे—खयाली पुलाव। पर बँगला में 'खेयाली' विशेषण के रूप में प्रयुक्त होने के अतिरिक्त विशिष्ट अर्थों में संज्ञा की भाँति भी प्रयुक्त होता है। उसमें 'खेयाली' का एक विशिष्ट अर्थ होता है—मनमौजी। किन्तु इस बात का विचार किये बिना ही हम हिन्दी में 'खयाली' शब्द ज्यों का त्यों ले लेते हैं, चाहे पाठकों की समझ में उसका कुछ भी अर्थ न आवे। हमारे यहाँ 'हाजिर' शब्द-का अर्थ होता है—'बड़े के सामने जो उपस्थित हुआ है।' पर बँगला में इसके अर्थ में बड़े-छोटे का विचार नहीं होता' और उसका अर्थ होता है केवल—उपस्थित या विद्यमान। पर यह अन्तर समझे बिना एक अनुवादक ने लिखा थे—'इतने में गुरुदेव आकर हाजिर हुए। उनकी समझ में न आया कि हिन्दीवालों की दृष्टि में यह 'गुरुदेव का हाजिर' होना कितना हास्यास्पद प्रयोग है !

बँगला से बिना समझे-बूझे और आँख बन्द करके किये जानेवाले अनुवाद का एक बढ़िया नमूना एक उपन्यास में इस रूप में मिला था—उसने मुड़की का फलाहार किया। पहली बात तो यह है कि लेखक ने यह बँगला का 'मुड़की' शब्द ज्यों-का-त्यों ले लिया था। 'मुड़की' वास्तव में गुड़ के शीरे में पगे हुए धान के लावे को कहते हैं। हमारे यहाँ धान के लावे के लिए भी और साथ ही शीरे में पगाकर तैयार किये हुए उसके रूप के लिए भी 'लाई' शब्द है। खैर, यह तो शब्द ज्ञान की बात हुई ! पर समझने की बात यह थी कि धान के लावे अथवा उसके और किसी रूप के लिए 'फलाहार' शब्द का प्रयोग कैसे हो सकता है ! धान की गिनती तो अन्नों में होती है, फलों में नहीं। वास्तव में बात यह है कि अनुवादक को 'फलाहार' का धोखा बँगला के 'फलार' शब्द के कारण हुआ था। जब दूध में धान का लावा या इसी तरह की और कोई चीज डालकर उसे कुछ देर तक फुलाते हैं, तब उसका जो रूप तैयार होता है, उसे बँगला में 'फलार' कहते हैं। यह शायद 'फूलना' या 'फुलाना' से बना है अनुवादक ने इसी 'फलार' शब्द को 'फलाहार' का रूप देकर मानो अर्थ का अनर्थ कर डाला था।

इसी प्रकार का एक और उदाहरण है—'सब ने खूब मजे लिए'। बँगला में 'मजा' प्रायः मजाक के लिए प्रयुक्त होता है। होना चाहिए था—'सब ने खूब दिल्लगी उड़ाई' पर अनुवाद हो गया—'सब ने खूब मजे लिए।' इसी प्रकार कोई लिखता है—'एक ही छाक में सूखकर आधा हो गया' और कोई लिखता है—'एक छाक दाल-भात राँधने में कुछ तकलीफ न होगी।' यह 'छाक' क्या है ? हमारे अज्ञान और लापरवाही का नमूना ! इसी प्रकार कहीं लिखा मिलता है—'इस घर में रहना पुसाएगा नहीं'; कोई लिखता है—'सत्य सूख उठता है', और कोई लिखता है—'रक्त बह उठता है'! तात्पर्य यह कि अनुवाद करते समय हम संज्ञाएँ ही ज्यों-का-त्यों नहीं ले लेते, बल्कि क्रियाएँ, क्रिया-प्रयोग और मुहावरे भी ज्यों-के-त्यों ले लेते हैं। इस दूषित प्रवृत्ति का सदा के लिए अन्त होना चाहिए।

१४.६. अँगरेजी से अनुवाद की भूलें

काल-क्रम के विचार से अनुवाद के क्षेत्र में बँगला के बाद अँगरेजी का स्थान आता है। आज-कल अँगरेजी से अनुवाद की मात्रा बहुत बढ़ चली है। अँगरेजी ग्रन्थों के तो अनुवाद होते ही हैं; पर उनसे कहीं अधिक अँगरेजी का अनुवाद होता है—समाचार-पत्रों में समाचार स्तम्भों में; और उससे कुछ कम मात्रा में लेखों और टिप्पणियों के स्तम्भों में। ऐसा होना स्वाभाविक भी है। अधिकतर समाचार पहले अँगरेजी में ही मिलते हैं। संसार भर के बहुत बड़े-बड़े लोग भी अपने विचार अँगरेजी में ही प्रकट करते हैं। और उन सबसे पाठकों को परिचित कराना सम्पादकों का कर्तव्य होता है। हर्ष का विषय है कि इस कर्तव्य का पालन बहुत तत्परतापूर्वक किया जाता है। पर इसके साथ जो एक और कर्तव्य लगा है, उसकी ओर ये लोग आँख उठाकर देखने की भी जरूरत नहीं समझते। यह दूसरा कर्तव्य है—समझ-बूझकर और बिल्कुल ठीक अनुवाद करना। जहाँ दूसरे कर्तव्य का पालन नहीं होता, वहाँ पहले कर्तव्य का पालन निरर्थक ही नहीं, बल्कि कभी-कभी अनर्थक भी हो जाता है। आज-कल के बहुत से अनुवाद प्रायः ऐसे होते हैं, जिनका या तो कुछ भी अर्थ नहीं निकलता या कुछ का कुछ अर्थ निकलता है। 'आप अपनी यदि ऊँची तनख्वाह या ऊँचे पद से स्मृति नहीं छोड़ सकेंगे' एक अँगरेजी वाक्य का ऐसा अनुवाद है, जिसका हिन्दी वाक्य रचना के विचार से न तो कुछ अर्थ है, न हो सकता है। ऐसा अनुवाद करने से तो शायद

न करना कहीं अच्छा होगा। हिन्दी वाक्य-रचना के अनुसार यह वाक्य तभी ठीक और सार्थक होगा, जब इसका रूप होगा—'आप अपनी ऊँची तनख्वाह या ऊँचे पद के कारण ही अपनी स्मृति नहीं छोड़ जाएँगे।'

'बाक्स आफिस को घायल करने के लिए जो फिल्में बनाई जाती हैं....।' इसमें to hit box offices का कितना गन्दा अनुवाद है।

अँगरेजी का एक पद है to be patient with जिसका अर्थ होता है—किसी के उद्धत या अनुचित व्यवहार पर भी शान्त रहना, गम खाना, तरह दे जाना आदि। अँगरेजी के एक वाक्य में इसका प्रयोग been patient के रूप में हुआ था। हिन्दी के एक पत्रकार ने बिना समझे-बूझे उस वाक्य का इस प्रकार अनुवाद करके रख दिया था—'राष्ट्रपति रुजवेल्ट श्री विन्स्टन चर्चिल के 'मरीज' हैं। Patient शब्द दिखाई पड़ा और उसका सीधा-सादा अर्थ 'मरीज' करके रख दिया ! ठीक इसी प्रकार का अनुवाद था, जिसमें अमेरिकनों के एक हवाई हमले (फरवरी '४५) का उल्लेख था। उसमें लिखा था—इवोजिमा टापू पर जो ज्वालामुखी पर्वत में है....,।' मूल में Voleanoes शब्द था, जो वस्तुतः प्रशान्त महासागर के एक द्वीप-पुंज का नाम है। परन्तु पत्रकार महोदय ने उसका सीधा-सादा अर्थ 'ज्वालामुखी पर्वत' करके रख दिया था। उन्होंने यह सोचने की आवश्यकता नहीं समझी कि ज्वालामुखी में टापू कैसे हो सकता है। एक कोष में eall money का अर्थ दिया था—'मँगनी का रुपया।' उसी में agnate का अर्थ दिया था—'पितृ पक्ष सम्बन्धी', जिससे भ्रम होता था कि शब्द विशेषण है और इसका अर्थ है—पितृ-पक्ष (आश्विन कृष्ण पक्ष) से सम्बन्ध रखनेवाला। वस्तुतः होना चाहिए था—सगोत्र या सपिण्ड। एक समाचार-पत्र में लिखा था—'वर्तमान स्थिति असम्भव है।' स्थिति वर्तमान भी है और असम्भव भी। यह अक्षर की जगह अक्षर और शब्द की जगह शब्द बैठाने की उस दूषित प्रवृत्ति का परिणाम है, जो वस्तुस्थिति या ठीक आशय की ओर हमारा ध्यान जाने ही नहीं देती। उक्त वाक्य के स्थान पर होना चाहिए था—'वर्तमान स्थिति अधिक समय तक नहीं चल सकती।' यदि यही प्रवृत्ति बनी रही तो लोग जल्दी ही अपनी भाषा का स्वरूप इतना अधिक विकृत कर देंगे कि वह जन-साधारण की पहचान और समझ के बाहर हो जाएगी।

एक बार जब बँगाल के एक मुख्यमंत्री ढाके का दंगा शान्त करने के लिए वहाँ गए थे, तब उनकी flying visit के सम्बन्ध में एक पत्र में लिखा था—'वे हवाई जहाज से ढाके गए थे।' एक समाचार-पत्र में छपा था—'लीग अपना चमड़ा बचाना चाहती है। यह 'चमड़ा बचाना' अँगरेजी के save skin का अनुवाद है, जिसका हिन्दीवाले कुछ भी अर्थ नहीं समझते। एक समाचार-पत्र में छपा था—'एक नवयुवक ने जब कि वह अपनी कार जनरल पोस्ट आफिस के पास खींच रहा था', अँगरेजी के pulling up की अनुवाद था, जिसका अर्थ होता है—चलती हुई गाड़ी आदि को रोककर ठहराने का प्रयत्न करना। कुछ दिन पहले दिल्ली के अखिल भारतीय रेडियो के सरकारी प्रचार-विभाग की ओर से देश का उत्पादन बढ़ाने के सम्बन्ध में कुछ बातें कही गई थीं। उसमें oil seeds की जगह 'तेलहन' के बदले 'तेल के बीज' पद का प्रयोग किया गया था ! मानो 'तेल' भी फल-फूल का कोई पौधा हो। कैंची में दो फल होते हैं, इसलिए अँगरेजी में उसे pair of scissors कहते हैं। एक समाचार-पत्र में निकला था—'वहाँ ६००२ छुरे और २००० जोड़े कैंचियों के पकड़े गए।' पर अनुवादक ने यह न सोचा कि हमारे यहाँ कैंचियाँ ही होती हैं, कैंचियों के जोड़े नहीं होते। पहले महायुद्ध के समय कलकत्ते के समाचार-पत्र में पढ़ा था—'अब रूस की तरफ से भूरे भालू लड़ने के

लिए आ रहे हैं। यह समाचार हम पहले अँगरेजी समाचार-पत्रों में पढ़ चुके थे, इसलिए रहस्य सहज में खुल गया। अँग्रेजी में 'ग्रे बियर्ड्स' (grey beards) था, जिसका अर्थ होता है—अधपके बालोंवाले या अधेड़ आदमी वास्तव में संवाददाता यह बतलाना चाहता था कि अब रूस में युवकों की इतनी कमी हो गई है कि वहाँ की फौज में अधेड़ और पके हुए बालोंवाले लोग दिखलाई देने लगे हैं। पर अनुवादक महोदय ने 'ग्रे' (Grey) का तो अर्थ 'भूरा' कर दिया था और 'बियर्ड्स' (Beards) को कदाचित् प्रेस के भूतों की कृपा समझकर या जल्दी में 'बियर्स' (Bears) पढ़ लिया था और उसका अनुवाद कर दिया था 'भालू'; बस, 'भूरे भालू' लड़ाई के मैदान में आ डटे !

एक बार एक सज्जन की अनूदित हस्तलिखित प्रति में देखा था—'शाकल उन दिनों मदरास की राजधानी थी।' उल्लेख था आज से प्रायः दो हजार वर्ष पहले के पंजाब का। समझ में न आया कि कहाँ पंजाब का शाकल (आधुनिक स्यालकोट) और कहाँ मदरास ! फिल आज से दो हजार वर्ष पहले मदरास था ही कहाँ ! प्रसंग चल रहा था मद्रों का, जो उन दिनों पंजाब में एक प्रबल राष्ट्र के रूप में रहते थे। पर अनुवादक महोदय ने अँगरेजी में मद्र का बहुवचन 'मद्राज़' (Madras) देखकर यह सोचने की आवश्यकता न समझी की कि जिक्र तो चल रहा है मद्रों का; फिर क्यों न उसे 'मद्र' शब्द का अँगरेजी बहुवचन रूप माने। उनके सामने मदरास का विस्तृत प्रदेश वर्तमान था, अतः उन्होंने लिख दिया—शाकल उन दिनों मदरास की राजधानी थी।

एक सज्जन ने अँगरेजी की एक ऐसी पुस्तक का अनुवाद किया था, जिसमें प्राचीन भारतीय संस्कृति की कुछ बातें थीं। उस अनुवाद में छपा था—श्वेत यजुर्वेद और श्याम यजुर्वेद। वास्तविक नाम है शुक्ल यजुर्वेद और कृष्ण यजुर्वेद। अँगरेजी लेखक ने तो अपने हिसाब से इनका ठीक अनुवाद कर रखा था—ह्वाइट यजुर्वेद ऐण्ड ब्लैक यजुर्वेद (White Yajurveda & Black Yajurveda)। परन्तु अनुवादक महोदय को अपने घर की तो कोई खबर थी ही नहीं; इसलिए उन्होंने 'शुक्ल यजुर्वेद' को 'श्वेत यजुर्वेद' और 'कृष्ण यजुर्वेद' को 'श्याम यजुर्वेद' बनाकर काम चलता किया ! इसी कोटि के एक और सज्जन का अँगरेजी के किसी पुरातत्व-सम्बन्धी मासिक पत्र में कश्मीर के प्रसिद्ध संस्कृत कवि 'जल्हण' के सम्बन्ध में एक लेख पढ़ा था। उसका अनुवाद आपने कुछ इस ढंग से किया था कि लोग समझें कि हमारी बिल्कुल मौलिक और नयी खोज है। परन्तु सारा भंडा स्वयं कवि के नाम ने ही फोड़ दिया। अँगरेजी 'जल्हण (Jalhans) लिखा हुआ देखकर आपने उसे 'जालहंस' पढ़ लिया और लेख में जगह जगह 'जालहंस' की भरमार कर दी। स्व० आचार्य चन्द्रधर जी गुलेरी ने उस समय एक मासिक पत्र में इसकी खूब दिल्लगी उड़ाई थी और लिखा था कि अब देखना है कि लेखक महोदय 'कालहंस' और 'बिलहंस' (वस्तुतः 'कल्हण' और 'बिल्हण') का पता कब लगाते हैं और उनके सम्बन्ध में कौन-कौन सी गवेषणापूर्ण बातें कहते हैं।

एक पुस्तक में एक जगह लिखा था—'उसने खान से बुर्ज उड़ा दिया। बात यह है कि अँगरेजी का 'माइन' (mine) शब्द उस खान के लिए तो प्रयुक्त होता ही है, जिसमें से खनिज द्रव्य खोदकर निकाले जाते हैं, पर वह उस 'सुरंग' के लिए भी प्रयुक्त होता है, जो किसी चीज को उड़ाने या उस चीज तक पहुँचने के लिए उसके नीचे जमीन के अन्दर, खोदी या लगाई जाती है। खिले का बुर्ज या और कोई हिस्सा सुरंग लगाकर उड़ाया जाता है। 'खान से बुर्ज उड़ा दिया' का तो कोई अर्थ नहीं होता। 'आपने काँग्रेस की त्रुटियों को नाटकीय ढंग से दुरुस्त कर दिया' में Dramatic का सीधा-सादा अनुवाद 'नाटकीय' करके रख दिया

गया है, हिन्दीवाले के लिए दुर्बोध अथवा निरर्थक होने के अतिरिक्त हास्यास्पद भी है।

लन्दन के एक समाचार-पत्र में उसके कलकत्तेवाले संवाददाता का भेजा हुआ इस आशय का एक समाचार छपा था कि शिमला-सम्मेलन की विफलता और भारत-व्यापी अन्न-वस्त्र संकट से चिन्तित होकर महात्मा गांधी अनशन करने का विचार कर हैं (अगस्त १९४५)। उस समाचार का हिन्दी के एक दैनिक पत्र में जो अनुवाद छपा था, उसके अन्त में था—'अभी इस समाचार की पुष्टि नहीं हुई है। यहाँ वाले इसकी पुष्टि कर रहे हैं। स्पष्ट है कि अनुवादक ने वह अनुवाद बिना कुछ समझे-बूझे कर डाला था। उसे सोचना चाहिए था कि (क) 'समाचार की पुष्टि का प्रयत्न' का अर्थ ही क्या है? (ख) कलकत्ते के समाचार की पुष्टि का लन्दन में प्रयत्न कैसा? जो जी में आया सो लिख दिया; अब उसका अर्थ आप जो चाहिए सो लगाते रहिए !

एक बार यात्रा करते समय किसी स्त्री को रेल में मरा हुआ बच्चा पैदा हुआ था। अँगरेजी समाचार-पत्रों में इसका जो समाचार छपा था, उसमें अँगरेजी मुहावरे के अनुसार 'स्टिल चाइल्ड' (Still child) लिखा था। पर एक अनुवादक ने उसका अनुवाद कर डाला—'शान्त बच्चा पैदा हुआ।' एक और सज्जन ने 'प्लेइग ऑन वीना' का अनुवाद किया था—'वह वीना पर खेल रही थी। एक सज्जन ने स्त्रियों को 'कोल्ड क्रीम' की जगह मुँह पर 'ठंडी मलाई' मलने की सलाह दी थी। एक समाचार पत्र में House breaker का अनुवाद छपा था—'मकान तोड़नेवाला'। होना चाहिए था—'सेंध लगानेवाला।' एक समाचार-पत्र में देखा था—'इंजन के बादवाला डब्बा टेलिस्कोप के चोंगे की तरह चकनाचूर हो गया।' इसमें का 'टेलिस्कोप के चोंगे की तरह....' अँगरेजी के telescopic का अनुवाद था। 'युरोपवाले रूस के प्रति यह ऋण कभी न भूलेंगे।' का क्या अर्थ है? मूल का वास्तविक आशय यह था कि युरोपवाले रूस का यह ऋण (बल्कि उपकार) कभी न भूलेंगे, पर अनुवादक ने सारा वाक्य निरर्थक कर दिया था। एक पत्र में छपा था—'अँगरेज भारत से चले जाने का प्रस्ताव करें।' वह जिस अँगरेजी वाक्य का अनुवाद है, उसका वास्तविक आशय है—अँगरेज भारत से चले जाने का दृढ़ विचार या निश्चय कर ले।

एक सज्जन ने एक अवसर पर लिखा था—चौदह हाथ का घोड़ा। उन्होंने अँगरेजी के 'हैंड' (Hand) शब्द का सीधा सादा अनुवाद 'हाथ' करके रख दिया। उन्हें यह नहीं मालूम था कि 'हैंड' अँगरेजी में चार इंची की एक नाप होती है' और घोड़ों की ऊँचाई नापने में उसका प्रयोग होता है। हमारे यहाँ उससे मिलता-जुलता 'मुट्ठी' शब्द है। कहते हैं—'यह घोड़ा बारह मुट्ठी का है।' अर्थात् बारह मुट्ठी ऊँचा है। पर अनुवादक जी ने 'चौदह हाथ' का घोड़ा बना डाला था।

एक और समाचार-पत्र में छपा था—अद्वितीय चन्द्रकान्त मणि उपलब्ध। समझ में न आया कि जो चन्द्रकान्त मणि कवियों और पुराणों की कोरी कल्पना है, वह उपलब्ध कहाँ से और कैसे हुई। परन्तु आगे उसका विवरण देखने पर पता चला कि यह भारतीय स्थापत्य की 'चन्द्रशिला' है, जिसका अनुवाद अँगरेजी में तो moonstone हो गया, पर अनुवादक महोदय ने उस moonstone को चन्द्रकान्त मणि बना डाला। प्राचीन प्रासादों आदि में सीढ़ियों के ठीक नीचे और सामने की ओर पत्थर का एक अर्द्ध-चन्द्राकार टुकड़ा शोभा के लिए लगाया जाता था, जिस पर कमलों, हंसों आदि की आकृतियाँ उत्कीर्ण होती थीं। पत्थर के इसी अलंकरण को 'चन्द्रशिला' कहते थे।

अँगरेजी के शब्दों और पदों का बिना समझे-बूझे अनुवाद करने और शब्द की जगह

शब्द रखने की प्रवृत्ति हिन्दी में इतनी बढ़ रही है कि इसके कारण हमें अन्य भारतीय भाषाओं के साहित्यकारों के सामने लज्जित होना पड़ता है। उदाहरणार्थ 'हंगर स्ट्राइक (Hunger strike) के लिए 'भूख हड़ताल' लिखने की प्रथा बहुत दिनों से चली आ रही है। कोई पूछे कि इस 'भूख हड़ताल' का अर्थ और आशय क्या है, तो शायद इसका कोई उत्तर न मिलेगा। इससे यही सूचित होता है कि न तो हम 'हंगर स्ट्राइक' (Hunger Strike) का ठीक-ठीक आशय ही समझते हैं और न उसके लिए अपने यहाँ के प्रचलित शब्द 'अनशन' से ही परिचित हैं। अब कुछ लोग इससे भी और आगे बढ़कर Hunger demonstration के लिए 'भूख-प्रदर्शन' का प्रयोग करने लगे हैं। यही बात 'सिक्योरिटी प्रिजनर' (Security Prisoner) के लिए चलनेवाले 'हिफाजती कैदी' की है। 'ह्वर्लविंड टूर' (Whirlwind tour) के लिए समाचार-पत्रों में प्रायः 'तूफानी दौरा' लिखा जाता है; पर 'ह्वर्लविंड का अर्थ है—चक्रवात; और आशय है—बवंडर की तरह बहुत जल्दी बहुत-से स्थानों पर चक्कर लगाना। तूफान तो सदा बहुत कुछ सीधा ही चलता है। उसमें चक्कर लगाने की कोई बात नहीं होती। अतः 'तूफानी दौरा' ठीक अनुवाद नहीं। एक समाचार-पत्र में कई जगह Informal visit का अनुवाद 'गैर-रस्मी मुलाकात' छपा था। 'भारतीय रसायन शास्त्र मंडल' का कोई अर्थ नहीं। होना चाहिए था—'भारतीय रासायनिक व्यापार-मंडल।' बहुत कुछ इसी कोटि में 'ब्लैक आउट' (Black out) के लिए प्रचलित 'चिराग-गुल' भी आता है। हमने 'ह्वाइट ऐण्टस' (White Ants) के लिए 'सफेद च्यूँटी' का प्रयोग भी देखा है, जिसकी जगह होना चाहिए—दीमक। एक स्थान पर Coloured races का अनुवाद देखा था—'बे-गोरा जातियाँ' होना चाहिए था—रंजित वर्णवाली अथवा केवल रंजित जातियाँ। 'बे-गोरा' तो un-white या non-white का भाव प्रकट करता है। एक जगह Kitchen garden का अनुवाद 'पाकशाला उद्यान' भी देखा था। एक सज्जन ने 'केप ऑफ गुड होप' (Cape of Good Hope) का अनुवाद किया था—'उत्तमाला अन्तरीप।' यदि ऐसा ही अनुवाद करना था तो इससे कहीं अच्छा अनुवाद होता—'सदाशा अन्तरीप।' 'बैक-ग्राउण्ड' (Background) के लिए हम अपने यहाँ के सीधे-सादे 'भूमिका' को छोड़कर उसका शाब्दिक अनुवाद 'पृष्ठभूमि' करते हैं और foodgrins का सीधा सादा 'अनाज' न कहकर 'खाद्यान्न' कहने लगे हैं। 'बर्थडे' (Birthday) का अनुवाद बहुत से लोग 'जन्म-दिवस और वर्ष-गाँठ' दोनों के लिए समान रूप से करते हैं पर इन दोनों के अन्तर पर ध्यान नहीं देते। वस्तुतः जन्म-दिवस तो बालक के जन्म का दिन होता है और उसकी गणना उसी दिन से आरम्भ होती है। पर वर्ष-गाँठ बालक के एक वर्ष के हो जाने पर होती है। जिस दिन किसी का ४०वाँ जन्म-दिन होता है, उस दिन उसकी ३९वीं वर्ष-गाँठ होती है। पर लोग भूल से उसी को ४०वीं वर्ष-गाँठ कह देते हैं।

'ट्रेड यूनियन' (Trade Union) के लिए हम लोग 'व्यापार-संघ' का प्रयोग करते हैं परन्तु यह नहीं समझते कि इस पद का अर्थ बिल्कुल उल्टा है। वस्तुतः 'ट्रेड यूनियन' कारीगरों और मजदूरों का संघ होता है, व्यापारियों का कारखानेदारों का नहीं। आज-कल कुछ लोग अँगरेजी के Voluntary Institution पद का अनुवाद, 'स्वयं-सेवी संस्थाएँ' करने लगे हैं जिसका अर्थ होगा—अपनी ही सेवा करने वाली संस्थाएँ। एक विश्वविद्यालय की ओर से परीक्षार्थियों के उपयोग के लिए बनी हुई सादी कापियों के आवरण पृष्ठ पर 'Fill up the following particulars' के नीचे उसका हिन्दी अनुवाद छपा था—'निम्नलिखित त्रुटियों को दूर करो।' कहाँ Particulars और कहाँ 'त्रुटियाँ ! Armistice के लिए हिन्दी में

'विराम-सन्धि केवल इसलिए चल पड़ा है, कि पहले किसी ने बिना सोचे-समझे इसका प्रयोग कर डाला, और यह न सोचा कि कहाँ 'Armistice' और कहाँ 'विराम-सन्धि'। और सब लोग उसी के पीछे चल पड़े। हमारे यहाँ इसके लिए बहुत प्राचीन शब्द है—'अवहार', जिसका प्रयोग महाभारत तक में हुआ है। कुछ लोग 'होस्टेज' (Hostage) के लिए 'जमानत' लिखते हैं, जो ठीक नहीं। इसके लिए हमारे यहाँ का ठीक शब्द है—ओल। विज्ञापनों के अन्त में लिखा जाता है—'परीक्षा प्रार्थनीय है'। और निमन्त्रण-पत्रों के अन्त में लिखा जाता है—'उपस्थिति प्रार्थनीय है'। 'प्रार्थनीय' का अर्थ है—'प्रार्थना किए जाने के योग्य', जिसकी संगति उक्त वाक्यों में किसी प्रकार नहीं बैठती। ऐसे अवसरों पर 'प्रार्थनीय' की जगह 'प्रार्थित' होना चाहिए। इस प्रकार के अशुद्ध अर्थवाले शब्द गढ़कर अपने दोहरे अज्ञान का ढिंढोरा पीटने में जितने सिद्धहस्त हम हिन्दीवाले हैं, उतने बंगला या गुजरातीवाले कदाचित् ही हों। हाँ, उन अफगानों की बात अलग है जो सिर के बाल काटनेवाले (हज्जाम) को 'सरतराश' कहते हैं और जिनके यहाँ हज्जामों की दूकानों के नाम-पटों पर Head cutter (सिर काटनेवाले) लिखा रहता है।

वास्तव में होता यह है कि जब हम अनुवाद करने बैठते हैं, तब कोई कठिन शब्द या पद सामने आने पर पहले चारों ओर यह देखने के लिए निगाह दौड़ाते हैं, कि कहीं इसका कोई गढ़ा-गढ़ाया हिन्दी पर्याय या किया-कराया अनुवाद मौजूद तो नहीं। यदि संयोग से वह मिल जाए या हमारे ध्यान में आ जाए, तो फिर हम यह सोचने की आवश्यकता नहीं समझते कि वह पर्याय ठीक है या गलत। हम यही समझकर उसे अपना लेते हैं कि अमुक सज्जन ने उसका प्रयोग किया है। और फिर जब हम यह देखते हैं कि उसका प्रयोग बड़े-बड़े धक्काड़ लेखक तथा सम्पादक तक धड़ल्ले से करते हैं, तब हम भी क्यों न करें। जब हमें कोई ऐसा गढ़ा-गढ़ाया पर्याय नहीं मिलता, तब हम मनमाना पर्याय गढ़कर आगे बढ़ते हैं। उसके औचित्य तथा अनौचित्य पर ध्यान देने की न तो हमें फुर्सत रहती है, न गरज। इसी अन्धाधुन्ध दौड़ में अँगरेजी पदों के लिए अच्छे-अच्छे पर्याय भी पीछे छूट जाते हैं। 'स्कॉर्च्ड अर्थ पालिसी' (Scorched earth policy) के लिए प्रयोग के एक पत्रकार का बनाया हुआ 'सर्वक्षार नीति' बहुत सुन्दर समानार्थी है। पर इसे हमने बहुत कम स्थानों में प्रचलित देखा है। हाँ, कुछ लोग इसकी जगह 'घर-फूँक नीति' का अवश्य प्रयोग करते हैं, जो अव्याप्ति दोष से दूषित होने के सिवा 'घर-फूँक तमाशा देखने' वाली प्रसिद्ध कहावत के कारण भ्रामक भी है। 'टोटल वार' (Total war) की जगह कुछ लोग 'सर्वाङ्गीण युद्ध' का प्रयोग करते हैं, जो भद्दा और निरर्थक होने के सिवा भारी भी है। 'सम्यक् युद्ध' इससे कहीं अच्छा है।

अनुवाद करते समय हम एक और प्रकार की बहुत बड़ी भूल करते हैं। बाल्यावस्था में हमें किसी अँगरेजी शब्द का एक अर्थ रटा दिया जाता है, और हम प्रायः सब जगह वही अर्थ रखते चलते हैं। हम यह सोचने की आवश्यकता नहीं समझते कि उस मूल अँगरेजी शब्द के कई अर्थ या भाव होते या हो सकते हैं और प्रसंग के अनुसार अर्थ या भाव सूचित करनेवाले शब्द अपने यहाँ नहीं ढूँढ़ते। उदाहरण के लिए He compared me to Demosthenes और He compared me with Demosthenes के अनुवाद क्रमात् होने चाहिए—'उसने डिमास्थिनीज से मेरी उपमा दी' और 'उसने डिमास्थिनीज से मेरी तुलना की।' यहाँ केवल अँगरेजी विभक्तियों के कारण एक ही अँगरेजी शब्द के दो अलग-अलग अर्थ (उपमा और तुलना) हो गए हैं। पर इस तत्त्व का ध्यान न रखने के कारण ही हम प्रायः लिख जाते हैं—'मुझे भय है कि तुम इसे भी वैसा ही समझते हो। ऐसे प्रयोग में 'भय

है' अँगरेजी am afraid का अनुकरण या अनुवाद है, जो कुछ अवस्थाओं में निरर्थक और कुछ में भ्रामक होने के अतिरिक्त प्रायः वाक्य को भद्दा कर देता है। इसी से मिलता-जुलता वाक्य है—'मुझे संदेह है कि युद्ध १९४४ से पहले बन्द हो जाएगा।' इसे यह ध्वनि निकलती है कि वक्ता चाहता है कि अभी कुछ और दिनों तक युद्ध चलता रहे। बहुत-कुछ इसी प्रकार के वाक्य 'हमें पहले से संदेह है कि श्री जिन्ना केवल पाकिस्तान चाहते हैं' और 'स्वयं लीगी क्षेत्रों को भय है कि वे अवसरवादी हैं' भी हैं। इस प्रकार के वाक्य हिन्दी की प्रकृति के विरुद्ध होते हैं और सर्वथैव त्याज्य हैं। ऐसे अवसरों पर प्रायः 'मैं समझता हूँ कि' सरीखे सरीखे वाक्यांशों से वाक्य आरम्भ करने से ही अच्छी तरह काम चल सकता है। इसके विपरीत हम लोगों में यह भी प्रवृत्ति है कि कभी-कभी अँगरेजी के एक ही शब्द के लिए, अपने यहाँ कई-कई शब्दों का प्रयोग करते हैं। इसी प्रकार के शब्दों में सबसे अधिक प्रसिद्ध और प्रचलित शब्द Civil है। हम लोग Civil disobedience के लिए भद्र अवज्ञा, Civil war के लिए गृह-युद्ध Civil service के लिए शासन-सेवा और Civil marriage के लिए पौर-विवाह सरीखे शब्दों का प्रयोग करते हैं। यदि इन सब के बदले हम सिविल का एक समानक 'नागर' निश्चित कर लें और उक्त शब्दों के बदले क्रमात् नागर अवज्ञा, नागर युद्ध, नागर सेवा और नागर विवाह का प्रयोग करने लगें तो सबके लिए बहुत कुछ सुगमता हो सकती है ! यह ठीक है कि Civil शब्द के लिए सब जगह 'नागर' शब्द से काम नहीं चल सकता; फिर भी अनेक अवसरों पर तो चल ही सकता है।[1]

हम ऐसे सज्जनों को भी जानते हैं जो 'थॉट' (Thought) का अर्थ 'भाव' और 'फीलिंग (feeling) का अर्थ 'विचार' लिखते हैं। ऐसे उदाहरण देखकर नए लेख पथ-भ्रष्ट हो जाते हैं। अब यदि ऐसे लेखकों के अनुयायी 'वूण्डेड वैनिटी' (Wounded vanity) का अर्थ 'आहत गर्व' करें और 'डेड लेटर ऑफिस' (Dead Letter Office) के अनुवाद 'मुर्दा पत्र घर' करें तो बहुत-कुछ क्षम्य ही समझे जाने चाहिए।

जहाँ हमें सीधा-सादा डाक-घर शब्द अथवा उसका संक्षिप्त रुप डा० लिखना चाहिए, वहाँ हम अँगरेजी के पोस्ट आफिस शब्द का संक्षिप्त रूप पी० ओ० लिखते हैं। इस प्रकार की भूल की ओर जब लेखक ने एक समझदार आदमी का ध्यान आकृष्ट किया तब उन्होंने चट उत्तर दिया—'वाह साहब ? हम आखिर बी० ए० और एम० ए० भी तो लिखते हैं इसी प्रकार पी० ओ० क्यों न लिखे?' उस समय उन्हें समझाना पड़ा कि हम बी० ए० या एम० ए० आदि संकेतों का प्रयोग बेचलर ऑफ आर्ट्स (Bachelor of Arts) या मास्टर ऑफ आर्ट्स (Master of Arts) के लिए नहीं करते बल्कि उनके उन अँगरेजी संक्षिप्त रूपों की जगह करते हैं जो B.A. और M.A लिखे जाते हैं। खैरियत हुई कि बात जल्दी ही उनकी समझ में आ गई, नहीं तो वे थे जरा झगड़ालू प्रकृति के। अगर झगड़ पड़ते तो शायद अपना पक्ष सिद्ध करके ही दम लेते।

---

१. कुछ अवसरों पर इसके लिए जनपद, लौकिक, अर्थ आदि शब्दों का भी प्रयोग करना पड़ता है 'सिविल' शब्द के भिन्न-भिन्न अर्थों के अन्य प्रयोग और विवेचन 'प्रामाणिक हिन्दी कोश' में दिए गए हैं।

१५. फुटकर बातें

हिज्जे या अक्षरी की भूलें—अशुद्ध समास—संस्कृत शब्दों के अशुद्ध रूप—'ब' और 'व' भेद—अनुस्वार और चन्द्रबिन्दु—अक्षरों के नीचे बिन्दियाँ—विराम चिह्नों का उपयोग—पूर्ण विराम और अल्प विराम—विराम चिह्न और शुद्ध भाषा—विराम चिह्नों की भूलों से अनर्थ—यो ग-सू चक चिह्न—प्रश्न चिह्न—अवतरण-चिह्न—प्रू फ दे खने की यो ग्यता-प्रेस के भूत—अर्थ का अनर्थ—लेखकों की भूलों का सुधार।

अब तक भाषा की शुद्धता के सम्बन्ध में बहुत-सी बातें बतलाई जा चुकी हैं; फिर भी कुछ मोटी-मोटी बातें रह गई हैं; जैसे—शब्दों के रूप, विराम-चिह्न आदि। ये सब बातें यद्यपि देखने में बहुत सामान्य जान पड़ती हैं, पर भाषा की शुद्धता के विचार से इसका बहुत अधिक महत्व है। इस प्रकरण में हम इसी प्रकार की कुछ फुटकर बातों का विचार करना चाहते हैं। आशा है, इनसे भी लेखकों तथा विद्यार्थियों की भाषा का स्वरूप शुद्ध और स्थिर रखने में बहुत कुछ सहायता मिलेगी।

१५.१. हिज्ज़े या अक्षरी की भूलें

यद्यपि वास्तविक दृष्टि से देखा जाए तो देवनागरी में हिज्ज़े या अक्षरी का कोई विशिष्ट स्थान नहीं। इसका महत्त्वपूर्ण स्थान तो उन लिपियों में होता है, जिनमें लिखा कुछ जाता है और पढ़ा कुछ। जैसे लिखा जाए 'बालकुल' और पढ़ा जाए 'बिल्कुल' या लिखा जाए 'हाल्फ' और पढ़ा जाए 'हाफ' 'वर्षा' का सूचक 'रेन' तो लिखा जाए rain और 'शासन' का सूचक 'रेन' लिखा जाए reign अथवा 'टुकड़ा' या 'खंड' का सूचक 'पीस' तो लिखा जाए piece और 'शान्ति' का सूचक 'पीस' लिखा जाए peace। जिन लिपियों में एक-एक उच्चारण के लिए कई-कई अक्षर हों (जैसे—उर्दू में 'स' के लिए 'सीन' और 'साद' या 'ज' के लिए 'ज़ाल', 'ज़े', 'ज़ाद' और 'ज़ो') उनमें तो हिज्ज़े पर बहुत अधिक ध्यान रखने की आवश्यकता होती है। हमारे यहाँ इस तरह की कोई बात नहीं। हिन्दी में तो वर्णों के शुद्ध उच्चारण का ज्ञान ही अपेक्षित होता है। हमारे यहाँ ऐसे शब्द बहुत कम हैं, जिनके उच्चारण के कारण हिज्ज़े की गड़बड़ी हो सकती हो। यह ठीक है कि आज-कल 'प्रिय' में 'प्रि' का उच्चारण भी बहुत कुछ वैसा होता है, जैसा 'पृष्ठ' में 'पृ' का; और इस आधार पर हम कह सकते हैं कि 'प्रिय' का उच्चारण भी वैसा ही होता है जैसे 'पृय' का। पर इस प्रकार के शब्द बहुत थोड़े होंगे, जिनमें यह सोचना पड़े कि 'प्रि' लिखा जाए या 'पृ'। अधिकतर अवस्थाओं में यदि शब्द का ठीक उच्चारण मालूम हो तो हिज्ज़े में भूल के लिए बहुत ही कम अवकाश रह जाता है। कदाचित् यही कारण है कि हमारे यहाँ पहले से 'हिज्ज़े' का वाचक कोई शब्द प्रचलित नहीं[१] फिर भी कुछ शब्द ऐसे हैं जिनके हिज्ज़े में धाँधली दिखाई देती है। हमारे यहाँ अनेक

---

१. इसीलिए इसके स्थान पर नया शब्द 'अक्षरी' चलाया गया है। कुछ लोग इसकी जगह 'वर्तनी' शब्द का भी प्रयोग करते हैं, जो गुजराती से लिया गया है। फिर भी हिज्ज़े (अरबी हिज़्ज़) हिन्दी में बहुत अधिक प्रचलित है।

परम प्रचलित शब्दों के रूप भी स्थिर नहीं। 'लिए' और 'चाहिए' सरीखे सामान्य शब्द भी किसी एक और निश्चित रूप में नहीं लिखे जाते। कोई 'लिए' और 'चाहिए' लिखता है, कोई 'लिये' और 'चाहिये'। करावे, कराये और करावै; छूएँगे, छूवेंगे, छुयेंगे और छुवैंगे; पाये, पाए, पावै, जायगा, जायेगा, जाएगा आदि अनेक रूप देखने में आते हैं। यह बात भी नहीं है कि एक लेखक सदा किसी शब्द का कोई एक ही रूप लिखता हो और दूसरा लेखक कोई दूसरा रूप ठीक मानता हो। कोई कहीं 'लिए गए' लिखता है, तो कहीं 'लिये गये।' बहुत से लेखक लिखते हैं—'लिये गये या लिए गये'। बहुत से लेखक अपने एक ही लेख में एक ही शब्द कई तरह से लिखते हैं; जैसे—कहीं 'करिये' और कहीं 'कीजिए' कहीं 'लीजिए' और कहीं 'लीजिये' आदि। एक दैनिक पत्र में कुछ स्थानों पर 'दिखायी' और 'सुनायी' तथा कुछ स्थानों पर 'दिखाई' और 'सुनाई' आदि देखकर जब इनके कारण का पता लगाया गया, तब मालूम हुआ कि जहाँ स्त्रीलिंग शब्दों के साथ ऐसा प्रयोग होता है, वहाँ 'दिखायी' या 'सुनायी' रखा जाता है जैसे—'उसने पुस्तक दिखायी' और 'बात सुनायी'। और जहाँ क्रिया अपने साधारण रूप में आती है; वहाँ 'दिखाई' या 'सुनाई' रखा जाता है; उसे—'दृश्य दिखाई दिया' और 'शब्द सुनाई पड़ा'। ऐसे तर्क सुनकर आदमी को दंग रह जाना पड़ता है। इससे यही सिद्धान्त निकलता है कि हिन्दी में हिज्ज़े की कोई निश्चित प्रणाली नहीं है; और यदि है भी तो या तो सब लोग वह प्रणाली जानते ही नहीं, या उसे मानते ही नहीं। हिन्दी सरीखी उन्नत तथा राष्ट्रभाषा और राजभाषा मानी जानेवाली भाषा के लिए यह बहुत लज्जा की बात है। हिन्दी की एक प्रशस्त प्रणाली होनी चाहिए और सभी लोगों को उसी का अनुसरण करना चाहिए। यों एक प्रशस्त प्रणाली बहुत-कुछ निश्चित भी है; परन्तु वह आस-पास की कई गन्दी प्रणालियों से इस प्रकार घिर गई है कि नए लेखक उसे पहचान नहीं पाते, और जब जो जी में आता है, लिख जाते हैं।

कोई 'आई' लिखता है तो कोई 'आयी'। (अब इस शाखा के लोग कम हो चले हैं। कोई 'कुँअर' लिखता है तो कोई 'कुंवर' और कोई 'हलुवा' पसन्द करता है तो कोई 'हलुआ'। कोई 'गुंजाइश' निकालता है तो कोई 'गुंजायश'। कोई 'घबराता' है, तो कोई 'घबड़ाता'। कोई 'पाउण्ड' माँगता है तो कोई 'पौंड'। कोई 'पहिले' लिखता है, तो कोई 'पहले'। कोई 'अँगुली' दिखाता है तो कोई 'उँगली'। कोई 'रियायत' चाहता है तो कोई 'रिआयत'। कोई 'रेडिओ' सुनता है तो कोई 'रेडियो' पर बोलता है। यही बात यूरोप; अँग्रेज, अँगरेज; कान्फरेन्स; कान्फ्रेन्स; पार्लमेन्ट, पार्लिमेंट, पार्लियामेंट आदि के सम्बन्ध में भी है। सीधे-सादे 'माने' (अर्थ) को कुछ लोग 'मायने' बना देते हैं। या तो 'वेष' होना चाहिए या 'भेस', पर कुछ लोग दोनों को एक में मिलाकर 'भेष' भी लिखते हैं। यद्यपि अब अधिकतर लोग शुद्ध रूप 'उपर्युक्त' लिखने लगे हैं, फिर भी पुराने ढंग पर अशुद्ध रूप 'उपरोक्त' लिखनेवाले लोग भी मिलते ही हैं। कुछ लोग 'स्रोत' को भूल से 'श्रोत' भी लिख जाते हैं। कोई केवल 'स्वास्थ' (स्वास्थ्य) लिखकर रह जाता है और कोई 'स्वस्थ्य' (स्वास्थ्य) तक जा पहुँचता है। संस्कृत के हलन्त शब्दों के सम्बन्ध में भी लोग बहुत गड़बड़ी करते हैं। विद्वान, भगवान्, जगत् आदि के विद्वान, भगवान, जगत आदि रूप तो हिन्दी के मान लिये जा सकते हैं; पर जब लोग इससे भी और आगे बढ़कर महान् को 'महान' मानकर उससे भाववाचक संज्ञा 'महानता' बनाने लगते हैं, तब समझदारों के मन में ग्लानि सी होने लगती है। इसके विपरीत कुछ लोग ऐसे शब्द भी हलन्त कर देते हैं, जो वस्तुतः सस्वर होने चाहिए। रूप 'प्रत्युत' है, पर प्रायः लोग 'प्रत्युत्' लिखते हैं। कुछ विदेशी शब्द कहीं आधे अक्षरों से लिखे जाते हैं

और कहीं पूरे अक्षरों में; जैसे—गरमी-गर्मी, बिलकुल-बिल्कुल; सरदार-सर्दार, मुसलमान-मुसल्मान आदि। हमारी सम्मति में ऐसे शब्दों में पूरे अक्षर रखना ही प्रशस्त है और लिखाई तथा छापे के विचार से सुगम भी।

१५.२. अशुद्ध समास

कुछ लोग ऐसे भी हैं जो 'कुछ' और 'एक' को मिलाकर 'कुछेक' या 'हर' और 'एक' को मिलाकर 'हरेक', 'मध्य एशिया' को एक में मिलाकर 'मध्येशिया' और 'हिन्द एशिया' को मिलाकर 'हिन्देशिया' लिखते हैं। माँ-बाप जिनका नाम 'रामइकबाल' रखते हैं, वे संस्कृत की छाया में पड़कर 'रामैकबाल' बन जाते हैं। जो 'बख्शी' होते हैं, वे मराठी की छाया में पड़कर 'बक्षी' बन जाते हैं और उनकी देखा-देखी 'रामबख्श' अपने आपको 'रामबक्ष' लिखने लगते हैं। हम अपने संख्यावाचक शब्दों का रूप भी स्थिर नहीं रख सके। सत्रह-सत्तरह, इक्कीस-एक्कीस, चालिस-चालीस आदि अनेक रूप भी देखने में आते हैं। शुद्ध रूप 'छठा' है, पर कुछ लोग 'छठवाँ', 'छठाँ' या 'छटा' भी लिख जाते हैं। अनेक अच्छे लेखक भी पैत्रिक, स्मृद्धि, व्यंग, मलीन, वादा-विवाद, सुखदाई, स्थाई, ईर्षा, नर्क और रचेता, (शुद्ध रूप पैतृक, स्मृद्धि, व्यंग्य, मलिन, वादविवाद, सुखदायी, स्थायी, ईर्ष्या, नरक औरं रचयिता) लिखते हैं।

१५.३. संस्कृत शब्दों के अशुद्ध रूप

'ब्रह्म' को 'ब्रम्ह' और 'चिह्न' को 'चिन्ह' लिखनेवालों लोगों की भी कमी नहीं। 'स्रष्टा' को 'सृष्टा' और 'द्रष्टा' को 'दृष्टा' लिखनेवाले भी बहुत-से लोग हैं। कुछ लोग 'कौशल्या' को 'कौशिल्या', 'अहल्या' को 'अहिल्या', 'द्वारका' को 'द्वारिका', 'सौदामनी' को 'सौदामिनी', 'अहोरात्र' को 'अहोरात्रि' और 'अहर्निश' को 'अहर्निशि' बना देते हैं। 'जाग्रति' सरीखे कुछ शब्दों के तो कई-कई रूप देखने में आते हैं। अधिकतर लोग 'जागृति' और कुछ लोग 'जागर्ति' लिखते हैं। 'हविस', 'सिपुर्द', 'वापिस' और 'फिजूल' लिखनेवाले तो बहुत से लोग हैं ही; कुछ लोग 'गिरिस्ती' (गृहस्थी) तक लिखते हैं।

हिन्दी में एक वह भी समय था, जब संस्कृत के अनुकरण पर 'स्टेशन' को 'ष्टेशन', 'मास्टर' को माष्टर और 'कनस्टर' को 'कनष्टर' लिखने की प्रथा थी। उस समय के लोग कहते थे कि संस्कृत व्याकरण के नियम के अनुसार 'ट' के पहले 'दन्त्य' 'स' या तालव्य 'श' नहीं, बल्कि मूर्द्धन्य 'ष' रहना चाहिए। इसी वर्ग के कुछ लोग अब तक 'बृटिष' लिखते हैं। एक समय था जब कुछ लोग 'कभी' को 'कबी' लिखते थे। पर अब भी कुछ लोग 'क्यों' और 'यों' को 'क्यूं' और 'यूँ' लिखते हैं। संस्कृत में रेफ के नीचे आनेवाले अक्षर द्वित्व लिखे जाते थे; जैसे—धर्म्म, कर्म्म, कर्त्तव्य, चर्य्या, बर्त्तन आदि। पर अब लोग प्रायः धर्म, कर्म, कर्तव्य, चर्या और बर्तन ही लिखते हैं। यही बात 'मूर्छा' और 'मूर्छित' ('मूर्च्छा' और 'मूर्च्छित') तथा 'अर्ध' और 'परिवर्धन' (अर्द्ध और परिवर्द्धन) के सम्बन्ध में भी है। सिद्धान्ततः ऐसा लिखना ठीक तो नहीं, पर सुभीते के कारण चल पड़ा है। बहुत-से लोग दूसरी भाषाओं के शब्द ऐसे ढंग से लिखना चाहते हैं कि उनका ठीक वही उच्चारण हो सके। जो उनकी मूल भाषा में है; और कुछ लोग ऐसे शब्दों को कुछ तोड़-मरोड़कर अपनी भाषा में लाने का प्रयत्न करते हुए उन्हें तरह-तरह के रूप देते हैं। कुछ लोग पंजाबी और उर्दू की छाया के कारण 'गढ़ना' को 'घड़ना' लिखते हैं। यद्यपि यह शब्द सं० घटन से ही निकलता है, और इसलिए 'घड़ना' रूप उसके पास तक पहुँचता हुआ है, तो भी आज हिन्दी में इसका 'गढ़ना' रूप ही प्रचलित है और यही प्रशस्त माना है। 'घड़ना' पंजाबी तथा पश्चिमी हिन्दी

का और स्थानिक रूप माना जाता है। 'सहबाला' शब्द संस्कृत 'सह बाल' (बालक) से बना है, पर उर्दूवालों की देखा-देखी कुछ लोग 'शाहबाल' तक लिखते हैं। हिन्दी का सीधा-सादा शब्द है—'फुहारा' जो 'फुहार' से बना है। हमारे ही देश के लोगों ने इसे अरबी जामा पहनाकर 'फौहारा' बना दिया है। कुछ लोग 'फुआरा' भी लिखते हैं। हिन्दी के 'आह' और 'ऊँह' को कुछ लोग उर्दूवालों के अनुकरण पर 'ओफ' और 'उफ' लिखते हैं। इन्हीं सब प्रवृत्तियों का फल है कि कहीं लिखा रहता है—'पटरि से चलो' और कहीं—'शूद्ध घी बिक्ता है।'

हिन्दी की सबसे बड़ी विशेषता यह कही और मानी जाती है कि इसमें जो कुछ लिखा जाता है, वही पढ़ा जाता है। और इसीलिए हम जो कुछ बोलते हों, वही लिखा जाना चाहिए। इस दृष्टि से कुछ ऐसे शब्द हैं, जिनके रूप शुद्धता के विचार से बदल दिए जाने चाहिए। उदाहरणार्थ हम 'रखना' तो बोलते हैं, पर 'रखा गया' या 'रखे रहो' नहीं बोलते, बल्कि 'रक्खा गया' या 'रक्खे रहो' बोलते हैं। विशेषतः कविताओं आदि में तो कुछ अवस्थाओं में मात्रा पूर्ति के विचार से 'रक्खे', 'रक्खो' आदि रूप रखना आवश्यक हो जाता है; जैसे—'खुदा रक्खे', 'मसीहा का मजा कातिल से मिलता है' में 'रखे' लिखने से काम नहीं चल सकता, इसलिए ऐसे शब्द लिखे भी इन्हीं रूपों में जाने चाहिए। पर साधारणतः अधिकतर लोग 'रखा गया' और 'रखे रहो' ही लिखते हैं।

१५.४. 'ब' और 'व' का भेद

हिन्दी में 'ब' और 'व' की समस्या भी बहुत जटिल है, इतनी जटिल कि जब नागरी-प्रचारिणी सभा, काशी का 'हिन्दी शब्द सागर' बनने लगा था, तब कुछ सज्ज्नों ने प्रस्ताव किया था कि 'ब' और 'व' दोनों से आरम्भ होनेवाले शब्द अलग-अलग यथा-स्थान न रखकर एक साथ उसी प्रकार 'फ' के बाद 'ब' के अन्तर्गत रखे जाए, जिस प्रकार प्रायः बँगला कोशों में रखे जाते हैं। परन्तु इस प्रश्न के सभी अंगों पर विचार करके अन्त में दोनों को अलग-अलग ही रखना निश्चित हुआ था। बात भी ठीक है। यदि उक्त प्रस्ताव स्वीकार हो गया होता, तो हिन्दी वाले के सामने एक बहुत ही दूषित आदर्श उपस्थित हो जाता और सम्भवतः अब तक 'ब' और 'व' का भेद बहुत-कुछ उठ गया होता। अब भी कुछ लोग ऐसे हैं, जो लिखने में 'ब' और 'व' में अन्तर नहीं रखते। उन्हें जानना चाहिए कि 'सेब' और 'सेव', 'बर्तन' और 'वर्तन', 'जबान' और 'जवान', 'आम बात' और 'आम वात', या 'बहन' और 'वहन' में बहुत अन्तर है ! 'बाह्य' का अर्थ होता है बाहरी; और 'वाह्य' का अर्थ होता है—जिसे वहन करना हो या जो वहन किए जाने के योग्य हो; अथवा घोड़ा, गाड़ी आदि। अतः सदा 'ब' की जगह 'ब' और 'व' की जगह 'व' लिखना चाहिए, एक की जगह दूसरे का कभी प्रयोग नहीं करना चाहिए।

१५.५. अनुस्वार और चन्द्र-बिन्दु

लेखकों के लिए अनुस्वार और चन्द्र बिन्दु का ध्यान भी रखना आवश्यक होता है। 'निश्चिंत' और 'निश्चित' तथा 'कहीं-न-कहीं' और 'कही न कही' में बहुत अन्तर है। 'जानत तुमही तुमहीं होई जाई' में 'हीं' में अनुस्वार न रहे या 'ही' में अनुस्वार लग जाए तो पद का अर्थ ही न लग सकेगा। इस विषय में असावधानी करने से बड़ी-बड़ी भूलें हो सकती हैं। एक बार एक सज्ञन ने एक शब्द के साथ व्यर्थ ही चन्द्र-बिन्दु लगाकर अर्थ का अनर्थ कर

डाला था। उन्हें लिखना चाहिए था—'कटीली आँखें' पर वे लिख गए 'कँटीली आँखें'। आँखें 'कटीली' होती हैं, 'कँटीली' तो झाड़ियाँ हुआ करती हैं। 'कटीला' का अर्थ है—काट करनेवाला; और 'कँटीला' का अर्थ है—काँटेदार। चले तो आँखों की प्रशंसा करने, पर उल्टे कर गए उसकी निन्दा या उपहास ! कुछ स्थलों पर बोलचाल में लोग 'पूछना' की जगह 'पूँछना' कह जाते हैं। इसी से एक सज्जन ने अपने एक उपन्यास में किसी पात्री से कहलाया था—'मैं आपसे यह पूँछ सकती हूँ न ?' ऐसे लोगों को जानना चाहिए कि पूँछ का अर्थ 'दुम' होता है। ऐसे ही लोग 'घोटना' और 'घोंटना' में कोई अन्तर नहीं समझते, पर दवा पहले खरल में रखकर 'घोटी' जाती है और तब मुँह में रखकर 'घोंटी' जाती है। खाँसना, पाँसा, माँग, आदि शब्द प्रायः लोग अनुस्वार से ही लिख जाते हैं, और इसके विपरीत कुछ लोग ढंग को 'ढँग' लिख जाते हैं। ऐसा नहीं होना चाहिए।

यदि तात्त्विक दृष्टि से देखा जाए तो उच्चारण का ठीक ध्यान रखते हुए 'में' 'हैं' और 'क्यों' सरीखे शब्दों में भी अनुस्वार नहीं, बल्कि चन्द्र-बिन्दु ही होना चाहिए। परन्तु यह तब तक सरलता से नहीं हो सकता, जब तक हमारी लिपि में ही इस सम्बन्ध में आमूल सुधार न हो। कुछ लोगों ने नए टाइप अवश्य ढाले हैं, जिनमें ऐसे अक्षरों पर अनुस्वार की जगह चन्द्र-बिन्दु दिया है। पर कठिनता यह है कि ऐसे टाइपों में चन्द्र-बिन्दु जल्दी टूट जाते और अक्षर ज्यों के त्यों हो जाते हैं या उनमें का अनुस्वार तो उड़ जाता है और खाली अर्द्ध-चन्द्र रह जाता है, जो भद्दा होने के सिवा भ्रामक भी होता है। अतः ऐसे अवसरों को छोड़कर बाकी सभी अवसरों पर अनुस्वार और चन्द्र-बिन्दु के भेद का पूरा ध्यान रखना चाहिए।

१५.६. अक्षरों के नीचे बिन्दियाँ

अब अक्षरों के नीचे लगनेवाली बिन्दी लीजिए। हमारे यहाँ पहले तो ड और ढ ही थे; पीछे से आवश्यकता पड़ने पर उनके नीचे बिन्दी लगाकर ड़ और ढ़ भी प्रचलित किए गए। ड और ड़ या ढ या ढ़ के उच्चारणों में बहुत अन्तर है। 'डाल' और 'ढब' तथा 'कड़ा' और 'पढ़ाई' के उच्चारणों से यह अन्तर स्पष्ट हो जाता है। पर लोग इसका ठीक ध्यान नहीं रखते। प्रायः एक की जगह दूसरे का प्रयोग देखने में आता है, जो अनुचित है। इससे हमारी भाषा में जो गड़बड़ी होती है, उसके सिवा दूसरी बड़ी हानि यह होती है कि अन्य भाषा-भाषियों को हमारे शब्दों के ठीक-ठीक उच्चारणों का ज्ञान नहीं होने पाता। हमने एक-दो दक्षिण भारतीयों को 'कड़ा' की जगह 'कडा' कहते सुना है, जो कदाचित् हम लोगों की इसी प्रकार की असावधानी का परिणाम है। लेखकों और विद्यार्थियों को इस विषय में सतर्क रहना चाहिए।

आज-कल एक प्रवृत्ति दिखाई देती है जो कुछ विवादास्पद है। हिन्दी में अरबी-फारसी के कुछ शब्दों का भी प्रयोग होता है। कुछ लोग कहते हैं कि हमें विदेशी भाषा के शब्दों के रूप देने चाहिए; और इसीलिए 'गजब', 'गलती' आदि न लिखकर 'ग़ज़ब', 'ग़ल्ती' आदि लिखना चाहिए। अर्थात् ऐसे शब्दों में विशिष्ट अक्षरों के नीचे बिन्दी अवश्य लगानी चाहिए। परन्तु यदि इसी तर्क के आधार पर हम कुछ और आगे बढ़ें तो हमें 'कमीना' और 'पशमीना' न लिखकर 'कमीनऽ' और 'पश्मीनऽ' भी लिखना पड़ेगा। इसीलिए अधिकतर लोग विदेशी शब्दों में विशिष्ट अक्षरों के नीचे बिन्दी लगाने के विरोधी हैं। हमारी समझ में भी यह मत ठीक है। हर जगह अक्षरों के नीचे बिन्दी लगाना मानो एक नई तरह की झंझट मोल लेना और गुलामी में फँसना है। हाँ, यदि कुछ विशिष्ट अवसरों पर हमें किसी शब्द का शुद्ध रूप

दिखलाना ही अभीष्ट हो, तो अवश्य अक्षरों के नीचे बिन्दी लगानी चाहिए। उदाहरण के लिए यदि कोश में शब्द की व्युत्पत्ति दिखाने की आवश्यकता हो, तो हमें वहाँ उसका शुद्ध रूप देना पड़ेगा। और वह शुद्ध रूप दिखाने के लिए हमें आवश्यकता के अनुसार अक्षरों के नीचे बिन्दी भी लगानी पड़ेगी और शब्दों के अन्त में विसर्ग भी रखना पड़ेगा। और नहीं तो साधारण अवस्था में अक्षरों के नीचे बिन्दी लगाना लेख और छापे दोनों की कठिनाइयाँ बढ़ाने के सिवा और कुछ नहीं। यहाँ हमें भाषा के इस तत्त्व का ध्यान रखना चाहिए कि दूसरों से जो शब्द ग्रहण किए गए हैं, वे सदा ज्यों-के-त्यों नहीं रहते; और वे तभी हमारे होते हैं, जब हम उन्हें अपने साँचे में ढालकर उन पर अपनी छाप लगा लेते हैं।

जिस भाषा में शब्दों के रूप तक स्थिर न हों, जिसमें उनकी अक्षरी या हिज़्ज़े तक का ठीक-ठीकाना न हो, वह भाषा कभी दूसरी उन्नत भाषाओं के सामने सिर ऊँचा करके खड़ी नहीं हो सकती। हमें सोचना चाहिए कि अन्य भाषा-भाषी हमारी त्रुटियाँ देखकर हमें कितना उपहास्य समझेंगे। जिस प्रकार हमारी भाषा का स्वरूप निश्चित होना आवश्यक है, उसी प्रकार शब्दों के रूप भी स्थिर होना आवश्यक है। इस प्रकार का अनिश्चय और अस्थिरता एक ओर तो हमें दूसरों के सामने हीन सिद्ध करती है और दूसरी ओर हमारे वैयाकरणों तथा कोशकारों के मार्ग में कठिनाइयाँ उपस्थित करती है। अतः यह आवश्यक है कि अपने लिए प्रशस्त प्रणाली निश्चित करें और भाषा का स्वरूप विकृत होने से बचावें।

१५.७. विराम-चिह्नों का प्रयोग

लेखकों के लिए विराम-चिह्नों का ज्ञान तथा उपयोग भी कम आवश्यक नहीं। विराम-चिह्न भाषा को स्पष्ट, सुगम और सुबोध बनाने में सहायक होते हैं। ये हमारे लिए नई चीज हैं—पश्चिम की देन हैं। हमारे यहाँ तो केवल पूर्ण विराम था। संस्कृत भाषा का स्वरूप और व्याकरण ही कुछ ऐसा था कि उसमें विशेष विराम-चिह्नों की आवश्यकता नहीं होती थी, पर एक तो हिन्दी का स्वरूप और गठन इससे बहुत भिन्न है; और दूसरे अब हमारी दृष्टि में विराम-चिह्न और उनकी आवश्यकताएँ आ गई हैं; इसीलिए हमें भी इन पर ध्यान रखना पड़ता है। हिन्दी में अब भी कुछ ऐसे सज्जन हैं, जो संस्कृत के अच्छे ज्ञाता होने और संस्कृत के प्रभाव में रहने के कारण ही हिन्दी में विराम-चिह्नों की कोई आवश्यकता नहीं समझते। परन्तु यदि विचारपूर्वक देखा जाए तो हिन्दी में विराम-चिह्नों की आवश्यकता है और बहुत आवश्यकता है। बहुत से ऐसे स्थल होते हैं, जिनमें विराम-चिह्नों का ठीक-ठीक उपयोग न होने से अर्थ-सम्बन्धी अनेक प्रकार के भ्रम उत्पन्न हो सकते हैं। एक समाचार-पत्र में पढ़ा था—'वहाँ एक दुर्घटना हो गई एक स्कूल की छत गिर गई लेकिन कोई मरा नहीं।' मानो किसी का न मरना ही दुर्घटना हो ! यदि इस वाक्य में 'गिर गई' के बाद पूर्ण विराम होता, तो वाक्य से इस प्रकार का दूषित आशय न निकलता। 'हिन्दी या हिन्दुस्तानी' के अन्त में यदि पूर्ण विराम का चिह्न हो तो उसका अर्थ कुछ और ही होगा; पर यदि प्रश्न-चिह्न हो तो उसका अर्थ कुछ और हो जाएगा। अन्त में विराम-चिह्न रहने के कारण तो आशय यह होगा कि 'हिन्दी' वह है जिसे कुछ लोग 'हिन्दुस्तानी' भी कहते हैं। पर यदि प्रश्न यह हो कि भाषा का नाम 'हिन्दी' रहे या 'हिन्दुस्तानी' तो अन्त में प्रश्न-चिह्न रखना आवश्यक हो जाएगा। आगे चलकर यथास्थान ऐसे कई उदाहरण दिए गए हैं, जिनमें विराम-चिह्नों का ठीक प्रयोग न होने के कारण वाक्य भ्रामक और भद्दे हो गए हैं, अथवा दूषित या अनिष्ट

आशय प्रकट करते हैं। यहाँ हम कहना चाहते हैं कि लेखकों को विराम-चिह्नों का ठीक-ठीक प्रयोग अवश्य सीखना चाहिए और उपयुक्त विराम-चिह्नों का उपयोग भी करना चाहिए।

कुछ लोग केवल लापरवाही और आलस्य के कारण विराम-चिन्ह नहीं लगाते। अँगरेजी के सुप्रसिद्ध लेखक मार्क ट्वेन (Mark Twain) ऐसे मनमौजी थे कि कभी विराम-चिन्हों के झगड़े में नहीं पड़ते थे। कहते हैं कि जब एक बार उन्होंने अपनी एक पुस्तक की हस्त-लिखित प्रति किसी प्रकाशक के पास भेजी, तब साथ में उसे यह भी लिख दिया—

, ; . : ? !—' ' () कृपया ये सब चिन्ह आप सारी पुस्तक में अपनी इच्छा और रुचि के अनुसार यथास्थान लगा लें।

हिन्दी में विराम-चिह्नों की चर्चा अभी बहुत कम हुई है। हिन्दी के कुछ व्याकरणों में इस विषय की थोड़ी-बहुत चर्चा मिलती है। कुछ दिन पहले प्रयोग के लेखक-संघ की ओर से 'लेखक' नाम का जो मासिक पत्र निकलता था, उसमें इस विषय के लेख प्रकाशित हुए थे, जो बाद में एक छोटी पुस्तिका के रूप में भी छपे थे। परन्तु वह पुस्तिका भी कई दृष्टियों से पूरी नहीं। वह इस विषय के अँगरेजी ग्रन्थों के आधार पर तो लिखी ही गई है, उसमें अँगरेजी लेखन-शैली का भी आवश्यकता से अधिक अनुकरण किया गया है। स्वयं अपनी भाषा के स्वरूप, प्रकृति और लेखन-शैली का उसमें बहुत कम ध्यान रखा गया है। यहाँ हमारे पास इस विषय का विशेष विवेचन करने के लिए स्थान नहीं; फिर भी हम इतना अवश्य कहेंगे कि लेखन के इस अंग पर भी विशेष रूप से विचार होना चाहिए और विराम-चिह्नों में ठीक-ठीक प्रयोग करने के नियम निर्धारित होने चाहिए। यहाँ हमें केवल यह बतलाना चाहते हैं कि कुछ विराम-चिह्नों की कहाँ और क्यों आवश्यकता होती है और उनका व्यवहार किस प्रकार होना चाहिए।

१५.८. पूर्ण-विराम और अल्प-विराम

पूर्ण-विराम के लिए हमारे यहाँ बहुत दिनों से खड़ी पाई (।) प्रचलित है। इधर कुछ दिनों से मराठी संसर्ग और बम्बई के बने हुए टाइपों के कारण कुछ लोग बिन्दी (.) का भी व्यवहार करने लगे हैं, जिसे अँगरेजी में फुल स्टॉप कहते हैं और जो हमारे यहाँ की खड़ी पाई का काम देती है। हमारी समझ में हिन्दी में इसका रूप खड़ी पाई (।) ही रखना चाहिए। और पूर्ण-विराम के लिए हिन्दी में यही प्रचलित भी है। प्र कुछ अवसर ऐसे भी होते हैं, जिनमें इसके कारण भ्रम हो सकता है जैसे—मूल्य २)। ऐसे अवसरों पर खड़ी पाई नहीं होनी चाहिए।

अब अल्प विराम लीजिए। कुछ लोग इसे बिल्कुल अनावश्यक समझते हैं और अधिकतर लोग इसका ठीक तरह से प्रयोग भी नहीं करते। पहले इसकी आवश्यकता का प्रश्न लीजिए।

एक कहानी है कि एक बार एक सिपाही का घोड़ा भागा। वह भी उसके पीछे चिल्लाता हुआ दौड़ा—'पकड़ो मत जाने दो।' रास्ते में एक लड़का खड़ा सुन रहा था। उसने 'हो हो' करके, शोर मचाकर और तालियाँ बजाकर उस घोड़े को भड़का दिया, जिससे वह और भी तेजी से भागकर दूर निकल गया। इतने में वह सिपाही आ पहुँचा। उसने पूछा—'तुमने मेरे घोड़े को पकड़ा क्यों नहीं ? और उसे भगा क्यों दिया ?' लड़कों ने कहा—'तुम्हीं तो कह रहे थे कि पकड़ो मत जाने दो।'

१५.९. विराम-चिह्न और शुद्ध भाषा

बोलने और लिखने में सुबोधता, स्पष्टीकरण आदि कुछ विशिष्ट कारणों से कहीं-न-कहीं कुछ विराम आता ही है। यदि उक्त वाक्य में विराम 'पकड़ो' के बाद हो तो उसका अर्थ कुछ और होगा, और यदि 'मत' के बाद हो तो उसका अर्थ कुछ और हो जाएगा। यदि लिखा हो—'नहीं जाना चाहिए।' तो इसका अर्थ होगा कि जाने के लिए निषेध या मनाही की जा रही है। पर यदि लिखा हो—'नहीं, जाना चाहिए।' तो इसका अर्थ यह होगा कि न जाने के विचार का विरोध किया गया है और जोर देकर कहा गया है कि अवश्य जाना चाहिए। कुछ अवसरों पर तो अल्प-विराम के प्रयोग से अर्थ में कुछ विशेषता भी आ जाती है—'मालिक ने नौकर को कोड़े से मारा' बिल्कुल सामान्य कथन है, पर 'मालिक ने नौकर को, कोड़े से मारा' में 'कोड़े' पर जोर आ जाता है और वह 'मालिक' की विशेष निर्दयता या नृशंसता का सूचक हो जाता है। पहले किसी प्रसंग में मैना (पक्षी) की एक पहेली आ चुकी है, जिसमें एक पद है—'उसके सिर पर पाँव।' यदि इसका वास्तविक संगत अर्थ लिखकर सूचित करना हो तो उसे इस रूप में लिखना होगा—'उसके सिर, पर, पाँव'। नहीं तो लोग उसका वही अर्थ (सिर के ऊपर पाँववाला) लगाएँगे, जो बूझनेवाले को धोखे में डालने के लिए लाया गया है। यदि लिखा जाए—'सिद्धों की रानी कल्पवती की माता....।' तो इसका अर्थ यह होगा कि कल्पवती ही सिद्धों की रानी थी। पर यदि लिखा जाए 'सिद्धों की रानी, कल्पवती की माता....!' तो इसका अर्थ यह होगा कि कल्पवती की माता सिद्धों की रानी। इसी प्रकार 'उर्वशी के गर्भ से उत्पन्न इला-सुत पुरूरवा' का अर्थ तब तक स्पष्ट न होगा जब तक 'उत्पन्न' के उपरान्त अल्प-विराम न हो। 'कतिपय मनस्वी उदात्त ध्येय प्रौढ़ शिक्षण गृह निर्माण निर्वाचनाधिकार आदि में लगे हैं।' का तब तक अर्थ स्पष्ट नहीं हो सकता, जब तक उपयुक्त स्थानों में विराम-चिह्न न लगें। यही बात 'पृथ्वी पर मानव जीवन के द्वारा परमोच्च सत्य की अभिव्यक्ति को चरितार्थ करनेवाली प्रतिमानस सत्त्व की योगीश्वरी सृष्टि के विभाजन-मय रूपान्तर की प्रतिभा पर महाशक्ति माँ की जयन्ती' का अर्थ तब तक स्पष्ट न होगा, जब तक 'करनेवाली' के बाद और 'योगेश्वरी' के बाद अल्प-विराम न हो। 'जर्मनी की ६० मील चौड़ी दुनिया में सर्वोत्कृष्ट रक्षा-पाँतों' का अर्थ तभी स्पष्ट होगा, जब 'चौड़ी' के बाद अल्प-विराम रहेगा। नहीं तो कुछ लोगों को भ्रम हो सकता है कि ६० मील चौड़ी' कहीं दुनिया का विशेषण-पद तो नहीं। 'कालानल' के समान जलते हुए, क्रोध की मूर्ति विश्वामित्र ने कहा।' में से यदि 'हुए' के बादवाला अल्प-विराम निकाल दिया जाए तो 'क्रोध' से पहलेवाला पद 'विश्वामित्र' से सम्बन्ध रखनेवाला क्रिया-विशेषण पद नहीं रह जाएगा, बल्कि क्रोध से सम्बन्ध रखनेवाला विशेषण पद हो जाएगा।

१५.१०. विराम-चिह्नों की भूलों से अनर्थ

बहुत दिन हुए, किसी अँगरेजी अखबार में पढ़ा था कि एक बार दक्षिण अमेरिका की किसी रियासत को एक कानून में एक जगह अल्प-विराम न लगाने के कारण ही करोड़ों की हानि उठानी पड़ी। उस राज्य ने देश में आनेवाले कुछ पदार्थों पर आयात-कर लगाया था। उनमें फल और वृक्ष भी थे। परन्तु 'फल' और 'वृक्ष' के बीच में भूल से अल्प-विराम न लग सका था। फल यह हुआ कि कई वर्षों तक आयात कर केवल फल वृक्षों पर लगता रहा, स्वयं फलों पर नहीं लगता था। कई बरस बाद इस भूल का पता चला, तब हिसाब लगाने पर मालूम हुआ कि इस छोटी-सी भूल के कारण राज्य की करोड़ों रुपयों की हानि हो चुकी

है। दोबारा फल और वृक्ष के बीच में अल्प-विराम रखकर वह कानून फिर से चलाना पड़ा। कुछ दिन पहले बंगाल की व्यवस्थापिका सभा में एक कानून के मसौदे में कुछ लोग एक स्थान पर अल्प-विराम रखवाना चाहते थे, और इसका झगड़ा हाईकोर्ट तक पहुँचा था। तात्पर्य यह कि वाक्यों में विराम-चिह्नों का विशेष महत्त्व होता है। अतः बहुत विचारपूर्वक और सतर्क होकर ठीक तथा उपयुक्त अवसरों पर उनका व्यवहार करना चाहिए।

१५.११. योग-सूचक चिह्न

हिन्दी में योग-सूचक चिह्नों का ठीक-ठीक उपयोग न होने के कारण कभी-कभी अर्थ समझने में लोगों को बहुत कठिनता होती है। बहुत दिन पहले एक समाचार-पत्र में छपा था—'अमुक राजा ने अमुक संस्था को ५०० रु० का एक कालीन दान दिया।' मतलब था पूरी रकम एक साथ ही या एक-मुश्त (एक-कालीन) दी गई है। पर दूसरे दिन कई आदमी उस संस्था को वह कालीन (गलीचा) देखने के लिए जा पहुँचे, जो उनकी समझ में राजा साहब की तरफ से संस्था में मिला था। वहाँ पहुँचने पर उन्हें पता चला कि 'एक' और 'कालीन' अलग-अलग शब्द नहीं। 'हमारे यहाँ की भाषा-विज्ञान सम्बन्धी पुस्तकों में...' में यदि 'भाषा' और 'विज्ञान' के बीच योग सूचक चिह्न न हो तो कुछ अवस्थाओं में वाक्य बहुत भ्रामक हो सकता है। 'ग्राम जनता को जगानेवाला पत्र' में या तो 'ग्राम' और 'जनता' के बीच योग-सूचक चिह्न होना चाहिए, या 'ग्राम' की जगह 'ग्राम्य'।

आज-कल हिन्दी में एक बहुत प्रचलित पद है—मुक्त व्यापार। यह अँगरेजी के Free trade का अनुवाद और वाचक है। इसका आशय है—किसी देश की वह आर्थिक नीति जिसके अनुसार वह दूसरे देशों की चीजें अपने यहाँ बिना किसी विशेष बाधा के आने देता है, और स्वयं अपने यहाँ की चीजें भी इसी प्रकार बाहर जाने देता है। आज-कल कुछ लोग इसके लिए 'निर्बन्ध व्यापार' पद का भी प्रयोग करने लगे हैं। पर यही 'मुक्त व्यापार' हमारे यहाँ का पुराना आध्यात्मिक पारिभाषिक शब्द भी है, जिसका अर्थ है—वह व्यक्ति जिसका संसार के कार्यों या व्यापारों से कोई सम्बन्ध न रह गया हो, अर्थात् जो संसार के सब कार्यों से अलग और निर्लिप्त होकर मुक्त हो चुका हो ! पहले अर्थ में 'मुक्त' शब्द 'व्यापार' के विशेषण के रूप में ही आया है, परन्तु दूसरे अर्थ में 'मुक्त' और 'व्यापार' मिलकर एक समस्त पद (कारण-बहुव्रीहि समास) बन गए हैं। हिन्दी में समस्त पद उस प्रकार मिलाकर नहीं लिखे जाते, जिस प्रकार संस्कृत में लिखे जाते हैं। अतः दोनों अर्थों में गड़बड़ी हो सकती है। अब यदि पहले अर्थ में दोनों शब्द अलग-अलग रखे जाएँ और दूसरे अर्थ में दोनों के बीच में योग-सूचक चिह्न (जिसे अँगरेजी में हाइफन कहते हैं) लगा दिया जाए, तो दोनों के अलग-अलग अर्थ स्पष्ट हो सकते हैं। इसी प्रकार व्याकरण का एक पारिभाषिक शब्द है—नित्य-सम्बन्ध। यदि 'नित्य' और 'सम्बन्ध' के बीच में योग-सूचक चिह्न न हो तो 'नित्य' साधारण क्रिया-विशेषण समझा जाएगा और अनेक अवसरों पर भ्रामक सिद्ध होगा।

एक और उदाहरण लीजिए। 'भाषा की दृष्टि से पत्र कम से कम शुद्ध बनाना कितना कठिन है।' में 'कम से कम' बहुत ही भ्रामक है। इसका वास्तविक अर्थ तो यह है कि यदि और कुछ नहीं तो पत्र को कम से कम शुद्ध बनाना ही कठिन है। पर इसका यह भी आशय हो सकता है कि पत्र को जितना कम हो सके, उतना कम शुद्ध बनाना कठिन है। यदि पहला भाव सूचित करने के लिए 'कम-से-कम' और दूसरा भाव सूचित करने के लिए 'कम से कम' लिखा जाए तो भ्रम के लिए अवकाश न रह जाएगा।

अँगरेजी में कुछ ऐसे बँधे हुए और निश्चित यौगिक शब्द या पद हैं, जो सदा योग-सूचक से युक्त ही लिखे जाते हैं। और जहाँ ऐसे बँधे हुए शब्द या पद नहीं होते, वहाँ के लिए निश्चित नियम है। पर हमारे यहाँ न तो ऐसे बँधे हुए शब्द या पद हैं, न योग-सूचक के सम्बन्ध में कोई सर्वमान्य नियम या सिद्धान्त। कोई 'सर्वसम्मति' लिखता है, कोई 'सर्व सम्मति' और कोई 'सर्व-सम्मति'। ऐसा नहीं होना चाहिए। सदा 'सर्व-सम्मति' ही लिखना चाहिए। किसी पुस्तक में पढ़ा था—'उन्होंने भीष्म पितामह की क्रिया और कर्म किया !' पर 'क्रिया-कर्म' यौगिक पद है, और सदा इसी रूप में लिखा जाना चाहिए। 'क्रिया और कर्म' का तो इस प्रसंग में कुछ अर्थ ही नहीं है। शेष यौगिक शब्दों के सम्बन्ध में भी इसी प्रकार का निश्चित सिद्धान्त होना चाहिए। यौगिक और बँधे हुए शब्द कभी बिना समझे एक-दूसरे से अलग करना ठीक नहीं है। एक बार एक सज्जन कहना तो यह चाहते थे कि ब्राह्मण मधुर-प्रिय होते हैं। पर अर्थ का विचार किए बिना कह गए—ब्राह्मण मधुर के प्रिय होते हैं। पर इसका यह अर्थ हो जाता है कि स्वयं मधुर (मीठा) ब्राह्मण से प्रेम करता है, जो वक्ता के आशय से बिल्कुल विपरीत है।

एक और प्रकार के स्थल होते हैं, जिनमें योग-सूचक चिह्नों की आवश्यकता होती है; परन्तु अभी तक हिन्दीवालों का ध्यान उस ओर नहीं गया है। उदाहरण के लिए यह वाक्य लीजिए—'वे लोग सिंगापुर जा रहे हैं, पर यह नहीं कहा जा सकता कि जल या स्थलमार्ग से।' इस वाक्य में 'मार्ग' शब्द का 'जल' के साथ भी वही सम्बन्ध है, जो 'स्थल' के साथ है। अधिक सतर्क लेखक 'स्थल और मार्ग' के बीच में योग-सूचक चिह्न लगा देते हैं। परन्तु 'जल' वे भी यों ही छोड़ देते हैं। पर सिद्धान्ततः 'जल' के बाद भी उसी प्रकार योग-सूचक चिह्न लगाना चाहिए, जिस प्रकार 'स्थल' के बाद लगाया जाता है। अर्थात् वाक्य का रूप इस प्रकार होना चाहिए—'जल-या स्थल-मार्ग से।' इसी प्रकार 'निष्ठावान् राष्ट्र और मातृभाषा सेवक' का अर्थ तभी ठीक तरह से समझ में आ सकता है, जब राष्ट्र के बाद भी योग-सूचक चिह्न हो। 'हमारे कला और हिन्दी-प्रेमी उदारदाता' में 'कला' के बाद भी योग-सूचक चिह्न होना चाहिए। कुछ दिन हुए, एक समाचार-पत्र के एक लेख का शीर्षक इस रूप में छपा था—'नेता जी की महिला और बाल-सेना'। यह शीर्षक कितना भ्रामक है और कैसे विलक्षण अर्थ का सूचक है ! इसकी भ्रामकता और विलक्षणता तभी दूर हो सकती है, जब लिखा जाए—'नेता जी की महिला और बाल-सेनाएँ।' 'उसके भी साथी भाले, कुल्हाड़े और लट्ठ-बन्द थे' का तो यही अर्थ हो सकता है कि उसके सभी साथी भाले थे, कुल्हाड़े थे, लट्ठ-बन्द थे!

१५.१२. प्रश्न-चिह्न

प्रश्न-चिह्नों के प्रयोग में भी लोग प्रायः असावधानी करते हैं। वे नहीं सोचते कि 'क्या तमाशा हो रहा है !' और 'क्या तमाशा हो रहा है ?' में अर्थ के विचार से कितना अधिक अन्तर है। इनमें का पहला वाक्य आश्चर्य-सूचक और दूसरा प्रश्न-वाचक है। एक सनातनी पत्र में यह प्रतिपादित किया गया था कि हरिजनों को देवताओं के दर्शन का अधिकार नहीं है। पर उस लेख का शीर्षक इस प्रकार छपा था—'हरिजन क्यों न दर्शन करें ?' साधारणतः इसका अर्थ यही होता है कि लेखक का मत है हरिजन भी दर्शन करें; और वह दूसरों से पूछता है कि वे क्यों न दर्शन करें ? इस प्रकार अशुद्ध विराम-चिह्न के प्रयोग से ही लेख का बिल्कुल उल्टा आशय प्रकट होता था। वाक्य में 'क्या' और 'क्यों' सरीखे शब्द आते ही

प्रायः लोग उनके अन्त में प्रश्न-चिह्न लगा देते हैं। वे यह सोचने की आवश्यकता नहीं समझते कि वाक्य में प्रश्न का भाव है भी या नहीं। उदाहरणार्थ—'न जाने अब आगे चलकर क्या होगा ?', 'मैं क्या जानूँ कि वे वहाँ गए या नहीं ?', 'अभी तक यह नहीं बतलाया गया कि चीन को क्या-क्या सामग्री दी गई ?' 'देखिए, कैसा सुगम शब्द बन गया?', 'मैं अच्छी तरह जानता हूँ कि मेरे आगे क्या है ?', 'कैसा बेहूदा आदमी है ?' आदि इन सब वाक्यों में प्रश्न का कोई भाव नहीं, अतः इनके साथ प्रश्न-चिह्न नहीं होना चाहिए। इनमें से पहले, दूसरे, तीसरे और पाँचवें वाक्य के अन्त में केवल पूर्ण-विराम तथा चौथे और छठे वाक्यों के अन्त में विस्मय-सूचक चिह्न (!) होना चाहिए।

कुछ अवसरों पर प्रश्न-चिह्न प्रायः 'क्यों', 'क्या' आदि प्रश्न-सूचक शब्दों को निरर्थक कर देता है; जैसे—'आपने उनसे पूछ लिया है क्या ?' में 'क्या' अनुपयुक्त स्थान पर होने के अतिरिक्त इसलिए निरर्थक भी है कि उसका भाव स्वयं प्रश्न-चिह्न से सूचित हो जाता है। यही बात 'क्यों ? हमने पहले ही कहा था न ?' में के 'क्यों' वाले प्रश्न-चिह्न के सम्बन्ध में भी है। 'क्या आप वहाँ जाएँगे ?' का भी वही अर्थ होगा जो 'आप वहाँ जाएँगे ?' का होता है।

१५.१३. अवतरण-चिह्न

हिन्दी का 'नहीं' शब्द कुछ स्थानों में इन्कार या अस्वीकृति के अर्थ में बोला जाता है। यह विषय दूसरा है कि 'नहीं' का इस अर्थ में प्रयोग करना प्रशस्त है या नहीं। यहाँ हम केवल यह बतलाना चाहते हैं कि कुछ अवसरों पर यह 'नहीं' शब्द यदि अवतरण-चिह्न से युक्त न हो तो अर्थ स्पष्ट नहीं होता। एक वाक्य लीजिए—'मुझसे वह काम करने के लिए कहा गया था; पर मुझे नहीं करना पड़ता।' इसका सीधा-सादा अर्थ यही है कि कुछ ऐसी परिस्थितियाँ उत्पन्न हो गई, जिनके कारण वह काम करने की नौबत नहीं आई। पर यदि वक्ता या लेखक का यह आशय हो कि मुझे इन्कार करना पड़ा, तो उस अवस्था में यह अर्थ तभी स्पष्ट होगा, जब 'नहीं' शब्द अवतरण-सूचक चिह्न के बीच (अर्थात् इस रूप में—'नहीं') रहेगा।

अँगरेजी में एक विराम-चिन्ह है जो 'कोलन' कहलाता है और जो हमारे यहाँ ठीक विसर्ग-चिह्न (:) के समान होता है। हमें इसके प्रयोग से बचना चाहिए, क्योंकि हमारे यहाँ कभी-कभी यह भ्रामक हो सकता है। कुछ लोग ऐसे स्थानों पर भी इसका प्रयोग करते हैं, जहाँ एक सीधी लकीर या डैश से ही काम चल सकता है। ऐसा नहीं होना चाहिए। कुछ लोग वगैरह आदि शब्द भी विसर्ग से लिखते हैं, जैसे—वगैरः। यह भी ठीक नहीं। इस प्रकार के दूसरी भाषाओं के शब्द विसर्ग के बदले 'ह' से ही लिखे जाने चाहिए। विसर्ग का प्रयोग केवल संस्कृत के शब्दों के साथ होना चाहिए; जैसे—अतः, स्वभावतः, मूलतः, मनःपूत, अधःपात आदि। अथवा यही कहीं अरबी-फारसी शब्दों के शुद्ध रूप दिखलाने की आवश्यकता हो तो वहाँ भी इसका प्रयोग होना चाहिए;—जैसे—जमानः, पर्वानः आदि। और नहीं तो साधारण अवस्था में 'ह' से ही काम लेना चाहिए। यद्यपि यह विषय अक्षरों या हिज्जे से सम्बद्ध है, परन्तु यहाँ कोलन का प्रसंग आ जाने के कारण उसी के साथ इसका भी उल्लेख कर दिया है। पाठकों को इसका भी पूरा ध्यान रखना चाहिए।

यहाँ हमारा उद्देश्य विराम-चिह्नों का ठीक-ठीक उपयोग बतलाना नहीं है। हम तो यही बतलाना चाहते हैं कि हिन्दी में विराम-चिन्हों का उपयोग होना **चाहिए, और ठीक** तरह से

होना चाहिए। स्वयं विराम-चिह्नों का एक स्वतन्त्र विषय है और उसकी जानकारी अन्य योग्य स्थानों से प्राप्त की जानी चाहिए। यहाँ हम यही कहेंगे कि विराम-चिह्नों के प्रयोग में लेखकों को सतर्क रहना चाहिए। इस सम्बन्ध में हम यहाँ एक और बात बतला देना चाहते हैं, जो विराम-चिह्नों के अन्तर्गत ही आती है। लेखकों को गम्भीर विषय लिखने के समय प्रायः पाद-टिप्पणियाँ भी लगानी पड़ती हैं। इसके लिए वे प्रायः *, !, !, +, ×, ÷ आदि चिह्नों का उपयोग करते हैं। पर अनेक ऐसे अवसरों पर जहाँ ये कई एक साथ और एक ही पृष्ठ में आते हैं, वहाँ ये प्रायः भ्रामक सिद्ध होते हैं। अतः इनके स्थान पर यदि १, २, ३ आदि अंकों का प्रयोग किया जाए तो अधिक अच्छा हो। इस सम्बन्ध में स्मरण रखने की एक और बात है, जिस पर लेखक पूरा ध्यान नहीं देते। पाद-टिप्पणी के सूचक-चिह्न कभी तो शब्दों से, कभी सारे वाक्यांशों या पदों से और कभी सारे वाक्य से सम्बद्ध होते हैं। पर कुछ लोग इस बात का ध्यान न रखकर किसी शब्द या पद से सम्बद्ध पाद-टिप्पणी का सूचक-चिह्न भी वाक्य के अन्त में लगा देते हैं, जिससे पाठकों को बहुत भ्रम हो सकता है। वास्तव में शब्द से सम्बद्ध पाद-टिप्पणी का सूचक-चिह्न उस शब्द के बाद, वाक्यांश या पद से सम्बद्ध पाद-टिप्पणी का सूचक-चिन्ह उस वाक्यांश या पद के बाद और सारे वाक्य से सम्बद्ध पाद-टिप्पणी का सूचक-चिह्न उस वाक्य की समाप्ति पर लगाया जाना चाहिए।

प्रूफ

१५.१४. प्रूफ देखने की योग्यता

लेखकों को छपाई की कला की कुछ मोटी-मोटी बातें और प्रूफ देखने के नियम आदि भी अवश्य जानने चाहिए। आज-कल छापे का युग है। लेखक जो लेख आदि लिखते हैं, वह प्रायः छपने-छापने के उद्देश्य से ही। ऐसी अवस्था में छपाई से सम्बन्ध रखने वाली कुछ खास और मोटी बातों का ज्ञान आवश्यक है। इसके अभाव में कुछ अवसरों पर लेखकों के मार्ग में बहुत कठिनाई आ पड़ती है। जो लेखक प्रेस की बातों से परिचित होते हैं और जिन्हें प्रूफ देखने की विद्या या कला का अच्छा ज्ञान होता है, वे उन कठिनाइयों से बचने के सिवा अपनी कृतियों की सुन्दर छपाई और सजावट में भी बहुत-कुछ सहायक हो सकते हैं। इससे भी अधिक उपयोगी प्रूफ शुद्ध करने के नियमों का ज्ञान है। आप अच्छी से अच्छी भाषा लिखें, परन्तु यदि प्रूफ ठीक तरह से न देखा जाए तो आपकी भाषा का बहुत-कुछ सौंदर्य मिट्टी में मिल जाएगा, और सम्भव है कि कुछ अवस्थाओं में तथ्यों या भावों की हत्या भी हो जाए। लेखक जब अपनी रचना का प्रूफ स्वयं देखता है, तब उस रचना का सौन्दर्य और भी बढ़ जाता है। भाषा सम्बन्धी बहुत से छोटे-मोटे दोष, जो साधारणतः लिखने के समय दिखाई नहीं देते, प्रूफ देखने के समय प्रायः सामने आ जाते हैं और सहज में दूर किए जा सकते हैं। आप स्वयं अपनी या किसी दूसरे की लिखी भाषा शुद्ध करने बैठिए। अवश्य ही आप उसके बहुत-से दोष दूर कर सकेंगे। फिर भी बहुत सम्भव है कि उसके कुछ-न-कुछ दोष बाकी रह जाएँ। कारण यही है कि हाथ की लिखी प्रति उतनी अधिक स्पष्ट नहीं होती जितनी छपी हुई प्रति होती है। इसलिए हाथ की लिखी प्रति शुद्ध करने के समय हमारी बहुत-सी शक्ति और बहुत कुछ ध्यान उसे पढ़ने ही में लगा रहता है। पर वही चीज जब टाइप में अधिक स्पष्ट रूप से हमारे सामने आती है, तब हमारी वह बची हुई शक्ति और ध्यान भाषा के सूक्ष्म दोष देखने में लग जाता है और हम उसे सहज में बहुत अधिक निर्दोष, शुद्ध तथा सुन्दर बना सकते हैं।

लेखकों को जहाँ और बहुत-सी बातें जानने की आवश्यकता होती है, वहाँ प्रूफ देखने की अर्थात् छापे की भूलें ठीक करने की योग्यता प्राप्त करना आवश्यक होता है। छापे की भूलें ठीक करने की भी विद्या या कला है, जो समय लगाकर और बहुत ध्यानपूर्वक सीखनी पड़ती है। हिन्दी में अभी तक इस विषय की विशेष चर्चा नहीं हुई। कुछ लोग छापेखाने में रहकर इस विषय की थोड़ी-बहुत जानकारी प्राप्त कर लेते और उतने से ही किसी तरह काम चला लेते हैं। कुछ ऐसे लेखक भी हैं, जो प्रूफ देखनेवालों को अपने मुकाबले में तुच्छ समझते हैं, परन्तु अच्छा प्रूफ रीडर बनने के लिए बहुत-कुछ अच्छे लेखक के समान ही योग्यता प्राप्त करनी पड़ती है। और फिर स्वयं अशुद्ध तथा भद्दी भाषा लिखने की अपेक्षा-प्रूफ रीडर बनकर प्रूफ में दूसरों की भाषा की अशुद्धियाँ और भद्दापन दूर करके उसे सुन्दर रूप देना कहीं अच्छा है। अनेक लेखक दुनिया भर की ऊल-जलूल भाषा लिखकर प्रेस में भेज देते हैं। अच्छे प्रूफ-रीडर ही उसे बहुत कुछ परिष्कृत तथा सुन्दर रूप में जनता के सामने उपस्थित करते हैं। पर उनका नाम होना दूर रहा, वे कभी धन्यवाद के पात्र भी नहीं समझे जाते। फिर मान लीजिए कि हम बहुत ही अच्छी भाषा लिखते हैं और उसमें किसी प्रकार के संशोधन की आवश्यकता नहीं होती। ऐसी अवस्था में भी इस बात की बहुत बड़ी आशंका रहती है कि हमारी भाषा और भावों का बहुत-कुछ सौन्दर्य अच्छी तरह प्रूफ न देखे जाने के कारण ही कहीं नष्ट न हो जाए। एक बार एक समाचार-पत्र में देखा था—"यदि वे (देशी राज्य) अपनी स्वतन्त्रता की घोषणा करते हैं, तो उस स्थिति में हिन्दोस्तान को पाकिस्तान में समझौता कर सकते हैं।" यह स्पष्ट है कि लेखक ने सम्भवतः 'हिन्दोस्तान को पाकिस्तान में समझौता कर सकते हैं', न लिखा होगा और प्रूफ देखनेवालों की भूल से ही ऐसा छप गया था। इसलिए जहाँ तक हो सके, हमें स्वयं अपनी चीजों का प्रूफ देखना चाहिए; और इसीलिए अच्छी तरह प्रूफ देखने की कला भी सीखनी चाहिए।

यहाँ हम इस सम्बन्ध में एक और बात बतला देना चाहते हैं। हमें कभी अपनी लिखी हुई चीज के सभी प्रूफ सदा स्वयं नहीं देखना चाहिए। होना यह चाहिए कि पहले एक या दो प्रूफ कोई अच्छा प्रूफ देखनेवाला देख ले और तब अन्तिम प्रूफ हम स्वयं देखें। होता यह है कि अपनी लिखी हुई चीज की प्रायः सभी बातें (शब्द और वाक्य-रचना) पहले से हमारे मन में जमी रहती हैं। जब हम उसके दो-एक प्रूफ स्वयं देखते हैं, तब वे बातें हमें कंठस्थ-सी हो जाती हैं। इसीलिए हम अशुद्ध को भी शुद्ध समझ लेते हैं और प्रूफ में बहुत-सी भूलें रह जाती हैं। इस पुस्तक के पहले संस्करण में छापे की जो बहुत-सी भूलें रह गई थीं, उसका एक कारण यह भी था कि लेखक ने ही दृष्टि बहुत-कुछ क्षीण होने पर भी, सब प्रूफ स्वयं देखे थे। शुद्ध छपाई के लिए किसी अच्छे प्रूफ देखनेवाले की सहायता लेना बहुत आवश्यक है।

प्रेस के भूत

स्वर्गीय बा० रामकृष्ण वर्मा ('भारतजीवन प्रेस' के अध्यक्ष) प्रायः कहा करते थे कि प्रूफ शुद्ध करने का काम बहुत कुछ जंगल काटने के समान है। आप एक तरफ के जंगल काटते हुए आगे बढ़ते जाइए। फिर भी कुछ-न-कुछ झाड़-झंखाड़ रह ही जाएगा; और सम्भव है कि कुछ नया भी पैदा हो जाए। भूल रह जाना बहुत-कुछ दृष्टि-दोष के कारण ही होता है पर कुछ ऐसे कारण भी होते हैं, जो हमारे आपके वश के बाहर होते हैं। प्रायः ऐसा होता है कि प्रूफ उठाने या छापने के समय कुछ मात्राएँ या अक्षर अपने स्थान से निकल कर गिर

जाते या इधर-उधर हो जाते हैं। अक्षर निकलता कहीं से है और लगा कहीं दिया जाता है। 'प्रेस के भूतों से' प्रेस कर्मचारियों का मतलब नहीं होता, बल्कि मतलब होता है—कुछ विशिष्ट अवस्थाओं में आप-से-आप हो जानेवाली अशुद्धियाँ अथवा प्रेस के अनजान कर्मचारियों से हो जानेवाली गड़बड़ी से। लेखों और पुस्तकों में इस प्रकार की अशुद्धियों को (जो बिल्कुल स्पष्ट होती हैं) छोड़कर और प्रकार की अशुद्धियाँ नहीं रहनी चाहिए ! प्रूफ में तो अक्षर बैठाने की साधारण अशुद्धियाँ ही दूर की जाती हैं।

प्रेस के भूतों की कृपा से कभी-कभी बहुत बड़े अनर्थ हो जाते हैं। कुछ ऐसी घटनाएँ अभिलिखित हैं कि परीक्षा-फल में भूल से किसी पारित या उत्तीर्ण छात्र का नाम छपना छूट गया और उस छात्र ने आत्महत्या कर ली ! और तब कुछ दिन बाद यह छपा कि वह छात्र वस्तुतः उत्तीर्ण था ! पुरानी नार्थ वेस्टर्न रेलवे के कुछ विशिष्ट स्थानों में काम करनेवाले कर्मचारियों को बहुत दिनों से जाड़े में गरम कपड़े मिलते आते थे। जिन स्थानों के कर्मचारियों को ऐसे कपड़े मिलते थे, उनकी सूची हर साल पहले से प्रकाशित कर दी जाती थी। १६४४ के लिए जो सूची छपी थी, प्रेस के भूतों की कृपा से कालका-शिमला रेलवे का नाम छपना छूट गया था। और संयोगवश उस वर्ष इतना अधिक शीत और बर्फ पड़ा, जितना बीसियों वर्षों से नहीं पड़ा था ! उस शाखा के बेचारे कर्मचारियों को गरम कपड़े न मिलने से शीत का बहुत अधिक कष्ट सहना पड़ा। इसके कारण का अनुसंधान करते-करते पता चला कि भूल से सूची में उस रेल-शाखा का नाम नहीं छपा था। जब भारत-सरकार का ध्यान इस ओर आकृष्ट किया गया, तब गरम कपड़े मिलने की आज्ञा तो हुई, परन्तु तब तक कड़ाके का जाड़ा बीत चुका था।

कलकत्ता विश्वविद्यालय में अर्थशास्त्र की शिक्षा की व्यवस्था तो बहुत दिनों से चली आ रही थी; पर कुछ दिन पहले अधिकारियों ने निश्चय किया कि सन् १६५० से अर्थशास्त्र की परीक्षा से अलग राजनीति-विज्ञान की स्वतन्त्र रूप से परीक्षा लेने का प्रबन्ध होगा। इसके अनुसार अधिनियम भी बन गए थे। पर इस नई परीक्षा में सम्मिलित होनेवालों के लिए जो आवेदन-पत्र छपा था, उसमें सन् १६५० की जगह न जाने कैसे १६४६ छप गया था। जब दो परीक्षार्थियों के भरे हुए ऐसे दो आवेदन-पत्र अधिकारियों के हाथ में निश्चित समय के एक वर्ष पहले ही आ पहुँचे, तब उनके आश्चर्य का ठिकाना न रहा। जिस पर विशेषता यह थी कि दोनों आवेदन-पत्र नियमानुसार स्वीकृत भी हो चुके थे। जाँच करने पर पता चला कि यह प्रेस के भूतों का प्रसाद था। विवश होकर विश्वविद्यालय के अधिकारियों को १६५० की जगह १६४६ में ही राजनीति-विज्ञान की परीक्षा की व्यवस्था करनी पड़ी।

एक बार एक प्रसिद्ध अँगरेजी दैनिक-पत्र में ऐसा अग्र-लेख देखने में आया था, जो ठीक उसी रूप में दस-बारह दिन पहले निकल चुका था। एक प्रसिद्ध हिन्दी दैनिक-पत्र में एक अग्र-लेख ज्यों-का-त्यों लगातार तीन अंकों में तीन दिन छपा था। यद्यपि इसमें सम्पादकीय विभाग की भी कुछ असावधानी थी, पर थी यह सारी करामात प्रेस के भूतों की ही।

१५.१५. अर्थ का अनर्थ

समाचार-पत्रों और पुस्तकों में प्रायः छापे की विलक्षण भूलें देखने में आती हैं। एक बार एक सज्जन ने लिखा तो था—'उसका सारा शरीर क्लेद से भर गया' पर छपा था—'उसका सारा शरीर प्लेग से भर गया।' एक जगह 'देहात' का 'देहांत' हो गया था, और दूसरी जगह 'चिंताएँ' का 'चिताएँ'। एक जगह 'स्वर्ग सिधार गई' की जगह छप गया था—'स्वर्ग सुधार

गई' और एक जगह 'वह सोई न थी' की जगह छपा था—'वह रोई न थी'। एक दैनिक-पत्र में 'फूड कंट्रोलर' की जगह 'फूल कंट्रोलर' छप गया था। एक दूसरे दैनिक में इटली के प्रसिद्ध उद्धारक 'गैरी-बाल्डी' के नाम की जगह 'मेरी बाल्टी' छप गया था; और एक जगह 'बे-मौके' की जगह छप गया था—'बे मॉंके'। एक स्थान पर 'बँगला' की जगह 'बगला' छप गया था, जिसके कारण वाक्य का कुछ अर्थ ही नहीं निकलता था ! एक जगह 'विशद व्याख्या' की जगह 'विषद व्याख्या' देखा था; और एक बार 'आपकी सहायता की अपेक्षा है' में 'अपेक्षा' का 'उपेक्षा' हो गया था। 'अलसता' की जगह 'असलता', 'लकड़ी' की जगह 'लड़की', 'बारह' की जगह 'बाहर', 'आलोचना' की जगह 'अलोचना', 'बढ़ती' की जगह 'बढ़नी', 'गाड़ी' की जगह 'गाढ़ी', 'छूटे बन्धन' की जगह 'छूटे बन्धु' और 'भू-तनया' की जगह 'भूत नया' देखकर पाठक भ्रम में पड़ सकते हैं। जहाँ 'र' और 'व' आते हैं, वहाँ कभी-कभी प्रूफ देखनेवालों की असावधानी के कारण 'ख' छप जाता है। एक बार 'मारवाड़ी' की जगह 'माखाड़ी' और 'शेर व सखुन' की जगह 'शेख सखुन' छप गया था। इसी लिए प्रूफ देखते समय प्रत्येक अक्षर, मात्रा और बिन्दु-विसर्ग तक का पूरा ध्यान रखना चाहिए—'निर्धन' का 'निधन' नहीं होने देना चाहिए। 'अपना' कहीं 'सपना' न हो जाए।

सब-कुछ शुद्ध छपने पर भी केवल शब्दों के बीच में ठीक अवकाश या स्थान न होने के कारण ही कभी-कभी भद्दी भूलें हो जाती हैं। 'सुन्दर कोप नहीं सपने' की जगह 'सुन्दर को पनहीं सपने' तो बहुत पुरानी और प्रसिद्ध बात है। 'आप भी तर जाएँगे' और 'आप भीतर जाएँगे', 'सावन के बादलो' और 'सावन के बाद लो', 'पी ली भंग', 'पीली भंग', 'कहो तो ला दूँ' और 'कहो तो लादूँ', 'वह दयनीय जीवन था' और 'वह दयनीय जीव न था' में कितना अन्तर है ! 'काजल' की जगह 'का जल' कुछ अवस्थाओं में बहुत भ्रामक हो सकता है। 'ला री ला' की जगह 'लारी ला', 'जला ली है' की जगह 'जलाली है', 'काँग्रेसजन को दंड' की जगह 'कांग्रेसजन कोदंड', 'मनन करेगा' की जगह 'मन न करेगा' और 'ठिकाना जेब में अपने नहीं एक चार पाई का' की जगह 'ठिकाना जेब में अपने नहीं एक चारपाई का।' कितना भ्रामक है। एक पुस्तक में देखा था—'राजा को अपनाकर रावरो लेना चाहिए' में 'अपनाकर' पूर्वकालिक क्रिया जान पड़ता था; और इसीलिए इस रूप में उस वाक्य का कुछ भी अर्थ नहीं होता। होना चाहिए था—'राजा को अपना कर सबसे लेना चाहिए।' 'स्वागत करो पसार कर' में यदि 'पसार कर' हो तो वह पूर्व-कालिक क्रिया के रूप गें गाना जाएगा' और यदि 'पसारकर' हो तो उसमें का 'कर' संज्ञा के रूप में और 'हाथ' का सूचक होगा। एक मासिक पत्र में एक कविता का शीर्षक 'नव वर्षागमन' की जगह 'नव वर्षा गमन' छप गया था, जिससे अर्थ ही बिल्कुल गड़बड़ा गया था ! ऐसी सबसे मजेदार भूल जो हमें मिली, वह एक रामचरितमानस में थी। उसमें 'भजन्तीहलोके परे वा नराणाम्' में 'वा नराणाम्' मिलाकर 'वानराणाम्' हो गया था !

प्रूफ देखनेवालों को एक और बात का विशेष रूप से ध्यान रखना चाहिए। प्रायः छापे के अक्षर बैठाने के समय ऐसा होता है कि शब्द तो पूरा नहीं होने पाता और पंक्ति समाप्त हो जाती है। ऐसे अवसर पर यदि प्रूफ देखनेवाला समझदार न हो तो बहुत गड़बड़ी हो सकती है। मान लीजिए कि लेखक ने 'रोमलता' शब्द का प्रयोग किया है। पंक्ति कहीं इसी शब्द के बीच में समाप्त होती है। वहाँ ऐसा नहीं होना चाहिए कि 'रोमल' तो ऊपरवाली पंक्ति के अन्त में आए और 'ता' बादवाली पंक्ति के आरम्भ में आ जाए। पढ़नेवाले के लिए

इस भ्रम की गुंजाइश नहीं रहनी चाहि कि 'रोमल' कोई स्वतन्त्र शब्द है और 'उसमें 'ता' भाववाचक प्रत्यय के रूप में लगा है। पहली पंक्ति के अन्त में 'रोम-' और दूसरी पंक्ति के आरम्भ में 'लता' होना चाहिए। एक बार एक पुस्तक में 'चंचलता' शब्द में का 'चंच' पहली पंक्ति के अन्त में और 'लता' दूसरी पंक्ति के आरम्भ में छपा था। एक विश्वविद्यालय के सुविज्ञ अध्यापक ने इस पर अपने विद्यार्थियों को बतलाया था क्रि चंच काश्मीर में होनेवाली एक प्रकार की लता है। कैसा अर्थ का अनर्थ हो गया। यही बात भारत, असन्तोष और अनुकरण सरीखे शब्दों के सम्बन्ध में भी समझनी चाहिए। यदि शब्द दो पंक्तियों में विभक्त होता हो, तो वह ठीक जगह से तोड़ा जाना चाहिए, जैसे—भा-रत, अ-सन्तोष अनु-करण, न कि भार-त, असं-तोष, अनुक-रण आदि।

लेखकों की भूलों का सुधार

इसके सिवा बहुत-सी बातें हैं जिनमें अच्छा प्रूफ देखनेवाला कम सतर्क लेखकों के लेख आदि अधिक स्पष्ट, सुन्दर तथा सुवाच्य बना सकता है। लेखकों से जो बातें शीघ्रता या प्रमाद के कारण छूट जाती हैं, उनकी बहुत-कुछ पूर्ति अच्छे प्रूफ-रीडर कर दिया करते हैं। इसके सिवा कभी-कभी छापेखाने के भूतों की कृपा से ऐसी भूलें हो जाती हैं, जिनके कारण लेखकों और सम्पादकों को लज्जित होना पड़ता है। एक बार एक प्रसिद्ध स्थानिक दैनिक पत्र में मोटे-मोटे अक्षरों में छपा था—'विज्ञापन के लिए अस्थान खाली है।' यदि प्रूफ-रीडरों ने अपना काम ठीक तरह से किया होता तो कभी ऐसी भद्दी भूल न होती। यहाँ आकर यह सिद्धान्त चरितार्थ होना चाहिए—मनुष्य जो कुछ करे बहुत अच्छी तरह करे।

कुछ लोगों की आदत-सी होती है कि वे प्रूफ में बार-बार बहुत अधिक परिवर्तन और काँट-छाँट करते और बहुत-सी बातें घटाते-बढ़ाते हैं। यह बात अनेक दृष्टियों से ठीक नहीं। उससे एक तो प्रेसवालों को बहुत अधिक कठिनता होती है और उनका समय नष्ट होता है, दूसरे बहुत-सी अशुद्धियाँ छूट जाने का डर रहता है। अच्छे लेखक और प्रूफ देखनेवाले जहाँ तक हो सकता है, कम परिवर्तन और संशोधन करते हैं। पर वे थोड़े-से परिवर्तन और संशोधन ही ऐसे होते हैं, जो अधिक-से-अधिक काम दे जाते हैं। प्रूफ में जहाँ कहीं विशेष परिवर्तन या संशोधन की आवश्यकता हो, वहाँ खूब सोच-समझकर ऐसे ही परिवर्तन और संशोधन करने चाहिए, जिसमें प्रेसवालों को भी कम कठिनाई हो और भाषा का संशोधन भी अधिक-से-अधिक हो जाए। हमें एक बार एक समाचार-पत्र के एक ही अंक में ये दो भद्दी भूलें मिली थीं, जो सम्भवतः लेखकों की ही थीं—(१) मैं चार तोले सोने गंगा की कछार में गाड़ दिया हूँ। (२) एक नवजात शिशु ग्रहण के अवसर पर लक्ष्मी घाट पर आया हूँ। यदि प्रूफ-रीडर योग्य होता है तो वह पहले वाक्य में 'दिया' की जगह 'आया' और दूसरे वाक्य में 'हूँ' की जगह 'है' बनाकर उन्हें बहुत सहज में शुद्ध और सुन्दर बना सकता था। इस प्रकार की छोटी-छोटी बातों पर ध्यान रखकर वह रद्दी हिन्दी को भी अच्छी हिन्दी बना सकता है।

१६. हमारी आवश्यकताएँ

भाषा-सम्बन्धी आवश्यकताएँ—स्वरूप स्थिर करने की आवश्यकता—रूप, अर्थ और प्रयोग—अँगरेजी शब्दों के निश्चित अर्थ—विदेशी शब्दों का ग्रहण और त्याग—नए शब्दों के रूप—कोश और व्याकरण—नई क्रियाओं की आवश्यकता—विभक्ति सम्बन्धी सिद्धान्त—लिपि सुधार की आवश्यकता—नए चिह्नों की आवश्यकता।

१६.१. भाषा-सम्बन्धी आवश्यकताएँ

जब तक हम जीते और आगे बढ़ते रहेंगे, तब तक अनेक प्रकार की आवश्यकताएँ हमारे साथ लगी ही रहेंगी। आवश्यकताओं की पूर्ति ही हमारे जीवन में पूर्णता लाती है। हमारे जो अंग व्यवहार में आने अथवा पुराने होने के कारण छीजते रहते हैं, उनकी पूर्ति के लिए भी और अपने समस्त अंगों की पुष्टि, वृद्धि और विकास के लिए भी हमें अनेक पोषक तत्त्वों की आवश्यकता होती है। जो बात हमारे इस भौतिक शरीर के सम्बन्ध में है, वही हमारी भाषा के शरीर के सम्बन्ध में भी है। इस दृष्टि से यदि हम कहें कि भाषा के क्षेत्र में भी और लिपि के क्षेत्र में हमारी अनेक आवश्यकताएँ हैं तो इसमें किसी को आश्चर्य न होना चाहिए।

पहले हम भाषा-सम्बन्धी आवश्यकताएँ लेते हैं। इस पुस्तक में अब तक जितनी बातें बतलाई गई हैं, उनसे पता चलता है कि हम अभी तक अपनी भाषा का स्वरूप स्थिर नहीं कर सके। हमारे शब्द, उनके रूप, वाक्य-रचना; लेखन-प्रणाली आदि सभी बातें अनिश्चित रूप से चल रही हैं, और उनमें परिमार्जन तथा मर्यादा-बन्धन की अपेक्षा है। इसी बात की ओर हिन्दीवालों का ध्यान आकृष्ट करने के लिए स्व० आचार्य महावीर प्रसाद जी द्विवेदी को 'भाषा की अनस्थिरता' शीर्षक लेख लिखना पड़ा था। देश में राष्ट्रीयता की जो नई लहर उठी है, उससे हमारी भाषा के प्रवाह में बहुत-कुछ बल और वेग तो अवश्य आ गया है, पर न तो अभी तक उस प्रवाह का कोई निश्चित स्वरूप है, न कोई निश्चित मार्ग या धारा। और इसीलिए उसकी दिशा भी ठीक तरह से निश्चित नहीं हो रही है। हमारी भाषा का स्वरूप पहाड़ी बरसाती नदी की तरह उच्छृंखल हो रहा है। अतः हमारी पहली और सबसे बड़ी आवश्यकता यह है कि हम अपनी भाषा का स्वरूप निश्चित और स्थिर करें।

स्वरूप स्थिर करने की आवश्यकता

हिन्दी लिखनेवालों की संख्या दिन-पर-दिन बढ़ती जा रही है। आज-कल जिसे देखिए, वही हिन्दी लिखता दिखाई देता है। तिस पर, जब से हिन्दी राज्य-भाषा बनी हैं, तब से तो हिन्दी लेखकों की मानो बाढ़ ही आ गई है। जहाँ तक तो हमारे लिए अभिमान और सौभाग्य की ही बात है। पर यदि हमारे सामने यह प्रश्न आए कि सचमुच ठीक और अच्छी हिन्दी लिखने वाले लेखक कितने हैं, तो हमें कहना पड़ेगा कि उनकी संख्या बहुत कम है। हमारे यहाँ अधिकतर लेखक ईश्वर की दया से स्वयंभू ही हैं। इसका मुख्य कारण यही है कि हम समझते हैं कि हमें कम-से-कम हिन्दी भाषा के सम्बन्ध में तो सब कुछ आता ही है, और इसीलिए हम किसी के पास बैठकर उससे कुछ सीखना नहीं चाहते। दूसरे, जैसा कि हम

अभी कह चुके हैं, हमारी भाषा का स्वरूप दिन-पर-दिन और भी विकृत होता जा रहा है। यह स्थिति हमारे लिए कभी कल्याणकारी नहीं हो सकती। यदि सचमुच हम अपनी भाषा को ठीक अर्थों में राष्ट्र-भाषा बनाए रखना चाहते हों, तो हमें सबसे पहले उसका स्वरूप स्थिर करना होगा। यह ऐसा काम है, जिसमें हिन्दी के लेखक मात्र को हाथ बँटाना चाहिए। बड़े लेखकों को भाषा का स्वरूप स्थिर करना चाहिए और छोटे लेखकों को उनका अनुकरण करना चाहिए। यदि बड़े लेखक इस ओर से उदासीन रहेंगे तो भाषा की दुर्दशा दिन-पर-दिन बढ़ती ही जाएगी।

भाषा का स्वरूप स्थिर करने का यह अर्थ नहीं कि हम उसे इस प्रकार चारों ओर से कसकर जकड़ दें कि उसका विकास ही रुक जाए। यह तो भाषा का गला घोटना होगा। सुनते हैं, फ्रांस की प्रसिद्ध 'अकाडमी' ने ऐसा निश्चय कर रखा था कि बिना उसकी अनुमति के कोई नया श्ब्द फ्रांसीसी भाषा ने न लिया जाए। इसीलिए फ्रांसीसी भाषा में केवल एक लाख के लगभग शब्द हैं। इसका फल यह हुआ कि फ्रांसीसी भाषा के वाक्यों का अर्थ बहुत कुछ अस्पष्ट तथा सन्दिग्ध रह गया है, और उनमें नए तथा सूक्ष्म भाच प्रकट करने में कठिनता होती है। इसके विपरीत अँगरेजी में ऐसी कोई रुकावट नहीं, जिससे उसमें चार लाख शब्द हैं। अतः हमें भाषा के विकास का मार्ग तो खुला रखना चाहिए, पर उसे अशुद्ध, भद्दे और प्रकृति-विरुद्ध प्रयोगों से बचाना चाहिए। भाषा के स्वरूप से सम्बद्ध एक बहुत बड़ा प्रश्न है। स्वरूप स्थिर तो हो, पर वह स्वरूप कैसा हो? हम सभी बातों में 'राष्ट्रीयता' की पुकार मचाते हैं। पर जिसे हम अपनी 'राष्ट्र भाषा' कहते हैं, उसमें से हम नित्य प्रति 'राष्ट्रीयता' निकालते जाते हैं। हम भाषा का स्वरूप 'अराष्ट्रीय' बनाते जा रहे हैं। हमारी वाक्य-रचना और भावव्यंजन-प्रणाली दोनों बहुत 'अराष्ट्रीय' और परकीय होती जा रही हैं। उसमें से हिन्दीपन दिन-पर-दिन निकलता जा रहा है और उसका स्थान अँगरेजीपन लेता जा रहा है। हम पर इतनी अधिक अँगरेजियत छा गई है कि जान-बूझकर भी और अनजान में भी हम अपनी भाषा का स्वरूप बहुत ही विकृत कर रहे हैं, आपस की साधारण बातचीत में ही हम अपने ढंग के वाक्य छोड़कर अँगरेजी, उर्दू, फारसी, बँगला, मराठी आदि न जाने कितनी भाषाओं के ढंग के वाक्यों का प्रयोग करते हैं ! हम अपने व्यवहार से सिद्ध करते हैं कि हमारी 'राष्ट्रीयता' की पुकार बिल्कुल निस्सार है। हमारे वाक्यों पर अँगरेजी तो मानो सिर से पैर तक छाई रहती है। अब अँगरेजी पढ़े लोगों में कोट-पैंट और हैट पहननेवाले तो बहुत कम रह गए हैं; पर अपनी भाषा को कोट-पैंट और हैट पहनानेवालों की संख्या दिन-पर-दिन इतनी बढ़ती जा रही है कि हमारी भाषा का स्वरूप विकृत क्या, बल्कि भ्रष्ट होता जा रहा है। यदि ऐसा न होता तो हम अपनी 'राष्ट्र-भाषा' का स्वरूप इतना 'अराष्ट्रीय' न कर डालते.! जो हो चुका, वह हो चुका ! पर अब तो सँभलें। यदि हमारी 'राष्ट्र-भाषा' में ही 'राष्ट्रीयता' न होगी, तो फिर उसे और कहाँ ठिकाना मिलेगा।

अब हमारा देश स्वतन्त्र हो गया है। हिन्दी निश्चित रूप से देश की राष्ट्र-भाषा बन चुकी है। यों राजनीतिक कारणों से भले ही कुछ लोग कह लिया करें कि संविधान के अनुसार हिन्दी केवल राज-भाषा मानी गयी है, राष्ट्र-भाषा नहीं मानी गई पर वास्तविक बात यही है कि हिन्दी पहले भी भारत की राष्ट्र-भाषा थी, अब भी है और भविष्य में भी रहेगी। यहाँ तक कि अब तो कुछ लोग सारे एशिया में उसके व्यापक प्रचार का स्वप्न देखने लगे हैं। अतः हिन्दी को वस्तुतः इस योग्य बनाने के लिए उसका स्वरूप स्थिर करके उसे सब प्रकार से राष्ट्रीय भाषा के उपयुक्त बनाना हमारा परम कर्तव्य हो गया है। इसके लिए हमें अभी से

पूर्ण सचेष्ट और प्रयत्नशील होना चाहिए। इस समय यदि हम कुछ भी शिथिलता दिखलाएँगे, तो हमारी भाषा का स्वरूप, सम्भव है, बहुत अधिक विकृत हो जाए।

देश में बहुत से नए विधान बन रहे हैं, और बराबर बनते रहेंगे। उन विधानों की भाषा प्रायः अँगरेजी के अनुकरण पर लिखी जाती और अँगरजी साँचे में ढली होती है। उदाहरणार्थ—'इस उपनियम के प्रयोजनों के लिए, कोई भी कर्मचारी उस स्थान में, जहाँ उसे काम करना आवश्यक हो, अनुपस्थित माना जाएगा, यदि यद्यपि वह ऐसे स्थान पर उपस्थित हो, किसी भी तरह हो, हड़ताल के कारण अथवा किसी अन्य कारण से, जो उक्त परिस्थितियों में न्यायोचित न हो, वह अपना काम करने से इन्कार करे।' इसमें से 'कोई भी' और 'किसी भी' को यदि हम छोड़ दें, तो भी 'यदि' और 'यद्यपि' का एक साथ प्रयोग कितना भद्दा और खटकनेवाला है ! तिस पर सारे वाक्य का अर्थ कितने आदमी समझ सकते हैं? इसका सहज और सुन्दर रूप हो सकता है—'यदि कोई कर्मचारी अपने काम करने के स्थान पर उपस्थित तो हो, पर हड़ताल के कारण अथवा किसी ऐसे कारण से, जो उक्त परिस्थितियों में न्यायोचित न हो, अपना काम करने से इन्कार करेगा तो इस उपनियम के प्रयोजनों के लिए वह अपने काम से अनुपस्थित माना जाएगा। पर हम अपनी भाषा तथा उसमें बननेवाले विधानों का स्वरूप तभी इतना सुन्दर और स्पष्ट कर सकेंगे, जब हम अपने दिमाग में घुसी हुई अँगरेजियत निकाल फेंकेंगे और सब बातों पर बिल्कुल स्वतन्त्र होकर अपनी भाषा की प्रकृति का ध्यान रखते हुए विचार करेंगे। यदि ऐसा न हुआ तो हम अपनी भाषा और भाव-व्यंजन की प्रणाली दिन-पर-दिन अधिक जटिल और दुरुह करते जाएँगे।पौर कुछ ही दिनों में यह जटिलता और दुरूहता इतनी अधिक बढ़ जाएगी कि या तो हमें विधान आदि फिर नए सिरे से लिखना और नए साँचे में ढालने पड़ेंगे या जन-साधारण से उसका सम्पर्क ही छूट जाएगा।

१६.२. रूप, अर्थ और प्रयोग

हमारी दूसरी आवश्यकता है—शब्दों के रूप, अर्थ और प्रयोग निश्चित करना। शब्दों के रूपों के सम्बन्ध में हमारे यहाँ बहुत बड़ी धाँधली चल रही है जिसका कुछ उल्लेख पिछले प्रकरण में हिज्जे के प्रसंग में किया जा चुका है। एक ही शब्द कई-कई रूपों में लिखा जाता है। हमारे यहाँ के अनेक प्राचीन कवि एक शब्द को अनेक रूप में देने में बहुत सिद्धहस्त थे.! हम इसके लिए न तो उन्हें दोषी ठहराते हैं, न उन्हें उलाहना देते हैं। उनका समय ही वैसा था। वे जो कुछ कर गए, बहुत कर गए, और बहुत अच्छा कर गए। पर आज-कल की परिस्थितियाँ देखते हुए हमारा जो कर्तव्य है, वह भी हमें अच्छी तरह से समझ लेना चाहिए और यथासाध्य उसके पालन का प्रयत्न करना चाहिए। अपने यहाँ के शब्दों के रूप स्थिर करना हमारे लिए कई दृष्टियों से बहुत आवश्यक है। इससे हम अपनी भाषा हिन्दी-भाषियों के लिए भी और इतर भाषा-भाषियों के लिए भी सुगम कर सकेंगे। और साथ ही हम अपने वैयाकरणों तथा कोशकारों को भी कई तरह की झंझटों से बचा सकेंगे। इस प्रकार हम अपनी भाषा का जो गौरव बढ़ाएँगे, वह अलग।

संस्कृत के कुछ ऐसे शब्द हैं, जिनके अर्थों में आज-कल कुछ प्रान्तीय भेद देखने में आते हैं। मराठी में 'शिक्षा' का अर्थ 'दण्ड' और बँगला में 'राग' का अर्थ 'क्रोध' होता है। सुनते हैं कि उड़िया भाषा में 'क्रोध' या 'नाराजगी' के अर्थ में 'अनुराग' का प्रयोग होता है। इस प्रकार के दस-पाँच नहीं, सैकड़ों शब्द हैं। इसके सिवा अँगरेजी शब्दों के लिए हिन्दी शब्द गढ़ने के कारखाने देश के अनेक भागों में खुल गए हैं, जिनमें न तो कोई पारस्परिक सम्पर्क है और न सामंजस्य। इसका परिणाम यह हो रहा है कि अँगरेजी के एक शब्द के लिए बँगला

में संस्कृत का कोई शब्द चलता है; तो मराठी में कोई और, हिन्दी में कोई और अतः हमें इस बात का प्रयास करना चाहिए कि अँगरेजी के हर शब्द का जो भारतीय समानक बने, वह सभी भारतीय भाषाओं में समानरूप से प्रचलित हो सके। जब तक इसकी व्यवस्था न होगी, तब तक हिन्दी राज्यभाषा का ठीक और पूरा काम न दे सकेगी।

वह युग प्रतिद्वन्द्विता का है। जहाँ प्रतिद्वन्द्विता होती है, उपयोगिता का तत्त्व आप-से-आप प्रमुखता प्राप्त कर लेता है। जब एक ही तरह की कई चीजें समाने हों, तब वही चीज सबसे अधिक अपनाई जाएगी, जो सबसे अधिक उपयोगी होगी। आरम्भ में कुछ समय तक अनुचित पक्षपात और दुराग्रह भले ही बाजी मार ले जाए, पर अन्त में पूछ उपयोगिता की ही होगी। यदि हम अभी से इसी बात का ध्यान रखेंगे, तब तो हमारी राष्ट्रभाषा रह सकेगी, नहीं तो नहीं। यह ठीक है कि हमारी भाषा मध्य देश की भाषा होने और मूलतः सीधे संस्कृत की परम्परा में उत्पन्न होने के कारण बहुत दिनों से वहाँ की सार्वदेशिक भाषा रही है, और उसमें अनेक ऐसे तत्त्व वर्तमान हैं, जो बहुत दिनों तक उसे उस पद पर अरूढ़ रखेंगे। फिर भी सुगमता और उपयोगिता का प्रश्न बना ही होगा। अतः हमें अपनी भाषा में ऐसी विशेषता और सुगमता उत्पन्न करनी चाहिए और उसमें इतनी अधिक उपयोगिता लानी चाहिए कि उसे इस पद से हटाना असम्भव हो जाए।

भाषा की सबसे बड़ी योग्यता और उपयोगिता उसके शब्द-भण्डार की प्रचुरता और भाव-व्यंजनवाली शक्ति पर आश्रित होती है। हमारी हिन्दी के लिए यह बहुत बड़े अभिमान की बात है कि वह उस संस्कृत की परम्परा में है और उसकी प्रत्यक्ष उत्तराधिकारणी है, जो किसी समय अपने इन्हीं गुणों के कारण संसार की सर्वश्रेष्ठ भाषा थी। उसका 'देव-वाणी' नाम ही इस बात का सूचक है कि वह समस्त मानवीय वाणियों से बढ़कर थी। पर काल या समय सबको खा जाता है। आज उसकी गिनती मृत-भाषाओं में होती है। किसी समय भारत में—भारत में ही क्यों, भारत से सम्बन्ध रखनेवाले आस-पास के देशों में भी जो स्थान संस्कृत का था, वही स्थान और शायद उससे भी कुछ और ऊँचा स्थान आज-कल सारे संसार में अँगरेजी का है। यह ठीक है कि अँगरेजी की पीठ पर बहुत बलवती राजसत्ता थी, पर हमें यह भी मानना पड़ेगा कि स्वयं भाषा की दृष्टि से भी उसमें अनेक गुण हैं, जिनके कारण और भाषाओं की अपेक्षा संसार में उसका सबसे अधिक आदर और प्रचार है। उसका शब्द-भंडार बहुत बड़ा है, उसकी भाव-व्यंजन की शक्ति भी बहुत प्रबल है; उसमें तन्यता तथा नमनीयता भी सबसे अधिक है और शब्दों के अर्थ तथा प्रयोग भी सुनिश्चित हैं। हमें अपनी भाषा में ये गुण लाने का प्रयत्न करना चाहिए।

हमारी आकर भाषा संस्कृत का शब्द-भण्डार भी साधारण नहीं। किसी समय तो वही शब्द-भंडार सबसे बड़ा था—इतना बड़ा था कि एक-एक पदार्थ के वाचक शब्द के पचास-पचास और सौ-सौ पर्याय उसमें थे। पर्याय गढ़ने में हम सबसे बढ़-चढ़कर थे। हमारे यहाँ कालिका के 'क' कारादि, तारा के तकारादि और बगला देवी के बकारादि सरीखे अनेक शत-नाम और सहस्त्र-नाम मौजूद हैं। पाण्डु के पाँच पुत्रों में अर्जुन भी थे। उधर अर्जुन एक प्रसिद्ध वृक्ष का भी नाम है। अर्जुन (वृक्ष) के लिए जब कोड़ियों में पर्याय हम गढ़ते-गढ़ते थक गए, तब हमने वे सभी पर्याय अर्जुन (पाण्डव) के लिए भी रख लिए। यही कारण है कि संस्कृत में बहुत से ऐसे शब्द हो गए हैं, जो पचासों और सैकड़ों दूसरे शब्दों के वाचक हैं अर्थात् एक-एक शब्द के पचास-पचास और सौ-सौ अर्थ हो गए हैं, जो साधारणतः याद नहीं रखे जा सकते ! एक 'सारंग' शब्द के ही हिन्दी शब्दसागर में साठ से अधिक अर्थ दिए गए हैं;

और 'कमल' के तो शायद सैकड़ों पर्याय हैं। इस प्रकार के हजारों शब्द हैं। कवि लोग एक-एक छन्द में दस-दस और बीस-बीस जगह ऐसे किसी एक की शब्द का प्रयोग करके उन्हें दिमागी कलाबाजी का क्षेत्र बनाते रहे हैं, जैसे—

सारँग सम कटि हाथ, माथ बिच सारँग राजत।
सारँग आए अंग देखि छबि सारँग लाजत।।
सारँग भूषण पीत पट, सारँग पद सारँगधर।
रघुनाथदास बन्दन करत, सीता-पति रघुवंश-वर।।

और

सारँग अधर धरे कर सारँग, जाति सारँग मति भोरी।
सारँग दमन बसन पुनि सारँग, सारँग बसन पीत-पट जोरी।।

और भी

सारँग ने सारँग गह्यो, सारँग पहुँच्यौ आय।
जो सारँग सारँग गहै, तो सारँग छूट्यौ जाए।।

पर आज-कल की परिस्थिति देखते हुए इस प्रकार के अधिकतर शब्द अपने अत्यधिक अर्थों के सहित हमारे लिए प्रायः फालतू हो गए हैं। तब से अब तक बहुत-सी नई विधाएँ, कलाएँ और ज्ञान-विज्ञान प्रचलित हुए हैं। विचारों और उन्हें व्यक्त करने की प्रणालियों के भी बहुत-से सूक्ष्म भेद और प्रकार हमारे सामने आ रहे हैं; अतः हमें बहुत से नए शब्द भी गढ़ने पड़ते हैं। और अब तो हिन्दी के राजभाषा मान लिए जाने पर राजनीतिक, वैज्ञानिक, व्यावहारिक तथा वैज्ञानिक विषयों के हजारों-लाखों शब्दों की हमें आवश्यकता पड़ रही है। यह ठीक है कि अँगरेजी में तो ज्यों-त्यों आवश्यकता पड़ती गई, त्यों-त्यों शब्द गढ़े गए; पर आज हमें केवल ये शब्द देखकर नए शब्द गढ़ने पड़ते हैं। ये नए शब्द गढ़ने का काम जिस व्यवस्थित रूप में होना चाहिए, उस रूप में नहीं हो रहा है। हम अनुकरण तो करना चाहते हैं, पर अपनी बुद्धि लगाना नहीं चाहते ! अब हमें अन्ध अनुकरण छोड़कर बुद्धि से भी कुछ काम लेना चाहिए।

अँगरेजी शब्दों के निश्चित अर्थ

प्रायः सभी उन्नत भाषाओं में प्रत्येक शब्द का एक निश्चित अर्थ या भाव होता है और वह अर्थ या भाव सूचित करने के लिए सदा उसी शब्द का प्रयोग होता है।[१] कुछ शब्द ऐसे भी होते हैं, जो ऊपर से देखने में एक-दूसरे के पर्याय से ही जान पड़ते हैं, परन्तु जिनके अर्थों में बहुत सूक्ष्म भेद होते हैं। अँगरेजी में ऐसे बहुत से शब्द-युग्म हैं, जिनके अर्थ और

---

१. यदि वास्तविक दृष्टि से देखा जाए तो कभी कोई भाषा पूर्ण नहीं हो सकती। अच्छी-अच्छी भाषाओं की अपूर्णता का प्रमाण सान-फ्रांसिस्को के संसार सुरक्षा सम्मेलन के समय (मई-जून, १९४५) मिला। वहाँ डाम्बर्ट ओक्सवाले अधिकार-पत्र का अनुवाद करने के समय चीनी भाषा में एक हजार नए शब्द गढ़ने पड़े थे। अरबों को स्पष्ट रूप से यह स्वीकृत करना पड़ा था कि हमारी भाषा में कुछ शब्दों के पर्याय हैं ही नहीं। अँगरेजी मसौदे के बीसियों शब्दों के अर्थों के सम्बन्ध में भी बहुत-कुछ मतभेद था। रूसी भाषा में इलेक्ट और सिलेक्ट के लिए, और स्पेनी तथा चीनी भाषा में 'चेयरमैन' और 'प्रेसीडेण्ट' के लिए अलग-अलग शब्द नहीं थे।

भाव में बहुत-कुछ भेद है; परन्तु हमारे यहाँ हिन्दी में उनके लिए बहुधा किसी एक ही शब्द से काम लिया जाता है। क्लाक, टाइम-पीस और वाच तीनों के लिए हमारे यहाँ 'घड़ी' ही प्रचलित है। हम 'ऑल राइट्स रिजर्व्ड' की जगह लिखते हैं—'सर्वाधिकार सुरक्षित। और 'सिक्योरिटी काउन्सिल' के लिए लिखते हैं—सुरक्षा परिषद्। अर्थात् 'रिजर्वेशन' भी सुरक्षा; 'सिक्योरिटी' भी सुरक्षा ! 'एक्सप्लॉयटेशन' के लिए आज-कल 'शोषण' खूब प्रचलित है; पर किसी के नाम या प्रभाव का भी एक्सप्लायटेशन होता है। ऐसी बातें अनेक दृष्टियों से दोषपूर्ण हैं और हमारी भाषा की हीनता सूचित करती हैं। ऐसे शब्दों और अर्थों के लिए हमें अलग-अलग शब्द निश्चित करने चाहिए, और प्रसंग के अनुसार सदा उपयुक्त तथा निश्चित शब्दों का व्यवहार करना चाहिए। उदाहरण के लिए हम यहाँ कुछ ऐसे अँगरेजी शब्द युग्म देते हैं, जिनके लिए हमें अपने यहाँ अलग-अलग शब्द निश्चित करने चाहिए।

Acquittal..........Discharge
Air..........Wind
Ambition..........Aspiration
Anger..........Wrath
Criticism..........Review
Development..........Evolution
Distinction..........Difference
Doubt..........Suspicion
Excuse..........Pardon
Fast..........Rapid
Flesh..........Meat
Honour..........Prestige
House..........Home
Insolvent..........Bankrupt
Liberty..........Freedom
Liquid..........Fluid
Mutiny..........Rebellion
Price..........Value
Reign..........Govern
Sample..........Specimen
State..........Government
Statesman..........Politician
War..........Battle
Winner..........Victorious आदि !

शब्दों के जो युग्म ऊपर दिए गए हैं, उनमें से हर शब्द के अर्थ और भाव में बहुत अन्तर है। हमारे यहाँ उस अन्तर का ध्यान न रखकर उनके लिए प्रायः एक ही शब्द का प्रयोग किया जाता है। उदाहरण के लिए हम फ्लेश और मीट दोनों को मांस या गोश्त कहते हैं।

प्राइस और वैल्यू दोनों के लिए मूल्य या कीमत और स्टेट्समैन तथा पॉलिटीशियन दोनों के लिए सभी जगह 'राजनीतिज्ञ' शब्द का प्रयोग होता है। हमारे यहाँ 'अध्यक्ष' और 'सभापति' दोनों हैं, हम यह निश्चित भी कर सकते हैं कि इनमें से कौन-सा शब्द 'चेयरमैन' के लिए प्रयुक्त हो और कौन-सा 'प्रेसीडेण्ट' के लिए। संस्कृत में शब्दों की कमी नहीं। हम ऐसे शब्दों के लिए अलग-अलग संस्कृत शब्द निश्चित कर सकते हैं, अथवा आवश्यकता होने पर अरबी-फारसी आदि के बहु-प्रचलित शब्द भी काम में ला सकते हैं। क्यों न हम Criticism के लिए 'आलोचना', Review के लिए 'समीक्षा', Development के लिए 'अभिवर्धन', Evolution के लिए 'विकास' Honour के लिए 'सम्मान', Prestige के लिए 'प्रतिष्ठा', Trade के लिए 'व्यापार', Commerce के लिए 'वाणिज्य', War के लिए 'युद्ध', Battle के लिए 'लड़ाई', Flesh के लिए 'मांस', Meat के लिए 'आमिष', Value के लिए 'मूल्य', Price के लिए 'दाम', Politician के लिए 'राजनीतिज्ञ' Statesman के लिए 'राजकर्ता या 'राजनीतिक' तथा Distinction के लिए 'प्रभेद' Difference के लिए 'भेद' का व्यवहार करे? अपने बतलाए हुए किसी विशेष शब्द के लिए हमारा कोई आग्रह नहीं। हम तो यही चाहते हैं कि ऐसे शब्दों के लिए कुछ हिन्दी शब्द भी स्थिर हो जाएँ और सर्वत्र उन्हीं का प्रयोग हो।

हिन्दी शब्दसागर में 'दुःख' शब्द के अन्तर्गत संकट, आपत्ति, विपत्ति, खेद, रंज, पीड़ा, व्यथा, दर्द, व्याधि, रोग, बीमारी आदि अनेक पर्याय दिए गए हैं, और हिन्दी में इनमें से अधिकतर शब्दों का एक दूसरे के स्थान पर, अर्थ का विशेष विचार किए बिना ही, प्रयोग होता है। परन्तु यदि वास्तविक दृष्टि से देखा जाए तो दुःख,कष्ट, क्लेश, पीड़ा, व्यथा, वेदना, विषाद, शोक, सन्ताप आदि शब्दों के अर्थों में बहुत-कुछ अन्तर है। हमें शब्दों के वे पारस्परिक अन्तर समझकर उनके अर्थों का ध्यान रखते हुए उक्त शब्दों का उपयुक्त अवसरों पर ठीक तरह से उपयोग करना चाहिए। हमारी समझ में इन शब्दों का जिस प्रकार प्रयोग होना चाहिए, उसका रूप कुछ ऐसा हो सकता है—

यदि हमारे मित्र को उदर-शूल रोग हो, या सीढ़ियों पर से गिर जाने के कारण गहरी चोट आए, तो उसे 'पीड़ा' होगी और उसके फलस्वरूप हमें 'दुःख' होगा। उसके दिन-रात रोने-चिल्लाने से पास-पड़ोसवाले को और आय बन्द हो जाने से घरवालों को 'कष्ट' होगा। यदि वह चिकित्सा कराने में असमर्थ हो या पागल हो जाए तो हमें 'व्यथा' होगी; और यदि उसकी मृत्यु हो जाए, हमें 'शोक' होगा। इसके बाद जब-जब हमें उसकी और उसके सद्गुणों की याद आएगी, तब-तब हमें 'वेदना' होगी; उसके छोटे-छोटे बाल-बच्चों की दुर्दशा देखकर हमें 'संताप' होगा।

शब्दों के ऐसे अर्थ-निर्धारण से ठीक-ठीक भाव-व्यंजन में तो हमे सहायता मिलेगा ही; हम अँगरेजी भाव-व्यंजन-प्रणाली के बहुत ही पास पहुँच जाएँगे। हम Grief या Sorrow के लिए दुःख, Regret के लिए खेद, Anguish के लिए व्यथा, Agony के लिए वेदना, Pain के लिए पीड़ा, Mourning के लिए शोक, Gloom के लिए विषाद, Torment के लिए सन्ताप शब्द स्थिर कर सकेंगे और भाव-व्यंजन सम्बन्धी अनेक गड़बड़ियों से बचकर राष्ट्रभाषा का मुख उज्ज्वल कर सकेंगे। यही बात इस प्रकार की दूसरी सैकड़ों-हजारों शब्द-मालाओं के सम्बन्ध में भी समझनी चाहिए।

संज्ञाओं से बढ़कर विकट प्रश्न विशेषणों का है। अँगरेजी में Moral (नैतिक) में उपसर्ग लगाने से अनेक शब्द बनते हैं — Immoral, Unmoral, Non - moral और Amoral

आदि-आदि। पर हमारे यहाँ 'अनैतिक' के सिवा और कोई शब्द अभी तक दिखाई नहीं देता। अँगरेजी का एक विशेषण है Plain जिसके कई अर्थ हैं, और कई अर्थों में इतने अधिक सूक्ष्म भेद और उपभेद हैं कि उन्हें देखकर हम चकित रह जाते हैं। उसके एक अर्थ के भेद लीजिए—

Obvious, Clear, Manifest, Apparent, Lucid, Conspicuous, Distinct, Evident, Unmistakable, Undisguished आदि।

इसके कुछ अर्थ-भेद इस प्रकार हैं—

Artless, Simple, Natural, Candid, Honest, Straightforward, Open, Frank, Unreserved, Direct, Downright, Positive, Unequivocal, Ugly, Ordinary, Homely, Uncomely, Uncouth, Inartistic, Unlovely.

अब आप ही सोचें कि इन शब्दों के लिए हमारे यहाँ कितने शब्द हैं, और जहाँ भावों के सूक्ष्म भेद दिखलाने की आवश्यकता होती है, वहाँ हम क्या करते हैं! बस एक-दो शब्दों से जैसे-तैसे काम चलता करते हैं। पर अब काम चलता करनेवाली प्रवृत्ति का सदा के लिए अन्त होना चाहिए और हमें इनके लिए शब्द गढ़ने चाहिए।

कुछ लोग विशेषतः पत्र-सम्पादक, कभी-कभी कुछ ऐसे शब्द गढ़ लेते हैं जो बहुत ही अयुक्त और अनुपयुक्त होते हैं। अन्य उपयुक्त शब्दों के अभाव में नए लेखक भी उन्हीं अयुक्त और अनुपयुक्त शब्दों का व्यवहार करने लगते हैं। वे यह नहीं सोचते कि उनसे ठीक अर्थ निकलता है यह नहीं। इस प्रकार के कुछ अयुक्त शब्द चलते-चलते कुछ दिनों में भाषा का घर सा कर लेते हैं और उन्हें अपदस्थ करके उनके स्थान पर नए उपयुक्त शब्द चलाना बहुत कठिन, बल्कि कभी-कभी असम्भव हो जाता है। उदाहरणार्थ, हमारे यहाँ के भूगोलों आदि में बहुत दिनों से 'सहायक नदी' पद चला आ रहा है, जो अँगरेजी ट्रिब्यूटरी (Tributary) का अनुवाद है। पर कोई यह नहीं सोचता कि इसमें का 'सहायक' शब्द प्रस्तुत प्रसंग में वास्तविक अर्थ से बहुत दूर होने के कारण कितना निरर्थक है। आज यदि हम इसकी जगह 'पूरक' या इसी प्रकार का और कोई शब्द चलाना चाहें, तो कदाचित् हमें विफल ही होना पड़ेगा। कई समाचार-पत्र 'आथराइज्ड' 'अनाथराइज्ड' के लिए क्रमात् 'अधिकृत' और 'अनधिकृत' का प्रयोग करते हैं पर वे नहीं सोचते कि 'अधिकृत' का वास्तविक अर्थ क्या है और यह किस भाव का सूचक है। 'अधिकृत का सीधा-सादा अर्थ है—'जिस पर अधिकार किया गया हो'; जो 'आथराइज्ड' के अर्थ से बिल्कुल भिन्न है। कुछ लोग इससे भी बढ़कर विलक्षण शब्द 'अधिकारी' का प्रयोग करते हैं, जैसे 'इस विषय में श्री हैण्डरसन का वक्तव्य अधिक अधिकारी है।' इस प्रकार अलग-अलग लेखक अलग-अलग शब्द गढ़ते हैं, और प्रायः ऐसे शब्द बदलते भी रहते हैं। भाषा की स्थिरता की दृष्टि से यह बहुत बुरा है। अतः नए शब्द बहुत ही समझ-बूझकर गढ़े जाने चाहिए।

इसके सिवा अँगरेजी के Sub, Pro, Vice, Re, Un, Pre, Mis आदि उपसर्गों के लिए भी हमें ऐसे उपसर्गों की आवश्यकता है, जो सब जगह समान रूप से काम में आ सकें। यदि इस प्रकार के सभी शब्दों के लिए आज ही समान-शब्द निश्चित न कर सकें तो न सही; पर कुछ काम तो आरम्भ हो ही जाना चाहिए। आज हम कुछ शब्दों के लिए समानक निश्चित करें, फिर आगे आनेवाली पीढ़ी बाकी शब्दों के लिए समानक निश्चित करेंगी। अँगरेजी भाषा का सारा ढाँचा एक ही दिन में खड़ा नहीं हुआ। उसमें सैकड़ों वर्ष लगे हैं। यदि हमें भी इस काम में दस-बीस वर्ष लग जाएँ तो हर्ज नहीं। पर ऐसी बातों की ओर हमारा ध्यान

तो जाना चाहिए। अभी तक हम इस ओर से प्रायः उदासीन ही रहे हैं।

अब हमारा देश स्वतन्त्र हो गया है और सारे भारत के लिए हिन्दी राज्य-भाषा मान ली गई है। इसके फलस्वरूप कुछ राज्य सरकारों ने हिन्दी में बहुत-से नए संस्कृत-जन्य शब्द बनाने का आयोजन किया है। कुछ सार्वजनिक संस्थाएँ भी और व्यक्तिगत रूप से कुछ विद्वान् भी शब्द-निर्माण के इस काम में लगे हैं। ऐसे कुछ प्रयत्नों के फल भी जन-साधारण के समाने आ चुके हैं। इस प्रकार जो नए शब्द बने हैं, उनमें से कुछ तो ठीक-ठिकाने के हैं और कुछ या तो अनुपयुक्त हैं या चिन्तनीय। इस प्रकार के अलग-अलग व्यर्थ प्रयत्नों से बहुत-सा समय भी नष्ट होता है और धन भी। अब भारत सरकार ने यह काम अपने हाथ में ले लिया है और वह सभी राज्य सरकारों तथा भाषाओं के प्रतिनिधियों के सहयोग तथा सहायता से यह काम कराना चाहती है। कुछ ही समय में सारे भारत के लिए बहुत ही सुन्दर और सर्वमान्य शब्दावली बनने को है। मराठी, बँगला, गुजराती आदि के साहित्यों को भी ऐसे शब्दों की उतनी आवश्यकता है, जितनी हमें है। अतः यह काम सारे देश और सभी भारतीय भाषाओं के बड़े-बड़े विद्वानों के सहयोग से होना चाहिए। किसी एक के निश्चित किए हुए पर्याय संभव है, औरों को मान्य न हों। पर जब देश भर के और सभी भाषाओं के विद्वान् मिलकर यह काम करेंगे, तब बहुत-सी कठिनाइयाँ सहज में दूर हो जाएँगी और सारे देश के लिए एक निश्चित राज्य भाषा की नींव पड़ जाएगी।

अँगरेजी में कुछ विशिष्ट प्रकार के शब्द बनाने का एक और ढंग है। अँगरेजी का News (समाचार) शब्द North, East, West, और South (चारों दिशाओं के नाम) के आरम्भिक अक्षरों के योग से बना है। दूसरे महायुद्ध के समय आक्रमणकारी हवाई जहाजों के आने का पहले से पता बतानेवाला जो अद्‌भुत यन्त्र बना था उसका नाम 'राडार' भी Radio Detecting and Ranging के आरम्भिक अक्षरों का योग करके ही रखा गया था। पाश्चात्य जन्तु-संग्रहालयों में जन्तुओं के सम्बन्ध में अनेक प्रकार के विलक्षण प्रयोग होते हैं। नर शेर और मादा चीते के संयोग से जो बच्चे उत्पन्न किए जाते हैं, वे एक नई संकर जाति के होते हैं। उस संकर जाति का नाम उन्होंने लायन (शेर) और टाइगर (चीता) के क्रमात् कुछ आरम्भिक और अन्तिम अक्षर मिलाकर लाइगर बना लिया है। इसी प्रकार के नर चीते और मादा शेर से उत्पन्न बच्चों के लिए वे टायन का प्रयोग करते हैं, भारत में संविधान सभा या Constituent Assembly के लिए इसी प्रकार कॉन्सेम्बली शब्द गढ़ लिया गया था। हमें भी ऐसे तथा और प्रकार के शब्दों के लिए इस ढंग से शब्द बनाने चाहिए। तलाक या डाइवोर्स के लिए हमारे यहाँ इसलिए कोई शब्द नहीं कि हमारे यहाँ इस प्रकार के विवाह-विच्छेद की प्रथा ही नहीं थी। विवाह-विच्छेद जरा बड़ा शब्द हो जाता है, अतः हम उसके लिए 'विविच्छेद'[१] अथवा 'प्रणय-त्याग' के आधार पर 'प्रत्याग' की तरह का कोई शब्द गढ़ सकते हैं। इधर कुछ दिनों से भाषा-विज्ञान के कुछ ग्रन्थों में भारत-यूरोपीय (इंडो-यूरोपियन) के लिए 'भारोपीय' शब्द दिखायी देने लगे हैं। Jurisdiction के लिए हिन्दी के अधिकार-क्षेत्र का संक्षिप्त-रूप 'अधिक्षेत्र' भी बहुत कुछ चल निकला है। यही बात इस प्रकार के और शब्दों के सम्बन्ध में समझनी चाहिए।

---

१. यहाँ हमें यह भी स्मरण रखना चाहिए कि 'विविच्छेद' का प्रयोग साधारण भाषिक और सामाजिक क्षेत्रों के सिवा सार्विक क्षेत्र में भी सहज में किया जा सकता है, जैसे—यह विषय कला (अथवा विज्ञान) से विविच्छिन्न नहीं किया जा सकता (Cannot be divorced from art) परन्तु 'प्रत्याग' का कदाचित् ऐसा उपयोग न हो सकेगा।

कुछ लोग यह चाहते हैं कि हम जितने नए शब्द लें, वे शब्द विशुद्ध संस्कृत के ही तत्सम या तद्भव शब्द हों और किसी भाषा के न हों। परन्तु यह विचार कई दृष्टियों से ठीक नहीं। पहली बात तो यह है कि स्टेशन, रेल, टिकट, क्लब, सिनेमा, रेडियो, काँग्रेस, लीग, पेन्सिल, फोटो, टाइप, टायर, वारनिश, इंच, फुट आदि सैकड़ों ऐसे शब्द हैं, जो हमारी ही भाषा में नहीं, संसार भर की प्रायः सभी उन्नत भाषाओं में बहुत-कुछ इन्हीं रूप में प्रचलित हो गए हैं। द्वितीय महायुद्ध की कृपा से कन्ट्रोल राशन, सप्लाई, परमिट, कोटा, रेट आदि बहुत-से शब्द गाँव-देहातों तक में प्रचलित हो गए हैं। इनके स्थान पर नए शब्द गढ़ने का प्रयत्न व्यर्थ ही नहीं, बल्कि हानिकारक भी होगा। हमारी इसी प्रवृत्ति से अनुचित लाभ उठाकर और हमारी भाषा को बदनाम करने और बिगाड़ने के लिए एक बार 'टिकट' के स्थान पर 'धर-घुसेड़' शब्द रखने का प्रस्ताव हुआ था ! और 'करफ्यू' के लिए एक सज्जन ने अपने कोश में 'घरमुंदी' शब्द दिया था। दूसरी ओर इसकी विरोधी प्रवृत्ति कुछ लोगों में 'स्फट्यात शाल्वीय' और 'हर्यात् तरस्वेय' सरीखे ऐसे शब्द बनवाती हो, जो न सहज में बोले या याद रखे जा सकते हैं, और न जल्दी किसी की समझ में आ सकते हैं। इस सम्बन्ध में हमारा एक नम्र निवदेन है। जो लोग अपनी भाषा का प्रचार सारे देश में करना चाहते हों, उन्हें ऐसे सहज शब्दों का ही प्रयोग करना चाहिए, जो अधिक-से-अधिक क्षेत्रों और प्रान्तों में बोले और समझे जा सकते हों। भाषा के प्रचार का यह मूल सिद्धान्त हमें सदा स्मरण रखना चाहिए। कोई पूछ सकता है कि आज-कल जो भाषा हिन्दी समाचार-पत्रों और पुस्तकों में मिलती है, वह कितने आदमी समझते हैं। इसका उत्तर है—देश के तीन-चौथाई, पढ़े-लिखे आदमी। हमारी हिन्दी बंगाल, महाराष्ट्र, पंजाब, राजस्थान, गुजरात आदि में ही नहीं, बल्कि तमिल, तेलुगु, कन्नड़ और मलयालम प्रान्तों में भी कुछ-न-कुछ बोली और समझी जाती है। जो लोग स्वयं अपनी भाषा के शब्द छोड़कर जबरदस्ती विदेशी भाषाओं के शब्द बोलने और सुनने-समझने के अभ्यस्त हो गए थे और 'समन बगरज करारदाद उमूर तनकीह तलब', को ही इस देश की भाषा बनाना चाहते थे, उनके दिन अब लद गए।

विदेशी शब्दों का ग्रहण और त्याग

यहाँ ध्यान रखने ही बात यह भी है कि विदेशी भाषाओं के कठिन शब्द तो सहज में निकाले या छोड़े जा सकते हैं और निकाले या छोड़े जाने चाहिए; पर केवल 'विदेशी बहिष्कार' के फेर में पड़कर बाहरी सरल शब्दों के स्थान पर अपने यहाँ के कठिन शब्द प्रचलित करने का प्रयत्न भी निरर्थक और विफल हो गया। किसी भाषा में जब कुछ विदेशी सरल शब्द आकर मिल जाते हैं, तब उनके स्थान पर अपने यहाँ के नए शब्द चलाना कठिन तो होता ही है, प्रायः व्यर्थ भी होता है। इसके बदले यदि कठिन या दुर्बोध शब्द निकालकर उनकी जगह सरल और सुबोध शब्द चलाने का प्रयत्न किया जाए तो वह श्रेयस्कर भी होगा और सफल भी।

सच्ची राष्ट्रीयता की भावना अपनी वस्तुओं के प्रति अनुराग उत्पन्न करती है और विदेशी तथा परकीय तत्त्वों को दूर करने में सहायक होती है। जापान में पहले 'शिन्तो'; धर्म चलता था, जिस पर बाद में बौद्ध-धर्म की इतनी गहरी रंगत चढ़ी थी कि उसका मूल रूप बिल्कुल दब गया था। पर जब जापानियों में राष्ट्रीयता की भावना आई, तब उन्होंने अपने धर्म पर से सारी बौद्ध रंगत धो डाली, उसका हजारों बरस का पुराना रूप ढूँढ़ निकाला और उसी का प्रचार आरम्भ किया। युरोप में किसी समय जर्मन भाषा में से विदेशी शब्द चुन-चुनकर निकाले गए थे। तुर्कों ने भी ऐसी ही मनोदशा में अरबी शब्दों का बहिष्कार किया था। ईरान ने भी

इसका अनुकरण किया। वहाँ की भाषा में आधे के लगभग जो अरबी शब्द घुस गए थे, वे सब सरकारी आज्ञा से बहिष्कृत होने लगे और उनके स्थान पर ईरानी या फारसी भाषा के शब्द चलने लगे ! उन्होंने अरबी के 'अल्लाह' और 'रसूल' तक की जगह अपने यहाँ के 'खुदा' और 'पैगम्बर' शब्द चलाए, और 'बिस्मिल्लाह' की जगह 'बनामे खुद' का प्रचार किया। अपने देश तक का नाम उन्होंने 'फारस' की जगह 'ईरान' प्रचलित किया, जो हमारे 'आर्य' शब्द का ही रूपान्तर है। अब अफगानिस्तान भला क्यों पीछे रहता ! उसने अरबी और फारसी दोनों भाषाओं के शब्दों का बहिष्कार आरम्भ किया। ये सब तो स्वतंत्र देशों की बातें हैं। पर हमारा देश इधर बहुत दिनों से परतंत्र था, इसलिए यदि यहाँ उल्टी गंगा बही, तो कोई आश्चर्य नहीं। हमारे यहाँ एक विशिष्ट वर्ग में राष्ट्रीयता की झूठी और पूरी परकीय भावना भरने का प्रयत्न होता रहा। हमारे बाप-दादा अनेक पीढ़ियों से जो शब्द बोलते आए थे, उनकी जगह हमारे कुछ भाई अपनी भाषा में बलपूर्वक ऐसे शब्द भरना चाहते थे, जो हमारी प्रकृति के विरुद्ध होने के अतिरिक्त अन्य देशों में पूरी तरह से परित्यक्त और बहिष्कृत हो चुके थे। पर अब हमारा देश स्वतंत्र हो गया है और हम आशा करते हैं कि हमारी भाषा पूर्ण रूप से राष्ट्रीय हो जाएगी। पर इसका यह अर्थ नहीं है कि हम सभी विदेशी शब्दों का पूर्ण-रूप से बहिष्कार करेंगे। हम अपनी भाषा में वही विदेशी शब्द रहने देंगे और वही नए शब्द ग्रहण करेंगे, जो हमें परम आवश्यक प्रतीत होंगे, जिनसे हमारी भाषा के समुचित विकास और प्रचार में सहायता मिलेगी और जिन्हें हम अपने साँचे में ढालकर अपना लेंगे।

हैदराबाद (दक्षिण) में हाईस्कूलों के लिए 'फ़ौकानियः', मिडिल स्कूलों के लिए 'वस्तानियः' और प्राइमरी स्कूलों के लिए 'तहतानियः' सरीखे ऐसे शब्द गढ़े गए थे, जिसका इस देश की जनता के साथ बादरायण के सिवा और कोई सम्बन्ध नहीं था। 'अंजुमन तहफ्फज हुकूके गुरबा' का अर्थ इस देश के कितने निवासी समझ सकते हैं ? ऐसे शब्द गढ़नेवालों से हम विशेष कुछ न कहकर उनका ध्यान श्रीमती विजय लक्ष्मी पंडित की इस उक्ति की ओर आकृष्ट करना चाहते हैं—'अपनी जन्म-भूमि में जमी हुई जड़ें छोड़कर कोई राष्ट्र कभी वास्तविक उन्नति नहीं कर सकता।' यद्यपि श्रीमती पंडित ने यह बात राजनीतिक प्रसंग में कही थी, पर हम समझते हैं कि भाषा के क्षेत्र में भी यह अक्षरशः सत्य है। इससे भी बढ़कर महात्मा गाँधी ने एक अवसर पर कहा था—'यदि हम स्वतंत्रता चाहते हों, तो हमें अँगरेजी में लिखना और बोलना छोड़ देना चाहिए।' इसमें 'लिखना' और 'बोलना' के साथ 'सोचना' भी जोड़ दिया जाना चाहिए। सच्ची राष्ट्रीयता का यही मूल मन्त्र है। हिन्दी से अलग उर्दू भाषा की सृष्टि करने के उपरान्त जब राजनीतिक कारणों से बँगला और मराठी तक में अरबी और

---

१. भारत का विभाजन हो जाने के उपरान्त कुछ ऐसे पाकिस्तानियों ने, जिनमें आवश्यकता से अधिक और अतिरिक्त उर्दू-प्रेम था, और जो उर्दू को जबरदस्ती पाकिस्तान की भाषा बनाना चाहते थे, ढाके के रेडियो के द्वारा बंगला भाषा पर अरबी-फारसी के कठिन और दुरूह शब्द लादने का प्रयत्न किया था। पर पूर्वी बंगाल के बहुत-से मुसलमान नवयुवकों और विद्यार्थियों ने इस घातक नीति का प्रबल विरोध किया, जिससे रेडियो विभाग के अधिकारियों को अपनी नीति बदलकर फिर देश की स्वाभाविक भाषा बँगला का आश्रय लेना पड़ा था। (जुलाई १९४८)। हाँ, भारत में अंजुमन तरक्कीए उर्दू ने यह अवश्य मान लिया है कि इस देश की भाषा उर्दू नहीं हो सकती, और इसीलिए अब कुछ लोग 'हिन्दुस्तानी' के नाम से उर्दू को जीवित रखना चाहते हैं।

फारसी के नए-नए शब्द जबरदस्ती भर जाने लगे[१], तब मराठीवालों ने भी अरबी और फारसी के शब्दों का बहिष्कार आरम्भ किया। सुनते हैं, कुछ दिन पहले मराठी में एक 'बहिष्कार कोश' भी छपा था, जिसमें यह बताया गया था कि अमुक-अमुक विदेशी शब्दों का बहिष्कार होना चाहिए, और उनकी जगह अमुक-अमुक देशी शब्द काम में लाए जाने चाहिए। एक सीमा तक तो यह प्रवृत्ति अच्छी है। यदि सभी देशवासियों में यह प्रवृत्ति ठीक तरह से बढ़ती रहे तो हम ऐसे समय की भी प्रतीक्षा कर सकते हैं, जब हमारे यहाँ भी 'अल्लाह' और 'खुदा' दोनों की ही जगह 'ईश्वर' ही दिखाई देगा। इस बात का कुछ सूक्ष्म आभास हमें 'जमील' के इस शेर से मिल सकता है—

कीजे न 'जमील' उर्दू का सिंगार, अब ईरानी तल्मीहों[१] से।
पहनेगी विदेसी गहने क्यों यह बेटी भारत माता की ।।

भाषा की दृष्टि से हमें एक और बात का भी ध्यान रखना पड़ेगा। वह यह कि भाषा में नए और बाहरी शब्द आकर मिलते ही रहेंगे। सच पूछिए तो दूसरी भाषाओं से आवश्यक और उपयोगी शब्द ग्रहण करने और पचाने की शक्ति प्रत्येक जीवित और उन्नत भाषा में होना जरूरी है। जो भाषा नए शब्द ग्रहण नहीं कर सकती, वह या तो मृत होगी या मृतप्राय। यदि तात्त्विक दृष्टि से देखा जाए तो कोई भाषा और कोई जाति विशुद्ध नहीं है। सब में कुछ-न-कुछ परकीय मिश्रण अवश्य है। इसीलिए हम विदेशी शब्दों का अनुपात तो अवश्य कम कर सकते हैं, पर कदाचित् उन्हें बिल्कुल निर्मूल नहीं कर सकते। विदेशी भाषा के बहुत से शब्द हमारी भाषा में इस प्रकार मिल गए हैं कि उनका विदेशीपन नष्ट हो चुका है और वे हमारी भाषा के अंग बन गए हैं। अनार, सेब, बन्द, कमर, कसर, किराया, सवार, कुरसी, जादू, सरकार, दरबार, नीलाम, बहार, गिरह, कागज, पुल, दीमक, सिपाही, वरदी, लंगर, बरफ, वकील, सन्, हवा, हाल, माल आदि इसी प्रकार के शब्द हैं। इसके सिवा कब्र, कफन, ऐनक या चश्मा आदि बहुत से ऐसे शब्द भी हैं, जिनके लिए नए शब्द गढ़ना कठिन ही नहीं बल्कि व्यर्थ भी है। 'कम' का बहिष्कार करके उसकी जगह 'अल्प' या 'न्यून' नहीं चलाया जा सकता और न 'रेल' का काम 'वाष्प-चलित यान' से अथवा 'सिगनल' का काम 'पथ-प्रदर्शक लौह पट्टिका' से ही लिया जा सकता है। 'सफेद' को भी हमें इसलिए अपना ही शब्द मानना पड़ेगा कि वह वस्तुतः संस्कृत 'श्वेत' से बना है। यही बात 'फारसी' के 'दार'; 'बन्द' आदि प्रत्ययों के सम्बन्ध में भी है। इन्हें भी हमें इसलिए विदेशी और त्याज्य नहीं समझना चाहिए कि ये हमारे यहाँ के सं० 'धर', 'बन्ध' आदि प्रत्ययों से निकले हुए हैं। बहुत-सी विदेशी संज्ञाओं से तो हमारे यहाँ क्रियाएँ भी बन गई हैं; जैसे—गुजरना, दागना, शरमाना आदि। यहाँ तक कि देहाती लोग भी 'तलाशना' और 'जल्दियाना' बोलते हैं। भला 'खरीदना' और 'बदलना' सरीखे शब्द हमारी भाषा में से तब तक कैसे निकल सकते हैं, जब तक हम उनके स्थान पर क्रमात् 'मोलना' या 'कीनना' या 'क्रयना' और 'परिवर्तना' सरीखे क्रियाएँ न चलाए.! और फिर ऐसी नई क्रियाओं के प्रचलित हो सकने की भी तो कोई आशा नहीं। बहुत-से शब्दों के साथ कुछ विशिष्ट अर्थ और मुहावरे भी हमारे यहाँ प्रचलित हो गए हैं। यदि हम 'हवा' का बहिष्कार करेंगे तो फिर हमें 'हवा खाना', 'हवा बाँधना' और 'हवा से बातें करना'

१. तल्मीह—किसी कथानक या पारिभाषिक तथ्य की सांकेतिक संज्ञा।

भी छोड़ना पड़ेगा। इसीलिए हम समझते हैं कि ऐसे शब्दों को अपनी भाषा से निकालने का प्रयत्न अनावश्यक तो होगा ही, निरर्थक और हानिकारक भी हो तो आश्चर्य नहीं।

नए शब्दों के रूप

संसार की सबसे उन्नत भाषा अँगरेजी ने भी बहुत-सी दूसरी भाषाओं से अनेक उपयोगी शब्द लिए हैं, और उन भाषाओं में हमारी हिन्दी भी है। जंगल, ठग, पंडित आदि अनेक हिन्दी शब्द अँगरेजी में भी ज्यों के त्यों चलते हैं। दूसरी भाषाओं में शब्द लेना कोई लज्जा की बात नहीं। लज्जा की बात है उन्हें लेकर भी हजम न कर सकना—उन पर अपनी पूरी-पूरी छाप न बैठा सकना। यदि वास्तविक दृष्टि से देखा जाए तो आवश्यकता के अनुसार दूसरी भाषाओं के शब्द ग्रहण करके उन्हें अच्छी तरह पचाना जीवित भाषा का एक विशेष गुण या लक्षण है। पर विदेशी शब्दों की अधिकता ग्राहक भाषा की दरिद्रता की सूचक होती है। अतः इस सम्बन्ध में सिद्धान्त यह होना चाहिए कि किसी शब्द की आवश्यकता पड़ने पर पहले हम अपना घर देखें। यदि अपने यहाँ काम चलाने योग्य शब्द न मिले, तब पड़ोसियों के यहाँ से शब्द लेकर काम चलाए। जब पास-पड़ोस से भी काम न चले तब दूर के देशों से भी थोड़ा-बहुत आयात कर लेने में कोई हानि नहीं।[१] पर हाँ, हम जो कुछ लें, वह हमारी प्रकृति के अनुकूल होना चाहिए और हमारी पाचन-शक्ति के प्रभाव में आ जाना चाहिए।

उदाहरण के लिए प्रचलित शब्द 'अन्तर्राष्ट्रीय' लीजिए। यह अँगरेजी के 'इण्टरनेशनल' शब्द की जगह प्रचलित है। यदि सच पूछिए तो इसमें का 'अन्तर्' शब्द अँगरेजी के 'इण्टर' से मिलते-जुलते संस्कृत रूप के सिवा कुछ भी नहीं है। दोनों में अर्थ-साम्य तो है नहीं, हाँ, अक्षर-साम्य या स्वर-साम्य अवश्य है; और है 'अन्तर्' का दुरुपयोग। 'अन्तर्राष्ट्रीय' शब्द संस्कृत व्याकरण के अनुसार भी ठीक नहीं है। वैयाकरणों का मत है कि इसका शुद्ध रूप 'अन्ताराष्ट्रीय' होगा। इसीलिए कुछ लोग 'अन्तर्राष्ट्रीय' की जगह 'सार्वराष्ट्रीय' रखते हैं। पर 'अन्तर्राष्ट्रीय' चल पड़ा है और केवल इसलिए चल पड़ा है कि उसमें का 'अन्तर्' अपना-सा जान पड़ने के सिवा अँगरेजी के 'इण्टर' से बहुत-कुछ मिलता-जुलता भी है। अब इसी के अनुकरण पर अन्तर्जातीय, अन्तर्देशीय, अन्तर्सामाजिक आदि बहुत से शब्द बनने लगे हैं, जो खूब चलते हैं और अब तो अन्तर्जिला सरीखे पद बनने लगे हैं। यह मानो अँगरेजी के 'इण्टर' शब्द पर ही हमने अपनी पूरी और पक्की मोहर लगाई है। अब इससे भी आगे बढ़कर कुछ लोग इन्टेरिम (Interim) के लिए 'अन्तरिम' का प्रयोग करने लगे हैं। वे यह नहीं सोचते कि 'अन्तरिम' का कुछ अर्थ भी होता है या नहीं। केवल अँगरेजी के 'इन्टेरिम' से मिलता-जुलता होने के कारण वह प्रचलित हो चला है। विज्ञान का एक अँगरेजी पारिभाषिक शब्द है 'आयन' (Ion) जो एक विशेष अवस्था के विद्युन्मय कणों के लिए प्रयुक्त होता है। हमारे यहाँ के कुछ वैज्ञानिकों ने यह शब्द इसीलिए ज्यों-का-त्यों उसी अर्थ में ले लिया है कि इसके रूप और उच्चारण में कहीं से परकीयता नहीं झलकती, बल्कि यह देखने में बिल्कुल संस्कृत का शब्द जान पड़ता है। वे इससे 'आयनित' (भूत कृदन्त) भी बना लेते हैं। अब यदि हम ऐसा सुन्दर और सहज शब्द छोड़कर इसकी जगह 'स्फुटित' 'विद्युन्मय कण' रखना और चलाना चाहें तो हमारा यह प्रयत्न हास्यास्पद ही होगा। कुछ लोगों ने Avalanche के लिए 'अवलांश' का प्रयोग किया है, जो इसी कोटि में आता है। इसी प्रकार का शब्द 'अतलांतक'

---

१. इस सिद्धान्त के अनुसार हमें 'सालोमन' और 'अलेकजेंडर' सरीखे शब्दों की जगह क्रमात् 'सुलेमान' और 'सिकन्दर' सरीखे शब्दों का ही प्रयोग करना चाहिए।

है जो 'एटलांटिक' की जगह चलने लगा है। इसका अर्थ चाहे कुछ हो, पर एक तो 'एटलान्टिक' से इसका वर्ण साम्य है, और दूसरे यह हमें अपना जान पड़ता है। फिर सुन्दर और सहज भी है। अँगरेजी अल्टिमेटम् (Ultimatum) शब्द के लिए एक पत्रकार ने 'अन्तिमेत्थम्' शब्द का प्रयोग आरम्भ किया है, जो रूप में 'अल्टिमेटम' से बहुत-कुछ मिलता-जुलता होने के अतिरिक्त बिल्कुल सार्थक और मूल का ठीक-ठीक भाव प्रकट करनेवाला भी है। कुछ हिन्दी-प्रेमी व्यापारियों ने रसीद की जगह 'प्राप्तिका' और 'कैशमेमो' की जगह 'विक्रयिका' आदि शब्द बनाए हैं, जो बहुत सुन्दर हैं और सहज में चल सकते हैं। 'रसीद' के लिए हमारे यहाँ एक पुराना शब्द 'पावती' भी है, जो व्यापारिक क्षेत्र में खूब चलता है; पर वह बहुत-कुछ 'एकनालेज्मेंट' के भाव से युक्त या मिलता-जुलता है। इधर हाल में 'ट्रान्सफरेन्स' के लिए 'अन्तरण' (भूत कृदन्त् अन्तरित) और 'इण्टर्नमेण्ट' के लिए 'अन्तरायण' (भूत कृदन्त अन्तरायित) सरीखे जो नए शब्द बने हैं, वे संस्कृत व्याकरण से सिद्ध होने पर भी हलके, सुन्दर और चल सकने योग्य होने के कारण इसी कोटि में आते हैं। सारांश यह कि हमें शब्द तो अवश्य लेने पड़ेंगे, और बनाने भी पड़ेंगे। पर वही जो हमारी प्रकृति के अनुकूल होने के अतिरिक्त उच्चारण और लेखन की दृष्टि से सहज हों। 'रहस्यमय मधुर सम्बन्ध' और 'खुला विद्रोह' सरीखे प्रयोगों में मूल भाव तो अवश्य परिकीय है, पर उन पर हमने ऐसी छाप लगा दी है कि उनकी सारी परकीयता नष्ट हो गई है और हिन्दी की प्रकृति के अनुकूल होने के कारण वे हमें बिल्कुल अपनी ही चीज जान पड़ते हैं। अब कुछ लोग आवश्यकतावश बढ़ाव, सुलझाव, हराव (हरापन), फेनिल, तन्द्रिल, सुरमीला, झेंपीला सरीखे कुछ नए शब्द भी चलाने लगे हैं, जो शुभ लक्षण हैं।

कोश और व्याकरण

यह तो सभी लोग स्वीकार करते हैं कि हमें बहुत से नए शब्दों की आवश्यकता है। वस्तुतः वह भाषा निर्जीव या निर्जीव-सी होती है, जिसमें नए शब्दों का समावेश नहीं होता.! यदि हम सजीव हैं और हमारी भाषा भी सजीव है तो हमें नए शब्द गढ़ने भी पड़ेंगे और कभी-कभी दूसरों से लेने भी पड़ेंगे। इसीलिए बहुत-से लोग नए शब्द गढ़ते भी हैं। पर प्रायः नए शब्द गढ़ने के समय वे कई आवश्यक और उपयोगी बातों का ध्यान नहीं रखते। वे न तो यही सोचते हैं कि हम जो नए शब्द गढ़ते हैं, वे ठीक-ठीक भाव प्रकट करनेवाले हैं या नहीं, और न यही देखते हैं कि वे सरल हैं या कठिन। प्रायः इस प्रकार नए गढ़े जानेवाले शब्द हमारी भाषा की प्रकृति के विरुद्ध भी पड़ते हैं। यही कारण है कि इस प्रकार के नए शब्द समान रूप से प्रचलित नहीं होने पाते। लेखक को इधर हाल के बने हुए अनेक बड़े-बड़े अँगरेजी-हिन्दी शब्द-कोश देखने का अवसर मिला है। उनमें अँगरेजी के एक ही शब्द के लिए कोई कुछ पर्याय रखता है, और कोई कुछ। एक बड़े कोश में 'प्रैगमैटिज्म' के इतने अर्थ दिए हैं—व्यवहारवाद, कार्य-साधकतावाद; उपयोगितावाद, व्यावहारिक सत्तावाद, क्रियावाद। अब यदि पाँच लेखक इनमें से हर एक का अलग-अलग व्यवहार करें, तो बेचारे पाठक क्या समझेंगे ? और फिर इनमें से कौन-सा शब्द ठीक माना और प्रचलित किया जाए? एक हिन्दी-अँगरेजी कोश में हमने 'उतरन' शब्द के दो अर्थ देखे थे। एक तो मुक्त होना, और दूसरा, उतरे हुए कपड़े। दूसरा अर्थ तो ठीक है, पर पहला ठीक नहीं। वह संस्कृत के 'उऋण' का हिन्दी रूप मान लिया गया है। पर उसका बोलचाल का रूप 'उतरिन' है, न कि 'उतरन'। इधर हाल में (१९५४-५६) भारत सरकार ने जो अनेक नई शब्दावलियाँ बनाई हैं, उनमें अँगरेजी के टेन्योर, टर्म और पीरियड तीनों शब्दों के लिए हिन्दी का एक ही शब्द

अवधि रखा गया है; और टैरिफ, कस्टम तथा ड्यूटी तीनों के लिए एक 'शुल्क' शब्द आया है, उसकी एक ही शब्दावली में 'जेनरल एडमिनिस्ट्रेशन' के लिए 'प्रभूत शासन', 'जनरल काउन्सिल' के लिए 'महापरिषद्' तथा 'जनरल गुड' के लिए 'लोक-हित' आया है। अर्थात् अँगरेजी का एक शब्द 'जनरल' कहीं प्रभूत बना है, कहीं महा और कहीं लोक। उधर पब्लिक लॉ के लिए भी 'लोक कानून' है; और इस प्रकार एक 'लोक' शब्द 'जनरल' का भी वाचक माना गया है और 'पब्लिक' का भी। कई छोटे-बड़े कोश देखने पर तो हमारी यह धारणा हुई कि उनके सम्पादक अक्षर-क्रम से शब्द लगाना और शब्दों के शुद्ध रूप या हिज्जे तक नहीं जानते। एक अवसर पर एक समिति के सामने रखने के लिए एक लेखक ने आध घण्टे के अन्दर एक आठ-दस कोशों में से बीसियों भद्दे अशुद्ध और निरर्थक अर्थ तथा पर्याय ढूँढ़ निकाले थे। जब मैं 'प्रामाणिक हिन्दी कोश' तैयार करने लगा (१६४८-४६), तब मुझे हिन्दी कोशों में होनेवाले ऐसे अनेक बड़े-बड़े अनर्थों का पता चला था, जिनमें से कुछ का उल्लेख मैंने उक्त कोश की भूमिका में और बहुतों का उल्लेख 'कोश-कला' नामक पुस्तक में किया भी है। इस प्रकार की भूलों का मुख्य कारण यह था कि हिन्दी शब्द-सागर और संक्षिप्त हिन्दी शब्द-सागर एक प्रकार से बिल्कुल मौलिक प्रयत्न थे; और उक्त कोशों के सम्पादक के रूप में मैं कह सकता हूँ कि उनमें दृष्टि-दोष और कोश-कला के ज्ञान की अप्रौढ़ता के कारण सैकड़ों प्रकार की हजारों भूलें रह गई थीं। पर उनके बाद हिन्दी में जितने कोश बने, वे सब प्रायः उक्त कोशों के अन्धानुकरण मात्र थे। और इसीलिए वे सब दोष तो परवर्ती कोशों में आ ही गए थे, उनके अतिरिक्त उन कोशों के कर्ताओं, सम्पादकों आदि के दृष्टि-दोष तथा कोश-कला की अनभिज्ञता के कारण उनमें बहुत-सी नई भूलें और दोष भी आ गए थे। इस प्रकार के कोश तैयार करने में अधिकतर समय, परिश्रम और धन प्रायः व्यर्थ जाता है। यह बात दूसरी है कि ऐसे कोशों से सम्पादकों और प्रकाशकों का आर्थिक लाभ हो जाता हो, पर साहित्यिक दृष्टि से ऐसे कोश हिन्दी के लिए कभी श्री वर्द्धक नहीं हो सकते। उनसे हिन्दी का कोई हित नहीं होता। यही कारण है कि एक प्रकार का एक कोश तैयार हो जाने पर लोग झट दूसरा कोश बनाने की आवश्यकता समझते हैं; और जब वह भी लोगों की दृष्टि में बेकार ठहरता है, तो तीसरा कोश बनाया जाता है। पर सच पूछिए तो कोश तैयार करना हर आदमी का काम नहीं। इसके लिए विशेष योग्यता, अनुभव और शब्द-ज्ञान की आवश्यकता होती है। और इन सबसे बढ़कर आवश्यकता होती है कोश निर्माण की कला में उत्कृष्ट ज्ञान की, जो अनेक भाषाओं के अच्छे और बड़े कोशों का सूक्ष्म अध्ययन किए बिना प्राप्त नहीं होता।[१] हर विद्वान् कोश का काम हाथ में लेते ही उसके योग्य नहीं हो सकता।

बहुत-कुछ यही बात व्याकरणों के सम्बन्ध में भी देखने में आती है। हमारे यहाँ के अधिकतर व्याकरण या तो अँगरेजी व्याकरण के साँचे में या संस्कृत व्याकरण के साँचे में ढले हुए दिखाई देते हैं। हिन्दी के प्रकृत या आन्तरिक स्वरूप का उनमें बहुत ही कम ध्यान रखा जाता है। यही कारण है कि अनेक सुविज्ञों को हिन्दी के सर्वांगपूर्ण व्याकरण का अभाव बराबर खटकता है। हमारा नम्र निवेदन यही है कि भाषा के पूर्ण मर्मज्ञ विद्वानों को कोश और व्याकरण तैयार करने का काम बहुत समझ-बूझकर उठाना चाहिए, और उनके प्रत्येक अंग पर सतर्क दृष्टि रखनी चाहिए।

नए शब्द गढ़ने के सम्बन्ध में हम एक और महत्त्वपूर्ण बात की ओर ध्यान दिलाना

---

१. इस विषय की विशेष जानकारी के लिए इस लेखक की लिखी हुई 'कोश-कला' नामक पुस्तक देखें।

आवश्यक समझते हैं। पहले कई प्रकरणों में हम यह बतला चुके हैं कि बहुत से लोग बिल्कुल मनमाने ढंग से और अशुद्ध शब्द गढ़ चलते हैं, जिनमें से कुछ शब्द प्रचलित भी हो जाते हैं। यह बात विशेषतः भाववाचक संज्ञाओं और विशेषणों के सम्बन्ध में बहुत ही स्पष्ट रूप में देखने में आती है। सब लोग संस्कृत व्याकरण के सब नियम और सूक्ष्म अन्तर तो जानते नहीं, मोटे-मोटे कुछ नियम जानकर प्रायः सब जगह उन्हीं के अनुसार नए शब्द गढ़ते चलते हैं, जो प्रायः अशुद्ध भी होते हैं और भद्दे भी। जिन लोगों को नए शब्द गढ़ने पड़ते हैं, वे अच्छी तरह जानते हैं कि संस्कृत व्याकरण के सब नियम हिन्दी में ज्यों-के-त्यों नहीं चल सकते। उदाहरण के लिए 'मूल्य' शब्द है, जो अँगरेजी के 'वैल्यू' की जगह चलता है। पर लोगों ने वैल्यूएशन के लिए 'मूल्यन' और डि-वैल्यूएशन के लिए 'अवमूल्यन' शब्द बना लिए हैं। हम नहीं कह सकते कि संस्कृत के पंडितों को ये शब्द पसन्द हैं या नहीं। और फिर यह प्रश्न रह ही जाता है कि इनके भूतकृदन्त रूप कैसे बनेंगे। क्या 'मूल्यित' और 'अवमूल्यित' रूप भी चलानें पड़ेंगे ? यदि न चलाए जाएँ तो उपाय क्या है ? भाषाविज्ञान के नियमों के अनुसार आगे चलकर इनके उच्चारण 'मूल्लित' और 'अवमूल्लित' हो जाएँगे। फिर भी हमें ऐसे शब्द बनाने पड़ेंगे। 'राजकीय कोश'[१] बनाने के समय हमें ऐसी कई कठिनाइयों का सामना करना पड़ा था। अँगरेजी में कुछ संज्ञाएँ शब्दों के अन्त में ee लगाकर बनाई जाती हैं; जैसे—कन्साइनी आदि। जब संस्कृत में कई प्रतिष्ठित विद्वान् भी ऐसे शब्दों के संस्कृत पर्याय बनाने का कोई मार्ग न बतला सके तब अन्त में सुयोग्य सहयोगी श्री गोपालचन्द्र सिंह जी (सिविल जज) ने कन्साइनी के लिए 'प्रेषिती', ट्रान्सफरी के लिए 'अंतरिती', इसाइनी के लिए 'अभ्यर्पिती' तथा इसी प्रकार के और अनेक शब्द बनाए थे, जिन्हें लोगों ने पसन्द भी किया और जो कुछ स्थानों में चलने भी लगे हैं। इस प्रकार की अनेक समस्याएँ प्रायः लोगों के सामने आती रहती हैं। अतः हिन्दी के विद्वान् वैयाकरणों का कर्त्तव्य है कि नए शब्द गढ़ने के सम्बन्ध में वे संस्कृत के व्याकरण के नियमों के आधार पर कुछ ऐसे स्वतन्त्र नियम बनाएँ, जो सुगम होने के अतिरिक्त हिन्दी की प्रकृति के अनुरूप भी हों, और जिनके आधार पर लोग सहज में नए शब्द गढ़ सकें। यदि साधारण लेखकों को मनमाने ढंग से नए शब्द गढ़ने की स्वतन्त्रता रहेगी, तो भाषा का स्वरूप बहुत ही विकृत हो जाएगा और वह अपनी प्रकृति से बहुत दूर जा पड़ेगी। आशा है, हिन्दी के विद्वान् तथा वैयाकरण इस विषय पर विशेष ध्यान देंगे।

---

१. जब पं० मौलिचन्द्र शर्मा टेहरी के दीवान थे, तब उन्होंने 'राजकीय कोश' तैयार कराने के लिए नागरी प्रचारिणी सभा काशी को उक्त राज्य से दस हजार रुपयों का दान दिलवाया था। उत्तर प्रदेश सरकार ने इस काम में सहायता देने के लिए श्री गोपालचन्द्र सिंह जी को सभा में भेजा था। लगभग एक वर्ष के परिश्रम से हम लोगों ने प्रायः १०-१२ हजार शब्दों का यह कोश प्रस्तुत करके इसे छपने के लिए प्रेस में दे दिया था, जहाँ इसके ६ फर्मे छप भी गए थे। पर जब संवत् २००४ में सभा में कोरे व्यक्तिगत राग-द्वेष के कारण भारी उथल-पुथल हुई थी, तब सभा के अनेक उपयोगी कामों के साथ-साथ यह 'राजकीय कोश' भी बलि चढ़ गया था। इसका छपना तो दूर रहा, इसकी हस्तलिखित प्रति का बाद में पता न चला। सं० २००६ में प्रामाणिक हिन्दी कोश की प्रस्तावना में इन बातों की ओर संकेत भी किया गया था, पर सभा ने उस पर कोई ध्यान नहीं दिया।

नई क्रियों की आवश्यकता

अभी तक हमने जो कुछ कहा, वह संज्ञाओं और उनके विकारी रूपों के ही सम्बन्ध में है। अब हम क्रियाओं के सम्बन्ध में भी कुछ बातें बतलाना चाहते हैं। अँगरेजी भाषा के संसार-व्यापी प्रचार का एक कारण यह भी है कि वह बहुत ही नमनशील या लचीली (जिसे कुछ लोग लचकीली भी कहते हैं) भाषा है। उसमें प्रायः सभी संज्ञाओं से सहज में अकर्मक और सकर्मक क्रियाएँ, विशेषण, क्रिया-विशेषण आदि बन सकते हैं। क्रियाओं से संज्ञाएँ और विशेषण बनाने के भी उसमें बँधे हुए सहज नियम हैं। यों अँगरेजी भाषा की हँसी उड़ाने के लिए हम भले ही कह लें कि यदि बूट से बहुवचन बूट्स बनता है, तो फूट से फीट क्यों बनता है, फूट्स क्यों नहीं बनता; अथवा यदि (He) से सम्बन्ध-कारक में हिज (His) बनता है, तो शी (She) से शिज (Shis) क्यों नहीं बनता ? पर वास्तव में अँगरेजी बहुत ही सुलझी हुई भाषा है। हमारी प्राचीन संस्कृत भाषा में भी इस तरह का बहुत अधिक सुलझाव था, जिसका कुछ अंश पुरानी हिन्दी में भी पाया जाता था। पर इधर कुछ दिनों से हम उर्दू के प्रवाह में कुछ ऐसे बहे कि अपनी भाषा के कई गुण और अच्छी प्रवृत्तियाँ खो बैठे।

कुछ दिन पहले माननीय सम्पूर्णानन्द जी ने एक प्रसंग में कहा था कि हम संस्कृत में 'हिटलर' से 'हिटलरायते' तो बना सकते हैं, पर हिन्दी में 'हिटलराना' नहीं कह सकते। इस प्रकार उन्होंने मानो अपनी भाषा की त्रुटि की ओर संकेत किया था। मतलब यह था कि क्रियाएँ बनाने की ओर हमारा ध्यान जाना चाहिए। अवधी और ब्रज-भाषा के मध्ययुगीन ग्रन्थों में संज्ञाओं से बनी हुई बहुत-सी क्रियाएँ भी भरी पड़ी हैं; जैसे—आदर से आदरना (और निरादरना भी), अर्थ से अरथाना, भ्रम से भरमाना, थाह से थहना या थाहना, अनुसरण से अनुसरना, हर्ष से हरषाना, भाषण से भाषना, आतुर से आतुरना, विलास से विलासना, कादर से कदराना, अधिक से अधिकाना, ध्यान से ध्याना, कन्धा से काँधना आदि। यहाँ तक कि तुलसीदास, सूरदास आदि ने 'गान' से 'गानना' भी बनाई थी। यथा—

नर अरु नारि राग गुन गानहि   तुलसीदास।

उर्दू के आरम्भिक इतिहास में भी, जब हिन्दी का उस पर पूरा-पूरा प्रभाव था और उसने 'स्वतन्त्र होने का प्रयत्न आरम्भ भी नहीं किया था, यह प्रवृत्ति बहुत प्रबल रूप में काम करती थी। उस समय की बनी हुई गुजरना, कबूलना, बदलना आदि बहुत-सी क्रियाएँ अब भी हिन्दी और उर्दू दोनों में प्रचलित हैं, जो शायद जल्दी निकाले नहीं निकल सकतीं। 'फरमूदना' और 'फरमाना' तो बनाया ही था 'बहस' से 'बहसना' भी बनाया था, जो देहातों में अब भी कहीं-कहीं बोला जाता है। एक शेर है—

बहसने आया तो तुमसे, आइना आने भी दो।
खैर तुम अपनी तरफ देखो, चलो जाने भी दो।

हमारे यहाँ भी 'बात' से बना 'बतराना' और 'बतियाना' चलता था, जिसका 'बतलाना' रूप आजकल कुछ और ही अर्थों में प्रचलित है। पर बाद में जब उर्दू में 'फसाहत' लाई जाने लगी और देशी भाषा के शब्द गँवारू माने जाने और छाँट-छाँट कर निकाले जाने लगे, तब संज्ञाओं से इस प्रकार की क्रियाएँ बनाने की प्रवृत्ति का भी अन्त होने लगा। उस समय की राजकीय कृपा से कुछ विशिष्ट क्षेत्रों में उर्दू का बोलबाला होने के कारण हम हिन्दीवाले भी अपनी भाषा उसी रंग में रंगने लगे, और इस प्रकार अपनी कई अच्छी बातों से हाथ धो बैठे। जिस पर संस्कृत संज्ञाओं के प्रयोग की बढ़ती हुई प्रवृत्ति ने हमारे यहाँ भी बहुत-सी

क्रियाओं का उसी प्रकार लोप कर दिया, जिस प्रकार बँगला में किया था। हम लोग भी 'समुद्र लहरा रहा था।' की जगह 'समुद्र में लहरें उठ रही थीं' सरीखे प्रयोग करने के अभ्यस्त हो गए। हमारे यहाँ के महाजन और मुनीम तो अब तक खाता खतियाते हैं; पर आज-कल के शिक्षित 'खतियाना' तथा इसी प्रकार की दूसरी क्रियाओं को स्थानिक या पूरबी कहकर नाक-भौंह सिकोड़ते हैं। सुना था कि हैदराबाद (दक्षिण) में उर्दू के कुछ प्रेमियों और प्रचारकों ने इस सम्बन्ध में एक नया आन्दोलन आरम्भ किया था। उनके ध्यान में भी यह बात आई थी कि भाषा में संज्ञाओं से क्रियाएँ बनाने की शक्ति बढ़नी चाहिए। वे तो शायद अरबी और फारसी की संज्ञाओं से ही क्रियाएँ बनाना चाहते होंगे, फिर भी उन्हें देशी भाषाओं की बहुत-सी संज्ञाओं की शरण लेनी पड़ी थी। हमारे लिए इस प्रकार के नए प्रयत्न की आवश्यकता नहीं। हमारे यहाँ पहले से बनी हुई बहुत-सी ऐसी क्रियाएँ-मौजूद हैं; जिन्हें हम धीरे-धीरे छोड़ रहे हैं। पहले हमें उन्हीं क्रियाओं से आरम्भ करना चाहिए। 'उमंग में आना या भरना' से 'उमँगना' कहीं अच्छा है, और 'विकसित होना से विकसना' में बहुत-कुछ लाघव है। पहले हमें उन्हीं क्रियाओं को जिलाना चाहिए, जो हमारी उपेक्षा के कारण मर रही हैं। उदाहरणार्थ—साधना, सकारना, रचना, बिसारना, बरजना, हरना, लुभाना, व्यापना आदि। इनके फिर से जी उठने और सचेष्ट होने पर आप-से-आप हमें कई क्रियाएँ बनाने के रास्ते मिलने लगेंगे। पर यह काम भी बहुत समझ-बूझकर किया जाना चाहिए। यदि आरम्भ में ही हम 'हिटलराना', 'चर्चिलाना' शुरू कर देंगे और कुछ ऐसी बिलक्षण क्रियाएँ बनाने लग जाएँगे जो देखने में भद्दी मालूम हों,[१] तो यह मार्ग खुलने ही न पाएगा।

नए शब्दों की तलाश में चारों तरफ भटकने या भद्दे शब्द गढ़ने की अपेक्षा कहीं अच्छा यह कि पहले हम अपना घर देखें। हमारे यहाँ के प्राचीन कवियों ने बहुत-से सुन्दर शब्द गढ़े थे। हम उन्हें छोड़ते आ रहे हैं। सूरदास जी ने लिखा है—

मैं हरि-भक्त नाम मम नारद, मोसों कहि तू अपनो हारद :

इसमें का 'हारद' शब्द कितना सुन्दर है, पर कैसा परित्यक्त है ! ऐसे सैकड़ों हजारों शब्द ढूँढ़कर निकाले जा सकते हैं। हमें उचित है कि अपने यहाँ की प्रान्तीय भाषाओं और स्थानिक हिन्दी बोलियों की तरफ निगाह दौड़ाएँ। हमारे यहाँ की ग्राम्य और स्थानिक बोलियों में बहुत-से सुन्दर शब्द, पद, क्रियाएँ, भाव-व्यंजन की प्रणालियाँ और मुहावरे भरे पड़े हैं, जिन्हें लोग धीरे-धीरे भूलते जा रहे हैं। हमें उर्दू के एक-दो बड़े कोशों में बहुत से ऐसे शब्द, क्रियाएँ और मुहावरे मिले हैं, जो हैं स्थानिक और ठेठ हिन्दी के ही पर बहुत ही सुन्दर और भावव्यंजक हैं। यद्यपि वे सभी हमारे अपने और बिल्कुल तद्भव या देशज शब्द हैं, पर उनमें एक विलक्षणता है। किसी समय उर्दू के अनेक कवि उनका खूब व्यवहार करते थे और उन्हें अपने शेरों में बाँधते थे। फिर जब वे देशी भाषा के शब्दों को 'मतरूक' (परित्यक्त) कहकर छोड़ने लगे और उनके स्थान पर ढूँढ़-ढूँढ़कर, अरबी-फारसी के शब्द रखने लगे, तब हमारी भाषा के वे शब्द जहाँ-के-तहाँ रह गए। हम हिन्दीवालों ने न कभी साहित्य में उन शब्दों का प्रयोग ही किया, न उनकी सुध ही ली। परिणाम यह हो रहा है कि हमारे वे शब्द मरते जा रहे हैं। उनमें बहुतेरे ऐसे शब्द और मुहावरे हैं, जो इस समय हमारे बहुत ही उपयोगी सिद्ध हो सकते हैं। इसी प्रकार बुन्देलखण्डी, बघेली और बिहारी बोलियों में भी बहुत-से ऐसे शब्द हैं जो लिए जा सकते हैं। पर ऐसे शब्द लेते समय हमें अपनी भाषा की प्रकृति और उन

१. जैसे—उनके मुँह से शुद्ध किताब ही बुलती थी !

शब्दों के स्वरूप का अवश्य ध्यान रखना चाहिए। हमें ऐसे ही शब्द लेने चाहिए, जिन पर स्थानिकता या गँवारपन की छाप न हो, और यदि हो भी तो जिन्हें सहज में शिष्ट हिन्दी के साँचे में ढाला जा सके!

बहुत-से लोग कह सकते हैं कि हम जो कुछ बोलते हैं, वही लिखेंगे। यह बात कई दृष्टियों से ठीक नहीं। पहली बात तो यह है कि यदि हमको ठीक बोलना ही न आता हो तो ?[1] फिर, बोलने में हम बहुत सी भूलें भी करते हैं, पर लिखने में ऐसा नहीं कर सकते। बोलने को तो हम 'दरअसल में', 'बे-फजूल' और 'निखालिस' भी बोल जाते हैं। हमने कुछ लोगों को 'पसन्द' की जगह 'परसन्द' और 'पसन्दी' भी बोलते हुए सुना है। लोग मान्य या प्रतिष्ठित की जगह 'मानिन्द आदमी' भी बोलते हैं। कुछ लोग 'विकार' की जगह 'बेकार' बोलते हैं; जैसे—'अमरूद हमें बेकार करता है।' पाचक बेचनेवाले कहते हैं—'हाजमा हजम'। परन्तु क्या ये सभी प्रयोग हम साहित्य में ले सकते हैं ? कभी नहीं। साहित्य की भाषा और बोलचाल की भाषा में सदा सब जगह अन्तर रहा है और रहेगा। हाँ, साहित्य की भाषा बोलचाल की भाषा से बहुत दूर नहीं जा पड़नी चाहिए। साहित्य की भाषा का ऐसा रूप तो नहीं होना चाहिए कि जन-साधारण से उसका कोई सम्पर्क ही न रह जाए; पर वह शिष्ट अवश्य होना चाहिए।

हम पहले कह चुके हैं कि विदेशी भाषाओं में कुछ ऐसे शब्द हैं, जिनका बहिष्कार हमारे लिए कठिन भी होगा और हानिकारक भी; बहुत-से विदेशी शब्द तो हमें आवश्यकतावश भी लेने पड़ेंगे। जो विदेशी शब्द हमारी भाषा में आकर पूरी तरह से घुल-मिल गए हैं, उनसे हम अलग-अलग तरह के भाव प्रकट करने में सहायता ले सकते हैं। 'हवा भी हमारी भाषा का प्रायः उतना ही आवश्यक अंग हो गया है, जितना 'वायु' या 'पवन' है। इसी प्रकार और भी बहुत से शब्द हैं। अँगरेजी शब्दों में जो हमें सूक्ष्म अन्तर दिखाई देते हैं, उन्हें सूचित करनेवाले शब्द स्थिर करते समय ऐसे शब्द हमारे बहुत काम आ सकते हैं। एक बात और है। जब एक बार कोई शब्द किसी निश्चित अर्थ में प्रयुक्त होने लग जाए, तब उसमें किसी तरह की छेड़-छाड़ करना ठीक नहीं। उदाहरणार्थ 'नर' और 'मादा' है तो विदेशी भाषा के शब्द ही, पर प्रायः सभी भारतीय भाषाओं और बोलियों में मिल गए हैं। फिर 'नर' शब्द उतना विदेशी भी नहीं; क्योंकि वह हमारे यहाँ के संस्कृत 'नर' से ही निकलकर विदेशी भाषा में चला गया है और वहाँ से एक विशिष्ट निश्चित अर्थ लेकर फिर हमारी भाषा में आ गया है। 'मादा' भी वस्तुतः 'मातृ' से ही निकला है। ये दोनों शब्द पशु-पक्षियों और जीव-जन्तुओं के लिंग के सूचक हो गए हैं। जैसा कि हम पहले एक अवसर पर बतला चुके हैं, यदि हम इनके स्थान पर 'पुरुष' और 'स्त्री' का प्रयोग आरम्भ कर दें, तो ये शब्द अनेक स्थलों पर बहुत-कुछ भ्रामक हो सकते हैं। जो कुछ हम ले चुके हैं, उससे हमें पूरा-पूरा और ठीक तरह से काम लेना चाहिए और आगे भी उपयोगी तत्त्व ग्रहण करने के लिए तैयार रहना चाहिए। साथ ही हम यह बतला देना चाहते हैं कि फारसी भाषा से हमें विशेष द्वेष इसलिए नहीं होना चाहिए कि वह भी प्राचीन संस्कृत की ही एक शाखा है। उसके बहुत-से पुराने शब्द संस्कृत के उसी प्रकार तद्भव शब्द हैं, जिस प्रकार आधुनिक भारतीय भाषाओं के तद्भव शब्द हैं।

१. कदाचित् इसी सिद्धान्त के अनुसार पटने के एक समाचार-पत्र में एक शीर्षक के रूप में छपा था—'श्री देव का छपड़ा में भाषण।' बिहार के लोग प्रायः 'र' की जगह 'ड़' और 'ड़' की जगह 'र' बोलते हैं, जैसे—'हम घोरा पर चई के बारात में गए रहे।' इसीलिए वहाँ 'छपरा' का 'छपड़ा' हो गया था।

फारसी में बहुत-कुछ उसी प्रकार समास बनते, प्रत्यय लगते और सन्धियाँ होती हैं, जिस प्रकार संस्कृत में। संस्कृत 'नास्ति' का ही विकृत रूप फारसी 'नेस्ति' है, जिससे 'नेस्ती' संज्ञा बनती है। फारसी के जिन शब्दों पर हमारी संस्कृत की स्पष्ट छाप है, वे वस्तुतः हमारे ही हैं, पराए नहीं। उदाहरणार्थ—सप्ताह और हफ्तः, पाद और पा, हस्त और दस्त, शिर और सर, गो और गाय, अश्व और अस्प, पितृ और पिदर, भ्रातृ और बिरादर, जाति और जात, कर और गर आदि। संस्कृत के 'दन्त' से पंजाबी में भी 'दन्द' बना है और फारसी में भी 'दन्द' ही है। फारसी में इस 'दन्द' का बहुवचन 'दन्दाँ' होता है। और पंजाबी में भी विभक्ति लगने से पहले उसका बहुवचन रूप दंदाँ ही होता है। संस्कृत 'पाद' (पैर के अर्थ में) से बँगला में तो 'पा' होता है, फारसी में भी 'पा' ही होता है। फारसी का 'तेज' (विशेषण) हमारे यहाँ के संस्कृत 'तेज'(तेजस्) से ही निकला है। हाँ, अरबी के सम्बन्ध में यह बात नहीं कही जा सकती, क्योंकि वह बिल्कुल भिन्न है। हाँ, विदेशी शब्द लेते समय हमें उनके मूल रूप का ध्यान छोड़कर उन्हें अपने यहाँ का रूप देना चाहिए। तकाजा, जुबान, सर, जहेज, खुर्द, बैरक, टैंक, बॉम्ब आदि की जगह में तगादा, जबान, सिर, दहेज, खुदरा, परदा, बारिक, टंक, बम आदि रूप ही रखने चाहिए।

विभक्ति-सम्बन्धी सिद्धान्त

हिन्दी में विभक्तियों के सम्बन्ध में भी कोई निश्चित नियम या सिद्धान्त नहीं। कुछ लोग सभी शब्दों के साथ विभक्तियाँ मिलाकर लिखने के पक्षपाती हैं, और कुछ लोग केवल सर्वनामों के साथ उन्हें मिलाकर लिखते हैं बाकी शब्दों में अलग रखते हैं। कुछ लोग केवल का, की, के, ने, में, को और से ही शब्दों के साथ मिलाते हैं; 'पर' नहीं मिलाते। पूर्वकालिक क्रियाएँ (लेकर, देकर, होकर आदि) भी कुछ लोग मिलाकर और कुछ लोग अलग लिखते हैं। आज-कल के कुछ ऐसे नए लेखक भी हैं, जो यह जानते ही नहीं कि हिन्दी में विभक्तियों के सम्बन्ध में दो पक्ष हैं। ऐसे लेखक दोनों में से किसी एक पक्ष के सिद्धान्त का भी ठीक तरह के पालन नहीं करते। इस सम्बन्ध में कुछ विशिष्ट अवसरों पर हमारे देखने में यह विलक्षण बात भी आई है कि कुछ लेखक विभक्तियाँ मिलाकर तो अवश्य लिखते हैं, पर वे 'की' विभक्ति और 'करना' क्रिया के भूतकालिक स्त्री० रूप 'की' में अन्तर नहीं समझते। वे कुछ इस तरह लिखते हैं—'इस बात की बहुत कुछ कोशिश की गई थी।' इसे हम छापे की भूल इसलिए नहीं कह सकते कि हमने कई लेखकों को कई जगह इस तरह का प्रयोग करते देखा है। बहुत दिन पहले समाचार-पत्रों में इस विषय पर बहुत बड़ा विवाद छिड़ा था जो बरसों तक चलता रहा। उस समय कोई सिद्धान्त तो स्थिर न हो सका था; हाँ, वह विवाद इतना बढ़ा कि वह अपने पीछे कई क्षेत्रों में कुछ दिनों के लिए तीव्र कटुता छोड़ गया। पर अब भाषा का स्वरूप स्थिर करने के लिए एक सिद्धान्त स्थिर होना चाहिए। सदा के लिए इस विषय में दो पक्ष बने रहना वांछनीय नहीं।

लिपि-सुधार की आवश्यकता

भाषा के बाद लिपि लीजिए। लिपि के सुधार का प्रश्न छिड़ने पर कुछ लोग बे-तरह चिढ़ और चौंक जाते हैं। वे समझते हैं कि यह हमारी संस्कृत पर आघात हो रहा है। हमने साक्षर ही नहीं, बल्कि विद्वान् कहलानेवाले, कुछ लोगों को भी यह कहते हुए सुना है कि हमारी लिपि की सभी बातें, जिनमें वर्णमाला का क्रम और अक्षरों के लिखे जानेवाले रूप भी

सम्मिलित हैं, हजारों बरसों से इसी तरह ज्यों-की-त्यों चली आ रही हैं, और हम प्राण रहते उनमें किसी प्रकार का परिवर्तन न होने देंगे। कुशल यही है कि इस प्रकार के उपयोगी कामों में बाधक होने के लिए प्राणों तक की बाजी लगानेवाले सज्जनों की हमारे यहाँ अधिकता नहीं। फिर भी लिपि सम्बन्धी आवश्यकताओं का विवेचन करने से पहले हम ऐसे महानुभावों को एक-दो बातें बतला देना आवश्यक समझते हैं। पहली बात तो यह है कि इधर दो हजार वर्षों से हमारी वर्णमाला और लिपि में न जाने कितने उलट-फेर हो चुके हैं। इस बीच में अनेक अक्षर या वर्ण बढ़े हैं, और कुछ पुराने अक्षर और उच्चारण भी छूट भी गए हैं। अक्षरों के लिखे जानेवाले रूपों में भी धीरे-धीरे बहुत से हेर-फेर हुए हैं। और वे बहुत-कुछ विकसित होने के बाद सभी प्रान्तों में अपने वर्तमान रूपों में आए हैं। अतः इस कथन में कुछ भी तथ्य नहीं है हमारी वर्णमाला और लिपि अशोक-काल से इसी रूप में चली आ रही है। ऐसा कहकर तो हम अपने-आपको विज्ञों के सामने उपहासास्पद ही बनाते हैं। अतः इस प्रकार की थोथी बातें छोड़कर हमें लिपि सम्बन्धी प्रश्नों पर शान्त भाव से विचार करना चाहिए।

इस सम्बन्ध में ध्यान रखने की बात है कि वर्णमाला या अक्षरों का क्रम (जिसमें उनका उच्चारण भी सम्मिलित है) एक चीज है, और अक्षरों के लिखे जानेवाले रूप दूसरी चीज। जहाँ तक वर्णमाला का सम्बन्ध है, वहाँ तक यह मानने में शायद किसी को आपत्ति न होगी कि देवनागरी से बढ़कर पूर्ण और वैज्ञानिक वर्णमाला संसार की और किसी भाषा या लिपि की नहीं। आज-कल जिसे हम उर्दू लिपि कहते हैं, वह जहाँ जहाँ गई, वहाँ-वहाँ उसमें कुछ नए चिह्न, कुछ नए अक्षर जोड़ने की आवश्यकता हुई। हमारे देश के ट, ड, और ड़ सूचित करने के लिए उसमें ٹ टे, ڈ डाल और ڑ ड़े जोड़ने पड़े थे और महाप्राण अक्षर लिखने के लिए, उसमें (दो चश्मी हे) बढ़ाई गई थी। उर्दू लिपि का सबसे अधिक सुधार सिन्धियों ने किया। उन्होंने महाप्राण अक्षर लिखने के लिए यह 'दोचश्मी हे' भी उड़ा दी। उन्हें 'छ' लिखना होता है तो ये (ج) में ही तीन की जगह चार नुकते लगा देते हैं और 'थ' लिखना होता है तो 'ते' (ت) पर दो की जगह चार नुकते दे देते हैं। उर्दू लिपि में ث (से) س (सीन) और ص (सादा या स्वाद) और ذ (जाल), ز (जे) ض (जाद या ज्वाद) और ظ (जो) सरीखे जो बहुत कुछ समान उच्चारणवाले वर्ण हैं, वे उस लिपि के भिन्न-भिन्न देशों में पहुँचने पर वहाँ की अलग-अलग आवश्यकताओं तथा उच्चारणों के अनुसार बढ़ते गए। उर्दू लिपि की त्रुटियाँ दूर करने के लिए डॉ० महमूद ने प्रस्ताव किया था कि इस प्रकार के प्रायः समान उच्चारणवाले वर्ण किसी एक निश्चित वर्ण से ही लिखे जाया करें और शेष वर्ण उर्दू वर्णमाला में से निकाल दिए जाएँ। पर अनेक प्रतिक्रियावादी मुसलमानों ने इस प्रस्ताव का घोर विरोध किया था। अब उर्दूवालों ने एक शुभ सुधार किया है जो उर्दू को हिन्दी के कुछ पास ला रहा है। आज-कल प्रायः आरम्भिक विद्यालयों में विद्यार्थियों को अलिफ, बे, पे आदि की जगह, अ, ब, प आदि उच्चारण सिखाए जाते हैं, और हिज्ज़े करते समय 'काफ रे जबर' कर की जगह उनसे 'क + र = कर' कहलाया जाता है। हम उनकी इस सद्बुद्धि का हृदय से अभिनन्दन करते और इसकी उत्तरोत्तर वृद्धि की कामना करते हैं।

उर्दू का एक बहुत बड़ा दोष यह है कि उसमें पूरे अक्षर प्रायः लिखे ही नहीं जाते, अधूरे और संक्षिप्त रूप में ही लिखे जाते हैं। और जहाँ पूरे अक्षर लिखे भी जाते हैं, वहाँ भी वे पाठकों के मन में भ्रम उत्पन्न किए बिना नहीं रहते। उसमें मकसम, मकसिम और मुकस्सिम सरीखे शब्द साधारणतः एक ही तरह से लिखे जाते हैं। स्व० पं० पद्मसिंह जी शर्मा ने एक

अवसर पर बतलाया था कि उर्दू में लिखा हुआ 'मलिक' शब्द शायद बारह या सोलह तरः से पढ़ा जा सकता है। यदि उसमें लिखा जाएगा—'बुक डिपो' तो पढ़ा जाएगा—'बकडिपो और यदि लिखा जाएगा—'जवाब तक नहीं मिला' तो पढ़ा जाएगा—'जो अब तक नहं मिला।' यदि उर्दू में लिखा हो 'बकरी की बिक्री' तो इसे हम बकरी की बिक्री, बिक्री र्क बकरी, बकरी की बकरी तो पढ़ सकते हैं और भी न जाने क्या-क्या पढ़ सकते हैं, एव पुस्तक में छपा तो था—'इन सूक्तों के....।' पर पढ़ा जाता था—'इन सौ कुत्तों के....। भागवत के एक हस्तलिखित उर्दू अनुवाद में एक बार हम लोगों ने एक वाक्य देखा था; जे पढ़ा जाता था—'वाल्मीकि जी नवाब खान्दान थे।' घण्टों सिरपच्ची करने पर अन्त में समझ में आया कि वस्तुतः लिखा है—'वाल्मीकी जी तो आप चाण्डाल थे।' 'तो आप चाण्डाल' कुछ इस प्रकार लिखा गया था कि 'नवाब खान्दान' पढ़ा जाता था। कुछ दिन पहले महात्मा गाँधी ने हिन्दुस्तानी कान्फरेन्स को उर्दू में लिखकर जो सन्देश भेजा था, वह वहाँ बिल्कुल गलत पढ़ा गया था। सन् १६४५ में उत्तर प्रदेश में जब निर्वाचक सूची बनने लगी थी, तब अधिकारियों के ध्यान में यह बात आई कि उर्दू लिपि में जो हिन्दी नाम लिखे जाते हैं, वे ठीक-ठीक पढ़े नहीं जा सकते। इसलिए उन्होंने निश्चय किया था कि सब नाम पहिले हिन्दी में लिखे जाएँ और उनका क्रम नागरी वर्णमाला के अनुसार लगाया जाए, और तब उर्दू में, उनकी प्रतिलिपि तैयार की जाए। इस प्रकार उर्दू की हिमायती पुरानी ब्रिटिश सरकार को भी उर्दू लिपि की सदोषता माननी पड़ी थी। अतः उर्दू का विचार छोड़कर हम अपने प्रकृत विषय पर आते हैं।

जहाँ तक वर्णमाला का सम्बन्ध है, वहाँ तक रोमन बहुत ही अपूर्ण है और उसमें बहुत-सी त्रुटियाँ हैं। केवल २६ अक्षर सभ्य मनुष्य की भाषा लिखने के लिए कभी पर्याप्त नहीं हो सकते। उसकी इसी अपूर्णता और त्रुटियों के कारण जॉर्ज बर्नार्ड शॉ सरीखे जगत्-प्रसिद्ध विद्वान् को कहना पड़ा था कि अँगरेजी भाषा में होनेवाले ४२ उच्चारणों के लिए जो आदमी ४२ अक्षरों की एक पूरी वर्णमाला तैयार कर दे, उसे मैं अपनी सारी सम्पत्ति देने को तैयार हूँ। हमारी देवनागरी की सबसे बड़ी तारीफ यही है कि उसमें वे त्रुटियाँ बिल्कुल नहीं; जो उर्दू, रोमन आदि लिपियों में हैं। इसीलिए एक सज्जन ने बर्नार्ड शॉ के उत्तर में कहा था कि क्यों न अँगरेजी भाषा भी देवनागरी वर्णमाला ग्रहण कर ले ? यह प्रस्ताव है तो बहुत समीचीन, पर अभी इसके कार्यान्वित होने की कोई आशा नहीं। सुना है, अमेरिका के राबर्ट ऑवेन नामक एक सज्जन ने, जो बहुत दिन तक वहाँ की सिनेट के सदस्य रह चुके थे और अब बिल्कुल अन्धे हो गए हैं, ४२ अक्षरों की ऐसी नई वर्णमाला और लिपि तैयार की है जो संसार की सभी भाषाओं के लिए काम दे सकती है। यह भी सुनने में आया था कि महात्मा गाँधी तथा बर्नार्ड शॉ ने उसे पसन्द किया था। उसके सम्बन्ध में विशेष बातें तो अभी तक ज्ञात नहीं हुई, फिर भी उसके वर्णों की संख्या देखकर हम कह सकते हैं कि बहुत-कुछ हमारी देवनागरी के ढंग की होनी चाहिए। जहाँ तक वर्णों के क्रम और उच्चारण का सम्बन्ध है, वहाँ तक हमारी वर्णमाला संसार में सर्वश्रेष्ठ है, और सचमुच वह हमारे लिए बड़े अभिमान की चीज है।

परन्तु हमें इस अभिमान के कारण फूलकर ही नहीं रह जाना चाहिए। हमें फिर भी यह देखना चाहिए कि उसमें कहीं कोई कमी तो नहीं। और यदि अच्छी तरह विचार करने पर हमें उसमें कोई कमी दिखाई दे, तो उसे दूर करने का प्रयत्न करना चाहिए। हमें अपनी वर्णमाला का तो पूरा-पूरा मोह होना चाहिए, पर अक्षरों के लिखे जानेवाले रूपों का मिथ्या

मोह नहीं होना चाहिए। अक्षरों के रूप पर विचार करते हुए हम यह बतलाना चाहते हैं कि हमारी वर्णमाला में किन बातों की कमी है।

आज-कल प्रतियोगिता का युग है। सभी चीजें मुकाबले में देखी जाती हैं।[१] और किसी लिपि-प्रणाली के मुकाबले में शायद नहीं, पर रोमन लिपि-प्रणाली के मुकाबले में हमारी लिपि, छापेखाने और टाइप की दृष्टि से भी और लिखाई के विचार से भी, बहुत-कुछ त्रुटिपूर्ण अवश्य है। उर्दू का हमने यहाँ जान-बूझकर इसलिए नाम नहीं लिया कि एक तो उसकी सदोषता सभी लोग मानते हैं, और दूसरे वह एक प्रकार की संक्षिप्त लिपि-प्रणाली ही है। रोमन अक्षरों की बनावट कुछ ऐसी होती है कि वे बहुत ही छोटे होने पर भी सहज में पढ़े जा सकते हैं। पर देवनागरी के उतने छोटे अक्षर सिर्फ इसलिए नहीं ढलते कि उस आकार में वे पढ़े ही नहीं जा सकते। हमारे अक्षरों की बनावट इतनी पेचीली होती है कि विवश होकर उनके कुछ बड़े आकार के टाइप ढालने पड़ते हैं। फल यह होता है कि अँगरेजी के एक पृष्ठ का अनुवाद साधारणतः हिन्दी के दो या तीन पृष्ठों में छपता है। अँगरेजी में जो पुस्तक दो सौ पृष्ठों की हो, हिन्दी में वह चार-पाँच सौ पृष्ठों की होगी। स्वयं अपने और कांग्रेस पर लगाए हुए सरकारी अभियोगों का महात्मा गाँधी ने जो उत्तर दिया था (सन् १९४४), वह अँगरेजी दैनिक 'अमृत बाजार पत्रिका' ने तो अपने दो ही पृष्ठों में छाप डाला—चाहे बहुत ही छोटे अक्षरों में क्यों न छापा हो—हमारे यहाँ उतने छोटे अक्षर किसी तरह बन ही नहीं सकते। और जितने छोटे अक्षर बन सकते हैं या बनते हैं, उनमें यदि उस उत्तर का अविकल अनुवाद छापा जाए तो शायद उस आकार के छह पृष्ठों में भी पूरा न आए। इसका अर्थ यह हुआ कि उतना ही काम करने के लिए हमें अँगरेजी की अपेक्षा तिगुने व्यय, परिश्रम, कागज और समय की आवश्यकता होगी। यदि इस दृष्टि से भी विचार करने पर हिन्दीवालों को अपने अक्षरों के रूप त्रुटिपूर्ण न जान पड़ें, तो फिर हमें और कुछ नहीं कहना।

आज-कल सभी उन्नत देशों में छापे के अक्षर बैठाने का काम मशीनों से ही लिया जाता है। इसके लिए मोनो टाइप, लाइनो-टाइप आदि कई तरह की मशीनें हैं, जिनसे रोमन अक्षर छापे के लिए बैठाए जाते हैं और जिनका बहुत अधिक प्रचार है। देवनागरी अक्षरों के लिए भी इस प्रकार की मशीनें बनी हैं, जो कुछ स्थानों में काम में लाई जाती हैं, पर देवनागरी लिपि के अक्षरों की रूप-सम्बन्धी कठिनाइयों के कारण ही इन मशीनों का विशेष प्रचार नहीं होने पाता। यदि हम अपनी लिपि की उक्त कठिनाइयाँ दूर कर सकें, तो इसकी मशीनें खूब चल सकती हैं, और उनके द्वारा सारे देश में इस लिपि का बहुत सहज में प्रचार हो सकता है।

अब टंकण-यंत्र की दृष्टि से विचार कीजिए। जो कठिनाई छापे के सम्बन्ध में है, बहुत-कुछ वही कठिनाई टंकण यंत्र के सम्बन्ध में भी है। पर वह कठिनाई इस दृष्टि से कुछ कम हो सकती कि अँगरेजी में तो सभी अक्षर छोटे और बड़े दो तरह के होते हैं पर हिन्दी में वे एक ही तरह के होते हैं। परन्तु एक दूसरी दृष्टि से कठिनाई इसलिए फिर ज्यों-की-त्यों हो जाती है कि हमारे यहाँ अधिकतर अक्षर पूरे भी होते हैं और दूसरे अक्षरों से संयुक्त होने के लिए

१. पं० जवाहरलाल नेहरू ने लखनऊ में एक अवसर पर (जून १९५३) कहा था—'आज-कल किसी भाषा की अच्छाई इस बात से नहीं देखी जाती कि उसका व्याकरण कितना पूर्ण है, बल्कि वह तो इस दृष्टिकोण से देखी जाती है कि किस भाषा के लिखने, छापने और प्रयोग करने में सबसे ज्यादा सहूलियत होती है।' इस कथन में लिखाई-छपाई की सहूलियत का जो जिक्र है वह लिपि के सम्बन्ध में ही है।

आधे भी। अतः बात फिर जहाँ की तहाँ आ जाती है, बल्कि देवनगरी अक्षरों की संख्या अधिक होने के कारण कठिनाई कुछ और बढ़ जाती है। अँगरेजी टंकण-यंत्र में जो अनेक विराम-चिह्न आदि होते हैं, वे सब हिन्दी टाइप-राइटर में नहीं आ सकते। यही कारण है कि अँगरेजी के टंकण-यंत्र के मुकाबले में हिन्दी के टंकण-यंत्र में अनेक त्रुटियाँ होती हैं और उससे काम लेना बहुत कठिन होता है, और इसीलिए उसका यथोचित प्रचार भी नहीं होने पाता।

छापे और टंकण-यंत्र की कठिनाइयाँ हमारे अक्षरों की विलक्षण बनावट के कारण ही होती हैं; और उनकी यह विलक्षणता हाथ से लिखने के समय ज्यों-की-त्यों ही नहीं बनी रहती, बल्कि कुछ और बढ़ भी जाती है; 'क' लिखने के लिए पहले ऊपर शीर्ष-रेखा लगाइए, फिर बीच में एक खड़ी पाई लगाइए, फिर एक तरफ एक वृत्त-सा बनाइए और तब दूसरी तरफ एक छोटी बेड़ी पाई लगाकर उसे नीचे की तरफ ले जाकर खड़ी पाई बनाइए। एक अक्षर लिखने में इतने कृत्य ! इसीलिए अब कुछ लोग शीर्ष-रेखा छोड़कर लिखने लग गए हैं, जिससे कुछ तो समय और श्रम बचता ही है। पर बदले में अक्षरों की सुन्दरता कम हो जाती है।

हम डॉ० सुनीतिकुमार चाटुर्ज्या के इस मत का तो समर्थन नहीं कर सकते कि हमें रोमन-लिपि ग्रहण कर लेनी चाहिए, क्योंकि वह तो स्वयं ही अनेक दोषों से युक्त हैं। उसे लेकर हम क्या करेंगे ? पर हाँ, यदि किसी प्रकार हम भी उससे कुछ मिलती-जुलती लिपि-प्रणाली निकाल सकें, या उसी में कुछ हेर-फेर करके उसे अपनी वर्णमाला और आवश्यकता के अनुसार सुधार कर अपने अनुरूप कर सकें, तो फिर हम दावे से कह सकेंगे कि हमारी लिपि-प्रणाली सभी दृष्टियों से ठीक वैसी ही पूर्ण है जैसी पूर्ण हमारी वर्णमाला है। उस अवस्था में संसार की और कोई लिपि इसका मुकाबला न कर सकेगी, और इसका बहुत अधिक प्रचार होगा। बल्कि हमारा तो निश्चित मत है कि उस अवस्था में पहले तो हमारी लिपि का और तब उसके द्वारा हमारी भाषा का उसी प्रकार संसार के अनेक बड़े भागों में प्रचार हो जाएगा, जिस प्रकार आज-कल अँगरेजी भाषा और रोमन लिपि का है। इधर आठ-दस वर्षों में बहुत से लोगों ने देव-नागरी लिपि के सुधार के प्रश्न पर विचार किया है; और कुछ सज्ञनों ने कुछ नए सुझाव भी जनता के सामने रखे हैं। उन सब सुझावों पर विचार करके उत्तर प्रदेश सरकार ने देवनागरी लिपि का जो कुछ सुधरा हुआ रूप प्रस्तुत किया है, वह भी अनेक दृष्टियों से सदोष होने के अतिरिक्त बहुत-कुछ असुन्दर भी है। इसीलिए लोक में तो उसका कुछ भी आदर नहीं हुआ; पर शासन उसे अपने बल से आरम्भिक शिक्षा के कार्यों में प्रयुक्त कर रहा है, जिससे विद्यार्थियों के लिए भी और शिक्षकों के लिए भी एक विकट समस्या खड़ी हो गई है। यह विषय बहुत महत्त्व का है, अतः समस्त भारत के बड़े-बड़े विद्वानों और लिपि-विशेषज्ञों को मिलकर इस पर विचार करना चाहिए।

लिपि-सुधार की एक योजना कुछ क्षेत्रों में प्रचलित हैं, जो वर्धा योजना के नाम से प्रसिद्ध है। उसमें मुख्य बात यही है कि स्वरों के लिए अलग चिह्न नहीं रखे गए हैं। एक 'अ' में ही सब स्वरों की मात्राएँ लगाकर काम निकाला जाता है। चाहे शिक्षा (वेदांत) के विचार से यह प्रणाली भले ही कुछ दूषित सिद्ध हो, पर सुभीते और उपयोगिता का ध्यान रखते हुए यह दोष क्षम्य हो सकता है। यदि 'अ' और 'ओ' लिखे जाते हैं 'अि' और 'अी' क्यों न लिखे जाएँ? वर्धावाली योजना कोई बिल्कुल नई चीज भी नहीं हैं। गुरुमुखी में अब तक 'ई' की जगह 'अी' लिखा जाता है। हमारे यहाँ के प्राचीन हस्तलिखित ग्रन्थों में भी उसका प्रयोग कहीं-कहीं देखने में आता है। जैसे—

सकहिं न खेइ अैक नहिं आवा।

पर आज-कल 'अैक की जगह 'ऐेक' लिखा जाता है। इसमें के 'ऐ' सम्बन्ध में कुछ शिक्षकों को एक आपत्ति यह भी है कि जब 'ए' की मात्रा है, और साधारणतः उससे 'ए' का बोध होता है तब वही मात्रा 'ए' के ऊपर लगाने पर (अर्थात्) 'ए' में दीर्घ रूप की सूचक कैसे हो जाती है। वर्धावाली प्रणाली से छापे की कुछ कठिनाइयाँ अवश्य दूर हो जाती हैं; और इसीलिए धीरे-धीरे उसका प्रचार होने लगा था, पर उसका अब परित्याग हो गया है। पर इतने से ही हमारा काम नहीं चल सकता। अभी हमें अनेक प्रकार के सुधार करने पड़ेंगे और बहुत कुछ आगे बढ़ना होगा।

लिपि-सुधार की आवश्यकता

इधर कुछ दिनों में हमने अपनी लिपि-प्रणाली में कुछ छोटे-मोटे सुधार किए भी हैं। अँगरेजी के Hall और Paul सरीखे शब्द हम मराठी वालों की तरह 'हॉल' और 'पॉल' लिखने लगे हैं। हम 'अङ्ग' या 'अङ्ग' की जगह 'अंग', 'पङ्क्ति', या 'पङ्क्ति', की जगह 'पंक्ति', और 'चञ्चल' की जगह 'चंचल' ही लिखते हैं। 'सङ्ग्रह' रूप लिखने में भी, पढ़ने में भी और छापे की दृष्टि से भी बहुत कठिन हैं इसलिए सब लोग 'संग्रह' भी लिखते हैं। और ऐसा ही होना चाहिए।

पर कुछ स्वरों में हमें एक-दो नए चिह्नों की आवश्यकता होती है। हिन्दी के 'और' का उच्चारण कुछ और तरह का होता है और संस्कृत के 'गौर' का कुछ और तरह का। स्वयं 'और' भी पश्चिम में कुछ और तरह से बोला जाता है, पूरब में कुछ और तरह से। उसका पूर्वी उच्चारण बहुत-कुछ 'अऊर से मिलता-जुलता है। यही बात 'ऐसा और 'दैनिक' या 'खैर' और 'दैत्य' के उच्चारणों के सम्बन्ध में भी है। 'ऐसा' का उच्चारण बहुत-कुछ 'अयसा' के समान और 'खैर' का 'खयर' के समान तथा 'दैनिक' का उच्चारण बहुत-कुछ 'दइनिक' के समान तथा 'दैत्य' का 'दएत्य' के समान होता है। अँगरेजी में Bell, Tell आदि का उच्चारण और तरह का होता है और Bale, Tale आदि का उच्चारण कुछ और तरह का। अर्थात् एक ही मात्रा में ह्रस्व और दीर्घ के-से भेद होते हैं। कुछ विशेष अवस्थाओं में हमें इनके सूचक चिह्नों की बहुत आवश्यकता होती है। इस प्रकार के भेद सूचित करने के लिए लोगों ने बँगला की एकार की मात्रा के ऊपरी भाग से काम लेना आरम्भ किया है और वे 'बॅल', 'टॅल' आदि लिखने लगे हैं। पर अभी इसका प्रचार बहुत कम हुआ है। इसके सिवा कविता में भी कहीं-कहीं कुछ मात्राएँ खिंचे हुए या संकुचित रूप में पढ़ी जाती है। काशी नागरी-प्राचिणी सभा द्वारा आंशिक रूप में पहली बार प्रकाशित 'सूरसागर' में स्व० बा० जगन्नाथदास रत्नाकर के आग्रह से यह भेद सूचित करने के लिए निम्नलिखित प्रणाली का अनुसरण किया गया था—

तेरे लाल मेरो माखन खायौ।

पर यह प्रणाली छापे के विचार से बहुत दूषित थी।[१] इसमें अक्षरों की पंक्ति के नीचे चिन्हों की एक नई पंक्ति लगाने की आवश्यकता होती थी, जिससे समय भी अधिक लगता था और स्थान भी। इसीलिए इसका प्रचलन नहीं हो सका। इसके लिए हमें कुछ ऐसे चिह्नों की बहुत आवश्यकता है, जो छापे की दृष्टि से सुगम हों।

१. बाद में सभा ने जो 'सूरसागर' छोटे अक्षरों में दो खण्डों में छापा, उसमें इस प्रकार के चिह्न नहीं लगे हैं।

पिछले प्रकरण में अनुस्वार और चंद्र-बिन्दु के प्रसंग में हम बतला चुके हैं कि ठीक-ठीक उच्चारण बतलाने के लिए 'क्यों' 'नहीं' 'हैं' आदि में भी अनुस्वार नहीं, बल्कि चन्द्र-बिन्दु ही होना चाहिए। पर इसके लिए चन्द्र-बिंदु से युक्त जो मात्राएँ बनती हैं, वे बहुत जल्दी टूट जाती हैं और थोड़े ही समय में निरर्थक हो जाती हैं। अतः लिपि का सुधार करते समय हमें इस तत्त्व का भी ध्यान रखना चाहिए; और इसके सूचक चिह्न कुछ इस ढंग से लगाने चाहिए कि वे जल्दी टूटें नहीं और सब अक्षरों में लगकर उनके बराबर ही चल सकें।

इस प्रकरण में भाषा और लिपि की जो आवश्यकताएँ बतलाई गई हैं, वे विद्वानों के लिए विचारणीय हैं। इनके अतिरिक्त कुछ और आवश्यकताएँ भी हो सकती हैं, पर उन आवश्यकताओं का विवेचन करने से पहले अधिक महत्त्वपूर्ण आवश्यकताओं की पूर्ति का प्रयत्न होना चाहिए। इसी दृष्टि से यह विषय विचारवानों के सामने उपस्थित किया जा रहा है। आशा है, बड़े-बड़े विद्वान् इन आवश्यकताओं पर विचार करेंगे; और उचित समझेंगे तो इनकी पूर्ति का भी प्रयत्न करेंगे।

परिशिष्ट

भाषा के नमूने

'उत्तम रचना' शीर्षक प्रकरण में भी और दूसरे प्रकरणों में भी यह कहा गया है कि भाषा सदा विषय के अनुरूप तो होनी ही चाहिए, पाठकों की योग्यता के स्तर के विचार से भी उसका रूप उपयुक्त होना चाहिए। अर्थात्, ऐसा नहीं होना चाहिए कि पुस्तक लिखी तो जाए बालकों के लिए, पर उसकी भाषा ऐसी हो, जो वयस्क और पूर्ण शिक्षितों की ही समझ में आ सके या जल्दी उनकी समझ में भी न आ सके। यह भी नहीं होना चाहिए कि उसमें विषय तो बहुत गम्भीर हो, पर उसकी भाषा इतनी हलकी हो कि उसमें विषय का ठीक-ठीक प्रतिपादन ही न हो सके। यहाँ भाषा के चार प्रकार के नमूने दिए जाते हैं, जिनसे पाठकों को यह मालूम हो जाएगा कि भाषा किस प्रकार क्रमशः कठिन और गम्भीर हो सकती है, और उसमें किस क्रम से उत्तरोत्तर नए और कठिन शब्दों का प्रयोग होना चाहिए। इससे लोगों की आवश्यकता के अनुसार भाषा का रूप सहज और कठिन बनाने में बहुत सहायता मिलेगी।

(क) दस वर्ष तक के बालकों के लिए

किसी गाँव में एक बुढ़िया रहती थी। उसका छोटा-सा घर था। वह बाहर से भी देखने में बहुत अच्छा था और अन्दर से भी। उस घर में बुढ़िया अकेली रहती थी। उसका एक लड़का था, जो कहीं परदेश में रहकर कुछ काम करता था। वहीं से वह कुछ कमाकर हर महीने अपनी माँ के पास दस रुपये भेजता था। उससे बुढ़िया का अच्छी तरह से काम चल जाता था।

बुढ़िया के घर के पास ही और कुछ लोगों के भी छोटे-बड़े घर थे। गाँव हरे-भरे खेतों और पेड़-पौधों के घिरा था। उन्हीं खेतों से दो-तीन छोटे खेत उस बुढ़िया के भी थे। उन खेतों से उसे खाने भर को अनाज मिल जाता था।

गाँव में एक छोटा कुआँ और उसके पास ही एक बड़ा ताल भी था। कुएँ का पानी पीने के काम आता था और ताल का पानी नहाने-धोने के लिए था। उसके कुछ ही आगे एक छोटी नदी भी बहती थी। सावन-भादों में नदी का पानी बहुत बढ़ जाता था और गाँव के बहुत पास आ जाता था। पर गरमी के दिनों में नदी सूख जाती थी और उसमें घुटने-घुटने भर पानी रह जाता था। सबेरे-संध्या गाँव के लोग उसमें नहाते थे और लड़के उसके किनारे खेलते थे।

गाँव के पास ही छोटा-सा जंगल भी था। उसी जंगल में गाँव वाले की गौएँ चरने जाती थीं। बुढ़िया की गौ भी वहीं चरती थी बुढ़िया वहाँ से जलाने के लिए लकड़ियाँ भी चुन लाया करती थी। वैशाख-जेठ में भी उस जंगल में बहुत ठंडक रहती थी। दोपहर को भी

वहाँ धूप नहीं लगती थी और पेड़ों के नीचे ठंढी हवा रहती थी।

बुढ़िया पास-पड़ोस के सब लोगों से मेल-जोल रखती थी। गाँव के लोग भी उसके खेतों की देख-भाल कर दिया करते थे। वह कभी किसी से लड़ती-झगड़ती नहीं थी। कभी-कभी कुछ लोग काम-धन्धे से छुट्टी पाने पर उसके पास आ बैठते। उनसे बुढ़िया अपने छोटे-मोटे काम करा लेती थी। रसोई बना चुकने पर दोपहर को वह कुछ सूत भी कात लेती थी। उस सूत से उसके ओढ़ने-बिछाने के एक-दो कपड़े बन जाते थे। घर में गौ थी ही, जिससे दूध-दही और घी का काम चल जाता था। संध्या होने पर वह घर में दिया जलाकर भजन करने बैठ जाती थीं। उस समय गाँव के दस-पाँच आदमी भी वहाँ आ पहुँचते थे और उसके पास बैठकर ईश्वर का नाम जपते थे।

इस तरह बुढ़िया आप भी सुखी रहती थी और दूसरों को भी सुखी रखती थी। वह सदा सबको अच्छी बातें बताती थी। बहुत से लोग तो उसकी मीठी-मीठी बातें सुनने के लिए ही उसके पास आ बैठते थे। छोटे-छोटे लड़कों और लड़कियों की तो उसके घर भीड़ लगी रहती थी। गाँव भर में वही सबसे सयानी या समझदार और सुखी समझी जाती थी। इसी से आसपास के गाँवों में उसका बहुत नाम हो गया था।

अगर तुम भी लोगों से लड़ना-झगड़ना छोड़कर मीठा, बोलना सीखो और सदा सब की भलाई के लिए काम किया करो तो सब लोग तुम्हारी भी भलाई करेंगे और तुम बहुत सुख से रहोगे।

(ख) दस से पन्द्रह वर्ष तक के बालकों के लिए

भारत के पश्चिम में फारस नाम का एक देश था। किसी समय वहाँ एक बहुत बड़ा राजा राज्य करता था। वह अपने अच्छे गुणों के कारण दूर-दूर तक प्रसिद्ध था। वह सदा सब के साथ न्याय करता और किसी को कष्ट न होने देता था। उसके राज्य में सब लोग बहुत सुखी थे। न तो कोई किसी को सता सकता था, न सिर उठा सकता था।

राजा न तो किसी की निन्दा सुनना पसन्द करता था, न अपनी प्रशंसा। हाँ, ठीक बातें सभी लोग उसके समाने निडर होकर कह सकते थे। वहा सदा अपने नौकरों को भी और प्रजा को भी अच्छी शिक्षाएँ देता था। जहाँ तक हो सकता था, वह सबका उपकार करता था और कठिन समय पड़ने पर सबकी सहायता करता था। इसी से सब लोग उससे प्रेम भी करते थे और उसका आदर भी।

जब राजा बुड्ढा हो चला, तब उसने सोचा कि अब मुझे संसार के सब झगड़े-बखेड़े छोड़कर बाकी समय परमात्मा के ध्यान में बिताना चाहिए। राज्य का मालिक तो उसका बड़ा लड़का था ही; पर उसके सिवा उसके और दो लड़के भी थे। सारा राज्य तो उसने अपने बड़े लड़के को सौंप दिया; पर एक बहुत बड़ा मोती, जिसका दाम बहुत अधिक था, अपने पास रख लिया। वह मोती राजा अपने उस लड़के को देना चाहता था, जिसके विचार सबसे अच्छे हों। इसलिए एक दिन उसने अपने तीनों लड़कों को अपने पास बुलाया और उनसे पूछा कि तीन महीने के अन्दर तुम लोगों ने कौन-सा सबसे अच्छा काम किया है।

पहले सबसे बड़े लड़के ने उत्तर दिया—महाराज, कोई महीने-भर पहले जब मैं आपकी आज्ञा से राज्य का काम देखने के लिए कई स्थानों पर गया था, तब एक जौहरी ने मुझे

बहुत से रत्न एक स्थान पर पहुँचाने के लिए दिए थे। उन रत्नों का उस जौहरी के पास कोई लेखा नहीं था। यदि मैं चाहता तो उनमें से बहुत-से रत्न निकाल लेता, पर मैंने ऐसा करना उचित न समझा और सब रत्न ज्यों का त्यों ठिकाने पहुँचा दिया। मेरे ध्यान में तो यही मेरा सबसे अच्छा काम है।

दूसरे राजकुमार ने कहा—महाराज, अभी परसों सन्ध्या को जब मैं टहलने निकला था, तब मैंने देखा था कि एक स्त्री का छोटा-सा बालक खेलता-खेलता नदी में गिर गया। वह स्त्री सहायता के लिए रोने चिल्लाने लगी। मैं अपने जीवन की परवाह न करके चट नदी में कूद पड़ा और उस बालक को खींचकर किनारे ले आया। यदि मैं ऐसा न करता तो उस बालक के प्राण न बचते। मैंने अपनी जान जोखिम में डालकर उस लड़के के प्राण बचाये थे।

सब से छोटे राजकुमार ने कहा—कल मैं सैर करने के लिए पास की पहाड़ी पर चढ़ रहा था। वहाँ एक चट्टान पर मुझे अपना एक पुराना शत्रु सोया हुआ दिखाई दिया। यदि वह नींद में करवट लेता तो पहाड़ी के नीचे जा पड़ता और उसके प्राण निकल जाते। इसलिए मैंने उसे जगाकर सचेत कर दिया। इस पर उसने लज्जित होकर मुझे धन्यवाद दिया और वह मेरा मित्र बन गया।

राजा ने वह बड़ा मोती उस छोटे को दे दिया; क्योंकि उसने अपने शत्रु पर भी दया दिखाकर उसे अपना मित्र बना लिया था। राजा समझता था कि शत्रु पर भी दया करनेवाला सबसे अच्छा मनुष्य होता है।

(ग) पन्द्रह से बीस वर्ष तक के नवयुवकों के लिए

नेटाल की कोयलेवाली खानों में जो हड़ताल हुई, वह कुछ ही दिनों में बढ़कर चीनी के कारखानों तक भी पहुँच गई थी। इस पर सरकार ने उचित और अनुचित सभी उपायों से मजदूरों को दबाना आरम्भ किया। पुलिस ने अनेक अवसरों पर हड़तालियों पर गोलियाँ भी चलाई थीं, जिससे बहुत से असहाय मजदूर घायल हो गए थे और कुछ मर भी गए थे। सरकारी जासूस जगह-जगह घूमते रहते थे, और यह पता लगाते फिरते थे कि वास्तव में इन मजदूरों को भड़कानेवाले नेता कौन है। जहाँ उन्हें किसी पर जरा भी सन्देह होता था, वहाँ वे चट उसके विरुद्ध कड़ी कार्रवाई करते थे। ऐसे अवसरों पर वे अधिक जाँच-पड़ताल या छान-बीन करने की आवश्यकता नहीं समझते थे और न कभी उस आदमी से कुछ पूछते थे जिस पर उन्हें अभियोग चलाना होता था। फल यह हुआ कि चारों ओर लोगों पर अन्धाधुन्ध अत्याचार होने लगे। यदि अपनी रक्षा के लिए कोई कुछ प्रमाण देना चाहता था, तो उसे उसका भी अवसर नहीं दिया जाता था। न्यायालय का तो यह नियम सा हो गया था कि जो सामने आवे, उसे अवश्य दण्ड दिया जाए। थोड़े ही समय में सब कैदखाने भर गए और सरकार को नए कैदखाने बनवाने पड़े। कैदखाने में भी छोटे-छोटे अपराधों के लिए लोगों को कठोर दण्ड दिए जाते थे, और अनेक प्रकार से उनका अपमान किया जाता था। सरकार की ओर से नई-नई आज्ञाएँ निकला करती थीं, और अधिकारी अपना अधिकार बतलाने का कोई अवसर हाथ से जाने नहीं देते थे। न जाने कितने घर नष्ट हुए, कितनी सुहागिनें विधवा हुई और कितने बालक अनाथ हुए। दिन-पर-दिन बढ़नेवाले अत्याचारों ने लोगों को अधीर कर दिया। इस प्रकार के अत्याचार उन्होंने पहले कभी न सहे थे, और झूठे अभियोग सुनने

का उन्हें अभ्यास नहीं था। व्यर्थ की डाँट-डपट और झिड़कियाँ सुनते-सुनते लोग तंग आ गए थे। परन्तु उन्हें गांधी जी से सत्य और अहिंसा की जो शिक्षा मिली थी, उसके कारण वे यही समझते थे कि परमात्मा इस समय हमारे इन गुणों की परीक्षा ले रहा है, अन्त में हमारी विजय होगी। ये सब कष्ट सहकर ही हम जल्दी अपने अधिकार प्राप्त कर सकेंगे। इसीलिए उन लोगों पर जो कुछ बीतती थी, उसे वे बहुत प्रसन्नता से सहते थे और अपने भविष्य की आशा लगाए रहते थे। कष्ट उनका उत्साह कम नहीं कर सकते थे। इस सम्बन्ध में सबसे विलक्षण बात यह थी कि कभी उनके मुँह से कोई शिकायत तक नहीं निकलती थी। और यही कारण था कि अन्त में सरकार को दबकर उनसे समझौता करना पड़ा, और उनकी प्रायः सभी माँगें पूरी करनी पड़ी थीं। संसार ने देख लिया कि अत्याचारों और अन्याय पर सत्य तथा न्याय की कैसे विजय होती है।

(घ) वयस्कों और पूर्ण शिक्षितों के लिए

बुन्देलखण्ड में झाँसी नामक एक प्रसिद्ध और प्राचीन नगर है। सन् १८५७ के विप्लव के पहले वहाँ एक बड़ा देशी राज्य था। मुगल सूबेदार मुहम्मद खाँ बंगश को परास्त करने में बाजीराव पेशवा को महाराज छत्रसाल से जो बहुत अधिक सहायता मिली थी, उसके पुरस्कार स्वरूप बाजीराव पेशवा ने अपने विशाल राज्य का कुछ अंश, जिसकी व्यवस्था पहले पेशवाओं के सूबेदार करते थे, महाराज छत्रसाल को दे दिया था। सन् १७५६ में रघुनाथ हरि नेवालकर नामक एक सज्जन झाँसी के सूबेदार नियुक्त हुए थे, जिन्होंने चालीस वर्षों तक बहुत ही योग्यतापूर्वक वहाँ का शासन किया था। इसलिए पेशवाओं ने वहाँ की सूबेदारी सदा के लिए उन्हें और उनके वंशजों को दे दी थी। जब पेशवाओं की शक्ति बहुत क्षीण हो गई, तब सूबेदार शिवराज भाऊ ने वहाँ अपना स्वतन्त्र राज्य स्थापित कर लिया। तभी से झाँसी की गणना भारत के बड़े और स्वतन्त्र राज्यों में होने लगी थी। इसी राजवंश के महाराज गंगाधर राव सन् १८३८ में झाँसी के राजसिंहासन पर आसीन हुए थे। सुप्रसिद्ध वीर तथा युद्ध-कुशल महारानी लक्ष्मीबाई इन्हीं महाराज गंगाधर राव की महिषी थीं।

महारानी लक्ष्मीबाई के पिता श्री मोरोपन्त ताम्बे बहुत ही साधारण कोटि के गृहस्थ थे। वे दूसरे बाजीराव पेशवा के भाई चिमाजी अप्पा की सेवा में काशी में रहकर सामान्य रूप से अपना जीवन व्यतीत करते थे। उसी अवस्था में १६ नवम्बर सन् १८२५ को काशी में उनकी गृहिणी के गर्भ से लक्ष्मीबाई ने जन्म धारण किया था। जब लक्ष्मीबाई की अवस्था केवल तीन वर्ष की थी, तभी उनकी माता का परलोक-वास हो गया था; इससे उनके लालन-पालन का भार उनके पिता पर आ पड़ा था। चिमाजी अप्पा के स्वर्गवासी होने पर मोरोपन्त अपनी कन्या सहित दूसरे बाजीराव पेशवा की सेवा में रहने के लिए बिट्ठूर चले गए। बाल्यावस्था से ही बालिका लक्ष्मीबाई परम रूपवती होने के अतिरिक्त विलक्षण और कुशाग्रबुद्धि भी थीं, और उनमें उज्ज्वल भविष्य के अनेक लक्षण दृष्टिगोचर होने लगे थे। इसलिए पेशवा भी उन पर वात्सल्यभाव से पूर्ण अनुग्रह रखते थे। पेशवा के लड़कों के साथ रहकर लक्ष्मीबाई ने अल्प समय में ही घुड़सवारी और अस्त्र-शस्त्र आदि चलाने की कला की अच्छी शिक्षा प्राप्त कर ली थी। संयोग से ही उन्हें जो वह शुभ अवसर मिल गया था, उसका उन्होंने पूरा-पूरा और उचित उपयोग किया था। कुछ दिनों के उपरान्त बाजीराव पेशवा की ही कृपा तथा प्रयास से उनका विवाह झाँसी के महाराज गंगाधर राव जी से हो गया था। लक्ष्मीबाई के

अनुपम रूप तथा गुणों से परम सन्तुष्ट होकर महाराज गंगाधर राव भी उनका यथेष्ट आदर-सत्कार करते थे। लक्ष्मीबाई भी सबके साथ अपनी उत्कृष्ट मर्यादा के अनुरूप ही आचरण तथा व्यवहार करती थीं। इन्हीं लक्ष्मीबाई ने सन् १८५७ के विप्लव के दिनों में अपने शौर्य और रणकौशल से युद्ध में बड़े-बड़े अँगरेज सैनिक अधिकारियों के दाँत खट्टे किए थे, और उस स्वातन्त्र्य युद्ध में वीरतापूर्वक लड़कर अपने देश का गौरव बढ़ाया था और वीर-गति प्राप्त करके अमर कीर्ति अर्जित की थी।

☆ ☆ ☆